MEILEN
STEINE

MEILENSTEINE

CHRONIK DER WELTGESCHICHTE

Geschäftsbereich Verlag
Projektmanagement: Claudia Haschke, Dr. Martin-Andreas Schulz
Verlagsredaktion: Annette Grunwald, Petra Niebuhr-Timpe, Thekla Sielemann
Redaktion der aktualisierten Ausgabe: Barbara Römer
Redaktionelle Mitarbeit: Kunigunde Wannow
Autoren: Dirk Husemann, Herwig Kenzler, Dr. Kai Lückemeier
Bildredaktion: Traute Schürmann-Baetzel, txt Lünen/Bonn
Koordination Multimedia: Josef Höckner
Projektmanagement Audio und Video: Barbara Ehrensberger
Satz: Dirk Bischoff
Layout und grafische Konzeption: Axel Brink
Einbandgestaltung: Viktor Peters; Stairs Werbeagentur GmbH, Detmold
Herstellung: Joachim Weintz

Druck und Bindung: MOHN Media · Mohndruck GmbH, Gütersloh

ISBN 978-3-577-16370-5

Meilensteine

Geschichte, Kultur und Wissenschaft

Chronik der Weltgeschichte

Band 1

Von der Entstehung des Lebens bis zu den ersten Hochkulturen

900 Mio.–1 v. Chr.

Als sich das Rad der Evolution schwungvoll zu drehen beginnt, ist die Geschichte der Erde noch lange keine Menschheitsgeschichte. Feuer speiende Vulkane und Kontinentaldriften, »Ursuppe« und erste Einzeller, der Landgang der Amphibien, Vögel und Wirbeltiere, Bäume und Blumen sowie die große Zeit der Dinosaurier – so spektakulär verlaufen die ersten Akte auf dem Spielplan des irdischen Lebens. Erst lange danach – erdgeschichtlich gesehen vor einem Wimpernschlag – betritt der Homo sapiens die Bühne. Aber erst mit der Entwicklung der Schriftlichkeit um 3500 v. Chr. schafft der Mensch aus dem Dunkel der Vorzeit seinen Sprung in die Geschichte. Ägypter, Griechen und schließlich Römer stehen für zivilisatorische Höchstleistungen und dehnen ihren kulturellen Einfluss bis an die Grenzen der bekannten Welt aus. Waffenstarrende Weltreiche kommen und vergehen, Ideen brechen sich Bahn und Visionen verglühen. Feldherren und Philosophen, Kaiser und Kalifen, Kaufleute und Künstler, Entdecker und Revolutionäre, Diktatoren und Demokraten greifen in die Speichen der Geschichte und verändern ihren Lauf.

Die vorliegenden drei Bände der Chronik der Weltgeschichte schildern in jeweils fünf Kapiteln die Entwicklung des Lebens auf unserem Planeten, erstmals von der Amöbe bis ins Internetzeitalter. Der erste Band endet mit der Zeitenwende im Jahr Null, der zweite Band mit der Entdeckung Amerikas gegen Ende des 15. Jahrhunderts. Der dritte Band hat schließlich die frühe Neuzeit bis in die unmittelbare Gegenwart zum Inhalt. In hochkompakter und überblicksartiger Form, ergänzt durch zahlreiche Illustrationen und kalendarische Detailinformationen, laden wir den Leser auf über 1000 spannend und informativ aufbereiteten Seiten zu einer Zeitreise durch 900 Mio. Jahre Geschichte ein.

INHALT

CHRONIK 3500–800 V. CHR.

CHRONIK 800–1 V. CHR.

Die Anfänge der Erde: Von der Entstehung des Lebens bis zu den ersten Hochkulturen

Die Geschichte der Erde kann nur in geologischen Dimensionen gemessen werden. Bis zum Auftreten des Menschen sind es Jahrmillionen von einem entwicklungsgeschichtlichen Schritt zum nächsten. Welchen winzigen Zeitraum der Mensch in der Evolution einnimmt, verdeutlicht das Bild einer 24 Stunden laufenden Uhr: Die Erde entsteht um 0.00 Uhr, die Erdmasse bildet und verschiebt sich in den folgenden Stunden mehrfach. Meere kommen und gehen, Vegetationszonen entstehen und fallen Klimaveränderungen zum Opfer. Noch um 18 Uhr leben alle bis dahin entwickelten Organismen im Meer. Nur zögerlich verbreiten sich erste Landpflanzen. Es sind die Insekten, die gegen 21 Uhr zuerst in den warmen Zonen der Kontinente gedeihen. Ihnen folgen kurz darauf die Reptilien, zunächst noch amphibisch, gegen 21.30 Uhr als Landbewohner. Die große Zeit der Dinosaurier beginnt eine Stunde vor Mitternacht. Etwa gleichzeitig tauchen die ersten Säugetiere auf. Die Vorfahren der Menschen erscheinen erst wenige Sekunden vor 24 Uhr.

Vom Urmenschen zum Hominiden

Dennoch ist es der Mensch, der das Gesicht der Erde am nachhaltigsten verändert. Genauer Ursprung und Zeitpunkt der Menschwerdung liegen im Dunkeln, vieles bleibt Theorie. Die Genforschung geht heute von einem – bislang nicht entdeckten – gemeinsamen Vorfahren von Menschenaffen und Menschen aus, der vor 5 bis 6 Mio. Jahren gelebt haben soll. Sicher scheint lediglich, dass Gebirgsauffaltungen in Ostafrika vor mehr als 4 Mio. Jahren zu einem Klimawechsel und zu Anpassungen bei den Menschenartigen geführt haben. Vor 2,5 Mio. Jahren schließlich sind Hominiden nachweisbar, die auf die veränderten Umweltbedingungen mit der gezielten Erfindung von Werkzeugen reagieren.

Der Mensch nimmt die Erde in Besitz

Es ist ein Hominide, der Homo erectus, der sich vor ca. 2 Mio. Jahren – von Afrika aus – über weite Teile der Erde verbreitet. Dafür sprechen Funde in China, auf Java und in Europa. Wie und warum diese Hominiden zu neuen Horizonten aufbrechen, bleibt eines der großen Rätsel der Erdgeschichte. Möglicherweise spielt schon zu diesen frühen Zeiten eine Art Bevölkerungsdruck eine große Rolle. Wissenschaftler verweisen allerdings darauf, dass schon eine relativ kleine Wanderung von nur 5 km pro Generation die Distanz von Ostafrika nach Peking in ca. 50 000 Jahren überwindet – erdgeschichtlich gesehen nicht mehr als ein Wimpernschlag. Auch der moderne Homo sapiens kam »out of africa« – er trat seinen Siegeszug um die Welt vor rund 100 000 Jahren an.

Als gegen 10 000 die letzte Eiszeit endet, gehört die Welt dem modernen Menschen. Alle Konkurrenten, etwa die Neandertaler – wohl europäische Nachfahren des Homo erectus –, sind verschwunden, untergegangen aus bis heute ungeklärten Gründen. In Europa leben die menschlichen Sippen noch etwa 5000 Jahre lang als Jäger und Sammler, ziehen als Nomaden von Siedlungsplatz zu Siedlungsplatz oder von Höhle zu Höhle.

Sesshaftigkeit ermöglicht menschliche Kulturen

Im Vorderen Orient beginnt unterdessen eine Entwicklung, die das Leben auf dem gesamten Globus verändern wird: die neolithische Revolution. Die Entdeckung des Getreideanbaus ermöglicht es, sesshaft zu werden, sodass die Menschen nicht länger den Tierherden hinterherziehen mussten. Bald entstehen feste Häuser, Wohn- und Nutzbauten. Die Ernten sind so ertragreich, dass Vorräte eingelagert werden können. Die Grundlagen der Zivilisation werden geschaffen.

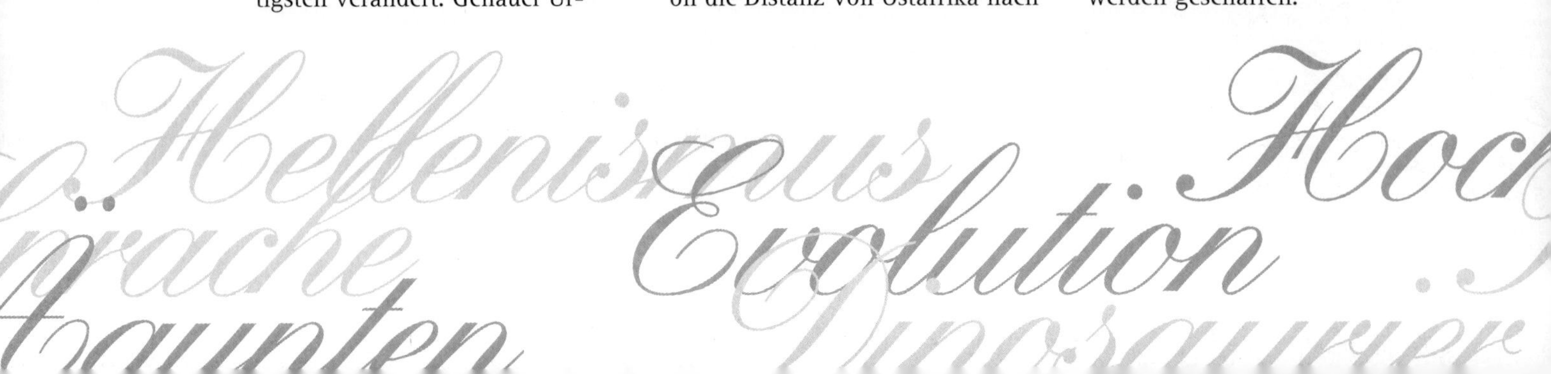

In den folgenden Jahrtausenden kommen fast alle wichtigen Entwicklungen aus dem Mittelmeerraum und streuen von dort nach Europa. Die Landwirtschaft bestimmt rund 6000 Jahre lang die Menschheitsgeschichte. Gleichzeitig entstehen erste stadtähnliche Strukturen wie Jericho oder Çatal Hüyük. Der Handel, zunächst nur eine Tauschaktion zwischen Nachbarn, wächst sich zum Fernhandel aus und wird zum wichtigen Faktor für das Überleben. Der Warenaustausch lässt weite Entfernungen plötzlich schrumpfen. Gruppen kommen miteinander in Kontakt, tauschen Erfahrungen und Erfindungen aus und vermischen durch Heirat auch ihre Gene.

Etwa 7000 Jahre nach den ersten Ackerbauern gelingt der Menschheit der Sprung zur Hochkultur. Zwischen 3500 und 3000 v. Chr. entsteht auf einer weitgehend kahlen Schwemmlandebene im südlichen Zweistromland (Mesopotamien) die Kultur der Sumerer. Archäologische Funde bezeugen eine Anzahl von Stadtstaaten wie Ur, Uruk, Lagasch oder Kisch, die weltgeschichtlich ältesten politischen Zusammenschlüsse dieser Art. Dass gerade hier die Gesellschaft der Menschen erstmals zur Hochkultur aufsteigt, liegt vermutlich an den einzigartigen geographischen und klimatischen Voraussetzungen zwischen den beiden Strömen Euphrat und Tigris. Auf engstem Raum wechseln fruchtbare Flussniederungen mit weiten Weide- und Ackerflächen, Wüstenklima mit schneebedeckten Gebirgszügen ab – ein ideales, ökologisch vielseitiges Biotop. Auch das Ägyptische Reich (ab 3000 v. Chr.) profitiert vom Wasser – den regelmäßigen Überschwemmungen des Nils.

Von großer Bedeutung sind die Schriftzeichen der Sumerer, die mit Keilschrifttafeln die ältesten Zeugnisse der Schriftlichkeit überliefern. Die Schrift vereinfacht nicht nur die Kommunikation, sie dient dem Menschen als zweites Gedächtnis, denn von nun an müssen Getreidemengen, Preise, Bevölkerungszahlen etc. nicht mehr erinnert werden, sondern sind bei Bedarf abrufbar. Bald werden Gesetzestexte wie der Codex Hammurabi mittels Keil- und Hieroglyphenschrift festgehalten und für jedermann verbindlich gemacht. Jahrmillionen hat die Entwicklung des aufrechten Gangs, der Sprache sowie des menschlichen Gehirns gedauert – nur wenige Tausend Jahre haben ausgereicht, um Kunst, Kultur und Handel hervorzubringen.

Die Ursprünge der Religiosität

Als monumentale Zeichen des universalen Herrschaftsanspruchs errichten die frühen ägyptischen Pharaonen Pyramiden. Sie sind Ausdruck einer bis ins Detail entwickelten Glaubenswelt, deren Bedeutung nicht nur am Nil sichtbar wird. Die Megalithbauten der steinzeitlichen Westeuropäer zeugen zur selben Zeit ebenfalls von einer Religion, der so hohe Bedeutung beigemessen wird, dass Hunderte von Menschen von ihren sozialen Gemeinschaften freigestellt werden, um gigantische Steingräber zu errichten. Ähnlich verhält es sich mit den Indianerkulturen Mittelamerikas, die Jahrhunderte später ebenfalls die Pyramidenform wählen, um ihren Göttern zu huldigen.

In Ägypten wie in Mesopotamien ist eine Erfindung von entscheidender Bedeutung für die Entwicklung zum Großreich: die Bronze. Die Verarbeitung von Metall bringt den Menschen nie gekannte Vorteile. Waffen werden geschmiedet und gegossen, Rüstungen entstehen, Schmuck und Kultgegenstände erstrahlen in nie gekannter Pracht. Aber das zur Herstellung von Bronze notwendige Zinn ist selten. Wer es besitzt, hat Macht. So kommt es mit der Metallurgie zu den ersten sozialen Hierarchien und zu kriegerischen Auseinandersetzungen.

Als um 800 v. Chr. das Eisen die Bronze als wichtigsten Werkstoff ablöst, bricht die große Zeit der Antike an. Aus den bronzezeitlichen Kulturen der Mykener und Minoer entwickelt sich das klassische Griechenland, das dank seiner Sprache, Schrift und Kultur, aber auch durch die Entwicklung der Demokratie zur Wiege des modernen Europa wird.

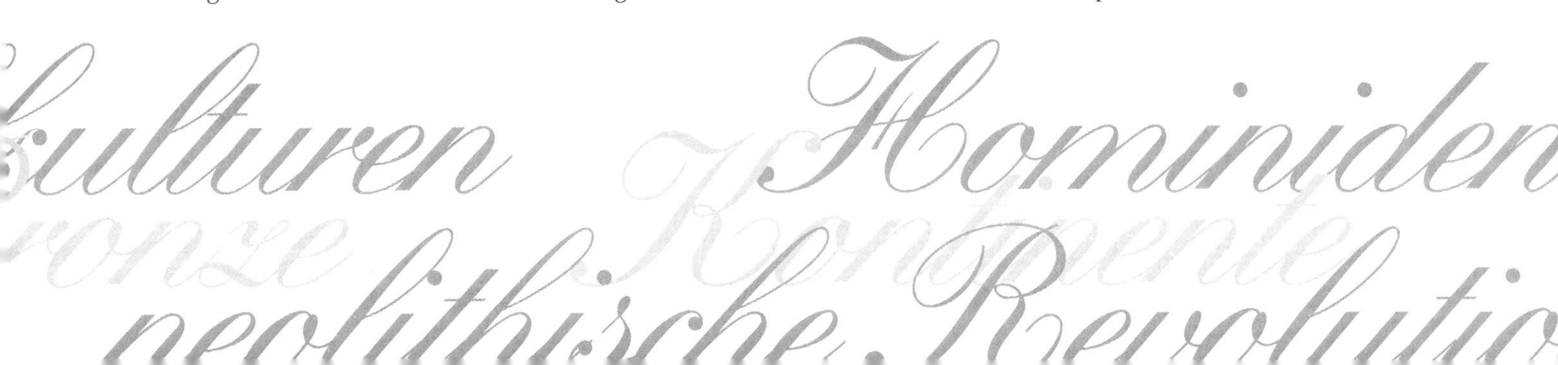

900–590 Mio.

um 900 Mio.

Allmählich bildet sich der Mechanismus der Plattentektonik heraus, der noch heute das Bild der Kontinente bestimmt.

Erstmals treten nachweisbar tierische Einzeller (Protozoa) in Erscheinung. Sie gehören zur Klasse der Wurzelfüßer (Rhizopoda).

900–590 Mio.

Verbreitet sind Rotsedimente (erstmals traten sie in geringem Umfang bereits vor rund 2000 Mio. Jahren auf). Sie finden sich z. B. in Schottland, Schweden und Vorderindien. Wie die Kalke und Dolomite weisen sie auf warmes, zugleich aber meistens trockenes Klima hin.

In Namibia fossilisieren erste mehrzellige Tiere (Metazoa) in Gesteinen der so genannten Nama-Gruppe. Ähnliche Organismen finden sich in Brasilien im Bereich der La-Tinta-Gruppe. → S. 22

Einen unsicheren Hinweis auf das Auftreten mehrzelliger Tiere geben erste kleine Phosphoritlagerstätten, die sich aus den organischen Überresten der Organismen gebildet haben könnten. → S. 22

900–500 Mio.

Zwischen den nordischen Kontinentalkernen der Erdkruste und einem großen Südkontinent senkt sich ein Meeresgraben (Geosynklinale) ein, der sich nach und nach mit Sedimenten füllt.

850–600 Mio.

In den Meeren leben zahlreiche unter dem Begriff »Stromatolithen« zusammengefasste Cyanophyceen – einzellige bis fadenförmige »Blaualgen« mit der Fähigkeit zur Photosynthese. Sie wachsen in rasenförmigen Kolonien und bauen durch Kalkausfällung knollige Sedimente auf. Daneben kommen Schwämme verschiedener Gattungen und wahrscheinlich schon frühe Vertreter der Hohltiere (Coelenteraten) vor.

800 Mio.

Erste primitive Gliederfüßer (Arthropoda) treten möglicherweise bereits zu dieser Zeit auf. → S. 23

Im Gebiet des heutigen US-Bundesstaates Montana leben erstmals Armfüßer (Brachiopode); allerdings sind entsprechende Befunde noch unsicher. → S. 22

800–590 Mio.

Weiträumige Vereisungen setzen vor allem auf der Nordhalbkugel der Erde ein. Man nennt die Periode großflächiger Vereisung »eokambrische Eiszeit«.

700 Mio.

In Vulkanregionen sind günstige Voraussetzungen für die Bildung von so genannten Kieslagerstätten gegeben. Es sind Vorkommen von Metallsulfiden, etwa von Kupfer, Zink, Blei, Silber und Gold. Solche Erzbildungen kommen während der gesamten weiteren Erdgeschichte vor.

700–600 Mio.

In Australien gedeihen in der so genannten Ediacara-Fauna in Flachmeeresgebieten zahlreiche mehrzellige Tiere.

700–590 Mio.

Auf allen Kontinenten entsteht durch Gesteinsumwandlung infolge hoher Temperaturen und/oder hohen Drucks Granit (sog. Granitisation).

610–590 Mio.

Erste Tiere mit einem Außenskelett, einer röhrenförmigen Schale aus organischem bis mineralischem Material, lassen sich nachweisen.

590–545 Mio.

590 Mio.

Die Landmassen der Erde bilden fünf große Kontinentalschollen (Kratone): Laurentia, den Europäischen Kraton, den Sibirischen Kraton, den Ostasiatischen Kraton und den riesigen Südkontinent Gondwana.

In den Schichten des Burgess-Schiefers im südlichen Britisch-Kolumbien (Kanada) fossilisieren einfache Vor- oder Frühformen der Gliederfüßer in Gestalt der Onychophora. Es sind wurmförmige Meeresbewohner mit stummelförmigen Scheinfüßchen, die bis zu 25 cm lang werden. Verwandte Arten leben noch heute im Unterholz tropischer Wälder. → S. 23

590–545 Mio.

Aus einem wenig differenzierten »Urmollusk« entwickeln sich die verschiedenen Weichtiergruppen (Mollusken). Im Unterkambrium sind sie sicher bereits mit drei Klassen vertreten: den Schnecken, den Muscheln und der primitiven Klasse Monoplacophora (»Einplattenträger«). Alle drei Klassen besitzen feste Schalen. Fossil sind die Monoplacophoren bis ins Perm (vor rund 245 Mio.) nachgewiesen. → S. 23

590–545 Mio.

Drei Unterstämme der Gliederfüßer entwickeln sich: Trilobitenförmige (Trilobitomorpha), Fühlerlose (Chelicerata) und Krebse (Crustacea). Vermutlich gegen Ende des Unterkambriums erscheinen die Schwertschwänze (Xiphosura), eine Unterklasse der Fühlerlosen. Innerhalb der Überklasse Trilobitomorpha entstehen die eigentlichen Trilobiten (Dreilapper), die bereits im Erdaltertum rund 1500 Gattungen mit weit über 1 Mio. Arten ausbilden. Viele von ihnen gelten als wichtige Leitfossilien. → S. 23

In den Meeren leben möglicherweise bereits jetzt erste einfache Formen von Steinkorallen, Vertreter der Nesseltier-Unterklasse Zoantharia. Im weiteren Verlauf des Kambriums entwickeln sie sich zu bedeutenden Riffbildnern.

Die Armfüßer (Brachiopoden) entwickeln sich rasch. In den Meeren treten bereits sechs verschiedene Ordnungen auf, von denen eine das Kambrium nicht überlebt und je eine im Ordovizium (500–440 Mio.), Devon (410–360 Mio.) und Perm (290 bis 250 Mio.) ausstirbt. → S. 22

590–500 Mio.

Eine Phase der Faltengebirgsbildung, die so genannte assyntische Orogenese, spielt sich ab. Sie umfasst Gebirge in Sibirien, West- und Mitteleuropa.

590–270 Mio.

Verbreitet sind in flachen Meeresgebieten die so genannten Calyptoptomatida, eine Klasse bilateral symmetrischer Tiere mit konischem Kalkgehäuse von meist dreieckigem Querschnitt. Sie stehen den Weichtieren nahe und sterben im Perm (290 bis 250 Mio.) wieder aus. → S. 23

um 550 Mio.

Erste fragmentarische Funde weisen darauf hin, dass mit der Klasse der zu den Kieferlosen gehörenden Pteraspidomorpha, einfachen Fischen, bereits erste Wirbeltiere in den Meeren leben. Sie zeichnen sich u. a. durch einen kräftigen Kopfpanzer und meist paarige äußere Nasenöffnungen aus. → S. 24/25

545–520 Mio.

545 Mio.

Die Kragentiere (Hemichordata oder Branchiotremeta) entwickeln sich. Es sind Meerestiere mit einem inneren Kiemenkorb. Nachgewiesen sind sie vom Mittelkambrium bis ins Unterkarbon (545–325 Mio.) und von der Unterkreide (140 – 97 Mio.) bis heute.

545–520 Mio.

Mit dem Einsetzen der Plattentektonik kommt es an den Plattengrenzen zur Entstehung vulkanischer Inselbogen und zu untermeerischem Vulkanismus. Hier bilden sich vielfältige Lagerstätten in Tiefengesteinen (Plutoniten) und in hydrothermalen Zonen, vorwiegend an den Rändern von Meeresgräben (Geosynklinalen), die in dieser Zeit als Gürtel weitgehend miteinander in Verbindung stehen.

Erstmals tritt der Tierstamm der Proarthropoda in Erscheinung, zu dem die so genannten Bärtierchen (Tardigrada) und die Onychophora zählen. Es handelt sich um gleichmäßig segmentierte Wirbellose, die Übergangsformen zwischen den Ringelwürmern und den Gliederfüßern (Arthropoda) darstellen. → S. 23

545–520 Mio.

Die Unterklassen der Krebse, Muschelkrebse (Ostracoda), Rankenfüßer (Cirripedia) und Höheren Krebse (Malacostraca), die bereits seit dem Unterkambrium (590–545 Mio.) nachweisbar sind, entwickeln eine große Artenvielfalt.

In Britisch-Kolumbien (Kanada) sedimentiert das berühmte Fossilvorkommen des Burgess-Schiefers. Über 100 verschiedene Tiergattungen sind in diesen Schichten erhalten.

545–360 Mio.

Der Unterstamm Homalozoa der Stachelhäuter entwickelt sich. Er bleibt auf die Zeit bis zum Devon (410–360 Mio.) beschränkt und umfasst bereits spezialisierte Formen, denen die sonst bei Stachelhäutern vielfach zu beobachtende radiale Symmetrie fehlt. Neuerdings werden manche von ihnen (Calcichordaten) in die systematische Nähe der Wirbeltiere gestellt. → S. 25

520–500 Mio.

520–500 Mio.

Das Oberkambrium ist eine Zeit mit intensiven Plattenbewegungen (Plattentektonik) im Bereich der Erdkruste. Sechs große und mehrere kleine starre Platten bewegen sich gegeneinander. Es kommt dabei zu bedeutenden Horizontalverschiebungen, zur Bildung von Geosynklinalen, zu Gebirgsfaltungen und lokal zu heftigen vulkanischen und magmatischen Erscheinungen. Weite neue Ozeandecken entstehen und vielfältige Mineralallagerstätten bilden sich.

520–500 Mio.

Das »Seafloor-Spreading«, die Ausweitung der Meeresböden, setzt ein. Aufgrund dieser Ausweitung erfolgt noch heute ein Auseinanderdriften Europas und Afrikas einerseits sowie Nord- und Südamerikas andererseits. Diese Meeresbodenspreizung kommt dadurch zustande, dass sich im Gebiet eines längs durch das Meer verlaufenden Grabens, dem Mittelozeanischen Riff, neuer Ozeanboden bildet. Dieser staut sich beidseitig des Grabens an und faltet sich zunächst zu einem Mittelozeanischen (Doppel-)Rücken auf. Zu beiden Seiten verflacht der Meeresboden wieder. Hier gleitet das neue Krustenmaterial in Richtung auf die Meeresränder hin ab.

520–440 Mio.

Die erste Kopffüßer-Ordnung (Ellesmerocerida) erscheint. Sie gehört zur Unterklasse Nautiloidea. Diese Meerestiere stammen möglicherweise von frühen Formen im Unterkambrium (590 bis 545 Mio.) ab. Sie leiten eine Entwicklung ein, die nach dem Kambrium zu bis zu 10 000 Kopffüßerarten führt, zu denen später u. a. die Tintenfische zählen.

520–410 Mio.

Gegen Ende des Kambriums geht die so genannte kaledonische Geosynklinalphase (d. h. die Phase der Meerestrogbildung und die Auffüllung dieses Troges mit Sedimenten) in die kaledonische Faltungsphase über, in deren Verlauf weltweit zahlreiche Kettengebirge entstehen. In Europa sind dies Gebirge in Irland, Wales, Schottland, Westskandinavien, Brabant sowie die Ardennen, die Lausitz und Teile der Sudeten. In Nordafrika sind es die »Sahariden«, in Südamerika die »Brasiliden«. Große Faltengebirgszüge erheben sich auch in Australien.

520–375 Mio.

In den Meeren leben die fischartigen Heterostraci (Pteraspidomorphi). Sie bilden eine Unterklasse der sog. Kieferlosen (Agnatha), einfachen Frühformen der Fische. Bei ihnen stecken der kieferlose Kopf und der Vorderkörper gemeinsam in einem Panzer aus Aspidin-Platten. Aspidin ist eine dem Zahnbein (Dentin) verwandte Skelettsubstanz, die u. a. auch bei den Haien vorkommt und keine Knochenzellen enthält. → S. 24

500–480 Mio.

um 500 Mio.

Dinoflagellaten, mikroskopische Algen mit einer Chitinhülle, lassen sich erstmals fossil in Sedimenten nachweisen (nach manchen Quellen erst ab dem Silur). Sie leben im Plankton der Meere und bewegen sich meist mit zwei Geißeln fort. Neben der beweglichen Form bilden sie als Dauerformen unbewegliche Zysten, die in der Regel als einzige fossil überliefert sind. → S. 25

500–480 Mio.

Die Seelilien und Haarsterne (Crinoidea) des Unterstammes Crinozoa der Stachelhäuter entwickeln sich. Dabei handelt es sich um vorwiegend sesshaft lebende Stachelhäuter mit meist fünfstrahliger Symmetrie. Von ihrem becherförmigen Körper gehen Arme zum Heranstrudeln von Nahrung aus.

Im Stamm Chlorophyta (Grünalgen), der sich im Kambrium (590–500 Mio.) – wahrscheinlich aber schon in präkambrischen Zeiten – entwickelte, tritt die Familie Codiaceae auf. Sie zeichnet sich durch Kalkabscheidungen aus. Besonders im Unterkarbon (360–325 Mio.) erreicht sie Massenvorkommen und wird dann zu einem wichtigen Kalkbildner. → S. 25

500–480 Mio.

Die Hohltiere (Coelenterata) entwickeln sich weiter. Zahlreiche neue Arten treten in Erscheinung. Typisch für diese mehrzelligen Vertreter der Gruppe Eumetazoa ist der einfache, zentrale Hohlraum, der durch eine Öffnung, die gleichzeitig Mund und After ist, mit der Außenwelt in Verbindung steht.

500–440 Mio.

Drei neue Armfüßer-(Brachiopoden-)Ordnungen treten auf: Strophomenida, Spiriferida und Rhynchonellida. Während Spiriferida nur bis in den Jura (210–140 Mio.) nachzuweisen ist, gehört Letztere bis heute zu den Bewohnern des Meeres.

500–250 Mio.

In den Meeren leben Seeskorpione (Eurypterida). Diese Tiere bilden eine Unterklasse der »Fühlerlosen«. Mit einer Körperlänge bis weit über 2 m stellen einige Arten die größten bekannten Gliederfüßer aller Zeiten dar (»Gigantostracen«). Im Perm (290–250 Mio.) sterben sie wieder aus.

480–460 Mio.

480–460 Mio.

Erstmals entstehen weltweit in größerem Umfang Erdöl- und Erdgaslager sowie Kohlevorkommen.

Die Muscheln (Bivalvia) nehmen sowohl an Arten- wie an Individuenzahl stark zu. Neu sind die Unterklassen Cryptodonta, Palaeoheterodonta, Heterodonta und Anomalodesmata sowie die Ordnungen Arcoida und Pterioida. Sie unterscheiden sich in erster Linie im Aufbau ihrer Gehäuseschlösser.

480–440 Mio.

Zwischen Nordamerika und Schottland einerseits sowie England, Wales und Teilen Europas andererseits erstreckt sich der Iapetus-Ozean, auch Ur- und Protoatlantik genannt.

480–250 Mio.

In den Meeren leben Vertreter der Steinkorallen-Unterordnung Tabulata. Es sind meist Kolonien bildende Organismen, die sich in Form zahlreicher Kalkröhrchen zusammenfinden.

um 470 Mio.

Möglicherweise entwickeln sich zu dieser Zeit erste Landpflanzen, so genannte Nacktpflanzen oder Psilophytales. Allerdings ist das Datum ihres ersten Auftretens unter Paläobiologen umstritten.

460–440 Mio.

460–440

Auf der Nordhalbkugel der Erde falten sich hohe Gebirge auf. Diese Gebirgszüge gehören zur so genannten kaledonischen Orogenese. Im Zusammenhang mit ihrer Entstehung werden die Landmassen Nordeuropas, Grönlands und Nordamerikas zusammengeschweißt.

Die geologischen Verhältnisse begünstigen die Entstehung vielfältiger Lagerstättentypen wie Uranlager, Blei-, Zink- und Silberlagerstätten in Tongestein, Blei-Zink-Lagerstätten in Karbonatgestein, Kupferlagerstätten in Sedimentgesteinen sowie vulkanische Kieslager mit Kupfer, Zink und z. T. auch Blei, Silber und Gold. Durch magmatische Erzbildungen entstehen in der Tiefe Porphyr-Lagerstätten mit Kupfer, Molybdän und Gold. Auch Chromitlagerstätten mit Platinmetallen sowie Wolfram- und Antimonlagerstätten lassen sich nachweisen.

460–440

Weltweit setzt ein großes Artensterben ein. Dabei verschwinden auch ganze höhere systematische Einheiten, u. a. die Kopffüßer-Ordnungen Endoceraida und Ellesmerocerida sowie die Trilobiten-Ordnung Agnostida. → S. 25

um 450 Mio.

Durch verschiedene Phänomene wie die Auffaltung von Gebirgen, die Eintragung von Verwitterungsschutt durch die Flüsse in küstennahe Meeresgebiete oder Meeresspiegelschwankungen kommt es zu einer vielfältigen Untergliederung der Küstenlandschaften. Dadurch verändern sich maritime Lebensräume: Während einige durch Austrocknung, Erhöhung der Salzkonzentration im Wasser oder durch Verbracken verschwinden, entstehen neue Lebensräume in Meeresbuchten, neuartig strukturierten Gezeitenzonen etc.

440–420 Mio.

440–420 Mio.

Die Fische sind bereits mit einzelnen Klassen vertreten und werden nacheinander spätestens bis zum Obersilur belegbar. Neben der seit dem Oberkambrium (520–500 Mio.) bekannten Klasse Pteraspidomorpha der fischartigen Kieferlosen treten ab dem Silur die Cephalaspidomorpha mit den Unterklassen Osteostraci und Anaspida hinzu. Verbreitet im Untersilur sind auch bereits die sog. Stachelhaie (Acanthodii), einfach gebaute Fische mit einem verknöcherten Außenskelett.

440–410 Mio.

Während des gesamten Silurs herrscht in vielen Gebieten der Welt kräftiger Vulkanismus, vor allem auch Plutonismus (Eindringen von glutflüssigen Magmen in tiefere Bereiche der Erdkruste). → S. 26

um 420 Mio.

Die ersten Spinnentiere (Arachnida) treten in Erscheinung. Sie gehören zu den Gliederfüßern, besitzen einen deutlich zweigegliederten Körper und verfügen über acht Laufbeine. Die wohl frühesten Spinnentiere sind die räuberisch lebenden Meeresskorpione, die mitunter eine enorme Größe erreichen.

420–410 Mio.

420–410 Mio.

Die Festlandmassen der Erde verteilen sich auf zwei Großkontinente, einen Nord- und einen Südkontinent.

Mit der Besiedlung des Festlandes durch Landpflanzen sind die Voraussetzungen für die ersten größeren Kohlelagerstätten gegeben. Sie bilden sich in küstennahen Becken mit oberflächennahem Grundwasserspiegel oder in Mooren. Vorstufe der Kohle ist der Torf.

Als erstes tierisches Lebewesen verlässt der Skorpion Palaeophonus nuncius das Meer und lebt – zumindest zeitweise – auf dem Festland. Voraussetzung für sein Landleben ist die Besiedlung küstennaher Feuchtgebiete durch erste Landpflanzen.

Durch untermeerischen Vulkanismus und Plutonismus auf und in den Meeresböden kommt es zu umfangreichen Bildungen von Erzlagern und fossilen Kohlenwasserstoffen. Auch Eintragungen von Erosionsmassen durch die vom Festland in das Meer strömenden Flüsse sind als weitere Ursache der vermehrten Lagerstättenbildung zu erkennen. → S. 26

um 418 Mio.

Das Gebirgssystem der Ardennen faltet sich auf. Damit findet die große kaledonische Gebirgsbildungsära ihren Abschluss.

410–390 Mio.

um 410 Mio.

Die Quastenflosser (Crossopterygii), eine Oberordnung der Knochenfische, treten artenreich in Erscheinung. Wegen ihres Körperbaus werden sie von Paläozoologen als Vorfahren oder aber zumindest als nahe Verwandte der ersten Amphibien und damit aller Vierfüßer betrachtet. → S. 24

Mit den flügellosen »Urinsekten« (Apterygoten) ist erstmals die Überklasse Hexapoda (Insekten im weitesten Sinne) des Stammes der Gliederfüßer repräsentiert. Die Springschwänze (Collembolen), die als erste Vertreter dieser Überklasse fossilisieren, ähneln den heute lebenden Silberfischen. → S. 27

Mit der Klasse der Algenpilze (Phycomycetes), die zu den Schimmelpilzen zählt, lassen sich zum ersten Mal in der Erdgeschichte Pilze (Fungi) nachweisen. Unter Pilzbefall leiden höhere Landpflanzen.

410–360 Mio.

Auf der Südhalbkugel beginnt die Auflösung des größten einheitlichen Blocks des Südkontinents Gondwana. Es kommt zum Zerbrechen der kontinentalen Scholle und zur Entwicklung von Binnenmeeren, die die einzelnen Südkontinente zunehmend voneinander trennen.

390–375 Mio.

390–375 Mio.

Auf dem Nordkontinent zeichnet sich eine rasche Fortentwicklung der Landpflanzen ab: Bärlappgewächse, Schachtelhalme und erste Farngewächse breiten sich aus und bilden die typische Flora des Mitteldevon. → S. 27

390–360 Mio.

In den seit dem Unterdevon (410–390 Mio.) weit verbreiteten Geosynklinalgebieten tritt kräftiger untermeerischer Vulkanismus auf. → S. 26

375–360 Mio.

375–360 Mio.

Die geflügelten Insekten (Pterygoten) erscheinen und erobern als erste Lebewesen den Luftraum. Ihre Flügel sind Hautausstülpungen, deren Wände aus einer unteren und einer oberen Chitinlamelle bestehen. Zwischen beiden liegen Adern und Tracheen (Atmungsröhrchen) sowie Nerven. Im Oberkarbon taucht eine Vielzahl geflügelter Insekten ohne bekannte Vorformen auf. → S. 27

Die eigentliche Eroberung des Festlandes durch die Wirbeltiere beginnt. Als erste Vierfüßer (Tetrapoda) erscheinen an Land die Labyrinthodontia, eine Unterklasse der Amphibien, die in der Obertrias (um 220 Mio.) wieder ausstirbt. Ihren Namen verdanken sie einer faltenartigen (labyrinthodonten) Ausformung des Zahnschmelzes. Das älteste Amphibium der Welt, Ichthyostega (um 380 Mio.), gehört zu dieser Gruppe. Aus den Labyrinthodontiern entwickeln sich später alle Reptiliengruppen. → S. 27

375–360 Mio.

Die Landpflanzen entwickeln zunehmend große, von einem Adersystem durchzogene Laubblätter, die die bisher meist zerschlitzten und noch nicht ebenen Blätter ersetzen. Sie werden damit unabhängiger von ufernahen Feuchträumen. Paläobotaniker sprechen von einer typischen Oberdevonflora. → S. 27

Die Samenpflanzen (Spermatophyten) sind durch die Gruppen der Samenfarne und die mit den Nadelbäumen verwandten Cordaitales vertreten. Es sind Nacktsamer – höhere Pflanzen, die zapfenartige Fruchtstände hervorbringen. → S. 27

Auf allen Kontinenten herrscht ein gleichmäßig feuchtwarmes Klima. Ausgeprägte Florenprovinzen gibt es daher nicht.

Das Oberdevon ist eine Epoche großen Artensterbens. Auch viele höhere systematische Einheiten verschwinden. Zu den betroffenen Tieren zählen u. a. die vormals sehr artenreichen Trilobiten-Ordnungen Phacopida, Lichida und Odontopleurida, die Kieferlosen-Klasse Thelodonti sowie die Kieferlosen-Unterklassen Osteostraci und Anapsida, die Armfüßer-Ordnung Pentamerida, der gesamte Stachelhäuter-Unterstamm Homalozoa und die Stachelhäuter-Klasse Beutelstrahler sowie die Kopffüßer-Ordnung Discosorida. → S. 25

um 371 Mio.

Die ersten echten Haie (Cladoselachii) bevölkern die Meere. Sie gehören zur Klasse der Knorpelfische (Condrichthyes). Mit ihrem Auftreten ändert sich die Nahrungskette in den Meeren, denn die Haie sind gewandte Großraubfische.

um 360 Mio.

Unter den Landpflanzen sterben die Nacktpflanzen (Psilophytalen) aus, die als Erste das Festland besiedelt hatten. → S. 27

360–325 Mio.

360–320 Mio.

Im heutigen Grenzgebiet zwischen der Ukraine und Russland füllt sich das Donezbecken mit bedeutenden fossilienreichen Steinkohlelagern.

360–270 Mio.

Die Unterordnung Schuppenbaumgewächse (Lepidophyta) der Pflanzenordnung Lycopodiales ligulatae (Bärlappgewächse) ist mit zahlreichen Arten weit verbreitet. → S. 27

360–250 Mio.

Mit der Klasse der Farnsamer (Pteridospermophyta) erscheinen erste Vertreter der Nacktsamer und damit der Samenpflanzen überhaupt. Daneben kommen erste Ginkgogewächse und Cyadeen, palmenähnliche tropische Pflanzen, vor. In der Klasse der Cordaitenbäume, die vermutlich im Rotliegenden (290–270 Mio.) ausstirbt, zeigen Bäume erstmals ein echtes Dickenwachstum.

Eine große Formenfülle entwickeln die geflügelten Insekten (Unterklasse Pterygota). → S. 27

In gewässernahen Feuchträumen lebt die Amphibienordnung Aistopoda. Daneben treten die Ordnungen der Microsauria, Nectridea und Lysorophia der Unterklasse Lepospondyli auf – einfache Vierfüßer mit Hülsenwirbeln. Zudem erscheinen Vertreter der Amphibienordnungen Temnospondyli und Anthracosauria. → S. 27

325–290 Mio.

um 325 Mio.

Erste Exemplare der so genannten »Stammreptilien« (Cotylosauria) erscheinen. → S. 29

Die Insektenoberordnung der Libellen erscheint mit großwüchsigen Vertretern. → S. 28

325–290 Mio.

Das Klima in Europa und Nordamerika ist sehr niederschlagsreich. → S. 28

325–250 Mio.

Erstmals treten die Amphibienordnungen Nectrida und Microsauria, den Salamandern ähnliche kleine Amphibien, in Erscheinung. → S. 29

325–210 Mio.

Neuere Funde in Südafrika und Nordamerika lassen den Schluss zu, dass zu dieser Zeit eidechsenartige Reptilien (Ordnung Eosuchia) leben. → S. 29

325–185 Mio.

Die Reptilienunterklasse Synapsida – Tiere, die einen Übergang zu den Säugern darstellen – ist mit dem frühesten Pelycosauria vertreten. → S. 29

310–270 Mio.

Mit der Familie Lebachiaceae, die besonders im Rotliegenden weit verbreitet ist, entwickeln sich die ersten Nadelbäume (Koniferen). → S. 27

um 300 Mio.

In West- und Mitteleuropa kommt die Riesenlibelle Meganeura monyi mit 70 cm Flügelspannweite vor. → S. 28

um 300 Mio.

Als Abzweig des Weltmeeres (Panthalassa) öffnet sich das sog. Urmittelmeer, die Tethys.

300–290 Mio.

Tausende von Fischen und Vierfüßern (Amphibien) fossilisieren in Ohio im Vorkommen »Linton«. → S. 29

Das fossilienreiche Ruhrkohlenbecken entsteht.

um 290 Mio.

Zwischen Südafrika und Paraguay/Uruguay öffnet sich eine Meeresbucht.

In Europa wird das Klima deutlich trockener (arider). Die Panzerfische (Placodermi) sterben aus. Auch die letzten Vertreter der Stachelhäuterklasse Edrioasteroidea überleben die Karbon-Zeit nicht. → S. 28

Im Reich der Insekten entwickeln sich Steinfliegen, Schnabelfliegen und erste Netzflügler. Auch die ersten Käfer erscheinen mit heute meist ausgestorbenen Gattungen. Daneben bevölkern Geradflügler wie Heuschrecken, Ohrwürmer etc. die Erde. → S. 28

290–270 Mio.

290–270 Mio.

Wesentliche klimatographische und geographische Veränderungen treten ein: Nach einer langen Feuchtigkeitsperiode wird das Wetter im Unterperm – besonders auf der Nordhalbkugel – zunehmend trocken. Wüsten, Salzlagunen und Salzseen entwickeln sich, Steinsalz- und Kalilager entstehen. → S. 28

290–250 Mio.
Vertreter der Reptilienordnung Pareiasauria erscheinen. Einige Arten dieser großen Tiere mit kräftigen Gliedmaßen besitzen knöcherne Panzer. → S. 29

Die kühl-klimatischen Kohlengebiete Südafrikas rücken äquatorwärts vor und geraten damit in einen Klimawechsel. → S. 28

290–210 Mio.
Procolophonia, eine Unterordnung der Cotylosaurier mit zwei sehr unterschiedlichen kleinwüchsigen Reptilgruppen, sind in Europa und in Südafrika, vermutlich aber sogar weltweit verbreitet. In den Lagunen und Epikontinentalmeeren dieser Zeit leben Vertreter der Kopffüßerordnung Ceratitida. Diese Tiere mit planspiraligen Außengehäusen gehören zu den Ammonitenartigen. → S. 32

um 280 Mio.
In Mitteleuropa leben reptilartige Amphibien der Art Chelydosaurus germanicus sowie Amphibien der Art Discosauriscus pulcherrimus. → S. 29

In Nordamerika leben zahlreiche 3 bis 4 m große Echsen aus der Gruppe Pelycosauria. Daneben kommen kleine Raubreptilien der Art Varanosaurus acutirostis vor. → S. 29

In Südafrika erscheint eine der ersten Wasserechsen (Mesosaurus tenuidens). Die 1 m langen Fisch fressenden Echsen stammen als Reptilien nicht von Wasser-, sondern von Landtieren ab. Sie stellen die ersten Lebewesen dar, die vom Land ins Wasser zurückkehren und sich anatomisch wieder an diesen Lebensraum anpassen. → S. 29

270–250 Mio.

270–250 Mio.
Das Klima auf der Nordhalbkugel ist warm und z. T. ausgeprägt trocken. Dagegen ist der Südkontinent Gondwana von Vereisungen geprägt. → S. 28

In den ausgedehnten permischen Beckengebieten Europas, Nordamerikas und Sibiriens entstehen die bedeutendsten Salzlager der Erdgeschichte.

Als neue Reptilienunterklassen erscheinen die Lepidosauria sowie Archosauria und in Gestalt von Nothosauria (Ordnung Sauropterygia) sind erste Vertreter der Reptilien-Unterklasse Sauropterygomorpha nachweisbar. Nur im Oberperm leben Anomodontia, Mitglieder der Reptilien-Unterklasse Synapsida. → S. 32

270–230 Mio.
Im südafrikanischen Karroo-Becken lagern sich die kontinentalen Rotsedimente der sog. Beaufort-Gruppe ab. Sie konservieren zahlreiche Fossilien, darunter wichtige Entwicklungsstufen der säugerähnlichen Reptilien (Therapsida). → S. 32

270–210 Mio.
Im Nordosten Schottlands lagern sich – im Vorkommen Elgin – festländische Sedimente ab, die reichlich Fossilien führen, darunter auch die ersten britischen Dinosaurier. → S. 32

um 250 Mio.
Die meist kleinen Amphibien der Unterklasse Lepospondyli sterben aus. Aus der Unterklasse Labyrinthodonta verschwinden die Ordnungen Temnospondyli und Anthracosauria. → S. 29

um 250 Mio.
Die Reptilien der Unterordnungen Protothyromorpha und Paraiasauria überleben das Perm nicht. → S. 32

250–243 Mio.

250–243 Mio.
Die geologischen Verhältnisse begünstigen die Entstehung bedeutender Goldlagerstätten.

Mit dem Auftreten der Reptilienunterordnungen Mixosaurida und Shastasaurida setzt die Entwicklung der Fischsaurier (Ichthyosauria) sowie der gesamten Reptilien-Unterklasse Ichthyopterygia ein. → S. 36

Die Dinosaurier (»Herrscher-Reptilien«) bevölkern artenreich die Erde.

250–210 Mio.
Die ersten Schildkröten (Amphibienunterordnung Testudines) entwickeln sich. Sie sind Landbewohner.

243–230 Mio.

243–210 Mio.
In verschiedenen Teilen Europas entstehen große Erdgaslager.

Ein früher Fischsaurier der Gattung Mixosaurus lebt in Europa. Die Familie der Mixosauridae entwickeln eine Rückenflosse, besitzen aber noch nicht den fischähnlichen Flossenschwanz. → S. 36

230–210 Mio.

230–210 Mio.

Die säugetierähnlichen Reptilien (Therapsida) sind nur noch durch die Unterordnungen Cynodontia und Dicynodontia vertreten. Letztere überleben die Obertrias nicht. Aus den Cynodontia entwickeln sich die Säuger. → S. 34

Der Großkontinent Pangaea, der alle Landmassen der Welt umfasst, beginnt zu zerbrechen. Neben der Nord-Süd-Teilung durch die Tethys, das »Urmittelmeer«, zerteilen Riftsysteme vor allem den Südkontinent Gondwana.

Die Krokodilgattung Terrestrisuchus erscheint mit schlanken, hochbeinigen Tieren in Europa (Wales). → S. 35

In Italien erscheinen die ersten Flugsaurier und damit die ersten aktiv fliegenden Wirbeltiere. Sie gehören zur Ordnung Rhamphorhynchoidea.

um 210 Mio.

Erste Zweiflügler (Diptera), also Mücken und Fliegen, darunter auch zahlreiche Kohlschnaken, entwickeln sich. Die Diptera gehören zu den artenreichsten Insekten-Ordnungen. → S. 35

210–184 Mio.

210–184 Mio.

In den Flachmeeren leben Vertreter mehrerer Fischsaurierfamilien und anderer meeresbewohnender Reptilien. → S. 36

Unter den Krokodilen entwickeln sich über Zwischenformen »moderne« Formen, also solche, die den heute lebenden Krokodilen ähneln. → S. 35

210–184 Mio.

Nach einer scheinbaren Entwicklungslücke von rund 30 Mio. Jahren seit dem Froschvorgänger Triadobatrachus treten jetzt erste echte Frösche (Ordnung Anura) in Erscheinung.

In Ostgrönland gedeiht eine artenreiche Flora mit Farnen, Palmfarnen, Ginkgo-Gewächsen, Nadelbäumen und der eigentümlichen Pflanzengruppe der Caytoniales. → S. 35

184–160 Mio.

184–160 Mio.

Die Südkontinente, bis auf die Trennung von Südamerika und Afrika noch weitgehend im Gondwana-Komplex zusammengefasst, driften leicht südwärts.

Eine reichhaltige Florengemeinschaft gedeiht in der Antarktis im Gebiet von Graham-Land. Nadelbäume und Farne bestimmen die üppige Vegetation dieser südlichen Erdregion ebenso wie die der nördlichen Hemisphäre. Es zeichnet sich eine weltweite Entwicklung hin zu einem einheitlichen Charakter der Flora ab. → S. 35

Erstmals lässt sich die Existenz von Bedecktsamern nachweisen. Aus der Jurazeit überlieferte Pollen dienen als Beweis für das Vorkommen dieser Gewächse, die mit einem Fruchtknoten, der die Samen einschließt, ausgestattet sind. → S. 42

Mit Vertretern der Ordnung Eupantotheria erscheinen frühe Säugetiere, die als Vorfahren der meisten modernen Säuger wie auch der Beuteltiere gelten. → S. 34

184–140 Mio.

Das Meer dehnt sich in Form weiter flacher Binnenmeere und Lagunen über große Gebiete der Kontinente aus. Ein besonders großes Epikontinentalmeer greift vom Urmittelmeer Tethys auf Zentralarabien und Madagaskar über. Das europäische Epikontinentalmeer untergliedert sich in mehrere großräumige Senkungszonen. Besonders bedeutend ist die Norddeutsch-Polnische Senke. → S. 37

Der südliche Atlantik entwickelt sich von einer breiten Grabenzone zu Beginn des Juras zu einem weiten Ozean. Die Konsequenz ist ein Auseinanderdriften Afrikas und Südamerikas. → S. 37

160–140 Mio.

160–140 Mio.

Die Knochenfische (Teleostei) entwickeln sich zu den so genannten modernen Fischen weiter. → S. 43

In Europa, Afrika und Asien sind fliegende Reptilien mit Spannweiten um 1 m verbreitet. Sie gehören zur Unterordnung Rhamphorhynchoidea der Ordnung Pterosauria. Gegen Ende dieser Zeit werden sie von den größeren Vertretern der Unterordnung Pterodactyloidea abgelöst. → S. 40

Dutzende kleiner bis riesengroßer Dinosaurier sind weltweit verbreitet, darunter bekannte Giganten wie Diplodocus (26 m) und Apatosaurus (früher Brontosaurus, 21 m). Zu den kleineren, bis 2 m langen Gattungen zählen u. a. die Hypsilophodontiden und die Iguanodonten. → S. 40

160–140 Mio.

In Europa weit verbreitet sind die Plesiosaurier, eine Ordnung gedrungener, kurzschwänziger, meeresbewohnender Reptilien, die eine Körperlänge von bis zu 14 m erreichen. → S. 36

Die Blütezeit in der Entwicklung der Fleisch fressenden Dinosaurier beginnt. Die räuberischen Tiere gehören alle der Unterordnung Theropoda an und gliedern sich in die kleineren Coelurosaurier und die gewaltigen Carnosaurier. → S. 40

In Deutschland und Frankreich sind Compsognathus-Arten zu Hause, kleine wendige Saurierechsen (Coelurosauria), die als Fleischfresser leben. → S. 40

140–97 Mio.

140–97 Mio.

In Europa, Nordamerika, Asien, Afrika und auch in Antarktika leben zahlreiche Iguanodon-Arten. Dabei handelt es sich um Pflanzen fressende Dinosaurier, die zu den Ornithopoden (»Vogelfüßigen«) zählen und in Herden leben. → S. 41

Die Farngewächse bringen mehrere Formen hervor, darunter die Gruppe der im Sand wachsenden Weichseliaceae, ferner die in ihrer Belaubung an Ginkgogewächse erinnernde Gattung Acrostichopteris und die Unterordnung Schizaeaceae. Weit verbreitet sind in dieser Zeit die tropischen kletternden Farne der Unterordnung Gleicheniaceae. → S. 35

140–97 Mio.

Im Rahmen der langsam anlaufenden Artenvermehrung der Bedecktsamer entstehen einige Familien der Reihen Sumpfliliengewächse (Helobiae) und der Schraubenbaumgewächse (Pandanales). Es handelt sich um krautige Pflanzen, wie z. B. bei den Helobiae die Froschlöffelgewächse (Alismataceae) und die Laichkräuter (Potamogetonaceae). Die ersten Pandanales sind die in Japan verbreiteten Rohrkolben. → S. 42

Bedecktsamer sind auch unter den Bäumen vertreten. Sie gehören zu zwei Reihen, den Ranales mit Magnolie, Anona, Sassafras und Zimtbaum sowie den Weidengewächsen mit Weiden und Pappeln. → S. 42

140–80 Mio.

Erste Schlangen (Serpentes oder auch Ophidia) entwickeln sich. Ihr ältester bekannter Vertreter ist Pachyrhachis, ein 1 m langes wasserbewohnendes Reptil, das in Israel fossilisiert. → S. 43

97–60 Mio.

97–60 Mio.

Auf allen Kontinenten treten in großer Artenzahl Laubbäume auf. Mit ihrem Erscheinen kommt es zur ersten Ausbreitung von Laub- und Nadel-Laub-Mischwäldern.

66–55 Mio.

um 66 Mio.

Mit der Unterordnung Protogomorpha erscheinen frühe Stammformen der Nagetiere.

66–55 Mio.

Die ersten bedeutenden tertiären Braunkohlenlager entstehen in Europa, Asien und Nordamerika.

55–36 Mio.

55–50 Mio.

In vielen Faunen Amerikas und Europas stellen die »Urhuftiere« oder Condylarthra mit zahlreichen Arten rund 25 % aller Säugetiere. Aus ihnen entwickeln sich die beiden großen Gruppen der Huftiere (Ungulaten): die Paarhufer (Artiodactyla) und die Unpaarhufer (Perissodactyla). Erstere sind zunächst durch die Schweineartigen und frühen Kamele vertreten, Letztere durch Flusspferdeartige. → S. 47

Mit Formen, die bereits zu aktivem Steigflug in der Lage sind, erobern die Säugetiere den Luftraum. In Nordamerika und Europa erscheinen als erste Fledertiere (Chiroptera) die Fledermäuse (Microchiroptera) mit Formen, die den heute lebenden Arten schon weitgehend ähneln. → S. 51

55–36 Mio.

Die erste Entwicklungsexplosion (Radiation) der Landraubtiere (Fissipedia), einer Unterordnung der »echten« Raubtiere (Carnivora), setzt in Nordamerika, Europa und Asien ein. Die Tiere leiten sich von den Insektenfressern ab. → S. 50

In Afrika und Asien erscheinen erste Rüsseltiere. Sie entstehen vermutlich aus primitiven Huftieren, die in Indien vorkommen. → S. 46

55–36 Mio.

In der Alten und Neuen Welt kommen in Gestalt von Halbaffen zahlreiche frühe Primatenarten vor. → S. 51

Die Säugetiere entwickeln dem Leben im Meer angepasste Formen. Erste Wale (Cetacea) sind Vertreter der Gattung Pakicetus, die zu den Urwalen (Archaeoceti) zählen. → S. 50

36–24 Mio.

36–30 Mio.

In Afrika leben erste Rüsselspringer (Macroscelidea). Die Lebensweise dieser sehr spezialisierten Insektenfresser entspricht in etwa jener der Springmäuse. → S. 57

Die Primaten-Unterordnung Haplorhini spaltet sich in Neuweltaffen (Platyrrhini) und Altweltaffen (Catarrhini) auf. Unter den Letzteren finden sich in Ägypten erste Vorfahren von Menschenaffen in Gestalt von Aegyptopithecus. → S. 52

36–24 Mio.

In der Ordnung Insektenfresser (Insectivora) erscheint die artenarme Gruppe der Dimyliden, am Wasser lebende kleine Igelverwandte. → S. 57

Die Litopterna, pferdeähnliche Huftiere, sind in Südamerika verbreitet. Sie nehmen als Steppenbewohner viele Entwicklungsmerkmale der echten Pferde vorweg. → S. 52

36–24 Mio.

Zahlreiche Säugetierarten zeichnen sich durch Riesenwuchs aus. → S. 53

In Nordamerika leben erste Hundeartige. → S. 55

Ausgedehnte Waldlandschaften sind die charakteristische Vegetationsform Europas. An den Küsten gedeihen Mangrovenwälder, im Nordosten lichte Bernsteinwälder. → S. 56

In den Trockengürteln Nord- und Südamerikas breiten sich Baumsavannen aus. → S. 56

35–24 Mio.

Sowohl in Nordamerika als auch in Europa erscheint eine erste Familie der Katzenartigen, die Nimravidae. Ihre Vertreter zeichnen sich durch markante Säbelzähne aus. → S. 55

um 30 Mio.

In den Meeren der Nordhemisphäre erscheinen zum ersten Mal Meeresraubtiere, die Carnivoren-Unterordnung Pinnipedia. Diese Gruppe umfasst neben fossilen Familien die heutigen Ohrenrobben, Seebären und Seelöwen, Walrosse, Hundsrobben und Seehunde. → S. 57

30–24 Mio.

Die Pferdeartigen entwickeln größere Formen. Nach bisher nur etwa 20 cm hohen Tieren erscheinen jetzt Pferde von Windhundgröße in Nordamerika. Es handelt sich um Vertreter der Gattungen Mesohippus, Anchitherium und Parahippus. → S. 52

22–5 Mio.

22–19 Mio.

Storchen- oder flamingoähnlich ist der in Westeuropa lebende Watvogel Palaeolodus. Das Tier erreicht eine Schulterhöhe von ca. 40 cm. → S. 61

um 15 Mio.

Die nach Norden driftenden Erdkrustentafeln Afrikas und Arabiens verbinden sich mit der Eurasischen Tafel. → S. 61

14,9–14,7 Mio.

Ein Meteorit von über 500 m Durchmesser stürzt nahe der heutigen Stadt Nördlingen auf die Erde. Es entsteht der 23 km weite Ries-Krater. Ca. 200 000 Jahre später lässt ein erneuter Meteoriteneinschlag das 3,5 km weite Steinheimer Becken entstehen. → S. 60

um 14,5 Mio.

Im Großraum von Öhningen am Bodensee und in der Nordschweiz fossilisieren zahlreiche Fische. Darunter befinden sich Hechte, Rotaugen, Steinbeißer und Meergrundel. Neben Riesensalamandern und Reptilien versteinern ferner Paarhufer, Rüsseltiere, Nagetiere und andere Säuger. → S. 58

um 10 Mio.

Ohrenrobben, Walrosse und erste noch recht primitive Seelöwen besiedeln als neue Vertreter der Meeresraubtiere die Küsten der Ozeane. → S. 58

10–5 Mio.

Eine reiche Fischfauna bleibt im Mittelmeer in den Gebieten von Sizilien und Nordalgerien fossil erhalten. Von besonderem paläontologischem Interesse sind dabei die vielen – sonst eher raren – Versteinerungen zahlreicher Arten in der Tiefsee lebender Fische.

Evolution des Lebens auf der Erde

Vor etwa 15 Mrd. Jahren entstand das Universum in einem Prozess, dessen zeitliche und räumliche Dimensionen jenseits aller menschlicher Vorstellungskraft liegen. Aber es war keine Initialzündung, sondern ein langsames Vorglühen. 11 Mrd. Jahre später beginnt auf der ausgekühlten Erde das größte Abenteuer der Weltgeschichte: die Entwicklung des Lebens vom Einzeller bis zum Säugetier.

Die ersten Lebewesen

Über die Lebewesen des Präkambriums (4000–590 Mio.) wissen wir sehr wenig. Die ersten körperlichen Fossilien fand man in den sog. Onverwacht-Schichten (älter als 3,2 Mrd.) und in den Figtree-Sedimenten (3,1 Mrd.). Es sind Überreste länglicher und kugelförmiger Einzeller, die an Bakterien erinnern. Vor etwa 2,8 Mrd. Jahren fossilisieren als große, schalige Gesteinsknollen erstmals schichtförmig aufgebaute Stromatolithen. Ihre Urheber sind Cyanobakterien, die wahrscheinlich bereits die Fähigkeit zur Photosynthese besaßen.

Aus etwa 900 Jahrmillionen alten Schichten kennen die Wissenschaftler bereits Organismen mit Zellkernen (Eukaryoten), z. B. Grünalgen. Aus ihnen entwickeln sich später alle vielzelligen Pflanzen und Tiere, letztlich auch der Mensch. Im jüngsten Präkambrium lebt schließlich beinahe überall auf der Welt schon eine Vielzahl mehrzelliger Tiere mit organisierter Zellstruktur: quallenartige Wesen, grazile »Seefedern«, frühe Stachelhäuter und vielleicht auch schon Ringelwürmer. Gegen Ende des Präkambriums treten schließlich die ersten winzigen Organismen auf, die als Vorformen eines Skeletts organische Hartteile entwickeln.

Auch im Kambrium (590–500 Mio. Jahre) gibt es noch keine Landlebewesen. Die Pflanzenwelt beschränkt sich weiterhin auf marine Algen und niedrige Pilze. Darüber hinaus erscheinen alle wesentlichen Gruppen der wirbellosen Tiere. Das Pflanzenreich wird auch im Ordovizium (500–440 Mio.) noch vollkommen von Algen beherrscht. In manchen Gebieten, etwa im Baltikum und in England, treten sie als Kalkalgen gesteinsbildend in Erscheinung. In der Tierwelt bestimmen in großer Überzahl noch die Wirbellosen das Bild. Daneben vermehren sich auch die frühen Wirbeltiere in Gestalt der fischähnlichen Kieferlosen (Agnatha). Von herausragender Bedeutung für das Ordovizium sind die Trilobitenarten (Gliederfüßer). Die neuen Formen fallen durch höher entwickelte Augen und durch eine geringere Zahl von Rumpfgliedern auf.

Tiere und Pflanzen erobern Festland

Zu Beginn des Silur (440–410 Mio.) beschränken sich Pflanzen und Tiere noch immer auf das Meer als Lebensraum. Die wichtigste Tiergruppe stellen nach wie vor die Wirbellosen. Einige Tierarten entwickeln ein enormes Größenwachstum. Äußerst bemerkenswert ist die Weiterentwicklung der Fische. Neben den Kieferlosen erscheinen gegen Ende des Silurs alle eigentlichen Fischklassen.

Der wohl bedeutendste evolutionäre Schritt besteht aber darin, dass das Leben im Obersilur beginnt, das Festland zu erobern. Zunächst sind es Nacktpflanzen, die sich als Vorfahren aller Landpflanzen zeigen. Ihnen folgen rasch die ersten Tiere in den neuen Lebensraum, anfangs allerdings noch auf wassernahe Feuchtgebiete beschränkt. So gehen erste Gliederfüßer an Land.

Das Devon (410–360 Mio.) ist die große Epoche der Besiedlung des Festlandes. Das allerdings bringt die revolutionierende Umgestaltung anatomischer Baupläne mit sich und in diesem Sinne entstehen zahlreiche neue Pflanzen- und Tierklassen: Charophyten oder »Armleuchtergewächse« (Algen), Bärlappe, Schachtelhalme, Farnartige, Amphibien u. a.

In den Meeren erleben die Trilobiten eine zweite und letzte Blütezeit. Einmalig günstige Lebensbedingungen finden auch die Stachelhäuter vor, besonders Seesterne und Seelilien. Ab dem Mitteldevon tauchen insbesondere in großer Zahl ammonitenartige Kopffüßer auf.

Auch die Fische entwickeln sich weiter und unter ihnen erscheinen im Oberdevon die Crossopterygier mit Lungenmerkmalen und Vorformen von Fußgliedmaßen.

Insekten entwickeln Riesenformen

Im Karbon (360–290 Mio.) lässt sich ein regelrechter Florensprung beobachten. Dominierend sind die Bärlappgewächse mit den mächtigen Siegelbäumen und den kleineren Schuppenbäumen. Die wichtigste Entwicklung der Pflanzenwelt betrifft den Übergang zur Samenbildung. Bedeutend in dieser Hinsicht sind die Farnsamer, die Cordaiten und gegen Ende des Oberkarbons die ersten Nadelbäume.

Bei den Tieren dominieren noch immer die Meeresbewohner. Die im Devon aus den Quastenflossern hervorgegangenen Amphibien entfalten sich besonders rasch weiter. Aus ihnen entwickeln sich die Reptilien. Ein besonders starker Aufschwung kennzeichnet die Entwicklung der Insekten, unter denen Riesenformen mit bis zu 75 cm Flügelspannweite auftreten.

Die Fauna des Perm (290–250 Mio.) erliegt der zunehmenden Trockenheit des Rotliegenden. Die Pflanzen sind jedoch an der Entstehung der unterpermischen Steinkohlenlager beteiligt. Kennzeichnend für die Weiterentwicklung der Nacktsamer ist die rasche Verbreitung der Nadelhölzer. Bei den Kopffüßern treten die Ammoniten in den Vordergrund. Die Gliederfüßer bringen die letzten Trilobiten hervor. Auf dem Festland sind Insekten häufig. Die Wirbeltiere sind mit zahlreichen Meeres-, Lagunen- und Süßwasserarten vertreten, aber es finden sich auch weiterentwickelte Amphibien und zunehmend an das Landleben angepasste Reptilien.

Die Festlandvegetation des Trias (250–210 Mio.) zeigt eine für trockene Klimate typische Artenarmut. Vor allem großblättrige Formen fehlen weitgehend. Im Tierreich entstehen zahlreiche neue Reptilienformen, u. a. verschiedene Sauriergruppen, die Schildkröten und die Krokodile. Paläozoologisch am bedeutendsten ist aber das Auftreten erster, wenngleich nur rattengroßer Säugetiere.

Blütezeit der Saurier

In den warmen Meeren des Jura (210–140 Mio.) sind vor allem Algen verbreitet. Die Landvegetation bietet ohne überraschende Veränderungen weiter das aus der Trias gewohnte Bild. Neu unter den Nadelbäumen sind die Zypressen und Araukarien. Das große Reich der Insekten wird durch Schmetterlinge und Zweiflügler ergänzt. Bei den Krebsen treten kleine Muschelkrebse in den Vordergrund. Besonders im höheren Jura schreitet die Entwicklung der Wirbeltiere rasch voran. Eine ausgesprochene Blütezeit erleben die zunehmend spezialisierten Reptilien, unter ihnen vor allem die landbewohnenden Dinosaurier. Der bedeutendste Entwicklungsschritt bei den Wirbeltieren zeigt sich im Auftreten des Urvogels Archaeopteryx.

In der Kreide (140–66 Mio.) wandelt sich die Flora grundlegend. Von großer Bedeutung ist das Auftreten der Bedecktsamer, den frühesten Verwandten der modernen Laubgewächse. Für die Weichtiere bedeutet die Kreide einen entscheidenden Einschnitt: Zahlreiche Formen sterben aus. Fische treten erstmals in großen Schwärmen auf. Bei den Reptilien entwickeln die Dinosaurier mit dem räuberischen Tyrannosaurus, dem Flugsaurier Pteranodon und Pflanzenfressern wie Brontosaurus ihre gewaltigsten Formen, bevor sie aussterben.

Die Zeit der Säuger bricht an

Den Schritt vom Erdmittelalter zur Erdneuzeit im Tertiär (66–1,7 Mio.) haben die Pflanzen schon früher vollzogen als die Tiere. Der Wechsel der Tierwelt in die Erdneuzeit (Känozoikum) beginnt mit dem Aussterben vieler Formen, u. a. zahlreicher Kopffüßer und Muschelgruppen. Das völlige Verschwinden der Saurier beendet die Dominanz der Reptilien unter den Wirbeltieren, aber auch große Meeresechsen überleben die Kreide nicht. Stattdessen beginnt die Blütezeit der Säugetiere, die bereits in der Kreide durch vielfältige Vorläufer eine Basis für ihre Entwicklung gefunden haben. Schon im Eozän (55–36 Mio.) sind bereits alle heutigen Ordnungen repräsentiert.

Ein- und Mehrzeller im Wasser

Das Leben auf der Erde beginnt sich zu entwickeln. Nachdem bereits für die Zeit um 1500 Mio. Frühformen in Form von Schwämmen nachweisbar sind, treten nun vermehrt tierische Mikroorganismen auf.

■ **900–590 Mio.:** Gemeinsam ist den Urtierchen oder Protozoen, dass sie sich zwar nur aus einer einzigen tierischen Körperzelle mit Zellkern aufbauen, dieser einen Zelle aber die Bedeutung eines selbständigen Individuums zukommt. Einzelne Zellteile haben sich zu Organellen entwickelt, die bestimmte Funktionen übernehmen: Bewegung, Ernährung, Ausscheidung, Atmung, Schutz, Reizaufnahme und Reizleitung. Die Fortpflanzung geschieht geschlechtlich mittels Kernverschmelzung oder ungeschlechtlich durch Zellteilung in zwei oder mehrere Tochterzellen. In der Regel wechseln sich beide Formen der Vermehrung ab. Manche Protozoen – wie die Wurzelfüßer und die Radiolarien – bilden kalkige oder kieselsaure Stütz- und Schutzskelette aus.

Alle Protozoen leben im Wasser, kommen aber wegen ihrer meist winzigen Dimensionen (im Durchschnitt 2 nm bis 1 mm) selbst mit geringsten Wassermengen aus. Ihre Nahrung nehmen die Wurzelfüßer durch formveränderliche Fortsätze (Pseudopodien) auf.

Systematik der Lebewesen

Die Großeinteilung der Lebewesen unterscheidet zwischen den Prokaryoten (winzigen Einzellern ohne Zellkern) und den Eukaryoten (Lebewesen mit Zellkernen). Die Eukaryoten gliedern sich in die Reiche der Einzeller, der Pilzartigen, der Pflanzen und der Tiere. Die jetzt entstehenden Urtiere gehören zu den Einzellern und dort in das Unterreich der Protozoa, vorwiegend von organischer Substanz lebender Einzeller. Dieses Unterreich wiederum gliedert sich in Stämme, Klassen und Unterordnungen. Im Oberproterozoikum sind vermutlich die Wurzelfüßer und die Radiolarien vertreten.

Erste mehrzellige tierische Organismen fossilisieren zwischen 900 und 590 Mio. Jahren in Namibia in der sog. Nama-Gesteinsgruppe. Ähnliche Organismen existieren um dieselbe Zeit im Bereich der La-Tinta-Gruppe Brasiliens. Vor etwa 700 bis 600 Jahrmillionen leben mehrzellige, an Ringelwürmer erinnernde Tiere auch in der sog. Fauna von Ediacara in Australien.

Zwei Vertreter der Ediacara-Fauna Australiens: Dickinsonia minima (links) und Spriggina floundersi (rechts)

Eine seltene medusenartige Form der Ediacara-Fauna repräsentiert Medusinites asteroides (links). Rechts eine präkambrische Art des Nama-Systems, Rangea schneiderhöhni.

Gelehrtenstreit um den »Faunenschnitt«

In der älteren paläontologischen Literatur wird vielfach betont, dass sich zur Zeitenwende zwischen Präkambrium und Paläozoikum, also vor rund 590 Jahrmillionen, ein »Faunenschnitt« ereignet: Die Urformen tierischen Lebens, wie sie etwa in der Ediacara-Fauna erschienen, sterben rasch aus, während eine Vielfalt neuer tierischer Lebensformen auftritt, deren Nachfahren sich großteils bis heute erhalten haben. Dieser Lehrmeinung ist mit Skepsis zu begegnen.

Einerseits hat sich gezeigt, dass die Ediacara-Faunen keineswegs nur auf einen Fundort (Ediacara-Hügel) in Südaustralien beschränkt, sondern mit rund 25 verschiedenen Arten an vielen Stellen der Erde verbreitet waren, somit also eine massive und nicht nur sporadische Entwicklung mehrzelliger Tiere (Metazoen) bereits im Oberproterozoikum einsetzte. Zum anderen werden mehrere Vertreter späterer, auch für das Kambrium als typisch geltender Faunen, von einigen Wissenschaftlern schon dem Ende des Oberproterozoikums zugerechnet, darunter verschiedene Hohltiere und Gliederfüßer. Von manchen Autoren wird das präkambrische Alter dieser Einzelvorkommen sogar bezweifelt.

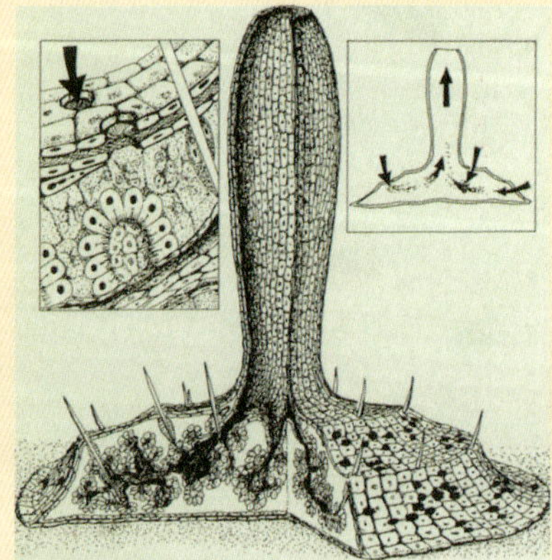

Schematische Darstellung eines Schwammes: Das Bild in der Mitte zeigt den Körper mit seinem zentralen Hohlraum. Links: Schnitt durch die Wandung des Hohlkörpers mit zwei Poren oder Einströmöffnungen (Pfeil). Rechts: Darstellung des Atemwasserstroms von den Poren bis zur Ausströmung.

Der Dichter Johann Wolfgang von Goethe (1749–1832) philosophiert in »Faust II« über den Ursprung des Lebens:
»Alles ist aus dem Wasser entsprungen! Alles wird durch das Wasser erhalten!«

Urmollusk ist Mutter aller Weichtiere

Der Stamm der Weichtiere, die zu den Bauchmarktieren (Deuterostomia) gehören, wird in zwei Unterstämme gegliedert: in die besonders urtümlichen Amphineura und in die Conchifera.

■ **590–545 Mio.:** Aus einem auf Meeresböden vorkommenden Urmollusk (Urweichtier) entwickeln sich die noch ausschließlich im Wasser lebenden Weichtiere der Käferschnecken, Schnecken, Muscheln, Kopf- und Grabfüßer. Die Weichtiere (Stamm Mollusca) haben einen nicht in Segmente unterteilten Körper, bei dem in der Regel Kopf, Rumpf mit Eingeweidesack, Mantel und ein auf der Unterseite (ventral) gelegener muskulöser Fuß mehr oder weniger ineinander übergehen. Der Mantel ist eine von der Rückseite (Dorsalseite) ausgehende Hautfalte, die den Rumpf umgibt. Zwischen Rumpf und Mantel entsteht so eine Mantelhöhle, in der sich bei den meisten Formen eine oder mehrere Kiemen befinden. Der Mund kann mit einem schnabelartigen Kiefer ausgestattet sein; am Beginn des Schlundes befindet sich meist eine Reibeplatte (Radula). Die Rückseite des Körpers und der Mantel scheiden bei den meisten Mollusken eine mehrschichtige Kalkschale als äußeres Skelett ab.

Je nach Ausbildung der Nerven, der Kiemen und der Schale sowie dem Vorhandensein oder Fehlen der Reibeplatte teilt man die Weichtiere systematisch ein. Der erste Unterstamm umfasst die Urmollusken (Amphineura), zweiseitig symmetrische Weichtiere, deren Körper nur eine stachelige so genannte Cuticula und gegebenenfalls zusätzliche Kalkplatten schützen.

Zum zweiten Unterstamm, Schalenträger (Conchifera), gehören als erste Klasse die »Einplattenträger« (Monoplacophora), die bereits im Unterkambrium auftreten. Sie besitzen eingerollte Kalkgehäuse und sind streng zweiseitig symmetrisch ausgebildet.

Die zweite Klasse bilden die Schnecken (Gastropoda). Ihre Kennzeichen sind ein normalerweise asymmetrischer Körper und ein spiralig oder schraubenförmig gewundenes Gehäuse aus Kalk.

Die dritte Klasse, die Kahn- oder Grabfüßer (Scaphopoda), besitzen röhrenförmig gestreckte Gehäuse, mit denen die Tiere schräg im weichen Bodensediment der Meere stecken. Sie sind besonders ab Karbon (ab 360 Mio.) vertreten.

Die vierte Klasse umfasst die Muscheln (Bivalvia), die zunächst ganz vereinzelt mit nicht immer sicheren Formen auftreten. Der Kopf fehlt bei ihnen, den Weichkörper umschließt eine zweiklappige Kalkschale.

Die fünfte, vereinzelt ab Oberkambrium (520–500 Mio.) vorkommende Klasse stellen die Kopffüßer (Cephalopoda). Ihre Entwicklung setzt im Wesentlichen aber erst im Ordovizium (500–440 Mio.) ein.

Die sechste Klasse, Rostroconchia, erscheint im Unterkambrium und stirbt im Perm (290–250 Mio.) wieder aus.

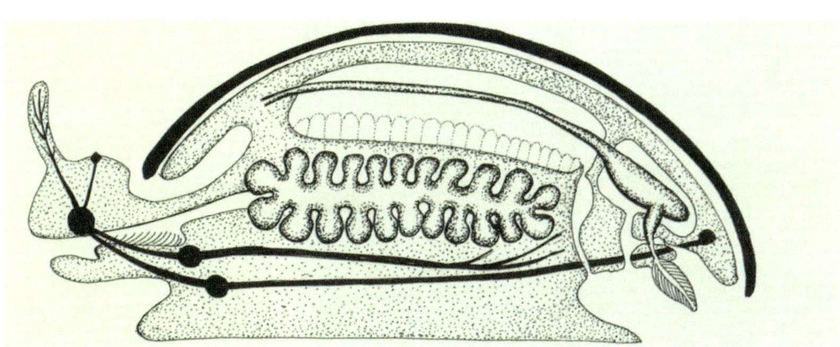

Schema der Urschnecke: Nervenbahnen, Verdauungstrakt, Höhlen mit Geschlechtsdrüsen und Herz (von unten nach oben)

Gliederfüsser bilden 100000 Arten

Die Ursprünge der Gliederfüßer liegen noch im Verborgenen. Auf das Erdaltertum beschränkt sich die bedeutende Überklasse der Trilobitenförmigen.

■ **590 Mio.:** Fast explosionsartig entsteht eine große Formenvielfalt an Gliederfüßern (Arthropoda). Mit etwa 1500 Gattungen und wahrscheinlich weit über 100 000 Arten ist die Überklasse der Trilobitomorpha ungeheuer artenreich. Durch ihre mineralisierten Panzer sind sie gut erhaltungsfähig. Aufgrund dieser Eigenschaft, ihrer relativ leichten Bestimmbarkeit und raschen Entwicklung stellen sie viele Leitfossilien.

Während ihrer Entwicklung durchlaufen die Trilobiten nach dem Schlüpfen aus dem Ei bis zu 30 Larvenstadien, denen jeweils eine Häutung folgt. Mit diesen Häutungen geht eine Vermehrung vor allem der gegeneinander beweglichen mittleren Segmente sowie eine Veränderung des Kopf- und Schwanzschildes einher, bis schließlich die endgültige Form des erwachsenen Tieres erreicht ist. Manche frühen Ordnungen (z.B. Agnostida) haben nur zwei bis drei Rückensegmente, andere (z.B. Redlichiida) besitzen eine große Zahl davon.

Die Trilobiten leben zum größten Teil am Boden sauerstoffreicher Flachmeere. Blinde Formen wühlen wahrscheinlich in lockeren Sedimenten. Sie fressen kleine pflanzliche und tierische Reste.

Armfüsser leben im Meer

Im Tierstamm der Armfüßer (Brachiopoden), der sich bereits im Oberproterozoikum (900–590 Mio.) entwickelt hat, erscheinen jetzt drei Ordnungen. Während des gesamten Paläozoikums erleben die Armfüßer eine große Blütezeit. Bis heute überleben nur vier Ordnungen.

Armfüßer kommen praktisch in allen Meeren vor. Wegen ihrer großen Artenhäufigkeit in frühen erdgeschichtlichen Zeiträumen gelten sie als wichtige Leitfossilien. Die Brachiopoden leben benthisch, d.h. auf dem Meeresboden, sind auf diesem festgewachsen und ernähren sich von Schwebeteilchen. Um die Nahrungspartikel aus dem Wasser herauszufiltern, erzeugen sie mit rhythmisch schlagenden Wimpern, die auf Tentakeln des Armgerüstes im vorderen Raum zwischen ihren Klappen sitzen, einen Strudel, der das Wasser durch die Klappen strömen lässt. Die Tentakelwimpern filtern die Nahrungsteilchen heraus, die dann über eine Rinne in den zwei Tentakel tragenden Armen zum Mund gelangen. Der Name Armfüßer beruht darauf, dass frühere Überlegungen davon ausgingen, ihre »Arme« seien wie bei den Muscheln »Füße«.

Hydrocephalus carens, ein Kopffüßer

Armfüßer Uncites gryphus, Oberes Mitteldevon

Fische bevölkern Flüsse, Seen und Meere

Neben den bereits seit dem Oberkambrium vertretenen fischähnlichen Kieferlosen (Agnatha), von denen sich die beiden Unterklassen Osteostraci und Anaspida neu abspalten, tauchen auf der Erde die ersten »echten« Fische mit Kiefer auf.

■ **440–410 Mio.:** Die vier wichtigsten Klassen der Fische und Fischartigen sind in nennenswerter Zahl vertreten. Sie sind nacheinander bis spätestens zum Obersilur (440–420 Mio.) nachweisbar. Frühe Formen der Panzerfische (Placodermi) gehören zu den ältesten kiefertragenden Fischen. Ihr Gesamterscheinungsbild mit den stark verknöcherten Hautpartien ähnelt noch jenem der kambrischen Kieferlosen. Wahrscheinlich sind sie im Süßwasser entstanden, bevor sie später im Devon (410 bis 360 Mio.) in größerer Artenzahl ins Meer vordringen.

Fischähnliche Kieferlose sind die ersten Wirbeltiere auf der Erde: hier eine Rekonstruktion der Gattung Dartmuthia.

Die ersten kiefertragenden Wirbeltiere sind Stachelhaie (Exemplar der Gattung Climatius).

Knorpelfische besitzen nicht nur einen Kiefer, sondern auch Zähne. Die abgebildete Gattung Cladoselache ist besonders im Oberdevon Nordamerikas verbreitet.

Diese Moythomasia-Art aus dem Mitteldevon gehört zu den Knochenfischen, den weitaus lebenstüchtigsten frühen Wirbeltieren.

Im Obersilur (420–410 Mio.) erscheinen die Stachelhaie (Acanthodii) – keine echten Haie, sondern relativ primitive Fische mit einem Außenskelett, das aus echten Knochen besteht. Auffällig ist ein kräftiger Stachel vor jeder Flosse. Sie sind vermutlich die Vorfahren der Knochenfische, haben ihre Blütezeit im Unterdevon (410–390 Mio.) und sterben bereits im Perm wieder aus. Die so genannten höheren Knochenfische (Osteichthyes) treten im Obersilur (420–410 Mio.) sehr plötzlich in Erscheinung. Man nimmt daher an, dass sich die ersten Stadien ihrer Entwicklung im Untersilur (440–420 Mio.) in den Oberläufen von Flusssys-temen abspielen. Diese Gebiete sind meist Erosionsregionen mit sehr schlechter Fossilienerhaltung. Die ersten Knochenfische zeichnen sich durch eine Art Lungensäcke aus, die als Ausstülpung des Vorderdarms angelegt sind. Diese »Lungen« existieren parallel zu einem Kiemenapparat. Das Skelett der Fische ist meist gut verknöchert.

Als weitere Klasse erscheinen die Knorpelfische (Chondrichthyes), zu denen heute die Haie und Rochen zählen. Sie entwickeln kein Knochengewebe, weswegen sich fossile Reste oft nur auf die Zähne beschränken. Als große Gruppe machen sich die Knorpelfische im Devon bemerkbar, doch dürften sich ihre Ahnformen im Mittelsilur von den Panzerfischen ableiten.

Als erste Vertreter der Spinnentier-Klasse (Arachnida) erscheinen die Meeresskorpione. Die Arachniden sind sog. Fühlerlose (Chelicerata: Scherenhörnler), zu denen u. a. auch die älteren Schwertschwänze (Xiphosura) gehören. Ihr Körper ist deutlich zweigegliedert. Er besteht aus dem Prosoma, das in einer Einheit Kopf und Brust umfasst, und dem Opisthosoma, dem Hinterleib. Eines der beiden vorderen Extremitätenpaare trägt Scheren (Chelae). Ein weiteres hat die Funktion von Tastern, die entwicklungsgeschichtlich zunächst der Fortbewegung dienten, bis sie sich weitgehend zu Greif-, Kau- oder Sinnesorganen umwandelten. Die Arachnida besitzen acht Laufbeine. Ihr Hinterleib, von dem keine Gliedmaßen ausgehen, baut sich aus bis zu zwölf Segmenten auf. An seiner Unterseite liegen bei den Luft atmenden Spinnentieren vier Paar Atemöffnungen oder Stigmen, die in die als Fächertracheen entwickelten Atmungsorgane führen. Die Meeresskorpione, die zum Teil eine beachtliche Größe erreichen können, leben räuberisch. Sie ernähren sich von kleinen Beutetieren, sind getrennt geschlechtlich und bringen lebendige Jungen zur Welt, d. h., die vollständige Entwicklung der Eier vollzieht sich im Muttertier. Für die Paläontologen sind die Spinnentiere von besonderer Bedeutung: Einer ihrer Vertreter, der Seeskorpion Palaeophonus nuntius, gilt als das erste tierische Lebewesen, das sich vom Wasser aus im Obersilur einen neuen Lebensraum erobert – das Festland.

·· Quastenflosser als Vorfahren? ··

Die im Unteren Devon auftretenden Quastenflosser werden von vielen Paläontologen als Vorfahren der Vierfüßer und damit des Menschen angesehen. Diese Annahme bezieht sich zum einen darauf, dass ihr Zahnbild und der Aufbau ihres Schädels der Anatomie der ersten Amphibien entsprechen. Außerdem lässt sich ein blasiges Organ nachweisen, das als eine Art Lunge interpretiert wird. Lange Zeit nahm man an, die Quastenflosser seien vor etwa 60 Mio. Jahren ausgestorben. Doch 1938 und 1952 fand man lebende Exemplare und 1987 beobachtete der deutsche Zoologe Hans Fricke lebende Quastenflosser der Gattung Latimeria in der Nähe der Komoren.

Algen als Nahrung

Die Meeresflora beschränkt sich zur Zeit des Kambrium auf zahlreiche Algenarten, die bereits in großen Mengen die Meere bevölkern. Algen sind damit die ältesten Pflanzen der Welt. Sie legen die Grundlage für die Entwicklung des Lebens.

■ **545–520 Mio.:** Im Kambrium bevölkern zunehmend höhere Algen die Meere: Rotalgen (Rhodophyta), Grünalgen (Chlorophyta) und andere Mehrzeller. Genaue Angaben über ihre Zahl fehlen zwar, doch müssen sie bereits in großer Zahl vorhanden sein, denn sie bilden die Nahrungsgrundlage für das zu diesem Zeitpunkt schon sehr artenreiche tierische Leben.

Der Begriff Algen beschreibt keine natürliche Pflanzengruppe im biologischen System. Er umfasst sehr unterschiedliche autotroph (also von anorganischer Materie) lebende ein- und mehrzellige Organismen. Früher wurden hierzu auch die Eisenbakterien und Cyanobakterien (als so genannte Blaualgen oder Blaugrünalgen) gerechnet, die schon im Mittelproterozoikum (1700–900 Mio.) auftraten.

Frühe Wirbeltiere

Neben den in der Tierwelt dominierenden Wirbellosen (Invertebraten), deren Gesamt- und Artenzahl weiter zunimmt, vermehren sich die bereits im späten Kambrium vertretenen frühen Wirbeltiere in Gestalt der fischähnlichen Kieferlosen.

■ **500–440 Mio.:** In den dunklen Tonsedimenten der tieferen, stilleren Meeresregionen fossilisieren Graptolithen, Kolonien bildende Kragentiere aus der Familie der Wirbellosen. Zu ihrer schon im Kambrium vorkommenden Ordnung der Dendroidea kommt die Ordnung Graptoloidea hinzu, die im gesamten Ordovizium und im Silur wichtige Leitfossilien liefert. Die ersten fischähnlichen Wirbeltiere der Zeit besitzen kaum ausgebildete Flossen und keine Kiemen, dafür aber Saugmäuler und Hornzungen.

Fossile Panzerplatte eines Heterostracen, eines fischartigen Kieferlosen

Grosses Artensterben: Zufall oder Plan?

In der ganzen Welt sterben zahlreiche Formen tierischen Lebens aus. Zwar ist die hohe Aussterberate unumstritten, doch sind die Ursachen für diese einschneidenden Artenverluste bis heute noch nicht ausreichend geklärt.

■ **460–440 Mio.:** Ein großes Artensterben setzt auf der Erde ein. Auch ganze Ordnungen und Unterklassen verschwinden, darunter die Kopffüßer-Unterklasse Endoceratoidea, die Kopffüßer-Ordnung Ellesmerocerida und die Trilobiten-Ordnung Agnostida. Dass Tierarten aussterben ist an sich nicht ungewöhnlich. Normalerweise ist die Rate dieses Artensterbens aber – von statistischen Schwankungen abgesehen – in etwa konstant. Das gilt jedenfalls für in sich abgeschlossene geologische Systeme und innerhalb ökologisch homogener Gruppen von Tieren. Die »normale« Aussterberate liegt in der Erdneuzeit (abgesehen von Eingriffen des Menschen in allerjüngster Zeit) bei 2 % pro 1 Mio. Jahre. Man geht davon aus, dass sie im Kambrium (590–500 Mio.) bei 4,2 % lag und seither kontinuierlich gesunken ist.

Dieses in etwa konstante Aussterben wird durch mehrere Phasen großen Aussterbens unterbrochen. Fünf dieser Epochen sind bekannt:

- Oberordovizium (460–440 Mio.)
- Oberdevon (375–360 Mio.)
- Grenze Perm/Trias (um 250 Mio.)
- Obertrias (230–210 Mio.)
- Grenze Kreide/Tertiär (um 66 Mio.)

Ein Artensterben kann ausgelöst werden durch:

1. endogene Ursachen (Veränderungen im oberen Erdmantel, tektonische Ereignisse, Vulkanismus, Kontinentaldrift, Umpolung des Erdmagnetfeldes);
2. exogene Ursachen (Klimaänderungen, Änderung des Meeresspiegels, Meeresströmungen, Versalzung (Salinität), Ozeanvergiftung);
3. extraterrestrische Ursachen (kosmische Ereignisse wie Supernovae, Meteoriteneinschläge, Strahlung).

Einer Ära erdgeschichtlichen Aussterbens folgte nachweisbar stets eine Phase rascher Weiterentwicklung. Ob diese wechselnden Phasen bestimmten Gesetzmäßigkeiten unterliegen, ist eine offene Frage. Eine allgemeine Evolutionstheorie, in der sich Erkenntnisse der Paläontologen und der Biologen (Neontologen) widerspruchsfrei vereinen ließen, gibt es noch nicht.

Allgemein geht man davon aus, dass die Entwicklung neuer Lebensformen durch ein Zusammenwirken zufälliger genetischer Mutationen und darauf folgender Selektion durch Umwelteinflüsse bestimmt wird. Auf einen Nenner gebracht bedeutet das: Durch natürliche Auswahlmechanismen werden die für das Überleben am besten geeigneten Zufallsprodukte der Mutationen bevorzugt.

Nichtbiologen unter den Naturwissenschaftlern (Physiker, Informatiker, Mathematiker) stehen dieser Auffassung zum Teil sehr skeptisch gegenüber. Ihr Gegenargument: Zufällige Veränderungen eines größeren Datensatzes (des genetischen Materials) führen niemals zu höheren Ordnungsprinzipien, sondern zu immer strukturloseren Datenansammlungen.

Gegen Ende des Ordoviziums sterben u. a. die Vertreter der Trilobiten-Ordnung aus: hier ein Agnostus (rechts) neben einem Trilobiten der kambrischen Gattung Elrathia.

VULKANISMUS: URGEWALT AUS DEM ERDINNERN

Vulkanismus, bei dem glühendes flüssiges Tiefengestein als Magma an die Erdoberfläche gelangt, prägt viele Regionen der Erde. Seine Lavaströme bestimmen das Aussehen ganzer Landschaften, die radikal ihr Gesicht verändern.

■ **440–410 Mio.:** Innerhalb bestimmter Zonen großer Brüche, die die Erdkruste durchziehen, entsteht Vulkanismus. Dabei lassen sich im Wesentlichen zwei Typen von Vulkanismus unterscheiden: In den Hebungszonen der Kettengebirge herrscht stark explosiver Vulkanismus vor. Auf den schon verfestigten alten Sockeln und auf dem Meeresboden dominiert dagegen Vulkanismus, der durch größtenteils ruhigen Ausfluss dünnflüssiger Lavamassen gekennzeichnet ist. Dieser Unterschied hat seine Ursache in zwei verschiedenen Magmatypen. Das so genannte primäre Magma findet sich unmittelbar unter der Erdkruste. Es ist basisch (d. h. SiO_2-arm) und sehr heiß (1100 °C und mehr). Das sekundäre Magma entsteht durch Aufschmelzen der Sedimente und der granitischen Erdkruste beim Eindringen von primärem Magma. Es kann auch eine Mischung aus dem primären Magma mit diesen Schmelzprodukten sein. Im Allgemeinen ist es 100 bis 200 °C kälter und infolgedessen zähflüssiger als das primäre Magma.

Fumarolen (heiße vulkanische Gase) treten aus Erdspalten am Ätna aus. Der größte europäische Vulkan ist bis in die Neuzeit aktiv.

Bereits ein Temperaturabfall von 50 °C lässt die Zähigkeit des Magmas auf das Tausendfache steigen. Weil die aufgeschmolzenen Materialien vorwiegend Silicium und Aluminium enthalten, ist das sekundäre Magma sauer (d. h. SiO_2-reich). Weil aus dünnflüssiger Lava (Lava ist Magma, das die Erdoberfläche erreicht) bei der Druckentlastung in der Atmosphäre die gelösten Gase leicht entweichen können, quillt sie relativ ruhig, aber rasch aus dem Boden und verteilt sich oft über große Flächen. Dagegen lassen zähflüssige Laven die Gase nicht so leicht austreten. Im Innern bilden sich immer größer werdende Gasblasen, die schließlich explosiv platzen und Lavamassen in große Höhen schleudern können (80 km beim Krakatau-Ausbruch 1883 in Indonesien). Diese Laven verbreiten sich oft nicht weit. Ihr Gas kann aber ganze Teile des Vulkans wegsprengen und zertrümmern oder sogar fein zerstäuben. Das Ergebnis ist ein oft große Gebiete erfassender Hagel aus vulkanischen Bomben, Blöcken und Lapilli (kleinere Steinchen). Dazu kommen nicht selten gewaltige Mengen von Asche, also Rückständen der fein zerspratzten Laven. Die insgesamt geförderten Massen können viele Kubikkilometer umfassen.

Der Magmatyp bestimmt weitgehend auch die Gestalt der sich bildenden Vulkane. Sind die Laven extrem dünnflüssig, entstehen einfache Spaltenausbrüche. Aus Rissen in der Erde fließt die basaltische Lava fast wie Wasser aus, bildet Kaskaden und plätschernde Lavaseen. Die Ausbruchspalten verstopfen oft im Laufe von Jahrhunderten und die Laven fließen dann nur noch an einzelnen Punkten aus, vor allem an Kreuzungsstellen von Spalten. Aus solchen Schloten fließt die Lava radial einige Dutzend Kilometer weit und langsam entsteht ein flacher Kegel, ein so genannter Schildvulkan. Im Allgemeinen fördern basaltische Ausbrüche wenig Zertrümmerungsgestein. Man nennt diese Art des Vulkanismus »Hawaii-Typus«. Diesem steht der »Stromboli-Typus« gegenüber, der sich aufgrund seiner zäheren Massen durch hohe Explosivität auszeichnet. Er liefert die typischen Vulkankegel aus zertrümmertem, hochgeworfenem Gestein, aus Sanden und Aschen. Werden solche Berge sehr groß und verstopft zwischen zwei Ausbrüchen der zentrale Schlot, dann kann der Drucküberschuss vor einem Ausbruch den ganzen Berg anheben und seine Flanken aufreißen. Es kommt dann zu Flankenausbrüchen und im Lauf der Zeit zu größeren, vielschichtigen Vulkanmassiven (Stratovulkane).

Bei sauren und somit zur Bimsbildung neigenden Laven kann es vorkommen, dass der innere Gasdruck die Lava völlig in glühende Tröpfchen zersprengt, die in 900 bis 1000 °C heißem Wasser schweben. Der plötzliche Übergang von der ursprünglich gasreichen Flüssigkeit zu einem tröpfchenbeladenen Gas lässt die Zähigkeit schlagartig um einen Faktor 1012 bis 1015 abnehmen. Die Massen sind dann 100 bis 10 000 Mal so dünnflüssig wie Wasser und deshalb ungeheuer beweglich. Als »Glutwolke« oder »Feuerwolke« bedecken sie mit Orkangeschwindigkeit Landstriche von mehreren hundert Quadratkilometern. Die sich aus solchen Glutwolken niederschlagenden Lockermassen verfestigen sich zu so genannten Schmelztuffeln oder Ignimbriten.

Glühende Lava wird aus dem Helgafjell-Vulkan auf der isländischen Insel Heimaey geschleudert. Bei dem Ausbruch im Jahr 1973 mussten mehr als 5000 Einwohner evakuiert werden.

Bauplan der Landpflanzen wird komplexer

Nach der Eroberung des Festlandes nehmen Arten- und Individuenzahl der Landpflanzen rasch zu. Zugleich werden die Pflanzen größer: Farne bilden Stämme mit z. T. beachtlichem Durchmesser und kräftigen Wurzelstöcken aus.

■ **390–210 Mio.:** Im Oberdevon (375–360 Mio.) entwickeln sich die ersten Samenpflanzen: die Farnlaubgewächse (Pteridospermae), deren Blätter noch ganz denen der Farne entsprechen. Sie sterben im Keuper (230–210 Mio.), vielleicht auch erst später wieder aus. Daneben sind auch die Nacktpflanzen (410 bis 390 Mio.) im Unterdevon weiterhin vertreten. Sie werden wie die anderen Landpflanzen artenreicher, größer und von ihrem Bauplan her komplexer und vielgestaltiger.

Gefässpflanzen besitzen Leitgewebe

Diese frühen Landpflanzen sind bereits Gefäßpflanzen, d. h., sie besitzen ein eigenes Leitgewebe für ihren Säftehaushalt. Es besteht aus Xylem und Phloëm.

Das Xylem ist ein Gewebe aus toten, lang gestreckten, verholzten Zellen. Es ist vorwiegend als so genannte zentrale Stele angelegt, aus der sich durch Dickenwachstum das Holz entwickelt. In diesem Gefäßteil wird das von den Wurzeln aufgenommene Wasser mit den darin gelösten Nährstoffen sprossaufwärts geleitet.

Das Phloëm (griech.: Rinde, Bart), auch Bastteil oder Siebteil genannt, besteht aus lebenden, lang gestreckten, unverholzten Röhren mit siebartig durchbrochenen Querwänden (Siebplatten) und plasmareichen Zellen mit großen Zellkernen, den so genannten Geleitzellen. Im Phloëm verläuft der Transport der in den grünen Sprossteilen (meist Blättern) gebildeten organischen Stoffe zu den Zentren des Verbrauchs.

Entsprechend diesem inneren Aufbau sind die Gefäßpflanzen äußerlich in Wurzelsystem, Sprossachse und – in ihrer weiteren Entwicklung – Blätter gegliedert. Diese einzelnen Grundorgane können in vielfach abgewandelter Form (Metamorphosen) auftreten. Anatomisch bestehen neben dem Grundgewebe funktionsgebundene Dauergewebe (Leitgefäßsysteme, Festigungsgewebe, Abschlussgewebe usw.). Derart organisierte höhere Pflanzen werden in der Wissenschaft als Kormophyten bezeichnet.

Eine der reichhaltigsten Kormophytenfloren ist im Mitteldevon im Raum von Elberfeld überliefert. Es handelt sich um ein typisch küstennahes Biotop. Die hier wachsenden Pflanzen sind bereits sehr formenreich. Auch erste, wenige Meter hohe, baumförmige Pflanzen treten auf.

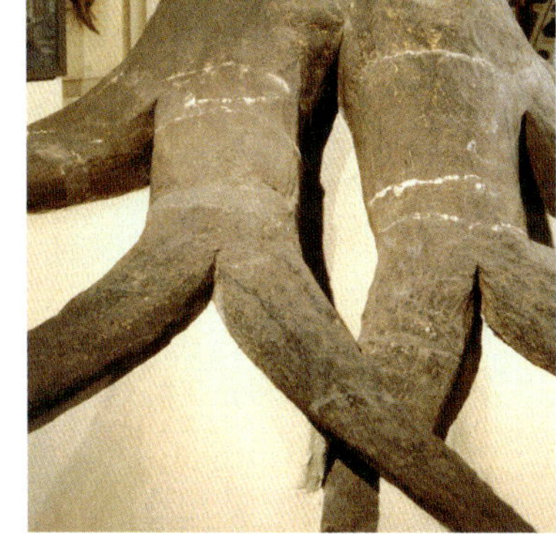

Wurzelorganfossil der Art Stigmaria ficoides aus dem Oberkarbon im englischen Yorkshire

Nacktpflanzen breiten sich aus

Neben verschiedenen Nacktpflanzen (Psilophyten: 410–390 Mio.) als Vorläufer der Farne sind vor allem Schachtelhalme (Articulatae) und frühe Bärlappgewächse (Lykopodialen) vertreten. Die häufigste Pflanze dieses Biotops ist Asteroxylon elberfeldense, eine Nacktpflanze, die im Flachwasser wurzelt. Der Name bedeutet »Sternholz« und bezieht sich auf das im Querschnitt sternförmige Leitgewebe (Stele), das für die echten Farne charakteristisch ist.

Insekten in Vielzahl

Ur-Insekten bereichern die Fauna des Devon. Die Gliederfüßer bevölkern bevorzugt feuchtes Erdreich. Über Flügel verfügen sie zunächst nicht.

■ **410–360 Mio.:** Als erste Insekten im weiteren Sinne fossilieren die Springschwänze (Collembolen). Sie gleichen bereits weitgehend ihren heutigen Verwandten, z. B. den Silberfischchen. Es sind so genannte Flügellose (Apterigoten), die zur Überklasse Hexapoda, also den »Sechsbeinigen«, gehören. Oft kommen die Ur-Insekten in gewaltigen Mengen vor. Auf einem Quadratmeter humusreichen Bodens können bis zu 700 000 Springschwänze existieren. Sie sind besonders wichtig bei der Umwandlung abgestorbener Pflanzenreste in fruchtbare Erde. Ihr Ursprung ist bis heute wissenschaftlich noch nicht geklärt.

Erste Vierfüsser

Auf dem Festland herrscht im Oberdevon ein überwiegend feuchtwarmes Klima: ideale Voraussetzung für die fortschreitende Besiedlung der Kontinente durch Pflanzen und Tiere.

■ **375–360 Mio.:** Wegen der weitgehenden Uniformität des Erdklimas entwickelt sich die Pflanzenwelt gleichmäßig auf allen Kontinenten und zeigt keine ausgeprägten Florenprovinzen. In der Tierwelt kommt es möglicherweise zum ersten Auftreten geflügelter Insekten (Pterygota), die sich aus den flügellosen Ur-Insekten (Apterygota) entwickeln. Ungleich bedeutsamer ist hingegen das Erscheinen vierfüßiger Wirbeltiere (Tetrapoda) auf dem Festland. Bereits aus dem späten Mitteldevon gibt es allererste Zeugnisse dafür, dass ein Zwischenwesen zwischen Fisch und Amphibium (Ichthyostega) in Australien lebte.

Im Perm (290–250 Mio.) entwickeln sich zahlreiche Frühformen heutiger Insekten, u. a. der Heuschrecken.

Fossilienfunde früher vierfüßiger Tiere: ein Actinodon aus dem Rotliegenden (Unterperm) (o.) sowie ein gleichaltriger Sclerocephalus häuseri (u.)

Käfer sind erfolgreich

Die ersten Vertreter der Käfer (Coleoptera), mit weit über 300 000 Arten heute die erfolgreichsten Insekten der Erde, erscheinen.

■ **290–270 Mio.:** Exemplare der Unterordnung Cupedina bevölkern die Erde. Sie gehören zu den Fluginsekten (Pterygota), die schon bald nach der Besiedlung des Festlands durch Pflanzen entstanden und im Karbon (360–290 Mio.) eine größere Artenvielfalt entwickelten.

Über die Entwicklungsgeschichte der Deckflügler oder Käfer ist relativ wenig bekannt. Nach ihrem ersten Auftritt im Rotliegenden erleben sie gegen Ende der Kreide (um 60 Mio.) eine beachtliche Formenzunahme. Heute stellen sie weltweit 40 % aller lebenden Insekten.

Der mitteleuropäische Hirschkäfer – hier ein Männchen – steht in der Gegenwart unter Naturschutz.

Der evolutionäre Vorteil der Käfer liegt in der Ausbildung von derben, festen Vorderflügeln. Käfer sind zudem anpassungsfähig wie kaum ein anderes Insekt. Einige Formen leben unter der Erde, sind blind und vollkommen unpigmentiert, andere leben im Süßwasser. Neben reinen Pflanzenfressern gibt es auch Arten, die Aas oder sogar Exkremente fressen.

Riesenlibelle

Bevor in der Trias (250–210 Mio.) die ersten echten Libellen (Odonata) auftreten, gehen Riesenlibellen bereits 50 Mio. Jahre zuvor auf Beutefang.

■ **Um 300 Mio.:** Mit der Riesenlibelle Meganeura monyi tritt in West- und Mitteleuropa ein Gigant unter den Insekten in Erscheinung. Ihre Flügelspannweite von 70 cm wird nur von einer später im Perm (290–250 Mio.) lebenden nordamerikanischen Verwandten (Meganeuropsis) mit 75 cm Spannweite übertroffen. Meganeura gehört zur Gruppe Protodonata, die einen Übergang der heute ausgestorbenen geflügelten Insektengruppe Palaeodictyoptera zu den echten Libellen darstellt. Sie besitzt einen langen schlanken Hinterleib und einen mächtigen Kopf mit großen Facettenaugen. In warmen Sümpfen und Torfmooren leben die Riesenlibellen zusammen mit anderen Insekten, wobei die kleineren ihnen als Nahrung dienen.

Perm bringt Hitze und Trockenheit

Das Perm, die jüngste Periode des Paläozoikums, verändert das Landschaftsbild der Erde nachhaltig.

■ **290–250 Mio.:** Fast im gesamten europäischen Raum – von England bis zum Uralvorland – unterscheidet sich das Klima drastisch von jenem des Karbons (360–290 Mio.). Auf eine Zeit großer Feuchtigkeit folgt eine Ära trockener Hitze. Regional wechseln zunächst noch mehrmals trockene mit feuchteren Perioden, bis sich ab etwa 280 Mio. Jahren die Trockenheit generell durchsetzt.

Eine vergleichbare Entwicklung vollzieht sich auch in weiten Gebieten Nordamerikas. Große Trockenheit herrscht besonders im Gebiet zwischen Kansas, Neu-Mexiko und Westtexas, aber auch im Osten und Westen der USA. Trockenheiß ist es außerdem in Grönland. In Asien erstreckt sich die ausgedehnte aride Zone vom Ural im Westen bis zum oberen Jangtsekiang und zum Hwangho in China.

Obgleich auf den Südkontinenten noch wie im Oberkarbon weiträumige Vereisungen herrschen, deutet sich hier eine ähnliche Entwicklung wie im Norden an. Auch hier wird es allgemein trockener. Das hat aber auf beiden Erdhemisphären unterschiedliche Ursachen. Während sich Nordamerika, Europa und Asien aus dem tropischen Feuchtraum in den polnäheren Trockengürtel bewegen, rücken die antarktischen Gebiete langsam äquatorwärts und gelangen damit allmählich in die wärmere aride Zone dieser Hemisphäre.

Auffällig ist – wie schon im Karbon – ein weit verbreiteter regelmäßiger Sedimentationsrhythmus von mehreren Metern Mächtigkeit, wobei mariner Schieferton und nichtmariner Schiefer, sandiger Schiefer, Sandstein und – im Karbon – Torf und Kohle einander ablösen. Diese Zyklen können klimatisch, aber auch tektonisch, etwa durch ruckweises Absinken, bedingt sein.

Das Perm umfasst einen Zeitraum von 40 Mio. Jahren, der nach dem heutigen Stand der Forschung vor 290 Mio. Jahren beginnt und vor 250 Mio. Jahren endet. Die ältere Literatur setzt das Perm 20 Mio. Jahre später an. Die Bezeichnung Perm geht auf die russische Provinz gleichen Namens westlich des Ural zurück. Die Paläontologen Marcou und Geinitz unternahmen Mitte des 19. Jahrhunderts erfolglos den Versuch einer Umbenennung in »Dyas« (die Zweigeteilte). In Deutschland ist das Perm in Rotliegendes und Zechstein geteilt.

Blick in das Tal des Todes (Death Valley) im US-Bundesstaat Kalifornien, der heißeste Ort Nordamerikas

Amphibien und Reptilien erobern Festland

Im Karbon setzt die eigentliche Entwicklung der Amphibien ein. Die neu auftretenden Arten sind bereits ganz an das Landleben angepasst.

■ **360–185 Mio.:** Als erste Amphibien besiedelt die Unterklasse Labyrinthodontia – zu der auch die Ordnung Ichthyostegalia zählt – das Festland. In Schottland ist der 2 m lange Crassigyrinus verbreitet, ein Tier mit fischähnlichem Körper, langem, seitlich plattgedrücktem Schwanz und sehr kleinen, an Flossen erinnernden Gliedmaßen. Der Körperbau deutet darauf hin, dass das Tier zwar an das Landleben angepasst ist, vorwiegend aber im Wasser lebt.

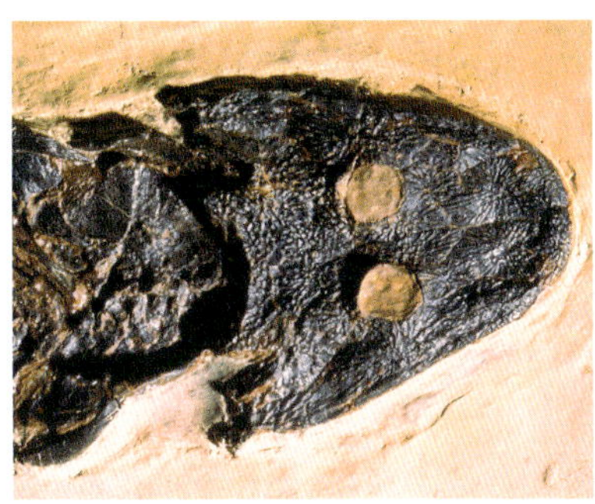

Fossil eines Scelerocephalus häuseri aus dem Rotliegenden

Gegen Ende des Unterkarbons, vor etwa 330 Mio. Jahren, entwickelt sich die Amphibienordnung Temnospondyli, deren erste Vertreter in Nordamerika heimisch sind. Die in manchen Arten 1,5 bis 2 m langen Tiere haben aalförmige Körper (Greerpeton) oder ähneln plumpen Krokodilen (Erypos) und suchen ihre Nahrung wohl noch größtenteils im Wasser. Die Temnospondyli entwickeln über einen Zeitraum von rund 120 Jahrmillionen zahlreiche Formen, werden aber schon ab dem Perm (290–250 Mio.) von säugetierartigen Reptilien weitestgehend ins Wasser zurückgedrängt und sterben schließlich gegen Ende der Trias (250–210 Mio.) aus.

An der Wende von Unter- und Oberkarbon (vor etwa 310 Mio.) bildet sich die Ordnung Anthracosauria heraus, vielgestaltige amphibische Wasserräuber, unter denen die Vorfahren der Reptilien zu suchen sind. Als übergeordnete Bezeichnung für reptilienartige Amphibien, zu denen die Anthracosauria zählen, hat sich der Begriff »Batrachosauria« eingebürgert. Zu ihnen zählt u. a. der Discosauriscus, der von Oberkarbon bis Unterem Perm in Mittel- und Osteuropa sowie in Mittelasien verbreitet ist und im Larvenstadium den modernen Salamandern und Eidechsen ähnelt. Um die gleiche Zeit und besonders im Oberkarbon entsteht die Unterklasse Lepospondyli mit zahlreichen Ordnungen. Sie umfasst vorwiegend kleinere, Insekten fressende Amphibien, die sich wie Schlangen ohne Beine fortbewegen. Bereits im Unterkarbon ist diese Unterklasse durch die Ordnung Aistopoda vertreten.

Im Karbon entwickeln sich die frühen primitiven Reptilien, die Anapsida, zu denen in Europa u. a. der Koiloskiosaurus zählt. Mit den eidechsenähnlichen Eosuchia, einer primitiven Reptilienordnung, die kleine, dünnbeinige Tiere umfasst, erscheinen die ersten Vorfahren der meisten modernen Reptilien, u. a. der Echsen, Schlangen, Brückenechsen und Krokodile, aber auch der Dinosaurier und Flugsaurier. Erster Vertreter dieser zur Reptilienunterklasse Diapsida gehörenden Ornung ist der Petrolacosaurus. Er lebt nur während des Oberkarbons in Nordamerika (Kansas) und ähnelt außerdem sehr einer modernen Eidechse, fällt aber durch seine besonders langen Beine und seinen langen Schwanz auf.

Mit den Pelycosauriern entwickelt sich eine neuartige Unterklasse von Reptilien, die Synapsiden, oder säugetierähnlichen Reptilien. Als erste Ordnung treten die Ophiacodontia auf, schlanke Tiere, aus denen sich wenig später die Edaphosauria mit mächtigem Rückenkamm und die plumperen Sphe-

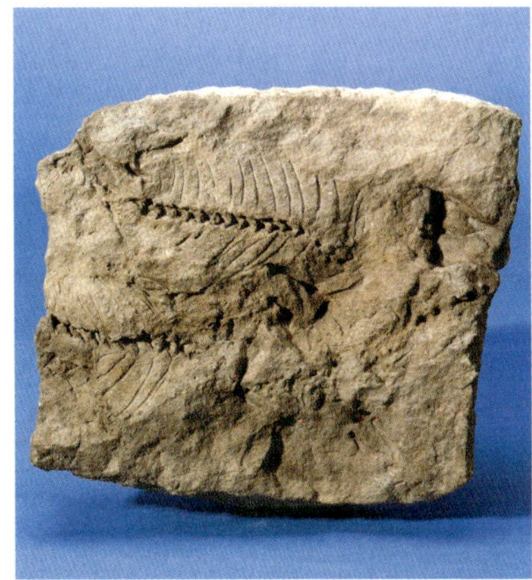

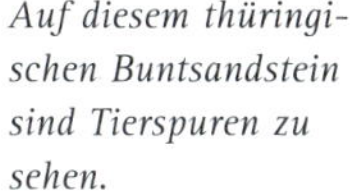

Auf diesem thüringischen Buntsandstein sind Tierspuren zu sehen.

nacodontia entwickeln. Letztere gelten als die frühesten Säugetiervorfahren. Die ersten zwei Ordnungen sterben im Perm (290–250 Mio.) aus, hinterlassen aber weiterentwickelte Formen. Die Sphenacodontia sterben in der Untertrias (vor etwa 250 Mio.) aus.

Im Unterschied zu anderen Reptilien – den Anapsida, aus denen später die Schildkröten hervorgehen, und den Diapsida, den Vorfahren der Eidechsen,

Der Discosauriscus pulcherrimus hat einen scheibenförmigen Kopf.

Schlangen und Krokodile – besitzen die Synapsiden Schädelskelette mit tief liegendem Schläfenfenster hinter den Augenhöhlen. Das gestattet möglicherweise die Entwicklung besonders kräftiger Kiefer und vor allem eine ausgeprägte Kiefermuskulatur. Sie ist erstmals mit drei unterschiedlichen Zahnarten ausgestattet: mit Schneidezähnen zum Schneiden, Eckzähnen zum Reißen und Backenzähnen zum Kauen. Damit sind bei diesen Reptilien eindeutige Säugetiermerkmale gegeben.

In Nordamerika leben zwischen 290 und 270 Mio. zahlreiche Amphibienarten, darunter auch einige amphibische Saurier. Zu den Ordnungen, die die wichtigsten Amphibiengattungen stellen, gehört Temnospondyli. Ebenfalls in Nordamerika leben die etwa 40 cm langen Vertreter der Gattung Cacops. Sie sind völlig an das Landleben angepasst. Eine andere nordamerikanische Gattung ist Platyhystrix mit rund 1 m großen Tieren. Sie ist Cacops nahe verwandt, aber noch stärker gepanzert. Ihre Arten zeichnen sich durch große, zwischen Dornen aufgespannte Rückensegel aus. Wahrscheinlich sind diese mit einer gut durchbluteten Haut überzogen und dienen der Körperwärmeregulierung. Auch die Ordnung der Anthracosaurier entstand bereits im Karbon. Die etwa 60 cm großen Wirbeltiere der Gattung Seymouria weisen bereits zahlreiche Reptilienmerkmale auf.

Diese Versteinerung eines Koiloskiosaurus in Buntsandstein wurde bei Höhn in der Nähe von Coburg gefunden.

Kontinente formen das Gesicht der Erde

Die plattentektonisch bedingten erdumspannenden Prozesse, die sich generell im Erdaltertum wie in der jüngeren Erdgeschichte abspielen, bringen vielerorts neue Kontinentalbildungen hervor. Daran sind Hebungen und Auffaltungen sowie vulkanische Gebirgsbildung beteiligt. Im Zuge der sich ausbreitenden Vorherrschaft des Meeres ändern sich die Kontinentalformen ständig.

Der noch im Silur (440–410 Mio.) weitgehend einheitliche Block der Südkontinente (Südamerika, Afrika, Australien), Gondwana, beginnt sich ab 410 Mio. aufzulösen. Verantwortlich dafür ist neben dem weltweiten Vordringen der Meere auf Festlandgebiete die Entwicklung der Kontinentaldrift und der Meeresströge, die dieses Gebiet zunehmend durchziehen. Die Umrisse der heutigen Kontinente sind bereits erkennbar.

Superkontinent zerfällt

Um 230 Mio. beginnt auch der Superkontinent Pangea auseinander zu fallen. Der Kontinent vereinigt alle Landmassen der Erde in sich. Nur von Osten her ragt das schmale »Urmittelmeer« Tethys als lange Meeresbucht in die Landgebiete hinein. Besonders in ihrem Ostteil weitet sich die Tethys immer stärker aus und trennt zunächst den Großkontinent Laurasia im Norden von dem Großkontinent Gondwana im Süden. Aber auch diese beiden Blöcke bekommen Risse und zerfallen. Treibende Kraft ist dabei offenbar eine durch die Vereinigung aller Landmassen hervorgerufene Störung im Rotationsgleichgewicht der Erde. Aus ihr resultiert die Tendenz, die kontinentalen Blöcke aufzuspalten und die Erde im Sinne einer Stabilisierung mehr oder weniger gleichmäßig mit Kontinentalschollen auszulasten.

Die Erde, fotografiert von Apollo 17

Der Zerfall der Landmassen ist ein Millionen Jahre dauernder Prozess, der heute noch immer nicht abgeschlossen ist. Dabei bleiben zunächst noch einzelne Landbrücken – insbesondere im Gebiet der Gondwana-Kontinente – bestehen. Ausgehend von den sich ausweitenden Riften öffnen sich schließlich Ozeane und die Rifte selbst werden zu mittelozeanischen Schwellen, so dass gegen Ende der Kreidezeit die geographische Verteilung der Landmassen schon in etwa der heutigen Verteilung der Kontinente entspricht.

Ozeane bilden sich heraus

Bereits im Verlauf des Juras wird aus dem Atlantik, der sich in der vorausgehenden Trias erst als schmale Öffnung abzeichnet, ein breiter Ozean, gegen Ende des Juras bildet sich der Indische Ozean heraus. Gegen Ende des Mitteljuras sind Hebungen im Bereich der heutigen Nordsee, der Dänischen Inseln und der südlichen Ostsee nachweisbar. Das so genannte Kimbrische Festland taucht auf. War der Zerfall der Gondwana-Kontinente bislang nur durch tiefe Grabenbrüche sichtbar, schreitet der Prozess ab 160 Mio. rasch fort. Die Trennung von Ost- und Westgondwana tritt ein. Nord- und Südamerika sind noch über eine Landbrücke verbunden. Zugleich schreitet die Überflutung Arabiens und Ostafrikas fort, die bereits gegen Ende des Unterjuras einsetzte. Um 150 Mio. trennt sich Madagaskar vom afrikanischen Kontinent und driftet nach Osten.

In der frühen Unterkreide weitet sich der Südatlantik immer schneller aus und Afrika und Südamerika rücken immer weiter auseinander. Auch Australien und Antarktika lösen sich zwischen 140 und 66 Mio. Jahren vom Gondwana-Komplex. Erstmals lassen sich die Umrisse von Nordamerika und Grönland deutlich erkennen. Zum ersten Mal entsteht auch eine Meeresverbindung zwischen Nord- und Südatlantik, womit sich – abgesehen vom nördlichsten Abschnitt – die endgültige Trennung Eurasiens und Afrikas von den amerikanischen Kontinenten vollzieht.

Der Pazifik weitet sich durch Ozeanbodenspreizung in dieser Zeit ebenfalls aus. Im Indischen Ozean findet das Abdriften Madagaskars von Afrika ein Ende. Andererseits beginnt die Indische Tafel sich von Antarktika zu lösen und rasch zu entfernen. Zwischen 66 und 15 Mio. Jahren führt die Nordwärtsdrift Afrikas mit der Arabischen und der Vorderindischen Tafel zur weitgehenden Schließung der bisher miteinander verbundenen Meeresbecken der Tethys. Übrig bleibt das europäische Mittelmeer.

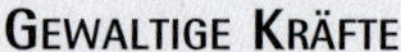

Gewaltige Kräfte

Hypothesen über Ursachen und Mechanismen der Drift kontinentaler Platten der Erdkruste (geotektonische Hypothesen) wurden vor allem im Verlauf des 20. Jahrhunderts in großer Zahl aufgestellt. Sie alle befassen sich hauptsächlich mit den tektonischen Antriebsmechanismen, die meist in verschiedenartigen Kräften in der unter der starren, bis 100 km mächtigen Lithosphäre (Erdkruste) gelegenen zähflüssigen Asthenosphäre (in 100 bis 360 km Tiefe) oder in der noch unter dieser liegenden begrenzt fließfähigen Mesosphäre (in 360 bis 700 km Tiefe) gesucht werden. Heute hat sich als allgemein akzeptiertes Modell die sog. Neue Globaltektonik durchgesetzt, die ein Konzept der Ozeanboden-Spreizung mit einem solchen der Plattentektonik verbindet. Danach verlaufen Prozesse wie jene im Atlantischen und Indischen Ozean nach folgendem mehrstufigem Schema:

Zunächst kommt es in einer »embryonalen« Stufe zur Grabenbildung im Bereich der Plattengrenzen. Diese Gräben markieren die Linien, längs derer sich die einzelnen Kontinentalschollen im zweiten Stadium, der »jungen« Stufe, dann voneinander zu entfernen beginnen. Es folgt die »reife« Stufe, bei der bereits ein trennender Ozean zwischen zwei Kontinenten existiert. Die ihn begrenzenden kontinentalen Platten driften mit Geschwindigkeiten von größenordnungsmäßg 1 bis 5 cm pro Jahr auseinander. Breiten sich zwischen den Kontinenten Ozeane aus, so müssen – bei gleich bleibendem Erdumfang – an anderen Stellen der Welt Ozeane schrumpfen. In dieser »absinkenden« Stufe werden Ozeanböden unter die angrenzenden Kontinentalschollen geschoben und dort wieder aufgeschmolzen. Später folgen schließlich noch die »weitgehend geschlossene« und die »geschlossene« Stufe, bei denen Ozeane eingeengt werden und sich endlich ganz schließen.

Der französische Schriftsteller und Philosoph Voltaire (1694–1778) über die Entstehung der Erde:
»Alles stammt aus einem großen Ei, und unser ganzer Erdball ist ein großes Ei, das alle anderen enthält.«

Bewegung der Erdkruste türmt Berge auf

Tektonische Plattenbewegung und Kontinentaldrift verändern unablässig die Erdoberfläche. Davon sind auch die Gebirge betroffen, die immer wieder gewaltigem Druck von sich heranschiebenden Landmassen ausgesetzt sind und sich unter diesem in gewaltige Höhen auffalten. Während heute viele Gebirgszüge bereits stark erodiert sind (Rocky Mountains), wachsen andere noch immer (Himalaja).

Gegen Ende des Silurs um 418 Mio. spielt sich die letzte Phase der großen kaledonischen Gebirgsbildungsära ab, die sog. jungkaledonische bzw. ardennische oder erische Faltungsphase. Sie betrifft vor allem Gebirgsbildungen – z. B. jene der Ardennen – in Europa und ist in anderen Teilen der Erde kaum ausgeprägt. Entgegen früheren Annahmen sind einzelne Gebirgsbildungsphasen meist keine globalen Ereignisse wie die Kontinente überspannenden großen Gebirgsbildungsären, sondern können durchaus regionalen Charakter besitzen.

Gletscherwanderung in den Zentralalpen

An der Wende Devon/Karbon (um 360 Mio.) entsteht die Hauptmasse des Appalachischen Gebirges. Außerdem werden im gesamten Zeitraum des Karbons Teile der Kordilleren-Mulde herausgehoben. Bei der Auffaltung der Appalachen bleibt eine flache Randsenke bestehen, in der es zu marinen Ablagerungen kommt, die in ihren Randbereichen reich an Kohle sind. In diesem Gebiet liegen die Kohlenbecken von Pennsylvania, Ohio, West-Virginia, Kentucky und Tennessee. Im Nordwesten greifen die Kohle führenden Schichten auf den Kanadischen Schild über.

Aufgefaltete Gebirgslandschaft: Hochland von Quinghai in China, aufgenommen aus 250 km Höhe von der Raumstation Spacelab

Europas Bergmassive wachsen empor

In Mitteleuropa setzt um 325 Mio. die Endphase der variskischen Gebirgsbildung ein. Innerhalb der geotektonischen Entwicklung der Erdkruste ist die variskische Ära eine bedeutende Epoche, die im Mitteldevon (um 390 Mio.) einsetzt und bis in die Trias (um 250 Mio.) hineinreicht. Heute durchzieht das Variskische Gebirge West- und Mitteleuropa in Form von zwei Gebirgsbögen. Der sog. Armorikanische Bogen beginnt in der Gegend des Französischen Zentralplateaus und reicht über die heutige Küste der Normandie und Bretagne bis in den Südwesten Großbritanniens. Der zweite Bogen, das Variskische Gebirge im engeren Sinne, verläuft von Südwestfrankreich nach Nordost, biegt östlich der Elbe nach Südosten ab und teilt sich schließlich in Sudeten und Polnische Mittelgebirge auf.

Neue regionale Gebirgssysteme bilden sich zwischen 230 und 180 Mio. vor allem in Ost- und Südostasien, in Australien, auf dem Inselzug Neuseeland-Tonga-Fidschi und im Süden Russlands (Krim-Halbinsel). Man fasst sie als »mesozoische Tektogene« zusammen und nennt die Gesamtära ihrer Bildung kimmerische Ära (nach der Kimmerischen Halbinsel, dem Ostzipfel der Krim). Sie wird auch als die erste oder frühe Phase der alpidischen Gebirgsbildung gewertet und »alt-alpidische Phase« genannt, obwohl sie lange vorher einsetzt.

Die Alpen – junge Giganten

Während im Unter- und Mitteljura (210–160 Mio.) der Alpenraum stark untergliedert ist, beginnt jetzt eine großräumige und kräftige Einsenkung in den Ostalpen. Diese Nivellierung der Niveauunterschiede erfasst bald auch die Südalpen. Die eigentliche Auffaltung der Alpen setzt jedoch erst mit dem Beginn des Tertiärs (66 Mio.) ein. Ihren Höhepunkt erreicht sie im Oligozän (36–24 Mio.). Gegen Ende des Tertiärs sind die Alpen dann durch Erosion bereits wieder zu einer Art Mittelgebirge eingeebnet, werden aber während der Eiszeit im nachfolgenden Quartär nochmals emporgehoben.

Ebenfalls zur Wende Kreide/Tertär erreicht die nach Norden driftende Indische Platte den asiatischen Kontinent und engt dort das Gebiet des »Urmittelmeeres« (Tethys) mit ihren mächtigen Sedimenten zunächst auf einen schmalen Indus-Trog ein. Gleichzeitig setzen am nördlichen Rand dieses Troges erste Gebirgsauffaltungen ein. Zum Ausgang Eozän/Oligozän (55 bis 24 Mio.) schließt sich das Restmeer völlig und seine Sedimente werden hoch herausgehoben. Wie im Alpenbereich erfolgt die Entstehung des Himalajas ebenfalls in einzelnen Schüben.

Zu größeren Gebirgsbildungen kommt es auch auf der Südhalbkugel. Im Miozän (24–5 Mio.) geht die Landbrücke zwischen Australien und Tasmanien durch den Einbruch der Bass-Straße verloren. Durch eine Hebung des Kontinents gibt das Meer diese Einbrüche jetzt zum großen Teil wieder frei. Bedeutendere Hebungen ereignen sich in der Antarktis in dem Bereich, der außerhalb des zentralen Polarplateaus der Westhemisphäre angehört. Sie sind eine Fortsetzung des ebenso jungen Faltengebirges der Anden über die Süd-Orkney-Inseln, die Süd-Shetland-Inseln und Grahamland. Auf der anderen Seite setzen sich die neuen antarktischen Gebirge über Neuseeland und Melanesien in die hinterindischen Faltengebirge fort.

02751
Wie aus dem Urmeer der Himalaja wurde

Reptilien vollziehen Entwicklungsschub

Mit einem trockenen Klima, das die Landlebewesen zu neuen Anpassungen zwingt, setzt weltweit eine erste rapide Entwicklung bei den Reptilien ein.

■ **270–250 Mio.:** Seit der Entwicklung der ersten Reptilien im Karbon (360–290 Mio.) haben sich zahlreiche Formen herausgebildet. Drei große Gruppen sind zu unterscheiden: die Anapsiden, die Synapsiden und die Diapsiden, daneben die in dieses Schema nicht einzuordnenden Placodontier und die Fischsaurier.

Der räuberische Nothosaurus bewegt sich im Gegensatz zu den Fischsauriern durch Paddeln mit den Gliedmaßen fort.

Sie alle gehören zu dieser Zeit vier Klassen an: den Anapsida, den Sauropterygomorpha, den Diapsida und den Archosauria. Die Anapsiden sind weitgehend bis zum Ende des Perms, vor etwa 250 Jahrmillionen, ausgestorben. Nur der neue Zweig der Schildkröten entwickelt sich und ist in der Trias mit ersten frühen Formen, in der Obertrias (230–210 Mio.) dann mit belegbaren echten Schildkröten vertreten. Die Diapsida sind durch Thalattosauria, Eosuchia, Nothosauria, Plesiosauria, Sphenodontia, Lacertilia (Echsen), Rhynchosauria und Tanystropheidae repräsentiert. Daneben gehören zu ihnen die Vorformen der Dinosaurier. Zu den Synapsida zählen in der Mitteltrias viele säugetierähnliche Reptilien.

Anapsida – Ahnen der Schildkröten

Die Anapsida besitzen ein schweres Schädelskelett, in dem nur Öffnungen für Augen und Nasenlöcher vorhanden sind. Dadurch ist die Kiefermuskulatur relativ schwach entwickelt. Zu dieser Unterklasse gehören heute noch die Schildkröten. Die Anapsiden sind im Oberperm neben den schon im Karbon vertretenen Gattungen mit folgenden Formen präsent:

- Familie Pareiasauridae. Sie stellt die größten frühen Reptilien mit bis zu 3 m Körperlänge. Es sind plump wirkende Pflanzenfresser mit z. T. weit unter dem Körper ansetzenden Gliedmaßen. Ihre Gattung Pareiasaurus, bis zu 2,5 m große Pflanzenfresser, lebt in Süd- und Ostafrika sowie Osteuropa. Die Schädel dieser Tiere tragen dornen- und warzenförmige Fortsätze. Die Gattung Scutosaurus ist in Osteuropa zu Hause, wird ebenfalls bis 2,5 m groß und umfasst besonders hochbeinige Arten. Die Gattung Elginia, die in Schottland verbreitet ist, bringt nur kleine, bis ca. 60 cm lange Reptilien mit teilweise recht abenteuerlich anmutendem Kopfputz hervor.
- Familie Millerettidae. Ihre Gattungen sind insofern eine Ausnahme unter den Anapsiden, als sie Schläfenfenster am Schädel besitzen. Doch haben sich diese offenbar unabhängig zu anderen Reptilienunterklassen entwickelt. Bei den Millerettiden handelt es sich um kleine, bis 60 cm große eidechsenförmige Insektenfresser, die ausschließlich in Südeuropa bekannt sind.

Der rund 2,5 m lange Pflanzen fressende Scutosaurus ist während des Perm in Osteuropa heimisch.

Sauropterygomorpha – Reptilien im Meer

Die Sauropterygomorpha umfassen verschiedene Ordnungen von Meeresreptilien, die als gemeinsames Merkmal ein Schädel mit Öffnungen hinter den Augen bzw. unter der Stirn, den so genannten Schläfenfenstern, verbindet. Ihre Gliedmaßen sind zu Ruderwerkzeugen umgebildet.

Die Unterklasse der Sauropterygomorpha ist im Oberperm erst durch zwei Familien vertreten:

- Familie Claudiosauridae. Sie ist auf Madagaskar zu Hause und lebt dort nur in einer einzigen Gattung. Claudiosaurus ist ein langhalsiges, bis 60 cm großes eidechsenförmiges Tier, lebt auf Küstenfelsen und sucht sich seine Beute – Tiere und Pflanzen – wohl im Wasser.
- Familie Nothosauridae. Die bis zu 3 m großen und im Oberperm noch seltenen Tiere leben an den Küsten Europas, Asiens und Nordafrikas. Es sind lang gestreckte, hervorragende Schwimmer und Fischräuber mit scharfem Gebiss.

Diapsida – Vorläufer moderner Reptilien

Die Diapsida besitzen ebenfalls charakteristische Schläfenöffnungen hinter den Augen, wobei ihre kräftigen Kiefermuskeln durch diese »Fenster« ziehen. Aus dieser Unterklasse gehen die meisten modernen Reptilien (Echsen, Schlangen, Brückenechsen, Krokodile) hervor. Neben den karbonischen Vertretern leben im Perm Mitglieder der folgenden Ordnungen:

- Ordnung Araeoscelida. Sie umfasst bis zu 60 cm lange, echsenförmige Landtiere mit langem Hals und langen Laufbeinen, die in Nordamerika heimisch sind.
- Ordnung Eosuchia. Diese unmittelbaren Vorfahren der Echsen und Schlangen sind zunächst auf Madagaskar zu Hause. Die Gattung Thadeosaurus umfasst extrem langschwänzige, bis 60 cm große Landtiere, die sehr schnell laufen können. Bei der Gattung Hovasaurus handelt es sich um ebenso langschwänzige, ungefähr halbmetergroße räuberische Wasserreptilien.

Archosauria – Artenreiche Reptilien

Die Archosaurier zählen bereits zu den Dinosauriern oder »Herrscherreptilien«. Ihre Schädel haben zwei Schläfenfenster hinter den Augen. Auch die Ordnung der noch heute lebenden Krokodile (Crocodilia) gehört zu dieser Unterklasse. Zunächst erscheinen die Archosaurier in der Ordnung Trocodontia mit den Proterosuchia. Einige von ihnen leben wie Krokodile im Wasser, andere auf dem Festland. Diese Ordnung entwickelt ihre größte Formenvielfalt in der Trias. In der Untertrias setzt sich die vielfältige Entwicklung der Reptilien, die schon im Perm eine große Zahl von Arten hervorbrachte, fort. Neue Ordnungen entstehen nur in geringem Umfang, etwa die Placodontia, im Meer lebende Formen mit z. T. schildkrötenartigem Aussehen, die zwischen den Thecodontiern und den Dinosauriern angesiedelte Unterordnung Ornithosuchia oder verschiedene Fischsaurier.

Die Ordnung Placodontia umfasst zahlreiche, nur während der Trias lebende Arten, die als relativ schlechte Schwimmer die seichten Küstengewässer des »Urmittelmeers« bevölkern. Manche tragen flache, schildkrötenartige Panzer. Speziell die Vertreter der Familie Placontidae halten sich sowohl auf dem Festland wie auch in seichtem Wasser auf. Verbreitet im Muschelkalk Mitteleuropas ist der 2 m lange Placodus. Unter den Diapsiden entwickeln sich in Europa und Nordamerika erste Arten der Ordnung Thalattosauria, einer Gruppe von Reptilien, die nur zur Eiablage aus dem Meer ans Land kommen.

Viele neue Gattungen erscheinen auch bei den säugetierähnlichen Reptilien. Kannemeyeria z. B. ist ein in Südafrika, Indien und Argentinien heimischer ochsengroßer Pflanzenfresser mit mächtigem Schädel. Lystrosaurus lebt in Südafrika, Antarktika, China, Indien und Europa. Er ähnelt entfernt einem nur 1 m großen Flusspferd und teilt auch dessen Lebensweise. Ericirolacerta wird nur rund 20 cm groß und gehört zu den eidechsenähnlichen Insektenfressern. Trinaxodon und Cynognathus, 50 bzw. 100 cm große Cynodontia, leben auf der Südhalbkugel.

Als am stärksten spezialisierte Reptilien bilden sich die Fischsaurier (Ichthyosauria) heraus. Diese Fleischfresser, die sich von kleineren Fischen ernähren, ähneln in Form und Größe den heutigen Thunfischen. Obgleich sie Wassertiere und als solche ausgezeichnete schnelle Schwimmer sind, verfügen sie als Reptilien über Lungenatmung. Im Gegensatz zu den ebenfalls im Wasser lebenden Nothosauriern paddeln sie nicht mit ihren Gliedmaßen, sondern verschaffen sich mit einem fischähnlichen Schwanz Vortrieb. Während die meisten Reptilien Eier legen, bringen die Fischsaurier lebendige Junge zur Welt. Anders als andere im Meer lebende Saurier bewohnen sie die offenen Ozeane. Wahrscheinlich stammen sie von den Captorhinomorpha ab, einfachen Coitylosauriern, wie sie ab dem Oberkarbon existieren. Als älteste Familie der Ichthyosaurier finden sich in der Untertrias Japans und Chinas die noch eher aalförmigen Shastasauridae.

Urahnen der Vögel

Die Forschung streitet sich noch immer, welche Reptilien als Vorfahren jenes flugfähigen »Urvogels« Archaeopteryx verstanden werden können, der vor ungefähr 160 Jahrmillionen lebte.

So könnte der hypothetische Urvogel »Proavis« ausgesehen haben.

■ **250 Mio.:** Im Zechstein treten Reptilien auf, die den Gleitflug beherrschen, vor allem Arten der Gattung Coelurosauravus. Andere Reptilien erlernen diese Art der Fortbewegung in der Trias, etwa Kuehneosaurus oder die säugetierähnlichen Thecodontia der Gattung Sharovipteryx. Fraglich ist, ob diese Reptilien als Vorfahren jenes ersten voll flugfähigen »Urvogels« Archaeopteryx angesehen werden können.

Einige Paläontologen, besonders die Vertreter eines konsequenten Darwinismus, gehen davon aus, dass ein Tier existiert haben muss, das eine Übergangsform von den frühen Gleitfliegern zum Urvogel bildete. Andere Wissenschaftler vertreten demgegenüber die Auffassung, dass die Evolution in Form makroevolutionärer Schübe durchaus zu größeren Entwicklungssprüngen in der Lage sei und dass deshalb gleitende Übergänge von den Reptilien zu den Vögeln fehlen können.

Der zu den Ancylosauriern zählende Edmontonia lebt in Nordamerika.

Bindeglieder zwischen Reptilien und Vögeln

Zwar galt lange Zeit Archaeopteryx als das verbindende Glied, vereint er doch Reptilienmerkmale mit Vogeleigenschaften. Der entwicklungsgeschichtliche Abstand zwischen den gleitfliegenden Reptilien und Archaeopteryx ist jedoch zu groß: Jene beherrschen keineswegs den aktiven Flug, während dieser zum Auftrieb verschaffenden – aktiven – Flug befähigt ist. Auch zeigen die gleitfliegenden Reptilien nicht einmal ansatzweise eine Entwicklung zum Federkleid. Ebenso ungeklärt ist, ob sich das Flugvermögen von Archaeopteryx aus dem Gleitflug von baumbewohnenden Reptilien entwickelt hat oder aus den unterstützenden »Flatterbewegungen« der vorderen Gliedmaßen bei einem zweifüßigen Rennen und Springen auf den Hinterbeinen.

Der hypothetische »Proavis«, jenes vermittelnde Glied zwischen Reptilien, der kleinen Gruppe Pseudosuchia und den Urvögeln, von dessen mutmaßlicher Existenz gegen Ende des Zechsteins die strengen Darwinisten ausgehen, besitzt nach ihren Vorstellungen einen schnabellosen Kopf mit voll bezahntem Maul. Seine vorderen Extremitäten sollen noch nicht zu Flügeln umgewandelt sein, doch sollen sich an den Kanten der Gliedmaßen die für die Reptilien typischen Schuppen in Federn umgebildet haben, um einen kurzen Gleitflug oder einen verlängerten Sprung zu ermöglichen.

So sieht der etwa 10 cm große älteste bekannte Frosch der Welt nach einer Rekonstruktion aus.

Erste Säugetiere in Afrika und Europa

In Afrika und Europa treten erstmals Säugetiere auf. Als erste Pflanzenfresser erscheinen in der Obertrias, vor allem aber im Jura und in der Unterkreide Säugetiere, die wie Nagetiere aussehen und Maus- bis Bibergröße haben.

Haramiya ist eine Gattung früher Säugetiere, die während der Obertrias und noch im Oberjura in Mitteleuropa zu Hause war.

■ **Um 220 Mio.:** In Afrika (Lesotho) und Europa (im heutigen England und Deutschland) lassen sich erstmals Säugetiere der Unterklasse Prototheria nachweisen. Ihre Vorfahren haben sich vermutlich schon in der Untertrias (250–243 Mio.) von den säugetierähnlichen Reptilien der Ordnung Cynodontia abgespalten. Als erste Ordnung der Prototheria treten die Triconodonta auf. Sie leben in wüstenartigen Regionen und gehören mit nur 12 cm Körperlänge zu den kleinsten Säugetieren überhaupt. In Afrika ist ihre Gattung Megazostrodon zu Hause. Die kleinen Tierchen ähneln äußerlich den heutigen Spitzmäusen, besitzen aber noch zahlreiche Merkmale von Cynodontia. Ihr Gebiss ist ein typisches Säugergebiss mit Schneide-, Eck- und Backenzähnen, wobei die Letzteren dreihöckerig (»triconodont«) sind. Die Triconodonten sind Fleischfresser und ernähren sich von Insekten und kleinen Reptilien.

Als erste Pflanzenfresser unter den Säugetieren erscheinen ebenfalls bereits in der Obertrias, vor allem aber im Jura (210 bis 140 Mio.) und in der Unterkreide Vertreter der Ordnung Multituberculata. Sie sehen wie Nagetiere aus und haben Maus- bis Bibergröße. Besonders auffällig sind ihre großen Schneidezähne und die vielhöckrigen Mahlzähne. Verbreitet ist in der Obertrias in Europa nur die Multituberculata-Gattung Haramiya, 12 cm kleine wühlmausähnliche Tiere.

Ein wichtiges Merkmal der Säugetiere sind, wie der Name schon sagt, die der Brutpflege dienenden Milchdrüsen der Weibchen. Durch die Milchfütterung bleiben die Elterntiere während der Brutpflegezeit relativ unabhängig. Das Muttertier produziert die Nahrung für die Jungen im eigenen Körper, während es selbst auf Nahrungssuche gehen kann. Die Jungen wiederum brauchen sich lange Zeit nicht um die Nahrungssuche zu kümmern und können deshalb Energie sparen und sehr schnell heranwachsen.

Kein sicheres Unterscheidungsmerkmal gegenüber den säugetierähnlichen Reptilien ist die meist sehr dichte Körperbehaarung der Säugetiere. Dieses Fell ist als Temperaturschutz erforderlich, denn alle Säuger sind Warmblüter. Das aber traf sehr wahrscheinlich auch bereits auf einige Reptilien zu. Das Vorhandensein einer konstanten Körpertemperatur macht jedoch die Säugetiere – und später auch die Vögel – weitgehend von ihrer Umgebung unabhängig.

Gegen Ende der Trias sterben mehrere Tiergruppen aus. Der Stamm der Conodontentiere und die Unterklasse Inadunata der Seelilien und Haarsterne erlischt. Auch die Kopffüßerordnungen Prolecanitida und Ceratitida sterben aus. Daneben überleben zahlreiche Reptilien das Ende der Trias nicht: die Ordnung Placodontia mit den Unterordnungen Cyanodontoidea und Henodontoidea und damit zugleich die Reptilienunterklasse Placodontimorpha, die Ordnung Procolophonia, die Unterordnung Nothosauria sowie die Unterordnung Eolacertilia. Unter den Fischsauriern gehen die beiden Unterordnungen Mixosauridae und Shastasauridae zugrunde.

Nur knapp 50 cm lang ist Massetognathus, ein säugetierähnliches Reptil der Unterordnung Cynodontia.

Faszinierende Pflanzenwelt des Jura

Die Pflanzenwelt erfährt einen neuen Evolutionsschub. Mit den Tüpfelfarnen entwickelt sich die erdgeschichtlich jüngste und damit wohl auch am höchsten entwickelte Farnfamilie. Nadelbäume und verwandte Arten breiten sich ebenso aus.

■ **210–184 Mio.:** Mit dem ersten Auftreten der Tüpfelfarngewächse (Polipodiaceae) erscheint die bedeutendste aller Familien der Farne. Bereits wenig später erlangt sie weltweite Verbreitung. Heute umfasst die Familie rund 7000 überwiegend tropische Arten. Viele davon leben epiphytisch (Hochpflanzen). Die bekanntesten der 170 Gattungen sind der Adlerfarn, Frauenhaarfarn, Geweihfarn, Schildfarn, Tüpfelfarn und der Wurmfarn. Die Blätter der Tüpfelfarngewächse sind meist einfach gefiedert, fiederteilig oder ganzrandig. Ihre Sporangiengruppen (Sporenbehälter) sind fast immer klein und rund.

Die Tüpfelfarnfamilie ist erdgeschichtlich die jüngste Farnfamilie und damit wohl auch die am höchsten entwickelte. Im Unterjura ist zunächst die Gattung Davallia verbreitet. Eine wichtige Form ist die der heutigen Gattung Onychium ähnliche Art Onychiopsis psilotoides, die in der Unterkreide (140–97 Mio.) zu einem bedeutenden Leitfossil wird. Innerhalb der Farne gehören die Tüpfelfarne zu den so genannten Filicales leptosporangiatae, d. h. zu den Formen mit einer mehrzellschichtigen Sporangiumwand. Ihnen steht die Klasse der Eusporangiaten gegenüber, deren Sporangien sich durch einzellschichtige Wände auszeichnen. Die Leptosporangiaten lassen sich meist recht gut an einem Ring um die Sporangien erkennen.

Auch Nadelbäume und ihnen verwandte Arten breiten sich weiter aus. Die in dieser Zeit erfolgreichsten Nacktsamer gehören zwei Unterstämmen an, den Coniferophytina und den Cycadophytina. Zu den Letzteren gehören die Cycadden und Bennettiteen, die schon in der Trias (250–210 Mio.) weite Verbreitung fanden und jetzt noch zahlreiche neue Formen entwickeln. Zu den Coniferophytina zählen u. a. die Cordaiten, die ebenfalls weiterhin verbreitet sind, die Gynkgophyten und die Koniferen. Die Ginkgos, erstmals im Karbon (360–290 Mio.) vertreten, erleben jetzt ihre Blütezeit. In ihrem Formenkreis entstehen zahllose Arten, von Bäumen mit »typischen« Ginkgo-Blättern bis hin zu solchen mit sehr fein gegliedertem Laub. Unter den Koniferen entwickeln zunächst die in der Obertrias (230–210 Mio.) nur vereinzelt aufgetretenen Araucariaceae

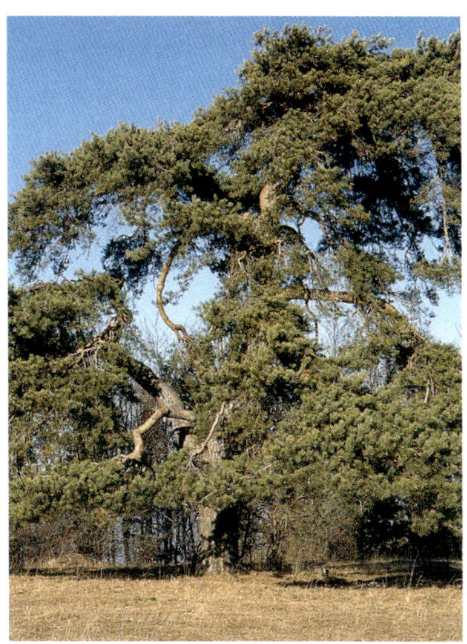

Facettenreiche Flora des Jura: links ein Rippenfarn aus der Familie der Tüpfelfarne, rechts eine Waldkiefer aus der Familie Pinaceae

zahlreiche Arten, beschränken sich dabei aber ausschließlich auf die Südkontinente. Neu erscheint die Familie der Podocarpaceen. Sie umfasst Gattungen mit schuppen- oder nadelförmigen oder auch lanzettartigen bis hin zu ovalen, ziemlich großen Blättern. Nur wenige Podocarpaceen-Arten bilden Zapfen aus. Die Früchte sind von einer ledrigen Haut umgeben.

Neu im Jura sind auch die Taxodiaceen, zu denen später u. a. die Sumpfzypressen, die Sequoias bzw. Mammutbäume oder andere Baumgiganten zählen. Im Oberjura tauchen dann die ersten Mitglieder der Zypressenfamilie (Cupressineae) auf und wahrscheinlich auch schon erste Formen der Unterfamilie Abietineae, zu der die heutigen Weißtannen zählen.

Mücken und Fliegen

Mit einer großen Anzahl verschiedener Mücken- und Fliegenarten gehören die weltweit verbreiteten Zweiflügler (Ordnung Diptera), die sich am Beginn des Unterjura entwickeln, heute zu den umfangreichsten Insektenordnungen.

■ **Um 210 Mio.:** Unter den Insekten erscheinen die ersten Zweiflügler. Diese Ordnung lässt sich in zwei Unterordnungen aufteilen: die Mücken (Nematocera) und die Fliegen (Brachycera).

Die große Vielfältigkeit der Zweiflügler bezieht sich nicht nur auf äußere Formen, sondern auch auf Habitus und Lebensräume. Charakteristisches Unterscheidungsmerkmal der Zweiflügler von allen anderen Insekten ist – wie der Name bereits sagt – die Ausbildung von nur zwei Flügeln. Die Mücken zeichnen sich durch einen besonders feinen Körperbau, durch lange Beine sowie lange, gegliederte Fühler aus. Die teils von pflanzlicher, teils von tierischer Nahrung lebenden Fliegen sind wesentlich gedrungener gebaut als die Mücken. Typisch für sie sind ihre sehr kurzen dreigegliederten Fühler.

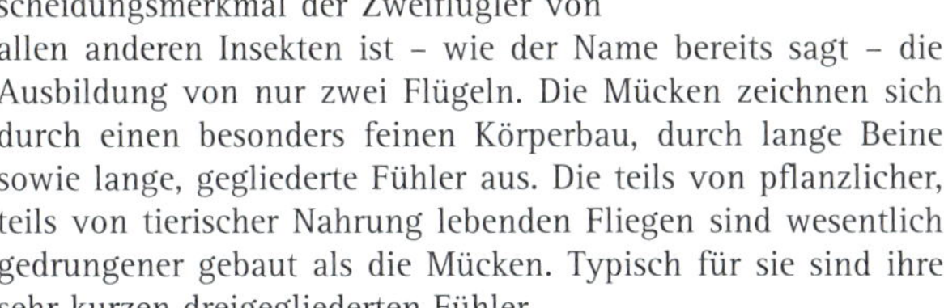

Krokodile in Europa

Erinnerten die ersten Krokodile in der Trias äußerlich noch gar nicht an heute lebende Formen, so tauchen ab dem Unterjura mit Vertretern der Unterordnungen Protosuchia und vor allem Mesosuchia Krokodile mit »modernen« Körperformen auf.

■ **230–210 Mio.:** Ein mit dem südamerikanischen Gracilisuchus der Mitteltrias nahe verwandtes frühes Krokodil der Gattung Terrestrisuchus lebt nachweisbar in Europa im Gebiet von Wales. Es handelt sich um ein sehr zierlich gebautes Reptil von 50 cm Länge. Der relativ kurze schlanke Rumpf des Krokodils ist mit einem schlanken Schwanz verbunden, der doppelt so lang ist wie Kopf und Rumpf zusammen. Das leichte Tier ist ausgesprochen hochbeinig gebaut. Die Beine weisen stark verlängerte Unterschenkelknochen auf. Dieser Körperbau prädestiniert das behende Krokodil, besonders in den steppen- und wüstenartigen Ebenen seiner Heimat sehr schnell zu laufen. Die Anatomie seiner Beine lässt vermuten, dass sich Terrestrisuchus normalerweise vierfüßig fortbewegt, vorübergehend aber auch nur auf den Hinterbeinen rennt, um seine Geschwindigkeit zu steigern.

Fossile Zuckmücke mit Fadenwurm in baltischem Bernstein

Kopf eines Krokodils

Der französische Philosoph und Dichter Jean-Jacques Rousseau (1712–1778) sinniert über die Schönheit der Pflanzenwelt:

»Die Bäume, die Sträucher, die Pflanzen sind der Schmuck und das Gewand der Erde.«

Fischsaurier räubern im Jurameer

Mit der Entwicklung neuer Familien bricht für die Ordnung der Ichthyosaurier eine Blütezeit an, die bis in die Kreide hineinreicht. Verbreitungsgebiete der Tiere sind hauptsächlich Europa und Nordamerika.

Von den Ichthyosauriern sind in Versteinerungen nicht nur Skelette, sondern auch Weichteile erhalten geblieben.

■ **210–140 Mio.:** Mehrere Familien der Ordnung Ichthyosauria (wörtlich übersetzt: »Fischechsen«) erscheinen zum ersten Mal. Frühe Vertreter lebten bereits in der Trias. Neu sind jetzt die Familien Ichthyosauridae, Stenopterygiidae und Leptopterygiidae, die zusammen die große Mehrzahl der Fischsaurier umfassen und alle im Jura (zum Teil noch in der nachfolgenden Kreide) ihre Blütezeit haben.

Die Ichthyosaurier zeichnen sich durch einen haiähnlichen stromlinienförmigen Körper mit einer stabilisierenden Rückenflosse und einem halbmondförmigen Schwanz aus, der dem von Fischen ähnelt. Ihre Schwanzwirbelsäule ist aufgrund der Kugelgelenke, die sich zwischen den einzelnen Wirbeln befinden, sehr beweglich, weshalb sich der Schwanz als hervorragendes Antriebsorgan beim Schwimmen eignet. Da der Körperbau der Ichthyosaurier an das Leben im Wasser angepasst ist, sind ihre vier Gliedmaßen stark verkürzt und haben die Gestalt und Funktion von stabilisierenden Tragflächen.

Die in Europa (England und Deutschland), Grönland und Nordamerika (Alberta) verbreiteten Exemplare werden bis zu 2 m lang. Sie leben als Räuber hauptsächlich von Fischen, aber auch etwa von Kopffüßern wie Belemniten. Im Oberjura tritt daneben die Gattung Ophtalmosaurus, die bis zu 3,5 m große Arten umfasst und außer in Europa und Nordamerika in Südamerika heimisch ist.

Zeichnen sich die Ichthyosauriden durch kurze, breite, paddelförmige Gliedmaßen mit bis zu neun Fingern und Zehen aus, so besitzen die Stenopterygiiden lange, schlanke Extremitäten mit jeweils fünf Fingern bzw. Zehen. Ansonsten ähneln sie den Ersteren. Stenopterygius wird bis zu 3 m groß.

Wie die Stenopterygiiden besitzen auch die Leptopterygiiden schlanke lange Gliedmaßen mit fünf Fingern und Zehen. Vertreten sind sie in England und Deutschland durch den bis zu 9 m großen Temnodontosaurus, der sich von größeren Tintenfischen und Ammoniten ernährt, und in Deutschland außerdem durch den nur 2 m großen Eurhinosaurus. Letzterer erinnert stark an einen Schwertfisch.

Neben den Fischsauriern erscheinen in dieser Zeit auch andere meeresbewohnende Reptilien, die zu den bedeutendsten Meerestieren des Erdmittelalters (Mesozoikum) gehören. Es sind Vertreter der Ordnung Plesiosauria. Sie bewegen sich grundsätzlich anders fort als die Ichthyosaurier, denn sie haben keinen halbmondförmigen, sondern einen spitz zulaufenden Schwanz. Den Vortrieb beim Schwimmen erzeugen sie durch eine Art Flügelschlag mit ihren abgeflachten großen Gliedmaßen. Die Weibchen der oft sehr großen Tiere müssen zur Eiablage mühsam an Land kriechen, weshalb ihre Rippen die Körperunterseite besonders gut schützen. Auch darin unterscheiden sich die Plesiosauria von den Fischsauriern, die lebend gebären. Typisch sind der lange Hals und der für einen geschickten Schwimmer gedrungene Rumpf.

Plesiosauroidea und Pliosauroidea

Zu unterscheiden sind zwei Überfamilien, wobei offenbar die zweite von der ersten abstammt: die Plesiosauroidea mit dem in England und Deutschland weit verbreiteten 2,3 m langen Plesiosaurus und die Pliosauroidea mit dem in England beheimateten 4,5 m langen Macroplata. Mit einzelnen Gattungen traten beide bereits im Unterjura (210–184 Mio.) auf, doch nimmt ihre Arten- und Individuenzahl im Oberjura beachtlich zu. Beide Familien entwickeln im Oberjura und in der Kreide (140–66 Mio.) Riesenformen mit z. T. weit über 10 m Länge (Elasmosaurus: 14 m; Liopleurodon: 12 m; Kronosaurus: 13 m).

Charakteristisch ist für die Plesiosauroidea ein ungewöhnlich langer und schlanker Hals mit 28 Wirbeln, der häufig länger als Rumpf und Schwanz zusammen sein kann. In den europäischen Meeren des Oberjuras dominiert die Gattung der Plesiosauria. Ihre Gliedmaßen sind zu Paddelflossen reduziert, die sie vermutlich nicht als Ruder, sondern – ähnlich wie Pinguine und Schildkröten – als Schwingen benutzen. Ihre Finger und Zehen besitzen bis zu zehn Knochen und sind entsprechend breit. Der Körper ist recht gedrungen und abgeflacht, der Schwanz auffallend kurz. Vollständige Skelette dieser Tiere wurden vor allem im Lias von Schwaben, Franken und England gefunden.

Der Hals der Pliosauroidea ist mit 13 Wirbeln kürzer und breiter, dafür haben sie riesige, torpedoförmige Köpfe. Die Schädel der Tiere können eine Länge von bis zu 3 m erreichen und bis zu einem Viertel der Gesamtkörperlänge in Anspruch nehmen.

Dieser Vertreter der Art Stenopterygius quadridiscus ist offenbar kurz vor der Geburt von Jungen gestorben.

Ozeane dominieren die Erdoberfläche

Im Jura entspricht die Verteilung des Meerwassers auf der Erdoberfläche bereits den Verhältnissen der Neuzeit. Die Meere bestimmen die Ausprägung des Klimas und beeinflussen die Entstehung von Leben.

■ **180 Mio.:** Rund 70 % der Erdoberfläche sind vom Weltmeer bedeckt. Zieht man die wechselnde Ausdehnung von epikontinentalen Flachmeeren, die im Jura besonders groß sind, nicht in Betracht, so entspricht dieser Wert dem heutigen bereits ziemlich genau. Zwar ist die Verteilung der Kontinente im Jura noch eine andere, aber die Größe der Kontinentalschollen gleicht ihrer heutigen Größe. Auch die Verteilung der Meere entspricht schon weitgehend derjenigen in der Neuzeit: Knapp 61 % der Nordhemisphäre und 81 % der Südhemisphäre sind Meeresgebiete.

Gemessen an der horizontalen Ausdehnung der Weltmeere ist ihre Wassertiefe äußerst gering. Die mittlere Tiefe der Ozeane liegt bei 3800 m. Breite zu Tiefe liegen von der Größenordnung her zueinander im Verhältnis 10000 :1. Ein 2 m breites maßstäbliches Modell eines 7500 km weiten Ozeans wäre demnach im Durchschnitt nur 1 mm seicht. In dieser 1 mm dünnen Wasserschicht müssten (heute) im Sommer Temperaturunterschiede zwischen Boden und Oberfläche von rund 20 °C auftreten und je nach Tiefe würden sich die Strömungsrichtungen des Wassers mehrfach umkehren. Zudem würden maximal 2,9 m³ hohe »Wellenberge« die Oberfläche des Modells kräuseln. Da geometrisch ähnliche Nachbildungen von Ozeanen kaum aussagefähig sind, ist es auch heute noch schwierig, viele physikalische ozeanische Prozesse wissenschaftlich korrekt zu erklären.

Die Weltmeere bestehen durchschnittlich zu rund 96,5 % aus reinem Wasser (H_2O). Der Rest sind in erster Linie gelöste Salze. Dieser Betrag von durchschnittlich 3,5 % schwankt jahreszeitlich und regional allerdings erheblich. Die Herkunft der im Meer gelösten Salze ist nicht völlig geklärt. Wissenschaftler nehmen an, dass Chlor, Brom, Jod und Schwefelverbindungen zunächst durch intensiven Vulkanismus in die Atmosphäre oder durch submarinen Vulkanismus direkt ins Meer gelangten. Durch Niederschläge ausgewaschen wurden diese Stoffe im ersten Fall ins Meer gespült. Die mineralischen Bestandteile des Meerwassers, vor allem Natrium, Kalium, Magnesium und Kalzium, wurden aus festländischen Materialien gelöst und durch Flüsse in die Meere eingetragen. Im Laufe der Erdgeschichte hat sich im Meer ein Lösungsgleichgewicht herausgebildet, das auf jeden Fall im Jura, wahrscheinlich aber bereits wesentlich früher dem heutigen entspricht und in allen Meeren der Welt in etwa gleich ist.

Neben den gelösten Salzen enthält das Meerwasser absorbierte Gase. Sie werden an der Wasseroberfläche aus der Luft aufgenommen. Während in der Atmosphäre das Verhältnis Stickstoff zu Sauerstoff zu Kohlendioxid bei 78:21:0,03 liegt, verschiebt es sich im Meerwasser bei 10 °C und 3,5 % Salzgehalt auf 63:34:1,6. Lokal können aber erhebliche Abweichungen durch biologische Prozesse vorkommen. Der Kohlendioxidgehalt des Oberflächenwassers bildet mit dem der Atmosphäre ein Gleichgewicht und ist für die Kalklöslichkeit im Wasser von Bedeutung.

Im Gegensatz zu Süßwasser liegt das Dichtemaximum des Meerwassers bei −3,53 °C statt bei +4 °C. Der Gefrierpunkt ist von 0 °C auf −1,91 °C verschoben. Meerwasser friert deshalb wesentlich später als Süßwasser, vor allem weil der Wärmeaustausch mit tieferen Schichten nicht bei Unterschreiten von +4 °C abbricht. Die Ozeane stellen daher in mittleren und höheren Breiten ein gewaltiges Wärmereservoir dar. Von Bedeutung ist auch die Verschiebung des osmotischen Drucks. Für Süßwasser liegt er bei 0, für durchschnittliches Meerwasser bei 23 bar. Das beeinflusst die Verbreitung der Lebewesen im Meer, weil der osmotische Druck stark von der Salzkonzentration abhängt. Können sich Tiere und Pflanzen nicht an wechselnde Druckverhältnisse anpassen, bleibt ihr Lebensraum auf Zonen mit ganz bestimmter Salzkonzentration beschränkt.

Bereits im Jura sind rund 70 % der Erdoberfläche von den Weltmeeren bedeckt.

Der französische Dichter Charles Baudelaire (1821–1867) erklärt die Wirkung des Meeres auf den Menschen:
»Warum gewährt der Anblick des Meeres ein so unendliches und ewiges Entzücken? Weil das Meer gleichzeitig die Vorstellung der Unermesslichkeit und der Bewegung erweckt.«

Salz, Kohle, Öl – Die Schätze der Erde

Die lebhaften Bewegungen der Erdkruste führen zu geologischen Prozessen, die in großem Ausmaß mit der Bildung vielfältiger Lagerstätten einhergehen. Einige Vorkommen wie Erdöl- und Erdgasansammlungen gehen auf organische Überreste tierischen oder pflanzlichen Ursprungs zurück.

Bereits im Erdaltertum (900–590 Mio.) bilden sich in geringem Umfang Erdölvorkommen. Kaum ein Gebiet der Geologie hat so viele und sich widersprechende Meinungen provoziert wie die Entstehung von Erdöl. Sicher ist nur, dass es aus organischen Substanzen gebildet wurde.

Öl gibt Rätsel auf

Manche Autoren nehmen tierische Zersetzungsprodukte als Ausgangsmaterial der Erdölentstehung an, wobei große Mengen tierischer Fette unter Luftabschluss und günstigen Temperatur- und Druckverhältnissen umgewandelt worden sein sollen. Dies erklärt aber nicht die Erdöllager des Oberproterozoikums, in dem es an entsprechenden Tiermengen noch fehlt. Andere gehen von einer Entstehung aus pflanzlichen Resten unter Luftabschluss aus. Hier kommen also vor allem Meeresalgen in Frage. Wieder andere Geologen erwägen, ob vielleicht feste organische Substanzen, etwa Kohlen oder kohlige Verbindungen, in Gegenwart von Katalysatoren mit freiem Wasserstoff verflüssigt worden sein können. Selbst an Versuchen, die Entstehung von Erdöl rein anorganisch zu erklären, fehlt es nicht.

Keine dieser Theorien kann bisher allein die Erdölentstehung enträtseln. Bekannt sind indes die Begleitumstände: Der größte Teil der Erdölvorkommen ist an Meeres- oder Brackwassersedimente gebunden. Tonige Sedimente bewirken einen dichten Abschluss der organischen Anreicherungen und begünstigen die Bildung von Kohlenwasserstoff. Der durch zunehmende Überlagerung steigende Druck und die erhöhte Temperatur beschleunigen die Erdölbildung. Dauert allein die Ablagerung des organischen Materials in ausreichender Menge mehrere Millionen Jahre, so sind einige weitere 10 Mio. Jahre nötig, um daraus Öl zu bilden.

Tagebau im rheinischen Braunkohlerevier

Kohle und Gas prägen Erdzeitalter

Um 480 Mio., im Ordovizium, setzt die erste nachweisliche Bildung von Kohle ein. Kohle entsteht durch Inkohlung, eine Umbildung organischer Substanz unter biochemischer Anreicherung von Kohlenstoff unter Wärme- und Druckwirkung. Ein ganzes Erdzeitalter wird nach diesem Rohstoff benannt: das Karbon (lat. carbo = Kohle). Zwischen 360 und 290 Mio. Jahren kommt es durch das Zusammenwirken mehrerer günstiger Faktoren in vielen Gebieten der Nordhalbkugel zu intensiver Steinkohlenbildung. Viele der bedeutenden karbonischen Steinkohlenlagerstätten entstehen am Rande verlandender Flachmeeresbecken. Einige sind weit über 5000 m mächtig. Zugleich bildet sich aber auch in binnenländischen Süßwasserbecken Kohle, z. B. im Saargebiet. Die wichtigsten Vorkommen entstehen in Nordwest-, Mittel- und Osteuropa, in den weiten Beckenlandschaften Sibiriens und in Nordamerika. Nicht selten sind die karbonischen Kohlenlagerstätten mit Erdgaslagerstätten kombiniert.

Die John Day Formation, eine geologische Tertiärformation in Oregon, zeigt einen bedeutenden Querschnitt durch das Zeitalter der Säugetiere vom Unteren Oligozän bis zum Oberen Miozän.

Aus Flachmeeren entsteht Salz

Zwischen 270 und 250 Mio. Jahren kommt es in den ausgedehnten permischen Beckengebieten Europas, Nordamerikas und Sibiriens bis in die Arktis zu den bedeutendsten Salzablagerungen (Evaporite) der Erdgeschichte. Auch während der Trias (250–210 Mio.) kommt es zu Ablagerungen von Steinsalz, Kalisalzen, Gips und anderen Salzen in weiten Gebieten Europas, aber auch im benachbarten Nordafrika. Vor allem in den Ostalpen ist Steinsalz sehr häufig. Schauplätze der Salzbildung sind die Flachmeere, die durch Verdunstung Salz abscheiden. Notwendige Voraussetzung der Entstehung von Salzlagern ist, dass in den Meeresbecken stets mehr Wasser verdunstet, als durch Regen oder einmündende Flüsse ergänzt werden kann. Allein aus dem offenen Ozean erfolgt die Wasserergänzung, und zwar über Untiefen hinweg. Dabei kommt es abwechselnd immer wieder zur Hebung dieser Barren, zum Eintrocknen des dann abgeschnittenen Binnenmeeres und zur Wiederauffüllung mit salzhaltigem Meerwasser. Steigende Salzkonzentrationen und -ablagerungen sind die Folge.

Die Mystikerin Hildegard von Bingen (1098–1178) preist den Reichtum unseres Planeten:
»Die Erde ist die Fleischesmaterie des Menschen. Sie nährt ihn mit ihrem Saft wie die Mutter ihre Kinder mit Milch.«

Fossilienlager – Schaufenster der Erdgeschichte

Versteinerte Überreste von Organismen geben der Forschung Aufschluss über Form und Lebensweise ehemaliger Faunen. Die Ursachen, die zum Entstehen eines Fossils führen, sind vielfältig und setzen eine Kette von bestimmten Ereignissen und Umweltbedingungen voraus.

Es gibt verschiedene Arten von Fossilien. Im Gegensatz zur Lebensspur, etwa einer Kriech- oder Fressspur, besteht das Körper-Fossil aus den erhaltungsfähigen Hartteilen eines Organismus. Wird die ursprüngliche Substanz des Organismus später aufgelöst, bleibt manchmal eine Hohlform zurück, die als Abdruck bezeichnet wird. Besitzt das Fossil selbst einen Hohlraum, in den ein Sediment eindringt und dann verhärtet, so nennt man das einen Steinkern, dessen Außenseite die Innenwand des betreffenden Hohlraums abbildet. Wird die Substanz des Köper-Fossils aufgelöst, solange das Gestein noch plastisch

Typischer Lias-Ammonit

ist, können Abdruck und Steinkern-Oberfläche zu einem sog. Skulptursteinkern zusammenfallen. Die ältesten Fossilien liegen von Bakterien und möglicherweise von Hefepilzen vor. Sie sind mindestens 3,5 Mrd. Jahre alt.

Schiefer birgt Fossilien

Um 189 Mio. entsteht in der Nähe von Holzmaden am Rande der Schwäbischen Alb unter besonderen Verhältnissen ein außergewöhnliches Fossillager. Am Meeresboden kommt wegen eines riesigen Wasserwirbels keine reguläre Strömung zustande. Daher setzt sich feinster Schlamm hier sehr ruhig ab und verdichtet sich im Laufe der Zeit zu Schiefer. Dieses sehr homogene Sedimentgestein schließt zahlreiche Fossilien von Meerestieren ein, darunter die kleine Muschel Posidonomya broni. Nach ihr ist der Posidonienschiefer benannt.

Die erstaunlich gute Detailtreue vieler Holzmadener Fossilien ist darauf zurückzuführen, dass der Bodenschlamm des Jurameeres hier oft Faulschlamm ist. Wegen seiner Sauerstoffarmut können die Tierleichen kaum verwesen, weshalb auch ihre Weichteile sorgfältig konserviert bleiben. Im Holzmadener Schiefer sind zahlreiche Lebewesen »erhalten«, darunter Ichthyosaurier und besonders schöne Fische, imposante Steneosaurier und zum Teil auch Wirbellose wie Ammoniten.

Vielfältige Fauna im Kalk von Solnhofen

Eine spektakulär hohe Zahl von Fossilien aus der Zeit vor 150 Mio. Jahren sind in den Plattenkalken von Solnhofen, zwischen den Mündungen des Lech und der Altmühl, erhalten. Insgesamt sind es 755 verschiedene Tier- und Pflanzenarten, die in den Ablagerungen konserviert werden. Planktonische Organismen, Tange und Algen, aktive Schimmer und bewegliche Bodentiere geben einen guten Einblick in das marine Leben dieser Zeit. Aber auch das Leben auf dem Festland ist durch die Fossilien zahlloser Landbewohner gut belegt. Die Fundstelle gehört zu den bedeutendsten der Erde. In Solnhofen fossilisieren auch die ersten Vögel in Gestalt des Urvogels Archaeopteryx.

Fossilienlager in den USA

Im selben Zeitraum bilden sich beachtliche Ton-, Silt-, Sandstein- und Konglomeratsedimente in weiten Süßwasserbecken im Gebiet von Montana bis New Mexico und schwerpunktmäßig in Colorado. Diese als »Morrison Formation« bekannten Ablagerungen erreichen eine Mächtigkeit von bis zu 100 m. Beachtlich ist die Vielzahl der konservierten Dinosaurier. Vor allem Gattungen der riesigen Sauropoden sind hier fossil erhalten. Daneben finden sich zahlreiche Theropoden und Ornithischia. Außerdem sind seltenere Krokodile, Schildkröten und Gattungen aller wichtigen Säugetierordnungen der Zeit vertreten. Die erhaltenen Dinosaurier entsprechen erstaunlich genau den gleich alten Fossilien in Tendaguru in Tansania.

Verlandeter See wird zum Museum

In einem verlandeten See bei Messel (Hessen) entsteht zwischen 55 und 40 Mio. eine der wichtigsten Fossillagerstätten des europäischen Untertertiärs. In den feinkörnigen Sedimenten bleiben neben einer Fülle von Pflanzenteilen mehr als 2000 Insektenarten und zahlreiche Wirbeltierfossilien erhalten.

Das Spektrum des vielseitigen und dichten Bewuchses im Bereich des Seeufers sowie des angrenzenden tropischen Regenwaldes zeichnet sich in zahlreichen Pflanzenfossilien ab. Palmenholz, Reste von Koniferen sowie Blätter, Samen und Früchte verschiedener Pflanzen erlauben fundierte Aussagen über Vegetation und Klima. Zu den hervorragend erhaltenen Details gehören Blüten von Palmen, Linden-, Ulmen-, Magnolien- und Seerosengewächsen, die z. T. sogar mit Blütenstaubbeuteln konserviert sind. Berühmt ist der fossile Regenwaldbiotop Messel aber weniger wegen seiner Pflanzenfunde,

Spuren von Strandvögeln aus dem Miozän, Südfrankreich

sondern vor allem wegen der großen Anzahl ausgezeichnet erhaltener Wirbeltierreste wie z. B. »Urpferdchen«. Überliefert sind nicht nur vollständige Skelette, sondern auch deren Haut, Haare oder Federn. Da bei einigen Tieren selbst Magen- und Darm-inhalt erhalten geblieben sind, besteht die Möglichkeit, deren Nahrungsgewohnheiten im Detail kennen zu lernen.

Flugsaurier und erste Vögel

In den Plattenkalken von Solnhofen fossilisieren die ersten Vögel in Gestalt von Archaeopteryx lithographicus (griech. pteryx = Flügel), dem sog. Urvogel. In Europa, Afrika und Asien sind fliegende Reptilien verbreitet.

■ **Um 150 Mio.:** In Europa lebt Archaeopteryx, eine Gattung, zu der möglicherweise verschiedene Arten gehören. Die Gattung zählt zur Wirbeltierklasse Vögel (Aves) und stellt deren primitivste Form dar. Zwischen den ersten und den modernen Vögeln sind noch die Zahnvögel der Kreidezeit (140–66 Mio.) einzuordnen. Der Urvogel ist etwa taubengroß und vereinigt in sich Reptilienmerkmale mit Vogelmerkmalen.

Eindeutig zu den Vögeln zu rechnen ist Archaeopteryx aufgrund seiner Federn und wegen des für Vögel typischen Gabelbeines (Furcula), eines Knochengebildes aus zwei miteinander verwachsenen Knochen des Schultergürtels, die anatomisch dem Schlüsselbein der Säugetiere entsprechen. Das Gabelbein belegt als Ansatzfläche gut entwickelter Flugmuskulatur, dass Archaeopteryx den aktiven Ruderflug beherrscht. Sein sehr wahrscheinlich nach hinten gerichtetes Schambein wird als weiteres typisches Vogelmerkmal gewertet. Jüngere Urvogelfunde lassen annehmen, dass Archaeopteryx nicht, wie bisher vermutet, von den Thecodontiern der Trias abstammt, sondern von den Dinosauriern.

Fliegende Reptilien von ca. 1 m Spannweite gibt es zu dieser Zeit in Europa, Afrika und Asien. Sie gehören zur Ordnung Pterosauria und innerhalb dieser zur Unterordnung Rhamphorhynchoidea. Als ihr erster Vertreter erschien schon in der Obertrias (230–210 Mio.) in Italien die Gattung Eudimorphodon. Im Unterjura (210–184 Mio.) lebte dann in England die Gattung Dimorphodon. Diese Tiere konnten auf dem Boden laufen, im Geäst von Bäumen klettern und noch recht ungeschickt flatternd fliegen.

Im Oberjura erscheinen zahlreiche neue Rhamphorhynchoideen-Gattungen. Mit 1 m Flügelspannweite ist jetzt in Europa (Deutschland) und Afrika (Tansania) Rhamphorhynchus zu Hause. Ebenfalls in Europa leben der etwa gleich große Scaphognathus (England) mit auffällig großem Gehirn und der Anurognathus (Deutschland) mit nur 30 cm Spannweite, einem schmalen, hohen Kopf und einem sehr kurzen Schwanz. In Asien (Kasachstan) ist der 50 cm große Sordes verbreitet, der möglicherweise ein dichtes Fell trägt, was auf einen Warmblüter hinweist.

In Deutschland und England sind Angehörige der Dinosaurierfamilie Compsognathidae zu Hause. Die Familie gehört zu den Coelurosauria und besteht aus einer einzigen Gattung. Compsognathus ist ein graziles, 60 cm langes und etwa halb so hohes Tier, das kaum über 3,6 kg schwer sein dürfte. Es läuft auf seinen muskulösen Hinterbeinen aufrecht. Die Arme sind kurz und die Hände bestehen nur noch aus zwei bekrallten Fingern.

Der Flugsaurier Dimorphodon macronyx hat eine Flügelspannweite von 160 cm.

Dinosaurier sind gefährliche Beutejäger

Der Oberjura ist die Blütezeit der großen Fleisch fressenden Dinosaurier. Diese räuberisch lebenden Reptilien gehören durchgängig zur Unterordnung Theropoda der Dinosaurier-Ordnung Saurischia.

■ **160–140 Mio.:** Gigantische Carnosaurier und die kleineren Coelurosaurier erobern ihren Lebensraum. Beide Infraordnungen ernähren sich von Insekten, Vögeln, Amphibien und nicht selten auch von kleineren Pflanzen fressenden Sauriern. Von den Coelurosauriern sind die meisten Familien erst in der Oberkreide (97–66 Mio.) fossil nachweisbar, doch ist im Oberjura Afrikas bereits die Familie Ornithommidae (»Vogelnachahmer«) vertreten. Ihr gehören wendige Zweifüßer von Straußengröße bei etwa gleichen Körperproportionen an. Die Carnosaurier (»Fleischechsen«) erscheinen in dieser Zeit vor allem mit riesigen Mitgliedern der Familie Allosauridae (bis 12 m) und Ceratosauridae (bis 6 m). Noch größere Carnosaurier, wie der Tyrannosaurus Rex, bleiben der Oberkreide vorbehalten.

Zwar sind alle Carnosaurier mit äußerst scharfen, dolchartig gebogenen gesägten Zähnen, gewaltigen Kiefern und scharfen Krallen an den Extremitäten ausgestattet, die sie prinzipiell zu gefährlichen Beutejägern machen, doch ist fraglich, wie gut sie sich bei ihrer Körpermasse als ausdauernde Läufer bewähren. Vielleicht sind gerade die größten und schwerfälligsten unter ihnen teilweise auch Aasfresser.

Wendige Jäger sind aber wohl die »kleineren« Arten. Obgleich auch diese Tiere im Durchschnitt eine Körpergröße von 5 bis 6 m erreichen, ist ihr Knochenbau leicht und elastisch, ihre Muskulatur dagegen äußerst kräftig. Zudem verfügen sie über ein wesentlich größeres Gehirn als ihre Pflanzen fressenden Verwandten, sind also in der Lage, ihren Körper viel besser zu beherrschen.

Der etwa 1,8 m lange Fleischfresser Velociraptor ist u. a. durch vollständige Skelettfunde aus China und der Inneren Mongolei belegt.

Sanfte Riesen: Pflanzen fressende Saurier

Zwei Ordnungen Pflanzen fressender Saurier entstehen: Saurischia (Echsenbecken-Dinosaurier) und Ornithischia (Vogelbecken-Dinosaurier). Die Erste umfasst dabei mit den Theropoden auch noch Fleischfresser.

Der in Nordamerika lebende Apatosaurus wurde lange Zeit als Brontosaurus bezeichnet.

■ **160–140 Mio.:** Dutzende kleiner bis riesengroßer Pflanzen fressender Dinosaurier sind über die ganze Erde verbreitet. Die Pflanzen fressenden Saurischia sind in der Unterordnung Sauropodomorpha zusammengefasst. Diese wiederum teilt sich in zwei Infraordnungen: die Prosauropoda und die Sauropoda.

Die ersten Prosauropoda erschienen bereits in der Obertrias (230–210 Mio.) sowie im Unterjura (210–184 Mio.) und starben dann wieder aus. Eine einzige Gattung, Staurikosaurus, lebte schon in der Mitteltrias (243–230 Mio.). Manche Prosauropoda bewegten sich nur auf ihren kräftigen Hinterbeinen, andere liefen auf vier Füßen. Die meisten waren mit Längen um 2 m nicht allzu groß, doch gab es – unter den Melanorosauridae – auch bis zu 10 m lange Riesen.

Gigantische Pflanzenfresser

Als wahre Giganten tauchten im Unterjura die ersten Sauropoda auf. Zu den Vorreitern zählte der 15 m lange Barapasaurus aus der Familie Cetiosauridae in Indien. Die meisten dieser Riesen erschienen aber erst im Unterjura. Zu ihnen gehören der 23 m lange Brachiosaurus (Nordamerika und Afrika), der bis 18 m lange Camarasaurus (Nordamerika), der 26 m lange Diplodocus (Nordamerika), der über 21 m lange Apatosaurus (Nordamerika), der früher als Brontosaurus bezeichnet wurde, der 22 m lange Mamenchisaurus (Asien, Mongolei) und die Titanosauridae der Kreidezeit. All diese Sauropoda besitzen extrem lange Hälse, kleine Köpfe und einen langen, sehr massigen Körper. Das Skelett zeigt zwei Besonderheiten: In den Wirbeln gibt es Hohlräume, um ohne Festigkeitsverlust das Gewicht zu reduzieren. Vier der fünf Kreuzbeinwirbel sind fest mit dem Beckengürtel verbunden.

Die Ordnung Ornithischia gliedert sich in vier Unterordnungen:

- Die Ornithopoda (»Vogelfüßer«), die sich wie Vögel auf zwei Beinen fortbewegen und möglicherweise die Vorfahren aller anderen Ornithischia sind;
- Stegosaurier mit mächtigen Knochenplatten auf dem Rücken;
- Ancylosaurier mit gepanzertem Rücken und keulenförmigen Dornengebilden an den Schwanzenden;
- Horndinosaurier (Ceratopia) mit Kopfhörnern und knöchernen Nackenpanzern.

Als Erste erschienen mit der Familie Pisanosaurus die Ornithopoda bereits in der Obertrias in Argentinien. Ihre Blütezeit beginnt jedoch im Oberjura, vor allem mit der Familie der Hypsilophodontiden, die zahlreiche Arten zwischen 1,4 und 7,5 m Länge hervorbringt. Mit ihren leichten Körpern und ihren langen muskulösen Laufbeinen sind sie ungemein wendig. Von ihnen stammen bereits im Mitteljura die Familie der Iguanodontidae und in der Oberkreide jene der Hydrosauridae (»Entenschnabelsaurier«) ab.

Die Iguanodonten bewegen sich teils zweibeinig, teils auf allen Vieren fort. Am gewaltigsten ist mit 9 m die Art Iguanodon, die in der Unterkreide (140 bis 97 Mio.) in Europa, Nordamerika und Asien verbreitet ist. Die Unterordnung Stegosaurier erscheint im Oberjura mit imposanten Panzersauriern. Sowohl die Pflanzen als auch die Fleisch fressenden Dinosaurier sind Kosmopoliten.

··· Dinos legen Eier ···

Als Reptilien legen die Dinosaurier Eier, aus denen ihre Jungen schlüpfen. Fossil lassen sich – besonders in der Kreide – über 30 Fundorte von Sauriergelegen nachweisen, vor allem in Europa (Frankreich), Nord- und Südamerika, Afrika sowie Asien. Zwar nehmen verschiedene Paläontologen an, die Dinosaurier legen die Eier offen auf dem Erdboden, doch ist das äußerst unwahrscheinlich. Die exakte Erhaltung der fossilen Gelege spricht dafür, dass die Muttertiere die Eier in den Sand eingraben. Wahrscheinlich besitzen die Eier zahlreicher Dinosaurierarten überhaupt keine mineralischen Schalen, sondern nur eine feste, lederartige Haut aus organischem Material.

Ein wahrer Koloss ist der im Westen Nordamerikas beheimatete 7,6 m lange Ancylosaurus: Sein Lebendgewicht beträgt rund 3 t.

Bedecktsamer und erstmals Gräser

Die meisten frühen Arten der Bedecktsamer sind von sehr feuchten Böden, teilweise sogar aus dem Wasser überliefert, vielleicht, weil sie hier leichter fossilisieren konnten als in trockenen Regionen.

■ **140–66 Mio.:** Verschiedene Bedecktsamer entwickeln sich als Vorläufer einer großen Veränderung der weltweiten Flora, die in der Oberkreide einsetzt. Zu den frühesten bedecktsamigen Blütenpflanzen gehören neben baumförmigen Arten Pflanzen aus der Reihe der Sumpfliliengewächse (Helobiae). So finden sich in der Kreide Böhmens vermutlich Butomaceaeen. In Portugal und in Virginia lassen sich erste Froschlöffelgewächse (Familie Alismataceae) nachweisen, darunter das Pfeilkraut (Gattung Sagittaria). Wenig später, zu Beginn der Oberkreide, wachsen in Europa auch die Laichkräuter (Familie Potamogetonaceae). In Südamerika sind die Sumpfliliengewächse durch die Familie Aponogetonaceae vertreten. Schon in der Unterkreide erscheinen auch Mitglieder der Reihe Schraubenbaumgewächse (Pandanales), darunter in Japan die Rohrkolben (Typhaceae).

Birken zählen wie alle anderen Laubbäume zu den Bedecktsamern.

Viele der ersten Laubbäume tragen Früchte, die in irgendeiner Weise – wie die Samen vieler Nadelhölzer – geflügelt sind, etwa die Ahorne, Birken, Ulmen oder die Linden. Als Pionierbaumarten sind sie damit in der Lage, in kurzer Zeit größere Flächen zu besiedeln, denn der Wind unterstützt sie bei der Verbreitung. Die meisten dieser Flugsamen sind aerodynamisch perfekt »konstruiert« und sehr leicht. Dünne Häute, auf feine und feinste Versteifungsrippen gespannt, bieten dem Wind allein schon eine recht große Angriffsfläche bei geringem Gewicht. Außerdem sind die Früchte als regelrechte Drehflügler aufgebaut, so dass sie beim freien Fall in der Luft rotieren. Auf diese Weise hat eine nur rund 1/8 g schwere trockene Ahornfrucht zwar nur reichlich 2 cm² Oberfläche, als rotierender Flügel überstreicht sie aber eine Fläche von immerhin mehr als 25 cm².

Ein Vertreter der frühen krautigen Bedecktsamer: das Pfeilkraut

Die Ahornfrucht stellt nur eines von zahllosen Flugprinzipien der verschiedenen Laubbaumsamen dar. So gibt es u. a. symmetrische, in sich verdrallte Drehflügler wie bei der Birke und »Federballflieger«. Auch Gleitflieger, bei denen der Samen zentral zwischen zwei ausgespannten Flügeln sitzt, gehören zum abwechslungsreichen Konstruktions-Repertoire der Natur.

An den Ufern von Flüssen, Seen und Tümpeln, in Sümpfen und Mooren wachsen die ersten Gräser. Die Reihe der Grasgewächse (Glumiflorae) umfasst die Familien der Süßgräser (Gramineae) und der Sauergräser oder Riedgräser (Cyperaceae).

Zu den Süßgräsern gehören die meisten der bekannten Wiesengräser und auch so großwüchsige Gattungen wie die Bambusgräser (die bereits in der Oberkreide gedeihen). Die Riedgräser sind grasartige Kräuter mit meist deutlich dreikantigen, selten durch Knoten gegliederten Stängeln und schmalen Blättern wie das Wollgras, die Seggen oder das Sumpfried. Sowohl die Süß- wie die Riedgräser gehören zu den einkeimblättrigen Pflanzen, die in der Oberkreide auch schon durch mehrere andere Familien (Palmen, Canna, Lilien usw.) vertreten sind.

Der Blütenbau der Gräser ist im ganzen Pflanzenreich einmalig. Bei den ersten Gräsern ist der Stempel noch mit drei Fruchtblättern ausgestattet. Heutige Arten besitzen dagegen ein einheitliches Organ ohne irgendwelche Verwachsungsspuren der Fruchtknoten. Die sehr kurzen Griffel (meist zwei) enden in federförmigen Narben. Auf sehr dünnen, durch ein Gelenk mit dem Staubbeutel verbundenen Fäden sitzen die Staubgefäße. Bei den meisten Gräsern lassen sich die Staubbeutel an diesen Fäden frei im Wind bewegen, was der Verbreitung der Pollen entgegenkommt. Die Blüten der frühen Gräser haben sechs Staubgefäße, die der heutigen Art meist nur drei. Stempel und Staubgefäße sitzen zwischen je einer äußeren und einer inneren Spelze. Die äußere ist durch das Verschmelzen zweier Blütenblätter entstanden, die innere aus einem Stützblatt.

Etwas Besonderes in den Grasblüten sind die Schwellkörper (Lodiculae), die bei der Reife von Pollen und Narben die Spelzen auseinanderdrücken, damit sich die Blüte öffnet. Meist sind es zwei, manchmal auch drei Schwellkörper. Üblicherweise treten die Grasblüten in Ährchen zusammen. Beachtlich ist die Stabilität der Grashalme wie überhaupt ihre Konstruktion: Bei der jungen Pflanze sind die hohen Stängel teleskopartig ineinander gesteckt; beim Wachsen schieben sie sich auseinander.

Für den schlesischen Mystiker Daniel Czepko von Reigersfeld (1605–1660) ist das Gras eine göttliche Gabe:
»Das Gräslein ist ein Buch, suchst du es aufzuschließen, du kannst die Schöpfung draus und alle Weisheit wissen.«

Schlangen – Reptilien ohne Extremitäten

Im Mittelmeerraum taucht ein Vorfahre der Schlangen auf. Die erste »echte« Schlange lebt wenig später in Südamerika. Die Abstammung der Schlangen ist noch relativ ungeklärt, Verbindungen zu einer Echsenunterordnung sind möglich.

■ **140–80 Mio.:** In Israel lebt Pachyrhachis, ein 1 m langes wasserbewohnendes Reptil, das als erste bekannte Schlange oder zumindest als unmittelbarer Vorfahre der Schlangen zu betrachten ist. Es hat einen typisch schlangenförmigen Körper, aber einen relativ breiten Kopf, der dem eines Warans gleicht. Gliedmaßen besitzt das Tier nicht und auch der Schultergürtel ist verschwunden. Im Gegensatz zu vielen modernen Schlangen sind aber noch Rudimente des Beckengürtels vorhanden.

In Südamerika taucht vor etwa 80 Jahrmillionen die erste wirkliche Schlange auf. Sie zeigt bereits viele Merkmale der heute lebenden Schlangen, vor allem die beachtliche Länge des Körpers (es gibt Schlangen mit über 100 Wirbeln), außerdem das Fehlen der Gliedmaßen sowie des Schulter- und Beckengürtels. Manche Arten (Riesenschlangen) besitzen noch Beckenreste. Auch die Knochenbrücken über den zwei unteren Schädelöffnungen fehlen. Das gibt Raum für eine besonders kräftige Kiefermuskulatur und eine große Beweglichkeit der Kiefer.

Manche Paläontologen sehen verwandtschaftliche Beziehungen der Schlangen zu den Platynota, einer Infraordnung der Echsen, die im Oberjura auftauchten und heute durch die Warane vertreten sind. Zu diesen Meeresbewohnern mit den zu Flossen reduzierten Gliedmaßen gehören die in der Oberkreide lebenden Gattungen Platecarpus und Plotosaurus.

Skelett einer Python. Mit rund 100 Wirbeln sind die Riesenschlangen Rekordhalter unter den Wirbeltieren.

Bemerkenswert ist, dass das völlige Verschwinden der Gliedmaßen in der Kreide nicht nur bei Schlangen, sondern auch innerhalb der Unterordnung Echsen (Lacertilia) nachweisbar ist. Hier entwickelt sich wohl an der Grenze Unterkreide/Oberkreide die neue Infraordnung Anguimorpha (»Aalgestaltige«). Sie umfasst die Schleichen, bei denen einige Arten noch über wohl ausgebildete Gliedmaßen verfügen – andere, wie die Blindschleiche, besitzen überhaupt keine.

Schlangen bewegen sich durch rhythmisch von vorn nach hinten über den ganzen Körper verlaufende seitliche Krümmungen. Auch sind sie in der Lage, auf Bäume zu kriechen, was sich auf die besondere Form ihrer Rippen zurückführen lässt.

Verbreitung moderner Knochenfische

In den Meeren leben zahlreiche höher entwickelte Knochenfische der Ordnung Teleostei, die in ihrem Körperbau weitgehend der Mehrzahl der heute existierenden Fische entsprechen. In den europäischen Meeren des Oberjuras machen sich zur gleichen Zeit die Plesiosauria breit.

■ **160–140 Mio.:** Die Teleostei erleben bereits etwa in der Mitteltrias (243–230 Mio.) eine Evolutionsphase, deren Ergebnis die »modernen Knochenfische« sind. Ihre Entwicklung aus den Urknochenfischen erfolgte mit gleitenden Übergängen. Im Oberjura sind sie bereits eine mit zahlreichen Gattungen wie Leptolepis und Thrissops etablierte, klar abzugrenzende Gruppe.

Die ersten modernen Teleostei waren kleine, heringsähnliche Fische mit symmetrischen Schwänzen und beweglichen Kiefern. Verbreitet in Europa (England und Deutschland) ist im Oberjura vor allem noch die Gattung Hypsocormus. Dieser schnell schwimmende Raubfisch steht noch an der Schwelle zwischen den Urknochenfischen und den modernen Teleostei. So besitzt er u. a. noch einen schweren »altmodischen« Körperpanzer aus dicken rechteckigen Schuppen und sehr weit hinten liegenden Brustflossen.

Zur selben Zeit ist aber in Ostafrika, Mittel-, Ost- und Südeuropa sowie in Südamerika bereits die Gattung Pholidophorus verbreitet, die eindeutig zu den modernen Teleostiern gehört. Diese Fische haben symmetrische, paarige Brust- und Bauchflossen sowie eine Afterflosse in Schwanznähe. Die Pholidophorus-Arten sind schnelle Schwimmer. Doch auch diese Gattung zeigt mit ihren Schmelzschuppen und der nicht völlig verknöcherten Wirbelsäule noch einige primitive Merkmale, die beim im Oberjura lebenden Teleostier fehlen. Deren Wirbelsäule besteht vollkommen aus Knochen.

Weit verbreitet in den europäischen Meeren des Oberjuras sind die Plesiosauria, eine Ordnung meeresbewohnender Reptilien, die z. T. eine Länge von 14 m erreichen. Ihre Gliedmaßen sind zu Paddelflossen reduziert, ihre Finger und Knochen besitzen bis zu zehn Knochen und sind entsprechend breit. Der Körper ist recht gedrungen und abgeflacht, der Schwanz auffallend kurz.

Dieser Schnabelfisch der Art Aspidorhyncus acutirostris lebte im Oberjura.

Endpunkt ihrer Evolution: Riesensaurier

Kurz bevor die letzten Dinosaurier auf der Erde aussterben, bringt die Evolution den Höhepunkt ihrer Entwicklung hervor: die Riesensaurier. In einigen Regionen halten sich die Saurier noch bis zum Paläozän (bis 55 Mio.).

Der Tyrannosaurus Rex war mit bis zu 15 m Länge der größte aller Fleisch fressenden Dinosaurier.

■ **80–66 Mio.:** Die größten aller Fleisch fressenden Dinosaurier betreten die Erde: die Tyrannosauridae (»Tyrannenechsen«). Diese Familie mit nur knapp einem Dutzend Gattungen stellt zugleich die größten landbewohnenden Fleischfresser aller Zeiten. Ihre Vertreter leben in Asien und im westlichen Nordamerika. Charakteristisch sind der massive Körperbau, ein kurzer Rumpf, ein großer Kopf und ein langer kräftiger Schwanz. Die säulenartigen Hinterbeine tragen das gesamte Körpergewicht, denn die Tyrannenechsen gehen nur auf diesen zwei Beinen. Ihre Füße besitzen drei gespreizte Zehen, auch die Hände haben nur drei, manchmal lediglich zwei Finger. Zu den bekanntesten Vertretern dieser Riesenechsen zählen die Gattungen Tyrannosaurus mit bis zu 15 m großen Individuen, Albertosaurus (8 m), Alioramus (6 m), Daspletosaurus (8,5 m) und Tarbosaurus (14 m).

Horndinosaurier – gewaltige Pflanzenfresser

Etwa zur selben Zeit entwickeln sich in Nordamerika und Asien die Horndinosaurier als letzte Gruppe der so genannten Vogelbecken-Dinosaurier (Ornithischia): 60 cm bis 9 m große, plumpe Pflanzenfresser. Fast allen gemeinsam ist ein massiger Kopf mit Hörnern über der Schnauze. Manche Gattungen zeichnen sich außerdem durch einen schweren knöchernen Nackenschild aus und viele besitzen Kiefer, die an einen Papageienschnabel erinnern. Zu unterscheiden sind mehrere Familien. Die Psittacosauridae (»Papageien-Dinosaurier«) leben in Ostasien und besitzen außer dem »Papageienschnabel« noch nicht die genannten ausgeprägten Merkmale anderer Horndinosaurier. Sie scheinen die unmittelbaren Vorläufer der eigentlichen Horndinosaurier zu sein und leben bereits in der späten Unterkreide (140–97 Mio.). Die Familie Protoceratopsidae umfasst kleinere, ebenfalls noch primitive Formen, von denen manche noch kein Horn besitzen. Zur Familie Ceratopsidae gehören die meisten großen Pflanzenfresser der Oberkreide (97–66 Mio.) im westlichen Nordamerika. Sie bringen stattliche Exemplare von 5 bis 9 m Länge hervor. Die Gattung Triceratops stellt mit 9 m langen und bis zu 10 t schweren Tieren nicht nur die wuchtigsten, sondern auch die bekanntesten Exemplare der artenreichen Familie der Horndinosaurier. Triceratops, der zugleich das jüngste Glied in der Gruppe der gehörnten Dinosaurier ist, hat wie viele seiner Verwandten einen »Papageienschnabel«, mit dem er Blätter und Zweige von Bäumen abschneidet. Er trägt – wie sein Name schon sagt – gleich drei Hörner; sie sind zur Verteidigung und für Kämpfe während der Paarungszeit geeignet.

Auch die gepanzerten Dinosaurier (Familien Stegosauridae und Ancylosauridae) erleben mit der Entwicklung besonders großer Formen kurz vor ihrem Aussterben nochmals einen Höhepunkt. Exemplare von 10 m Länge und 3,5 t Masse sind keine Seltenheit. Zu den bekanntesten Ancylosauriern gehört Edmontonia (Panoplosaurus), der in Nordamerika lebt.

Mit dem Ende der Kreidezeit um 66 Mio. gehen die Dinosaurierpopulationen zugrunde. So zutreffend diese Aussage ist, hat sie doch zur Verfestigung eines nicht ganz korrekten Bildes beigetragen. Zunächst sind es nicht alle, sondern die letzten bis dahin noch überlebenden Dinosaurier, die zu dieser Zeit aussterben. Ihr Untergang ist kein plötzliches Ereignis, sondern zieht sich über rund 150 Jahrmillionen hin. Bereits zu Beginn des Unterjuras (210–184 Mio.) verschwand die gesamte Infraordnung Coelurosauria mit ihren mittelgroßen, leicht gebauten Vertretern. Zahlreiche der großen Fleisch fressenden Carnosauria überlebten den Oberjura (160–140 Mio.) nicht. Frühe Pflanzen fressende Dinosaurier von 2 bis 10 m Größe sowie viele Familien der Unterordnung Suaorpodomorpha und der Vogelbeckensaurier (Ordnung Ornithischia) erlöschen ebenfalls bereits im Jura. Auch die klobigen Iguanodons und die gepanzerten Dinosaurier (Unterordnung Stegosauria) kommen nicht über die Unterkreide (140–97 Mio.) hinaus.

Einen entwicklungsgeschichtlichen Schnitt stellt das Ende der Kreide nur insofern dar, als etwa zu dieser Zeit auch die letzten Dinosaurier zugrunde gehen. Dabei ist die Formulierung »etwa zu dieser Zeit« durchaus wichtig. Denn jüngere Forschungen haben für Südfrankreich, New Mexico, das Gebiet um den Titicaca-See in Südamerika und für die chinesische Wüste Gobi ergeben, dass dort noch im ältesten Paläozän (66–55 Mio.) Dinosaurier lebten!

Rund 9 m lang und 10 t schwer bildeten die Vertreter der Gattung Triceratops die wuchtigsten Exemplare der Horndinosaurier.

Gründliche Untersuchungen liegen für die letzten europäischen Dinosaurier vor, die vegetarischen Hypselosaurus-Arten. Sie leben zuletzt gemeinsam mit Fleisch fressenden Megalosaurus-Arten und vier weiteren Dinosaurier-Gattungen an den Ufern von Lagunen und Flusssystemen im Süden Frankreichs sowie im Osten Spaniens. Der rund 12 m lange Hypselosaurus ist deshalb besonders gut erforscht, weil von ihm im Gegensatz zu den anderen zeitgenössischen Gattungen zahlreiche Gelege überliefert sind. Die Schalenreste finden sich in Sedimenten von insgesamt rund 1000 m Mächtigkeit, belegen also eine lange Anwesenheit der Gattung, bevor sie relativ plötzlich verschwindet. Interessanterweise zeigen die letzten Eier krankhafte Veränderungen: Einige Eier sind mehrschalig (»ovum in ovo«) aufgebaut. Da die kristallinen Bausteine der zweiten Wand die Porenkanäle verstopfen, führt dies zum Ersticken der Embryonen. Die Mehrzahl der Eier weist aber zu dünne Kalkschalen auf (1,1 bis 1,8 mm statt normalerweise 1,9 bis 2,6 mm). Das wiederum hat den Tod der noch nicht geschlüpften Saurier durch Austrocknen zur Folge. Beide Eimissbildungen haben hormonelle Ursachen und liefern zumindest für das Aussterben dieser Dinosaurier-Gattung eine schlüssige Erklärung.

Auch viele andere Lebensformen überleben diese Ära nicht. Doch setzt dieser Populationsrückgang nicht schlagartig ein, sondern ist als »Wendemarke« an der Grenze zum Tertiär zu verstehen, an der jeweils auch die letzten Vertreter der alten Formen verschwinden. Mit den kurzschwänzigen Flugsauriern (Pterodactyloidea) stirbt zugleich die Ordnung Pterosaurier und damit die gesamte Reptilien-Unterklasse Pterosauromorpha aus. In der Klasse der Kopffüßer erlöschen die bisher so bedeutenden Ammoniten. Ähnlich wie die Dinosaurier ist diese Unterklasse kurz vor dem Untergang mit Riesenformen vertreten.

Das Skelett eines Tyrannosaurus veranschaulicht, dass das Körpergewicht ausschließlich von den Hinterbeinen getragen wurde.

Bernstein aus Harz

Die Bernsteinharz liefernden Koniferen, von denen einige möglicherweise bereits aus der Oberkreide stammen, gehören zur Gattung Pinus (Kiefern) der Nadelbäume. Bernstein gehört seit Menschengedenken zu den beliebtesten Schmucksteinen.

■ **66–36 Mio.:** Im nordöstlichen Mitteleuropa, besonders im Gebiet der Samland- und der so genannten Bernsteinküste, aber auch in Mitteldeutschland, Rumänien, der Dominikanischen Republik und Nordamerika erzeugen bestimmte Nadelbäume infolge pathologischer Veränderungen große Harzmengen. Sie fossilisieren als Bernstein. Vermutlich handelt es sich dabei um Vertreter der Kiefernuntersektionen Parrya und Balfouria.

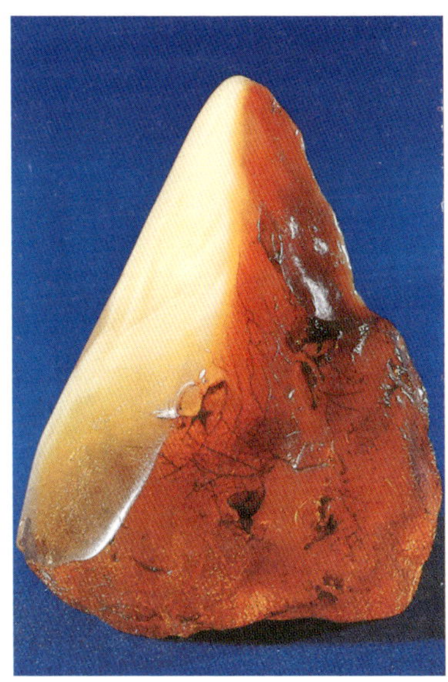

Fossiler Bernsteinfund aus der Region um Bitterfeld

Im Gegensatz zu den forstwirtschaftlich gepflegten Wäldern unserer Zeit leiden die Waldbäume des frühen Tertiärs bei dem herrschenden feuchtwarmen Klima wesentlich stärker unter zahlreichen Schädlingen, in erster Linie unter Pilzen. An fossilen Bernsteinbäumen lässt sich beobachten, dass der allergrößte Teil dieser Pflanzen krankhafte Veränderungen des Holzes aufweist. Eine ganze Reihe dieser pathologischen Erscheinungen führt zu starkem Harzerguss. Das Harz bildet sich vorwiegend in der Rinde, aber auch im Holz in besonderen, als »Harzgänge« bezeichneten Zellkomplexen. Manche der krankhaften Veränderungen der Bernsteinbäume bewirken, dass die Bäume außer den normalen zusätzlich abnorme Harzgänge ausbilden, was die Harzproduktion weiter steigert.

Bernstein-Fossilisation

Bei der Fossilisation dickt das Bernsteinharz unter Wasserentzug zu einem festen amorphen Gestein ein, dem Bernstein oder Succinit, der u. a. 3 bis 8 % Bernsteinsäure, Schwefel und ätherische Öle enthält. Er ist hellgelb bis schwarzbraun (in seltenen Fällen blau) und undurchsichtig bis durchsichtig. Zuweilen findet sich Bernstein auch fein verteilt oder in großen Stücken in der Braunkohle. Man nennt ihn dann Retinit. Stammt der deutsche Bernstein generell von Pinaceen, so geht er in anderen Gebieten der Erde z. T. auch auf die Harze anderer Bäume zurück, darunter weitere Koniferen, aber auch Hamamelisbäume, Leguminosen, Dipterocarpaceen und Anacardiaceen.

Häufig sind im Bernstein und in anderen Harzen (z. B. Kopal) Insekten, manchmal auch Pflanzenteile eingeschlossen. Von der organischen Substanz dieser Objekte geht im Lauf der Zeit der allergrößte Teil verloren. Er diffundiert durch das Harz nach außen. Zurück bleibt aber ein Hohlraum, der in seiner Form die Oberfläche des ursprünglichen Einschlusses bis in die feinsten Details wiedergibt, bei Insekten z. B. auch einzelne Härchen, bei Laubblättern sogar die Spaltöffnungen.

Die weltweit größten bekanntesten Bernstein-Vorkommen liegen im Samland beim russischen Kaliningrad. Die reichen Lagerstätten gaben der Nord- und Nordwestküste des Landstrichs den Beinamen »Bernsteinküste«. Das Material wird im Tagebau gewonnen. Eine weitere ergiebige Lagerstätte lag bei Bitterfeld in Deutschland, wo Bernstein von 1975 bis 1993 in großen Mengen gewonnen wurde. Die Echtheit des Steins offenbart sich durch einen Trick: Wird Bernstein erhitzt – auch Reibungshitze reicht schon aus –, sondert er einen harzig-süßen Geruch ab.

Rüsseltiere bewohnen Nordindien

Vermutlich im nördlichen Indien gehen aus primitiven Huftieren die ersten Rüsseltiere hervor. Sie sind keinesfalls so groß wie die späteren Mastodonten, Mammute oder Elefanten. Auch Stoßzähne besitzen sie noch nicht.

■ **55–36 Mio.:** Die ersten Rüsseltiere gehören der Unterordnung Moeritherioidea an. Dieser Gruppenname bezieht sich auf die altgriechische Bezeichnung »Moeris« für einen See in der ägyptischen Fayum-Senke, in der man die ersten fossilen Moeritherien entdeckte. Im Eozän ist das heutige Wüstengebiet eine bewaldete Küstenebene.

Die Gattung Moeritherium – im Oberen Eozän nicht nur in Ägypten, sondern auch in Mali und im Senegal verbreitet – ähnelt einem kleinen Tapir oder einem jungen Flusspferd. Mit nur 60 cm Schulterhöhe bleiben die Tiere relativ klein. Ihr Rüssel ist noch nicht sehr lang. Möglicherweise besitzen sie auch erst eine breite, verdickte Oberlippe, die sie dazu befähigt, in der Sumpfvegetation nach Nahrung zu stöbern. Ihre Masse schätzt man auf 200 kg. Der ganze Körperbau mit den gegenüber späteren Rüsseltieren noch relativ dünnen Beinen und den weit oben liegenden Augen und Ohren legt die Vermutung nahe, dass das Moeritherium in Flüssen und Süßwasserseen lebte.

Das massig wirkende Moeritherium lyonsi war nur 70 cm groß und lebte vor rund 50 Mio. Jahren in Nordafrika.

Raubbeutler und Opossums in Südamerika

In Südamerika bilden sich zwei neue Unterordnungen der Beuteltiere (Marsupialia) heraus: die Raubbeutler (Borhyaenoidea) und die Opossummäuse (Caenolestoidea). Letztere besiedeln später auch die Antarktis.

■ **66–55 Mio.:** Im Paläozän sind die Raubbeutler durch die Gattung Eobrasilea vertreten. Später erscheinen u. a. Formen mit ausgeprägten Säbelzähnen, die die Stelle der Eckzähne einnehmen und kontinuierlich nachwachsen. Raubbeutler erreichen Ratten- bis Bärengröße. Äußerlich ähneln verschiedene Arten großen Raubkatzen. Die kurzen Gliedmaßen der Raubbeutler lassen vermuten, dass sie ihre Beute, vor allem südamerikanische Huftiere, nicht erjagen, sondern ihr auflauern. Möglicherweise sind einige Raubbeutler auch Aasfresser. Die Opossummäuse sind kleine spitzmausähnliche Insekten fressende Beuteltiere von bis zu 45 cm Rumpflänge, die mit einem langen Greifschwanz ausgestattet sind.

Die Weibchen der Beuteltiere besitzen an der Bauchseite ihres Körpers einen Brutbeutel, der aus zwei Hautfalten besteht. In ihm befinden sich an der Bauchwand die Milchdrüsen mit den gut ausgebildeten Zitzen. Zwei so genannte Beutelknochen, die auf dem Beckenknochen ruhen, stützen den Brutbeutel. Diese Beutelknochen sind auch im Skelett der männlichen Tiere ausgebildet, obwohl diesen der Beutel selbst fehlt. In der Regel wird bei der Embryonalentwicklung der Beuteltiere keine Plazenta ausgebildet. Die jungen Tiere kommen noch weitgehend unentwickelt zur Welt. Auf sich allein angewiesen, wären sie noch nicht lebensfähig, aber sie sind meist bereits in der Lage, selbständig in den Brutbeutel der Mutter zu kriechen. Dort saugen sie sich an den Milchzitzen fest.

Das bekannteste Beuteltier der Neuzeit ist das Känguru, das auf dem australischen Kontinent lebt.

Aus Urhuftieren entstehen Paarhufer

Die »Urhuftiere« oder Condylarthra stellen in vielen Faunen Amerikas und Europas rund 25 % der Säugetiere. Manche Urhuftiere bevölkern bereits in der Oberkreide (97–66 Mio.) die Erde, andere im vorausgehenden Paläozän.

■ **55–36 Mio.:** In Europa und Amerika breiten sich Urhuftiere, die Vorfahren vieler heute bekannter Nutztierrassen, aus. Aus ihnen entwickeln sich die ersten Paarhufer. Die Tiere werden wiesel- bis bärengroß, wobei manche an frühe Raubtiere erinnern. Alle verfügen über ein vollständiges Säugetiergebiss und treten mit der gesamten oder fast gesamten Fußsohle auf. Ihre jeweils fünf Finger und Zehen enden in Krallen oder Hufen.

Entwicklungsgeschichtlich sind drei Familien von Bedeutung, die alle bereits seit dem Paläozän bestehen und jetzt weit verbreitet sind. Die Mesonychidae bilden wahrscheinlich die Stammgruppe der Paarhufer (Artiodactyla) sowie der Wale (Cetacea). Die Phenacodontidae sind in Nordamerika und Europa am häufigsten mit Phenacodus vertreten. Diese Gattung hat zwar Hufe, gleicht jedoch weitgehend einem Fleischfresser. Ihr kleiner Verwandter, Tetraclaenodon aus Nordamerika, besitzt noch Krallen und gilt als Vorläufer der Unpaarhufer. Die Familie der Didolodontidae ist auf Südamerika beschränkt. Mit verwandten Familien typisch südamerikanischer Huftierordnungen (z. B. Notoungulata, Litopterna) entwickelt sie sich bis ins Mittlere Miozän (16–12 Mio.) isoliert weiter.

Paarhufer sind weitgehend Wiederkäuer

Aus den Urhuftieren entwickeln sich erste Paarhufer (Artiodactyla). Ihre zwei oder vier Zehen pro Fuß sind halbkreisförmig angeordnet und von einer kräftigen Nagelscheide umgeben – das typische Bild eines gespaltenen Hufes.

Mit Ausnahme der Schweineartigen (Unterordnung Suina) sind alle Mitglieder dieser Ordnung Wiederkäuer. Ihr Magen ist in drei oder vier Kammern unterteilt. Nahrung gelangt zunächst in den Pansen und sodann in den Netzmagen. In beiden Mägen wird sie mit Hilfe von Bakterien vergoren. Danach wird der Speisebrei hochgewürgt und nach nochmaligem Kauen erneut verschluckt. Dann passiert er den säugetierüblichen Verdauungskanal. Durch dieses System können die Wiederkäuer auch die sonst für Säuger unverdauliche Zellulose verwerten.

Die Schweineartigen gelten als die primitivste Unterordnung der Paarhufer. Das lässt sich u. a. an ihrem nahezu vollständigen Säugetiergebiss erkennen. Auch ihr Verdauungsapparat ist noch wenig spezialisiert, obwohl bei manchen Arten bereits zwei bis drei verschiedene Magenkammern bestehen.

Im Unteren Eozän erscheint zunächst die Familie Dichubunidae. Diese Tiere ähneln äußerlich eher den Kaninchen als den Huftieren. Da viele ihrer Arten mit fünfzehigen Füßen ausgestattet sind, bilden sie eine Ausnahme unter den Paarhufern, stellen allerdings die Stammform aller übrigen Paarhufer dar. Im Unteren Eozän ist vor allem ihre Gattung Diacodexis verbreitet, die in Europa (Frankreich), Nordamerika (Wyoming) und Asien (Pakistan) vorkommt. Ob das nur etwa 50 cm lange Tier überhaupt schon Hufe besitzt, ist ungeklärt. Von den fünf Fingern bzw. Zehen sind allerdings – wie auch bei den späteren Paarhufern – die dritte und vierte am längsten.

Als weitere Suina-Familie erscheinen die Anthracotheriidae (»Kohlentiere«), von denen viele Exemplare versteinert aus der Braunkohle bekannt sind. Die artenreiche Familie ist etwa ab dem Oberen Eozän hauptsächlich in Asien, aber auch in Europa und Nordamerika zu Hause. Die Tiere sind wahrscheinlich mit den Flusspferden verwandt und leben wie diese vorwiegend im Wasser. Weit verbreitet ist die Gattung Elomeryx, etwa 1,5 m lange Flusspferdähnliche mit kurzen stämmigen Beinen.

Das als Eohippus bekannte Huftier Hyracotherium venticolum lebt im Unteren Eozän in Nordamerika.

Das 2,6 m lange Archaeotherium repräsentiert die Familie der Entelodontidae, die sich im Oberen Eozän entwickelt.

Das kaninchengroße Cainotherium aus der Familie der Schwielensohler kommt im Oligozän in Spanien vor.

Warum starben die Saurier aus?

Kaum ein Ereignis in der frühen Erdgeschichte hat eine so große Zahl von Hypothesen hervorgerufen wie der Untergang der Saurier. Warum starben die Riesenechsen aus, nachdem sie sich Jahrmillionen lang so erfolgreich über den gesamten Globus verbreitet hatten?

Viele Spekulationen, die sich mit dem plötzlichen Aussterben der Dinosaurier befassen, sind wissenschaftlich nicht haltbar. Die am häufigsten genannten Szenarien nennen als Ursachen klimatische bzw. geophysikalische oder genetische Gründe.

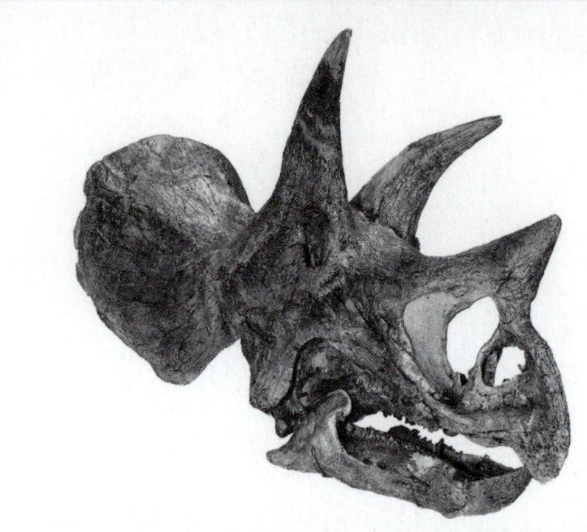

Schädel eines Triceratops prorsus aus der Oberkreide von Hell Creek

Klimahypothesen

Manche Wissenschaftler gehen davon aus, dass die Dinosaurier an atmosphärischen Veränderungen zugrunde gegangen sind. So soll es durch verstärkte Vulkantätigkeit in aller Welt zu einer plötzlichen Sauerstoffanreicherung in der Atmosphäre gekommen sein, was bei den nicht angepassten Tieren zu einer Sauerstoffvergiftung geführt haben soll. Dagegen spricht, dass in der Oberkreide die vulkanische Tätigkeit weltweit keineswegs intensiver war als in vorhergehenden Epochen. Anderen Theorien zufolge soll ein plötzlicher Sauerstoffüberschuss von den Bedecktsamern mit ihren großen Laubblättern hergerührt haben. Aber schon im Jura (210–140 Mio.) existierte eine dichte Flora von ebenfalls großblättrigen Cycadeen und Farnen.

Andere Autoren machen plötzliche drastische Wetterverschlechterungen für den Tod der Dinosaurier verantwortlich. Solche krassen Klimaveränderungen lassen sich jedoch weder im Pflanzen- noch im Tierreich allgemein nachweisen.

Katastrophentheorien

Weit verbreitet sind Hypothesen, die das Sauriersterben auf große weltweite Katastrophen zurückführen. Zunächst wird wieder der Vulkanismus als Erklärungsansatz bemüht. Plötzliche mächtige Ausbrüche hätten demzufolge die Atmosphäre derart mit feinen Ascheteilchen überfrachtet, dass sich global das Klima über Jahrzehnte hinaus verschlechterte. Es wurde eiszeitlich kalt oder – nach Ansicht anderer Autoren – aufgrund des Treibhauseffektes unerträglich heiß. Nun lässt sich zwar in der Tat gegen Ende der Oberkreide in vielen Sedimentationsräumen der Erde eine dünne helle Schicht, vergleichbar mit einer Aschenschicht, finden. Oberhalb dieser Schicht gibt es keine Dinosaurierfossilien mehr. Aber einerseits fehlen Hinweise auf drastische Klimaveränderungen, andererseits sind nicht sämtliche Dinosaurier innerhalb eines kurzen Zeitraums ausgestorben. Und warum hat die Katastrophe dann nicht andere, ähnliche Reptilien oder auch die frühen Säugetiere umgebracht? Entsprechende Einwände entkräften auch andere Katastrophentheorien wie die Hypothesen vom Meteoriteneinschlag oder einer Supernova.

Tod durch Hormonstörungen

Manche Autoren führen das Aussterben der Dinosaurier auf ihr ungeheuer gesteigertes Größenwachstum zurück, das durch Änderungen im Hormonhaushalt der Tiere gesteuert wurde. Die Giganten seien einfach nicht mehr lebensfähig gewesen. Doch auch dieses Argument befriedigt nicht, denn keineswegs waren alle Dinosaurier extrem große Tiere. Allerdings können krankhafte Veränderungen im Hormonhaushalt in der Tat für das Aussterben mindestens einer der letzten Sauriergattungen, der Hypselosaurier, verantwortlich gemacht werden. Was diese Hormonstörungen auslöste, ist wiederum umstritten.

Neueste Untersuchungen, die Ende 2000 veröffentlicht wurden, gehen von einem recht grausamen Ende der Riesenechsen aus. Studien am Chicxulub-Meteoritenkrater in Yucatán weisen auf eine tödliche chemische Reaktion in der Erdatmosphäre hin. Der gewaltige Krater wurde von einem Meteoriten in der Kreidezeit verursacht. Bislang lieferte er das Szenario der weltweiten Verdunkelung durch Staubpartikel. Bei Bohrungen im Krater wurden große Mengen Carbonat- und Sulfatgestein entdeckt. Beim Aufschlag müssen ungeheure Massen Schwefel verdampft sein. Diese könnten sich – der neuen Theorie zufolge – Jahrzehnte in der Atmosphäre gehalten haben. Bei einsetzendem Regen kann eine ätzende Säure entstanden sein, die auf die Tierwelt niederging. Aber auch dieses Szenario würde letztendlich nicht erklären, warum nur die Saurier ausgestorben sind.

Stegosaurus aus dem Mittleren Jura (im Vordergrund) und Diplodocus gehörten zu den Pflanzenfressern. Ihre Nachbildungen werden im naturhistorischen Museum von Utah gezeigt.

Der US-amerikanische Schauspieler und Diplomat Eric A. Johnston (1896–1963) über das Ende der Saurier:
»Die beredsame Lektion der Dinosaurier ist, dass etwas Größe gut, aber Übergröße nicht notwendigerweise besser ist.«

Der Siegeszug der Säugetiere

Im Jura bereitet sich eine große Veränderung des Lebens vor. Auf dem Festland treten erste Bedecktsamer auf den Plan und die Vorformen der Vögel erscheinen. Schließlich beginnen die Säuger einen so wandlungsfähigen Bauplan zu entwickeln, dass ihnen die Anpassung an unterschiedliche Lebensräume möglich ist.

Die Entwicklung der Formenvielfalt der Säugetiere geht Hand in Hand mit der Besiedlung neuer Lebensräume. Die Säuger erobern weite Steppen und Wüsten, sie werden im Unterholz wie in den Wipfelregionen tropischer Urwälder heimisch, dringen in Hochgebirgsregionen vor, lernen am und im Wasser zu leben und erobern sogar bis zu einem gewissen Grad den Luftraum. Dies alles ist nur durch anatomische Anpassung möglich. Diesen Anpassungen wird der generelle Bauplan aller Säuger gerecht.

Der Braunbär (Ursus arctos) lebt ins Eurasien und Nordamerika. Nach dem Winterschlaf bringt die Bärenmutter ein bis drei Junge zur Welt.

Aus den noch als primitiv zu bezeichnenden Gliedmaßen mit je fünf Fingern bzw. Zehen entwickeln sich u. a. die muskulösen Beine der Raubtiere mit Pranken zum Reißen, Festhalten und Zerfleischen der Beute, die langen und schlanken behuften Beine der Weidetiere, Hand- und Fußorgane zum Kriechen, Wühlen, Graben, Greifen und Klettern oder Fliegen, aber auch flossenartige modifizierte Extremitäten. Die Finger und Zehen tragen Nägel, Krallen oder Hufe.

Hoch entwickelt sind generell das Gehirn und das gesamte Nervensystem, denn das überaus aktive Leben der meisten Säuger erfordert ein komplexes Kontroll- und Steuerungsorgan, das seinerseits mit schnellen und leistungsfähigen Sinnesorganen zusammenarbeitet.

Grundnahrung Milch

Die in den Milchdrüsen der weiblichen Tiere erzeugte Muttermilch setzt sich unterschiedlich zusammen. Generell enthält sie zwischen 82 und 87 % Wasser, daneben emulgiertes Milchfett, kolloides Milcheiweiß und in echter Lösung Milchzucker, anorganische Salze und wasserlösliche Vitamine. Die wichtigsten in der Milch enthaltenen Mineralstoffe sind Phosphate von Kalium und Calcium, Zitrate sowie Chloride.

Wege der Fortpflanzung

Besonders komplex sind sowohl die Entwicklung als auch die Geburt der Jungen, nicht zuletzt eine Folge ihrer Warmblütigkeit, denn bereits die Jungtiere sind zur Aufrechterhaltung ihrer Körpertemperatur auf einen intensiven Stoffwechsel angewiesen.

Es lassen sich drei verschiedene Arten der Geburt und des Heranwachsens unterscheiden: Junge Säuger können aus Eiern schlüpfen oder als Embryonen geboren werden und dann in einem Beutel, an einer Milchzitze angeschlossen, aufwachsen. Oder sie reifen im Innern des mütterlichen Uterus bis zur Geburt als weitgehend selbständiges Tier heran. Allen gemeinsam ist das Angewiesensein auf Muttermilch in den ersten Wochen oder Monaten nach der Geburt.

Der Grundtyp der Säugetiergebisse ist ausgesprochen wandelbar, da die Zähne – je nach Lebensweise der Tiere – pflanzliche Nahrung pflücken oder abreißen, tierische Beute zerteilen und verschiedenartigste Nahrung zerkleinern können müssen.

Im Laufe ihres Lebens entwickeln die Säugetiere zwei Gebisse: ein Milchgebiss unmittelbar nach der Entwöhnung und ein Dauergebiss nach der Phase des schnellsten Wachstums. Bei den noch nicht spezialisierten, primitivsten Säugern umfasst das Gebiss 44 Zähne.

Landbrücken und Meeresstrassen

In der Entwicklung der Säugetiere zeigen sich große Übereinstimmungen zwischen den Arten verschiedener Kontinente, so z. B. zwischen europäischen und nord-, z. T. aber auch südamerikanischen Spezies. Im Zusammenhang mit diesem Phänomen sind die Landverbindungen der Kontinente untereinander zu betrachten.

Bereits zur Wende Kreide/Tertiär (ca. 66 Mio.) wird die zentralamerikanische Landbrücke zwischen Nord- und Südamerika überflutet. Südamerika bleibt bis zum Pliozän (ca. 4 Mio.) zumindest nach Norden isoliert. Vor etwa 55 Mio. Jahren zerbricht auch die Verbindung zwischen Südamerika und Antarktika sowie zwischen Antarktika und Australien.

Die früher für das älteste Tertiär angenommene Landverbindung zwischen Europa und Amerika über das Barents-Schelf, Spitzbergen und Nordgrönland existiert nach neuesten Untersuchungen nicht. Dafür besteht aber wahrscheinlich fast während des gesamten Tertiärs (66–2,5 Mio.) eine Thule-Landbrücke von den Britischen Inseln über die Färöer, Island, Grönland und Ellesmere-Insel. Diese Verbindung ist aus der gewaltigen Produktion von Basalten eines sog. hot spot (eine Zone, in der die Erdkruste besonders dünn ist) im Bereich von Island aufgebaut. Von Asien trennt Europa die Turgai-Straße östlich des Urals, die sich erst im Oligozän (36 – 24 Mio.) schließt. Damit ist Europa dann auch über Asien und die Bering-Landbrücke mit Amerika verbunden.

Landraubtiere ernähren sich von Fleisch

Aus der kleinen Gruppe der Miacidae, die bereits im Oberen Paläozän in Europa lebten, entwickeln sich jetzt zahlreiche Familien der Landraubtiere. Diese sog. Fissipedia bilden die Unterordnung der »echten« Raubtiere (Carnivora).

Der Schädel des Andrewsarchus mongolensis ist mit 84 cm etwa viermal so lang wie der eines Wolfes.

■ **55–36 Mio.:** Die Miaciden sind etwa 20 cm große Tiere, deren Aussehen und wohl auch Lebensweise an Baummarder erinnert. Sie besitzen noch ein vollständiges, 44 Zähne umfassendes Säugetiergebiss. Im Eozän entwickeln sich aus ihnen die Marderartigen (Mustelidae), schlanke Jäger mit gestrecktem Körperbau, die heute u. a. durch Wiesel, Dachs und Otter vertreten sind. Sie bewohnen meist die gemäßigten Breiten Europas. Zur Wende Eozän/Oligozän (ca. 36 Mio.) erscheint die Familie Procyonidae in Europa, Nordamerika und Asien. Es sind langschwänzige Baumbewohner mit den typischen Reißzähnen der Raubtiere. Die heute lebenden Arten (Kleinbären wie die Waschbären und Pandas) besitzen diese Reißzähne nicht mehr.

Vor rund 50 Mio. Jahren breiten sich Mitglieder der Familie Amphicyonidae über Europa, Nordamerika, Asien und Afrika aus. Sie bilden eine Gruppe sehr unterschiedlicher großer Räuber, die in ihrem Aussehen sowohl an Hunde wie an Bären erinnern und deshalb auch »Bärenhunde« genannt werden. Ihre Lebensweise entspricht in etwa der heutiger Braunbären. Sie sterben gegen Ende des Miozäns (24–5 Mio.) aus. Als erste hundeartige Tiere (Familie Canidae) leben im Oberen Eozän vor rund 40 Jahrmillionen kurzbeinige Raubtiere, die eher an Schleichkatzen erinnern als an die heutigen Füchse, Schakale, Kojoten, Wölfe und Hunde. Ihre Verbreitung beschränkt sich im Wesentlichen auf Nordamerika. Zur Wende Eozän/Oligozän zählen sie fünf Gattungen. Zu den ältesten echten Raubtieren gehört die Familie Viverridae. Sie entwickelt sich in Eurasien und Afrika. Ihre ersten Vertreter lebten hier vielleicht sogar schon im Unteren Paläozän vor rund 60 Mio. Jahren. Im Eozän existieren bereits zahlreiche Arten. Heute zählen zu ihnen Schleichkatzen, Ginsterkatzen, Mungos und Ichneumons.

Beide Ordnungen der Raubtiere, die sog. Urraubtiere (Creodonta, um 66 Mio.) und die »echten« Raubtiere (Carnivora), leiten sich wahrscheinlich von den Insekten fressenden Säugetieren der Kreidezeit (97–66 Mio.) ab. Der Wechsel zu einer Lebensweise als Fleischfresser geht einher mit zahlreichen Spezialisierungen. Besonders beim Gebiss lassen sich alle möglichen Übergangsformen nachweisen. Zum Fleischfressen sind schneidende Zähne erforderlich. Folgerichtig besitzen die Tiere im Vorderteil des Gebisses kleine scharfe Schneidezähne. Außerdem bildet bei vielen Arten ein Paar hoch spezialisierter Backenzähne (Reißzähne) eine regelrechte Schere. Bei verschiedenen Carnivoren-Gruppen variiert die Lage dieser Brechschere. Auch der Bau der Kieferknochen verändert sich. Speziell der Unterkiefer wird massiger und erhält ein straff sitzendes, quer verlaufendes und hoch belastbares Scharniergelenk als Träger einer kräftigen Kaumuskulatur.

Nicht alle Fleischfresser sind »echte« Raubtiere im Sinne der Carnivora. Andererseits sind nicht alle Carnivoren ausschließlich Fleischfresser. Es gibt auch Gemischtköstler und einige Spezialisten, die sich rein pflanzlich ernähren, wie etwa die heutigen Pandabären.

Wale bevölkern die Weltmeere

In den Weltmeeren leben verschiedene Arten von Walen (Ordnung Cetacea), die sich entwicklungsgeschichtlich wahrscheinlich von den im Paläozän vorkommenden landbewohnenden Huftieren ableiten.

■ **55–36 Mio.:** Als erste Wale erscheinen Vertreter der Gattung Pakicetus der Unterordnung Urwale (Archaeoceti) im Süden Asiens. Die Tiere sind nur 1,8 m lang und besitzen vier Beine, sind also noch an das Leben auf dem Festland angepasst.

Anders verhält es sich bei Protocetus, einem 2,5 m langen Verwandten von Pakicetus, der in den Meeren vor Afrika und Asien zur Zeit des Mittleren Eozäns lebt. Sein Körper ist bereits stromlinienförmiger, die Hinterbeine sind zu paddelähnlichen Flossen reduziert und am Schwanzende hat er wahrscheinlich schon die für alle späteren Wale typische horizontale Flosse. Seine Nahrung sind Fische. Ebenfalls in der Unterordnung Archaeoceti erscheinen noch im Eozän an der nordamerikanischen Atlantikküste der 6 m lange Zygorhiza und der bis zu 25 m lange Basilosaurus.

Als zweite Unterordnung formieren sich im Oberen Eozän die Zahnwale (Odontoceti), zu denen die meisten heute lebenden Wale (Pottwal, Schnabelwal, Tümmler, Narwal, Delphine u. a.) gehören. Ihre ersten Arten besitzen noch ein vollständiges Säugetiergebiss.

Die dritte Unterordnung der Wale, die Bartenwale (Mysticeti), erscheint erst zu Beginn des Oligozäns im Gebiet von Neuseeland und kurz darauf auch in Deutschland. Zu ihr zählen heute die Familien der Grauwale, der Glattwale und der Furchenwale.

Cetotherium, eine Gattung der Mysticeti oder Blauwale, ist während des Miozäns in Europa verbreitet.

Halbaffen in Nordamerika und Europa

In der Alten wie in der Neuen Welt erscheinen in dieser Zeit zahlreiche frühe Primaten-Arten der Unterordnung Halbaffen (Prosimii). Aufgrund der klimatischen Verhältnisse sind viele dieser Arten Dämmerungs- oder Nachttiere.

■ **55–36 Mio.:** Eine urtümliche Form, die Gattung Plesiadapsis (Familie Plesiadapidae), entwickelte sich bereits im vorausgehenden Paläozän und ist bis vor ca. 50 Mio. Jahren in Nordamerika (Rocky Mountains) und Europa (Frankreich) weit verbreitet. Wahrscheinlich sind die Tiere bereits im Paläozän, als eine bewaldete Landbrücke Amerika über Grönland und Island mit Europa verband, in Europa eingewandert.

Eine erstmals im Eozän auftretende Familie sind die Adapidae, die im Miozän (vor etwa 10 Mio. Jahren) aussterben. Sie sind wendiger als die Plesiadapsis-Arten und können die Daumen bzw. Großzehen den anderen Fingern/Zehen gegenüberstellen. Deutlich verkürzt ist ihre Schnauze, womit sie einen wesentlichen Schritt in Richtung zum typischen Primatengesicht zeigen. Zugleich rücken die Augen näher zusammen und ihr Gehirnvolumen nimmt in beachtlichem Maß zu. Besonders bekannt ist die Gattung Notharctus, 40 cm große Tiere, die den heutigen Lemuren ähneln. Vermutlich sind es die letzten nordamerikanischen Primaten.

Die Adapidae fasst man mit einer anderen Primatenfamilie aus dem Eozän, den Lemuridae, zu den Strepsirhini zusammen. Die Lemuridae sind grundsätzlich den Adapidae ähnlich, unterscheiden sich aber durch ihre Gebissform. Beheimatet sind sie vor rund 50 Mio. Jahren in Nordamerika, Europa und Afrika. Heute sind sie durch Lemuren, einige Makis, Indris, Kattas und Fingertiere Madagaskars vertreten.

Als Haplorhini bilden sich im Mittleren Eozän in Westeuropa die Koboldmaki-Artigen (Omomyidae) heraus, deren Nachfolger heute auf einige südostasiatische Inseln beschränkt sind. Im Mittleren und Oberen Eozän sind sie u. a. durch die Gattung Necrolemur vertreten, ein nur 25 cm langes Tier mit großen Augen und Ohren, das ganz offensichtlich nachtaktiv ist und Insekten frisst.

Der den Lemuren ähnliche Notharctus ist sehr wahrscheinlich die letzte Primatengattung in der Neuen Welt.

Viele Arten der eozänen Säugetiere, vor allem Insektenfresser, Nagetiere und Halbaffen, sind Dämmerungs- oder Nachttiere. Der Grund dafür ist im Klima zu suchen. Es ist generell sehr warm und deshalb setzen sich vor allem wechselwarme Tiere ungern den hohen Temperaturen während der Tagesstunden aus.

Fledertiere mit Flughaut und Ultraschall

Die Fledertiere (Ordnung Chiroptera) entwickeln als einzige Säugetiere Formen, die in der Lage sind, sich mit aktivem Schwingenschlag Auftrieb zu verschaffen. Zwar bewegten sich schon die ersten Säuger im Paläozän mit aufgespannten Flughäuten durch die Luft (Dermoptera), aber sie beherrschten nur den Gleitflug, nicht den aktiven Steig- und Ruderflug.

■ **55–50 Mio.:** Ihre besonderen Flugfähigkeiten verdanken die Fledertiere den zu regelrechten Flügeln umgebildeten Vordergliedmaßen. Zwischen den Armen, vier stark verlängerten Fingern und dem Rumpf spannt sich eine geschmeidige dünne Flughaut auf. Zu unterscheiden sind zwei Unterordnungen: die zuerst erscheinenden Fledermäuse (Microchiroptera) und die erst im Oligozän auftauchenden größeren Flughunde (Megachiroptera) mit Flügelspannweiten bis zu 1,5 m. Verbreitet ist im Unteren Eozän in Nordamerika (Wyoming) die Fledermausgattung Icaronycteris mit etwa 14 cm Körperlänge und 37 cm Spannweite.

Trotz einiger noch primitiver anatomischer Merkmale – wie z. B. kurze und breite Flügel sowie ein Gebiss, das noch stark an das der Insektenfresser erinnert – sieht Icaronycteris den heutigen Fledermäusen bereits ähnlich. Kleinere Unterschiede gibt es aber: So besitzt diese Gattung noch einen langen Schwanz, der nicht wie bei den rezenten Arten über eine Flughaut mit den Hinterbeinen verbunden ist, und außer am Daumen haben sie auch noch am ersten Finger jeweils eine Kralle. In ihrer Lebensweise gleicht Icaronycteris den heutigen Fledermäusen. Sie ernährt sich von Insekten, z. B. nachtaktiven Schmetterlingen, die sie vorwiegend im nächtlichen Flug erbeutet. Wie die heutigen Fledermäuse ruht diese Gattung kopfunter und hängt sich mit den Daumenkrallen in Baumkronen oder an Höhlendecken auf. Neben den frühen amerikanischen Fledermäusen tauchen im Mittleren Eozän auch in Europa (Deutschland) sehr ähnliche Arten auf, die u. a. in Messel und im Geiseltal fossil hervorragend erhalten bleiben.

Vollständiges Skelett einer Fledermaus aus der Fossilienlagerstätte Grube Messel

Bereits die ersten Fledermäuse besitzen wie die heute lebenden Arten ein Ultraschall-Ortungssystem. Entwicklungsgeschichtlich lässt sich das anhand der Ohrenanatomie der Messeler Exemplare nachweisen, deren Mageninhalte zudem aus Nachtfalterresten bestehen.

Das »Radar-System« erfordert erhebliche anatomische Veränderungen nicht nur der Ohren, sondern auch des Kehlkopfes, der Nase und des Gehirns. Die Tiere senden Ultraschall-Peillaute aus, deren Frequenz je nach Art zwischen 30 und 100 kHz (Hörvermögen eines erwachsenen Menschen: ca. 50 Hz bis 15 kHz) liegen. Erzeugt werden diese Töne in einem hoch spezialisierten Kehlkopf, bei manchen Flughunden auch durch Zungenschlag. Abgestrahlt wird der Schall durch den geöffneten Mund, bei den Hufeisennasen speziell durch die Nase als Richtstrahler. Dieser Richtstrahler lässt sich mit Hilfe von Muskeln vom Nahbereich durch starke Bündelung auf Fernortung umstellen. Die Peildauer liegt im Bereich von einigen bis zu 100 Millisekunden. Der Schalldruck in 10 cm Entfernung vom Kopf liegt bei dem eines Presslufthammers. Ausgewertet wird das Echo von ortsfesten Gegenständen oder von bewegten Beutetieren bezüglich der Richtung, der Entfernung und der Bewegungsgeschwindigkeit. Dabei können millimetergroße Objekte von 0,001 g Masse noch in 50 cm Entfernung geortet werden.

Vorfahren der Menschenaffen in Ägypten

Die Unterordnung Haplorhini (»Ganznasen«) der Primaten teilt sich in Neuwelt- und Altweltaffen auf. Beide Entwicklungslinien trennen sich voneinander, als die Landbrücke zwischen Nord- und Südamerika verschwindet.

Die Altweltaffen-Gattung Propliopithecus lebt wie ein Gibbon in den Bäumen des unteren Niltals.

■ **36–24 Mio.:** Die Neuweltaffen entwickeln sich zunächst in Südamerika. Ihr vermutlich erster Vertreter im Unteren Oligozän ist Branisella aus Bolivien. Die Zähne des etwa 40 cm langen Tiers sind ziemlich primitiv und erinnern noch stark an Koboldmaki-Artige. Im Oberen Oligozän erscheint in Argentinien der 1 m lange Tremacebus, der den heutigen Neuweltaffen (Brüllaffen, Klammeraffen, Kapuzineraffen usw.) bereits sehr ähnlich sieht.

In der Alten Welt tritt im Oberen Oligozän Ägyptopithecus auf. Dieser Vertreter der Schmalnasen ist vermutlich in den Linien sowohl der Menschenaffen (Pongidae) als auch der Menschenartigen (Hominidae) als eine Vorform zu betrachten. Das Tier erreicht etwa die Größe eines heutigen Gibbons. Die ihm sehr nahe stehende, wesentlich kleinere Gattung Propliopithecus lebt ebenfalls im Oberen Oligozän in Ägypten. Manche Paläontologen betrachten sie anstelle von Ägyptopithecus als Frühform der Hominoiden (Menschenaffen und Menschenartige). Dagegen spricht allerdings, dass Propliopithecus besonders in Bezug auf das Gebiss nicht so viele Hominoiden-Merkmale aufweist wie Ägyptopithecus. Da Propliopithecus etwas älter ist als Ägyptopithecus, kommt er möglicherweise als dessen Vorfahr in Frage.

Branisella, ein Neuweltaffe, sieht den heutigen Makaken ähnlich und ist vermutlich ein Vorfahr der Lemuren.

Die beiden beschriebenen Formen sind nicht die einzigen Altweltaffen Ägyptens. Vor ihnen leben hier u. a. die Gattungen Parapithecus, Apidium und Oligopithecus.

Die Zahnformeln vor allem der beiden Ersteren weisen auf genetische Beziehungen zu den Halbaffen hin. Parapithecus und Apidium scheinen mit der Gattung Amphipithecus verwandt zu sein, die während des Oberen Eozäns auf Birma lebte und möglicherweise die Stammform der ägyptischen Affen des Oligozäns darstellt. Oligopithecus betrachtet man als Stammform der späteren Meerkatzenartigen (Überfamilie Cercopithecoidea).

··Zwei Affenfamilien··

Die Neuwelt- und Altweltaffen, die sich während dieser Zeit evolutionär trennen, unterscheiden sich anatomisch durch ihre Nasenlöcher, den Gehörgang und die Backenzähne. Erstere haben weit auseinanderstehende Nasenlöcher, die eher nach außen als nach unten gerichtet sind. Sie heißen deshalb auch Breitnasen (Platyrrhini). Die Nasenlöcher der Letzteren hingegen stehen nahe beieinander und sind nach unten gerichtet. Daher werden sie Schmalnasen (Catarrhini) genannt.

Während beide Formen zwei hintere Backenzähne (Molaren) haben, verfügen die Breitnasen zusätzlich über einen Vorderbackenzahn (Prämolar) je Kieferhälfte. Eine weitere anatomische Besonderheit, die bei den Altweltaffen nie auftritt, ist der Greifschwanz, den manche Neuweltaffen gleichsam als »fünfte Gliedmaße« besitzen.

Mini-Pferde ernähren sich von Blättern

In Nordamerika ist das Pferdchen Mesohippus heimisch. Pferdeähnliche Huftiere wie die Litopterna sind dagegen besonders in Südamerika weit verbreitet.

■ **30–24 Mio.:** Mit 60 cm Schulterhöhe und etwa 120 cm Körperlänge ist Mesohippus bereits wesentlich größer als seine ersten Vorgänger im Eozän (55–36 Mio.). Mesohippus hat noch immer keine Hufe, sondern drei Zehen, von denen die mittlere aber schon deutlich größer ist als die beiden anderen. Im Gebiss beginnen sich die Vorderbackenzähne in ihrer Form an die Hinterbackenzähne anzugleichen.

Fossil eines Urpferdchens aus der Grube Messel. Seine Schulterhöhe beträgt lediglich 35–50 cm.

Vor etwa 25 Mio. Jahren erscheint in Nordamerika das Pferdchen Anchitherium. Es sieht Mesohippus sehr ähnlich, ist fast genauso groß und hat ebenfalls drei Zehen. Sowohl Mesohippus wie Anchitherium ernähren sich noch nicht von Gras, sondern von Blättern.

Anchitherium ist der am weitesten verbreitete Vertreter der Familie Equidae (Pferde) in dieser Zeit. Über die Landbrücke von Alaska nach Sibirien gelangt das Pferdchen im Miozän (24–5 Mio.) nach Asien und Europa, wo es sich weiträumig vermehrt und noch bis zum Ende des Miozäns überlebt. In seiner ursprünglichen Heimat wird es vor etwa 15 Jahrmillionen von den ersten Gras fressenden Pferden verdrängt.

An der Grenze vom Oligozän zum Miozän erscheint in Nordamerika Parahippus mit bereits 1 m Schulterhöhe. In seiner Gesamterscheinung ähnelt es noch den beiden kleineren Arten, mit denen es auch die drei Zehen gemeinsam hat. Allerdings sind seine Mahlzähne bereits wesentlich kräftiger und breitkroniger und besitzen Schmelzleisten sowie einen Außenüberzug aus sehr reibfestem Zement. Parahippus kann also wohl schon das Waldland verlassen und sich von Präriegräsern ernähren.

Schon kurz vor dem Oligozän spalten sich die frühen südamerikanischen Huftiere Litopterna in zwei klar voneinander abgegrenzte Familien auf. Die Proterotheriidae und die Macraucheniidae, die vermutlich gemeinsam von den paläozänen Condylarthra abstammen, besiedeln jetzt in großer Zahl die sich ausbreitenden offenen Graslandschaften.

Grösste Landsäuger aller Zeiten

In unterschiedlichen Säugetierfamilien entwickeln einige Arten ausgesprochenen Riesenwuchs. Die Vertreter der in Nordamerika lebenden Gattung Brontotherium (»Donnertier«) werden 5 m lang und 2,5 m hoch.

■ **36–24 Mio.:** Eines der größten Fleisch fressenden Landsäugetiere aller Zeiten stellt mit 4 m Länge die schon gegen Ende des vorausgehenden Eozäns erscheinende Gattung Andrewsarchus. Ebenfalls riesige Ausmaße hat das Arsinoitherium aus Ägypten. 3,5 m lang und 1,8 m hoch ist das nashornähnliche Tier mit den zwei gewaltigen kegelförmigen und den zwei kleinen Schädelzapfen. Noch weitaus größer ist das in Nordamerika beheimatete »Donnertier« Brontotherium.

Weitere gigantische Säugetiere finden sich u. a. innerhalb der Überfamilie der Nashornartigen (Rhinocerotoidea). So erreicht z. B. das in Nordamerika und Asien verbreitete Metamynodon, ein wasserbewohnender, flusspferdähnlicher Pflanzenfresser, eine Länge von 4 m. Die nahe verwandten Formen Indricotherium in China und Baluchitherium in Pakistan gehören wie der Andrewsarchus zu den größten Landsäugern aller Zeiten. Bei einer Länge von etwa 8 m werden die Tiere auf 30 t Masse geschätzt.

Regelfall der Evolution?

Viele Paläontologen gehen davon aus, dass eine allgemeine Steigerung der Körpergröße zum Regelfall jeder stammesgeschichtlichen Evolution gehört. So begann etwa die Entwicklung der Pferde und der Kamele mit nur hasengroßen Tieren. Dabei sind die größeren Mitglieder ein und derselben Tierfamilie zunächst meist die erfolgreicheren im Kampf um das Dasein. Allerdings kennt dieser »Regelfall« auch gravierende Ausnahmen, z. B. die Entwicklung der Kolibris, bei denen sich eine Abnahme der Körpergröße vorteilhaft auswirkt. Fasst man das zunehmende Größenwachstum als eine Anpassungserscheinung im Sinne einer natürlichen Auswahl der lebenstüchtigeren Formen auf, dann stellt sich die Frage, ob es eine Art »Überanpassung« gibt: Mit dem Erreichen einer gewissen Körpergröße ist zwar eine optimale Überlebenschance verbunden, doch bei weiterem Größenwachstum wirkt die Körpermasse zunehmend hinderlich. Hier wäre das Einsetzen von Auswahlmechanismen zu erwarten, die dem Riesenwuchs entgegenwirken. Stattdessen behalten jedoch einmal eingeschlagene Entwicklungslinien mit starker Wachstumssteigerung diesen Trend fast immer so lange bei, bis die betroffene Linie ausstirbt.

Selektionäres Wachstum

Ein Erklärungsversuch für dieses Phänomen geht davon aus, dass die Größenzunahme eines einzelnen, der Verteidigung dienenden Körperteils oder auch des gesamten Organismus als besonders augenfälliges Merkmal A genetisch an ein anderes, unscheinbares oder sogar unsichtbares Merkmal B gekoppelt sein könnte. B bietet dabei seinerseits einen hohen Selektionsvorteil. Beide Merkmale bilden sich zunächst so weit aus, bis A ein Anpassungsoptimum erreicht hat. Begünstigt die Selektion auch weiterhin das Merkmal B, so wird das mit B gekoppelte Merkmal A zwangsweise über sein Anpassungsoptimum hinausgeführt. Sein Träger bleibt nach dieser Theorie im Existenzkampf trotzdem zunächst lebensfähig, weil der Selektionsvorteil von B den Nachteil einer übermäßigen Ausbildung von A ausgleicht. Eine solche genetische Koppelung von Merkmalen nennt man Polygenie.

Brontotherium platyceras lebt vor rund 35 Mio. Jahren im buschreichen Grasland Nordamerikas.

ANTARKTIS LEGT SICH EINEN PANZER AUS EIS ZU

Am Ende des Eozäns (55–36 Mio.) setzt in der Antarktis zumindest regional eine Vergletscherung ein, die im Laufe der Zeit größere Eisflächen schafft. Gegen Ende des Miozäns reicht die Eisdecke wenigstens 400 km weiter nach Norden als heute.

■ **20–5 Mio.:** Für eine frühe Vergletscherung der Antarktis sprechen u. a. eistransportierte Ablagerungen im Antarktischen Ozean. Andererseits herrschen in Patagonien offenbar noch relativ gemäßigte Klimaverhältnisse.

Die Abkühlung bis zu Temperaturen, die zur dauerhaften känozoischen Vereisung führen, setzt in der Antarktis offenbar eher ein als in der Arktis. Auf Island, Grönland und Spitzbergen gedeiht noch eine artenreiche Flora, wenngleich die mittlere Januartemperatur hier bei etwa 0 °C liegt. Die Jahrestemperaturmittel sind allerdings auch hier schon auf ungefähr 9 °C (Island und Grönland) bis 6 °C (Spitzbergen) gesunken.

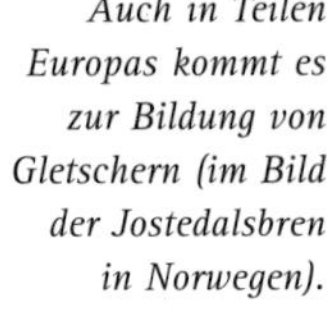

Auch in Teilen Europas kommt es zur Bildung von Gletschern (im Bild der Jostedalsbren in Norwegen).

Nicht in Form von Inlandvereisungen, wohl aber in Form von Gebirgsgletschern findet sich auch in höheren Breiten der Nordhalbkugel in dieser Zeit dauerhaftes Eis. Das bezeugen Moränen vor allem auf Island und ab dem folgenden Pliozän dann auch im Alpenraum. Eine jungtertiäre Vergletscherung ist in der Region des Kaukasus und des Altai nicht auszuschließen.

SINKEN DES MEERESSPIEGELS

Weil in der Antarktis große Wassermassen als Eis gebunden sind, sinkt weltweit der Meeresspiegel. Vor etwa 20 Jahrmillionen fällt die Beringstraße zwischen Alaska und Sibirien trocken. Das hat beachtliche Auswirkungen auf die weitere Entwicklung vor allem der Säugetiere auf der Nordhalbkugel. Die Tiere gelangen von Asien in die Neue Welt und umgekehrt. Im Miozän kommt auch eine Landbrücke zwischen Afrika und Eurasien im Bereich Arabiens zustande. Bedingt ist das teils durch den weltweit sinkenden Meeresspiegel, z. T. aber auch durch das weitere Vorrücken Afrikas und Arabiens gegen Norden. So wird auch ein Austausch von Faunen- und Florenelementen zwischen Afrika und Eurasien möglich.

Vor etwa 14 bis 12 Jahrmillionen fällt die Meerenge von Gibraltar ebenfalls trocken. Auch dies erklärt sich sowohl aus dem Sinken des Meeresspiegels wie aus Bewegungen der Erdkruste. Zwar bestehen über Marokko und Südwestspanien zunächst noch Verbindungen zwischen dem Mittelmeer und dem Atlantik, doch trocknen diese vor etwa 10 Jahrmillionen aus.

Besonders in den höheren Breiten gehen in dieser Zeit die Temperaturen stark zurück. Zu Beginn des Miozäns liegt die Jahresdurchschnittstemperatur bei 40° nördlicher Breite noch geringfügig über 20 °C, bis sie gegen Ende des Miozäns auf weniger als 15 °C absinkt. Die Abkühlung verläuft zeitlich nicht gleichmäßig. Zum einen gibt es charakteristische Klimaschwankungen, zum anderen wird es auch räumlich gesehen nicht gleichmäßig kälter auf der Erde. Das Sinken der Temperatur betrifft die hohen nördlichen und südlichen Breiten viel stärker als die Äquatorialgegend. So ist vor 20 Mio. Jahren bereits die gesamte Antarktis mit Eis bedeckt.

Sehr wechselhaft ist die Niederschlagstätigkeit in Europa. Nach einem ausgesprochen feucht endenden Oligozän (36–24 Mio.) tritt zunächst eine Phase größerer Trockenheit ein, in der sich viele bisherige Waldgebiete zu Steppen entwickeln. Besonders die interkontinentalen Gebiete leiden unter der Trockenheit. Gegen Mitte des Miozäns nehmen die Niederschläge allerdings wieder stark zu und es wird vorübergehend wohl noch feuchter als im Oberen Oligozän. Danach wird es wiederum trockener, wenn auch nicht mehr im gleichen Maße wie im ersten Drittel des Miozäns. Und schließlich steigen die Niederschläge erneut. Gegen Ende dieser Zeit ist das Wetter generell feucht-gemäßigt bis kühl.

Über die jahreszeitlichen Klimaschwankungen geben Daten Auskunft, die für Nordamerika rekonstruiert wurden. Die durchschnittliche Jahrestemperatur im mittleren Miozän liegt hier bei 14 °C, wobei die Durchschnittstemperatur der sechs heißesten Wochen bei 18 °C und die der zwei kältesten Wochen bei 7 °C liegt. Damit ist das Wetter ausgeglichener als heute. Hier die Vergleichswerte für Nordamerika: Jahresdurchschnitt 10 °C, heißeste sechs Wochen 22 °C, kälteste zwei Wochen −2,5 °C. Frostfrei sind im Miozän jährlich etwa 230 Tage (heute 141), und der durchschnittliche Jahresniederschlag liegt bei 889 mm (heute 305 mm). Weltweit wird es kontinuierlich trockener. Die Jahresniederschläge nehmen von anfänglich etwa 1270 auf etwa 635 mm zum Ende des Miozäns ab.

Erste Katzen mit Säbelzähnen

Vor etwa 35 Mio. Jahren erscheint in Europa und Nordamerika die erste Katzenfamilie. Die ersten Säbelzahnkatzen treten ebenfalls im Oligozän auf.

■ **35–24 Mio.:** Mit seinem schlanken Rumpf ähnelt der 1,2 m lange Nimravus einem heutigen Wüstenluchs, während sein gedrungener Kopf dem moderner Hauskatzen gleicht. Auffällig sind seine zu scharfen Säbeln verlängerten Eckzähne, die Nimravus auch die Bezeichnung Scheinsäbelzahntiger eingetragen haben.

Noch weit längere obere Eckzähne zeichnen die echten Säbelzahnkatzen (umgangssprachlich auch »Säbelzahntiger«) aus, die zur Familie der Katzen im engeren Sinne, also zu den Felidae zählen. Die ersten Feliden treten ebenfalls im Oligozän auf.

Im Gegensatz zu ihren heutigen Vertretern (Löwen, Tiger, Leoparden, Geparden, Hauskatzen usw.) töten die frühen Feliden ihre Opfer nicht mit einem Biss ins Genick, der die Wirbelsäule bricht, sondern schlagen ihnen mit ihren Säbelzähnen tiefe Wunden und lassen sie verbluten. Von allen Landraubtieren weltweit besitzen die Katzen mit Abstand das reduzierteste Gebiss.

Nimravinae bildet neben Arten mit Säbelzähnen auch einen Zweig aus, der eher heutigen Großkatzen ähnelt.

Zur Entstehung von Säbelzahnkatzen kommt es in verschiedenen Linien: Hoplophoneus und Eusmilus im Oberen Eozän und Oligozän, Machairodus im Miozän.

Caniden entwickeln die Hetzjagd

Als Vorläufer der heutigen Hunde breiten sich vor allem im nordamerikanischen Nebraska die ersten Hundeartigen aus. Im Gegensatz zu den Katzen jagen sie ihre Beute aktiv und lauern ihr nicht auf.

■ **36–24 Mio.:** Die ersten Hundeartigen (Familie Canidae) lebten in Nordamerika schon kurz vor dieser Zeitspanne. Mit ihren kurzen Beinen ähnelten sie allerdings eher Schleichkatzen (Ichneumons) als heutigen Hunden. Vor etwa 35 Jahrmillionen existieren fünf, gegen Ende des Oligozäns bereits mindestens 20 Gattungen. Ihre größte Artenvielfalt erleben die Hundeartigen im anschließenden Miozän (24–5 Mio.), danach setzt ihr Niedergang ein. Heute umfasst die Familie nur noch die Füchse, die Schakale, die Koyoten, die Wölfe und die Hunde.

Zur Ausbreitung der Caniden im Oligozän/Miozän tragen maßgeblich ihr Gebiss und ihre große Schnelligkeit bei. Mit den kräftigen spitzen Eckzähnen als Reißzähne können sie ihre Beute rasch überwältigen; die starken Backenzähne zerschneiden oder zerreiben verschiedenste Kost – von Fleisch und Knochen bis hin zu Insekten und Früchten. Als Zehengänger mit langen Beinen sind die Hundeartigen leise, schnelle und zugleich ausdauernde Jäger, die im Gegensatz zu den Katzen ihrer Beute nicht auflauern, sondern sie – meist in Rudeln – bis zur Erschöpfung hetzen.

Einer der ersten Caniden ist das etwa 80 cm lange Hesperocyon, bei dem nur der Aufbau der Ohrknöchelchen und des Gebisses beweisen, dass es sich um einen Hundeartigen handelt. Ansonsten erinnert es noch stark an die Ichneumons. Hesperocyon lebt im Unteren Oligozän bis Oberen Miozän in Nebraska. Im selben Gebiet erscheint im Oberen Oligozän Cynodesmus, ein 1 m langes Tier, das bereits den heutigen Hunden ähnelt. Er sieht etwa so aus wie ein moderner Koyote, hat aber eine kurze Schnauze und einen buschigen Schwanz. An den Füßen trägt Cynodesmus noch fünf Zehen.

An der Grenze Oligozän/Miozän erscheint schließlich, wiederum in Nebraska, Phlaocyon. Dieser sehr primitive Hundeartige gleicht trotz eindeutiger Canidenmerkmale äußerlich einem Waschbären und besitzt auch etwa dessen Größe.

Die Gattung Osteoborus erscheint vor ca. 8 Mio. Jahren. Sie zählt zu den »Urgroßhunden«.

VEGETATION DER ERDE VERÄNDERT SICH

Das Klima der Erde hat sich grundlegend gewandelt. Kühlere Temperaturen und trockenere Luft fördern vor allem die Entstehung neuartiger Waldgebiete.

Eines der größten Savannengebiete der Erde ist die afrikanische Serengeti.

■ **36–24 Mio.:** Die düsteren schwülen tropischen Sumpfwälder, wie sie im vorausgehenden Eozän die Landschaft in Mitteleuropa prägten, gehen aufgrund der leicht sinkenden Temperaturen in subtropische Mischwälder über. Häufig finden sich große Waldseenlandschaften. Wo der Boden trockener ist, wie z. B. an der Ostseeküste, überwiegen Nadelbäume. Zugleich wird der Wald lichter und zeigt wie die Bernsteinwälder dieser Zeit nahezu Savannencharakter. Auch die typischen Sumpf- und Bruchwälder, wie sie etwa im Rott, einer Fossillagerstätte des Siebengebirges, wachsen, sind überaus artenreich. Zu den Nadelbäumen gehören Taxodiaceen wie die Sequoia, Taxodium und Glyptostrobus sowie die Zypressengewächse Libocedrus und Tetrachinis. Außerdem gedeihen hier verschiedene Kiefernarten sowie einkeimblättrige Bäume wie z. B. diverse Palmenarten, die in den späteren Mischwäldern Europas fehlen.

Die überwiegende Mehrzahl der Bäume sind Bedecktsamer. Neben zahlreichen Arten, deren Verwandte heute ausschließlich in den Subtropen und Tropen leben, finden sich auch fast alle Baumgattungen unserer heutigen Mischwälder. Interessanterweise kommen viele von ihnen hier in einem Lebensraum vor, den sie heute als zu warm meiden.

ZEIT DER MANGROVE

Die Waldlandschaften sind sehr reich an Unterholz und Bodenbewuchs. In den feuchten Zonen finden sich zahlreiche einkeimblättrige Sträucher und Kräuter, darunter viele verschiedene Süß- und Sauergräser sowie Binsengewächse (Juncaceae). Die Zweikeimblättrigen sind in einer vermutlich weit größeren Fülle vertreten als in heutigen mitteleuropäischen Auwäldern.

Zur selben Zeit gedeihen in den flachen Küstenzonen Ägyptens und Südeuropas, z. T. vermutlich auch am Niederrhein und am Rand der nordalpinen Meere Mangrovenwälder. Aus der Familie der Mangrovengewächse (Rhizophoraceae) ist in Ägypten zumindest das Holz von Gynotrochoxylon belegt. Außerdem kommen in dieser Zeit auch die Gattungen Bruguiera und Ceriops vor. Im kühleren Miozän (24–5 Mio.) lassen sich Mangroven in Europa und Nordamerika nicht mehr belegen. Heute gedeihen sie ausschließlich in den Tropen.

SAVANNEN IN EUROPA?

In den trockenen Gebieten Nord- und Südamerikas erstrecken sich ausgedehnte Baumsavannen, die durch die Gebirge im Westen vor feuchten Winden geschützt sind. Inwieweit es diesen Landschaftstyp bereits im Oligozän auch in Europa gibt, ist schwer zu sagen. Manche Paläontologen sehen in den Bernsteinwäldern Ostpreußens Savannenwälder. Die Bäume bilden keine geschlossenen Wälder; eher ließe sich von lichten Parklandschaften reden. Allerdings sehen die Hölzer der Savannen nicht gerade wie typische Parkbäume aus. Drei Grundformen gibt es: weit ausgreifende Schirme, Büsche mit senkrecht abstehenden Zweigen und fast astlose Kandelaber- oder Peitschengestalten. Während die ersten beiden meist knochendürr oder ledrigzäh wirken, speichern die Letzteren in ihrem weichen Gewebe große Wassermengen, um Trockenzeiten zu überleben. An Orten mit hohem Grundwasserspiegel sind Palmen verbreitet.

All diese Bäume wachsen in lockeren Beständen, häufig in trockenen Flussläufen und in flachen Senken. Ihre Wurzeln reichen dann fast immer bis ins Grundwasser hinab. Verbreitet sind Zypressenarten sowie Akazien. Nicht selten ist das Holz der Savannenbäume im Gegensatz zu dem schwammigen Körpermaterial sog. sukkulenter Pflanzen ausgesprochen trocken und steinhart. Zahlreiche Formen sowohl der Bäume wie der Sträucher haben Stacheln, die in diesem ohnehin schon produktionsarmen Lebensraum vermutlich dem Schutz vor Wildverbiss dienen. Die Blätter sind kleinspreitig und oft hartlaubig; sie erscheinen z. T. nur während der kurzen Regenzeiten.

VEGETATION IM ÜBERGANG

Neben den mitteleuropäischen Sumpfwäldern mit tropischem bis subtropischem Charakter, neben Mangroven-, Bernstein- und Savannenwäldern sind in dieser Zeit des Klimawechsels von trocken zu feucht, von warm zu gemäßigt bis kühl auch andere Wälder verbreitet. Sie wachsen in besonders großer

Mangroven gedeihen im flachen Gezeitenbereich tropischer Küsten wie hier auf Mauritius.

Formenvielfalt in den klimatischen Übergangsgebieten, in den Subtropen und in den gemäßigten Zonen.

Letztere liegen in dieser Zeit z.T. jenseits der heutigen polaren Baumgrenze, etwa auf Island, Grönland, Spitzbergen oder im nördlichsten Nordamerika. Hier gedeihen zahlreiche Arten der heutigen gemäßigten und kühlen Breiten, z. B. Taxodien, Kiefern, Tannen, Birken, Weiden und Haselnussstauden sowie häufig auch Sequoia. Regional sind Magnolien, Ahorne und Sassafras sowie Liquidamber und Nyssa verbreitet. In tieferen Lagen stocken aufgrund der hohen Luftfeuchtigkeit und der häufigen Niederschläge Regen- und Nebelwälder.

Ähnliche Waldgesellschaften gedeihen in der Antarktis. Hier sind Araucarien und Nothofagus-Arten charakteristische Pflanzen. Der antarktische Kontinent mit seiner reichen Vegetation hat für die Ausbreitung der Fauna und Flora auf der Südhalbkugel große Bedeutung.

· ·Farben als Signal· ·

Viele der neu erscheinenden Blütenpflanzen sind auf unterschiedlichste Weise darauf spezialisiert, aus den Insekten Nutzen zu ziehen, die in dieser Zeit besonders artenreich vorkommen.

Zum einen signalisieren die Blüten durch leuchtende Farben und/oder auffallende Kronblattflächen schon von Weitem ihren Standort. Besonders auffällig ist das etwa bei den Passionsblumengewächsen, den Osterluzeigewächsen, den Aronstabgewächsen, bei den Enzianen, vielen Hahnenfußgewächsen und Schwalbenwurzarten. Viele von ihnen verströmen zusätzlich einen intensiven Duft.

Als weiteres Lockmittel produzieren zahlreiche Pflanzenarten eine süße Substanz. Daneben besteht eine dritte Methode in einer äußerst präzisen Abstimmung mit den Lebensgewohnheiten der Insekten. So öffnen etwa die Königskerzen oder der Mohn ihre Blüten nur zu jenen Zeiten, an denen sie mit Insektenbesuch rechnen können.

Der Rundblättrige Sonnentau ist eine Fleisch fressende Art, deren Blätter Klebhaare besitzen.

Seehunde und Seekühe

Die Wasserraubtiere oder Pinnipedia gehören wie die Katzen, Hunde und Bären des Festlandes zur Ordnung der Carnivoren (Fleischfresser).

■ **36–24 Mio.:** Als erste Pinnipedia-Familie entwickeln sich im Oberen Oligozän die Seehunde. Sie tauchen zunächst in den europäischen Meeren auf, verbreiten sich aber im Miozän (24–5 Mio.) rasch über die Weltmeere.

Zur Wende Oligozän/Miozän bzw. im Unteren Miozän erscheinen in Gestalt der heute ausgestorbenen Enaliarctidae erste Ohrenrobben. Aus diesen Tieren leiten sich die heutigen Seelöwen, die Seebären und die Walrosse ab. Im Verlauf des Miozäns (vor etwa 18 Mio. Jahren) geht aus diesem Formenkreis auch die heute ausgestorbene Robbenfamilie Desmatophocidae hervor, primitive Seelöwen, die sowohl äußerlich wie in ihren Anpassungsstrategien den eigentlichen Seehunden ähneln. Die anderen Seelöwen, Seebären, Walrosse sowie der Seeleopard (Hydrurga laptonyx) entwickeln sich ebenfalls ab dem Miozän.

Aus primitiven Vorfahren des Mittleren Eozäns (Gattung Prorastomus vor ca. 45 Mio. Jahren) entwickeln sich die Seekühe oder Sirenen. Es sind die einzigen Pflanzen fressenden Säugetiere, die sich vollständig dem Leben im Wasser anpassen. Während Prorastomus noch vier plumpe Beine besaß und damit auch auf dem Festland leben konnte, sind bei den oligozänen Sirenen die Vordergliedmaßen bereits zu Paddeln umgebildet. Ein waagerecht liegender flacher Schwanz gibt den Tieren im Wasser langsam Vortrieb. Seekühe sind auf große Wasserpflanzenvorkommen angewiesen, die in den warmen Meeren des Mitteltertiärs aus riesigen schwimmenden Pflanzenteppichen bestehen. Diese bilden die Hauptnahrungsquelle der großen Säuger, die mit 5 bis 6 m Länge stattliche Ausmaße erreichen.

Zur Ordnung der Sirenen (Seekühe) gehört Prorastomus aus der Karibik.

Insektenfresser mit Rüssel

Die Ordnung der Insektenfresser bringt neue Tierarten hervor, darunter die Rüsselspringer, die Dimylidae und die Flederhunde.

■ **36–30 Mio.:** In Afrika treten erstmals die Rüsselspringer (Macroscelidea) in Erscheinung, eine Ordnung hoch spezialisierter kleiner Insektenfresser. Die schnellen Renner und Hüpfer gleichen in ihrer Lebensweise in etwa den Springmäusen. Wie sie leben die Rüsselspringer in Steppen, Halbwüsten und Wüsten. Die Schnauze der 10 bis 30 cm langen langschwänzigen Tiere ist röhrenförmig zu einem biegsamen, beweglichen Rüssel verlängert.

In der Säugetierordnung der Insektenfresser (Insectivora, 97–66 Mio.) entwickelt sich die artenarme Gruppe Dimylidae, kleine Tiere, die vermutlich mit den Igelartigen (Erinaceomorpha) nahe verwandt sind. Sie leben am und im Wasser und haben sich in ihrer Ernährung auf Weichtiere spezialisiert. Die systematische Einordnung der Tiere ist aber unsicher, da sie fossil nur schlecht belegt sind. Bereits im Pliozän (5–1,7 Mio.) sterben die Dimylidae wieder aus.

Zu den schon seit dem Untereozän existierenden Fledermäusen (Microchiroptera) gesellen sich jetzt innerhalb derselben Insektenfresserordnung (Chiroptera, »Handflügler«) die Flederhunde oder Megachiroptera. Sie erreichen Flügelspannweiten von 25 cm bis zu 1,5 m, Flughunde sogar bis zu 2 m. Die 6 bis 40 cm langen Tiere mit den hundeähnlichen Köpfen ernähren sich von Früchten, Nektar und Blüten.

In der Mongolei beheimatet sind die Insekten fressenden Anagale, deren systematische Stellung zu den Rüsselspringern bis heute umstritten ist.

Blattfresser beginnen die Hälse zu recken

Der Wandel im Vegetationsbild vieler Regionen – besonders der nördlichen Hemisphäre – vom Wald zur offenen Steppe zieht zahlreiche neue Säugetierformen nach sich, die sich diesem neuen Lebensraum anpassen.

■ **24–5 Mio.:** Neue Pferdegattungen erscheinen in Nordamerika, Europa, Asien und Afrika. Als Seitenzweig ist im Miozän das kleine (60 cm Schulterhöhe) Anchitherium weit verbreitet. Es ähnelt dem oligozänen Mesohippus (30–24 Mio.) und ist noch ein Blätterfresser. Das amerikanische Parahippus ist mit 1 m Schulterhöhe etwas größer und kann aufgrund seiner kräftigen Backenzähne bereits Präriegräser weiden.

Das erste Pferd, das sich ausschließlich von Gras ernährt, ist das in Herden lebende amerikanische Merychippus. Es lebt in den Prärien Nebraskas und besitzt erstmals hochkronige Zähne. Da diese Zähne im Kiefer viel Platz benötigen, hat das Tier bereits die nötige Kopfform moderner Pferde mit ausladenden Kiefern. Wenig später erscheint Hipparion, das bis auf seine drei Zehen den heutigen Pferden weitgehend ähnelt.

Unter den Paarhufern entwickeln vor allem die Kamele (Camelidae) zahlreiche Anpassungen an Steppen und Halbwüsten. Auch sie entstehen zunächst in Nordamerika und entwickeln im Verlauf des Oberen Eozäns im Wald lebende Frühformen, bis sie schließlich vor ungefähr 10 Mio. Jahren ihre Blütezeit erreichen. Das 1,5 m lange Procamelus aus Colorado ist wohl der direkte Vorfahre der heutigen Kamele. Seine den modernen Kamelen ähnliche schwielige Fußausbildung befähigt es zum Gehen auf weichem Sandboden.

Auch allererste Giraffen (Giraffidae) sind für diese Zeit in Gestalt des in Libyen heimischen Prolibytherium nachweisbar. Diese Gattung ähnelt wahrscheinlich dem heutigen Okapi.

Das Alticamelus latus zählt trotz seines giraffenartigen Halses zu den Kamelen und lebt in Nordamerika.

Riesige Rüsseltiere

Auf der Erde entwickeln sich die ersten wahrhaft gigantischen Rüsseltiere. Vermutlich ging die Ordnung der Rüsseltiere (Proboscidea) aus primitiven Huftieren hervor. Die meisten Gattungen entstehen in der Unterordnung Elephantoidea.

■ **24–5 Mio.:** Im Miozän erscheinen – mit Ausnahme der Antarktis und Australiens – in aller Welt große bis sehr große Rüsseltiere. Die Unterordnung Deinotherioidea entsteht vermutlich in Afrika, breitet sich aber rasch auch über Mittel- und Südeuropa sowie Südasien aus. Sie überlebt bis vor etwa 2 Mio. Jahren. Die bis zu 4 m hohen Giganten besitzen eigenartige Stoßzähne. Sie sind im Unterkiefer fixiert und steil nach unten gekrümmt.

Eine formenreichere Unterordnung der Rüsseltiere ist die der Elephantoidea. Sie umfasst insgesamt drei Tierfamilien: die Gomphotheriidae oder Mastodonten, die Elephantidae (Elefanten) und die Mammutidae (Mammute).

Die Gomphoterien erscheinen erstmals mit der Gattung Phiomia im Unteren Oligozän. Im Miozän sind sie in Europa (Frankreich), Afrika (Kenia), Asien (Pakistan) und Nordamerika (Nebraska) mit der Gattung Gomphotherium vertreten. Die 3 m großen Tiere besitzen in Unter- und Oberkiefer je zwei gewaltige Stoßzähne und haben einen langen Rüssel sowie einen fast gleichlangen Unterkiefer.

rechts: Seelöwen bevölkern im Miozän die Pazifikküsten. unten: Gomphotherium – ein Gigant unter den Rüsseltieren

Vielfalt im Meer

Neben der Unterordnung der Meeresraubtiere (Pinnipedia) leben in dieser Zeit drei Säugetierordnungen im Meer: die Desmostylia, die Seekühe oder Sirenia (36–24 Mio.) und die Wale (Cetacea, 55–36 Mio.).

■ **24–5 Mio.:** Herkunft und Lebensweise der Desmostylia sind weitgehend ungeklärt. Zu den wichtigsten Vertretern der Zeit gehören die Pinnipedia mit Enaliarctos, einer an der nordamerikanischen Pazifikküste lebenden Ohrenrobbe, und Desmatophoca, ein an den Pazifikküsten Nordamerikas und Japans vorkommender Seelöwe, sowie Desmostylus. Unter die Ordnung Sirenia fällt Rytiodus (Seekuh). Zur Ordnung Cetacea zählen Zahnwale und Bartenwale.

Primaten – Vorläufer der Menschenartigen

In Frankreich und Griechenland, Pakistan, Indien und China, im Kaukasus sowie in Kenia erscheinen mehrere Gattungen der Familie Pongidae, der Menschenaffen, die auch die heute lebenden Schimpansen, den Gorilla und den Orang-Utan umfassen.

■ **24–5 Mio.:** Die ältesten Vertreter der im Miozän viel artenreicheren Familie der Menschenaffen entwickeln sich unmittelbar zu Beginn dieses Zeitalters. Zu ihnen gehört die Gattung Dryopithecus.

Im Mittleren Miozän folgt in Südosteuropa, Asien und Afrika der Sivapithecus, ein 1,5 m großer Affe mit einem orangutanähnlichen Gesicht und schimpansenähnlichen Füßen. Mit seinen drehbaren Handgelenken ist er schon in der Lage, auf Bäume zu klettern, und steht wahrscheinlich am Übergang vom Leben auf dem Boden zum Leben in den Baumwipfeln. Seine kräftigen Eckzähne mit einer dicken Schmelzschicht weisen auf die Savanne als Lebensraum hin. Er ist in der Lage, hartschalige Früchte und auch Hartlaub, Zweige und Wurzeln zu kauen. Das steht im Einklang mit der Ausbreitung der Baumgras- und Grasländer dieser Zeit. Benannt ist der Sivapithecus nach dem Hindugott Schiwa.

Etwa um die gleiche Zeit wie der Sivapithecus erscheint in Indien, Pakistan und China der gewaltige Gigantopithecus, ein Menschenaffe von 3 m Größe, der rund 300 kg schwer ist. Er ist mit dem Sivapithecus nahe verwandt, lebt auf dem Erdboden und ähnelt einem mächtigen Gorilla. Doch ist sein Unterkiefer kürzer. Gigantopithecus überlebt mit Sicherheit bis ins Obere Pleistozän. Es gibt sogar Thesen, er habe sich als »Yeti« im Himalaja bis in unsere Zeit hinübergerettet.

Ein weiterer Zeitgenosse von Sivapithecus und Gigantopithecus ist der in Pakistan und Indien gefundene Ramapithecus (benannt nach dem Hindugott Rama). Auch er ist mit dem Sivapithecus nahe verwandt und wird von den meisten Paläontologen diesem sogar zugeordnet. Er ist etwas kleiner und lebt auf dem Erdboden. Sein kräftiges Gebiss weißt darauf hin, dass er sich von harten Savannen- oder Steppengewächsen ernährt. Wie die heutigen Schimpansen beherrscht Ramapithecus den aufrechten Gang. Er kann also über das hohe Gras der Steppe hinaussehen und Flüsse durchwaten. Diese Fortbewegungsart erlaubt ihm zugleich, die Hände anders als zum Laufen zu verwenden. Es ist nicht auszuschließen, dass er bereits natürliche Werkzeuge verwendet. Neben rein affenartigen zeigt sein Gebiss auch menschenähnliche Merkmale, so dass man ihn früher bereits für das erste Glied der Entwicklungsreihe der Menschenähnlichen ansah. Jüngere genetische Untersuchungen ergaben aber erst eine spätere Trennung der Linien.

Auf dem Weg zum Menschen

Der nur etwa 60 cm große Affe Dryopithecus steht stammesgeschichtlich in der Linie sowohl der modernen Menschenaffen wie der Menschen. Das schimpansenähnliche Tier entwickelt sich zunächst in Ostafrika und besiedelt von dort aus auch Europa (Frankreich und Griechenland) und Asien (Kaukasus). Vor allem in den Gebieten östlich des Mittelmeeres ist es zahlreich vertreten. Obwohl Dryopithecus auf allen Vieren läuft, kann er sich auf die Hinterbeine stellen. Er lebt in Gruppen auf Bäumen, ist ein sehr gewandter Kletterer und ernährt sich von Früchten.

Lange ging man davon aus, die Linien der Menschenaffen und der Hominiden liefen vor etwa 20 bis 15 Mio. Jahren auseinander und Dryopithecus stünde schon am Anfang der Hominidenlinie. Demgegenüber führen neuere biochemische Untersuchungen sowohl genetischer wie immunologischer Art zu einer anderen Auffassung. Nach diesen Befunden spalten sich die Gibbons erst vor etwa 10 Mio. Jahren von der zuvor gemeinsamen Entwicklungslinie der Menschenaffen und Menschenartigen ab, der Orang-Utan sogar noch etwas später. Entgegen früheren Annahmen reicht die gemeinsame Linie der Pongiden und Hominiden aber wahrscheinlich zeitlich noch weiter. So sollen sich Schimpansen und Gorillas erst vor 8-5 Mio. Jahren von der Entwicklungslinie zum Menschen trennen.

Diese Erkenntnisse stellen Dryopithecus durchaus noch in die gemeinsame Vorfahrenlinie der Menschenaffen und der Affen und auch Sivapithecus, der bisher ebenfalls oft als Stammform der Hominiden angesehen wurde, lebt noch vor der Aufspaltung in Pongiden und Menschenartige. Das ist erstaunlich, weil Sivapithecus sich in seinem Gebiss deutlich von allen anderen Pongiden unterscheidet und betont menschenähnliche Merkmale aufweist. Der Bau und die gegenseitigen Proportionen der Mahlzähne stimmen mit dem Gebiss späterer Formen überein, die in die Entwicklungslinie des Menschen fallen. Das gegenseitige Größenverhältnis der Schneide- und Backenzähne und die V-Form des Zahnbogens sind mit denen des Menschen weitgehend identisch.

Die Lebendrekonstruktion zeigt Dryopithecus als einen schimpansenähnlichen Baumbewohner mit Hangelarmen.

Weitere menschenähnliche Affen

Neben der Familie der Menschenaffen (Pongidae) erscheinen in dieser Zeit noch andere Affenfamilien. Vor etwa 14 Mio. Jahren lebt in der Toskana ein 1,2 m großer Bergaffe, der Oreopithecus, der in einigen Merkmalen an den Menschen erinnert. Er hat ein relativ flaches Gesicht und menschenähnliche Backenzähne. Seine starken Augenwülste erinnern an jene der Pongiden.

Der Dichter Quintus Ennius (239–169 v. Chr.) über die Evolution des Menschen:
»Wie ähnlich ist uns der Affe, dieses äußerst scheußliche Tier.«

Meteoriten schlagen tiefe Wunden

Zwei große Meteoriten stürzen im Abstand von etwa 200000 Jahren auf Süddeutschland nieder und heben riesige Krater aus. Die Folgen der Naturkatastrophe sind noch heute geologisch sichtbar.

Der Halley'sche Komet (Aufnahme der Raumsonde Giotto aus dem Jahr 1986) benötigt 76 Jahre für einen Umlauf um die Sonne.

■ **14,9–14,7 Mio.:** Der erste Meteorit hinterlässt bei seinem Aufprall zwischen Schwäbischer und Fränkischer Alb einen kreisrunden Krater von 23 km Durchmesser, das Ries. Der zweite verursacht die Entstehung des Steinheimer Beckens mit einem Durchmesser von 3,5 km.

Einschlag wurde rekonstruiert

Wissenschaftliche Rekonstruktionen ergaben für den Ries-Einschlag etwa folgenden Hergang: Ein Meteorit von über 500 m Durchmesser rast mit einer Geschwindigkeit von 20 bis 30 km/s unter etwa 30° Einfallswinkel fast ungebremst durch die Atmosphäre und schlägt auf die Erdoberfläche auf. Die Druckentfaltung breitet sich in der Erde kugelförmig mit mehrfacher Schallgeschwindigkeit aus. Schon während des Eindringens in das Gestein beginnt ein seitlicher Auswurf, der vor allem die Sedimentdecke erfasst und das weite Becken des Ries formt.

In Millisekunden bohrt sich das außerirdische Geschoss etwa 700 m tief in den Untergrund. Die frei werdende Bremsenergie führt zu einer Erhitzung auf einige zehntausend Grad. In wenigen Hundertstelsekunden verdampfen sowohl der Meteorit wie das getroffene Gestein. Die Gas- und Staubmasse steigt in weiteren Sekundenbruchteilen wie ein Atompilz hoch in die Atmosphäre und teilweise bis über diese hinaus. Inzwischen kehrt die in die Erde hineingelaufene Stoßwelle durch »Rückfederung« wieder in den Kraterbereich zurück und bringt dessen Boden in Bewegung. Rund um die Einschlagstelle wird aufgeschmolzenes Gestein hochgeschleudert.

Vermutlich löscht die Hitzeentwicklung der riesigen Explosion im Umkreis von rund 500 km alles Leben aus. Die insgesamt freigesetzte Energie wird auf die Sprengkraft von 150 000 Megatonnen TNT geschätzt.

Der Riesenmeteorit trifft triassische und jurassische Sedimente sowie ein Grundgebirge aus kristallinen Gesteinen (Gneisen und Graniten), das er bis in eine Tiefe von rund 3 km zertrümmert. Die kristalline Trümmermasse besitzt heute in der Kratermitte eine Mächtigkeit von etwa 2000 m. An den Kraterrändern wird sie von bunten Trümmermassen abgelöst, die von ehemaligen Deckgebirgsschollen stammen und offenbar vom Rieskessel her nach außen transportiert wurden. Über diesen kristallinen Trümmermassen liegt eine bis zu 300 m mächtige Lage aus Suevit – feinem, teils glasigem Material, das hoch in die Atmosphäre geschleudert wird und dann herabfällt. Darüber wiederum lagern sich bis zur heutigen Riesoberfläche maximal 700 m mächtige Sedimente eines späteren Kratersees ab.

Ausserirdischen Geschossen auf der Spur

Die beiden Großeinschläge von Meteoriten zählen in der Erdneuzeit zu den Raritäten. Vor 4 Mrd. Jahren war die Einschlagshäufigkeit etwa 10000-mal so groß. Meteoritenkrater lassen sich nicht immer leicht als solche nachweisen, denn von den Meteoriten selbst sind nur in den seltensten Fällen Reste erhalten. Die »Geschosse« verdampfen regelmäßig beim Aufschlag. So ist man auf indirekte Belege angewiesen.

Dazu gehören vor allem Umwandlungsgesteine, wie sie durch die hohe Aufschlagsenergie, besonders durch die immens hohe Temperatur, entstehen. Neben Gesteinsgläsern ist das im Rieskrater vor allem der Suevit, der sich bis in 600 m Tiefe findet. Es ist ein leichtes, von vielen Hohlräumen durchsetztes Gestein, das es sonst in entsprechender Struktur nicht auf der Erde gibt. In dieser grauen bis graubraunen feinkörnigen Grundmasse stecken manchmal noch Grundgebirgstrümmer. Der Hauptkörper ist kristallin aufgebaut und zeigt außen mitunter eine schwärzliche blasige Schmelzkruste.

Einen weiteren Hinweis auf das verdampfte Meteoritengestein liefert die Tatsache, dass die Sedimente rund um das Ries ungewöhnlich reich an Nickel sind. Das Metall dürfte aus dem Nickeleisen des Meteoriten stammen.

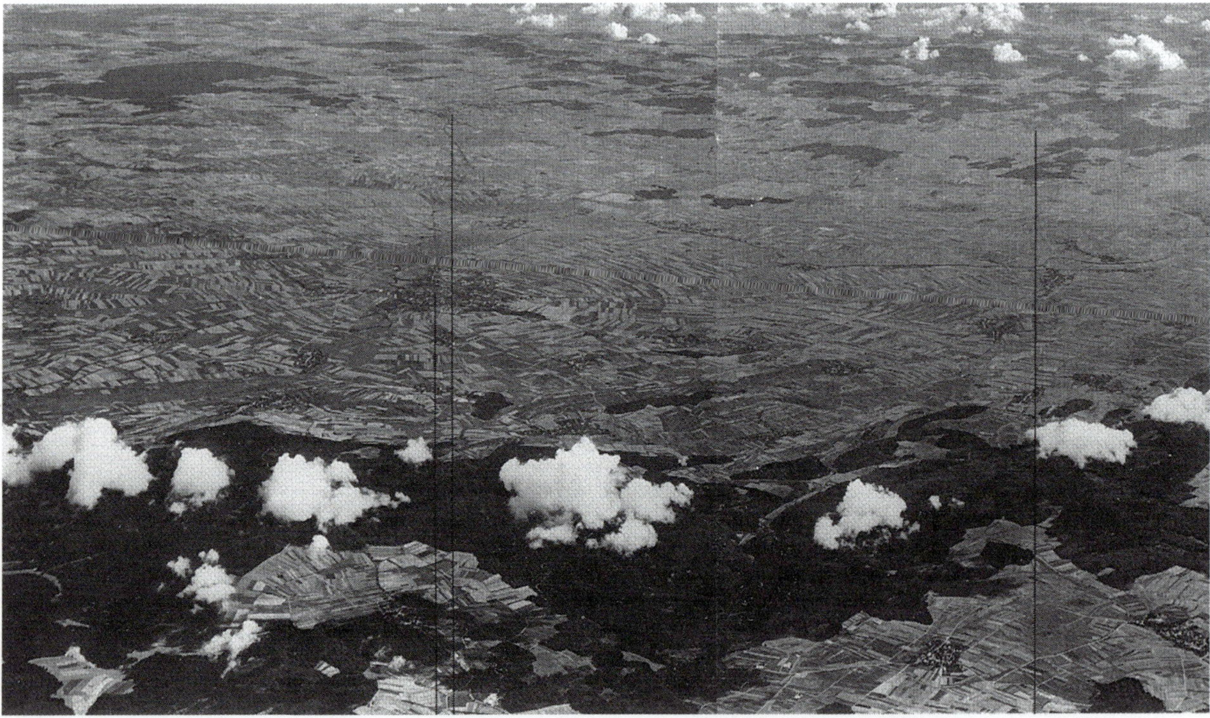

Ein Meteorit von mehr als 500 m Durchmesser hebt den 23 km weiten Rieskrater aus. Darin liegt heute die Stadt Nördlingen.

Karstlandschaften mit schroffen Formen

Wo in Europa aufgrund der Einengung des »Urmittelmeeres« Thetys und der Heraushebung seiner Sedimente hohe Faltengebirge entstehen, setzt mit der Erosion auch die Korrosion ein, die chemische Abtragung des Gesteins.

■ **24–5 Mio.:** Im Kalk und im Dolomit bilden sich durch Auflösung des Gesteins Karstlandschaften. Diese sind nach dem slowenischen Gebirge Karst zwischen Rijeka und Goriza benannt, das durch seine weiß leuchtenden Kalkflächen auffällt.

Karstlandschaften sind auf der Welt weit verbreitet. Man schätzt, dass sie etwa ein Fünftel der gesamten kontinentalen Oberflächen unseres Planeten bedecken. Dabei wechselt ihr Aussehen von Ort zu Ort, besonders von Klimazone zu Klimazone, z. T. erheblich. In zahlreichen Etappen der Erdgeschichte hat es Phasen mit ausgeprägter Karstbildung gegeben, nämlich immer dann, wenn Kalkgebirge entstanden.

Bei weitem nicht alle heutigen europäischen Kalkmassive entstehen im Tertiär, doch liegen die Ursprünge vieler ausgeprägter europäischer Karstlandschaften in dieser Zeit. Dabei liefern oft auch ältere Kalke (z. B. der Juragebirge) in erdgeschichtlich jüngeren Zeiten das geeignete Ausgangsmaterial. Die bis heute anhaltende europäische Karstbildung setzt im Wesentlichen im Miozän ein.

Einsetzende Verkarstung in Spanien bei Cuenca

Lebensfeindliche Gebirge

Zu den bedeutendsten Karstgebieten Europas gehören die weiten, nackten, zerklüfteten Kalkfelder (Karrenfelder) der Alpen, insbesondere der Ostalpen. Ausgeprägter Karst findet sich auch im mediterranen Bereich Slowenies, Kroatiens sowie in Bosnien-Herzegowina, in den südfranzösischen Hochflächen der Causses, im Trockental der Schwäbischen Alb, den Mittelgebirgen des Schweizer und Französischen Jura oder in den weiten unwirtlichen Ebenen Irlands. Auch die (älteren) grünen Hügellandschaften Englands oder die grünen Flächen von Burgund und der Champagne sind Karstgebiete.

Karstformen mit senkrecht gerieftem Gestein nennt man Spitzkarren.

Wasser verschwindet in »Schlucklöchern«

Auf der Landkarte erkennt man Karstregionen meist an den Lücken im Gewässernetz. Das bedeutet allerdings nicht, dass diese Regionen abflusslos wären; die Karstlandschaften entwässern unterirdisch.

Charakteristisch für die unterirdische Entwässerung der Karstlandschaften sind zum einen die zahlreichen Versickerungen oder »Schlucklöcher«, international unter der Bezeichnung »Ponor« oder »Katavothre« bekannt. In ihnen verschwinden nicht nur kleine Rinnsale, sondern ganze Bäche und Flüsse. Daneben finden sich Karstquellen, denen gelegentlich mehrere tausend Kubikmeter Wasser pro Stunde entströmen.

Biotope beherbergen bunte Vogelwelt

Zwei unterschiedliche Landschaftsformen sind in weiten Gebieten der Welt anzutreffen: Subtropisches Sumpfland und ebensolche Steppen. In beiden Biotopen existiert eine Vogelwelt, deren große Formenfülle in etwa der heutigen entspricht.

■ **22–19 Mio.:** Verbreitet sind u. a. sehr langbeinige Vögel, im Sumpfgebiet in der Gestalt von Watvögeln, in den Savannen in der Gestalt großer Laufvögel, die z. T. das Fliegen verlernt haben. In flachen Gewässern Westeuropas (Frankreich) lebt Palaeolodus ambiguus, möglicherweise ein Vorfahr der Flamingos, vielleicht aber auch ein Verwandter der Storchenvögel. Palaeolodus ist etwas kleiner und noch graziler gebaut als die heutigen Flamingos und er ähnelt in seiner Körperform eher einem Storch. Insbesondere ist sein Schnabel nicht gebogen wie bei den rezenten Flamingos. Er ist dicker, kegelförmig und spitz.

Der Lebensraum von Palaeolodus sind seichte Tümpel und flache, breite, mit Sandbänken durchsetzte Flussläufe. Während die heutigen Flamingos mit ihren gebogenen Schnäbeln das Wasser durchseihen und dabei Insekten und Wasserweichtiere aussieben, genießt die miozäne Art wahrscheinlich eine reichhaltigere Kost. Vermutlich jagt sie auch kleine Wirbeltiere wie Frösche und Fische, teilt also den Speisezettel der heutigen Störche. Wie bei vielen Vögeln unterscheiden sich Männchen und Weibchen stark voneinander, insbesondere ist das Weibchen des Palaeolodus wesentlich kleiner als das Männchen. Der männliche Palaeolodus hat eine Schulterhöhe von etwa 40 cm.

In Patagonien leben um dieselbe Zeit Schlangenstörche der Gattung Phorusrhacus. Die bis zu 3 m hohen Tiere ähneln den Straußen und haben wie diese stark verkümmerte Flügel. Von den Straußen unterscheidet sie aber u. a. ein gewaltiger, bis 60 cm langer wuchtiger Schnabel, dessen Oberteil vorn hakenförmig nach oben gekrümmt ist. Phorusrhacus ist ein ausdauernder und schneller Läufer und jagt kleinere Reptilien und Säugetiere. Verwandte dieser Gattung sind die heute noch in den Grasgebieten Südamerikas lebenden Seriema-Arten.

Die heutigen Flamingos leben bevorzugt in Brackwasser.

5–1,7 Mio.

um 5 Mio.

Das Klima wird weltweit weiterhin kühler. In der Antarktis kommt es zu ausgedehnten Vereisungen. Die Niederschlagstätigkeit ist stark wechselhaft. So ist das Miozän in Europa anfangs trocken, dann ausgesprochen feucht, später erneut trocken und gegen Ende wiederum feucht. Hand in Hand mit dem klimatischen Geschehen aber auch mit Gebirgsauffaltungen gehen Schwankungen des Meeresspiegels. Zeugnis für die generelle Abkühlung auch der Meere ist das Zurückweichen von Korallen und zahlreicher anderer Meerestiere.

In Nordamerika, Europa und Asien dehnen sich weite Steppengebiete aus. Auf die Entwicklung der Fauna haben diese Biotope einen stark selektiven Einfluss. Sie fördern die Entwicklung von Huftieren, die sich von Hartgräsern ernähren und in Herden leben.

Große Menschenaffen (Pongidae) leben in Afrika, Asien und Europa. Vertreten sind sie mit den Gattungen Dryopithecus, Sivapithecus, Gigantopithecus und Ramapithecus. Ferner leben in diesen Regionen auch andere Affengattungen, darunter Oreopithecus, Pliopithecus und Dendropithecus.

Bei verschiedenen Primatengattungen wie Proconsul, Dryopithecinen und Ramapithecus zeigen sich erste hominide Merkmale. Erster bekannter Vorfahre dieser Entwicklungslinie mit Attributen der Menschenartigen ist Aegyptopithecus aus dem Unteren Oligozän (34–32 Mio.). → S. 80

um 5 Mio.

Huftiere besiedeln in großer Artenvielfalt die Steppen Nordamerikas, darunter mehrere Pferdeartige, Kamele und erste Giraffen. Sie zeigen eine zunehmende Anpassung an harte pflanzliche Nahrung und an einen Lebensraum in weiten offenen Biotopen. Ferner leben auch in Feuchträumen neue, diesen Gebieten angepasste Formen, u. a. erste Flusspferde und Nabelschweine.

Die Rüsseltiere bilden zahlreiche Arten von bedeutender Körpergröße aus und besiedeln mit Ausnahme Australiens und der Antarktis alle Kontinente der Erde. Oligozäne Vertreter sind u. a. Deinotherien, Gomphotherien und erste Mammutartige. → S. 78

Von Europa bis Nordamerika und weiter bis Mexiko und Paraguay wandern die Ameisenbären. Auch in Afrika und Asien erscheinen diese Tiere vorübergehend.

Die Insektenfresser (Insectivora) bringen zwei neue Unterordnungen hervor: die maulwurfähnlichen Goldmulle (Crysochlorida) und die teilweise an Spitzmäuse erinnernden Borstenigel (Tenrecomorpha).

In Afrika entwickelt sich die formenreiche Säugetierordnung der Röhrenzähner (Tubulidentata). Erste Vertreter sind die Erdferkel (Orycteroptidae). Im Mittleren Miozän wandern die Erdferkel auch nach Europa.

An der gesamten Meeresfauna des Miozäns haben Weichtierarten (Mollusken), die bis in die Gegenwart überleben, bereits einen Anteil von 20 bis 40 %.

um 5 Mio.

Die Familie der Hornblattgewächse (Ceratophyllaceae), völlig an das Leben unter Wasser angepasste Seerosenarten, erscheint erstmals. Andere neue Bedecktsamerfamilien sind die in den Tropen beheimateten strauch- oder lianenförmigen Hernandiaceae, die kautschukhaltigen Eucommiaceae, die Wintergrüngewächse (Pyrolaceae) und die einkeimblättrigen Schwertliliengewächse (Iridaceae).

In verschiedenen Regionen Mittel- und Osteuropas (vor allem Deutschlands und Russlands) entstehen in ausgedehnten Sumpf- und Moorgebieten z. T. bedeutende Braunkohlenlager.

Die Auffaltung der Alpen erreicht ihre Spätphase mit einzelnen Faltungsschüben. Zugleich erreicht die Faltung des Himalajas seine Hauptphase.

In vielen Gebieten Europas, besonders im Bereich der jungen Faltengebirge, setzt sich die Ausbreitung der Karstlandschaften fort.

Robben, Walrosse und erste, noch recht primitive Seelöwen besiedeln als neue Vertreter der Meeresraubtiere (Pinnipedia) die Küsten der Ozeane.

Unter den meeresbewohnenden Raubtieren entwickeln sich an der nordamerikanischen Pazifikküste die Ohrenrobben (Familie Enaliarctidae). Sie sind den Ottern und den Seelöwen äußerlich sehr ähnlich. Typische Seelöwenmerkmale sind die großen Augen und die langen Tasthaare im Gesicht.

um 5 Mio.

Im späteren Griechenland fossilisieren in Süßwassersedimenten zahlreiche Steppentiere, u. a. Pferde, Deinotherien und Mastodonten.

Eine reiche Fischfauna bleibt im Mittelmeer in den Gebieten von Sizilien (Messina) und Nordalgerien (Oran) fossil erhalten. Von besonderem paläonthologischem Interesse sind dabei die vielen – sonst eher raren – Versteinerungen zahlreicher Arten in der Tiefsee lebender Fische.

Das Mittelmeer ist im Osten und neuerdings auch im Westen von den Weltmeeren abgeschlossen und trocknet aus. Ursache ist die afrikanische Kontinentalscholle, die sich von Süden her gegen die europäische Kontinentalscholle schiebt. Als Folge schließt sich das Tor von Gibraltar. Das Mittelmeer wird zu einem Binnenmeer. Dabei verdunstet eine Wassermenge von 3,7 Mio. km³ und es bleiben bis zu 2000 m mächtige Salzsedimente zurück.

Mehrere Säugetiergruppen sterben aus. Darunter befinden sich die großen südamerikanischen Pflanzen fressenden Huftiere Astrapotheria, die nordpazifischen Desmostylia (primitive amphibisch lebende Huftiere), die Cainotheroidea (hasenähnliche Tiere Europas), die Paarhufer-Unterordnung Palaeodonta und die Urwale (Archaeoceti). Für dieses Säugetiersterben gibt es verschiedene Ursachen. Zum einen spielt sicher die globale Abkühlung eine Rolle. Daneben wirkt sich aber auch aus, dass manche durchsetzungsstarke Arten über neu entstehende interkontinentale Landbrücken in andere Lebensräume einwandern und mit den dort lebenden Arten in Konkurrenz treten. → S. 79

5–3,5 Mio.

Im Flussgebiet von Rhein, Main und Nahe lagern sich die so genannten Dinotheriensande ab. Sie konservieren neben dem gleichnamigen Rüsseltier (Dinotherium) fossile Reste von Gomphotherien sowie verschiedener Paarhufer, Unpaarhufer, Raubtiere und Nagetiere.

5–1,7 Mio.

Im Rahmen der späten alpidischen Gebirgsbildung vollziehen sich die attische, rhodanische und die wallachische Phase. Gleichzeitig hebt sich der Himalaja weiter. Ferner falten sich auf der Südhemisphäre Gebirge im Bereich der Anden, der Antarktis, Melanesiens und Hinterindiens auf. Hebungen lassen sich auch im australischen Raum beobachten.

Erste größere Gletschergebiete entstehen in der Arktis, in Alaska, Grönland und auf Island. Während desselben Zeitraums (5–3 Mio.) kühlt das Klima im südamerikanischen Andenraum stark ab. Im Laufe des Pliozäns erfasst die Abkühlung weite Teile der Erde.

Infolge bedeutender polarer Vereisungen sinkt der Meeresspiegel und legt u. a. die Landbrücke zwischen Nord- und Südamerika, den Isthmus von Panama, trocken. Südamerika ist damit zum ersten Mal seit 50–60 Mio. Jahren kein Inselkontinent mehr. → S. 79

Über die neue Landbrücke zwischen Nord- und Südamerika dringen Raubtiere nach Süden ein. Zu den ersten Immigranten gehören die Rüsseltiergattungen Stegomastodon und Cuvieronius sowie die Säbelzahnkatze Smilodon. → S. 78

5–1,7 Mio.

In Zentraleuropa, vor allem im Alpenraum, findet ein Kälteeinbruch statt. In der Epoche der so genannten Biber-Kaltzeit zieht sich das Meer aus dem größten Teil Deutschlands zurück. Die Nordseeküste liegt wesentlich weiter nördlich als heute und das Ostseebecken ist sogar gänzlich trocken. → S. 84

Als Folge der relativ schnellen Klimaveränderung dehnen sich Steppenlandschaften in Europa aus. Dieser Landschaftstypus umfasst bald ganz Mittel- und Westeuropa.

Es kommt im näheren und weiteren Umfeld des Rheingrabenbruchs durch die damit verbundenen tektonischen Unruhen zu heftigem Vulkanismus. Er tritt z. B. im französischen Zentralmassiv, im Oberrheingraben, in der Hessischen Senke, im Odenwald, Westerwald und in der Eifel auf. Zentren vulkanischer Aktivität befinden sich in der Rhön, im Vogelsberg, im Kaiserstuhl und im Plomb du Cantal. Bemerkenswerterweise fallen die Zeiten des intensiven Vulkanismus in bruchtektonisch eher ruhigere Etappen. → S. 75

Der Oberrheingraben liegt über dem Meeresspiegel. So lagern sich nahe des heutigen Darmstadt Fluss- und Binnensedimente ab. Im vorausgehenden Miozän existierte durch den Oberrheingraben eine Verbindung zwischen dem Europäischen Nordmeer und dem Tethys-Restmeer.

5–1,7 Mio.

Die Polarität der Erdmagnetpole wechselt mehrfach. Das Pliozän beginnt mit der Gilbert-Periode, die durch eine vorwiegend reverse Periode des Erdfeldes bestimmt ist. Sie hält bis vor 3,4 Mio. Jahren an und wird von der Gauß-Periode mit vorwiegend normaler Polung abgelöst. Es folgen die Reunion-Periode (2,5–1,88 Mio.) mit meist reverser Polung und die Periode Oldoway 2 (1,88–1,67 Mio.) mit normaler Polung.

Bedingt durch das kühler werdende Klima ziehen sich in Europa die Steppen nach Süden zurück. In Mitteleuropa gedeihen Wälder, in denen sich bereits zahlreiche der auch heute hier vertretenen Baumarten finden. Daneben kommen vor allem subtropische Gewächse vor.

Auf der Nordhalbkugel verschieben sich die Florenprovinzen. Die bisher zirkumpolare Turgai-Flora dringt bis in die gemäßigten Breiten nach Süden vor. Die bisherige mittel- und z. T. nordeuropäische Poltawa-Flora, die auch in Nordamerika und Asien verbreitet war, verschwindet in Zentraleuropa völlig und wird in anderen Regionen zonal begrenzt.

Die grundsätzliche Entwicklung der Pflanzen ist – gemessen am heutigen Stand der Evolution – im Großen und Ganzen abgeschlossen. Weitere Entwicklungen betreffen in erster Linie geographische Veränderungen. Neue Bedecktsamerfamilien, die in dieser Zeit erscheinen (z. B. die Primelgewächse, Kreuzblütler, Lippenblütler, Nelkengewächse, Orchideen) bringen keine grundsätzlich neuen Baupläne mehr mit sich. → S. 79

5–1,7 Mio.

Einige Familien der Bedecktsamer, die bereits im Tertiär erschienen, haben jetzt ihre Hauptverbreitungszeit. Dazu gehören u. a. die Doldengewächse sowie die Blutweiderichgewächse. → S. 79

Die heutige europäische Flora findet sich zunächst nur in den Höhenlagen. Nussbaumarten, Kiefern, Birken, Eschen, Erlen und Haselsträucher überwiegen. Am Mittelmeer herrscht eine Koexistenz dieser neuen Arten mit der Flora aus der warmen Periode des Pliozäns.

Wechselbeziehungen zwischen Pflanzen und Tieren etablieren sich. Insekten und Vögel z. B. übernehmen vielfach die Befruchtung, indem sie die Samen zahlreicher Blütenpflanzen verbreiten. Die Beziehungen gehen aber weit über die Fortpflanzung hinaus. So wohnen in den hohlen Dornen tropischer Akazienarten Ameisen, die sich von den eiweißhaltigen Substanzen der Pflanzen ernähren und ihre »Vermieter« als Ausgleich gegen Fressfeinde verteidigen.

Zahlreiche Arten großer bis sehr großer Rüsseltiere leben in Amerika, Europa, Asien und Afrika. Zu ihren neuen Gattungen gehören Cuvieronius, Stegomastodon und Tetralophodon. Deinotherium wandert in dieser Zeit aus Afrika nach Europa und Asien ein.

Große Tierherden bewohnen vor allem das südliche Europa. Sie beanspruchen den Boden so stark als Weideland, dass das langsam kühler werdende Klima eine Entwicklung der Steppenbiotope zu Wäldern nicht begünstigen kann.

5–1,7 Mio.

Nordamerikanische Hipparions wandern nach Asien und Europa ein. Da sie die dortige Fauna in besonderem Maße prägen, spricht man von einer Hipparion-Fauna. Neben dem Hipparion leben relativ wenige Pflanzenfresser in größeren Herden. Die Gattung erfährt daher eine explosive Ausbreitung. So umfassen ihre Herden bis zu Hunderte von Tieren. → S. 74

Im heutigen Argentinien lebt ein Beuteltier, Thylacosmilus, mit eigentümlichem Gebiss, u. a. mit mächtigen säbelförmigen Hauzähnen im Oberkiefer. Der Thylacosmilus ist in der Lage, mit seinen mächtigen Säbelzähnen selbst große Beutetiere zu reißen. → S. 77

Die Gürteltierfamilie Glyptodontidae bringt Riesenformen mit festem, halbkugeligem Rückenpanzer hervor. Sie entwickeln etwa 50 Gattungen. Die in Patagonien verbreitete Gattung Doedicurus erreicht eine Länge von etwa 4 m. Die Pflanzenfresser leben in Südamerika. → S. 77

In Rheinhessen, im Flussgebiet des Ur-Rheins, Ur-Mains und der Ur-Nahe, sind zahlreiche Säugetierarten der Hipparion-Fauna fossil überliefert. Bekannt sind sie als Dinotheriensande. Die Namengebung geht auf die ebenfalls dort entdeckten Überreste der Rüsseltiergattung Deinotherium (24–5 Mio.) zurück.

5–1,7 Mio.

In Europa, Asien, Afrika und Amerika leben mehrere Katzenarten (Feliden) mit mächtigen Säbelzähnen in den Oberkiefern. Das größte Raubtier des Pliozäns ist der tigergroße Machairodus cultridens, dessen Entwicklung bis in das Miozän (24–5 Mio.) zurückreicht. Auf allen vier Kontinenten lebt Diofelis, eine pantherähnliche Säbelzahnkatze. → S. 75

Die Raubtiergattung Smilodon tritt in großer Individuenzahl ausschließlich in Amerika auf. In den pleistozänen Asphaltgruben von Rancho La Brea bei Los Angeles bleiben mehr als 2000 Skelette dieses Tieres erhalten.

Neben den Säbelzahnkatzen treten in dieser Zeit erste kleinere Formen moderner Raubkatzen, z. B. Luchse und Pumas, in Erscheinung. → S. 75

Mehrere Vertreter der Katzenfamilie (Felidae) begleiten als Räuber die großen Weidetierherden. Betroffen sind vor allem die Hipparions in den Steppen Europas, Asiens, Afrikas und Amerikas. → S. 75

In verschiedenen Gebieten der Erde setzt Vergletscherung ein. Die Antarktis ist bereits vergletschert. Eisdecken bilden sich u. a. in Alaska, auf Island und in Südargentinien. In den Anden und anderen hohen Faltengebirgen entstehen Gebirgsgletscher.

um 4 Mio.

Der Ausbruch eines Vulkans in der Oldoway-Schlucht in Tansania (Afrika) löst eine allgemeine Kaltzeit aus. Da große Mengen Asche in die Atmosphäre geschleudert werden, wird die Sonneneinstrahlung wahrscheinlich für einige Jahrhunderte stark gemindert. Als Folge davon sterben zahlreiche photosynthetisch arbeitende Pflanzen aus.

In Laetoli (Tansania) bleiben Fußspuren zweier Individuen erhalten. Sie sind der Beweis für die aufrechte Haltung und den zweifüßigen Gang dieser Frühmenschen, die eine Größe von 1,40 bis 1,60 m haben. Die Abdrücke bleiben bis heute erhalten, da der Untergrund aus lehmigem Boden besteht. → S. 85

4–3,5 Mio.

In Ostafrika lebt der Australopithecus afarensis. Überreste von ihm werden im ostafrikanischen Afargebirge entdeckt. Da es sich bei dem Fund um eine Frau handelt, geben die Forscher ihr den Namen »Lucy« → S. 80

Australopithecus afarensis, der erste Hominide, lebt im Raum Äthiopien, Kenia und im nördlichen Tansania. Er geht zwar aufrecht, allerdings noch deutlich nach vorn gebeugt. Vor etwa 2,5 Mio. Jahren stirbt er vermutlich aus. → S. 80

3–1 Mio.

In Äthiopien, Tansania und Südafrika lebt Australopithecus afrikanus. Er ist bei einer Größe von 1,30 m etwa 10 cm größer als der Australopithecus afarensis. Er dürfte etwa 30 kg wiegen. Nachdem er die Wälder verlässt, lebt er vermutlich in der Savanne.

um 2,5 Mio.

Es erscheint eine dritte Australopithecinen-Art: Der Australopithecus robustus. Er ist 1,60 m groß, wiegt rund 50 kg und hat ein menschenaffenähnlicheres Gesicht als die ihm verwandten Gattungen. Er stirbt vor etwa 1 Mio. Jahren aus.

Die Familie der Schimpansen spaltet sich in zwei Arten auf: Zwergschimpansen oder Bonobos (Pan paniscus) und eigentliche Schimpansen (Pan troglodytes). Die Schimpansen sind wegen ihrer hohen Intelligenz, ihrer Verhaltensmuster und ihrer Fähigkeit, Werkzeuge zu benutzen, unter allen Menschenaffen (Pongiden) den Menschen am ähnlichsten. → S. 79

2,4–2,1 Mio.

In Zentraleuropa und im Alpenraum herrscht die sog. Biber-Kaltzeit. Deutschland ist in diesem Zeitraum von einem Meeresrückzug betroffen. → S. 84

2–1,7 Mio.

Sehr wahrscheinlich aus den Australopithecinen entwickeln sich in Ostafrika erste Mitglieder der Gattung Homo, also erste Menschen. Sie haben den Artennamen Homo habilis. Diese Frühmenschen leben in Familienverbänden und stellen erste Werkzeuge aus Stein, Horn, Knochen, Holz u. a. her. Sie beherrschen bereits eine – wenngleich auch noch sehr primitive – Lall-Sprache. → S. 86

2–1,7 Mio.

Der Homo habilis ist – ebenso wie die Australopithecinen – von kleiner Gestalt. Seine Durchschnittsgröße liegt bei 1,40 m. Sein Gehirnvolumen ist mit etwa 600 ml von mittlerer Kapazität. Sein Äußeres zeichnet sich durch eine fliehende Stirn und ein kurzes, breites Becken aus. Seine Sprachfähigkeit ist aufgrund des geringen Gehirnvolumens begrenzt. Allerdings erlaubt die Anatomie seines Schädels und der Mundhöhle eine primitive Sprache auf der Basis so genannter schwingender Vokale. → S. 86, → S. 87

Im Afargebirge im Nordosten Äthiopiens finden sich die Überreste von durch Menschen bearbeiteten Scheiben. Diese wurden aus verschiedenen Gesteinen wie Quarz, Quarzit und Basalt gefertigt und dienen als Werkzeug. Die Fähigkeit, Werkzeuge nach Aussehen und Funktion im Vorhinein zu planen, deutet auf das Vorhandensein konzeptionellen Denkens hin.

In Transvaal (Südafrika) finden sich menschliche Wohnstätten. Nachdem die Menschen ihre Höhlen (Grotten, Felsvorsprünge) zunächst naturbelassen bewohnen, fertigen sie nun Eingänge aus Tierfellen zum Schutz vor Regen und Wind.

2–1,5 Mio.

Der Homo habilis stellt einfache Werkzeuge u. a. für die Jagd und zu seiner Verteidigung her. Als Material benutzt er neben Stein auch Knochen, Hörner, Zähne und wohl auch schon Holz. Daraus baut er sich vermutlich bereits einfache Unterkünfte. Homo habilis lebt in Großfamilien-Verbänden von rund 30 Mitgliedern. → S. 86, → S. 87

um 1,8 Mio.

Der »Turkana-Boy« ist das am vollständigsten erhaltene Skelett eines frühen Menschen. Seine Überreste werden am Turkana-See in Nordkenia gefunden. In dem bekannten Forschungsgebiet im Osten Afrikas findet sich eine Reihe von Schädeln, Knochen und Steinwerkzeugen urzeitlicher Menschen.

1,75–1,4 Mio.

Während des gesamten Pliozäns zeigt der Meeresspiegel eine sinkende Tendenz. Ursache sind Gebirgsauffaltungen und die Vereisung von großen Wassermassen. Trotzdem liegt der Meeresspiegel noch etwa 200 bis 100 m über seinem heutigen Niveau.

1,7 Mio.–720 000

um 1,7 Mio.

Infolge eines Kälteeinbruchs in Nordamerika, der Blancan-Kaltzeit, sterben zahlreiche Säugetiergattungen aus. Es handelt sich dabei größtenteils um Steppentiere. → S. 77

Aus dieser Zeit datieren erste fossile Belege der Elaeagnaceen (Ölweidengewächse), einer Bedecktsamerfamilie, die Bäume und Sträucher hervorbringt. Ihre Stämme und Äste sind bei manchen Arten mit Dornen besetzt. Besonders bekannt sind die schmalblättrige Ölweide (Elaeagnus angustifolia) und der Sanddorn (Hippophae rhamnoides).

In der Bedecktsamerreihe Primulales lässt sich erstmals die Familie der Plumbaginaceen (Grasnelkengewächse) nachweisen. Sie umfasst kleine krautige Stauden mit ganzrandigen Blättern, die meist in grundständigen Rosetten wachsen. Bekannte Arten sind die Strandnelke (Limonium vulgare) und die Gemeine Grasnelke (Armeria maritima).

um 1,7 Mio.

In Ostafrika leben erste Vertreter der Gattung Homo (Homo habilis und Homo erectus). Je nach wissenschaftlicher Auffassung gelten beide Arten als Vorfahren des modernen Menschen, des Homo sapiens. Jedoch weist insbesondere Homo erectus zahlreiche anatomische Merkmale auf, die ihn deutlich vom Homo sapiens unterscheiden (z. B. Überaugenwülste und eine stark fliehende Stirn), während der ältere Homo habilis diese Merkmale nicht zeigt. → S. 89

Der »Peking-Mensch« (Homo erectus pekinensis) benutzt vielleicht erstmals in der Geschichte der Menschheit das Feuer. Möglicherweise ist der Umgang mit dem Feuer zur gleichen Zeit auch den Homo-erectus-Vertretern auf Java vertraut. → S. 89, → S. 91

Die Feuerstelle von Choukoutien ist die Erste, die sich bis heute nachweisen lässt. Sie befindet sich in einer Höhle, die dem Peking-Menschen offenbar als Behausung dient. Die Überreste der Feuerstelle bestehen aus einer Ascheschicht von 6 m Höhe. → S. 91

Das Feuer entwickelt sich allmählich zum Zentrum des menschlichen Lebens in der Gemeinschaft. Um die Feuerstelle herum richten die aus mehreren Individuen bestehenden Gruppen ihre Wohnstätten ein. Das Feuer hat zunächst zwei Funktionen: Schutz vor Kälte und Raubtieren. Für das Garen von Speisen nutzen die Menschen es in dieser Zeit wohl noch nicht. → S. 91

um 1,7 Mio.

Der Homo erectus entwickelt nach und nach eine artikulierte Sprache. Die Evolution der Sprache ist möglich dank eines Absenkens des Kehlkopfes. Als Folge erweitert sich die Mundhöhle und der Mensch kann eine größere Anzahl verschiedener Laute mit Hilfe der Zunge produzieren. → S. 87

Der Homo erectus bevorzugt die Waldsavannen als Lebensraum. Er lebt in sehr viel größeren Gemeinschaften als der Homo habilis. Dies ermöglicht ihm eine bessere Arbeitsteilung. Da er auch in größeren Gruppen auf die Jagd geht, ist er auch dort effektiver. → S. 89

Die Kultur der Hominiden dieser Zeit ist die Altsteinzeit (Paläolithikum). Ihre Vertreter sind Jäger und Sammler. Sie stellen einfache Steinwerkzeuge sowie Geräte aus Holz, Knochen, Horn oder Leder her und kennen den Gebrauch des Feuers.

1,7–1,38 Mio.

In Europa herrscht eine Kaltzeit, die im Norden als Eburon-Kaltzeit, im Süden als Donau-Eiszeit bezeichnet wird. Während dieser Epoche lassen sich zumindest in Südeuropa drei kältere und zwei zwischengeschaltete wärmere Abschnitte feststellen. In den kälteren Perioden stößt das Eis aus dem Alpenraum kommend bis in die südliche schwäbische Alb vor. Im Norden erreicht die Vergletscherung das Südufer der Ostsee. → S. 97

1,7 Mio.–920 000

In aller Welt verändern mehrfach Kältevorstöße mit z. T. weiträumigen Vereisungen die Lebensräume. Besonders in den heute gemäßigten nördlichen Breiten erstrecken sich zeitweilig baumlose Kältesteppen. → S. 97

Die mehrfachen Vorstöße und Rückzüge (bzw. Schmelzen) des Eises und die Gewalt der Schmelzwassermassen prägen auf unterschiedliche Weise das Bild der nord- und mitteleuropäischen Landschaft.

Die Gletscher und das reichliche Schmelzwasser produzieren in den Eisregionen und in deren jeweiligem Vorfeld große Mengen mehr oder weniger feinkörnigen Erosionsschuttes. Auf diese Weise entstehen Sand- und Kieslagerstätten, die heute z. T. große wirtschaftliche Bedeutung besitzen.

Der Vulkanismus beschränkt sich im Wesentlichen auf die auch heute noch aktiven Vulkangebiete. Dabei handelt es sich um den Bereich des Mittelatlantischen Rückens sowie um einzelne Regionen wie z. B. Süditalien.

In Mitteleuropa verursacht die Spätphase der alpidischen Gebirgsfaltungen regional Vulkanismus, so z. B. im Rheinischen Schiefergebirge, im Egergraben und in Zentralfrankreich. Weit verbreitet sind auch Grabenbrüche, begleitet von Erdbeben.

1,7 Mio.–920 000

Der Vulkanismus ist meist wenig explosiv. Dies ist charakteristisch für magmatische Vorgänge in der Endphase größerer Gebirgsbildungsprozesse, die sich in einer bestimmten Reihenfolge abspielen.

Im Niederrheingebiet ereignen sich Vertikalverschiebungen, die an einzelnen Bruchstellen zu einer Senkung bis zu 175 m, im Küstengebiet der Niederlande sogar bis zu 600 m führen. Dagegen heben sich der Harz und das Rheinische Schiefergebirge. Auch die Alpen falten sich weiter auf.

Klimatisch bedingte gleichmäßige Fallwinde verfrachten bedeutende Lößdecken aus den zentralasiatischen Wüstengebieten nach China. Die mächtigen äolischen Sedimentdecken aus verfestigtem feinem Staub bedecken hier eine Fläche von etwa 1 Mio. km^2.

Der Meeresspiegel sinkt weltweit um mehr als 200 m. Das geschieht nicht gleichmäßig, sondern in einem mehrfachen Wechsel von Ansteigen und Abfallen, wobei die Tendenzen des Absinkens überwiegen.

1,7 Mio.–720 000

In dieser Zeit ändert sich die geomagnetische Polung nur noch viermal. Mit dem letzten Wechsel setzt die »normale« Polung ein, die mit einer Unterbrechung bis heute anhält. Da es sich bei der vierten Umkehrung bis heute um den letzten Polwechsel handelt, wird die Zeitmarke von 720 000 Jahren häufig als Abgrenzung zwischen Unterem und Oberem Pleistozän benutzt.

1,7 Mio.–720 000

In den höheren Breiten treten zunehmend Arten auf, die sich der Kälte anpassen. Zahlreiche Säugetiere entwickeln dichte Felle, die zugleich möglichst viel Luft einschließen. So erscheinen Eiszeitmammut, Eisbär und Kaiserpinguine. → S. 97

In den warmen Regionen der Erde (Mittelmeerraum, Afrika, Südasien, südliches Nordamerika) machen die Nage-, Raub- und Huftiere eine rasche Weiterentwicklung zu modernen Formen durch.

Wie schon im vorausgehenden Pliozän bevölkern weiterhin »Urmenschen« der Gattung Australopithecus die Savannen Ost- und Südafrikas. Regional teilen sie ihren Lebensraum mit Hominiden, die auf dem Weg zum modernen Menschen bereits weiter fortgeschritten sind. Australopithecus-Arten und Homo erectus leben Hunderttausende von Jahren nebeneinander. → S. 88

um 1,5 Mio.

In der Auvergne (Frankreich) finden sich aus Splittern geformte Werkzeuge und Scheiben.

um 1,4 Mio.

Mitglieder des Homo erectus siedeln in Oubeidiyeh (Israel). Das Lager galt in der anthropologischen Forschung lange als ältester Hinweis auf die Anwesenheit von Frühmenschen außerhalb Afrikas. Diese Meinung ist mittlerweile widerlegt: Bereits um 1,8 Mio. leben Menschen in Ostasien (»Turkana-Boy«).

In Afrika entdeckte menschliche Schädel beweisen die Existenz von frühen Heiligtümern. Durch die Konservierung der mit Lehm überformten Schädel sollte ein Weiterleben nach dem Tode gewährleistet werden.

um 1,3 Mio.

In Afrika entstehen symmetrisch bearbeitete Werkzeuge. Diese aus Stein gefertigten Werkzeuge werden zumeist von beiden Seiten bearbeitet, um eine pfeilförmige Form zu erhalten. Altsteinzeitliche Funde dieser Art finden sich besonders in Afrika: In der Oldoway-Schlucht (Tansania); in Nsongesi (Grenze Tansania/Uganda); in Isimila und Lukulino (Tansania); in Melka Kontouré (Äthiopien).

Während der verschiedenen Kältevorstöße gedeiht in Europa die so genannte Dryas-Flora, eine subarktische bis arktische Steppe, benannt nach ihrer Charakterpflanze, der Silberwurz oder Dryas octopetala. In den wärmeren Intervallen verdrängen Birken- und Kiefernwälder, zeitweise auch Laubmischwald mit Eichen, Ahornen und Eschen die Kältesteppen.

Aus dieser Zeit stammen erste sichere fossile Belege von Korbblütlern (Familie Compositae), der heute bei weitem artenreichsten Pflanzenfamilie. Da die meisten Mitglieder dieser Familie Flugsamen entwickeln, finden sie in den windreichen Steppen des Pleistozäns gute Ausbreitungsbedingungen.

Die Tundrenlandschaften, die im Verlauf der Kaltzeiten bis weit nach Mittel-, teilweise auch Südeuropa vorstoßen und sich während der Warmzeiten nach Skandinavien zurückziehen, sind der Lebensraum zahlreicher Kälteformen unter den Tieren. Dazu zählen u. a. verschiedene Bären, Kälte liebende Rüsseltiere, Moschusochsen, Wollnashörner und Lemminge. → S. 93

um 1,3 Mio.

Die Nashörner passen sich den abnehmenden Temperaturen und dem Rückzug der Wälder durch die Entwicklung ausgesprochener Kälteformen mit dichtem Pelz und Grasfressergebiss an. In Mittel- und Nordwesteuropa ist besonders das hochbeinige Dicerorhinus verbreitet. → S. 93

Mit der Gattung Mammuthus treten in Europa erste echte Elefanten auf (Familie Elephantidae). Vertreten sind sie zunächst durch die Gattung Elephas (oder Archidiskodon), die sich in waldreichen Gebieten im Südwesten Europas wahrscheinlich aus Stammformen entwickelt, die aus Afrika einwandern. Bald erobert die Art Elephas meridionalis auch Asien und Nordamerika. → S. 93

Auf Madagaskar und Neuseeland leben mehrere Familien riesiger flugunfähiger Laufvögel der Ordnung Struthiornithiformes, deren größte Exemplare (Aepyornis) auf Madagaskar leben. Aepyornis werden bis zu 3 m groß und erreichen vermutlich eine Körpermasse von 500 kg. → S. 92

1,38–um 1,18 Mio.

Die Waal-Warmzeit (Nordeuropa) bzw. Donau-Günz-Warmzeit (Alpenraum) bringt vorübergehend warmes Klima mit sich. In Deutschland gedeihen Wälder, in denen u. a. der so genannte Südelefant (Archiskodon meridionalis) zu Hause ist.

1,3 Mio.–720 000

Auf der Insel Java leben verschiedene Formen des Homo erectus. Bis heute sind fünf Fundorte bekannt: Trinil, Sangiran, Ngandong, Sambungmachan und Modjokerto. Zusammen mit Funden von Skelettteilen werden auf Java auch Überreste von Wohnstätten zahlreicher Ureinwohner entdeckt.

1,3 Mio.–720 000

Auf Java bleiben Überreste eines riesenwüchsigen Typus des Homo erectus erhalten. Nur ein einziger bekannter fossiler Menschenaffe, Gigantopithecus, übertrifft den so genannten Meganthropus an Größe. → S. 98

um 1 Mio.

Das Nilpferd bevölkert die nordeuropäischen Flüsse. Es lebt vorzugsweise an großen Strömen wie Themse, Rhein, Tiber, Loire, Arno etc. Es ist um einiges größer als seine heutigen Verwandten. Zeitgenossen des großen Nilpferdes sind das etruskische Nashorn, das dank seiner langen Beine ein sehr schneller Läufer ist. → S. 93

um 1,18 Mio.–900 000

Europa wird von der Menap- bzw. Günz-Eiszeit erfasst; in dieser Phase sind außer Skandinavien der Alpenraum die Pyrenäen und die Karpaten vergletschert.

um 1 Mio.–700 000

Erste Ausbrüche des Mauna Loa, einem Vulkan auf der Südseeinselgruppe Hawaii. Mauna Loa, was im Hawaiianischen »Langer Berg« bedeutet, ist mit einer Höhe von 4000 m der größte Vulkan auf der Erde.

920 000–600 000

In Nordamerika herrscht eine Kältephase, die als Nebrascan-Eiszeit bekannt ist.

um 900 000

In Afrika sterben die Australopithecinen aus. Eine große Zahl ihrer Wohnplätze wird von Homo erectus und Homo habilis übernommen.

900 000–600 000

Erstmals erscheinen Mitglieder der Gattung Homo in Europas Steppen.

Der Homo heidelbergensis lebt in Mauer nahe dem heutigen Heidelberg. Seit seiner Entdeckung im Jahr 1908 n. Chr. galt er lange Zeit als der erste Europäer. Erst Ende des 20. Jahrhunderts n. Chr. belegen Fossilienfunde, dass noch ältere Hominidenformen im Süden Europas lebten. → S. 90

Vom Heidelberg-Menschen bleibt nicht mehr als ein auffallend großer Unterkiefer erhalten. Dieser weist eine Breite von 23,5 cm auf und ist damit um einiges mächtiger als der Kiefer eines heutigen Menschen (15 cm Breite). → S. 90

Neben dem Kiefer des Homo heidelbergensis findet sich auch eine Reihe von Steinwerkzeugen, die offenbar von dem entdeckten Menschentyp hergestellt worden sind. Da sich vergleichbare Werkzeuge schon bei Homo habilis in Ostafrika vor ca. 2 Mio. Jahren finden, reihen Prähistoriker die Funde nahe Heidelberg als primitivste Stufe der so genannten Abbévillien- oder Chelleen-Kultur ein – der frühesten Kulturstufe, die es gibt. → S. 90

Weitere europäische Formen von Homo erectus sind vermutlich um 720 000, vielleicht auch erst später, in der Nähe der griechischen Stadt Saloniki zu Hause. Dabei handelt es sich möglicherweise um die ersten Europäer, die sich das Feuer nutzbar machen.

um 830 000

Nach einem geringfügigen Temperaturanstieg schon gegen Ende der Menap-/Günz-Kaltzeit löst die Cromer-Warmzeit in Europa die kalte Klimaperiode ab.

um 800 000

In Europa entwickeln sich erste Rentiere (Rangifer tarandus). Da ihr Geweih an das der Hirsche des älteren Pleistozäns erinnert, werden diese Rentiere auch als »Trughirsch« bezeichnet. Ihre Entwicklungsgeschichte ist unbekannt. Evolutionäre Vorformen sind fossil nicht überliefert. → S. 96

Nachdem in Europa das südländische Mammut ausgestorben ist, erscheint das Steppenmammut. Bei einer Höhe von 4,5 m ist es das größte Tier seiner Art. Auch seine Stoßzähne sind von beachtlicher Größe. Sie erreichen eine Länge von bis zu 5 m.

720 000–320 000

um 720 000

Eine Zeitspanne von rund 50 000 Jahren, die als Interglazialzeit bezeichnet wird, ist durch die Rückkehr thermophiler (Wärme liebender) Pflanzen gekennzeichnet. In der Vegetation erfolgt ein regelmäßiger Wechsel von Wäldern gemäßigter Breiten, subarktischer Wälder und Kältesteppen. Die Fauna entspricht der kälterer Regionen, in der vorwiegend Tiere wie Polarfuchs, Moschusochse, Felsenkatze und Lemming leben.

Die geomagnetische Polung wechselt zu normal. Es beginnt eine Periode gemäßigten Klimas, die allerdings keine große Auswirkung auf die Flora und Fauna dieser Epoche zu haben scheint.

720 000–320 000

Der Meeresspiegel sinkt während dieser Zeitperiode um 100 m. Diesen Vorgang überlagern jedoch eiszeitbedingte starke Schwankungen. Es bilden sich beträchtliche Gletscher aus. Das Bett der europäischen Flüsse wird bis zu 30 m tief. Die Waldflora nimmt insgesamt ab.

Die boreale Fauna zieht sich in die Gegend rund um das Mittelmeer zurück. So leben z. B. Rentiere im französischen Roussillon.

Im Verlauf des Oberen Pleistozäns kommt es auf der Nordhalbkugel mehrfach zu weiträumigen Vereisungen. Während dieser Kaltzeiten kühlt sich auch in den meisten nicht vereisten Gebieten der Welt das Klima deutlich ab. Die drei bedeutendsten Eisvorstöße in Europa (Mindel-, Riss- und Würm-Eiszeit) prägen durch Erosion in starkem Maße das Landschaftsbild.

In den Kalkmassiven der jungen tertiären Faltengebirge setzt eine Phase verstärkter Höhlenbildung ein. Besonders während der Mindel-Riss-Warmzeit macht sich in diesen Höhlen eine ausgeprägte Versinterung bemerkbar. → S. 102

Dem unterirdischen Lebensraum in Höhlen sind verschiedene Tierarten angepasst. Dabei ist zwischen echten Höhlentieren (Troglobien), Höhlen liebenden Tieren (Troglophilen) und Höhlengästen (Trogloxenen) zu unterscheiden. → S. 103

720 000–320 000

Die weitaus meisten Höhlentiere sind Gliederfüßer (Arthropoda). Darunter gibt es spezielle Höhlenkrebse und Hunderte von Spinnentier-Arten. Höhlen bewohnende Insekten sind vor allem Springschwänze, Heuschrecken, Fliegen, Mücken sowie Käfer. Unter den Wirbeltieren gibt es Höhlenfische, -salamander, -schlangen und -vögel. → S. 103

Dauerbewohner der Höhlen sind die Fledermäuse. Ihre heimatliche Höhle verlassen Fledermausarten wie das Große Mausohr (Myotis myotis) erst bei einbrechender Dämmerung.

In Europa, Asien und Afrika sind mehrere verschiedene Nashornarten verbreitet. Besonders in Europa heimisch sind während der Kaltzeiten das Wollnashorn, ein Beutetier der Altsteinzeitmenschen, und während der Warmzeiten das so genannte Merck-Nashorn (Dicerorhinus kirchbergensis). Weit verbreitet ist auch das riesige Elasmotherium.

Das bis zu 5 m lange Elasmotherium ist das wahrscheinlich größte echte Nashorn aller Zeiten. Es lebt in den weiten ebenen Steppen Südrusslands und den Tundren Sibiriens. Da es keine Schneidezähne besitzt, reißt es das Gras büschelweise mit den Lippen aus, um es dann mit seinen Backenzähnen zu zermalmen.

Nahe des heutigen Los Angeles in Kalifornien existieren große Asphaltsümpfe. Hier verenden zahlreiche Tiere, darunter auch viele große Säuger (in erster Linie Pflanzenfresser), die z. T. ausgezeichnet konserviert werden. → S. 100

720 000–320 000

In Anpassung an eiszeitliche Klimate entwickeln die bestehenden Säugetierordnungen zahlreiche neue Gattungen und Arten, vereinzelt sogar neue Familien. Auch in wärmeren Zonen der Erde bilden sich neue Säugetierarten heraus. Das gilt insbesondere für die Gruppen der Rüsseltiere, der Wühlmäuse und Echten Mäuse sowie für die Großkatzen und die Hundeartigen. → S. 100

Bei den Wirbeltieren ist Riesenwuchs weltweit verbreitet und erfasst sehr unterschiedliche Gruppen, z. B. die australischen Riesenschildkröten, flugunfähige und flugfähige Vögel, Paviane, Zahnarme, Beuteltiere, Mäuse und Nashörner. In Kalifornien lebt der Condor Teratornis merriami mit annähernd 5 m Flügelspannweite. → S. 98

Aufgrund der klimabedingt mehrfach stark wechselnden Vegetation verlieren zahlreiche Biotopspezialisten unter den Säugetieren ihre Lebensgrundlage, darunter Gomphotherien, Riesennashörner, Säbelzahnkatzen und verschiedene andere Säuger. → S. 100

um 650 000

Der Homo erectus wandert von Afrika nach China. Den asiatischen Kontinent erreicht er wahrscheinlich auf dem Landweg über Südasien. → S. 99

In China zeigt sich eine Kontinuität der Besiedlung durch den Homo erectus. Als Erster hinterlässt der so genannte Mensch von Lantian (Sinanthropus lantianensis) in der Provinz Shaanxi fossile Überreste. → S. 99

600 000–320 000

Spätformen des Homo erectus zeigen bereits deutliche Merkmale des späteren Homo sapiens. Besonders ausgeprägt trifft das auf den in China heimischen so genannten Dali-Menschen zu. → S. 106

In Nordafrika, dem heutigen Algerien, lebt der Homo erectus presapiens. Er gilt als der erste Mensch, der sich mit einer grob artikulierten Sprache verständigen kann. Diese besteht aus rund 30 isolierten Phonemen. Durch das Absinken des Kehlkopfes, die Erweiterung der Mundhöhle und die Beweglichkeit der Zunge kann sich allmählich eine artikulierte Sprache entwickeln. → S. 106

um 500 000

Auf dem Territorium des heutigen US-Bundesstaates Colorado brennt eine Feuerstelle. Es sind die ältesten Spuren eines von Menschenhand angelegten Lagerfeuers.

500 000–350 000

Das Abbévillien zeichnet sich durch einen bereits außerordentlich reichen Werkzeugbestand aus. Das Hauptgerät des Abbévillien ist der Faustkeil. Dieser wird aus einer Silexknolle durch das Abschlagen von breiten Klingen hergestellt. Er hat gebogene Seitenkanten und eine schlecht ausgearbeitete Spitze. → S. 109

um 475 000

Der älteste menschliche Schädel Europas findet sich in der Grotte von Arago in Tautavel (Südfrankreich). Den Funden zufolge leben in dieser Zeit mehrere tausend Individuen in Arago. Die Bewohner sind Jäger und Hirten.

um 400 000

Man geht davon aus, dass die Menschheit zu dieser Zeit aus ungefähr 100 000 Individuen im zeugungsfähigen Alter besteht. Diese Zahl sinkt während der Mindel-Eiszeit plötzlich auf nur noch einige 10 000 Menschen. Die Schätzungen der Bevölkerungszahl beruhen auf molekulargenetischen Untersuchungen.

Homo-erectus-Jäger treiben einen Elefanten in einen Sumpf und erlegen ihn. Die Menschen zerteilen das Fleisch und tragen es davon. Von dem Tier bleiben kaum Spuren übrig. Die bei der Hatz verloren gegangenen Holzspeere werden jedoch durch günstige Erhaltungsbedingungen bis in die Gegenwart konserviert und gelten heute als die ältesten bekannten Waffen der Menschheit. → S. 109

400 000

Auf dem Mount St. Helens, einem Vulkan in Oregon (Nordamerika), kommt es zu ersten Ausbrüchen. Die Lavamassen, die bei den zahlreichen Eruptionen dieser Zeit freigesetzt werden, bedecken den Erdboden in einer Höhe von bis zu 10 m.

Ein menschlicher Hinterhauptknochen und einige Zähne aus Vértesszöllös (Ungarn) zählen zu den ältesten Homo-erectus-Funden in Europa.

400 000–350 000

An einem See bei Bilzingsleben im heutigen Thüringen findet ein Stamm früher Menschen optimale Siedlungsbedingungen vor. Der Ort wird über Jahrtausende kontinuierlich von Homo erectus genutzt. Zu günstigen Jahreszeiten schlagen frühmenschliche Sippen wiederholt ihr Lager in Bilzingsleben auf, bleiben jedoch nie so lange, dass von ersten Spuren der Sesshaftigkeit die Rede sein könnte. Nomadisierend folgen die Homo-erectus-Familien den umherziehenden Wildherden. Ihre Hinterlassenschaften in Bilzingsleben geben der modernen Forschung einmaligen Einblick in das Leben jener Zeit. → S. 108

400 000–320 000

In Europa leben einige Frühmenschenformen, die als Vorfahren der Neandertaler in Frage kommen. In Arago bei Perpignan (Frankreich) lebt der so genannte Tautavel-Mensch. Er zeichnet sich durch Merkmale aus, die einerseits an den jüngeren Homo erectus erinnern, andererseits Ähnlichkeiten mit dem klassischen Neandertaler aufweisen.

um 380 000

In der Nähe der heutigen französischen Stadt Nizza, an den Hängen des Mont Boron, entstehen Hütten. Im Innern finden sich Feuerstellen, die von Steinmauern begrenzt werden.

350 000

Am Kartstein in der Eifel, nahe des heutigen Mechernich, belegen Funde von Steinwerkzeugen und Jagdbeuteresten in Ablagerungen einer kalkhaltigen Quelle die Besiedlung durch den Homo erectus.

Vom Urmenschen zum aufrechten Gang

Der Unterschied zwischen Mensch und Tier wird heute von wissenschaftlicher Seite besonders an einem Punkt festgemacht: Während Tiere Werkzeuge nutzen können, ist der Mensch in der Lage, diese herzustellen. Er ist ein »tool making animal«. Die Entwicklung zum denkenden Menschen war ein langsamer und gradueller Prozess, der Jahrmillionen dauerte. Dennoch sind die Ursprünge der Menschwerdung nachvollziehbar.

Knochenfunde und Reste von Lagern und Beutetieren sind die einzigen Zeugen der menschlichen Frühzeit, die sich erhalten haben. In seltenen Glücksfällen kommen Ausnahmefunde wie die Fußspuren von Laetoli hinzu – versteinerte Abdrücke, die vom aufrechten Gang künden. Wie aber lebten die frühen Menschen? Welche soziale Gemeinschaft bildete ihr Umfeld? Wie kommunizierten sie miteinander? Fragen, die die Archäologie kaum beantworten kann.

Die vergleichende Verhaltensforschung stellt den Anthropologen jedoch einige Hilfsmittel an die Seite, aus denen auf die Lebensweise unserer frühesten Vorfahren geschlossen werden kann. Heutige Schimpansen, Gorillas und Paviane leben in Naturräumen wie Steppe und lichten Wäldern, die der Umwelt der frühen Menschen ähneln. Ihr hoher Intelligenzgrad und eine hohe Zahl an Verhaltensweisen, die auf Lernprozessen beruhen, lassen Rückschlüsse auf das Verhalten der »Urmenschen« zu. Auch wenn es sich ausschließlich um Spekulation handeln kann, erlauben die Vergleiche interessante Einblicke in die Frühzeit des Menschen.

Nomaden auf der Suche nach Nahrung

Primaten wandern in Gruppen. Auf der Suche nach Nahrung streifen sie auf festgelegten Pfaden in ihren Revieren umher. Dass auch der »Urmensch« ein ähnliches Verhalten an den Tag legte, belegen Funde von Lagerplätzen. Die frühen Jäger und Sammler errichteten Lagerstätten oder ließen sich unter Felsvorhängen nieder. Von diesen Basen jagten sie oder sammelten Früchte in der näheren Umgebung. Zog das Wild jahreszeitlich bedingt weiter, folgten die Menschen, bis ein anderer Lagerplatz erreicht wurde. Dies wiederholte sich im Jahr so oft, bis der Ausgangspunkt wieder erreicht war. Auf diese Weise pendelten nomadische Gruppen immer zwischen denselben Plätzen.

Welches Sozialverhalten hatten diese Gruppen? Der Vergleich mit Primaten gibt Hinweise. Bei wandernden Pavianen bilden jüngere Affen und Männchen von niederem Rang die Vorhut, Weibchen und stärkere Jugendliche folgen. Mütter mit Nachwuchs werden in die Mitte genommen und von den stärksten Männchen gegen eventuell angreifende Gegner geschützt. Am Schluss des Zugs reihen sich wiederum Jungaffen ein. Die Jungen erfahren von allen Gruppenmitgliedern viel Zuwendung. Gegenüber anderen Tieren genießen sie eine lange Kindheit (wie beim Menschen) und werden in dieser Phase von den Älteren beschützt und ernährt. Dieses Sozialverhalten ist eine biologische Notwendigkeit, denn das Gehirn der Jungtiere wächst nicht im Mutterleib aus, sondern während der ersten Lebensjahre. Auch verbringen junge Primaten viel Zeit damit, lebenswichtige Verhaltensweisen spielerisch zu lernen. Dabei machen sie häufig Entdeckungen, welche die Tradition der ganzen Horde nachhaltig verändern können. Möglicherweise verdankt auch der Mensch viele bahnbrechende Erfindungen wie die Bearbeitung von Faustkeilen seinem Nachwuchs.

Von der Drohgebärde zum aufrechten Gang

Woher lernte der Mensch den aufrechten Gang? Auch hier ist es die Verhaltensforschung, die Hinweise zu den Rätseln der Evolution gibt. Affen richten sich bei verschiedenen Gelegenheiten auf und legen sogar kurze Strecken auf zwei Beinen zurück. Dieses »Großwerden« ist bei fast allen heutigen Tieren zu beobachten: Pferde steigen auf die Hinterläufe, Bären stellen sich auf die Hinterbeine, Katzen machen sich durch Buckeln größer. Diese Verhaltensmuster stehen meist im Zusammenhang mit dem Überlebenskampf und sind als Imponiergehabe oder Drohgebärde zu verstehen. Bei Primaten fällt zudem auf, dass sie sich in ihrem natürlichen Lebensraum auf die Hinterbeine stellen, um im hohen Steppengras die Umgebung besser beobachten zu können und verborgene Raubtiere zu entdecken. Räuber mochten zudem durch die Größe des Wesens abgeschreckt werden, das plötzlich vor ihnen aufragte, denn es passte nicht in ihr Beuteschema. Drohgebärde oder Vorsichtsmaßnahme – bei den frühen Hominiden wurde die aufrechte Haltung überlebensnotwendig und im evolutionären Prozess zum aufrechten Gang entwickelt. Im Laufe der Jahrmillionen mutierte das Skelett. Um die neue Aufgabe über längere Zeit erfüllen zu können, mussten die Beinmuskeln kräftiger werden. Eine flache Großzehe sorgte für besseren Stand und ein breites Becken fing die Gewichtsverlagerung auf. Die nachhaltigste Entwicklung machte das Skelett durch. Die Wirbelsäule musste von einer leicht gebogenen Form in eine starke Krümmung übergehen, um den Körper in seiner neuen Haltung zu unterstützen und die Erschütterungen auffangen zu können, die das aufrechte Gehen begleiteten. Das Rückgrat wuchs im oberen Bereich zu einem stielförmigen Halsansatz. Dadurch waren dem Schädel bessere Entwicklungsmöglichkeiten gegeben. Sein Wachstum begünstigte die Entwicklung des Gehirns und damit der Intelligenz. Bereits die Australopithecinen konnten dauerhaft aufrecht stehen und gehen.

Der Mensch lernt sprechen

Die Herausbildung der Sprache ist ebenfalls als revolutionärer Schritt auf dem Weg zum Menschen anzusehen. Auch in diesem Bereich fehlt es der Forschung an Belegen. Vermutlich kommunizierten die frühen Menschen teils mit Worten, teils mit Gesten. Mit dem Wachsen des Gehirns und der einhergehenden Sprechfähigkeit werden Handsignale im Laufe der Jahrtausende an Bedeutung verloren haben – zugunsten von Lauten.

Der moderne Mensch ist durch eine Überkreuzung der Atem- und Speisewege in der Lage, zu sprechen. Er nutzt Nase, Mund und Kehle zur Erzeugung differenzierter Laute. Den frühen Menschen fehlte dieses System. Stattdessen konnten sie – wie Säuglinge – nur über die Atemwege Töne von sich geben. Ähnlich verhält es sich bei Schimpansen. Bei den Affen sind Kontaktlaute, Warnrufe, Lockrufe, Hilferufe und Aufforderungsrufe unterscheidbar. Fehlt es den Tieren an Intelligenz? Ein Experiment der US-Psychologen Allen und Beatrix Gardner von der Universität Nevada mit der Schimpansin Washoe brachte in den 1960er Jahren ein verblüffendes Ergebnis. Die Äffin lernte eine Zeichensprache und konnte komplexe Gebilde wie »Kühlschrank« benennen, nachdem sie gelernt hatte, den Eisschrank mit Essen und Trinken in Verbindung zu bringen.

Ähnliche Erfolge verzeichnete Anfang der 1970er Jahre der US-Forscher David Premack von der Universität Santa Barbara. Er brachte der Schimpansin Sarah eine abstrakte Zeichensprache mit Kunststoffelementen bei. Nachdem Sarah jeder Schablone eine Bedeutung beimessen konnte, war sie in der Lage, mit unterschiedlichen Zeichen ganze Sätze zu legen. Von einem derartigen Schimpansen-Standard muss die Sprachentwicklung des Menschen ausgegangen sein.

Für eine Sensation sorgte Ende der 1970er Jahre die Entdeckung, dass ein früher Vertreter der Gattung Homo habilis in Ostafrika bereits ein vergrößertes Sprachzentrum im Gehirn aufwies (schwacher Abdruck des Oberflächenreliefs des Hirns in der Schädelinnenwand). Das sog. Broca-Zentrum ist auch im Hirn des modernen Menschen für die Sprache zuständig. Der etwa 2 Mio. Jahre alte Homo-habilis-Fund unterscheidet sich in seiner Größe enorm von den bis dahin bekannten Parallelen bei Australopithecinen oder Schimpansen. Er ist der bislang älteste Hinweis auf das Alter der Sprache und lässt vermuten, dass sich bereits diese frühen Vertreter der Gattung Homo über eine differenzierte Lautkommunikation verständigten.

01791 Geröllgeräteindustrie

Hipparions beweiden riesige Steppen

Hipparions wandern in großer Zahl von Nordamerika nach Asien und von dort aus weiter nach Europa ein. Sie bilden große Herden, prägen insbesondere die Steppengebiete und geben der sog. Hipparion-Fauna ihren Namen.

■ **5–3,4 Mio.:** Gut belegt ist die Hipparion-Fauna u. a. im Fossilvorkommen von Öhningen. Hier finden sich zahlreiche Skelettreste der europäischen Art Hipparion mediterraneum. Von Europa aus zieht Hipparion auch nach Afrika.

Die Wanderung von Hipparion aus seiner nordamerikanischen Heimat lässt sich zeitlich rekonstruieren: War es in Amerika bereits im Mittleren Miozän verbreitet, so zeigten sich erste Spuren dieser Gattung in Indien in den Siwalik-Schichten des Oberen Miozäns. In Europa und Afrika erscheint die Gattung dagegen erst im Pliozän. Ihr Auftreten in Europa lässt sich durch etwa 30 verschiedene Fundplätze belegen.

Zebras, die in Größe und Lebensweise den Hipparions ähneln, an der Tränke eines Flusses

Eigenwilliger Körperbau

Hipparion ist das am weitesten entwickelte Pferd (Familie Equidae) seiner Zeit und geht seinerseits auf Merychippus zurück. Hinsichtlich seines Gebisses ist es sogar noch weiter entwickelt als die heutigen Pferde der Gattung Equus. In Bezug auf seine Extremitäten hält Hipparion dem Vergleich mit den heutigen Pferden jedoch nicht stand. So ist Hipparion schon im Pleistozän (1,7–0,01 Mio.) der sich dann herausbildenden Gattung Equus unterlegen und wird von dieser verdrängt. Die Extremitäten des Hipparions sind dreifingrig bzw. -zehig, doch wird das Körpergewicht jeweils nur vom mittleren Zeh (bzw. Finger) getragen. Die beiden anderen sind weitgehend zurückgebildet und berühren die Erde überhaupt nicht. Auf diese Weise entwickelt das Tier einen Abstoßmechanismus, der dem mit vier oder fünf Zehen überlegen ist und zu höheren Laufgeschwindigkeiten führt. Diese Umbildung setzt allerdings einen umfangreichen Umbau des Sehnenapparates voraus, was wiederum mit einer Veränderung der Gliedmaßenproportionen verbunden ist. Die Backenzähne des Hipparions sind hochkronig und weisen eine komplizierte Struktur auf, die dem Zerreiben von harten Blättern und – vor allem – von Gras angepasst ist. Als europäischen Lebensraum bevorzugt das Tier die weiten grasreichen Steppen des trockener gewordenen Klimagebietes im Süden des Kontinents. Darin – und wohl auch in seiner Lebensweise – gleicht es weitgehend den heutigen Zebras, deren Körpergröße das Hipparion mediterraneum auch erreicht.

Eine nomadische Lebensweise

Große Hipparion-Herden bewohnen vor allem das südliche Europa. Die Tiere beanspruchen den Boden so stark als Weideland, dass das langsam kühler werdende Klima eine Entwicklung der Steppenbiotope zu Wäldern im Süden Europas und Russlands nicht begünstigen kann.

Neben dem Hipparion leben hier nur relativ wenige andere Pflanzenfresser in größeren Herden. Folge hiervon ist, dass sich diese Gattung nahezu explosiv ausbreiten kann. Ihre Herden umfassen wahrscheinlich Dutzende bis viele hundert Tiere. In der Gegenwart sind derart große Populationen von Weidetieren vor allem aus Ostafrika (Serengeti) und der Etoscha-Pfanne bekannt. Wie diese folgen vermutlich auch die pliozänen Hipparion-Herden dem Nahrungsangebot. Ist ein Grasgebiet abgeweidet, ziehen sie zum nächsten weiter.

Pflanzenfresser haben Nahrungssorgen

Ob Steppentiere wie jene der Hipparion-Fauna Europas, Asiens und Afrikas zur Zeit des Pliozäns ortstreu sind oder lange Wanderungen unternehmen, ist eine Frage der jeweiligen Nahrungskette. So leben im pliozänen Südeuropa und Afrika Termiten und Ameisenarten, die sich vom Gras der Steppe oder der Savanne ernähren. Diese wiederum sind die Nahrung spezialisierter Insektenfresser unter den Säugetieren wie der Erdferkel in Afrika. Sie und vor allem die Vögel sind weitgehend standorttreu, denn ihre Hauptnahrungsquelle, die Insekten, unternimmt keine größeren Wanderungen.

Vergleichbar abhängig von dem Nahrungsangebot »vor Ort« sind viele kleine Pflanzenfresser unter den Säugetieren. Wird jahreszeitlich bedingt ihre Nahrung knapp, leben sie von Vorräten oder schränken ihre Aktivitäten ein (Winterschlaf, Trockenruhe).

Die größeren Pflanzenfresser können dagegen keine ausreichenden Vorräte anlegen und begeben sich deshalb in längeren Trockenperioden in kühlere und feuchtere Regionen, in denen sie genügend Futter finden, doch auch hier ist keine dauerhafte Bleibe. Ein Weiterziehen wird notwendig, wenn die Gebiete abgeweidet sind oder das anzutreffende Weideland in der kälteren Jahreszeit als Nahrungsquelle nicht ergiebig genug ist. So kehren die großen Herden dann wieder in die wärmeren Regionen zurück.

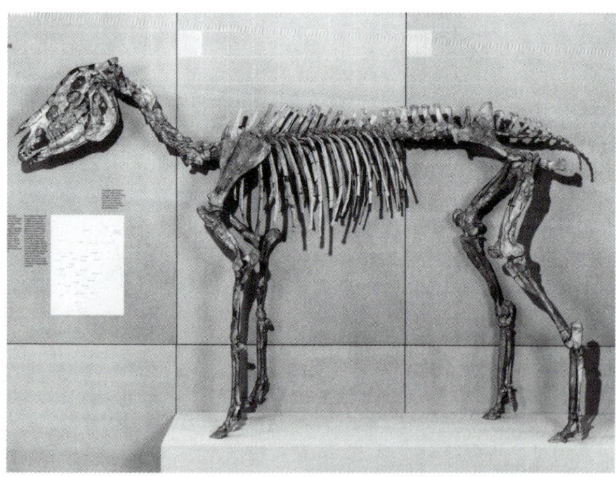

Aus Höwenegg im Hegau stammt dieses fossile Skelett eines Urpferdes der Gattung Hipparion.

Katzen erdolchen Beute mit Säbelzähnen

Raubtiere begleiten die großen Weidetierherden bei ihren Wanderungen durch die Steppen. Neben den Säbelzahnkatzen leben seit dem Ende des Oberen Miozäns auch die ersten kleineren modernen Raubkatzen, darunter der Luchs.

■ **5–1,7 Mio.:** Mehrere Vertreter der Katzenfamilie (Felidae) verfügen über mächtige Säbelzähne, die sie im Oberkiefer tragen. Auf ihrer Suche nach Nahrung verfolgen die Räuber die großen Weidetierherden auf ihren ausgedehnten Wanderungen. Die verschiedenen Katzengattungen leiten sich nicht voneinander ab. Sie haben sich unabhängig voneinander in drei unterschiedlichen Linien entwickelt.

Die ersten Formen der Säbelzahnkatzen existierten bereits im Oligozän (35–24 Mio.). Jetzt, im Pliozän, ist in Europa vor allem das jaguarähnliche Megantereon verbreitet. Neu erscheint außerdem die Gattung Homotherium, ein Vertreter der echten Säbelzahnkatzen und einer der wenigen Sohlengänger unter den Katzenartigen. Diese Gattung überlebt über einen langen Zeitraum bis vor etwa 14 000 Jahren.

Nur in Amerika zu Hause sind die Vertreter der Gattung Smilodon, die in großer Individuenzahl auftreten. Das größte Raubtier des Pliozäns ist der tigergroße Machairodus cultridens Europas, dessen Entwicklung sich bis in das Miozän (24–5 Mio.) zurückverfolgen lässt. Auf allen vier Kontinenten lebt Dinofelis, eine pantherähnliche Säbelzahnkatze. Neben den Säbelzahnkatzen existieren seit dem Ende des Oberen Miozäns die ersten kleineren modernen Raubkatzen.

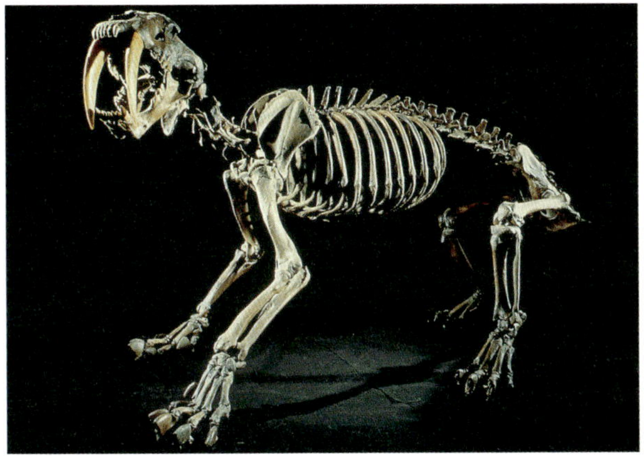

Skelett der Säbelzahnkatze Smilodon. Diese Gattung ist nur in Amerika anzutreffen.

Beute wird erdolcht

Alle heute lebenden Katzen töten ihre Beutetiere durch einen kräftigen Biss ins Genick. Durch diesen Biss brechen sie ihren Opfern das Rückgrat. Die Säbelzahnkatzen und andere Säbelzahntiger jagen anders, nicht zuletzt wegen der außergewöhnlichen Beschaffenheit ihres Gebisses. Sie stoßen ihre mächtigen Hauer von oben in den Leib des Opfers und reißen ihm durch eine anschließende ruckartige Kopfbewegung große Wunden. Diese Verletzungen sind an sich nicht tödlich, doch führen sie in den meisten Fällen zum Verbluten des Tieres. Das restliche Gebiss der Säbelzahnkatzen ist gegenüber anderen Katzenartigen wesentlich kleiner und schwächer, dafür aber vollständig ausgebildet. Das weist darauf hin, dass die Säbelzahnkatzen nur die Weichteile fressen und das Blut ihrer Opfer trinken.

In Einklang mit der Art ihrer Jagd steht die äußerst kräftige Nacken- und Kiefernmuskulatur der Säbelzahnträger. Dazu kommt eine Kiefergelenkung, mit deren Hilfe die Tiere in der Lage sind, das Maul ungewöhnlich weit aufzureißen. Bei Smilodon wurde ein maximaler Öffnungswinkel der Kiefer von 120° festgestellt. Erst so können die Säbelzähne, die zeitlebens nachwachsen, voll zum Einsatz gelangen.

Vulkane in Europa

Der für das gesamte Tertiär charakteristische Vulkanismus in Mitteleuropa setzt sich fort. Die hauptsächlichen Vulkanherde liegen im französischen Zentralmassiv.

■ **5–1,7 Mio.:** Ursache des Vulkanismus sind vom Rhône-Rheintal-Riftsystem ausgehende Brüche und Risse in der mehr oder weniger benachbarten Erdkruste. Die hauptsächlichen Vulkanherde liegen im französischen Zentralmassiv, im Oberrheingraben, im Hegau und Kraichgau, in der Hessischen Senke, im Odenwald, Westerwald sowie in der Eifel. Zentren vulkanischer Aktivität befinden sich in der Rhön, im Vogelsberg, im Kaiserstuhl und im Plomb du Cantal. Bemerkenswerterweise fallen die Zeiten des intensivsten Vulkanismus in bruchtektonisch eher ruhigere Etappen.

Eine ausgeprägte Bruchzone stellte der rasch absinkende Oberrheingraben bereits im Oligozän (36–24 Mio.) dar. Durch ihn drang von Süden her das Meer bis in das Rhein-Main-Gebiet vor. Das Meer bedeckte zu dieser Zeit auch ganz Norddeutschland bis zur Höhe Oberhessens. Einem kurzen Meeresrückzug etwa an der Grenze vom Unteren zum Mittleren Oligozän folgte ein weiterer Meeresvorstoß, diesmal besonders von Norden her. Er schaffte eine Verbindung des Nordmeers mit dem Meeresgebiet im nördlichen Alpenvorraum über die Wetterau-Senke und den Oberrheingraben. Diese Meeresstraße war etwa 50 km breit und verlief von Basel in nordnordöstlicher Richtung bis in die Gegend von Kassel.

Die Gebirge wachsen

Alpidische Gebirgsauffaltungen auf der Nordhemisphäre setzen sich fort. Europa erlebt die attische, die rhodanische und die wallachische Faltungsphase. In Asien hebt sich der Himalaja.

■ **5–1,7 Mio.:** Auch auf der Südhalbkugel kommt es zu größeren Gebirgsbildungen. Durch eine Hebung des Kontinents gibt das Meer die Landbrücke zwischen Australien und Tasmanien zum größten Teil wieder frei. Bedeutendere Hebungen ereignen sich in der Westhemisphäre der Antarktis außerhalb des zentralen Polarplateaus. Sie sind eine Fortsetzung des ebenso jungen Faltengebirges der Anden über die Süd-Orkney-Inseln, die Süd-Shetland-Inseln und Grahamland. Im Osten reichen die neuen antarktischen Gebirge bis ins hinterindische Faltengebirge.

02751
Wie aus dem Urmeer der Himalaja wurde

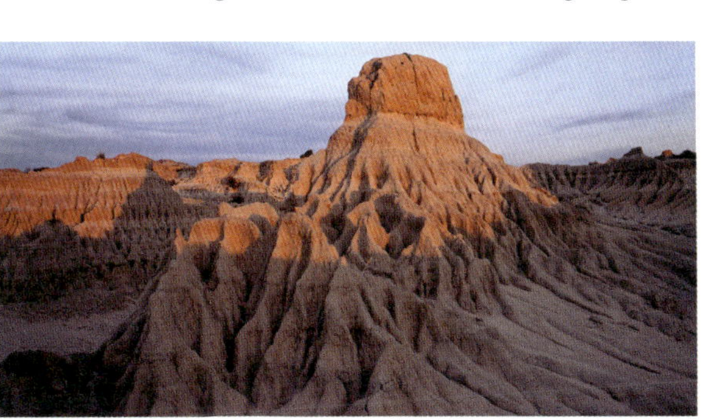

Seeplattform-Landschaft im Mungo-Nationalpark Australiens

Der Philosoph und Dichter Friedrich Nietzsche (1844–1900) über den Ursprung der Gebirge:
»Woher kommen die höchsten Berge? So fragte ich einst. Da lernte ich, dass sie aus dem Meere kommen … Aus dem Tiefsten muß das Höchste zu seiner Höhe kommen.«

In Europa entstehen Mischwälder

Erneut verändert sich das Gesicht der Erde. Wegen Kälte ziehen sich viele Arten aus ihrem angestammten Gebiet zurück und suchen Wärme in Äquatornähe. Die in Mitteleuropa entstehende Mischflora ist bis in die Gegenwart erkennbar.

■ **5–1,7 Mio.:** Die Pliozän-Flora steht am Ende einer üppigen Entwicklung zahlreicher neuer Formen - vor allem der Bedecktsamer - während des gesamten Tertiärs. Es wird generell kälter, in den höheren Breiten sogar lebensfeindlich kalt. Viele Arten wandern deshalb zum Äquator. Die mitteleuropäische Pliozän-Flora ist eine Mischung aus zahlreichen miozänen Arten und Pflanzen, die heute in diesem Raum heimisch sind.

Vom Oligozän bis zum Kliozän in Europa verbreitet: Ulmenart Zelkowa ungeri

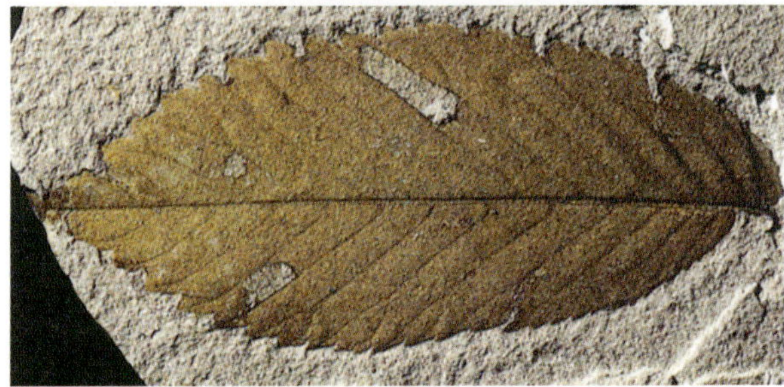

Ulmenblatt aus dem Pliozän

Frucht einer Hainbuchenart (Gattung Carpinus) aus dem oberen Pliozän von Willershausen

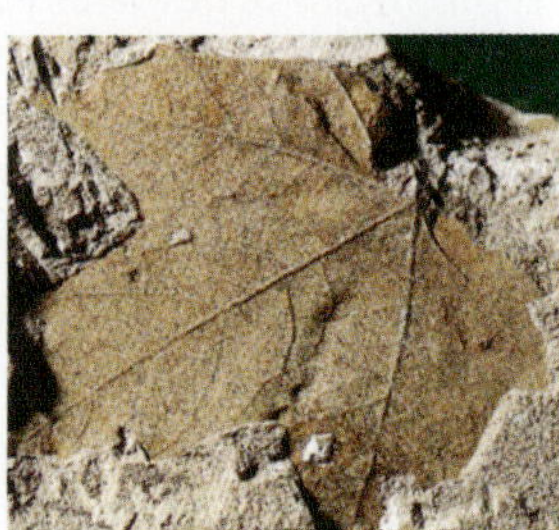

links: fossiles Ahornblatt aus dem Pliozän; rechts: versteinertes Blatt des Amber-Baumes

Fossil besonders gut bekannt sind die Pliozän-Wälder im unteren Maintal (Frankfurt) und in der Wetterau. Hier sind neben den charakteristischen Bäumen des heutigen deutschen Waldes noch Bäume der Gattungen Carya, Magnolia, Liriodendron, Liquidamber, Eucommia, Stuartia, Engelhardtia, Meliosma, Nyssa usw. vertreten. Eine ganz ähnliche Flora ist in Reuver (Holland) belegt. Weit verbreitet sind auch noch Sumpfzypressen (Taxodien) und Sequoien.

Einen ungewöhnlichen Formenreichtum stellen mit fast 30 Arten die Koniferen. Heute sind in ganz Mitteleuropa nur neun Nadelholzarten heimisch. Im Pliozän finden sich in Deutschland u. a. noch die Goldtanne (Keteleeria), die Goldlärche (Pseudolarix kaempferi) und die Weymouthkiefer (Pinus strobus). Unter den Laubbäumen finden sich u. a. Weiden, Birken, Hainbuchen, Haseln, Kastanien, Eichen, Ulmen, Ahorne, Linden, Eschen und Pflaumenartige, seltener hingegen Erlen.

Bemerkenswert im Hinblick auf die Entwicklung der europäischen Waldfloren innerhalb des Pliozäns ist eine Statistik, die die Artenzahlen betrifft. So überleben von den aus dem Frankfurter Raum bekannten unterpliozänen Arten bis heute in Mitteleuropa nicht mehr als 17 %, von den aus Willershausen am Harz bekannten 52 mittelpliozänen Arten bereits 44 % und von den 135 im englischen Cromer im Oberen Pliozän bekannten Arten gedeihen heute in Europa noch 95 %.

··Flora auf Stand der Gegenwart··

Alle wesentlichen evolutionären Schritte im Pflanzenreich sind abgeschlossen. Als höchstentwickeltes Bauprinzip herrscht das der bedecktsamigen Pflanzen vor. Im Laufe des Tertiärs entstanden für fast alle besiedelbaren Lebensräume der Erde entsprechend angepasste Arten. Das bezieht sich sowohl auf die klimatischen Verhältnisse wie auf die Höhenlage (UV-Belastung, Strahlungsklima usw.) oder auf den eigentlichen Standort (Wasser, Sand, Fels usw.). Die weitere Entwicklung der Flora bis in die Gegenwart ist von geografischen Wanderbewegungen gekennzeichnet. Diese sind bedingt durch die im Pliozän einsetzenden großräumigen Vereisungen sowie den später häufigen Wechsel zwischen Kalt- und Warmzeiten.

Kälte verändert Florenprovinzen

Die während des Paläozäns (66–55 Mio.) im großen Gebiet Laurasiens (nördliche Hälfte des zerfallenen Urkontinents Pangea) relativ einheitliche gesamtarktische Flora teilte sich im weiteren Verlauf des Tertiärs in die beiden Florenprovinzen der nördlichen Turgai- und der südlicheren Poltawa-Flora auf.

Während des Miozäns (24–5 Mio.) bildete sich die Poltawa-Flora mit den für sie typischen Schachtelhalm- und Schuppenbäumen. Sie nahm räumlich einen Gürtel vom südlichen Nordamerika über Mitteleuropa bis Südasien ein. Dieser Gürtel zerbricht im Pliozän und verschwindet in Zentraleuropa schließlich völlig. In Mitteleuropa breiten sich Turgai-Pflanzen sowie mehr und mehr Kräuter aus, die sich von Gebirgspflanzen des Alpenraumes und des Balkangebiets ableiten.

Mit dem am heutigen Entwicklungsstand gemessenen Abschluss der Florenentwicklung haben sich auch all die Wechselbeziehungen zwischen Pflanzen und Tieren etabliert. Insekten und Vögel übernehmen vielfach die Befruchtung und verbreiten die Samen zahlreicher Blütenpflanzen. Die Wechselbeziehungen zwischen Tier und Pflanze gehen aber weit über diese der Fortpflanzung dienenden Zusammenspiele hinaus.

Gürteltiere mit Riesenwuchs

Schildkrötenähnliche Gürteltiere entwickeln bereits im Unteren Miozän etwa 50 Gattungen. Im Pliozän zeigt sich bei vielen Arten ausgeprägter Riesenwuchs. Im Pleistozän erreicht die Gattung Doedicurus nicht weniger als 4 m Länge.

■ **5-1,7 Mio.:** Bereits im Unteren Miozän, vor etwa 20 Mio. Jahren, spalteten sich von den bis heute verbreiteten Gürteltieren der Familie Dasypodidae die Glyptodontidae ab. Sie entwickeln bald etwa 50 Gattungen. Im Pliozän wachsen viele der schwerfälligen Grasfresser zu Riesen heran. Die gegen Ende dieser Zeit und vor allem im folgenden Pleistozän in Patagonien verbreitete Gattung Doedicurus erreicht bis zu 4 m Länge. Gegen Ende des Pliozäns entwickeln sich Formen, deren einzelne Panzergürtel miteinander verwachsen sind. Sie bilden eine starre knöcherne, halbkugelförmige Schale. Dieser schildkrötenähnliche Rückenpanzer setzt sich aus einem schachbrettartigen Mosaik einzelner Knochenplatten zusammen. Er bedeckt außer dem Schwanz den gesamten Rumpf des Tieres und reicht z. T. auch über den Kopf. Um die Schwanzbasis schließt sich bei manchen Arten eine Reihe knöcherner Ringe, bei anderen eine starre Knochenröhre. Der Panzer ist in Relation zum Gesamtgewicht des Tieres ungemein schwer – er macht rund 20 % des Körpergewichts aus. Speziell die Gattung Doedicurus zeichnet sich zusätzlich durch eine morgensternähnliche, stachelstarrende knöcherne Keule am Ende ihres langen Schwanzes aus.

Im Pleistozän erobern die Pflanzenfresser auch Südamerika. Sie sterben erst vor weniger als 10 000 Jahren aus. Der größte heute noch lebende Vertreter der Familie Dasypodidae ist das Riesengürteltier (Priodontes giganteus) Es erreicht eine Länge von 1,50 m und lebt in den ausgedehnten Gras- und Buschlandschaften im nördlichen und zentralen Südamerika.

Im Pleistozän Patagoniens lebt das 4 m lange Riesengürteltier Doedicurus. Seine stachelige Schwanzkeule dient der Verteidigung.

Säbelzahn-Beutler

Als einziges Mitglied vertritt Thylacosmilus atrox in Argentinien eine sehr ungewöhnliche Familie der Beuteltiere: die Thylacosmilidae.

■ **5-1,7 Mio.:** Die stark verlängerte riesige Schnauze des Thylacosmilus trägt in den weit vorragenden Oberkiefern dolchartige, nach unten gekrümmte Eckzähne. Seine unteren Eckzähne sind kurz und abgestumpft. Schneidezähne hat das Tier überhaupt nicht. Die übrigen Zähne sind weitgehend reduziert, aber vollständig vorhanden. Die Unterkiefer sind lefzenförmig auf beiden Seiten verlängert, wobei sich diese Hautlappen bei geschlossenem Maul an die Hauer des Oberkiefers anlegen.

Die Lebensweise von Thylacosmilus gleicht der der Säbelzahnkatzen. Mit den Großkatzen ist das Beuteltier jedoch nicht verwandt. Auch Thylacosmilus atrox kann mit seinen Säbelzähnen selbst große Beutetiere reißen.

Die Fortpflanzung der Thylacosmilidae erfolgt wie bei allen Beuteltieren, wobei die Bauchtasche wahrscheinlich nach hinten geöffnet ist, wie bei den heute lebenden Wombats oder Beuteldachsen. Somit sind die jungen Säbelzahn-Beutler besser geschützt, wenn das Muttertier bei der Jagd nach Beute durch das Unterholz streift.

Frühe Eiszeit naht

Gegen Ende des Pliozäns herrscht in Nordamerika die Blancan-Eiszeit, in der 20 von 64 bekannten Kleinsäugetieren, besonders Paarhufer und Raubbeutler, aussterben.

■ **Um 1,7 Mio.:** Besonders innerkontinentale Lebensräume sind durch die mit langzeitigen Kälteeinbrüchen verbundenen Temperatur- und Feuchtigkeitsänderungen stark betroffen. An den Küsten dagegen gleicht das Meer Extrembedingungen aus. Die Tiere, die vor dem Eis fliehen, dringen in bereits besiedelte Lebensräume ein. Es kommt zu einem verschärften Konkurrenzkampf, der in Nordamerika besonders ausgeprägt ist, weil während der Blancan- und späteren Kältezeiten zusätzlich Tiere über die Beringstraße einwandern.

Die Paarhuferfamilie Oreodontidae, die Überfamilie Protoceratoidea (nordamerikanische Kamele) und die Raubbeutler-Unterordnung Borhyaenoidea (inkl. Familie Thylacosmilus) fallen der frühen Eiszeit zum Opfer

Die Gattung Protoceras umfasst hirschähnliche Tiere.

Rüsselträger leben auf vier Kontinenten

Die Entwicklung der Rüsseltiere seit dem vorausgehenden Miozän hat zu keinen grundlegenden Veränderungen geführt. Die Riesen leben aber – mit Ausnahme von Australien und der Antarktis – inzwischen auf allen Erdkontinenten.

■ **5–1,7 Mio.:** Die seit dem Unteren Miozän in Europa, Afrika, Asien und Nordamerika verbreiteten Gomphoterien sterben spätestens vor 3,5 Mio. Jahren aus. Gomphoterium ist ein wahrer Gigant unter den Rüsseltieren. Die Gattung zählt zur Familie Gomphoteriidae, die wiederum zur Unterordnung Elephantoidea der Rüsseltiere gerechnet wird. Der etwa 3 m hohe Riese ist trotz seiner gewaltigen Körpermasse offenbar recht erfolgreich, denn er ist im Unteren Miozän bis zum Unteren Pleistozän weit verbreitet. Überreste fand man sowohl in Europa (Frankreich, Deutschland) wie in Afrika (Kenia), Asien (Pakistan) sowie in Nordamerika (Nebraska). Da die Funde unabhängig voneinander erfolgten, wurde die Gattung zunächst unter verschiedenen Bezeichnungen beschrieben, u. a. Trilophodon und Tetrabelodon.

Gigantische Rüsseltiere

Die Gattung Platybelodon zählt ebenfalls zur Familie Gomphoteriidae. Auch sie bringt im Oberen Miozän Giganten von bis zu 3 m Körperhöhe hervor. Zu Hause ist sie in Europa (Kaukasus), Asien (Mongolei) und Afrika (Kenia). Zusammen mit der nahe verwandten nordamerikanischen Gattung Amebelodon bezeichnet man Platybelodon als »Schaufelzähner«, weil ihre Unterkieferstoßzähne flacher und breiter sind als die Oberkieferstoßzähne. In die seitlichen Einbuchtungen des Unterkiefers schmiegen sich die oberen Stoßzähne bei geschlossenem Maul hinein.

Von Gomphoterium stammt die Gattung Tetralophodon ab, die nur in Europa zu Hause ist, aber selbst ebenfalls das Untere Pliozän nicht überlebt. Gegenüber Gomphotherium (24–5 Mio.) hat diese Gattung einen zwar insgesamt längeren Schädel, aber bereits deutlich verkürzte Kiefer. Die oberen Stoßzähne sind viel länger als die jetzt reduzierten unteren und nur wenig gekrümmt. Generell sind die Backenzähne von Tetralophodon größer als die seiner Vorfahren. Daneben wächst auch die Zahl der Joche auf ihren Kronen. In der weiteren Entwicklung führt dies zur Lamellierung der Zähne bei den echten Elefanten. Auch die Länge des Rüssels hat im Lauf der Zeit zugenommen, sie hat jedoch noch nicht diejenige der echten Elefanten erreicht.

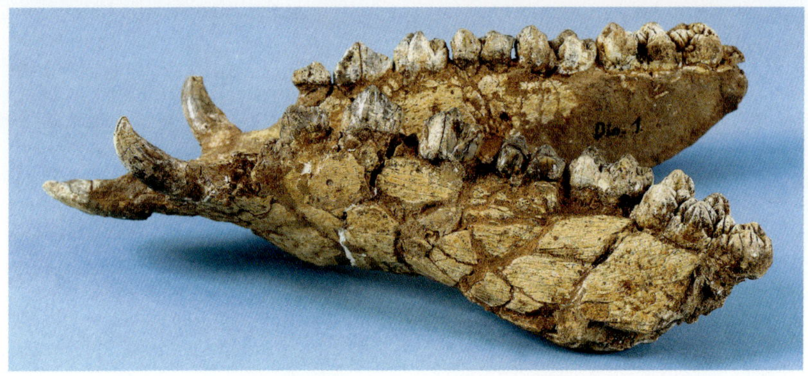

Der fossile Unterkiefer eines Steppenschweins aus den Dinotheriensanden in der Nähe von Eppelsheim

Weit verbreitet ist in Europa und Asien die seit dem Oberen Miozän existierende Gattung Anancus. Neu erscheinen deren Verwandte der Gattung Cuvieronis, allerdings in der Neuen Welt. Die 2,7 m hohen Tiere sind verhältnismäßig kleine Vertreter der Rüsseltierunterordnung Elephantoidea. Ihr auffälligstes Merkmal sind Stoßzähne, die in sich schraubenförmig verdreht sind wie jene des Narwals. Cuvieronius entwickelt sich zunächst in Nordamerika und wandert vor etwa 2 Mio. Jahren in die Grasländer Südamerikas ein. Hier breitet er sich von den Pampas im Osten bis in die Anden aus und wird erst um 400 n. Chr. ausgerottet.

Das ebenfalls in Amerika erscheinende Stegomastodon ist etwa gleich groß und hat die Gestalt eines »verkürzten« modernen Elefanten. Es

In Europa und Asien lebt vom Oberen Miozän bis zum Pleistozän der 3 m hohe Anancus.

besitzt einen kurzen Unterkiefer und deutlich aufwärts gekrümmte Stoßzähne im Oberkiefer. Als eines der wenigen je in Südamerika vertretenen Rüsseltiere wandert es vor etwa 3 Mio. Jahren dort ein, wo es (in Venezuela) noch bis in die Zeit der frühesten Menschen lebt.

Die Deinotherien, die seit dem Miozän in Afrika leben, bevölkern im Pliozän auch Europa und Asien, ziehen sich aber bald wieder nach Afrika zurück. Die letzten Exemplare sterben erst vor etwa 1 Mio. Jahren aus.

Rüsseltiere im Urrheintal

In Rheinhessen, im Flussgebiet des Ur-Rheins, Ur-Mains oder der Ur-Nahe, lagern sich Kieselschotter mit Oolithen ab. Diese Schichten verdanken ihre Erhaltung dem Einbruch des Rheintalgrabens im jüngeren Pliozän. Zahlreiche Säugetierarten der Hipparion-Fauna sind hier fossil überliefert. Bekannt sind sie als Dinotheriensande. Die Namensgebung ist auf die Rüsseltiergattung Deinotherium (oder Dinotherium, 24–5 Mio.) zurückzuführen, die hier verewigt ist.

Die Deinotherien entwickeln sich bereits im Miozän in Afrika und sind im Pliozän auch in Europa und Asien verbreitet. Neben diesen Riesen mit ihren abwärts gerichteten und leicht nach hinten gekrümmten Stoßzähnen im Unterkiefer werden die Skelettreste verschiedener Paarhufer (Artiodactyla, 50 bis 36 Mio.), Unpaarhufer (Perissodactyla, darunter Hipparion, 24–5 Mio.), Gomphotherien, Raubtiere (Carnivora, 55–36 Mio.) und Nagetiere (Rodentia, 55–36 Mio.) überliefert.

Merkmale der Hauptformen

Die Unterordnungen der Rüsseltiere lassen sich durch typische Körpermerkmale unterscheiden.

- Unterordnung Moeritherioidea: mittelgroße Tiere mit Rüssel und verlängertem Rumpf. Die einzige bekannte Gattung, Meoritherium, lebt amphibisch (Eozän bis Unteres Oligozän).
- Unterordnung Elephantoidea: artenreichste Gruppe. Die Höcker der Backenzähne sind in Querreihen angeordnet und miteinander verbunden. Die Schneidezähne sind als permanent wachsende Stoßzähne ausgebildet.
- Unterordnung Deinotherioidea: mittelgroße bis sehr große Rüsseltiere mit mächtigen, steil abwärts gekrümmten Stoßzähnen im Unterkiefer. Im Unterschied zu allen anderen Rüsseltieren besitzen sie im Oberkiefer keine Schneidezähne. Die Backenzähne sind niederkronig. Besonderes Kennzeichen sind die nach unten gebogenen Stoßzähne, die vielleicht zum Schälen von Bäumen oder Ausgraben von Knollen dienten.

Zwei Arten von Schimpansen

Die Schimpansen, die sich vor 8 bis 5 Mio. Jahren von dem zum Menschen führenden Zweig der Primaten trennten, teilen sich in verschiedene Zweige auf. Sie sind unter allen Menschenaffen (Pongiden) am menschenähnlichsten.

■ **Um 2,5 Mio.:** Eine der beiden Arten, in die sich die Schimpansen spalten, sind die Zwergschimpansen oder Bonobos (Pan paniscus). Die zweite Art sind die eigentlichen Schimpansen (Pan troglodytes). Sie haben die gemeinsame Entwicklung zu den Hominiden am längsten mitvollzogen. Dies zeigt sich in ihrer hohen Intelligenz, in ihren Verhaltensmustern und in ihrer Fähigkeit, Werkzeuge zu benutzen. So verwenden sie

Schimpanse, der ein Werkzeug zum Aufspüren von Termiten benutzt

Stöcke nicht nur zum Angriff und zur Verteidigung, sondern auch, um sich Nahrung, z. B. Insekten, zu besorgen.

Landbrücke in Amerika

Die polare Vereisung lässt den Meeresspiegel sinken. Zahlreiche Gebiete fallen trocken. Zwischen Nord- und Südamerika entsteht eine Landbrücke.

■ **5–3 Mio.:** Das erste Mal seit 50 bis 60 Mio. Jahren ist Südamerika kein Inselkontinent mehr. Durch das Aufbrechen des Großkontinents Pangaea hatte sich Südamerika zuerst von Nordamerika losgelöst, durch den Zerfall des zweiten Großkontinents Gondwana trennte es sich auch von Afrika und Antarktika.

Drei Säugetiergruppen (Beuteltiere, primitive Zahnarme sowie einige frühe Huftierformen) bildeten bislang den Grundstock für ein weitgehend eigenständiges evolutionäres Geschehen. Nur Nagetiere und Primaten waren – vermutlich auf Treibgut – nach Südamerika gelangt. Fleisch fressende Plazentatiere fehlten bislang völlig.

Immer mehr Bedecktsamer

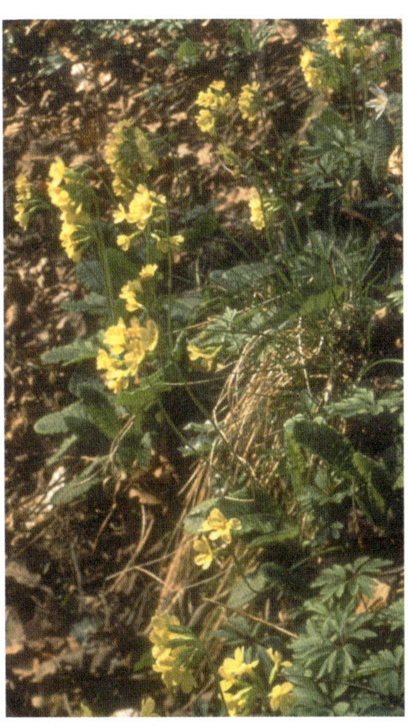

Obwohl die Flora in dieser Zeit keine grundsätzlich neuen Baupläne entwickelt, bringt sie zahlreiche neue Bedecktsamerfamilien hervor.

■ **5–1,7 Mio.:** Einige Bedecktsamerfamilien, die bereits früher im Tertiär erschienen, haben ihre Hauptverbreitungszeit. Dazu gehören neben den Igelkolbengewächsen (Spoarganiaceae) und den Blutweiderichgewächsen (Lythraceae) auch die Doldengewächse (Apiaceae oder Umbelliferae).

Beispiele für die neu auftretenden Bedecktsamerfamilien sind die Primelgewächse (Primulaceae), die Pimpernussgewächse (Staphyleaceae), die Kreuzblütler (Cruziferae oder Brassicaceae), die Nixenkrautgewächse (Najadaceae), die Lippenblütler (Labiatae oder Lamiaceae), die Nelkengewächse (Caryophyllaceae) und die Orchideengewächse (Orchidaceae). Bei Letzteren liegen unsichere Funde schon aus dem Eozän (55–36 Mio.) vor.

Die Primeln (im Bild: Primula elatior) sind im russischen Pliozän bekannt.

Die Evolution der Menschenartigen

Ein erster heute bekannter Menschenartiger (Hominide) lebt in Ostafrika im Gebiet von Äthiopien bis Tansania. Bekannt ist er als Australopithecus afarensis. Afar ist der Fundort eines Skeletts, das als »Lucy« Forschungsgeschichte schreibt.

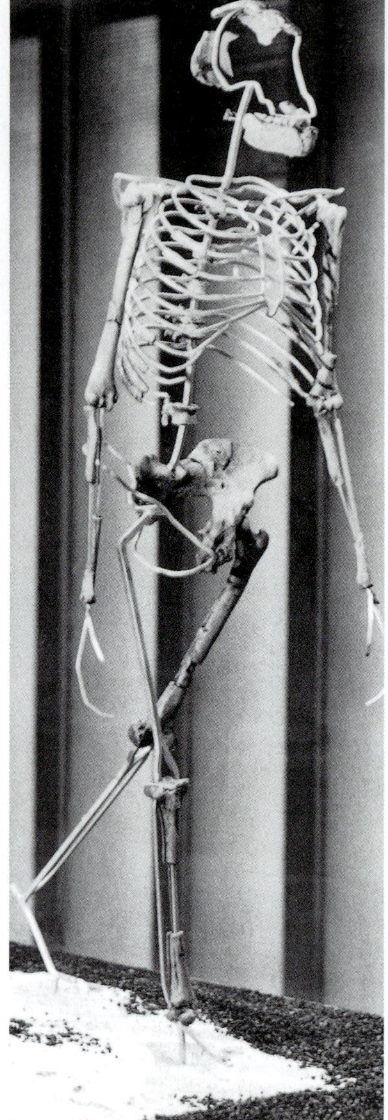

links: Skelett von »Lucy« aus der Gattung der Hominiden; rechts: Modell eines Australopithecus

■ **4–3,5 Mio.:** Der erwachsene Australopithecus afarensis hat mit 120 cm Körperhöhe etwa die Größe eines heutigen sechsjährigen Kindes. Sein Schädel und sein Gesicht erinnern noch weitgehend an einen Schimpansen, doch ist sein Gehirn mit etwa 400 cm³ Volumen bereits größer. Gemeinsam mit den Menschenaffen (Familie Pongidae) bilden die Menschenartigen (Familie Hominidae) die Primaten-Überfamilie der Menschenähnlichen (Hominoidea).

Die physischen Fortschritte der Hominiden gegenüber den Pongiden betreffen zunächst Veränderungen in der Fortbewegung und in der Körperhaltung. Hierzu zählen vor allem die Verbesserung des aufrechten Gangs, die damit verbundene Verlängerung der Beine im Vergleich zu den Armen und die Verkleinerung der großen Zehe. Darüber hinaus werden das Becken und der Geburtskanal bei den weiblichen Individuen größer, um Raum für die Geburt von Babys mit größeren Köpfen (und Gehirnen) zu schaffen. Der Daumen wird länger und ermöglicht damit eine größere manuelle Geschicklichkeit.

01928 Das Dikika-Kind

In einem engen Zusammenhang stehen auch die Entwicklung des Gehirns und die Koordination zwischen Augen und Händen. Diese Verknüpfung ist umso wichtiger, als die Hände durch den aufrechten Gang frei geworden sind und jetzt für die Handhabung sowie für die Herstellung von Werkzeugen eingesetzt werden. Die kulturelle Entwicklung geht mit der organischen Hand in Hand.

So bedingt eine verlängerte Schwangerschaft (die sich allerdings schon bei den Schimpansen und Gorillas zeigt) eine engere Mutter-Kind-Bindung. Diese Beziehung wird dann bei den Hominiden vor allem durch eine weitaus längere »Brutpflege«, nämlich eine Lehrzeit bis ins Erwachsenenalter hinein, noch wesentlich gefestigt. Gleichzeitig lassen sich hierdurch Erfahrungen von Generation zu Generation weitergeben.

Der Schädel eines Australopithecus africanus, als »Kind von Taung« bekannt, ist ca. 2 Mio. Jahre alt.

Die Entstehung der Arten

Die ersten Menschenartigen, die Australopithecinen, entwickeln verschiedene Arten, die sich von Ostafrika aus über weite Teile des Kontinents ausbreiten. Der älteste Hominide, Australopithecus afarensis, lebt im Raum Äthiopien, Kenia und im nördlichen Tansania. Anatomisch zeichnet er sich durch ein ziemlich enges Becken im Vergleich zu künftigen Hominiden aus. Zwar geht A. afarensis aufrecht, doch noch deutlich nach vorne gebeugt. Seine Füße entsprechen im Wesentlichen denen des heutigen Menschen, allerdings fehlt an der großen Zehe der Ballen und der Mittelfuß besitzt nicht die später entscheidende Wölbung. A. afarensis hat also Plattfüße. Vor etwa 2,5 Mio. Jahren stirbt diese Art vermutlich aus, nachdem aus ihr die späteren Australopithecinen hervorgegangen sind.

Vor etwa 3 bis 1 Mio. Jahren lebt in Äthiopien, Kenia, Tansania und Südafrika Australopithecus africanus, der mit 1,3 m etwa 10 cm größer ist als A. afarensis. Sein Gehirnvolumen liegt bei 400 cm³ und sein Gesicht erinnert mit dem wuchtigen Unterkiefer noch stark an Menschenaffen. Sein Gebiss entspricht weitgehend dem des Menschen, nur sind die Eckzähne noch deutlich größer. A. africanus dürfte etwa 30 kg wiegen. Vermutlich verlässt er die Wälder und lebt in der Savanne. Er benutzt sehr wahrscheinlich Werkzeuge, auch wenn er sie zu dieser Zeit wohl nicht selbst herstellt.

Darstellung des vermuteten Ursprungsgebiets der Menschheit: Ein dichtes Fundnetz früher Hominiden erstreckt sich entlang des Ostafrikanischen Grabenbruchs und in den Lößlandschaften Chinas.

Vor etwa 2,5 Mio. Jahren erscheint eine dritte Art, Australopithecus robustus, in Tansania und Südafrika. Sie stellt wahrscheinlich einen Nebenzweig auf dem Weg zur Gattung Homo dar, der etwa vor 1 Mio. Jahren ausstirbt. A. robustus ist 1,6 m groß, wiegt rund 50 kg und hat ein menschenaffenähnlicheres Gesicht als die verwandten Gattungen. Sein Gehirnvolumen liegt bei 500 cm³.

··· Woher kommen die Hominiden? ···

Lange Zeit betrachteten Wissenschaftler Ramapithecus, der heute zu Sivapithecus (24–5 Mio.) gezählt wird, als ersten Hominiden. Weil beide Formen in Asien gefunden wurden, ging man zunächst davon aus, die Wiege der Menschenartigen stünde in dieser Region. 1961 machte dann jedoch Louis S. B. Leakey einen Aufsehen erregenden Fund in Kenia, den er Keniapithecus wickeri nannte, der sich später aber ebenfalls als Sivapithecus erwies. Er war etwa ebenso alt wie seine asiatischen Verwandten. Heute weiß man, das Sivapithecus noch vor der Aufspaltung der Pongidae und Hominidae lebte. Der erste wirkliche Hominide ist Australopithecus. Erste Funde machte bereits 1924 der Südafrikaner Raymond Dart unweit von Taung (Südafrika). Doch sein Australopithecus africanus erwies sich als jünger als sein erst 1974 entdeckter Verwandter aus dem äthiopischen Afar. Der Ursprung der Menschenartigen liegt demnach wohl in Ostafrika.

Unterschiedliche Körperbauformen unter den Australopithecinen führten ursprünglich zur Definition mehrerer Gattungen. Heute sind sich die meisten Wissenschaftler einig, dass allenfalls verschiedene Arten zu unterscheiden sind. Kritiker dieser Synonymik sehen die Hominiden-Unterfamilie der Australopithecinen durch zwei Gattungen repräsentiert (Australopithecus und Paranthropus). Umstritten bleibt, ob die Unterschiede zum Ausweisen zweier Gattungen berechtigen.

Fundorte fossiler Australopithecinen

Hinsichtlich der Systematik der Unterfamilie der Australopithecinen bestehen Meinungsverschiedenheiten. Manche Autoren erkennen lediglich eine Gattung, nämlich Australopithecus, an. Andere Wissenschaftler nehmen dagegen eine Unterteilung in zwei Gattungen, Australopithecus und Paranthropus, vor. Die nachfolgende Übersicht bisher aufgefundener Fossilien verwendet den Gattungsbegriff Australopithecus.

Australopithecus afarensis:
- Afar, Äthiopien (»Lucy«)
- Laetoli, Tansania

Australopithecus africanus:
- Taung, Südafrika
- Sterkfontein, Südafrika
- Makapansgat, Südafrika
- Garusi (beim Eyasi-See), Nordtansania
- Omo, Äthiopien

Australopithecus robustus:
- Olduwei-Schlucht, Nordtansania
- Peninj, Tansania
- Koobi Fora (Lake Turkana), Nordkenia
- Komdraai, Südafrika
- Swartkrans, Südafrika

Australopithecus palaeojavanicus:
- Sangiran, Java

Australopithecus spez. (noch nicht genauer beschriebene Art, aber in den Formenkreis Paranthropus gestellt):
- Omo, Äthiopien

Der britische Anthropologe L. S. B. Leakey (1903–1972) entdeckte die Überreste des ersten Hominiden.

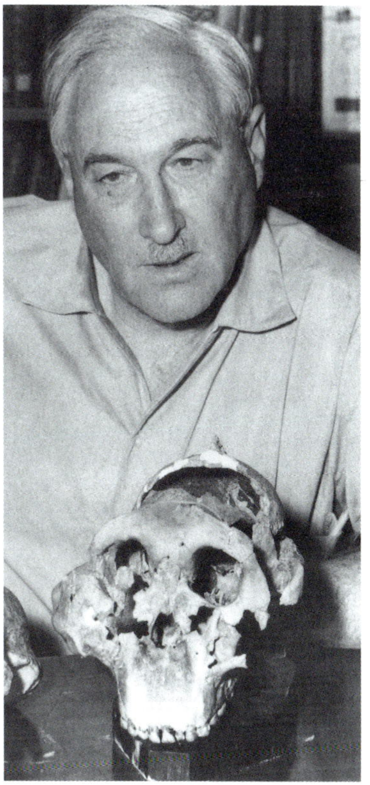

Der britische Paläoanthropologe Richard Leakey (*1944) über die Grenzen seiner wissenschaftlichen Fachdisziplin:
»Wenn wir ehrlich sind, müssen wir zugeben, dass wir nie die letzte Gewissheit über die Entwicklung unserer Vorfahren bis zu unserer heutigen Lebensform erreichen werden. Dafür haben wir einfach zu wenig Anhaltspunkte.«

Menschlicher Stammbaum lässt Fragen offen

Woher kommt der Mensch? Mit jedem neuen Hominidenfund scheint sich das Dickicht der Paläoanthropologie weiter zu lichten. Ein zufrieden stellendes Forschungsergebnis, das den Stammbaum des Menschen mit sämtlichen Verästelungen nachzeichnet, ist jedoch nicht in Sicht.

Generell ist heute die Ansicht weit verbreitet, die Entwicklung der Art Homo sapiens sapiens, also des modernen Menschen, verlaufe von den Australopithecinen des Pliozäns und Pleistozäns über Homo habilis (2–1,7 Mio.) und den schon im Unteren Pleistozän weit verbreiteten Homo erectus mehr oder weniger geradlinig. Allerdings spalte sich im Oberen Pleistozän von dieser Entwicklungslinie eine zweite ab, die zum Neandertaler (Homo neanderthalensis bzw. Homo sapiens neanderthalensis) führe und einen heute ausgestorbenen Ast darstelle.

Eine Reihe von Fragen bleibt aber beim derzeitigen Stand der Forschung offen. Homo habilis wird heute meist als Vorfahr des im Pliozän erscheinenden Homo erectus angesehen. Doch Homo erectus ist keinesfalls auf Afrika beschränkt wie dieser, sondern tritt von Anfang an sowohl in weiten Teilen Afrikas wie auch auf Java, in Europa (Deutschland und Griechenland) und sogar in China auf. Wann hat er sich so weit verbreitet? Verschiedene Hypothesen versuchen eine Erklärung zu geben.

Weltweite Entwicklung

Die als »diffuser Monozentrismus« bezeichnete Lehrmeinung geht davon aus, der moderne Mensch entwickle sich nicht nur in einer Region der Erde (Ost- und evtl. Südafrika), sondern in einem sehr weiten Gebiet, das auch Osteuropa, Westasien und möglicherweise Ostasien umfasse. Das bedeutet zwar eine lineare Entwicklung von Homo habilis über den Homo erectus zum Homo sapiens, unterstellt den verschiedenen Stufen aber eine ungemein große Mobilität.

Die Mehrzahl der Paläoanthropologen vertritt die Hypothese der »polyzentrischen Evolution«. Danach entwickelt sich die Gattung Homo nicht nur in einer oder – mit dem Neandertaler – in zwei Linien, sondern an verschiedenen Stellen der Erde in mehreren Linien unabhängig voneinander weiter. Die These, nach der all diese Linien direkt zur Evolution der heutigen Menschenform beitragen, wird allerdings nicht bestätigt.

Schimpansin und weiblicher Australopithecus: Deutlich ist erkennbar, wie sich die Beckenstruktur durch die aufrechte Haltung verändert.

Eine dritte Hypothese vertrat der Paläoanthropologe Louis S. B. Leakey (1903–1972), auf den viele der bedeutendsten Hominidenfunde Ostafrikas zurückgehen. Die Auffassung Leakeys geht dahin, dass sich bereits im Pliozän (vor 3 bis 2 Mio. Jahren) eine Aufteilung zweier Entwicklungslinien abspielte. Die eine führt über den Australopithecus zum Homo erectus (den Leakey noch als Pithecanthropus bezeichnete) und möglicherweise weiter zum Neandertaler, die zweite führt über Homo habilis zum Homo sapiens. Diese Theorie erklärt in bestechender Weise, dass während zweieinhalb Jahrmillionen oder länger die Australopithecinen und Homo habilis nebeneinander in Afrika existierten. Ihr schließen sich heute zahlreiche Experten an.

Kontinuität in Ostafrika

Über die Hominidenfundplätze in Kenia und Tansania berichtete Louis S. B. Leakey selbst sinngemäß folgendermaßen: »Seite an Seite mit den ausgestorbenen Affen lebte in Ostafrika Keniapithecus africanus (heute zu den Dryopithecinen bzw. zu Sivapithecus gestellt), der von mir und vielen meiner Kollegen als ein Prähominide angesehen wird ... Jedenfalls ist diese Art einem Vorfahren des Menschen sehr viel ähnlicher als die gleichzeitig mit ihm lebenden Menschenaffen.«

Ein naher Verwandter der Hominiden: Viele Verhaltensmuster früher Menschen lassen sich von Schimpansen ableiten.

Leakey erwähnte aus derselben Zeit (vor etwa 12 Mio. Jahren) Funde von einer zweiten Art, die er Keniapithecus wickeri nannte und die mittlerweile als Sivapithecus eingeordnet ist, weil sie mit dessen in Indien entdeckten Fossilien praktisch identisch ist. Der Keniapithecus wickeri, so berichtete Leakey weiter, »hat nicht nur typische physische Eigenschaften, wie kleine Eckzähne, schaufelförmige Schneidezähne, einen gerundeten Unterkieferbogen und ein kurzes Gesicht ..., sondern benutzte auch Steine zum Aufbrechen von Schädeln und Röhrenknochen von Antilopen, um Hirn und Mark auszusaugen. Mit anderen Worten: Ein im Miozän vor etwa 12 Mio. Jahren in Kenia lebender Vorfahre hatte seine Ernährung schon über die nur pflanzliche hinaus mit tierischem Eiweiß ergänzt ... Wenn man auch nicht behaupten kann, der Keniapithecus wickeri müsse der Vorfahre des Homo sapiens gewesen sein, so sieht es doch ganz so aus, als ob er der Stamm gewesen wäre, aus dem alle menschlichen Arten hervorgegangen sind.«

Als nächstes Glied seiner Beweiskette nannte Leakey dann einen Fund vom Victoriasee in Kenia, den er als Homo kanamensis bezeichnete und anhand dessen er zahlreiche Ähnlichkeiten mit Homo sapiens nachwies. Er datierte den Fund korrekt auf rund 2 Mio. Jahre oder älter. Erst später entdeckte Leakey in der Oldoway-Schlucht in der Serengeti bedeutende Überreste von Australopithecinen etwa gleichen Alters. Im Gegensatz zu fast allen Kollegen vertrat er von Anfang an die Meinung, hier müssten zwei unterschiedliche Hominiden nebeneinander existiert haben. Er suchte weiter nach Beweisen, die dann sein Sohn Richard und seine Frau Mary in eindrucksvoller Weise erbrachten. Leakey sah sich bestätigt und kam zu dem Fazit: »Natürlich müssen die Australopithecinen und der Homo zweifellos irgendwo im Zeitraum zwischen Miozän und spätem Pliozän einen gemeinsamen Ahnen gehabt haben, doch ist dieser bisher nicht gefunden worden.«

Die britische Anthropologin Maeve Leakey (*1942) über die Geheimnisse des menschlichen Ursprungs:

»Es sind immer nur kleine Mosaiksteine, die wir finden. Die Deutung ist nicht immer einfach und unser Bild ist vielleicht noch nicht ganz korrekt. Wir stellen Hypothesen auf, finden neue Hinweise, ändern unsere Hypothesen und arbeiten so ständig an unserem Bild von der Vergangenheit.«

Methoden der Altersbestimmung

Entscheidenden Aufschluss über die Herkunft der Hominiden liefern Knochenfunde. Woher aber weiß die Forschung, in welche Zeit die Fossilien zu datieren sind? Zur Altersbestimmung dient der Archäologie eine Reihe von Methoden, die sie aus den Naturwissenschaften entleiht.

Die Geschichtswissenschaft unterscheidet zwischen relativer und absoluter Chronologie. Letztere besteht aus tatsächlichen Zeitdaten wie »vor 20 Mio. Jahren« oder 1.3.1845. Wichtiger ist der Altertumsforschung jedoch die relative Zeitangabe: Ist Fund A älter oder jünger als Fund B? Die Frage nach der zeitlichen Relation kann ganze Forschungszweige kippen oder neue entstehen lassen. Dennoch sind beide Systeme, relative und absolute Chronologie, voneinander abhängig: Ohne absolute Daten ist oft nicht feststellbar, ob ein Fund älter oder jünger als sein Vergleichsobjekt ist.

Stratigraphie

Zu den einfachsten Datierungsmethoden zählt die Stratigraphie. Sie basiert auf einer einleuchtenden Tatsache: Geologisch tiefer gelegene Schichten sind älter als höher gelegene. Dasselbe gilt für die in den Schichten gefundenen Objekte. Was oben liegt, muss jünger sein, da es später in den Boden gelangt sein muss. Diese von der Geologie entwickelte Methode wurde im 19. Jahrhundert von der Archäologie übernommen.

Dendrochronologie

Große Bedeutung bei der Altersbestimmung kommt der Dendrochronologie (griechisch dendron = Baum) zu. Diese Datierungsmethode kann immer dann angewandt werden, wenn ein Holzfund zu verzeichnen ist. Holz gilt wegen seiner guten Datierbarkeit stets zu den Glücksfällen der Altertumsforschung, ist aber wegen seiner schlechten Erhaltungseigenschaften relativ selten. Bei diesem Verfahren werden die Jahresringe am Fundobjekt mit Holzproben aus anderen archäologischen Schichten verglichen. An den Ringen eines Baumes lässt sich nicht nur sein Alter ablesen. Umweltbedingungen wie kalte Winter oder Dürreperioden hinterlassen ebenso sichtbare Spuren. So können die Abstände zwischen Ringen breiter oder schmaler sein. An extrem alten Bäumen wie der kalifornischen Grammenkiefer, die mehrere tausend Jahre alt werden kann, kann eine Zeittafel erstellt werden. Mit dieser Schablone werden Holzfunde verglichen. Eine Ähnlichkeit der Jahresringe deutet auf Gleichzeitigkeit hin. Nun müssen die Ringe abgezählt werden, um das Alter des Fundes zu erhalten. Die dendrochronologische Schablone wird mit jedem Fund, der in sie hineinpasst, ergänzt und deckt einen immer größeren Zeitraum ab.

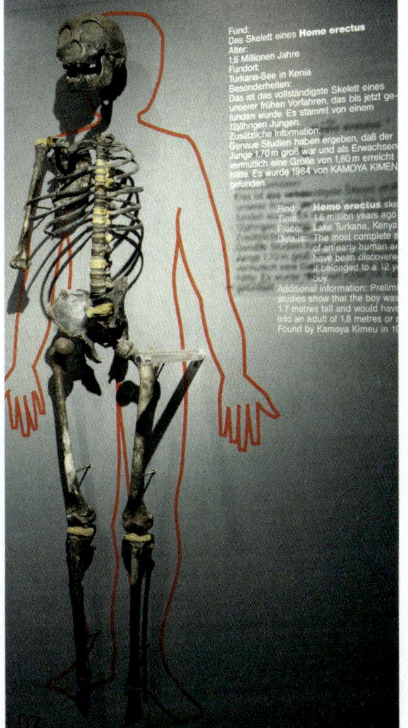

Fast vollständiges Homo-erectus-Skelett aus Kenia (Alter: 1,6 Mio. Jahre)

Warvenmethode macht sich Schlamm zunutze

Eine ähnliche Vorgehensweise ist die Warvenmethode. Der schwedische Geologe Gerard Jakob Freiherr de Geer (1858 bis 1943) entdeckte im ausgehenden 19. Jahrhundert, dass die eiszeitlichen Schlammablagerungen (sog. Warven) in den Seen Skandinaviens wie Jahresringe von Bäumen gezählt werden können und an verschiedenen Orten miteinander korrelieren.

Indikator Kohlenstoff: Radiocarbondatierung

Die Methode mit dem längsten Atem ist die Radiocarbon- oder C14-Datierung. Sie reicht bis 50 000 Jahre zurück. Der US-Chemiker Willard Frank Libby (1908–1980) entwickelte in den 1940er Jahren ein Verfahren, welches das Alter von organischen Materialien anhand des Kohlenstoffisotops 14 oder C14 bestimmt. Jeder Organismus nimmt Zeit seines Lebens Kohlenstoff aus der Atmosphäre auf. Stirbt er, so endet auch die Kohlenstoffzufuhr und der C14-Gehalt im Körper verstrahlt. Durch Messung der Strahlenintensität in erhaltenem Gewebe kann bestimmt werden, wie viel Zeit seit dem Absterben des Fundes vergangen ist. Je älter das Fundmaterial, desto ungenauer ist die Radiocarbondatierung. Zwar geht die C14-Methode von einer konstanten Radioaktivität auf der Erde aus, die alle Lebewesen zu allen Zeiten derselben Menge C14 ausgesetzt hat. Diese Probleme können jedoch durch ergänzende Untersuchungen der Dendrochronolgie teilweise behoben werden.

Pollenanalyse

Eine andere Methode zur relativen Chronologie ist die Pollenanalyse der Paläobotanik. Sie macht sich die Tatsache zunutze, dass Blütenstaubkörner vom Wind über das Land getragen werden. Fallen die Pollen in ein stehendes Gewässer, saugen sie sich voll Wasser und sinken auf den Grund. Wenn ein solches Gewässer vermoort, bilden sich Torfschichten, die die Pollen erhalten.

Der schwedische Moorgeologe Lennart von Post (1884–1951) entwickelte auf Basis dieser Erkenntnis zu Beginn des 20. Jahrhunderts eine Datierungsmethode. Er ging davon aus, dass der prozentuale Anteil der Pollen ungefähr dem prozentualen Anteil der zugehörigen Waldbäume in dem das Moor umgebenden Land entsprach. Als von Post daranging, den Blütenstaub aus verschiedenen Torfschichten auszuschwemmen, machte er eine interessante Entdeckung: Der Anteil der Waldbäume war von der Nacheiszeit bis zur Gegenwart großen Schwankungen unterworfen. Somit dient die Pollenanalyse zunächst nur der relativen Chronologie, um die unterschiedliche Bewaldung einer Region nachzuweisen. Nimmt man jedoch vorgeschichtliche Funde, deren Alter bereits bekannt ist, zur Datierung eines Pollendiagramms hinzu, kann man absolute Daten erhalten.

Gegenstände verraten ihr Alter: Typologie

Seit dem Neolithikum erzeugt der Mensch Keramik, die er je nach Region und Zeit unterschiedlich formt. Dabei sind langjährige Traditionen festzustellen, bestimmte Formen wiederholen sich über einen Zeitraum, bevor sie von neuen abgelöst werden. Mit Hilfe der Typologie, die für jede Fundgattung Schablonen entwickelt hat, können neu entdeckte Objekte mit bereits bekannten verglichen und gegebenenfalls zwischen ein älteres und ein jüngeres Exemplar eingereiht werden.

Die Eiszeit kommt in Schüben

Bereits vor etwa 5 Mio. Jahren ist der größte Teil der Antarktis vergletschert. Im Laufe des Pliozäns erfasst die Abkühlung weite Teile der Erde. Die Temperatur sinkt jedoch regional über Jahrmillionen unterschiedlich.

■ **5–1,7 Mio.:** Vor rund 5 Mio. Jahren entstehen erste größere Gletschergebiete in der Arktis, in Alaska, Grönland und auf Island. Weitgehend vereist ist die Arktis vor etwa 3 Mio. Jahren. Während desselben Zeitraums kühlt das Klima im südamerikanischen Andenraum stark ab. Hier bilden sich Hochgebirgsgletscher. Für Neuseeland lässt sich vor rund 2,5 Mio. Jahren eine erste deutliche Meerwasserabkühlung nachweisen.

Die Gletscherzunge des Athabascagletschers ist Teil des Columbia Icefields, eines Überbleibsels der letzten Eiszeit.

Karseen zeugen von der eiszeitlichen Vergletscherung der Zentralpyrenäen.

Baumlose Kältesteppe mit vielen flachen Seen auf gefrorenem Untergrund prägt die Tundra Sibiriens.

Vor 2,4 Mio. Jahren wird es dann auch in Zentraleuropa und vor allem im Alpenraum kalt. Die Epoche vor 2,4 bis 2,1 Mio. Jahren wird in diesem Raum als Prätegelen- oder Biber-Kaltzeit bezeichnet. In dieser Zeit hat sich das Meer aus dem größten Teil Deutschlands zurückgezogen. Sogar das Ostseebecken ist trocken und die Nordseeküste liegt wesentlich weiter nördlich als heute. Die Flussläufe in Deutschland nähern sich den heutigen Verläufen.

Ende der Reuver-Warmzeit

In Holland und im Rhein-Main-Flussgebiet bestimmen vor 2,4 Mio. Jahren noch subtropische Pflanzen und z. T. Gewächse eines gemäßigten Klimas die Flora. Hierzu zählen Sumpfzypressen (Taxodien), Schirm- und Hemlock-Tannen, Walnuss, Hickory, Edelkastanien, Amber- und Tulpenbäume, Magnolien, wilder Wein und subtropische Seerosen. Die jetzt zu Ende gehende Epoche heißt Reuver-Warmzeit. Schon bald verschwinden zunächst die wärmebedürftigen Bäume wie die Taxodien und Sequoien. Ihr Rückzug lässt sich deutlich verfolgen. Er beginnt in Dänemark, greift nach Norddeutschland und zugleich nach Südengland über und setzt sich im Mainzer Becken fort. Dann sterben diese Arten im Rhônebecken und im Golf von Lyon aus.

Ausbreitung der Kältesteppe

Da bei der relativ schnellen Klimaveränderung die abwandernden bzw. regional aussterbenden Arten nicht rasch genug durch kälteresistentere Bäume (vom Taiga-Typus) ersetzt werden, dehnen sich in immer weiteren Räumen Europas Steppen aus. Es handelt sich aber nicht mehr um die subtropischen Trockensteppen, die schon zuvor besonders in Südeuropa existiert hatten, sondern um Kältesteppen. Das zeigt sich u. a. an der Zusammensetzung der Flora, aber auch am Auswandern Wärme liebender Tierarten, z. B. der Gomphotherien und der Deinotherien (Rüsselträger).

Der Kältevorstoß in Europa folgt aber durchaus nicht generell einer gleichmäßigen Nord-Süd-Richtung. Interkontinentale Gebiete wie das Wiener Becken oder die Ukraine sind davon etwas eher betroffen als beispielsweise Deutschland.

Vereisung im Alpenraum

Die pliozäne Kaltzeit wird regional verschieden bezeichnet. In den Niederlanden und Norddeutschland spricht man von der Prätegelen-Kaltzeit. In Süddeutschland und im Alpenraum ist von der Biber-Kaltzeit oder sogar Biber-Eiszeit die Rede, denn hier gibt es bereits Gletscher. So erweisen sich 1956 Schotterablagerungen im Raum Augsburg als Gletschermoränen aus dieser Biber-Eiszeit. Nach den Moränen ist die Epoche auch benannt, denn sie liegen im Bereich des Biberbaches, eines Schmutter-Zuflusses nordwestlich von Augsburg.

Vorübergehende Warmzeit

Noch während des Pliozäns findet die nur kurze Prätegelen-Kaltzeit bzw. Biber-Eiszeit ein Ende. Vor etwa 2,1 Mio. Jahren wird das Klima in Mitteleuropa wieder deutlich wärmer, sogar gegenüber den heutigen Verhältnissen. Wälder verdrängen die Kältesteppen. Zahlreiche Überreste wärmeliebender Pflanzen und Tiere sind fossil in der Nähe von Tegelen, einem kleinen Ort im Süden der Niederlande, erhalten. Aufgrund von Fossilfunden in dieser Gegend wird die jetzt anbrechende Periode als Tegelen-Warmzeit bezeichnet.

Die Tegelen-Warmzeit, in Süddeutschland und im Alpenraum auch Biber-Donau-Interglazial genannt, dauert nur rund 300 Jahrtausende. Danach bricht mit der Eburon-Kaltzeit bzw. der Donau-Eiszeit eine neue Kältewelle über Europa herein.

Laetoli – die ältesten Fussspuren der Welt

Auf dem Gebiet des heutigen Tansania hinterlassen Hominiden Fußspuren in erkalteter Asche. Die Abdrücke werden ab 1978 von der britischen Archäologin Mary Leakey untersucht. Sie beweisen, dass unsere Vorfahren aufrecht gingen.

■ **3,6 Mio.:** An einem Tag vor etwa 3,6 Mio. Jahren regnet Vulkanasche auf Laetoli herab – zu dieser Zeit nichts Ungewöhnliches. An einigen Stellen bilden sich regelrechte Aschepolster. Als Regen auf die Asche fällt, entsteht eine Schlammschicht, die daraufhin unter Sonneneinwirkung zu trocknen beginnt. Die hohe Konzentration von Carbonatit sorgt dafür, dass die Masse aushärtet wie Zement. Eine wohl einmalige Situation für das Konservieren von Fußabdrücken ist entstanden. Tatsächlich kreuzen mehrere Australopithecinen das Schlammfeld. Das erste Individuum überquert das Gebiet auf direktem Weg. Ein zweites kleineres geht entweder an seiner Seite oder folgt kurz darauf. Zuletzt folgt ein dritter Spaziergänger, der sich bemüht, in die Fußstapfen des ersten zu treten.

Eine zufällige Entdeckung

3,6 Mio. Jahre später am selben Ort. Ein Team von Wissenschaftlern ist mit Ausgrabungen in der nahe gelegenen Oldoway-Schlucht beschäftigt. Beim Ballspiel stolpert der Paläoanthropologe Andrew Hill über ein Hindernis und stürzt. Ein Glücksfall. Hill ist in eine Fußspur getreten, die er als Fachmann sofort als sensationelle Entdeckung identifiziert. 1978 beginnt die Untersuchung der 30 m langen Fährte durch Mary Leakey.

Weder Geschlecht noch exakte Größe der Australopithecinen lassen sich erfassen. Fest steht jedoch, dass die Fußspuren von Laetoli die ältesten der Welt sind und wichtige Hinweise zur Erforschung des aufrechten Gangs liefern. In Experimenten liefert der Wissenschaftler Peter Schmidt an der Universität Zürich den Beweis, dass die Vormenschen von Laetoli schon dauerhaft aufrecht gingen und nicht bloß über kurze Strecken wie heutige Menschenaffen. Schmidt kann die Spuren eingehend vermessen und untersuchen. Auf dieser Grundlage lässt der Schweizer Testpersonen in verschiedenen Haltungen über einen Parcours gehen. Die Druckmuster beim Auftreten liefern den entscheidenden Hinweis. Die Fußgänger von Laetoli gingen nicht nur aufrecht, sondern auch deutlich anders als heutige Menschenaffen.

Fossile Fußspuren in Laetoli

Abdruck eines rechten Fußes

Auch die Form der Fußabdrücke liefert wichtige Details für die anthropologische Forschung. Die großen Zehen setzen sich kaum vom Rest des Fußes ab. Schimpansen dagegen verfügen über weit abgespreizte große Zehen, die wie Daumen genutzt werden können. Auch lässt sich erkennen, dass der Fuß zuerst mit der Ferse aufgesetzt und dann über die Zehen abgerollt wurde. Auf diese Weise geht auch Homo sapiens. Trotzdem gilt Australopithecus afarensis noch nicht als früher Mensch.

Forscherstreit um Stammbaum

Die Frage, von welcher Entwicklungslinie der Australopithecinen die Gattung Mensch (Homo) abstammt, wird von der Wissenschaft heftig diskutiert.

■ **4–1,7 Mio.:** Zündstoff für die Debatte um den Hominiden-Stammbaum liefern vor allem Funde aus Hadar in Äthiopien. Sie werden 1978/79 als Australopithecus afarensis beschrieben und als bisher unbekannte Art ausgewiesen. Vor allem wegen ihres hohen Alters (ca. 4 Mio. Jahre) ist man der Ansicht, es handele sich um die Stammform aller weiteren Australopithecinen und der Gattung Homo. Doch wird dies teilweise bezweifelt.

So subsumieren manche Paläoanthropologen die Funde von Australopithecus afarensis unter die schon zuvor bekannte Art Australopithecus africanus. Prominente Entdeckungen dieser Gattung wurden in Taung (Südafrika), Omo (Äthiopien) oder Sterkfontein (Südafrika) gemacht. In ihr sehen Forscher die Basis für eine Verzweigung Australopithecus/Homo. Einer anderen Ansicht nach fand diese Verzweigung schon vor den äthiopischen Australopithecinen statt, die demnach nicht an der Basis der Linie Homo, sondern auf einem gesonderten Ast stehen.

Schließlich geht eine weitere Lehrmeinung davon aus, dass in den Resten von Hadar ein Prä-Australopithecus zu sehen ist. Dieser soll in seiner Entwicklungslinie einerseits zu Australopithecus africanus und Australopithecus robustus/boisei und andererseits zur Gattung Homo führen. Prä-Australopithecus selbst wird nach dieser Theorie nicht von den folgenden Gattungen abgelöst, sondern lebt in einem parallelen Evolutionsschritt weiter und stirbt erst später aus.

Neuen Zündstoff liefert 1995 ein Einzelfund einer neuen Australopithecinen-Art. Der Australopithecus anamensis wird nach seinem Fundort an einem See (anam = See) bei Kanapoi in Kenia benannt. Die Gattung weist eine Mischung aus primitiven Schädel- und fortgeschrittenen Körpermerkmalen auf.

Die Entwicklung der Hominiden-Arten

Um 3 Mio. Jahre taucht Homo habilis oder Zinjanthropus auf. Diese erste Hominidenform entspricht in der Höhe dem Australopithecus africanus, hat aber mit 680 cm^3 ein deutlich größeres Gehirn. Der Pithecanthropus oder Homo erectus löst den Homo habilis um 1 Mio. Jahre ab. Körperwuchs und Hirnmasse werden größer. Um 150 000 taucht der Neandertaler oder Homo neanderthalensis auf. Mit einem Hirnvolumen von 1200 bis 1450 cm^3 übertrifft diese Gattung alles bislang Dagewesene um fast ein Drittel. Der Homo sapiens tritt als Cro-Magnon-Typus um 40 000 auf. Er kann bis zu 180 cm groß werden. Sein Hirn ist mit 1300 bis 1450 cm^3 etwas größer als das des Neandertalers. Erst die moderne Form des Homo sapiens ab etwa 10 000 erreicht die Körpergröße von 190 cm.

Homo habilis – der erste Mensch

In Ostafrika leben verschiedene Hominidenarten, die meisten von ihnen Australopithecinen. Eine Gruppe besitzt bereits heutigen Menschen ähnelnde Merkmale. Viele Wissenschaftler sehen in dieser Gruppe erste Vertreter der Gattung Homo.

■ **2–1,7 Mio.:** Australopithecus entwickelt zwei ausgeprägte Zweige. Einer davon, je nach Lehrmeinung als Gattung Paranthropus oder als Australopithecus robustus bezeichnet, entwickelt sich praktisch nicht weiter. Der andere Zweig führt zu der neuen Art Homo habilis. Manche Anthropologen halten diese frühen Ostafrikaner noch für Vertreter der Gattung Australopithecus. In der Tat sind die Übergänge gleitend. Neuere Funde deuten darauf hin, dass sich Homo habilis bereits vor rund 3 Mio. Jahren entwickelte, was die Abstammungsfrage schwieriger macht.

Homo habilis ist mit 120 bis 150 cm Körpergröße relativ klein und hat einen grazilen Körperbau. Gegenüber den Australopithecinen sind sein Unterkiefer und seine Überaugenwülste wesentlich reduziert. Sein Kopf ist deutlich größer und sein Schädelinhalt hat mit rund 800 cm³ das doppelte Volumen seiner Vorgänger. Zugleich ist die Struktur seines Gehirns wesentlich komplexer als bei den Australopithecinen. Manche Wissenschaftler vertreten sogar die Ansicht, dass Homo habilis bereits eine einfache Lallsprache beherrscht.

Der von Richard Leakey gefundene Schädel von »Homo habilis 1470«, umgeben von Knochenfragmenten

Die Hand hilft bei der Werkzeugherstellung

Einen weiteren wichtigen Unterschied gegenüber den Australopithecinen stellt der Bau der Hand dar. Noch besitzt die Hand von Homo habilis bei weitem keine so vollendete Gegenüberstellung von Daumen und Zeigefinger wie beim modernen Menschen und auch sein Daumen ist noch wesentlich kürzer. Trotzdem ist diese Hand bereits geschickt genug, um einfache Werkzeuge nicht nur zu verwenden, sondern sie auch zu bearbeiten bzw. herzustellen. Der Bewegungsablauf der Hand beim Herstellen von Werkzeugen und einfachen Behausungen setzt ein folgerichtiges »Handeln« und damit kausales Denken voraus.

An den wenigen Resten von Homo-habilis-Funden lässt sich erkennen, dass Männer wesentlich größer gewachsen waren als Frauen. Viele Körpermerkmale von Homo habilis unterscheiden sich nur wenig oder gar nicht von Australopithecus. So sind Kiefer und Zähne noch in derselben Form und Größe vorhanden. Die Backenzähne sind ausgeprägt, die Schneidezähne proportional nur wenig kleiner. Dies deutet darauf hin, dass ihnen beim Fleischessen eine wichtige Funktion zukam. Die Nahrung wurde also noch nicht gebraten oder gekocht, sondern in rohem Zustand mit den Zähnen von den Knochen gezogen.

Das Verzehren von Fleisch mag Homo habilis von seinen Vorfahren unterschieden haben. Vermutlich entwickelte diese frühe Menschengattung erste primitive Jagdmethoden, die ihr eine Nische in der Evolution sicherten. Durch das Herstellen einfacher Steinwerkzeuge konnte sich Homo habilis gegen viele natürliche Feinde wie z. B. Löwen zur Wehr setzen, denen er bislang nur durch Flucht entkommen konnte.

Aufgrund verschiedener Fossilfunde und je nach Interpretation der Entwicklungsgeschichte wird Homo habilis in der Forschung auch als Prä-Zinjanthropuse oder Australopithecus habilis bezeichnet.

Funde früher Hominiden unter den Bezeichnungen ihrer Fundbeschreibungen: 1. Pliopithecus, 2. Ramapithecus, 3. Ramapithecus wickeri, 4. Sivapithecus sivalicus, 5. Sivapithecus giganteus, 6. Gigantopithecus blacki, 7. Paranthropus robustus, 8. Paranthropus robustus boisei, 9. Meganthropus africanus, 10. Hemanthropus chinensis, 11. Homo habilis, 12. Homo habilis, 13. Homo habilis, 14. Homo habilis, 15. Homo capensis, 16. Homo ergaster, 17. Homo sapiens, 18. Homo sapiens

Grossfamilie bietet sichere Existenz

Das Leben von Homo habilis unterscheidet sich bereits erheblich von dem seiner Vorfahren. Er lebt in offenen Baumgraslandschaften, stellt einfache Werkzeuge für die Jagd und zur Verteidigung her und baut vermutlich einfache Unterkünfte.

■ **2–1,5 Mio.:** Homo habilis lebt gesellig in Großfamilien-Verbänden von rund 30 Mitgliedern, davon fünf bis zehn erwachsene Männer sowie zehn bis 15 Frauen und Kinder unterschiedlichen Alters. Gemeinsam sammeln Mitglieder dieser Gruppe essbare Insekten und Pflanzen und gehen auf die Jagd nach Kleinwild. Diese Art des Zusammenlebens setzt Grundformen der Kommunikation voraus.

Bei der Herstellung seiner Werkzeuge zeigt sich im Laufe der Entwicklung von Homo habilis eine erste Verfeinerung der Technik. Zuerst verwendet er nur ausgewählte glatte oder scharfe Steine, die sich gut schleudern lassen. Später schlägt er kleinere Steine mit größeren zurecht (Abschlagtechnik). Solche ersten Universalwerkzeuge, die sich als Handwerkszeug wie als Waffe eignen, stellt offenbar nicht jedes Mitglied der Familie her. Die Arbeit ist wahrscheinlich Aufgabe der erwachsenen Männer. Prähistoriker bezeichnen diese erste »Steinindustrie« in der Geschichte der Menschheit als Geröllgeräte- und Faustkeilkultur, die Kulturstufe selbst als Prä-Chelleen. Damit beginnt die Altsteinzeit, das Paläolithikum.

Die Familiengruppen des Homo habilis haben, wie auch Tierherden, einen Führer. Wahrscheinlich ist das der stärkste und/oder erfahrenste Mann der Familie. Es herrscht allem Anschein nach bereits eine gewisse Arbeitsteilung. Während die erwachsenen Männer Werkzeuge und Waffen fertigen und auf die Jagd gehen, üben Männer wie Frauen das Sammeln von Pflanzen und Kleintieren gemeinsam aus. Die Sorge um kleine Kinder, Alte und Kranke obliegt wahrscheinlich den Frauen. Trotz intensiver Jagd bleibt die Fleischnahrung selten. Die pflanzliche Kost überwiegt bei weitem. In Zeiten der Trockenheit müssen die Familienverbände deshalb wandern und neue Nahrungs- und auch Trinkwasserquellen suchen. Die frühen Menschen leben als Jäger und Sammler daher nomadisch. Dabei überwinden sie z. T. große Entfernungen. Homo habilis ist in Äthiopien ebenso verbreitet wie in Kenia und den weiten Savannen Tansanias. Sehr wahrscheinlich lebt er auch bereits in Südafrika.

Die Grabungsstätte Swartkrans (Südafrika) liegt bei Johannesburg in der Nähe anderer bedeutender Fundorte von frühen Hominiden wie Sterkfontein und Kromdraai.

Wohnplatz von Homo habilis im östlichen Afrika vor rund 1,8 Mio. Jahren: In den Familiengruppen herrschte nach Geschlechtern klar umrissene Arbeitsteilung.

Beginn der menschlichen Sprachentwicklung

Der moderne Mensch kann in einer Minute mehrere hundert Silben aussprechen. Jede davon erfordert einen ganz bestimmten Gebrauch der Stimmbänder, einen bestimmten Ausatmungsweg und eine exakte Stellung von Zunge und Mundhöhle. Das komplexe Artikulationssystem kann sich in Sekundenbruchteilen auf eine weitere Silbenfolge einstellen. Diese enorme Beweglichkeit der Sprachorgane ist das Ergebnis einer sehr langen Entwicklung, in deren Verlauf sich die steuernden Vorgänge im menschlichen Gehirn immer komplizierter gestalten. Diese Entwicklung lässt sich einerseits am Bau des Kiefers und anderer Skelettteile verfolgen. Andererseits hängt sie aber auch generell mit den Fähigkeiten des Menschen zusammen, folgerichtige Arbeiten auszuführen. Die moderne Forschung ist der Ansicht, dass logisches Handeln untrennbar mit logischem Denken verbunden ist und dieses wiederum mit der Fähigkeit, Begriffe zu formulieren. Letzteres aber, so beweisen neurologische Experimente, ist an die Fähigkeit sprachlicher Äußerung geknüpft.

Man kann nicht davon ausgehen, dass die frühen Menschen der Gattung Homo habilis Worte formulieren können oder sogar in ganzen Sätzen sprechen. Aber man vertritt heute die Ansicht, dass er zumindest eine Art einfacher Lallsprache beherrscht, wobei er zwischen vielleicht ein paar Dutzend Silben ähnlicher Lautgebungen unterscheidet.

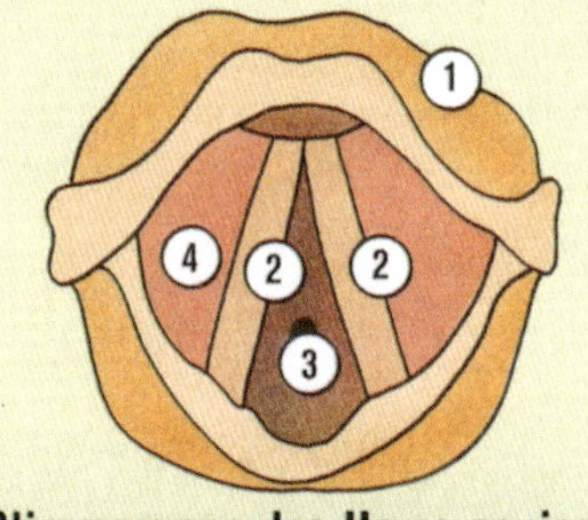

Stimmorgane des Homo sapiens

 Kehldeckel
 Stimmritze
 Stimmbänder (geöffnet)
 falsche Stimmbänder

01791

Geröllgeräteindustrie

Urmenschen und Hominiden begegnen sich

Die Australopithecinen oder »Urmenschen« teilen in verschiedenen Regionen Ost- und Südafrikas ihren Lebensraum mit Hominiden, die auf dem Weg zum modernen Menschen bereits weiter fortgeschritten sind.

■ **1,7 Mio.–720 000:** Wichtige fossile Überreste der Australopithecinen bleiben vor allem in Tansania und Kenia, in Südafrika bei Kromdraai und bei Taung erhalten. Die Gattung Australopithecus überlebt also seit ihrem ersten Auftreten vor 4 bis vielleicht sogar 5 Mio. Jahren relativ unverändert einen Zeitraum von insgesamt 3,5 bis 4,5 Jahrmillionen. Zwar lassen sich anatomische Veränderungen, jedoch praktisch keine kulturellen Fortschritte verzeichnen.

Zu den bedeutendsten Fundorten von Australopithecinen-Fossilien gehört die Olduway-Schlucht im nördlichen Tansania. Sie zerschneidet die Serengeti-Steppe nördlich des Eyasi-Sees und westlich des Ngorongoro-Kraters. Das Biotop dürfte hier vor 1,7 bis 0,72 Mio. Jahren, zur Zeit der bedeutendsten Australopithecus-Relikte, bereits seinen heutigen Charakter besitzen. Das Gebiet ist insofern bemerkenswert, als hier auf eng umrissenem Raum Australopithecus robustus mit Homo habilis und Homo erectus zusammenlebt und das praktisch während des gesamten Unteren Pleistozäns. Die verschiedenen Ur- und Frühmenschen scheinen sich also gegenseitig nicht zu behelligen.

Offenbar sind sie auch keine direkten Nahrungskonkurrenten. Verständlich wird das, wenn man davon ausgeht, dass die Australopithecinen Vegetarier sind, während Homo habilis bereits auch kleine Tiere sammelt und in beschränktem Umfang jagt, wohingegen Homo erectus als Jäger in Erscheinung tritt. Wie weit sich derartige Verhaltensweisen gegeneinander abgrenzen lassen, ist allerdings unsicher.

Die Hominiden-Gattung der Australopithecinen umfasst unterschiedliche Arten. Diese unterscheiden sich im Körperbau vor allem hinsichtlich der Größe voneinander: Australopithecus afarensis, A. africanus, A. robustus, A. boisei (v. l.)

Familienverbände leben in Waldgebieten

Der Homo erectus bevorzugt offene Waldsavannen. Er lebt in Familiengruppen, die wohl doppelt bis dreimal so groß sind wie jene von Homo habilis. Das ermöglicht ihm eine bessere Arbeitsteilung und eine gewisse Spezialisierung.

■ **1,7 Mio.–720 000:** Beim Homo erectus zeigt sich eine deutliche Entwicklung bei der Fähigkeit, Steinwerkzeuge herzustellen, die er schon gezielter und präziser fertigt als Homo habilis. Auch bei der Jagd ist er offensichtlich effektiver. In größeren Gruppen jagt Homo erectus nicht nur kleinere Tiere wie Antilopen oder Paviane, sondern nimmt es auch erfolgreich mit größeren Raubtieren und riesigen Menschenaffen (Gigantopithecinen) auf.

Der Waldsavannenbewohner Homo erectus ist auch Sammler.

Umstritten ist die Fortführung von Homo erectus. Es überwiegt die Ansicht, seine evolutionären Nachfolger seien sowohl die Neandertaler wie die modernen Menschen, also der Homo sapiens. Mehrere Anthropologen sehen in Homo erectus aber eine aussterbende Art und glauben, der moderne Homo sapiens sowie die Neandertaler knüpften unmittelbar an Homo habilis an. Schließlich gibt es die Lehrmeinung, Homo sapiens stamme von Homo habilis und der Neandertaler von Homo erectus ab.

Ngorongoro – Wurzel der Menschheit 385

Homo erectus: Vorfahre des Homo sapiens?

In verschiedenen Gegenden der Erde erscheint der Formenkreis der Art Homo erectus, den viele Paläoanthropologen als unmittelbaren Vorfahren des Homo sapiens sehen. Diese Meinung wird in der Wissenschaft allerdings bezweifelt.

■ **1,7 Mio.–720 000:** Zur Gruppe des frühen Homo erectus gehören Frühmenschen aus Java, Lantian in China, aus Deutschland und Nordtansania. Spätformen (vor ca. 720–500 Jahrtausenden) sind aus Java, aus Choukoutien in China, Ternifine in Nordalgerien, Nordtansania und Ungarn bekannt.

Viele Paläoanthropologen sehen in Homo erectus die unmittelbaren Vorfahren der Art Homo sapiens. Diese umstrittene Meinung stützt sich in erster Linie auf den Bau eines Oberschenkelknochens, der sich in den Trinil-Schichten von Sangiran auf Java fand und dem des heute lebenden Menschen entspricht. Allerdings wird die Zugehörigkeit des Fundes zu Homo erectus neuerdings bezweifelt. In Tansania fanden sich Oberschenkelknochen des Homo erectus, die keineswegs so fortschrittlich sind und auf einen eher gebückten Gang schließen lassen.

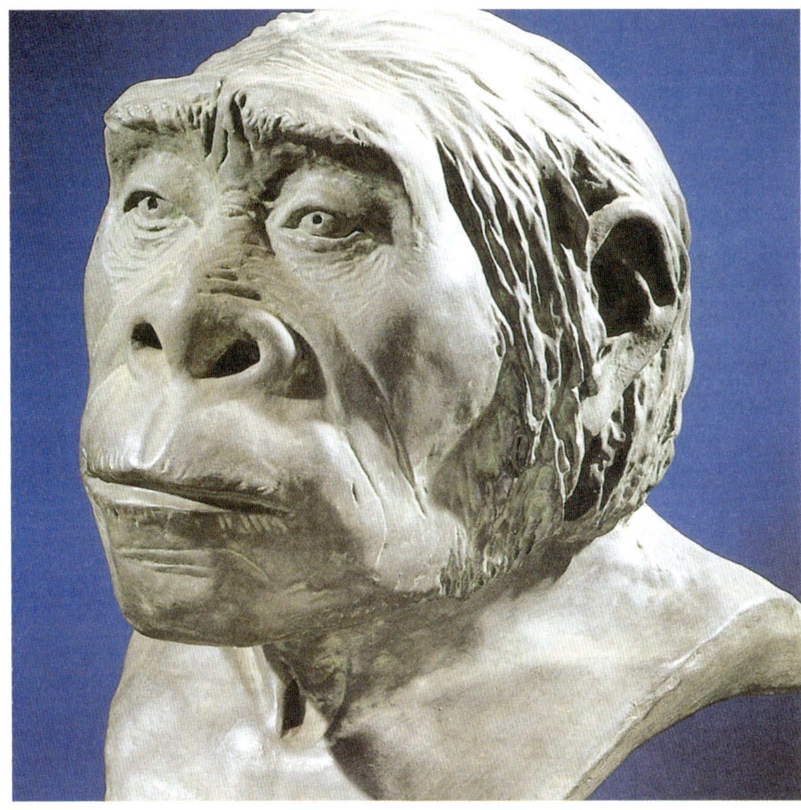

Anhand von bekannten Schädelskeletten rekonstruierte der Bonner Paläoanthropologe Dr. Wandel das Gesicht eines Homo erectus.

Ansonsten weisen selbst die jüngsten Homo-erectus-Formen Merkmale auf, die sie vom Homo sapiens unterscheiden, die aber bei dem weitaus älteren Homo habilis nicht bestanden. So ist der Schädel von Homo erectus robuster gebaut als jener der Australopithecinen. Er besitzt mächtige Überaugenwülste und eine stark fliehende Stirnpartie. Ihm gegenüber hat Homo habilis fast gar keine Überaugenwülste und eine hochgewölbte Stirn. Der Unterkiefer von Homo erectus ist flacher, aber deutlich länger als der des heutigen Menschen, steht also den Menschenaffen noch näher. Wie bei diesen befindet sich zwischen den oberen Schneide- und Eckzähnen bei den meisten Homo-erectus-Funden eine 4 mm breite Lücke. Das Gehirn der Frühform hat ein Volumen von etwa 750 cm^3, das der späteren Formen liegt bei 1100 bis 1200 cm^3. Homo habilis besaß bereits rund 1 Mio. Jahre früher ein Hirnvolumen von 800 cm^3 bei einer 40 bis 50 cm geringeren Körpergröße.

Die Verbreitung des Homo erectus

Die ersten Homo-erectus-Formen stammen aus Afrika und reichen wahrscheinlich 1,7 Mio. Jahre zurück. Einige haben vermutlich sogar ein Alter von rund 2 Mio. Jahren. Alle anderen Homo-erectus-Überreste sind jüngeren Datums.

■ **1,7 Mio.–720 000:** Die Homo-erectus-Funde aus Europa, China und vor Java datieren aus der Zeit von 1,3 bis 0,72 Mio. Jahren. Neueste Datierungsmethoden lassen ein Alter von 1,8 Mio. Jahren vermuten. Daraus ist – sofern keine älteren Funde aus anderen Regionen auftauchen – zu schließen, dass die Homo-erectus-Formen ihren Ursprung in Afrika haben.

Im Unteren Pleistozän sind Homo-erectus-Formen bereits weit verbreitet. Weil die einzelnen Fossilfunde weitgehend gemeinsame anatomische Merkmale aufweisen, geht man von der einheitlichen Art Homo erectus aus. Da jedoch räumlich wie zeitlich charakteristische Unterschiede auftauchen, haben die Paläoanthropologen eine Reihe von Unterarten (Subspezies) ausgewiesen.

Neben den nicht näher zugeordneten Homo-erectus-Funden aus der Oldoway-Schlucht in Tansania gehört zu den älteren Formen Homo erectus modjokertensis aus Java, dessen Alter zwischen etwa 1,3 und 1 Mio. Jahren liegt. Sein Gehirnvolumen beträgt nur 750 cm^3 und er ist kaum weiterentwickelt als die ersten afrikanischen Formen dieser Art.

Etwa in die gleiche Zeit fällt der Lantian-Mensch aus China, heute bekannt als Homo erectus officinalis. Auch er hat einen sehr flachen Schädel, starke Überaugenwülste und besitzt rund 780 cm^3 Gehirnvolumen. Eine dritte Unterart dieses Formenkreises ist möglicherweise der etwa 700 000 Jahre alte Homo heidelbergensis.

Früher Homo erectus vom Turkanasee; mit 1,8 Mio. Jahren einer der ältesten Funde dieser Spezies

AUF DER SUCHE NACH DEM UR-EUROPÄER

Der Homo heidelbergensis, 1908 im Heidelberger Vorort Mauer entdeckt, galt lange Zeit als der erste Europäer. Am Ende des 20. Jahrhunderts mehren sich die Hinweise, dass noch ältere Hominidenformen in Südeuropa beheimatet waren.

Rekonstruktion des Homo heidelbergensis

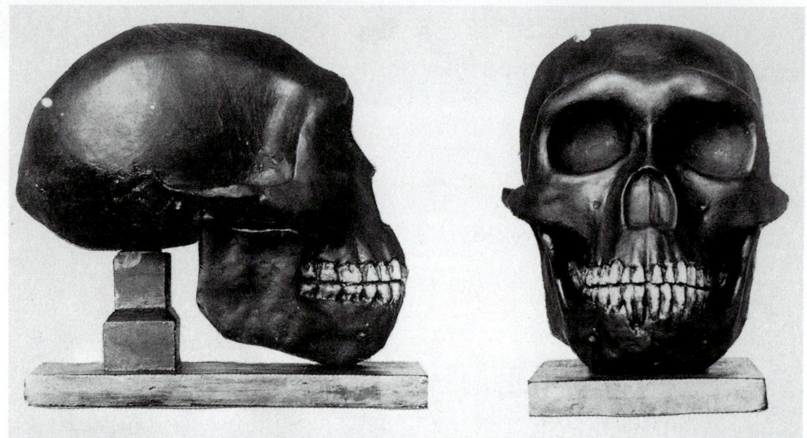

■ **Um 900 000:** Das älteste menschliche Fossil Europas stammt aus Ceprano bei Rom. Auf die Knochenreste des vermutlich ersten Europäers stoßen die Archäologen im Jahr 1999. Fünf Jahre zuvor haben spanische Wissenschaftler 80 menschliche Fossilien gefunden, deren Alter sie auf rund 780 000 Jahre datieren. Diese Hominidenfunde stammen aus der 18 m tiefen Höhle Gran Dolina in der Sierra de Atapuerca bei Burgos in Nordspanien. Da sich die spezifischen Muster dieses Fundes bei keiner anderen bekannten Frühmenschenform finden, schließen die Wissenschaftler auf eine völlig neue Art, den sog. Homo antecessor.

HOMO HEIDELBERGENSIS

Vor den Ausgrabungen in Spanien galt der Homo heidelbergensis lange Zeit als der früheste in Europa lebende Mensch. Seinen Namen verdankt der vermeintlich erste Europäer, der um 700 000 gelebt haben soll, seinem Fundort Mauer bei Heidelberg. In denselben Schichten der Sandgrube, in denen sein Kiefer konserviert blieb, fand sich auch eine Reihe von Steinwerkzeugen, die offenbar von dem entdeckten Menschentyp hergestellt sind.

Die Geräte sind sehr einfacher Natur. Ihre Bearbeitung ist noch primitiver als jene, die man mit frühen Vertretern von Homo erectus in China in Zusammenhang bringt. Prähistoriker reihen sie als primitivste Stufe in die sog. Abbevillien- oder Chelleen-Kultur ein. Charakteristisch sind große Faustkeile, die nur durch grobe Schläge mit größeren Steinen roh bearbeitet sind und in ihrer Form eher scharfkantige Zufallsprodukte als gezielt hergestellte Gebrauchsgegenstände darstellen.

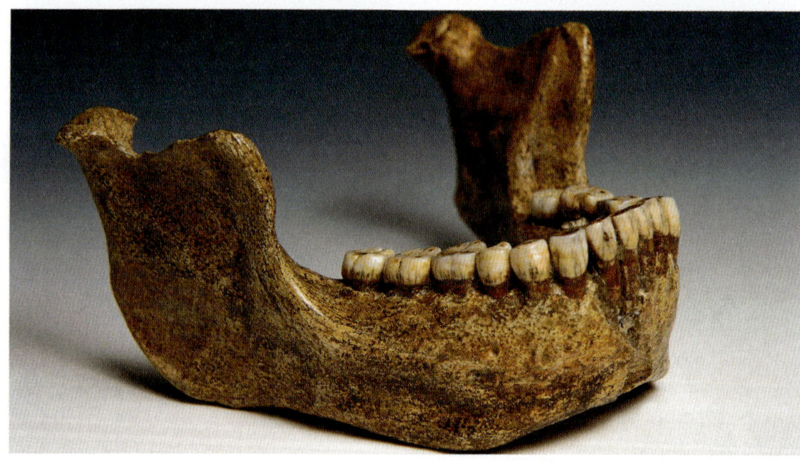

Der berühmte menschliche Unterkiefer von Mauer bei Heidelberg stellt die Wissenschaft noch immer vor schwierige Fragen. Seine Merkmale sprechen sowohl für eine sehr primitive Form des Homo erectus als auch des Homo sapiens.

ERSTE WERKZEUGE SIND FAUSTKEILE

Das Alltagsleben des Altsteinzeitmenschen wird oft ausschließlich anhand seiner groben Steinwerkzeuge beurteilt. Doch ist dieses Bild falsch. Wahrscheinlich ist der fortgeschrittene Homo erectus sogar ein recht guter Handwerker.

■ **1,7 Mio.–720 000:** Der Homo erectus kann vermutlich sogar schon Geräte aus Holz, Knochen, Geweih, Horn, Leder usw. herstellen. Allerdings bleiben außer den groben Steinwerkzeugen die meisten Geräte dieser Art nicht erhalten. Allenfalls Utensilien aus Knochen oder Geweih überdauern viele Jahrhunderttausende.

Der Peking-Mensch schafft einfache Steinwerkzeuge, die er nur grob bearbeitet.

Gerade der als Werkzeugmaterial beliebte spröde Feuerstein oder Flint lässt sich nur schwer bearbeiten. Dass der Altsteinzeitmensch ihn dennoch gern verwendet, liegt an seinen scharfkantigen Brüchen, die ihn als Schneide- und Schabwerkzeug geeignet machen. Feuerstein bedarf jedoch sorgfältiger Bearbeitungstechniken. Solange diese nicht entwickelt sind, gehen Feuersteinwerkzeuge rasch zu Bruch bzw. ihre Schneiden brechen aus. Perfekte Werkzeuge aus diesem Material gibt es so zunächst gar nicht. Stattdessen fertigt der Altsteinzeitmensch präzise Werkzeuge, die für den dauerhaften Gebrauch bestimmt sind, aus anderen Materialien, z. B. Obsidian (vulkanisches Glas), Quarzit oder dem sehr schwer zu bearbeitenden Quarz. Auch Werkzeuge aus Basalt oder dem ebenfalls feinkörnigen vulkanischen Ergussgestein Rhyolit werden verwendet.

VERARBEITUNG DER BEUTETIERE

Die Jagd in dieser Zeit verläuft noch sehr primitiv. Der Altsteinzeitmensch hetzt in Gruppen die Tiere so lange, bis sie erschöpft sind, und erschlägt sie mit großen Steinbrocken oder Knüppeln, bevor er sie mit Faustkeilen zerteilt. Seine Beute dient ihm nicht nur als Nahrung, er verwendet Knochen und Zähne als Werkstoff und die Felle wahrscheinlich bereits als Kälteschutz. Da die Jagd mühsam ist, bleiben Beeren, Samen und Wurzeln die Hauptnahrungsmittel.

Das Feuer in der Hand des Menschen

Eine der bahnbrechendsten Entdeckungen der Geschichte wird etwa gleichzeitig an verschiedenen Stellen auf dem Erdball gemacht: Der Mensch entdeckt das Feuer und zähmt es für seine Zwecke. Die Grundlage der menschlichen Kultur ist geschaffen.

■ **Um 720 000:** Homo erectus pekinensis, der »Peking-Mensch« aus der chinesischen Fundstelle Choukoutien, benutzt vermutlich erstmals in der Menschheitsgeschichte das Feuer. Ältere Nachweise sind bisher jedenfalls unbekannt.

Die Feuerstelle von Choukoutien ist nicht nur die erste, die sich im Zusammenhang mit Frühmenschen nachweisen lässt, sie ist zugleich auch die größte Feuerstelle von Frühmenschen, die jemals entdeckt worden ist. Sie wird in einer Höhle angelegt, die dem Peking-Menschen offenbar als Behausung dient. Ihre Überreste bestehen aus einer Aschenschicht von nicht weniger als 6 m Höhe. Offenbar ist der Peking-Mensch noch nicht in der Lage, selbst Feuer zu entfachen. Er ist also auf einen natürlichen Brandherd durch Blitzschlag angewiesen. Von dort trägt er das Feuer in seinen Schlupfwinkel und hütet es. Das erklärt auch, warum er die entstehende Ascheschicht nicht regelmäßig entfernt.

Wozu sich der Peking-Mensch des Feuers bedient, ist ungeklärt. Sehr wahrscheinlich hat es zunächst zwei Funktionen: den Schutz vor der Kälte und den Schutz vor den reichlich vertretenen Großraubtieren, die das Feuer scheuen.

Feuerstellen haben gewaltige Ausmasse

Die bislang entdeckten Feuerstellen unterscheiden sich in Größe und Form. Die Größten messen bis zu 35 m². Teilweise sind die ursprünglichen Begrenzungssteine noch erhalten. Forscher gehen davon aus, dass diese Randsteine auch als Sitzgelegenheit benutzt wurden. An einigen Orten konnten Reste von backofenartigen Abdeckungen gefunden werden. Neben der flächenmäßigen Ausdehnung der diversen Feuerstellen stellte man auch Unterschiede in der Höhe der Ascheschichten fest. Während an manchen Plätzen wohl nur ein kurzfristiges Feuer entzündet wurde, zeugen Ascheschichten von bis zu 1 m von einer dauerhaften Feuerstelle in einem Lager.

Vielfältige Nutzung

Als Brennmaterial dienen vor allem Holzstücke und Tierknochen. Besonders in den waldarmen Gebieten nutzt man die Knochen von erlegten oder verendeten Tieren. Besonders geeignet aufgrund ihrer Größe sind die Gebeine von Mammuts und Nashörnern. Die frühen Menschen kennen allerdings auch schon fortschrittlichere Brennstoffe. Im nordmährischen Ostrava-Petrkovice, einem Steinkohlerevier, beweisen die Überreste einer Feuerstelle die Nutzung von Steinkohle bereits in der Altsteinzeit.

Die Feuerstellen werden auf vielfältige Weise genutzt. Zunächst dienen sie vorwiegend als Wärmespender und zum Fernhalten von wilden Tieren, später auch zum Braten des erlegten Wilds. Wie einige Funde beweisen, härten die Menschen an den Feuern auch die Spitzen ihrer Holzspeere. Die Waffen werden damit an den wichtigen Stellen widerstandsfähiger und nutzvoller bei der lebenswichtigen Jagd. An einigen wenigen Feuerplätzen sind Rückstände von gebranntem Ton gefunden worden.

Aus Feuerhütern werden Feuererzeuger

Die Frühgeschichte des Feuers lässt sich in zwei Epochen einteilen: in die Zeit, in der die Menschen nur in der Lage sind, natürlich erzeugtes Feuer eine Zeit lang zu bewahren, und in die Zeit, in der sie ein Feuer selbst entfachen können. Im Altpaläolithikum ist nur das »Feuerhüten« bekannt. Obwohl keine Nachweise existieren, ist es wahrscheinlich, dass eine herausragende Person innerhalb einer Gruppe zum Feuerwächter ausersehen wird und eine besondere Stellung einnimmt. Auch kann angenommen werden, dass religiöse Praktiken oder Vorstellungen mit dem Feuer und seiner spektakulären Entstehung durch Blitzschlag einhergehen.

Erst im Mittelpaläolithikum schwingt sich der Mensch zum Herrn über die Göttergabe auf und erlernt das Feuererzeugen. In dieser Epoche beginnen die Menschen mit der Feuererzeugung durch den Gebrauch von Schwefelkiesstücken. Die durch einen Schlag dieses Steines entstehenden Funken können brennbare Stoffe entzünden und somit ein größeres Feuer entfachen.

Die Zahl unserer Vorfahren, die das Feuer unterhalten, ist nicht abzuschätzen. Fest steht, dass die Verwendung des Feuers die Entwicklung des Menschen beschleunigt. Es entwickeln sich stärkere soziale Bindungen. Das Feuer wird zum Mittelpunkt der Gruppe und des Lebens in der Gemeinschaft. Der Besitz des Feuers unterscheidet den Menschen endgültig von den Tieren und ermöglicht ihm erste kulturelle Äußerungen.

Buschmänner aus Botswana an einer Feuerstelle

Der französische Schriftsteller Antoine Comte de Rivarol (1753–1801) analysiert die Bedeutung des Feuers:
»Der Mensch ist das einzige Lebewesen, das Feuer machen kann; und das hat ihm die Herrschaft über die Welt gegeben.«

Elefantenvögel bewohnen die Südhalbkugel

Nach frühen Formen in der Kreide (140–66 Mio.) entwickeln die Laufvögel der Überordnung Palaeognathae Gattungen von gewaltiger Körpergröße. Die langbeinigen, flugunfähigen Vögel bewohnen ausschließlich die Südhalbkugel.

■ **1,7 Mio.–720 000:** Auf Madagaskar lebt Aepyornis, eine Gattung riesiger Vögel, deren größte Art (Aepyornis titan) bis zu 3 m groß wird und vermutlich eine Körpermasse von 500 kg erreicht – ein ausgewachsener Strauß erreicht nur ein Viertel dieses Gewichts. Auch die Eier dieser Tiere sind von beeindruckender Größe: Bei über 30 cm Länge haben sie ein Volumen von etwa 9 l und wiegen mehr als 10 kg. Damit sind sie größer als die größten bislang bekannten Dinosauriereier und gelten als die größten Eier überhaupt – und damit als die größte einzelne Zelle. Im Juli 2000 gelang es der National Geographic Society ein befruchtetes Ei des Elefantenvogels zu scannen. Die spektakulären Bilder zeigen die Überreste eines Aepyornis-Embryos, aus dem die Forscher sich neue Erkenntnisse über den ausgestorbenen Laufvogel erhoffen.

Der große afrikanische Laufvogel Strauß zählt zu den letzten lebenden Verwandten des Elefantenvogels.

In der Neuzeit ausgerottet

Umgangssprachlich heißt der Aepyornis titan »Elefantenvogel«. Dieser Name geht auf alte arabische Legenden zurück, in denen von einem Vogel »Ruck« die Rede ist, der angeblich einen Elefanten in die Luft heben konnte. Die Legendenbildung um diesen Riesenvogel erklärt sich daraus, dass Aepyornis titan noch auf Madagaskar lebt, als der Mensch diese Insel vor weniger als 1500 Jahren besiedelt. Wahrscheinlich ist er erst im 17. Jh. ausgerottet worden. Der französische Gouverneur Madagaskars, Étienne de Flacourt, schreibt 1658: »Elefantenvogel – ein großer Vogel, der die Ampatres durchstreift und Eier legt wie ein Strauß; damit die Menschen die Eier nicht stehlen, sucht er die einsamsten Orte auf.« Ob Flacourt tatsächlich einen lebenden Aepyornis titan zu Gesicht bekommen hat oder ob sich sein Bericht auf Überlieferungen stützte, ist bis heute ungeklärt. Die Franzosen besiedelten Madagaskar zu dieser Zeit nur entlang der Küste, so dass der Elefantenvogel im Landesinnern noch genügend Rückzugsmöglichkeiten gefunden haben könnte. Noch heute sind die Dünen der Südküste Madagaskars mit zerbrochenen Eiern des Elefantenvogels übersät. In seltenen Fällen werden intakte Eier gefunden. Skelettreste der Tiere tauchen aber äußerst selten auf. Dies mag damit zusammenhängen, dass Aepyornis zum Brüten in den Süden zog und den Rest des Jahres im Norden der Insel verbrachte, wo schlechtere Erhaltungsbedingungen herrschen.

Beim Emu sind, wie bei allen Laufvögeln, die Beine besonders kräftig. Mit den Füßen und den stahlharten Krallen kann er gefährliche Hiebe austeilen.

Der Mensch vertreibt die Elefantenvögel

Wie alle Laufvögel verfügt Aepyornis titan nur über rudimentäre Flügelstummel. Sein Brustbein hat außerdem jenen Kiel verloren, an dem bei flugfähigen Vögeln die Flugmuskulatur ansetzt. Im Gegensatz zu den Straußenvögeln, die eine Laufgeschwindigkeit von bis zu 80 km/h erreichen, ist der massige Aepyornis ein behäbiges Tier, wie u. a. seine überproportional langen kräftigen Oberschenkel zeigen. Für eine Flucht vor Raubtieren ist der Vogel nicht gerüstet. Zudem besitzt er weder Zähne noch Klauen, könnte sich Feinden gegenüber also auch nicht zur Wehr setzen. Da es jedoch auf Madagaskar keine Raubtiere gibt, wird erst der Mensch dem Elefantenvogel gefährlich.

Noch größer als Aepyornis titan ist mit 3,5 m Höhe der auf Neuseeland beheimatete Dinornis maximus, eine von ungefähr zehn bis zwölf Moa-Arten. Er hat sehr kräftige Beine sowie einen ungemein langen Hals und ist ebenso langsam wie sein afrikanischer Verwandter.

Emeus crassus, eine weitere Moa-Art, lebt im Pleistozän auf Neuseeland. Obgleich mit »nur« 1,5 m Körperhöhe weniger als halb so groß wie Dinornis, ist auch er nicht beweglicher. Seine mächtigen Beine und breiten Füße machen ihn sogar ausgesprochen unbeholfen. Auch er fällt später den Menschen zum Opfer. Nur drei sehr kleine Moa-Arten – die größte wird knapp 60 cm hoch – überleben bis heute auf Neuseeland. Einer davon ist der Wappenvogel, der Kiwi.

Nashörner passen sich dem Klima an

Während des Rückgangs der Wälder und der zunehmenden Kälte in Europa passen sich einige Nashorngattungen den neuen Lebensbedingungen an. Verbreitet ist besonders in Mittel- und Nordwesteuropa das hochbeinige Dicerorhinus.

■ **1,7 Mio.–720 000:** Das Dicerorhinus ist 2,5 m lang und seine Schulterhöhe liegt bei 1,5 m. Den Lebensraum dieses Nashorns bilden gleichermaßen der dichte Wald und die offene Steppe.

Eine charakteristische Anpassung an hartes Steppengras als zur Verfügung stehende Nahrung zeigt das gigantische Elasmotherium, ein 5 m langes Nashorn, das in Osteuropa (Südrussland) und Asien (Sibirien) lebt. Es besitzt keine Schneidezähne mehr, sondern reißt das Gras büschelweise mit den Lippen aus, um es dann mit seinen überdimensionalen Backenzähnen zu zerreiben. Beeindruckend ist das wuchtige, 2 m lange Horn, dessen Basis sich über den gesamten Vorderkopf erstreckt.

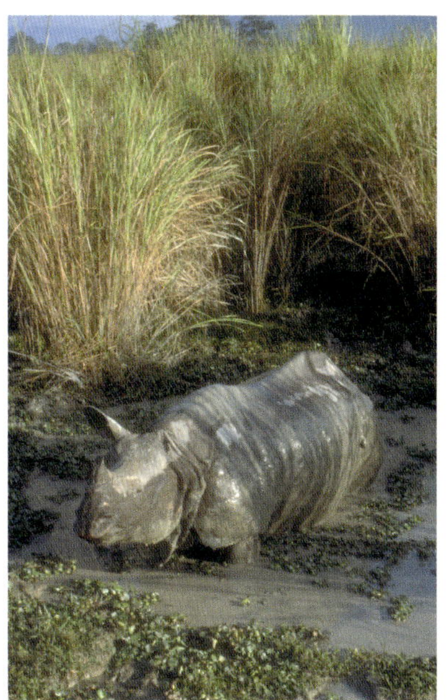

Eine ausgesprochene Kälteform stellt das von den Britischen Inseln bis Ostsibirien verbreitete Wollnashorn Doelodonta dar. Es wird 3,5 m lang und trägt – ebenso wie die vorwiegend in Deutschland und England lebende Gattung Dicerorhinus – zwei große Hörner, ein längeres (bis 1 m) auf der Nase und ein kürzeres zwischen Nase und Stirn. Sein zottiges Fell schützt dieses Tier ausgezeichnet vor den Kälteeinbrüchen der Eiszeit.

Die z. T. außerordentlich eindrucksvollen Gebilde auf dem Vorderkopf der Nashörner, denen diese Tiere ihren Namen verdanken, sind anatomisch gesehen nicht verwandt mit den Hörnern der Horntiere. Diese nämlich bestehen aus einer porösen Knochensubstanz, die lediglich von einer hornigen Scheide umgeben ist. Bei den »Hörnern« der Nashornarten handelt es sich hingegen tatsächlich um Horn, d. h., sie sind aus der gleichen Substanz wie Haare, Federn, Finger- und Fußnägel, Krallen oder Hufe aufgebaut. Diese zähe, harte und faserige Eiweißsubstanz wird von der Oberhaut (Epidermis) gebildet und besteht hauptsächlich aus Keratin, Gerüsteiweißen mit einem hohen Anteil der Aminosäure Cystein. Diese bildet Disulfidbrücken zwischen Peptidketten und bewirkt dadurch die große mechanische und chemische Widerstandsfähigkeit des Horns.

Ein indisches Kaziranga-Nashorn

Entwicklungsgeschichtlich stellen die Rhinozeroshörner nichts anderes dar als zu massiven Gebilden verschweißte Haarbüschel, die auf einer solide verstärkten knöchernen Basis des Schädelskeletts sitzen.

Die Menschen des Ältpaläolithikums haben Nashörner gejagt, wie Knochenfunde der Tiere belegen, an denen Schneidespuren identifiziert werden konnten. Auch in der Religion der Menschen müssen die Tiere eine Rolle gespielt haben, denn sie werden – wie viele andere Jagdtiere auch – als Felsbilder dargestellt.

Erste echte Elefanten in Südwesteuropa

Mit der Gattung Elephas (auch Archidiskodon) erscheinen in Spanien erste Mitglieder der Elefantenfamilie (Elephantidae), deren Vorfahren offenbar aus Afrika einwanderten.

■ **1,7 Mio.–720 000:** In den Waldgebieten Südwesteuropas entwickelt sich zunächst Elephas meridionalis. Diese Art besiedelt von dort aus bald auch Nordamerika und Asien. Ihr folgt das Steppenmammut Mammuthus trogontherii, das unter erheblich strengeren klimatischen Bedingungen in England und Deutschland lebt und als erster Vertreter der Elephantidae das typische lange Fell der Eiszeitmammuts trägt.

Wie zäh diese Tiere sind zeigt sich daran, dass sie in sämtlichen Eiszeiten vorkommen und sie überleben. Das gilt nicht nur für die gemäßigten Steppenlandschaften des südlichen Mitteleuropas und Südeuropas. Selbst im Permafrost Dänemarks und Norddeutschlands sind Mammuts beheimatet. In den arktischen Tundren bilden sie Zwergformen aus. In Nordamerika und Mexiko überdauern sie bis zum Ende der letzten Eiszeit (etwa 10 000).

Warum die Giganten letztlich ausgestorben sind, zählt zu den Rätseln der Paläonthologie. Klimawechsel können am Ende der Riesentiere nicht Schuld sein, da Mammuts alle Erwärmungen und Vereisungen über Jahrhunderttausende unbeschadet überstanden haben.

Einer neuen These zufolge könnte es der Mensch gewesen sein, der dem Mammut den Tod brachte. Aber nicht die Jagd und die Rolle des Mammuts als Fleischlieferant werden als Auslöser für das Aussterben angesehen, sondern die Hominiden als Virenträger. US-Forscher sind von dieser Variante mittlerweile überzeugt: Eingeschleppte Mikroben brachten den Eiszeitriesen den Tod.

Lebendrekonstruktion des europäischen »Südelefanten« Elephas meridionalis

Gletscher überziehen die Kontinente

Im Laufe der Jahrmillionen ist das Klima der Erde so starken Schwankungen unterworfen, dass Kaltzeiten und Warmzeiten voneinander unterschieden werden können. Besonders die kalten Perioden, auch Eiszeiten genannt, hinterlassen Spuren, die noch heute in Vorderindien, Afrika, Südamerika, Australien und Europa zu sehen sind. Eine Reihe von Modellen versucht das Klimaphänomen zu erklären.

Die Entwicklung der Menschheit wird vor allem in Europa von Eiszeiten geprägt. Kaltzeiten (Glaziale) und Warmzeiten (Interglaziale) lösen einander ab. Sie verändern nicht nur den Lebensraum der Hominiden, sondern auch Flora und Fauna. Europa wird von zwei Seiten mit Gletschern überzogen. Im Süden dringt das Eis aus dem Alpenraum nach Norden vor. Nur die höchsten Alpengipfel ragen aus der geschlossenen Eisdecke heraus, die alle Täler ausfüllt. Das skandinavische und das britische Inlandeis schließen sich zeitweise zu einer einzigen riesigen Fläche zusammen. Während England südlich von London eisfrei bleibt, erstreckt sich das nordische Eis auf dem heutigen europäischen Festland bis in die deutschen Mittelgebirge (heutige Hellwegzone) und vor allem weit nach Osten.

Gletscherbewegungen führten zur Deformierung dieser Bändertonsedimente der Elster-Grundmoräne in Witznitz bei Leipzig.

Was verursacht Vereisungen?

Lange Zeit nahm man als Ursache für die Glaziale ausschließlich kosmische Einwirkungen an. Dazu zählen u.a. variierende Intensität der Sonneneinstrahlung infolge von Erdbahnschwankungen, Abweichungen der primären Sonnenstrahlung oder auch Änderungen im interstellaren Raum. Demgegenüber wird heute erdgebundenen Faktoren eine größere Bedeutung beigemessen. Vermutlich bestehen z. B. Zusammenhänge zwischen der Lage der geomagnetischen Erdpole, der Intensität des Erdfeldes und den geomagnetischen Aktivitäten sowie dem Klima. Dafür spricht, dass die Warmzeiten in Europa mit Perioden verstärkter magnetischer Inklination zusammenfallen. Auch die Auswirkungen globaler Reliefänderungen durch Gebirgsbildung sowie die Veränderung von Landbrücken und Meerengen haben Einfluss auf das weltweite Klima: Sie beeinflussen sowohl die atmosphärische Zirkulation wie jene der Meeresgewässer. Einmal eingeleitete Klimaverschiebungen können auch autozyklischen, sich selbst verstärkenden Tendenzen folgen.

Wie unterschiedlich sich die Kälteeinbrüche in verschiedenen geographischen Breiten auswirken, lässt sich anhand eines Vergleichs der jeweiligen Temperaturwerte zeigen, die auf das Meeresniveau bezogen sind. In den nichtglazialen Perioden der Erdgeschichte herrschen Durchschnittstemperaturen von 31 °C (Äquator) bis 8 °C (80° nördl. Breite). Dagegen liegen die Werte während der Glazialzeiten sehr viel niedriger (26 °C bis –25 °C). Während der interglazialen Warmzeiten sind die entsprechenden Temperaturen wieder höher, liegen jedoch weiterhin unter den Werten der nichtglazialen Phasen (29 °C bis –1 °C).

Das Eis formt die Landschaft

Mit jedem warmzeitlichen Rückzug des Eises zeigen sich in den ehemals vereisten Gebieten landschaftliche Veränderungen. Das Spektrum reicht von Kleinformen wie Gletschertöpfen und Gekritze auf felsigem Untergrund bis zu Großformen. In Gletscherspalten mitgeführtes Geröll bleibt nach dem Abschmelzen des Eises in dammartigen, manchmal kilometerlangen Kies- und Sandrücken im Flachland liegen. Man bezeichnet sie mit dem schwedischen Wort Åser (auch: Wallberg) oder mit dem irischen Ausdruck Esker. Sind die Ablagerungen des Spaltenschutts eher kippen- oder kegelförmig, spricht man von Kames.

Wo das Eis über bereits vorhandene Hügel fährt, hobelt es sie entweder völlig ab oder formt sie in stromlinienförmige Gebilde mit flacher Luv- und steiler Leeseite um. Derart gestaltete Hügel treten oft in Gruppen auf. Handelt es sich um Felsen, nennt man sie Rundhäcker. Solche von der Eiszeit geschaffenen Gebilde finden sich heute u. a. als Schären vor der schwedischen Südküste.

Das Maiental in den Alpen weist die typische U-Talform durch Eiszeiteinwirkung auf.

Kulturbarometer aus Stein

Kein anderes Artefakt aus der Frühzeit des Menschen ist so häufig überliefert wie Steinwerkzeuge. Mit ihrer Hilfe lässt sich die Evolution des Menschen nachvollziehen. Von den immer differenzierteren Bearbeitungen der Steine lassen sich Schlüsse auf ihre zeitliche Abfolge und die Lebensweise des Menschen ziehen. Eine ganze Epoche ist nach diesem Werkstoff benannt: die Steinzeit.

Vermutlich ging der Zeit, in welcher der Vormensch einfach Steinwerkzeuge herstellte, eine lange Periode voraus, in der er ähnliche Gegenstände verwendet hatte, die schon von Natur aus eine ihm zusagende Form oder Eignung besaßen. Es könnte sich um Holzknüppel gehandelt haben, die als Keulen oder Hebel dienten. Aber erst Stein brachte großen Formen- und Funktionsreichtum mit sich. So lässt sich an der Form der Funde ablesen, dass sie als Schaber, Kratzer oder Bohrer, Messer, Stichel oder Keil genutzt wurden. Viele Werkzeuge hatten mehrere Funktionen. Wie sich in Experimenten nachweisen ließ, konnten Schaber gleichzeitig als Messer verwendet werden. Nicht jede sorgfältig bearbeitete Kante war die eigentliche Schneide. Oft hielt der Mensch gerade dieses Ende in der Hand oder steckte es in einen Griff aus Holz, der sich nicht erhalten hat.

Steinwerkzeuge aus dem Jungpaläolithikum und Mesolithikum

Werkzeuge als Lebenshilfe

Obwohl das Steinwerkzeug aus heutiger Sicht primitiv wirkt, ist seine Entwicklung ein revolutionärer Schritt in der kulturellen Entwicklung des Menschen. Mit ihm war es u. a. möglich, Felle effektiv zu gerben, indem die Fettschicht vom Leder gezogen wurde. Fleisch konnte besser zerteilt und damit effektiver konserviert werden. Auch als Waffe wurden Steinwerkzeuge vermutlich verwendet, sei es bei der Jagd, beim Kampf gegen Fressfeinde oder beim Kampf gegen Artgenossen.

Steine von unterschiedlicher Qualität

Verschiedene Gesteinssorten bringen unterschiedliche Vor- und Nachteile mit sich. Im Laufe der Jahrtausende lernte der Mensch, bestimmte Steinarten zu bevorzugen. Das waren vor allem Feuerstein (Silex) wegen seiner hervorragenden Bearbeitungsmöglichkeiten, Hornstein, Quarz, Jaspis, Kiesel, Kristall u. a. In Afrika findet man Obsidian, einen schwarzen Stein, der eine enorme Härte aufweist und in seiner Struktur an Glas erinnert. Diese Eigenschaften wussten noch die altamerikanischen Völker bis ins 14. nachchristliche Jahrhundert zu schätzen.

Kerne oder Abschläge?

In der Altsteinzeit waren grundsätzlich zwei Arten der Herstellung von Steinwerkzeugen möglich. Entweder wurden vom Rohstück so lange Abschläge gespalten, bis aus seinem Kern das Werkzeug gewissermaßen als Skulptur entstand (Kernindustrie), oder man erzeugte die Werkzeuge durch Weiterbearbeitung der Abschläge (Abschlagindustrie). Allerdings kennt die Kernindustrie auch Abschlaggeräte und umgekehrt. Außerdem lassen sich größere Abschläge ebenfalls wie Kerne bearbeiten. Diese Einteilung gilt also nur in groben Zügen. Übertrifft die Länge der Abschläge ihre Breite (mindestens im Verhältnis 3:2) und werden die Abschläge von einem zylindrischen Kern gespalten, spricht man von der Klingenindustrie.

01042
Feuerstein und Birkenpech

Drei Perioden: Stein, Bronze und Eisen

In der Geschichtsforschung trieb die Suche nach absoluten Daten teilweise skurrile Blüten. Erst die Entdeckung des Dreiperiodensystems brachte die Archäologen auf die richtige Spur. Die Erkenntnis: Bei Datierungsproblemen hilft die Kategorisierung nach den von Menschen bearbeiteten Materialien weiter.

Seit Jahrhunderten beschäftigte etwa die Frage nach der Geburtsstunde der Menschheit die Wisenschaft. Erste Datierungsversuche nutzten die Bibel als Quelle allen Wissens. Mit ihrer Hilfe legte 1642 der Gelehrte John Lightfood aus Cambridge die Erschaffung des ersten Menschen auf den Morgen (Punkt 9 Uhr) des 23. Oktober 4004 v. Chr.

Die geologische Forschung machte im weiteren Verlauf die Suche nach absoluten Daten bald hinfällig. Es waren Funde aus verschiedenen Materialien, die den Franzosen Antoine Yves Goguet 1738 veranlassten, eine grobe Unterteilung in drei Perioden zu unternehmen.

Nach Goguets Idee systematisierte der dänische Gelehrte Christian Jürgensen-Thomsen 1836 eine Ausstellung frühgeschichtlicher Funde. Er unterteilte die Artefakte in Stein, Bronze und Eisen. Seine Behauptung, Stein müsse älter sein als Bronze, Bronze älter als Eisen, wurde durch Ausgrabungsfunde in Dänemark, der Altmark und in Mecklenburg bestätigt.

Das Dreiperiodensystem war gefunden. Es gab der noch jungen archäologischen Wissenschaft ein unentbehrliches Hilfsmittel zur relativen Datierung an die Hand. Einen weiteren entscheidenden Schritt tat 1865 der britische Forscher Sir John Lubbock. Er erkannte: Jürgensen-Thomsens Steinzeit war in Wirklichkeit nur die Spätphase eines sehr viel weiter gespannten Zeitraums, den er erstmals in Altsteinzeit und Jungsteinzeit unterteilte. In dieses grobe Gerüst setzten im Laufe von 100 Jahren viele Forscher neue Glieder, welche die Urgeschichte in Tausende Segmente zerteilen.

In der heutigen Forschung wendet man das Dreiperiodensystem nur mehr mit Vorbehalt an. Zwar sind Steingeräte im Allgemeinen älter als Werkzeuge aus Kupfer, Bronze und Eisen. Es kann jedoch durchaus vorkommen, dass Menschen bereits Metall verarbeiteten, aber gleichzeitig noch Werkzeuge aus Stein benutzten.

Der französische Naturforscher Antoine Yves Goguet (1716–1758) über die Datierung in drei Perioden:
»Zuerst verwendete der Mensch Bronze, später erst Eisen…, ganz zuerst aber Steine, Feuersteingeröll, Knochen, Horn, Fischgräten, Muschelschalen…«

Vulkane immer noch aktiv

Der Vulkanismus des Unteren Pleistozäns beschränkt sich im Wesentlichen auf die auch in heutiger Zeit noch aktiven Vulkangebiete.

■ **1,7 Mio.–720 000:** Die Aktivitäten innerhalb der Erdkruste umfassen den so genannten zirkumpazifischen Feuergürtel, den Bereich des Mittelatlantischen Rückens sowie einzelne Regionen wie etwa Süditalien. Darüber hinaus reicht das vulkanische Geschehen des Tertiärs (66–1,7 Mio.), das im Zusammenhang mit der alpidischen Gebirgsfaltung stand, noch weit in diese Zeit hinein. Dies zeigt sich u. a. im Rheinischen Schiefergebirge, im Egergraben, in den Ostsudeten und in der Auvergne. Wesentlich häufiger sind Erdbeben im Eurasischen Gebirgsgürtel und in den Randzonen des Pazifiks.

Ein »feuerspeiender Berg« auf Hawaii: Auf der Erde sind 475 bis 500 Vulkane bekannt, die noch aktiv sind oder es in geschichtlicher Zeit waren.

In Mitteleuropa ereignen sich im Niederrheingebiet Vertikalverschiebungen, die an einzelnen Bruchstellen zu einer Senkung bis zu 175 m, im Küstengebiet der Niederlande sogar bis zu 600 m führen. Auch der Oberrheingraben und der Elbtalgraben sinken relativ zu ihren Flankenschollen weiter ab. Dagegen heben sich die deutschen Mittelgebirgsschwellen wie z. B. der Harz und das Rheinische Schiefergebirge. Auch die Alpen falten sich weiter auf.

Der Vulkanismus, der noch mit der alpidischen Gebirgsbildung in Verbindung steht, ist meist wenig explosiv (mit Ausnahme der spätquartiären Ereignisse in der Eifel). Das ist charakteristisch für magmatische Vorgänge in der Endphase größerer Gebirgsbildungsprozesse, die sich gesetzmäßig in einer bestimmten Reihenfolge abspielen: In der Geosynklinalphase (Verengung der mit Sedimenten gefüllten Meeressenken) wird dünnflüssiges, basisches Magma gefördert, das ruhig ausfließt. Während der einsetzenden Faltung dringen saure Magmen durch Risse in tiefe Bereiche der Erdkruste ein und bilden dort z. T. große Magmaherde. Während der Hauptphase der Gebirgsbildung gelangen die zähen, sauren Magmen bis zur Erdoberfläche. Es kommt zu explosiven Vulkanausbrüchen. In der Spätphase wird erneut dünnflüssiges, basisches Material gefördert.

Herkunft unklar: Rentier mit Hirschgeweih

Rentiere können sich durch bis zu 1 m hohe Schneeschichten graben, um an Nahrung zu gelangen.

Gegen Ende der Günz-Eiszeit leben in Europa erste Rentiere (Rangifer tarandus), die hervorragend an das harte Klima angepasst sind.

■ **Um 800 000:** Besonders individuenreich werden Rentiere allerdings erst während der Würm-Eiszeit, also der letzten großen Kaltzeit vor dem Holozän (10 300 bis heute). Ihre Abstammung ist ungeklärt. Als sie in Europa auftauchen, sind sie bereits vollkommen an ihren arktischen Lebensraum angepasst. Die Zoologen nennen das Tier »Trughirsch«, denn sein Geweih erinnert an das der Hirsche des älteren Pleistozäns. Ansonsten weist das Äußere des Tieres, aus dessen Stammformen zahlreiche Unterarten und Rassen hervorgehen, keine Übereinstimmung mit den Hirschen auf.

Kälte zwingt zur Anpassung

Permafrost und Steppenlandschaften der Eiszeit zwingen viele Tierarten zu veränderten Lebensweisen. In höheren Breiten tauchen zunehmend neue Arten auf.

■ **1,7 Mio.–720 000:** Mit dem Wechsel der Kalt- und Warmzeiten kommt es vor allem in der Entwicklung der Rüsseltiere zu einer Spaltung: Während manche Arten nach Süden abwandern, entwickeln andere Zweige typische Tundrenformen. So bildet sich im Norden das Eiszeitmammut (Mammuthus primigenius) heraus; im Mittelmeerraum wird der Zwergelefant Palaeoloxodon zum Charaktertier.

Nach dem Ende der Eiszeit ziehen sich die an die Kälte angepassten Seehunde mit dem Eis nach Norden zurück.

Bezeichnenderweise sind die Kälteformen der Elefanten wesentlich größer als die Warmformen, wodurch ein besserer Wärmehaushalt gewährleistet ist. Das Eiszeitmammut wird 4,5 m hoch. Dagegen erreicht der Zwergelefant nur eine Höhe von 1,4 m. Eine ihm im Oberen Pleistozän folgende, auf Malta lebende Art (Palaeoloxodon falconieri) wird nur noch 90 cm hoch.

Charaktertiere des Pleistozäns sind u. a. die Bären (Familie Ursidaae). Wo noch Wälder gedeihen, ist der Braunbär (Ursus arctos) heimisch, in den Tundren lebt der Höhlenbär (Ursus spelaeus), in Amerika auch der Schwarzbär (Ursus americanus). Generell stammen die pleistozänen Bären von nordischen Vorformen (Cephalogalen) ab.

Auch das Wollnashorn, das Ren und die zu den Wühlmäusen zählenden Lemminge (Lemmini) sind charakteristische Tundrentiere. Gegen Ende des Unteren Pleistozäns kommt als Charaktertier außerdem der Moschusochse (Ovibos moschatus) hinzu.

Ein Unterhautpolster schützt Pinguine vor der Kälte.

Subarktische bis arktische Steppe prägt die mitteleuropäische Flora der Kaltzeiten. Man spricht auch von Dryas-Flora. Namengebend ist die Silberwurz Dryas octopetala, eine Charakterpflanze auch der heutigen Tundren. Die eigentliche Dryas-Flora folgt nach der letzten Eiszeit den sich zurückziehenden Gletschern und besiedelt als erste Pflanzendecke wieder das nackte Land. Der Begriff wurde aber auch auf die Vegetation der frühen Eiszeiten übertragen, da die Pflanzengesellschaften sich weitgehend gleichen. Typische Mitglieder der Dryas-Flora sind kriechende Weidenarten wie die Polarweide. Einige dieser Zwergbäumchen erreichen nur wenige Zentimeter Höhe, andere werden bis zu kniehoch.

Wollige Pelze schützen vor Wärmeverlust

Die charakteristischen Bewohner der eiszeitlichen Tundren passen sich in unterschiedlicher Weise dem Leben in diesen kalten, im Verlauf der Kältevorstöße zunehmend trockeneren Biotopen an. So entstehen Tierarten mit ausgesprochen wolligen Pelzen.

Zahlreiche Säugetiergattungen entwickeln dichte Felle, die zugleich möglichst viel Luft einschließen. Besonders wollige Pelze haben z. B. Mammuthus trogontherii, das Nashorn Elasmotherium sibiricum oder das Wollnashorn Coelodonta antiquitatis. In Amerika entwickeln auch die Gomphoterien, die in Europa im Pleistozän bereits ausgestorben sind, Arten mit dichtem Fell (z. B. Gomphoterium americanus). All diese Tiere haben in warmen Zonen nahe Verwandte, die nahezu nackt sind.

Ein zweiter Weg, Wärmeverlusten vorzubeugen, führt über die Körpergröße. Bei vierfachem Körpervolumen erhöht sich die Körperoberfläche nur auf das Doppelte, d. h., die Wärmeabstrahlungsfläche pro Kilogramm Körpermasse wird mit zunehmender Größe geringer. Entsprechend sind die arktischen Bären größer als tropische Bären, die arktischen Elefanten größer als die Elefanten wärmerer Regionen. Die Moschusochsen entwickeln sich zu den größten aller Ziegen. Ohne wesentliche Gewichtszunahme können große Tiere als Wärme-Isolator auch eine dicke Speckschicht unter der Haut anlegen.

Kälteformen der Säugetiere verbringen die lebensfeindlichste Jahreszeit, den Winter, häufig unter der Erde: Während das Steppenmurmeltier und zahlreiche andere Nagetiere Zuflucht in selbst gegrabenen Burgen suchen, ziehen sich der Höhlenbär, der eiszeitliche Höhlenlöwe (Panthera leo spelaea) oder die ebenfalls im pleistozänen Eurasien lebende Höhlenhyäne (Crocata spelaea) in natürliche unterirdische Hohlräume zurück. Nach der Überwinterung müssen sie rasch Nahrung finden, um ihr altes Körpergewicht wiederzuerlangen.

Perfekte Anpassung: Der Pelz des Eisbären ist wasserdicht und seine Fußsohlen sind behaart, um ein Ausgleiten auf dem Eis zu verhindern.

Der Schriftsteller Wolfgang Herbst (*1925) beschreibt eine Überlebenstaktik:
»Anpassung ist die Stärke der Schwachen.«

Evolution experimentiert mit Riesenwuchs

Auf Java finden sich fossilisierte Überreste früher Menschenartiger. Die Funde des Meganthropus lassen auf Hominiden von ungewöhnlicher Körpergröße schließen. Auch Tiere bilden Riesenformen.

■ **1,3 Mio.–720 000:** Bis heute sind fünf Fundorte des Meganthropus auf Java bekannt: Trinil, Sangiran, Ngandong, Sambungmachan und Modjokerto. Die Datierungen reichen von etwa 1,3 bis 1 Mio. Jahre bis hin zu 0,75 bis 0,5 Mio. Jahre für Trinil. Die Frühmenschen von Java werden mit einer Vielzahl von Bezeichnungen versehen. Wahrscheinlich gehört der Java-Mensch der Hominidenart Homo erectus an. Zusammen mit den Funden von Skeletteilen wurden auf Java auch Wohnstätten entdeckt.

Einer dieser Ureinwohner lebt um 0,72 Mio. in der Nähe von Sangiran. Komplette Skelette liegen nicht vor, aber der Vergleich eines Unterkiefers mit dem moderner Menschen zeigt, dass dieser Menschentyp, der zuerst als Meganthropus palaeojavanicus (»riesiger paläojavanischer Mensch«) beschrieben wurde, wesentlich größer sein muss als heutige Menschen. Nur die gewaltigsten lebenden Gorillas haben so mächtige Kiefer und nur ein einziger bekannter fossiler Menschenaffe, Gigantopithecus (24–5 Mio.), übertrifft Meganthropus an Größe.

Gigantopithecus aus China ist mit über 2 m Körperhöhe der gewaltigste aller bisher bekannten fossilen Menschenaffen.

Hominide Züge

Neben den Merkmalen, die an einen Menschenaffen erinnern, weist der Meganthropus typisch hominide Züge auf, wie z. B. die Form der vorderen Backenzähne sowie des gesamten Unterkiefers. So wird zum einen von einer Ähnlichkeit mit Australopithecus robustus gesprochen, andererseits betrachtet man Meganthropus als eine robuste Form des Pithecanthropus. Heute besteht weitgehend Einigkeit darüber, dass auch dieser Typ zum Formenkreis Homo erectus zu zählen ist. Gelegentlich wird er als ein Seitenarm dieser Gruppe angesehen.

Geologische und paläontologische Aussagen über Ablagerungen und Schichteninhalte von fossilisierten Hominidenresten fallen in der Wissenschaft nicht einheitlich aus. Eine relative Zeitskala gibt es jedoch. So wurde in Oldoway (Tansania) der Zinjanthropus aus der Paranthropus-Gruppe in einer hoch gelegenen Erdschicht gefunden und gilt damit als jung. Da er auch deutlich über den Skelett- und Schädelresten der Australopithecinen lag, ist er auch jünger als diese. In Südafrika verhält es sich ähnlich. Fossilisierte Überreste der Australopithecus-Gruppe wurden in tiefer gelegenen Schichten gefunden und sind somit älter. Der Begleitfauna entsprechend passen sie ins obere Villafranchium. Die beiden Fundplätze mit Paranthropus-Belegen gehören hingegen eher ins frühe Mittelpleistozän.

Auch der Meganthropus lebte im frühen Mittelpleistozän. Während aus dem Unterpleistozän bislang nur Funde von Australopithecinen (einschließlich Paranthropus und Homo habilis) vorliegen, kommen im frühen Mittelpleistozän noch einige Vertreter der Paranthropus-Gruppe hinzu. Paranthropus ist also nicht der älteste Vertreter der Australopithecinen. Sie gehören sowohl in Südafrika als auch auf Java in die Zeit des Mittleren Pleistozäns. Nur Zinjanthropus aus Oldoway gehört noch ins Unterpleistozän. Ob er damit noch älter ist als Australanthropus aus dem Transvaal, ist unklar. Insgesamt reichen die Funde vom Unterpleistozän bis ins Mittelpleistozän.

Hominiden im Herzen Chinas

Neben dem Homo erectus aus Choukoutien – dem »Peking-Menschen« – geht mit dem so genannten Menschen von Lantian ein weiterer Hominidenfund in die Forschungsgeschichte ein.

■ **1,3 Mio.–720 000:** Am Oberlauf des Flusses Hwangho bei Xi'an lebt der sog. Mensch von Lantian. Er ist nach dem gleichnamigen Fundplatz im Zentrum Chinas benannt. Bekannt sind ein Schädel und ein Unterkiefer. Die Art wurde zunächst als Sinanthropus lantianensis beschrieben, später aber einhellig als Homo erectus erkannt. Diese Zuordnung geschah im Rahmen der paläoanthropologischen Einsicht, dass Homo erectus als Menschenart generell eine gewisse – besonders von Region zu Region variierende – Streubreite in der Ausformung spezifischer Körpermerkmale aufweist.

Der Lantian-Mensch lebt in einer Waldlandschaft gemeinsam mit einer Reihe von für ihn gefährlichen Tieren verschiedener Spezies: roten Hunden der Art Cuon alpinus, Tigern, Säbelzahnkatzen, Geparden, Löwen, Tapiren und einem Riesenmakaken.

Vorfahr des Peking-Menschen

Der gut erhaltene Unterkiefer des »Menschen von Lantian« wird 1963 in der chinesischen Provinz Shaanxi entdeckt. Ein Jahr später, etwa 20 km von dort entfernt, kommen bei Kung-Wang-Ling Teile eines Gesichtsskeletts, ein Zahn und ein Hirnschädel des gleichen Typs ans Tageslicht. Beide Funde sind älter als die Homo-erectus-Reste aus Choukoutien. Ihr Alter entspricht denen aus den Djetis-Schichten Javas und beträgt rund 1 Mio. Jahre. Der schwerer als beim Homo erectus pekinensis gebaute Unterkiefer des Lantian-Menschen nähert sich dem des Java-Menschen aus den Djetis-Schichten. Auch sein Schädel ist mächtiger.

Der Schädel ist niedrig und besitzt ungewöhnlich starke Überaugenwülste mit außerordentlichen Ausbuchtungen in der Mitte. Die Stirn ist nur schwach gewölbt. Chinesische Anthropologen berechnen die Kapazität des Hirnschädels auf 780 cm^3, womit sie sich der des Java-Menschen mit dem Wert von 750 cm^3 beträchtlich nähert. Es scheint also, als hätten nicht nur auf Java, sondern auch in China zwei aufeinanderfolgende Entwicklungsformen existiert: Auf Java ist Homo erectus modjokertensis der Vorgänger des Homo erectus erectus. In China folgt Homo erectus pekinensis dem Lantian-Menschen, der heute Homo erectus officinalius heißt.

Hominiden sind Allesesser

Die Lebensweise der javanischen, chinesischen und lantianischen Frühmenschen stimmt weitgehend überein. Nach dem Bau ihres Gebisses sind sie Allesesser wie die übrigen Hominiden. Das beweisen auch die Reste von Tierknochen und Pflanzenfrüchten, die an ihren Wohnplätzen gefunden werden. Die chinesischen Frühmenschen verwenden bereits Werkzeuge: Steine, die auf einfache Weise zu verschiedenen Abschlägen, Spaltern, Hacken und Kratzern bearbeitet werden. Die Werkzeuge bleiben erhalten und werden in Choukoutien unmittelbar in den Schichten geborgen, die auch die Skelettreste führen.

Die Fundstätte des Menschen von Lantian in der Provinz Shaanxi

Rekonstruierter Schädel des Pekingmenschen

Riesenwüchsige Wirbeltiere

Ungewöhnlicher Riesenwuchs, wie er sich anhand des Kiefers bei Meganthropus feststellen lässt, ist zur selben Zeit auch in der Tierwelt keine Seltenheit. In den Jahren 720 000 bis 10 000 – also während des gesamten Pleistozäns, vor allem aber im Oberen Pleistozän – finden sich Wirbeltiere mit Riesenwuchs. So kommen z. B. in Australien Riesenschildkröten (Meiolania oder Miolania) und Warane (Magalania priscus) mit fast 7 m Körperlänge vor, daneben Riesenbeuteltiere wie die Kurzschnauzen-Kängurus (Sthenurus, Procoptodon), der Riesenwombat (Phascolonus gigas) und der fast löwengroße, vermutlich Pflanzen fressende »Beutellöwe« (Thylacoleo carnifex). Die huftierähnlichen australischen Diprotodonten erreichen Nashorngröße.

Auf Neuseeland entstehen neben den dort bereits lebenden 3,5 m großen Moas (Dinornis maximus) und einem Riesenemu (Emeus crassus) flugunfähige Riesenrallen (Aptornis) sowie die 1 m hohe Riesengans Cnemiornis. In Kalifornien ist der Kondor Teratornis merriami mit annährend 5 m Flügelspannweite beheimatet. Riesenlemuren und 3 m hohe Riesenstrauße (Aepyornis titan) leben auf Madagaskar, Riesenpaviane in Afrika.

Großformen der Schuppentiere erscheinen auf Borneo, Riesenformen der Gürteltiere in Südamerika. In Nord- und Südamerika werden die Riesenfaultiere Megatherium, Eremotherium, Mylodon, Megalonyx und Nothrotherium artenreicher. Einige erreichen eine Körpergröße von 7 m.

Unter den Nagetieren erscheinen Großformen der Mäuse auf den Kanarischen Inseln und den Sundainseln Flores und Timor. In Amerika und Eurasien leben Riesenbiber (Castoroides und Trogontherium), auf den Mittelmeerinseln Riesenschläfer (Leithia). Großformen entwickeln auch die Hirsche, z. B. Praemegaceros und Megaloceros, mit einer Geweihspannweite von über 3,5 m.

Dieses Skelett eines Riesensteppenhirsches ist aus dem Oberen Pleistozän Irlands überliefert.

Klimawechsel erfordert Anpassungen

Während sich im Verlauf der Eiszeiten zahlreiche auf die Kältesteppen der Nordhalbkugel spezialisierte Formen entwickeln, entstehen auch in den wärmeren Regionen der Erde und im Verlauf der Warmzeiten neue Tierarten.

■ **720 000–10 000:** Parallel zu den Elefanten der Tundren bilden sich in gemäßigten und äquatorialen Klimazonen verschiedene neue Elefantenarten heraus, die den Platz der tertiären Gomphoterien einnehmen. Wie im Tertiär die Huftiere, die in dieser Zeit die Steppen eroberten, stellen sich jetzt auch die Rüsseltiere auf härtere pflanzliche Kost ein, auf die Gräser der Steppen und Savannen. Ihre hochkronigen Lamellenzähne beweisen das.

Parallel zu den neuen Wühlmäusen der kalten Zonen entwickeln sich in den südlicheren Breiten Eurasiens, Afrikas und Australiens die echten Mäuse (Muridae) sehr formen- und artenreich. Es entstehen die heutigen Maus- und Rattenartigen (Pseudomys und Uromys), hörnchen- und kaninchenähnliche Formen (Mesembriomys und Leporillus) sowie wühlmaus- und springmausähnliche Tiere (Mastacomys und Notamys). Auf dem amerikanischen Doppelkontinent entwickelt sich die Formenvielfalt der Neuweltmäuse (Hesperomyini).

Raubkatzen in Warmzonen

Die Großkatzen, die relativ artenreich in den kalten Regionen leben, sind in den wärmeren Gebieten der Erde ebenfalls mit Leoparden, Löwen, Tigern und Jaguaren vertreten. Als große Kleinkatze kommt in Nordamerika der moderne Puma (Puma concolor) vor. Eine schon im älteren Pleistozän Europas erscheinende frühe Wildkatze ist Felis lumensis, aus der vermutlich die eigentlichen Wildkatzen (Felis silvestris) hervorgehen. Etwa gleichzeitig treten in Mitteleuropa die Rohrkatzen (Felis chaus) und der Manul (Otocolobus manul) auf. Auch Geparden sind in den wärmeren Regionen Europas heimisch.

Fast weltweit breiten sich die zu den Wildhunden zählenden Füchse und Wölfe aus. In Südamerika entsteht eine große Formenfülle von Kampffüchsen (Dusicyon) und Waldfüchsen (Corodcyon und Atelocynus).

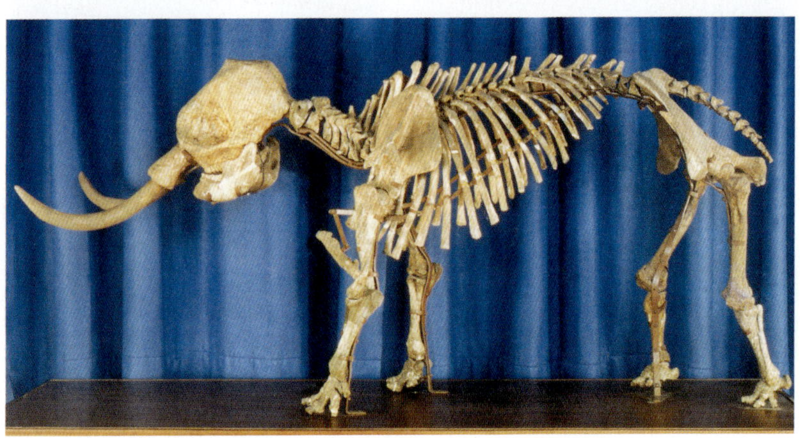

Der Zwergelefant Elephas falconeri lebt auf den Mittelmeerinseln Malta, Zypern, Kreta, Sizilien und Sardinien.

Spezialisierte Bären

Bären sind generell schon seit dem späten Tertiär bekannt. Sie entwickeln jetzt mehrere spezialisierte Formen. Neben dem Eisbären erscheinen auch wärmeliebende Arten, darunter neuweltliche Kleinbären (Procyonidae) und altweltliche Pandas (Ailuridae).

Zahlreiche neue Arten finden sich auch bei den Wildrindern und den Böcken (Bovinae und Caprini). So erscheinen u. a. die asiatischen Wasserbüffel (Bubalus), die Afrikanischen Büffel (Syncerus) sowie die eigentlichen Rinder mit den Untergattungen der Stirnrinder (Bibos) und Echten Rinder (Bos).

Artentod

Im Verlauf des Oberen Pleistozäns sterben zahlreiche Säugetierarten aus. Ursache dafür ist vor allem der Wandel der Vegetation. Gegen Ende der Eiszeiten verschwinden viele Tiere, die an das Leben in den Steppen angepasst waren.

■ **720 000–10 000:** Einige Tierarten, die das Pleistozän nicht überleben, sind:

- unter den Rüsseltieren die Gomphoterien
- unter den Pferdeartigen die Hipparions
- unter den Nashörnern die Elasmotherien
- unter den Raubtieren die Säbelzahnkatzen, Gepardhyänen und Urbären
- unter den Nagern die Spitzmäuse Beremendia fissidens und Petenyia hungarica, der Biber Trogontherium cuvieri sowie die Wühlmäuse Allophaiomys pliocaenicus und Pliomys coronensis
- die Hasenartigen Hipolagus brachygnathus und Oryctolagus lacosti

Friedhof im Asphaltsumpf

Viele Tiere des Pleistozäns sterben eines gewaltsamen Todes. Auf der Flucht vor Feinden verirren sich unzählige Lebewesen in Sümpfen, in denen sie umkommen. Im Westen der heutigen USA wurde ein pleistozäner Friedhof entdeckt.

■ **720 000–10 000:** In der Nähe von Los Angeles in Kalifornien erstrecken sich die Asphaltsümpfe von Rancho La Brea. Tiere, die in diese klebrig-zähe Masse hineingeraten, bleiben stecken, sinken ab und werden in großer Zahl fossil erhalten.

Ein großes Mammut (Mammuthus imperator) gerät auf der Flucht in die Asphaltsümpfe.

Zu den häufigsten Opfern gehören Weidetiere, die auf der Flucht vor Fleischfressern die Gefahr übersehen. So sind in den Asphaltsümpfen zahlreiche Pferde, Kamele, Bisons, Mammute und Gomphoterien konserviert.

Daneben fossilisieren in diesem Gebiet aber auch Raubtiere wie die Säbelzahnkatze Smilodon californicus, verschiedene Großkatzen, Hundeartige sowie viele andere.

Das Klima ist in Kalifornien zu dieser Zeit weniger trocken als heute und bietet daher u. a. auch einer reichen Vogelwelt günstige Lebensbedingungen. Fossil konserviert ist in Rancho La Brea z. B. der größte bisher bekannte Vogel, der Kondor Teratornis.

TUNDREN- UND STEPPENTIERE PRÄGEN DAS BILD

Vor allem in Tundren und Steppen breiten sich neue Säugetierarten aus, die den härteren klimatischen Bedingungen während der Eiszeit trotzen. Diese Anpassung betrifft praktisch sämtliche Ordnungen der Säuger.

■ **720 000–10 000:** Neue Säugetierordnungen entstehen während der Eiszeiten nicht. Aber in verschiedenen Ordnungen entwickelt sich erst jetzt eine große Fülle neuer Arten. Nicht wenige davon sind ausgeprägte Tundren- und Steppentiere.

Fossiler Schädel eines Wollnashorns, das als Begleiter des Mammuts bekannt ist

Während unter den Rüsseltieren die älteren Deinotherien, Gomphoterien und Stegodonten aussterben, entwickelt sich die Familie der Elefanten vielfältig weiter. Aus den Warmsteppenelefanten des Pliozäns (5–1,7 Mio.) gehen verschiedene Steppenelefanten (Mammute) hervor, nach dem unterpleistozänen Mammuthus trogontherii jetzt vor allem das Kältesteppen-Mammut Mammuthus primigenius. Ein typisches Eiszeittier aus Nordamerika ist das Mammut americanum. Das 3 m hohe Rüsseltier erschien erstmals bereits im Oberen Miozän und war dann bis einschließlich des Oberen Pleistozäns in Alaska, New York und Missouri verbreitet. Wie das Wollhaarmammut bewohnt es kalte Klimazonen und besitzt ein langes zottiges Fell.

WÜHLMÄUSE KOMMEN

In Kältegebieten besonders erfolgreich ist die erdgeschichtlich jüngste Gruppe unter den Nagetieren, die Wühlmäuse. Diese erscheinen erstmals im Oberen Tertiär, erreichen aber erst jetzt ihre größte Formenvielfalt. Waren ihre Backenzähne ursprünglich niedrigkronig mit geschlossenen Wurzeln, so werden sie jetzt hochkronig und wachsen zeitlebens nach. Sie eignen sich hervorragend zum Zerreiben auch härtester pflanzlicher Nahrung.

Neben landbewohnenden Formen entwickeln die Wühlmäuse während der Eiszeit auch im Wasser lebende Arten wie die Bisamratte. Deutlich zu unterscheiden sind nordische und alpine Formen wie die Lemminge, Zwiebelmäuse und Schneemäuse von ausgeprägten Steppenbewohnern wie den Steppenlemmingen, Zwerghamstern, Pferdespringern, Zieseln und Steppenmurmeltieren. Zu den charakteristischen Eiszeitnagetieren gehören nicht zuletzt die Riesenbiber.

ARTENREICHE RAUBTIERE

Auch die Großkatzen erreichen während der Eiszeiten ihre größte Formenvielfalt. Viele leben in wärmeren Gebieten, manche sind in den kalten Regionen Europas, Amerikas und Asiens zu Hause. Panthergroße Formen erscheinen bereits im vorausgehenden Unteren Pleistozän. Sie sind während aller Eiszeiten u. a. in Mittel- und Westeuropa mit dem Panthera gobaszögensis, mit dem Leoparden und dem Löwen vertreten. In Asien leben Tiger sowie in eisigen Regionen Schneeleoparden. Bis weit in die nördlichen Kaltgebiete dringt in Nordamerika seit dem Unteren Pleistozän der Jaguar Panthera palaeojnca vor.

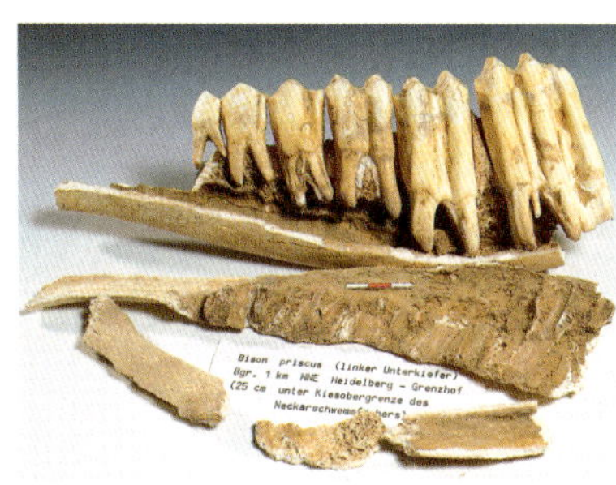

Bei Heidelberg gefundener Unterkieferteil eines pleistozänen Wisent, einem Bewohner der Kältesteppe

Einen oder mehrere Entwicklungsschübe (Radiationen) erleben während der Eiszeiten auch die Wildhunde. Weit verbreitet sind u. a. die Marderhunde sowie Eis- und Steppenfüchse. In den nördlichen Gebieten Eurasiens und Nordamerikas ist neben anderen kälteliebenden Marderarten auch der gigantische Järv oder Vielfraß beheimatet. Unter den Bären erscheint im Verlauf der jüngsten Eiszeiten die Untergattung der Eisbären.

Wildrinder und Böcke erleben ebenfalls eine deutliche Formenvermehrung. Neben neuen wärmeliebenden Arten gibt es ausgeprägte Kälteformen wie die Bisons und die Yaks unter den Rindern sowie die Gemsen, Thare, Steinböcke, Mähnenschafe, Moschusochsen und verschiedene Hirsche und Elcharten unter den Böcken. Schließlich sind auch die Nashörner im Pleistozän mit typischen Eiszeitarten, darunter als ausgesprochene Kältesteppenformen die Wollnashörner, vertreten.

Das Mammut erweist sich als zähe Variante der Rüsseltiere und übersteht alle Eiszeiten.

Höhlensysteme durchziehen den Untergrund

Ungefähr mit dem Eiszeitalter setzt in den jungen tertiären Faltengebirgen eine Phase verstärkter Höhlenbildung ein. Viele europäische Höhlen durchlaufen in dieser Zeit alle Altersstufen bis hin zum Greisenalter (Versturzphase).

Die Grotte de Rouffignac im südfranzösischen Vézèretal

■ **720 000–10 000:** Überall dort, wo Kalkstein oder – seltener – Gips aufgefaltet wurde, aber auch in älteren Gesteinen (etwa im Bereich des Juras) entstehen jetzt bedeutende Höhlen.

Im Jugend- bzw. Entstehungsstadium wird die Höhle durch chemische Kalklösung in CO_2-reichem Sickerwasser angelegt. Das Erwachsenenstadium zeigt sie dann als unterirdisches Flusssystem mit überwiegend luftgefüllten Schächten, Gängen und Sälen. In diese Zeit fällt die intensivste Sinterbildung sowohl in Gestalt von Tropfsteinen wie von Wand- und Deckenversinterung.

Es folgt das Greisenalter oder die Versturzphase: Die Höhlengewässer haben sich in tiefere Regionen zurückgezogen. Wände und besonders Decken stürzen ein und hinterlassen grobes Blockwerk auf dem Höhlenboden. Viele europäische Höhlen durchlaufen jetzt alle Altersstufen.

Grundsätzlich zu unterscheiden sind Schächte und Höhlengänge. Die vertikalen Schächte entstehen entweder von oben nach unten durch chemische Auflösung des Gesteins oder in umgekehrter Richtung durch Einstürzen der Decken sehr alter Höhlen. Die Höhlengänge verlaufen mehr oder weniger stark geneigt bis fast horizontal. Während die Schachthöhlen von Anfang an einen nahezu zylindrischen Querschnitt zeigen, bestehen die Höhlengänge in ihrer Jugendzeit meist aus schmalen Spalten und Klüften.

Der Mensch nutzt die Höhle zu verschiedenen Zwecken: als Flucht- und Wohnstätte ebenso wie als Lager oder für Begräbnisse und andere kultische Handlungen. In vielen Höhlen geben verschiedene Siedlungsschichten über ihre jeweilige Nutzung Auskunft. Auch Felsbilder, vor allem in den so genannten Kulthöhlen, liefern wertvolle Hinweise für die Höhlenforschung.

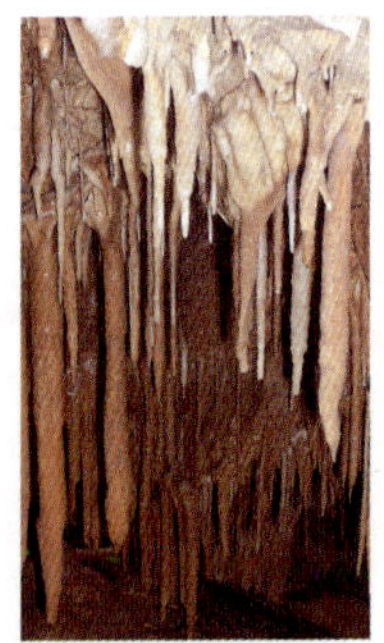

Stalaktiten in einer Höhle

Höhlenstadien

- Frühe Eiszeiten und Warmzeiten: Jugendstadium, Bildungsphase der Höhlen
- Mindel/Riss-Interglazial: Erwachsenenstadium, intensive Versinterung, besonders im Mittelmeerraum.
- Riss-Eiszeit: starke Höhlensedimentbildung.
- Riss/Würm-Interglazial: Verkittung von Gesteinskonglomeraten, Sinterbildung. Die Sinter aus dieser Zeit sind heute meist als »Altsinter« erhalten.
- Würm-Eiszeit: erneute Ablagerung von Sedimenten, z. T. mit Höhlenbärenresten und Kulturschichten
- Spätwürm: Versturzphase
- frühes Nachwürm: intensive Bergmilchbildung. Ihr Formenschatz reicht an den von Sinterbildungen heran.
- Nacheiszeitliches Klimaoptimum: erneute Sinterbildungsphase
- Jetztzeit: bescheidene Sinterbildung (Tropfröhrchen)

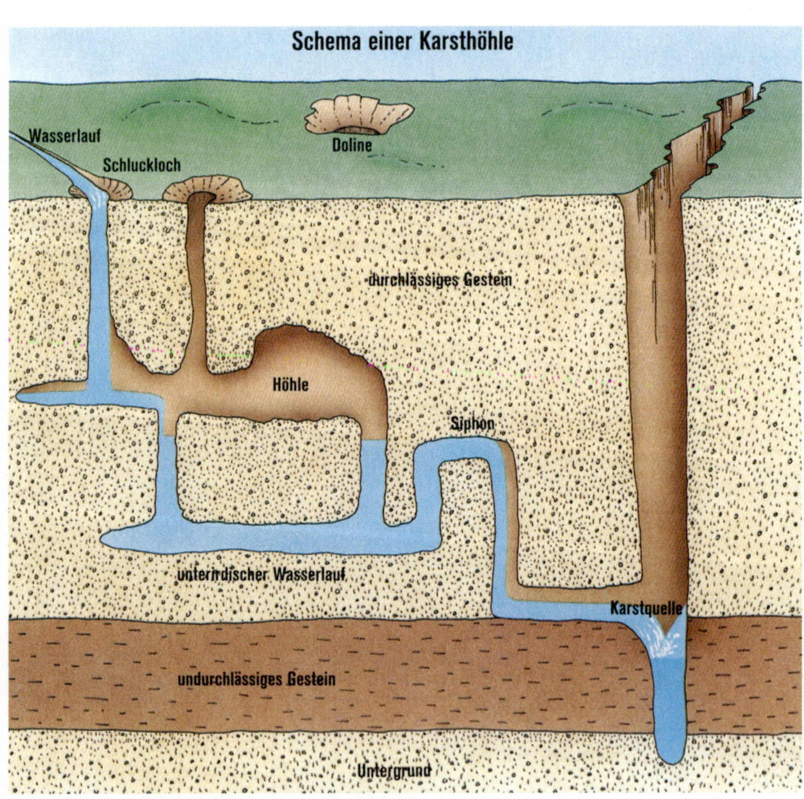

In Karstlandschaften sacken die unterirdischen Hohlräume langsam ab oder brechen plötzlich ein, an der Oberfläche entstehen dabei kraterförmige Vertiefungen (Dolinen).

Gewaltige Luftbewegungen unter der Erde

Das Höhlenklima wird stark vom Wind bestimmt. In manchen Fällen kann es zu unterirdischen Stürmen mit Geschwindigkeiten von über 50 km/h kommen. Besonders ausgeprägt sind die Luftbewegungen in Eishöhlen.

■ **720 000–10 000:** Die Führung des Windes in einer Höhle hängt wesentlich davon ab, ob eine Höhle nur eine einzige Öffnung oder zwei bzw. mehrere Öffnungen zur Außenwelt besitzt. Im ersten Fall verursachen Temperaturschwankungen zeitweise geringfügige Luftumschichtungen und Austauschvorgänge. Dagegen kann es im zweiten Fall zu gewaltigen Luftbewegungen kommen. Auch tageszeitliche Temperaturwechsel verursachen Höhlenwind. Besonders ausgeprägt sind die Luftbewegungen in Eishöhlen, in denen sich von oben einfließende Luft stark abkühlt, bevor sie an einer tiefer gelegenen Stelle wieder entweicht. Daneben spielen auch äußere Luftdruckschwankungen eine wichtige Rolle. Liegt ein Höhleneingang in einer »Winddüse«, etwa in einer engen Schlucht, saugt außerdem der Wind über Tage Höhlenluft an.

Regen im Innern der Erde

Abhängig vom Höhlenwind ist einerseits die Luftfeuchtigkeit in der Höhle. Bei ruhender Luft liegt sie bei nahezu 100 %, kann jedoch bei starker Bewetterung auf 60 % oder darunter fallen. Ist die Luftfeuchtigkeit sehr hoch und kommt es außerdem zu Abkühlungen (etwa über Höheneis), so bildet sich Tau bzw. Raureif; manchmal fällt dann in den Höhlen auch feiner Regen.

Die Höhlentemperatur ist ebenfalls von der Windführung abhängig, zusätzlich aber auch von der wärmespeichernden Wirkung des Gesteins. So sind die Jahreszeiten in größeren Höhlensystemen gegenüber jenen über Tage um mehrere Wochen, im Hochgebirge z. T. sogar um Monate verschoben. Die größte Kälte wird im Erdinneren im Frühjahr erreicht und eindringendes Schmelzwasser gefriert hier noch bis in den Frühsommer.

Spezielle Höhlenpflanzen

Bis tief ins Innere von Höhlen dringen Bakterien vor. Meist sind das Arten, die ohne Licht organische Substanzen aus anorganischen aufbauen können. Daneben finden sich häufig Pilze, die von eingeschwemmten oder eingewehten organischen Substanzen leben. Auch verschiedene Algen kommen tief im Höhleninneren vor, wo manche von ihnen noch bei nur rund 0,05 % des Tageslichts Kohlenstoff assimilieren können.

Vollständig rekonstruiertes Skelett eines Höhlenbären bei Mixnitz (Steiermark)

Spezialisten bewohnen lichtlose Welten

Im Zuge der pleistozänen Höhlenentwicklung besiedeln zunehmend Tiere die unterirdische Welt. Man unterscheidet zwischen echten Höhlentieren (Troglobien), Höhlen liebenden Tieren (Troglophilen) und Höhlengästen (Trogloxenen).

■ **720 000–10 000:** Troglobien sind in ihrem Vorkommen auf Höhlen beschränkt bzw. verlassen diese nur kurzfristig und zufällig. Troglophilen leben meist an Höhleneingängen, seltener auch außerhalb der Höhlen. Trogloxenen gelangen nur durch Zufall in unterirdische Hohlräume, das allerdings relativ oft.

Echte Höhlentiere kommen selten vor und stellen nur einen geringen Anteil der in Höhlen anzutreffenden Tierarten. Oft zeigen sie besondere Anpassungsmerkmale wie besonders flachen oder »kolbenförmigen« Körperbau, zurückgebildete Flügel (bei Insekten), eine Verlängerung der Beine sowie Pigmentarmut bis hin zu Pigmentlosigkeit. Der Lichtsinn ist nur schwach oder überhaupt nicht entwickelt. Dafür ist der Tastsinn überdurchschnittlich gut ausgeprägt. Auch die chemischen Sinne (Geruch und Geschmack) sowie das Hörvermögen sind oft besonders gut. Manche Arten entwickeln neue Sinnesorgane. Beispielsweise besitzen bestimmte Höhlenschmetterlinge einen Sinn zur Erkennung von Luftströmungen. In Höhlen lebende Diplopoden (eine Unterklasse der Tausendfüßer) können Veränderungen der Luftfeuchtigkeit registrieren. Höhlenfische entwickeln besondere Tastkämme an Kopf und Rumpf.

Das Große Mausohr verlässt wie viele andere Fledermausarten seine Höhle erst bei Einbruch der Dämmerung.

Auf der Suche nach der Wiege der Menschheit

Woher kommt der Mensch? Die Suche nach dem Garten Eden hat die Wissenschaft nach Afrika geführt. Nirgendwo auf der Welt wurden so viele spektakuläre Funde gemacht wie in der Oldoway-Schlucht Tansanias. Lag hier die Wiege der Menschheit?

Bis 1925 wurden sämtliche menschlichen Fossilien in Europa und Asien gefunden: Der Neandertaler stammte aus dem Rheinland, frühe Spuren des Homo erectus aus China. Bis dahin galt Afrika für die Suche nach dem Ursprung der Menschheit als irrelevant. Zwar entdeckte Raymond Dart 1925 das Taung-Baby in Südafrika, aber der Fund wurde als zu unbedeutend für die Evolution zurückgewiesen und fand zunächst kaum Beachtung. Die meisten Forscher suchten wie selbstverständlich die Heimat des Menschen dort, wo sie selbst lebten – in Europa. Nur so ist zu erklären, dass der Mann von Piltdown die Wissenschaftler so lange an der Nase herumführen konnte. Sein Schädel, 1912 im Süden Englands entdeckt, wies alle Merkmale auf, die ein früher Mensch haben sollte – jedenfalls nach Ansicht der im Dunkeln tappenden Forscher: einen großen menschlichen Kopf mit der Kieferform eines Affen. Doch 1953 stellte sich heraus: Der Piltdown-Schädel war eine Fälschung.

Der britische Missionarssohn Louis Leakey (1903–1972) glaubte nicht an die Theorie vom europäischen Ursprung der Menschheit. Stattdessen hielt er an Charles Darwins These fest,

Louis Leakey und seine Frau Mary bei Ausgrabungen in Kenia

nach der die ersten Menschen Afrikaner gewesen seien. Mit seiner Frau Mary (1913–1996) suchte Leakey nach Hinweisen für diese Behauptung. In der Oldoway-Schlucht in Tansania wurde das Paar fündig. Das Gelände war übersät mit Hunderten Steinartefakten, Werkzeugen früher Menschen. Wo aber waren deren Hersteller und Benutzer geblieben? Hartnäckig durchkämmten die Leakeys das Gebiet. Am 17. Juli 1959 machten sie eine sensationelle Entdeckung: einen menschlichen Zahn. Die Untersuchung der Fundstelle brachte noch mehr Skelettteile zum Vorschein. Ein Kieferstück und Hunderte von Fragmenten konnten zu einem menschlichen Schädel zusammengesetzt werden.

Der Zinjanthropus, der Mensch von Zinjan, war eine Sensation. Wegen seiner enormen Zähne erhielt er in der Öffentlichkeit den Namen »Nussknackermensch«. Louis Leakey schätzte das Alter des Hominiden auf mehr als 600000 Jahre. Heute weiß man: Der Zinjanthropus ist 1,75 Mio. Jahre alt. Wie sich herausstellte, spielte der »Nussknackermensch« keine entscheidende Rolle in der Evolution. Er gehörte zu einer aussterbenden Spezies. Aber die Leakey-Familie forschte weiter in der Oldoway-Schlucht, die noch mehr Geheimnisse bereithielt. 1960 entdeckte Leakeys Sohn Jonathan (* 1940) erstmals Fragmente des noch älteren Homo habilis in der Region. Und 14 Jahre später wurde in Äthiopien das erste fast vollständige Skelett eines Australopithecus entdeckt, das den Namen »Lucy« erhielt. Ostafrika hatte sich als Wiege der Menschheit erwiesen.

Homo erectus geht auf Wanderschaft

Nach heutigem Forschungsstand entwickelte sich die früheste Form des Menschen vor etwa 6 Mio. Jahren aus einem Seitenstamm der Primaten. Diese frühe Gattung verbreitete sich rasch über weite Teile des afrikanischen Kontinents. Erste Wanderungen fanden vermutlich bereits vor 3 Mio. Jahren von Ostafrika nach Zentral- und Südafrika statt. In diesen Gebieten prägten sich regionale Unterschiede in der Entwicklung der Australopithecinen aus, bis vor etwa 1,8 bis 1,2 Mio. Jahren der Homo erectus aus ihnen hervorging.

In unterschiedlichen Formen war Homo erectus vor 1,8 Mio. Jahren über mehrere Kontinente verbreitet: der Peking-Mensch in Ostasien, der Pithecantropus im ozeanischen Raum, Homo ergaster und Homo erectus in Afrika. Geht man von der Evolutionstheorie aus, nach der sich der Mensch durch Migration verbreitet hat und sich nicht gleichzeitig an mehreren Orten entwickelt hat, so stellt sich die Frage, welchen Weg die Hominiden genommen haben. Aufschluss gibt ein Erectus-Fund aus Georgien, der etwa 1,8 Mio. Jahre alt ist. Möglicherweise stammt er von einer hominiden Verbreitungswelle, die in Afrika ihren Ursprung hatte und über Europa und das Schwarze Meer weiter nach Asien vorgedrungen ist. Rund 100000 Jahre später taucht Homo erectus auf Java auf: Der Mensch von Sangiran kann exakt auf 1,7 Mio. Jahre datiert werden. Danach kommt es zu einer Unterbrechung der Fundkette von rund 1 Mio. Jahre. Die nächsten bekannten Hominiden in China sind 800000 Jahre alt, die auf Java nur 600000.

Warum taucht eine derartige Lücke in der Wanderung und Entwicklung des Homo erectus auf, nachdem sich die Gattung so explosionsartig verbreiten konnte? Eine These geht von extremen klimatischen Schwankungen aus. In der fraglichen Zeit kann weltweit starker Vulkanismus nachgewiesen werden, in dessen Verlauf sich das Klima durch Aschewolken in der Atmosphäre abgekühlt haben könnte. Zu den verheerendsten dieser Naturkatastrophen zählten die Eruptionen des Mount Toba in Indonesien und der Ausbruch des Vulkans im heutigen Yellowstone Park (USA). Beide fanden vor etwa 600000 Jahren statt. In diesem lebensfeindlichen Szenario wurde auch die Entwicklung und Verbreitung des Homo erectus eingeschränkt.

Unterwegs mit Adam und Eva

Zielstrebiger als Homo erectus war Homo sapiens sapiens, der vor etwa 120000 Jahren aus Afrika aufbrach. Von Ostafrika aus erreichte er in 30000 Jahren den Süden des Schwarzen Kontinents. Etwa zur gleichen Zeit tauchte er am Mittelmeer auf. Von dort verbreitete sich der Mensch bis etwa 50000 nordwärts, bevor er von den eiszeitlichen Gletschermassen aus Skandinavien und Großbritannien aufgehalten wurde. Bis zu diesem Zeitpunkt hatte die östliche Wanderung den Homo sapiens sapiens bis an den Pazifik gebracht. Insgesamt benötigte er nur rund 80000 Jahre, um von Afrika über Europa und Asien bis nach Australien vorzudringen.

Was löste eine solche Wanderungsbewegung aus? Ein Grund, nach neuem Lebensraum zu suchen, war immer wieder das Klima. So ist heute bekannt, dass eine 10000-jährige Warmzeit weite Gebiete Afrikas verdorren ließ, kurz bevor der Mensch von dort in neue Regionen aufbrach. Ein anderer Aus-

Der britische Physiker Stephen Hawking (*1942) gibt zu bedenken:
»Im Grunde bewegen nur zwei Fragen die Menschheit: Wie hat alles angefangen und wie wird alles enden?«

Die Oldoway-Schlucht in Tansania ist Fundort zahlreicher menschlicher Fossilien.

löser für den Auszug aus Afrika mag Bevölkerungsdruck gewesen sein. Die frühen Menschen lebten nomadisch und zirkulierten mit den Jahreszeiten zwischen mehreren Lagerplätzen. Auf diese Weise lebte eine Familie von 20 oder 30 Menschen auf ausgedehntem Raum. Die ertragreichsten Jagd- und Sammelstellen waren vermutlich hart umkämpft, so dass viele nach neuen Revieren Ausschau hielten. Mit der letzten Eiszeit, die vor etwa 12 000 Jahren endete, wurde die Wanderungsgeschwindigkeit des Homo sapiens sapiens noch einmal gebremst, zum Stillstand kam sie jedoch nie.

Rätsel um Neandertaler

Ein naher Verwandter des Homo sapiens sapiens tauchte vor etwa 120 000 Jahren auf und sorgte mit seinem plötzlichen Verschwinden für anhaltendes Rätselraten: der Homo sapiens neanderthalensis. Entgegen seinen Vorfahren (Homo erectus) und seinen Vettern (Homo sapiens sapiens) ist der Neandertaler nicht weit gewandert. Die meisten Fundstellen konzentrieren sich auf Mitteleuropa, auch in Südeuropa wurden Neandertalerfunde gemacht. Zwar konnten noch in Israel einige bedeutende Fragmente und sogar Siedlungsplätze entdeckt werden. Von einer weiträumigen Verbreitung des Neandertalers ist jedoch derzeit nichts erkennbar. Die Frage nach der Ursache für diese räumliche Beschränkung muss beim aktuellen Forschungsstand unbeantwortet bleiben.

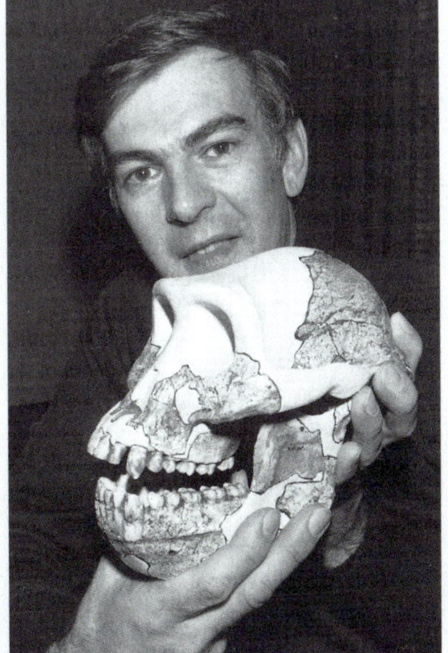

Der Anthropologe Donald Johanson mit einer Nachbildung des Schädels von »Lucy«

Waren Neandertaler Kannibalen?

Ein in den 1990er Jahren in Südfrankreich gemachter Fund bestätigt eine Theorie, welche die Paläoanthropologie lange beschäftigt hat: Einige frühe Menschen aßen ihre Artgenossen.

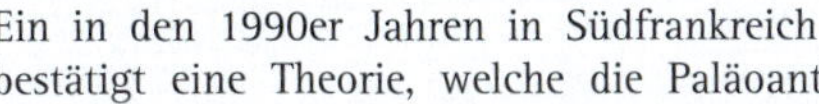

In einer Höhle bei Moula-Guercy, nördlich von Marseille, entdeckten Archäologen Reste einer grausigen Mahlzeit. Unter mehr als 1500 Überresten eines Lagerplatzes befanden sich 78 Knochenfragmente, die von Neandertalern selbst stammten. Die Knochen wiesen dieselben Schnittmarken auf wie die dort gefundenen Tierknochen, das Fleisch wurde also in ähnlicher Weise mit Werkzeugen vom Knochen heruntergeschnitten. Wären die Opfer von einem Tier verzehrt worden, hätten die Spuren keine so geraden und symmetrischen Reliefs auf den Knochen hinterlassen. Der Gedanke an Kannibalismus drängt sich auf, denn abgesehen von den Schnittspuren liegen die Neandertalknochen zwischen den Tierknochen verstreut, waren also Teil desselben Mahls. Von anderen Fundorten sind sorgfältige Bestattungsriten nachgewiesen, ein Totenritual hat in Moula-Gercy also nicht stattgefunden.

Diese Entdeckung bestätigt eine Theorie, die bereits um 1890 aufkam, als man im Gebiet des heutigen Kroatien ähnlich verstümmelte Knochen fand. Mangels Vergleichsmaterial nahm man damals an, es handele sich nicht um Schnittmarken, sondern um Beißspuren wilder Tiere, denen Hominiden zum Opfer gefallen waren.

01953 Homo floresiensis

Ngorongoro – Wurzel der Menschheit 385

Der aufrechte Gang 243

An der Schwelle zum Homo sapiens

In verschiedenen Regionen der Alten Welt leben Hominiden, die zwar heute im Allgemeinen zur Gattung Homo erectus (1,7 Mio.–720 000) gestellt werden, sich aber von den frühen Formen anatomisch in vielfacher Hinsicht unterscheiden.

Homo erectus der so genannten späterectoiden Form ging nicht mehr leicht vornübergeneigt wie die älteren Vertreter, sondern schon aufrecht.

■ **Ab 600 000:** Verschiedene Paläoanthropologen sehen in diesen sog. späterectoiden Frühmenschen, vor allem in jenen, die jünger als 250 Jahrtausende sind, bereits Formen von Homo sapiens. Diese Auffassung vertreten insbesondere jene, die die früherectoiden Menschen überhaupt nicht als geradlinige Vorfahren der Gattung Homo sapiens, sondern als einen Seitenast der Hominiden-Entwicklung betrachten.

Entgegen den Früherectoiden gehen die Späterectoiden wirklich aufrecht und nicht leicht gebückt, denn der Aufbau ihres Oberschenkelgelenks ist ein modernerer. Auch ihr Gehirnvolumen ist erheblich größer. Hatten die frühen Formen ein solches von durchschnittlich 850 cm³, so verfügen die Späterectoiden über ein Gehirnvolumen von durchschnittlich 1050 cm³. Auch sind bei ihnen jene Gehirnpartien deutlich besser entwickelt, die das Sprachvermögen steuern. Die späterectoiden Hominiden sind mit 155 bis 160 cm Körpergröße 10 bis 15 cm kleiner als die Früherectoiden.

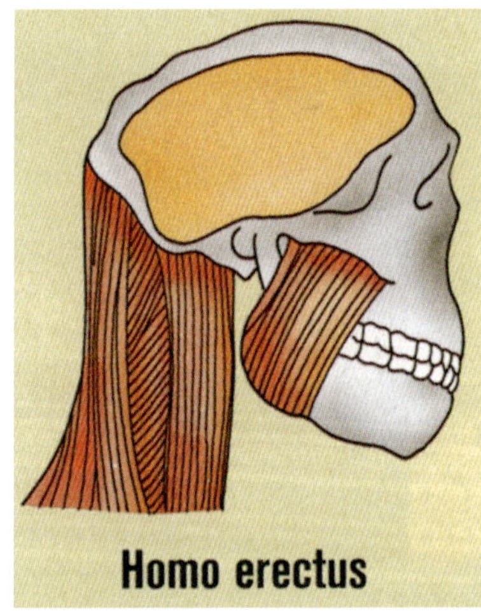

Homo erectus besitzt noch ein fliehendes Kinn und eine flache Stirn. Der Hinterkopf ist weniger gerundet und der Oberschädel insgesamt flacher.

Der Solo-Mensch

Wie komplex das Problem wird, wenn man sich anatomischen Details zuwendet, sollen zwei Beispiele zeigen, die zeitlich in etwa jene Epoche fallen, in der die Spätformen die Frühformen (entwicklungsgeschichtlich oder rein chronologisch) ablösen. Vor etwa 600 Jahrtausenden lebt auf Java ein Frühmensch, der unter Namen wie Homo soloensis, Solo-Mensch oder Ngandong-Mensch bekannt ist. Bezeichnenderweise wird er von einigen Wissenschaftlern auch als Homo erectus oder Homo erectus erectus, von anderen dagegen als Homo sapiens soloensis bezeichnet, während wieder andere sogar von einem Homo neanderthalensis soloensis sprechen. Das Schädelvolumen liegt bei 1035 (weiblich) bis 1255 cm³ (männlich). Zunächst eröffnete man für die Funde aus

Java eine neue Hominiden-Gattung, nämlich Homo soloensis und sogar eine neue Untergattung: Javanthropus.

Die Probleme der entwicklungsgeschichtlichen Zuordnung zeigen sich im Zuge der später generellen Vereinfachung der Entwicklungsschemata der Hominiden auf einige wenige Arten. In der Tat zeigt der Mensch von Solo typische Merkmale des Homo sapiens und auch etliche von Homo neanderthalensis (der nach Auffassung vieler Wissenschaftler ohnehin nur eine Unterart des Homo sapiens darstellt). Von den Frühformen des Homo erectus ist er hingegen weiter entfernt. Mit den Spätformen verbindet ihn eines: Er passt am Rande in diese, in ihrer anatomischen Beschreibung sehr weit gefasste Gruppe.

Der Ighoud-Mensch

Als noch prekärer erweisen sich Überreste fossiler Hominiden, die – nicht genau datierbar – irgendwann vor 500 bis 200 Jahrtausenden im Nordwesten Afrikas zu Hause sind. Die Funde stammen vom Jebel Ighoud, 60 km südöstlich von Safi in Marokko.

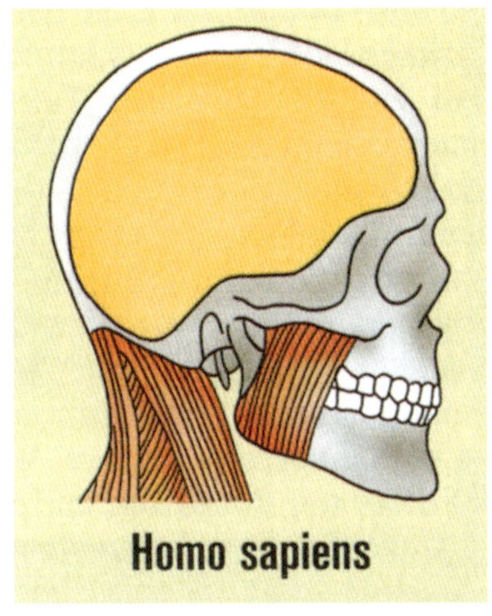

Der Mensch von Ighoud ist durch gut erhaltene Schädel, Kiefer und Zähne belegt. Das Gehirnvolumen schwankt zwischen 1305 und 1480 cm³, entspricht also schon fast jenem des modernen Menschen. Aufgrund seines Alters wurde der Ighoud-Mensch u. a. als »genereller oberpleistozäner Hominide« bezeichnet. Aus demselben Grund wollten zunächst einige Wissenschaftler in ihm einen sehr fortgeschrittenen Homo erectus sehen. Andere plädierten stark für einen Neandertaler, und zwar nicht für eine Frühform, sondern für den Neandertaler im klassischen Sinn. Aber auch dafür erscheint er als zu modern.

Heute tendiert die Wissenschaft zu seiner Anerkennung als sehr frühem modernem Homo sapiens.

Viele Menschenformen

Dem Homo sapiens ähnliche Frühmenschen sind bereits über weite Teile der Alten Welt verbreitet. Älteste Funde dieser späterectoiden (späte Homo-erectus-) Formen stammen aus der Zeit vor etwa 600 Jahrtausenden.

■ **Ab 600 000:** Gleich, ob man in den jüngeren Homo-erectus-Formen eine in sich geschlossene Art mit großer Streubreite ihrer anatomischen Merkmale, eine Formengruppe sich parallel entwickelnder Hominiden oder frühe Vertreter von Homo sapiens sieht, eines ist sicher: Während der Zeit ihres Vorkommens sind diese Frühmenschen bereits über weite Teile der Alten Welt verbreitet.

In Java lebt um diese Zeit der »Mensch von Ngandong«. Seine Unterschenkelknochen gleichen schon weitgehend denen des modernen Menschen. Sein Kopf mit 1035 bis 1255 cm³ Schädelvolumen zeigt noch eine fliehende Stirn und kräftige Überaugenwülste.

Vor etwa 400 Jahrtausenden lebt in Frankreich der Tautavel- oder Arago-Mensch. Überreste sind in einer Wohnhöhle im Verdouble-Tal in den östlichen Pyrenäen erhalten. Sein Schädelvolumen liegt zwischen 1100 und 1200 cm³. Gegenüber dem Ngandong-Menschen zeigt er einige fortschrittlichere Merkmale (etwa im Gebiss), die oft als Indiz für eine Zuordnung zu Homo sapiens oder einer Übergangsform erectus/sapiens gewertet werden.

Um dieselbe Zeit ist im Küstengebiet von Marokko der Mensch von Salé zu Hause. Sein Schädelvolumen liegt nur zwischen 860 und 960 cm³ und seine kräftigen Zähne sprechen deutlich für einen Homo erectus. Geht man von einem gleitenden Übergang zwischen Homo erectus und Homo sapiens aus, steht der Salé-Mensch wahrscheinlich noch relativ weit am Anfang dieses Spektrums. Dennoch wird er gelegentlich als Homo sapiens bezeichnet.

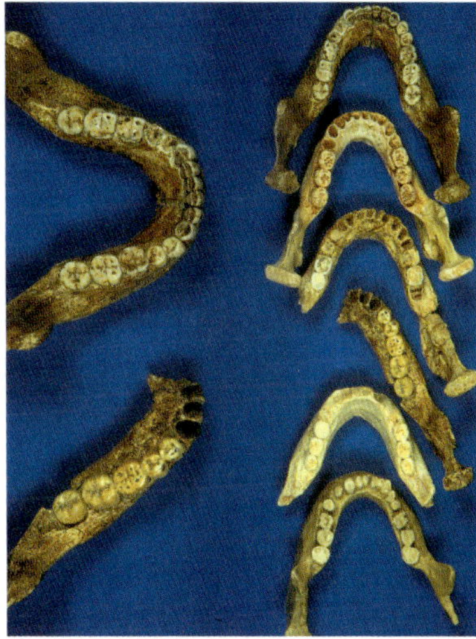

Erectus-Unterkiefer: links v. o.: Mauer, Arago 13; rechts v. o.: Mauer, Montmaurin, Arago 2, Arago 13, Atapuerka, Bañolas

Vor 200 bis 185 Jahrtausenden leben Homo-erectus-Vertreter in Mitteleuropa, z. B. im östlichen Deutschland der so genannte »Mensch von Bilzingsleben« im Thüringer Becken und der Mensch von Vértesszöllös in Ungarn. Sie zeigen beide deutliche Merkmale von Homo sapiens, in erster Linie das große Gehirnvolumen von 1115 bis 1437 cm³. Dennoch weisen sie auch primitive Merkmale wie eine fliehende Stirn und starke Überaugenwülste auf. Zeitgleich leben wesentlich weiterentwickelte Hominiden: der britische Swanscombe-Mensch und der deutsche Steinheim-Mensch, beide eindeutig Formen des Homo sapiens.

Die Unterschiede des Homo-sapiens-Schädels zum Homo erectus (s. linke Seite) sind beträchtlich. Auffällig ist v. a. das wesentlich größere Gehirnvolumen.

Frühmenschen in China

Späterectoide Frühmenschen besiedeln China. Zwischen dem Homo erectus aus Lantian und dem Dali-Mensch vergehen ca. 500 Jahrtausende.

■ **Ab 400 000:** In China zeigt sich eine Kontinuität der Besiedlung durch späterectoide Frühmenschen. Als Erster hinterließ vor rund 700 Jahrtausenden der Mensch von Lantian in der Provinz Shaanxi fossile Überreste. Er gehört eindeutig zu Homo erectus.

Vor etwa 400 bis 370 Jahrtausenden lebt der Peking-Mensch und vor 280 bis 240 Jahrtausenden der Hexian-Mensch, ebenfalls ein klarer Homo erectus. Vor 250 bis 125 Jahrtausenden ist in China der Dali-Mensch, eine Übergangsform von Homo erectus/sapiens, zu Hause, den vor 125 Jahrtausenden der Homo sapiens von Maba in der Provinz Guangdong ablöst.

Die als »Dali-Cranium« bekannt gewordene Schädeldecke von Wu Xinzhi in China gehört zu einem 250 000 bis 128 000 Jahre alten Homo erectus.

Der österreichische Verhaltensforscher Konrad Lorenz (1903–1989) über die Kritiker der Evolutionstheorie:
»Es liegt nicht an der geringeren Sicherheit des wissenschaftlichen Nachweises, sondern ausschließlich an nichtrationalen, affektbesetzten Widerständen, wenn es heute noch gebildete Leute gibt, die an die Abstammungslehre nicht glauben.«

Bilzingsleben – Lager des Homo erectus

Ein Mekka für Archäologen ist der Fundplatz von Bilzingsleben (Thüringen). Der Lagerplatz gehört zeitlich zu den letzten Zeugnissen des Homo erectus in Mitteleuropa und eröffnet spektakuläre Einblicke in das Leben unserer Vorfahren.

■ **400 000–350 000:** Am Ufer eines kleinen Sees schlagen Jäger der Altsteinzeit ihr Lager auf. Der Ort bietet ihnen optimale Bedingungen, so dass er immer wieder von den nomadisch lebenden Hominiden aufgesucht wird. Erst als der Wasserspiegel des Sees nach einigen Jahren oder Jahrzehnten ansteigt und den Siedlungsplatz überschwemmt, wird dieser aufgegeben. Die Kalkausscheidungen des Wassers versiegeln den Ort und konservieren die kulturellen Äußerungen seiner Bewohner über mehr als 300 000 Jahre – ein paläolithisches Pompeji.

Schädelfunde und Zahnfragmente sind von den ehemaligen Bewohnern des Lagers erhalten. Ein Vergleich mit Funden aus der Oldoway-Schlucht in Tansania belegen: Bei Bilzingsleben

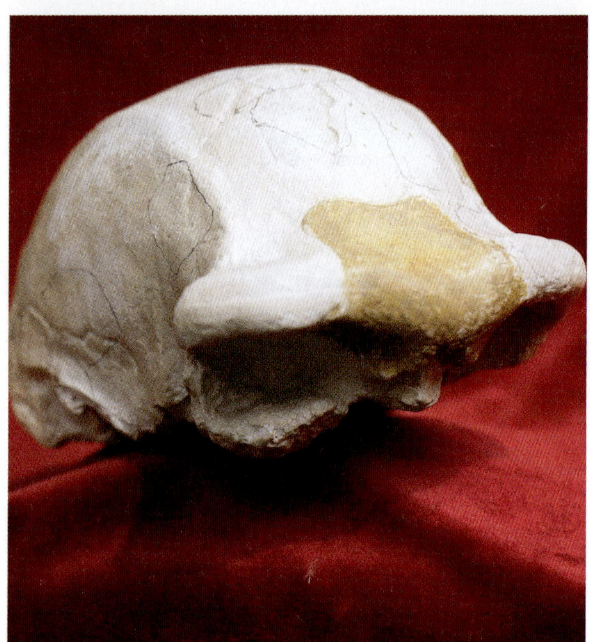

Im Jahr 1969 begannen die Ausgrabungen in Bilzingsleben: Schädelfragment eines Homo erectus.

haben Menschen der Gattung Homo erectus gelebt. Dieser Vergleich verwundert, denn aus derselben Klimaphase, der Holstein-Warmzeit, sind mit dem Schädel von Steinheim an der Murr bereits Homo-sapiens-Vorkommen nachgewiesen. Lebten die beiden Hominiden-Formen also nebeneinander? Obwohl der Forschungsstreit diesbezüglich noch nicht vollständig beendet ist, wird diese Theorie als wahrscheinlich angenommen.

Kratzer, Bohrer und Messer aus Stein

Dass die in Bilzingsleben belegte Form des Homo erectus bereits eine späte Entwicklung ist, lässt sich u. a. an den zahlreichen Kulturäußerungen festmachen, die die Jäger zurückgelassen haben. So sind die Menschen nicht mehr ausschließlich auf ihre Kraft und Geschicklichkeit im täglichen Überlebenskampf angewiesen. Sie benutzen eine Vielzahl von Werkzeugen, die sie selbst herstellen. Aus Stein hergestellte Geräte nehmen den Großteil des Fundmaterials ein. Die Herstellung von Steinwerkzeugen ist zu dieser Zeit schon rund 2 Mio. Jahre alt. In Bilzingsleben werden sowohl die »traditionellen« groben Geröllgeräte benutzt als auch feine Artefakte aus Feuerstein. Unter Tausenden von Funden befinden sich Kratzer, Bohrer, Spitzen und Messer aus dem harten Material, das bei geschickter Bearbeitung zu stahlharten Klingen verarbeitet werden kann. Zwar sind Geräte aus anderen Materialien kaum belegt, doch vermutet man, dass mit den Steinwerkzeugen zahlreiche andere Hilfsmittel aus Fasern, Häuten oder Holz hergestellt wurden. Durch die ungewöhnlich günstigen Erhaltungsbedingungen haben sich Holzreste und zahlreiche Artefakte aus Knochen, Geweih und Elfenbein erhalten. Die hohe Formenvielfalt deutet auf eine bereits hoch entwickelte technische Kultur des Frühmenschen hin.

An mehreren Stellen des Siedlungsplatzes errichtet der Homo erectus einzelne Steinplatten, Steinblöcke oder Stoßzahnteile. Die um diese Punkte verstreuten Werkzeugreste und Werkabfälle weisen diese Stellen als Arbeitsplätze aus. Auch sind Hiebmarken und Aussplitterungen auf den Platten erkennbar. Vermutlich werden sie als »Ambosse« genutzt. Die Organisation von Arbeitsplätzen innerhalb einer Gemeinschaft deutet auf ein frühes Verständnis von Arbeitsteilung hin. Möglicherweise verrichten bestimmte Mitglieder der Gemeinschaft spezielle Aufgaben wie das Herstellen von Kleidung an eigens dafür eingerichteten Orten.

Einfache Hütten bieten Schutz

Zum Schutz vor Kälte und wilden Tieren steht den Jägern von Bilzingsleben zum einen das Feuer zur Verfügung. Das Entfachen eines Feuers ist zu dieser Zeit zwar noch nicht bekannt, doch verstehen es die Menschen, durch Blitzschlag entstandene Flammen zu transportieren und zu bewahren. Zum anderen gehören bereits Hütten zu den Errungenschaften des späten Homo erectus. Auf kreisförmigem bzw. ovalem Durchmesser errichten die Jäger Behausungen, deren Aufbau von der Forschung nur rudimentär rekonstruiert werden kann. Vermutlich wurden die Hütten von zwei oder mehreren Elefantenstoßzähnen gestützt, die in einer Länge von mehr als 2 m in den Überresten der Behausungen überliefert sind. Felle oder Häute überspannen diese einfache Konstruktion. Am Boden werden sie mit Steinen beschwert, um gegen Wind und Regen standzuhalten. Die Eingänge werden einheitlich im Südosten angelegt. Davor brennt ein Feuer. Auch die Arbeitsplätze werden in der Nähe der Hütteneingänge angelegt. Dass sich die Bilzingslebener Jäger neben Feuer und Behausung auch mit Kleidung zu schützen wussten, kann als sicher angenommen werden. Reste von zurechtgeschnittenen Tierhäuten sind jedoch nicht überliefert.

Mensch gegen Tier

Das Leben des Homo erectus ist stark von der Jagd geprägt. Die Jagdbeute wird zum Lager transportiert, dort zerlegt und verzehrt. Zur bevorzugten Beute gehört Großwild: Elefanten, Nashörner, Bären und Hirsche. Sie sind reiche Nahrungsquelle und sichern das Überleben der Gemeinschaft. Nur vereinzelt wird Kleinwild wie Biber erlegt – die geringe Fleisch-, Knochen- und Fellausbeute lohnt den Aufwand kaum. Andererseits bringt ein Elefant Fleischmassen ein, die nicht auf einmal verzehrt werden können. Der Homo erectus muss also eine Konservierungsmethode für Fleisch kennen. Welche, lässt sich zum derzeitigen Forschungsstand nicht feststellen. Als Jagdwaffe wird vermutlich hauptsächlich der Speer genutzt. Er ist ohne viel Aufwand herzustellen und eine gefährliche Waffe, wenn seine Spitze im Feuer gehärtet wird. Auch ist der Einsatz einer Fernwaffe wesentlich ungefährlicher als der einer Geweihhacke, wenn es auf Großwildjagd geht. Die Jäger entwickeln bei der Jagd effektive Strategien: Knochenfunde von nicht ausgewachsenen Tieren im Lager belegen, dass die Jagd auf unerfahrenes Jungwild den meisten Erfolg verspricht.

Der Mensch entwickelt den Speer

Aus dem Altpaläolithikum, der frühesten Periode der Altsteinzeit, ist hauptsächlich eine große Zahl von Steinwerkzeugen überliefert. Der Fund der Holzwurfspeere in Schöningen gilt deshalb als Glücksfall.

■ **Um 400 000:** Bei Schöningen, im Südosten des heutigen Niedersachsen, fertigen Hominiden der Gattung Homo erectus Wurfspeere aus Holz an. Eigentlich ist Stein für diese frühe Menschheitsepoche das vermutlich wichtigste Werkmaterial, da Metalle wie Kupfer, Bronze oder Eisen noch nicht bekannt sind. Die Nutzung organischer Stoffe wie Leder, Pflanzenfasern oder Holz wird von der Forschung zwar angenommen, ist jedoch nur schwer belegbar, da es sich dabei um leicht vergängliche Stoffe handelt.

Auf einem Jagdlagerplatz der Urmenschen in der Nähe von Schöningen wurden seit 1994 acht Wurfspeere entdeckt.

Ende 1994 fanden die Forscher im Schöninger Braunkohleabbau ein Holzgerät. Es ist 78 cm lang, bis zu 3 cm stark und an beiden Enden zugespitzt – vermutlich ein Wurfholz, eine Waffe, die in der gesamten Altsteinzeit-Forschung ihresgleichen sucht. Weitere sieben Holzwaffen wurden im Folgejahr geborgen. Dabei handelt es sich um Speere in exzellentem Erhaltungszustand. Die Waffen weisen Längen von 1,82 m bis etwa 2,50 m auf und haben einen Durchmesser von 3 bis 5 cm. Alle Waffen wurden aus jungen Fichten hergestellt. Die Speerspitzen sind mit etwa 60 cm Länge aus der Basis der Bäume herausgearbeitet. Astansätze wurden sorgfältig abgearbeitet.

Elefantenjagd mit Damenspeer

Dass die Schöninger Waffen keine Stoßlanzen, sondern Wurfspeere sind, ist an ihrem Schwerpunkt zu erkennen. Er wurde sorgfältig auf den Vorderteil des Schaftes gelegt, um bessere Flugfähigkeit zu gewährleisten. Ein Vergleich mit modernen Wettkampfspeeren am Institut für Sport und Sportwissenschaft der Universität Heidelberg brachte erstaunliche Ergebnisse: Die Rekonstruktionen wiesen eine verblüffende Flugtauglichkeit auf. Eine technisch ausgefeiltere Herstellung von Wurfspeeren sei, so die Erkenntnis des Testteams, auch mit moderner Präzisionsmechanik nicht möglich.

Die Waffen entsprechen in etwa einem heutigen Damenwettkampfspeer. Sie sind für kurze, direkte Würfe mit maximaler Kraft gut geeignet. Obwohl die Speere eine leichte Krümmung aufweisen, wirkt sich diese nicht auf die Zielsicherheit aus: optimale Voraussetzungen für eine erfolgreiche Jagd. Aus der technischen Perfektion der Speere lässt sich ablesen, dass die Speerherstellung zu dieser Zeit bereits eine lange Tradition gehabt haben muss.

Theorie vom Aasfresser ist passé

Damit liegen aus dem Braunkohletagebau Schöningen nicht nur die ältesten vollständig erhaltenen Holzspeere der Welt vor, es handelt sich zudem um die ältesten erhaltenen Jagdwaffen der Menschheit. Die an derselben Stelle gefundenen Pferde wurden möglicherweise mit den Speeren erlegt. Die bislang existierende Lehrmeinung, Homo erectus habe sich ausschließlich von Aas ernährt und sei noch nicht zur Jagd in der Lage gewesen, ist damit hinfällig.

Das Zeitalter des Abbevillien

Mit dem Abbevillien beginnt eine der ältesten menschlichen Kulturstufen. Die nach dem französischen Fundort Abbeville benannte Epoche ist durch eine charakteristische Form von Faustkeilen gekennzeichnet, die als die ältesten ihrer Art gelten.

■ **Um 320 000:** Die Faustkeile des Abbeville-Typs haben eine lange Entwicklung hinter sich. Wahrscheinlich ging der Zeit, in der der Frühmensch einfache Steinwerkzeuge herstellte, eine lange Periode voraus, in der er ähnliche Gegenstände verwendet hat, die von Natur aus eine ihm zusagende Form oder Eignung besaßen. Sicherlich waren darunter Holzknüppel und Zweige, die als Keulen und Hebel dienen konnten, oder Geröllsteine, die sich zum Schlagen und Werfen eigneten.

Abschlag durch die Natur oder den Menschen?

Wie unterscheidet sich ein natürlicher Steinabschlag von einem, der durch menschliche Tätigkeit entstanden ist? Wenn ein Stein im Frost oder in der Glut springt, entstehen zwar Abschläge, sie weisen jedoch keinen Bulbus auf, d.h. keinen kegelförmigen, flachen Höcker an der Schlagstelle wie diejenigen, die der Mensch mit einem Steinwerkzeug herstellt. Der grundsätzliche Unterschied zwischen natürlichen und künstlichen Abschlägen beruht in erster Linie auf der Zielstrebigkeit der menschlichen Tätigkeit. Betrachtet man eine größere Zahl von Abschlägen, die das Ergebnis menschlicher Bearbeitung sind, erkennt man, dass sie eine planmäßige Wahl des Rohmaterials und meist auch einen bestimmten Verwendungszweck verraten. Abschläge aus Brandungsschottern lassen einen solchen niemals erkennen. Sie sind nicht so ausgeprägt wie die durch den Menschen verursachten Abschläge und ihre Bulben befinden sich an den verschiedensten Stellen.

Zudem spielen die Fundumstände eine wichtige Rolle. So beweist ein Fund eines oder gar mehrerer Steinabschläge in einer vom Wind angewehten Lößschicht – besonders, wenn es sich um Steine handelt, die hier sonst nicht vorkommen –, dass sie nur der Mensch dorthin gebracht haben kann.

Einfacher Faustkeil aus dem Abbevillien: Fundort ist Algerien

320 000–10 000

320 000–10 000

Der Homo sapiens löst weltweit in einem langwierigen Entwicklungsprozess den Homo erectus ab. Dabei ist paläoanthropologisch umstritten, ob er dessen Nachfahre ist oder ob er ihn lediglich in seinen Verbreitungsgebieten verdrängt. → S. 122

120 000–70 000

Erstmals belegen sichere fossile Überreste die Existenz der Pflanzenklasse Gnetales, die entwicklungsgeschichtlich zwischen den Nackt- und Bedecktsamern angesiedelt ist. Sie umfasst in drei Gattungen (Gnetum, Ephedra und Welwitschia) sehr unterschiedliche Formen.

120 000–50 000

Während dieser Periode milden Klimas bildet sich in verschiedenen Gebieten Europas in großen Mengen so genannter Süßwasser-Kalktuff oder Travertin. An seiner Entstehung sind pflanzliche Organismen beteiligt.

100 000–35 000

In West- und Südeuropa sowie im Vorderen Orient leben Neandertaler. Ein ähnlicher Formenkreis, der so genannte tropische Neandertaler, ist in Südafrika zu Hause. → S. 124

100 000–30 000

Der klassische Neandertaler ist in erster Linie Jäger. Fossile Überreste von ihm bleiben vor allem in Frankreich, aber auch in Deutschland, Belgien, Spanien, Italien und England erhalten. → S. 125

100 000–30 000

Die Neandertaler setzen ihre Toten in Erdgräbern bei und statten diese oftmals mit Grabbeigaben aus. Dazu gehören neben diversen Werkzeugen aus Feuerstein und Quarz auch Knochen von verschiedenen Tieren. → S. 126

um 50 000

Mit einem Alter von 43 000 bis 67 000 Jahren bleibt in Slowenien das wohl älteste Musikinstrument der Welt erhalten. Das Neandertaler-Instrument besteht aus einem Knochenstück, das zwei vollständige und zwei ausgebrochene Löcher aufweist, die absichtlich und mit großer Sorgfalt eingebracht waren.

50 000–30 000

Ein Riesenmeteorit schlägt in der Nähe von Flagstaff (Arizona) einen Krater von 1,2 km Durchmesser und 250 m Tiefe.

um 43 000

Die ältesten Felsritzungen der Welt entstehen in Panaramittee (Australien). Die Darstellungen aus Linien, Punkten, Halbkreisen und Spiralen sind abstrakt. Einige stellen wahrscheinlich Kängurus oder Vogelspuren dar. → S. 154

40 000–10 000

In Gestalt des Cro-Magnon-Menschen verdrängt der moderne Homo sapiens den Neandertaler. In Europa ist er vorwiegend von Frankreich bis zur Tschechoslowakei verbreitet. Cro-Magnon-Menschen leben jedoch auch in vielen anderen Gebieten der Welt. → S. 127

In der jüngeren Altsteinzeit ist das Rentier das wichtigste Jagdtier des Menschen.

40 000–10 000

In Mitteleuropa durchläuft der Altsteinzeitmensch die Kulturstufen des Aurignacien (40 000 bis 20 000), des Solutréen (20 000 bis 16 000) und des Magdalénien (16 000–12 000). Danach setzt eine größere Spreizung verschiedener Kulturgruppen ein. → S. 131

Der Mensch der letzten Eiszeit hinterlässt eine Reihe von Artefakten und Felsmalereien. Dieses Kunstschaffen ist nicht zuletzt das Resultat einer neu gewonnenen Freizeit. → S. 130

Das wohl älteste bekannte Kunstwerk des Eiszeitmenschen ist eine in eine Höhlenwand bei Les Eyzies (Frankreich) geritzte menschliche Hand. In derselben Zeit entstehen schablonenhafte Umrisszeichnungen von Tieren.

Kleine Statuetten, die meist aus Knochen gefertigt werden, bezeugen eine ausgeprägte Fruchtbarkeitssymbolik. So entstehen im Aurignacien Frauenplastiken (»Venus von Willendorf«) mit übertriebenen weiblichen Merkmalen. → S. 131

um 40 000

Neben Freiland- und Grottenwohnungen entstehen teilweise auch schon hüttenartige Wohnbauten für größere Sippen.

Die Feuersteinbearbeitung erreicht ihren Höhepunkt. Die Menschen entwickeln feste Klingen, lorbeerblattförmige Lanzenspitzen, Pfeilspitzen, Schaber und Bohrer. Ebenso werden die Knochenwerkzeuge verbessert, u. a. fertigt der Mensch Harpunen aus Rengeweih.

um 24 000

Die Zeichnungen in der Höhle »Apollo 11 Cave« in Südafrika sind der früheste Nachweis von Felsbildern auf dem afrikanischen Kontinent.

20 000–11 000

Ausgehend vom Südostasiatischen Raum besiedelt der Homo sapiens Nordostasien, Japan, Nordamerika und Grönland, Mittel- und Südamerika. Von diesen Einwanderern leiten sich die Inuit sowie alle amerikanischen Indianer ab. → S. 129, → S. 136

um 20 000

Die Paläo-Indianer wandern über die Beringstraße in den Osten Amerikas und lassen sich u. a. in Pennsylvania nieder. Unter einem Felsvorsprung bei Meadowcroft in der Nähe von Pittsburgh bleiben zahlreiche Spuren dieser ersten Amerikaner erhalten. → S. 136

Die archaischen Indianer, die zu dieser Zeit im Osten Nordamerikas siedeln, leben als Jäger und Sammler. Hirsch, Elch, wilder Truthahn und verschiedenes Kleinwild sind ihre bevorzugten Beutetiere.

um 13 000

Im südwestasiatischen Raum fertigen Menschen Bauten aus Mammutknochen. Schädel, Unterkiefer und Schulterblätter bilden das Fundament der Hütten. In der heute ukrainischen Stadt Meshiritsch errichten die altsteinzeitlichen Menschen mindestens fünf solcher Knochen-Hütten, die ihnen als Winterquartier dienen. → S. 137

13 000

In einem Doppelgrab im heutigen Oberkassel bei Bonn wird neben einem alten Mann und einer jungen Frau ein hundeartiges Raubtier beigesetzt. Der gut erhaltene rechte Unterkiefer gilt als ältester Nachweis eines Haushundes.

11 800–11 000

Durch Klimaveränderungen in der Allerödzeit bilden sich in Europa die Steppen zurück, die großen umherziehenden Herden verschwinden. Auch die Gruppen der Jäger und ihre Siedlungen werden kleiner.

um 11 000

In den südchilenischen Wäldern lebt eine Gemeinschaft von Wildbeutern und Sammlern, die einen gut erhaltenen Siedlungsplatz am Monte Verde hinterlassen. Die Anordnung der bislang ältesten Gebäude des amerikanischen Kontinents lässt auf eine Gemeinschaft mit bereits ausgeprägter Arbeitsteilung schließen. → S. 137

um 10 500

Die Siedlung Gönnersdorf am nördlichen Rheinufer besteht aus einer Reihe von Schutzbauten, die aus einem Holzgerüst errichtet und mit Fellen abgedeckt werden. Für ein Zelt von etwa 7 m Durchmesser benötigen die frühen Gönnersdorfer rund 40 Pferdehäute. Durch einen Vulkanausbruch im Mittelrheingebiet bleibt der Siedlungsplatz früher Menschen erhalten. → S. 138

10 000–3500

um 10 000

Beginn des neolithischen Zeitalters in einigen Teilen der Welt. Das Neolithikum zeichnet sich aus durch die Sesshaftigkeit des Menschen, Ackerbau und Viehzucht, die Holz- und Metallverarbeitung sowie die gebrannte Keramik.

Die frühesten neolithischen Erscheinungen stammen aus dem Vorderen Orient. Dort existiert mit dem so genannten Natufien eine präkeramische Bauernkultur. Die ältesten Funde dieser Kultur stammen aus dem »fruchtbaren Halbmond« zwischen dem Persischen Golf und dem östlichen Mittelmeer. Dort breitet sich die frühneolithische Kultur vom Sinai über Palästina in den Irak hinein aus.

um 10 000

In Ostspanien bleiben Felsbilder mit stilisiert lang gezogenen Menschengestalten erhalten. Solche finden sich auch in Nordafrika und Ägypten.

Mongolen wandern von Alaska her nach Amerika ein.

ab 10 000

Klimatisch herrschen die Verhältnisse der so genannten Nacheiszeit. Im Vergleich zu vorquartären Erdzeitaltern ist es besonders in den höheren Breiten relativ kühl. Eine Ausnahme bildet eine Warmzeit vor 7000 bis 5000 Jahren. → S. 139

ab 10 000

Die meisten vulkanisch aktiven Gebiete liegen in den westlichen Bergketten Nord- und Südamerikas, in Süditalien, im Bereich der afrikanischen Grabenbrüche, des mittelatlantischen Rückens, im Gebiet der innerpazifischen Inseln und im Indischen Ozean. → S. 140

In postvulkanischen Gebieten bilden sich im Bereich kalkreicher heißer Quellen z. T. beträchtliche Sinterterrassen. Erdgeschichtlich ist das zwar kein Novum, doch stammen die heute gut erhaltenen Sinterterrassen aus dieser Zeit. Eine Phase besonders intensiver Versinterung (u. a. Tropfsteinbildung) erfasst auch die Kalkhöhlensysteme. → S. 140

Ausgehend von den zentralozeanischen Riftsystemen dehnen sich die Böden der Weltmeere weiterhin aus. → S. 140

um 10 000

Nach der Eiszeit bilden sich im Lauf der Jahrtausende die heutigen Florenprovinzen der Erde heraus. Im Wesentlichen lassen sich im Norden und Süden je eine Polarzone, eine so genannte gemäßigte sowie eine subtropische Zone unterscheiden. Beiderseits des Äquators erstreckt sich die tropische Florenprovinz. → S. 141

Zum ersten Mal lässt sich die Pflanzenfamilie der Blumenbinsengewächse (Scheuchzeriaceae) in Mooren der gemäßigten Breiten mit Sicherheit fossil nachweisen. → S. 143

Die Menschen nach der Eiszeit repräsentieren als Homo sapiens zwar eine einheitliche Art, diese teilt sich allerdings in verschiedene Großrassen. Europide, Negride, Australide und Mongolide entwickeln sich. → S. 134

um 10 000

In verschiedenen Regionen werden Menschengruppen sesshaft. Sie entwickeln sich von nomadisierenden Jägern und Sammlern zu Ackerbauern und Viehzüchtern. Mit der Veränderung der Lebensweise ist ein gesellschaftlicher Strukturwandel verbunden. → S. 142

In dieser Zeit setzt die Bildung von ersten festen Dorfanlagen ein. Besonders der Wald dient den Menschen als natürliches Umfeld, da er Nahrung und das Baumaterial für seine Behausungen liefert.

Mit dem Sesshaftwerden beginnt die arbeitsteilige Lebensweise des Menschen. Dadurch gelangt das Handwerk zur Perfektion. Ein lebendiges Bild vom Alltag der nacheiszeitlichen Menschen liefern insbesondere die Felsmalereien.

Der Mensch hält Haus- und Nutztiere. Freiwillige Gefährten des Menschen sind der Hund und der Affe. In Vorderasien werden Schafe und Ziegen gehalten. Zur selben Zeit beginnt die Domestikation von Schweinen und Rindern. → S. 143

Die Lebensweise der Menschen passt sich vor allem im Bereich der Ernährung den neuen Gegebenheiten des natürlichen Umfelds an. So lässt die neue waldreiche Vegetation die Menschen zunehmend wieder Früchte und andere pflanzliche Lebensmittel sammeln.

Gezielte Rohstoffgewinnung und Tauschhandel entwickeln sich. Für den Handel erschließt der Mensch Verkehrswege zu Wasser und zu Lande.

um 10 000

Der Mensch dezimiert die Fauna durch Jagd und Lebensraumzerstörung. Zugleich verändern sich durch die Gegenwart des Menschen zahlreiche tierische Verhaltensweisen.

Der Mensch errichtet seine Siedlungen meist in der Nähe von Flüssen, Seen und Meeren. Diese dienen ihm als Nahrungsquelle sowie als Transport- und Reisewege.

Die frühen Europäer bewegen sich ausschließlich auf Einbäumen über das Wasser. Flöße oder gar komplexere Strukturen sind nicht überliefert bzw. nicht bekannt. Aus dem dänischen Tybrind Vig stammen zwei der besterhaltenen Exemplare, dessen größeres beachtliche 9,65 m lang ist. → S. 144

Im japanischen Honshu bleiben die frühesten bekannten Tongefäße der Welt erhalten. Die Jomon-Schnurkeramik mit Eindrücken von Schnurmustern wird vermutlich bei rituellen Anlässen verwendet.

um 9000

Durch vielfältige Pflanzenzüchtungen, Veränderung der natürlichen Lebensräume und Verschleppung von Florenelementen in anderen Florenprovinzen trägt der Mensch zu einer größeren Vielfalt der Pflanzenwelt bei. Die beiden ältesten Zentren des Pflanzenanbaus sind Vorderasien und Mexiko.

Erste Beweise für einen gezielten Anbau von Einkorn-Weizen in Nordsyrien. Zum ersten Mal wird somit Getreide ausgesäht, das im Anbaugebiet nicht heimisch ist.

Auf dem Gebiet des heutigen Afghanistan und Irak werden Schafe und Ziegen domestiziert.

um 8500

Im Ayacucho-Gebiet in den Anden wird zum ersten Mal Getreide angebaut. Mittelamerikanische Indios kultivieren Kürbisse und Chilis. In Vorderasien baut man um dieselbe Zeit Weizen und Gerste an. → S. 142

Emmer-, Weizen und Gerste sind die ersten Getreide, die am Toten Meer angepflanzt werden und den Menschen die Möglichkeit geben, sesshaft zu werden.

um 8000

Mit dem Rückzug des Eises erschließen sich den Wildbeutern in Europa zahlreiche neue Nahrungsquellen. Gejagt werden u. a. Rotwild, Elch, Wildschwein, Fisch, Schalentiere und Wasservögel.

Im Vorderen Orient beginnt das Neolithikum (Jungsteinzeit), das in Europa 2000 bis 3000 Jahre später einsetzt. → S. 135

Der Ackerbau besiegelt die sesshafte Lebensweise der Menschen. Da er lernt, den Boden durch Düngung dauerhaft fruchtbar zu machen, geht das Nomadentum zurück. → S. 142

Nach und nach erlernt der Mensch den Umgang mit zahlreichen Energiequellen. Wind- und Wasserkraft erleichtern den Betrieb einfacher Handmühlen. In Mexiko, Ägypten, China, Vorderasien und Indien entstehen Entwässerungssysteme und Speicherbauten.

Der Ackerbau zieht neue Formen und Differenzierungen des gesellschaftlichen Lebens nach sich. Soziale Rivalitäten entstehen. So versucht der sesshafte Ackerbauer den Nomaden aus »seinem« Gebiet zu vertreiben.

um 8000

Die ersten Ackerbau-Siedlungen gibt es in Anatolien und Palästina. In Jericho entsteht eine der frühesten stadtartigen Siedlungen der Jungsteinzeit. Die Stadt bedeckt mehr als 4 ha und umgibt sich mit einer gewaltigen Stadtmauer. → S. 146

Großwildherden von Bison und Mammut durchstreifen die Great Plains in Nordamerika.

Bei Monte Verde in Zentralchile entsteht ein Dorf, dessen Gebäude aus Holz und Tierfellen bestehen. In jeder Hütte gibt es eine kleine Feuerstelle. Die Speisen werden an Kochstellen zubereitet, die von der ganzen Dorfgemeinschaft genutzt werden.

Aufgrund der Klimaverschiebung der letzten Eiszeit ist die Sahara Grasland. Sie wird bevölkert von Tieren wie Elefanten, Löwen, Rhinozerossen und Flusspferden.

In der Wüste Kalahari (Südafrika) errichten nomadisierende Jäger auf der Suche nach jahreszeitlich gedeihenden Pflanzen provisorische Unterkünfte aus Zweigen.

In Europa entstehen Laubwälder mit reichem Tierbestand. Besonders Hirsche, Wildschweine und Auerochsen leben in den Wäldern.

Bei Pincevent im Tal der Seine (Frankreich) leben Jäger von der Mitte des Sommers bis in den Winter in transportablen Zelten aus Holzpfählen und Tierfellen. Die Jäger folgen den Rentierherden durch das Land.

um 8000

Die Höhle El Wad an der östlichen Mittelmeerküste, dem heutigen Israel, dient Wildbeutern bei der Jagd auf Damwild als Unterkunft. Der hoch gelegene Ort wird wahrscheinlich in erster Linie während der Sommermonate genutzt.

Wahrscheinlich durch Veränderungen der Umweltbedingungen herrscht im nördlichen Eurasien ein Massensterben von Mammut und Wollrhinozeros.

In Südostasien leben Jäger und Sammler an Flussmündungen und Küsten. Diese Lebensräume werden durch den steigenden Meeresspiegel langsam überflutet.

In Australien lässt die Trockenheit im Zentrum des Kontinents nur eine Besiedlung der Küsten und der Flusstäler zu. → S. 154

Im Iran bleiben Tonfiguren erhalten, die als Vorläufer von Schriftzeichen gelten.

In Jericho entstehen Plastiken aus Menschenschädeln, die mit Lehm und Muscheln bearbeitet werden. → S. 146

um 7000

In Westasien leben die meisten Menschen zu dieser Zeit bereits vom Ackerbau. In den restlichen Teilen der Erde dient die Wildbeuterei weiterhin zur Lebensgrundlage.

Çatal Hüyük (Anatolien) ist um diese Zeit eine der ausgedehntesten und blühendsten Siedlungen, die über weit reichende Handelsbeziehungen verfügt. Die Häuser der stadtartigen Siedlung sind in dichter Bebauung wabenartig angeordnet und nur über Holzleitern von einem Flachdach aus erreichbar. Çatal Hüyük hat mehr als 5000 Einwohner. → S. 146

um 7000

In einer Höhle in Chile bleiben die ältesten Menschenreste des südamerikanischen Kontinents erhalten.

In der nordchinesischen Ebene beginnt die Landwirtschaft. In Siedlungen wie z. B. Banpo wird Hirse angebaut, die Ernte wird in Vorratsgruben gelagert. Die Ackerbauern von Banpo leben in Hütten aus Balken und Flechtwerk, das mit Lehm beworfen wurde. Im Innern gibt es eine zentrale Feuerstelle.

Im fruchtbaren Halbmond wird Einkornweizen und Hartweizen angebaut.

um 6500

Großbritannien wird aufgrund des Meeresspiegelanstiegs vom europäischen Festland getrennt.

Am rechten Donauufer bildet sich die Siedlung von Lepenski Vir. Der im Gebiet des »Eisernen Tores« gelegene Ort bringt die ältesten Großfiguren Europas hervor. Die Kunst der Menschen von Lepenski Vir ist gekennzeichnet durch fischgesichtige Steinfiguren. Die Stücke werden als Mischung zwischen Relief und Rundfigur angefertigt. Fast jedes Gebäude der Siedlung wird mit einer Steinfigur ausgestattet. → S. 147

um 6300

In Mittel- und Südamerika werden Erdfrüchte angebaut. Dazu gehören u. a. Kartoffeln, Maniokknollen und Ulloco.

um 6000

In Südostasien werden Reis, Taro, Sagopalme, Orange, Zitrone, Banane, Kokosnuss, Brotfrucht und Zuckerrohr angebaut.

Die tropischen Regionen der Erde werden zunehmend heißer und arider. Die Sahara wird zur Wüste. Die Bewohner werden gezwungen, in weniger lebensfeindliche Regionen auszuwandern.

Das Neolithikum erreicht Griechenland und damit den europäischen Kontinent. Über den Landweg breitet es sich nach Mittel- und Nordamerika aus. Per Seeweg findet auch eine mediterrane Ausbreitung über Italien statt.

Im Osten dehnt sich das Neolithikum bis Mittelasien, Pakistan und das vordere Indien aus. Ob das chinesische Neolithikum eine Anbindung nach Europa hat, ist nicht bekannt. Dasselbe gilt für die Kulturen in Nordamerika. Bei beiden ist ein evolutionärer Charakter wahrscheinlich.

Die Technik des Ackerbaus verbreitet sich und gelangt von Anatolien nach Südosteuropa.

Auf dem Gebiet des heutigen Ortes Talheim, Kreis Heilbronn, werden 34 Menschen erschlagen und verscharrt. Vermutlich werden die Talheimer von einer rivalisierenden Gruppe im Schlaf überrascht. Die Massentötung von Talheim ist der erste »Kriminalfall« der Geschichte. → S. 147

um 6000

Die bis dahin üblichen behauenen Steinwerkzeuge werden von geschliffenen Steinarbeiten abgelöst. Dies belegt den kulturellen Aufschwung des Menschen während dieser Epoche. Dank der Schleiftechnik lässt sich das widerspenstige Werkzeug Stein in viele neue Formen bringen. → S. 151

Gegen Ende der Jungsteinzeit tauchen Steinbeile auf, in die ein Loch gebohrt wird. Diese Löcher werden mit Hartholz in das Gestein gedreht. Während der Bearbeitung wird die Kontaktstelle von Holz und Stein immer wieder mit Wasser und Quarzsand übergossen, damit sich das Holz nicht entzündet oder springt.

In der Jungsteinzeit wird erstmals die Verarbeitung von Ton zu Keramik betrieben. Die ersten Keramiken werden noch nicht in Töpferöfen gebrannt. Den frühen Töpfern dienen offene Feuerstellen, die meist ebenerdig angelegt sind und von oben mit dem geformten Ton beschickt werden. → S. 151

Beliebt ist die Kunst der Töpferei vor allem zu kultischen Zwecken. »Heilige« Statuetten müssen nicht mehr mühsam aus Stein herausgehauen werden, sondern können aus nachgiebigem Ton modelliert werden.

Im nördlichen Mesopotamien wird der älteste Zweikammerbrennofen der Welt erfunden.

Die neue Technik der Bewässerung ermöglicht die Erschließung größerer Regionen für den Ackerbau. Davon profitieren u. a. die Dörfer der Samarra-Kultur in Mesopotamien, die sich jenseits der Zone des möglichen Regenfeldbaus befinden. In Choga Mami entsteht das älteste Bewässerungssystem der Welt.

um 6000

Die Hassuna-Kultur in Mesopotamien verfügt bereits über die Fertigkeit der Metallverarbeitung.

Im Vorderen Orient lösen gewebte Stoffe die bis dahin übliche Fellkleidung ab. Ein Stoffknäuel, das in einem Frauenschädel gefunden wird, ist das älteste bekannte Zeugnis früher Webkunst. Das Tuch überdauert eine Feuersbrunst, die um etwa 5800 die Stadt Çatal Hüyük niederbrennt. → S. 151

Die Neolithiker des Vorderen Orients entwickeln die Weberei zu einer farbenprächtigen Kunst. Auf den Wandbildern von Çatal Hüyük taucht u. a. immer wieder das so genannte Kelim-Muster auf, das bis heute zu den typischen Teppichmustern Anatoliens gehört.

In den zentralasiatischen Wüsten Chinas entwickelt sich der Ackerbau. Völker wie die in der Shaanxi-Provinz lebenden Banpo legen Siedlungen an. An der Ostküste Chinas wird zur selben Zeit Reis angebaut.

Im nördlichen Balkan entwickelt sich die Vinča-Kultur. Charakteristisch für sie ist eine relativ hoch entwickelte, kunstvoll geformte Keramik. Die symbolischen Zeichen, mit denen die Menschen dieser Region ihre Tongefäße versehen, sind wohl die früheste Vorform der Schrift. → S. 152

Bei Mehrgarh im Hochland von Belutschistan werden die Toten an offenen Plätzen innerhalb der Siedlung bestattet. Diesen Gräbern werden häufig persönliche Schmuckgegenstände aus Knochen, Muscheln und Kalksteinperlen beigelegt.

6000–4800

Die linearbandkeramische Kultur ist die älteste Ackerbaukultur im Mittelgebirge. Sie markiert den Übergang vom Jäger und Sammler zum Bauern. Vermutlich breitet sie sich vom Balkan nach Mitteleuropa aus. Typisch sind meanderförmige Bänder mit wenigen Punktverzierungen. → S. 148

Die Toten der Linearbandkeramik werden meist in einer Entfernung von 1000 bis 2000 m von den Siedlungen entfernt bestattet. Die Verstorbenen werden in Hockerstellung west-ost-ausgerichtet ins Grab gelegt und mit Beigaben bedacht.

um 5000

Die Felsbilder in der Sahara, deren Motive bis dahin zumeist Jagdszenen sind, stellen nun größtenteils domestizierte Rinder dar. Dies zeigt den Übergang zur Weidewirtschaft an.

In Mittel- und Südamerika finden sich erstmals Spuren von Mais, Bohnen, Avocados und Kürbissen. → S. 152

Auf dem Balkan werden die ersten Metallgegenstände durch Hämmern von frei vorkommendem Gold und Kupfer hergestellt. Man spricht vom so genannten Chalkolithikum (Kupfersteinzeit).

In Europa finden größere Völkerwanderungen statt. Ihre Kreuzungspunkte liegen in Süddeutschland sowie am Mittelrhein.

um 5000

In den fruchtbaren Hochlandschaften Nordindiens werden Weizen und Gerste angebaut. Der allmähliche Übergang von der Jagd zur Landwirtschaft – in erster Linie der Anbau von Reis – vollzieht sich auch südlich der Ganges-Ebene.

Am Nil entwickeln sich die ersten Hochkulturen Afrikas. Die Reiche von Nubien und Faiyum beherrschen die Region.

In den Anden werden Alpakas und Lamas domestiziert. Die Tiere geben den Menschen Fleisch und Fell und sind zudem als ausdauernde Lasttiere in der schwer zugänglichen Bergwelt geschätzt.

4800–4500

An der europäischen Atlantikküste entstehen Megalith- oder Großsteingräber. Die ersten Vertreter dieser monumentalen Grabarchitektur tauchen in der französischen Bretagne auf. Sie entstehen aber auch im Pariser Becken und an der südfranzösischen Mittelmeerküste.

Die Megalithgräber werden aus gewaltigen Findlingen zusammengesetzt und können verschiedene Formen annehmen. Die frühesten Vertreter werden als so genannte Dolmen angelegt. Bei dieser Form liegt ein gewaltiger Deckstein auf drei senkrecht stehenden Findlingen. Das Innere der Dolmen dient als Grabkammer. → S. 157

Äxte sind die verbreitetsten Motive der französischen Megalithkunst. Da sie meist innerhalb der Anlagen auftauchen, handelt es sich vermutlich um die Abbilder von Grabbeigaben. Sie sind die einzigen abgebildeten Gegenstände, deren Existenz durch Funde belegt werden kann.

4800–4400

Die Linearbandkeramik zerfällt in ihrer letzten Phase in mehrere regionale Gruppen. Darunter fallen u. a. die Hinkelsteingruppe, die Großgartacher Gruppe und die Rössener Gruppe.

Die Hinkelsteingruppe erhält ihre Bezeichnung nach einem Flurnamen bei Worms. Sie dehnt sich aus über den nördlichen Oberrhein, die Rheinpfalz und reicht bis zum Bodensee. Aus dieser Epoche bleiben u. a. mit Dreiecksmustern verzierte Gefäße sowie Halsketten aus Hirschzähnen erhalten.

Die markanten Keramiken der Großgartacher Kultur, die nach einer Ortschaft bei Stuttgart benannt ist, sind Bauchknickgefäße, steilwandige Becher und Vierzipfelschalen. Typisch ist die Verzierung mit Ösen. Die Keramikoberfläche ist meist mit Winkelbändern, Fischgrätenmustern oder wirren Strichmustern versehen.

Die Rössener Kultur steht am Ende der mittelneolithischen Entwicklung. Sie entwickelt sich am Mittelrhein und reicht bis ins Elbe-Saale-Gebiet. Die Keramik der Rössener Kultur ist mit so genannten M-Motiven großflächig verziert. Je jünger die Gefäße werden, desto mehr lockert sich das Dekor. Schließlich bleiben die Gefäße gänzlich unverziert.

Die Stichbandkeramik erhält ihren Namen nach der keramikverzierten Technik. Typisch sind eingestochene Winkel und Zickzackbänder sowie waagerechte und senkrechte Stichbänder. In ihrer Form zeigt sich die Keramik sowohl rund- als auch flachbodig. Die Ausdehnung der Stichbandkeramik reicht von Österreich bis Böhmen und Mähren sowie ins Hannoverische hinein.

4800–4400

Die Menschen der Lengyel-Kultur kannten bereits die Verarbeitung von Kupfer. Legyel bezeichnet eine Fundstelle in Ungarn. Die Gruppe, die auch für Niederösterreich nachgewiesen wird, liegt bereits im ausgehenden Mittelneolithikum und bildet die Schwelle zum Jungneolithikum.

um 4700

In Mittelamerika werden zu dieser Zeit Mais, Süßkartoffel, Maniok, Kürbis, Flaschenkürbis, Tomate, Avocado und Baumwolle angebaut.

um 4500

Im Osten Nordamerikas werden die Sonnenblume, die Tepara-Bohne sowie Sumpweed angebaut.

In der Mitte des 5. Jahrtausends leben etwa 20 Mio. Menschen auf der Erde.

In Eridu am Euphrat (Mesopotamien) entsteht ein Tempel, der als Vorbild für alle weiteren Tempel dieser Region gilt. Er besteht aus einem kleinen Altar und einem Opfertisch.

In Westeuropa erfolgt der Übergang von den Jäger- und Sammlerkulturen zu den bäuerlichen Siedlerkulturen.

Durch die Anwendung von Schmelz- und Gusstechniken gibt es auf dem Balkan Fortschritte in der Metallverarbeitung.

um 4500

Auf dem indischen Subkontinent werden Dattelpalmen angebaut. In Mittelamerika sind Avocado- und Baumwollzucht bekannt. In den Steppen Eurasiens werden Pferde domestiziert.

4500–4000

Erste Zeugnisse von Kupferverarbeitung sind u. a. aus dem Gebiet der Indus-Kultur und ihrer Vorläufer (Tel Halaf) belegt. Bei Amri im Sind werden kleine Gegenstände aus dem neuen Werkstoff hergestellt. Diese frühen Kupferstücke sind noch grob bearbeitet und von einfachem Charakter. Weitere frühe Funde stammen aus dem Gebiet der heutigen Türkei und des Irak. → S. 159

Da Kupferlagerstätten selten sind, besteht der Gerätebestand aller neolithischen Kulturen weiterhin hauptsächlich aus Stein. Selbst in Mesopotamien, der Heimat der Kupferbearbeitung, fehlt es an großen Vorkommen. Aus diesem Mangel entwickelt sich ein weitverzweigtes Handelsnetz. Anatolien und Zypern erlangen durch ihre reichen Lagerstätten eine Vormachtstellung im Vorderen Orient.

In Europa werden vor allem Megalithgräber häufig mit Grabbeigaben aus Kupfer ausgestattet. Abbildungen von Äxten mit kupfernen Klingen sind häufig auch als Wandschmuck in die Großsteingräber eingraviert.

4500–3800

Im gesamten Vorderen Orient taucht ein neuer Stil auf, der nach dem archäologischen Fundplatz Tel Halaf auch Halafium genannt wird. Der starke technische Fortschritt der Halaf-Leute zeigt sich u. a. im Gebrauch von regulierbaren Brennöfen. Sie lösen den offenen Fehlbrand ab und garantieren die Herstellung einer dauerhaften, hart gebrannten Irdenware. → S. 158

In Tel Halaf taucht auch eine einfache Form der Töpferscheibe zuerst auf. Bis dahin formen die Töpfer den Ton noch mit Händen, was zu unregelmäßig gestalteten Ergebnissen führt. Mit der Töpferscheibe ist es erstmals möglich, Keramikformen in Massenproduktion herzustellen.

Dass die Halaf-Leute die systematische Kupferverarbeitung kannten, beweist eine Beilklinge aus Mersin. Auch Kupferdechsel (Beile) mit Schaftloch, die in Kilikien und Huzistan erhalten bleiben, zeugen von einer Verarbeitung dieses Metalls.

Im Halafium wachsen offenbar Siedlungen zu stadtartigen Gebilden heran. Diese sind teilweise mit Mauern aus luftgetrockneten Lehmziegeln umgürtet. In Hacilar entsteht eine befestigte Siedlung von etwa 150 m Durchmesser mit einer imponierenden Außenmauer von 4 m Stärke.

ab 4400

Im Jungneolithikum ist die Keramik weitgehend verzierungslos. Kupfer taucht in dieser Zeit bereits in unlegierter Form auf. Kupferfunde sind allerdings selten. Stein gilt weiterhin als wichtigstes Material zur Werkzeugherstellung. Das Jungneolithikum wird von mehreren Kulturen bestimmt, darunter die Bischheimer Kultur, die Baalberger Kultur und die Michelsberger Kultur.

Erstmals treten megalithgrabführende Kulturen auf. Ihre Ausbreitung verläuft entlang des Atlantik und des Mittelmeeres. Die Kulturen entfernen sich nicht mehr als 400 km von der Küste.

In der Megalithgräber-Kultur unterscheidet man Dolmen, die aus wenigen Steinen und einer Deckplatte bestehen, Ganggräber, Galeriegräber und halbkreisförmig angelegte Steinringe, so genannte Cromleches. Einzelne, aufrecht stehende Steine nennt man Menhire. Diese bilden Alignements (Steinreihen).

Bekannte megalithische Stätten entstehen in Carnac in der französischen Bretagne. Stonehenge im Westen von England gilt als größtes Steindenkmal außerhalb der ägyptischen Welt.

4400–3600

Die Michelsberger Menschen gehören zu den ersten europäischen Ackerbauern, die die Milchwirtschaft nutzen und bei der Feldbearbeitung den Pflug nicht mehr selbst ziehen, sondern Ochsen anspannen. Mit der Michelsberger Kultur entwickelt sich eine der formenreichsten neolithischen Gruppen in Mitteleuropa. → S. 158

4400–3600

Wie ihre Zeitgenossen anderer Kulturen leben die Michelsberger Menschen in Langhäusern, die bis zu 45 m Länge aufweisen. An Keramikformen fertigen und nutzen die Menschen dieser Gruppe Backteller, Ösenkranzflaschen, Henkelkannen und die markanten Tulpenbecher. Diese konnten nicht von selbst stehen, sondern wurden entweder in weichen Sand gepresst oder an Ösen aufgehängt.

Charakteristisch für den Michelsberger Gerätebestand ist die flache Hammeraxt. Beilklingen werden aus Feuerstein hergestellt. In der Michelsberger Kultur setzt auch der Anbau von Nacktweizen ein. Ebenso sind Möhren, Saubohnen, Erbsen, Flachs, Hanf und Mohn auf den Feldern heimisch. Die Michelsberger Leute siedeln im Rheinland, in Belgien, Niedersachsen und Mitteldeutschland.

um 4200

Im Alpenraum errichten die Menschen Pfahlbauten. Die Besiedlung der Seeufer ist erstaunlich dicht. Während Dörfer im übrigen Mitteleuropa meist weit auseinander liegen, beträgt der Abstand der Pfahlbausiedlungen meist nur 2 bis 5 km oder gar nur wenige hundert Meter. Eine Siedlung fasst bis zu 100 Menschen. → S. 160

Ausgehend vom europäischen Kontinent erreichen Ackerbau und Viehzucht die Britischen Inseln.

um 4000–3500

In Oberägypten taucht weiß-rot bemalte Keramik auf, die mit geometrischen Mustern verziert ist. Die Töpferscheibe wird erfunden. Sie ermöglicht die industrielle Massenherstellung von Keramik, die von nun an in großen Stückzahlen in andere Regionen verhandelt werden kann.

ab 4000

Durch die Zugabe von Zinn wird das Kupfer zu einer härteren Legierung, der Bronze, verarbeitet. Bis dahin wird Kupfer nur in Reinform verarbeitet. Die neue Fertigkeit verbreitet sich von Westasien nach Europa, Ostasien und Nordafrika.

In Gebieten mit einer ausreichenden Rohstoffbasis werden allmählich bronzene Geräte für die Landwirtschaft produziert und damit die Agrarerträge gesteigert.

um 4000

Im vorderasiatischen Großraum kommt es zu ethnischen Verschiebungen und kulturellen Umwälzungen. Der mesopotamische Raum wird in dieser Zeit als Siedlungsgebiet aufgeschlossen. Wahrscheinlich spielen die Errungenschaften des Halafiums dabei eine bedeutende Rolle.

um 4000

Erneut liegt die Wiege neuer Getreide-, Obst und Gemüsesorten im Nahen Osten. Feigen, Mandeln, Aprikosen, Walnüsse, Pistazien, Datteln, Weintrauben und Oliven kommen hinzu. Vor allem die Oliven sorgen für weitere Innovation. Ihr Öl eignet sich u. a. hervorragend als Brennmaterial für Lampen. Die neue Lichtquelle löst rasch die bis dahin üblichen offenen Feuerstellen und Fackeln im Innern der Häuser ab und reduziert damit die Brandgefahr. → S. 161

Im subsaharischen Afrika werden Yams, Sorghum, Fonio-Hirse, Reis, Ensete (Bananenart), Erbse, Kunde-Bohne und Okra-Schoten angebaut.

Im Nordwesten Chinas leben die Menschen der Yangshao-Kultur, die bemalte Keramik herstellen. Die Longshan im Osten und Nordosten Chinas erzeugen wiederum schwarze Keramik sowie Jagdschnitzereien. Anhand von Tierknochen versuchen sie sich zudem in der Kunst der Wahrsagerei.

In Osteuropa bilden sich hierarchisch gegliederte Gesellschaften heraus. So enthalten die Gräber der Reichen in Bulgarien neben Beigaben aus Metallschmuck auch Edelsteine und Perlen. Die ärmeren Gräber weisen hingegen nur Stein- und Keramikgegenstände auf.

Volksstämme in der Bretagne (Frankreich) bauen Kammergräber. Megalithische Kammergräber des Langtyps entstehen auch im Westen Englands. In der Bandkeramik-Kultur Südosteuropas, die als älteste Ackerbaukultur Europas gilt, werden die Toten zumeist verbrannt – wahrscheinlich um ihre Wiederkehr zu verhindern.

um 4000

In Ägypten entspricht der Übergang von der Jungsteinzeit in die Kupferzeit dem Übergang von der magischen Verehrung der fruchtbaren Erd- und Allmutter zur Verehrung eines männlichen Gottes.

In Assyrien entsteht eine Keramik mit schwarzen und roten geometrischen Mustern. Eine Töpferscheibe wird noch nicht benutzt.

In Nordeuropa bildet sich eine Keramik mit »Tiefstich«-Ornamenten heraus.

In Ägypten und Mesopotamien wird aus Gold, Silber und Kupfer Schmuck hergestellt. Die Rohformen werden nicht gegossen, sondern kalt bearbeitet. In Ägypten werden außerdem Glasperlen zu Schmuck verarbeitet.

In Europa wird ein einfacher Holzpflug entwickelt. Er leitet den Übergang von der Hackbau- zur Pflugkultur ein.

Die Badari-Kultur in Ägypten kennt bereits einfache kupferne Ahlen und Perlen. Es entstehen zahlreiche Perlen aus Steatit, die mit einer dünnen Schicht aus blaugrünem Glas überzogen werden. Kupfergegenstände und glasierte Perlen kommen wahrscheinlich auf dem Handelsweg in das Gebiet der Badari-Kultur.

Die Qualität der Keramik von Badari ist bereits sehr hoch. Die Menschen stellen außergewöhnlich dünnwandige, hochpolierte Gefäße her, deren Oberfläche glatt oder auch gerippt ist. Neben der Keramik und Steinwerkzeugen werden auch Körbe und Matten hergestellt.

um 4000

In der Badari-Kultur werden bereits Rinder, Schafe und Ziegen domestiziert. An Getreide werden Gerste und Emmer angebaut. Sägeartig gezähnte Feuersteinwerkzeuge dienen als Erntemesser.

Die der Badari-Kultur folgende vorzeitliche Kunst Ägyptens gliedert sich in zwei Stufen: In der Negade I (Amratien) in Oberägypten entstehen rot polierte, schwarz geränderte Keramiken mit geometrischem und figürlichem Schmuck (Jagdmotive). Die Negade II (Gerzéen) bezeichnet rot bemalte, weiße Keramikgefäße in Tierform.

Ebenso wie die Badari-Kultur kennt auch die Negade I Gefäße mit schwarz gefärbter Randzone. Eine weitere Verbindung zwischen den beiden Kulturen zeigt sich in der Verwendung von Schieferpaletten, steinernen Keulenköpfen, verzierten Haarkämmen aus Elfenbein sowie auf Keramik gemalten Motiven aus der Pflanzenwelt.

Die Siedlungen von Negade II (Gerzéen) sind wesentlich weiter verbreitet als diejenigen der ägyptischen Vorläuferkulturen. Sie reichen von Unterägypten bis in das mittlere Unternubien. Die Friedhöfe aus dieser Zeit lassen auf ein hohes Kulturniveau der Bevölkerung schließen. Ursache sind u. a. die mittlerweile intensiven Handelsbeziehungen zu Asien.

Von den Handelsbeziehungen der Negade II mit der Djemdet-Nasr-Kultur im Irak zeugen zoomorphe Gefäße aus Stein und Ton sowie kleine, steinerne Tierfiguren und Amulette. Ebenso ist die Form der Tüllengefäße und Wellenhenkel-Gefäße von Asien her beeinflusst. Auf vorderasiatische Vorbilder geht wohl auch die Zylinderfußvase zurück.

um 4000

Die Dörfer in Ägypten wachsen mit der Zeit zu größeren politischen Verbänden zusammen.

In Indien entsteht eine eigenständige städtische Kultur. In den Gebieten am Industal wachsen Städte mit großer Flächenausdehnung.

Farbige Keramik wird aus dem eurasischen Steppengebiet bis nach China verhandelt.

um 3900

Die ägyptischen Grabsitten deuten auf den Glauben der Menschen an ein Weiterleben nach dem Tod hin. In Unterägypten finden Siedlungs-, in Oberägypten Friedhofsbestattungen statt.

In Ägypten und Mesopotamien. beginnt die Kupferzeit. In Ägypten wird die Kupfererzeugung bei der Erfindung der Fayenceglasur mit kupferhaltiger Malachitfärbung entdeckt.

um 3700

In Mesopotamien entstehen Stufenterrassen als Schutz vor Überschwemmungen. An denselben Plätzen entstehen später Hochtempel.

Mesopotamien wird von einer sintflutartigen Überschwemmungskatastrophe heimgesucht.

In Ägypten werden Gold, Silber und Kupfer für die spätere Weiterverarbeitung in einem Blasrohrofen geschmolzen.

um 3700

In einigen Teilen Europas beginnt die Bronzezeit. Gleichzeitig bestehen Kulturen der Steinzeit fort. Vorkommen von Kupfer und Zinn, die man zur Herstellung von Bronze benötigt, gibt es nur in Teilen Westbritanniens, Frankreichs, Nordwestspaniens und Norditaliens.

Der Austausch von Waren verbreitet sich durch den Handel und die Völkerwanderungen auf dem gesamten europäischen Kontinent.

um 3600

Im Südwesten Englands entsteht die Wehranlage von Hambledon Hill. Auf dem Gipfel eines Hügels errichten Neolithiker die monumentale Wehranlage, die aus drei konzentrischen Ringwällen besteht. Den inneren Wall verstärken sie mit 10 000 Eichenbalken. Ein Graben umläuft die Anlage. In diesen stecken die Siedler Schädel zur Abschreckung von Feinden. → S. 161

Die Sumerer wandern vermutlich aus Zentralasien nach Mesopotamien ein. Vor allem die religiösen Gebräuche und bildschriftlichen Zeugnisse deuten auf die zentralasiatische Herkunft des Volkes hin.

Der Siegeszug des Homo sapiens

Die Evolution des Menschen erreicht ihren Höhepunkt. Nach vier Jahrmillionen ist aus dem ersten aufrecht gehenden Australopithecus der Homo sapiens, der vernunftbegabte Mensch geworden. Hand in Hand mit der geistigen Weiterentwicklung verläuft die Erfindung bahnbrechender Technologien. Haus- und Ackerbau, Geräteindustrie und Viehzucht katapultieren den bis dahin umherwandernden Menschen in eine Zivilisation, die als Vorstufe der frühen Hochkulturen anzusehen ist.

In der Warmzeit zwischen der Mindel- und Riss-Eiszeit, also vor etwa 350000 bis 200000 Jahren, lebt in Mittel- und Nordeuropa der Homo sapiens steinheimensis. Diese schon recht erfolgreichen Hominiden bekommen vor rund 150000 Jahren einen Verwandten an die Seite gestellt, dessen Gehirn bereits die Größe des modernen Menschen hat. Es ist der Neandertaler oder Homo sapiens neanderthalensis, der erstmals eine ausgeprägte Kultur entwickelt, die u.a. Bestattungsrituale kennt und pflegt. Sein ausgeprägtes Formempfinden stellt er durch die Anfertigung erster Kunstgegenstände unter Beweis.

Etwa zeitgleich mit dem Neandertaler leben auf Java der noch etwas primitivere Solo-Mensch und in Südafrika der Rhodesien-Mensch. Von diesen Rassen überlebt die Letzte am längsten. Sie stirbt vor etwa 30000 Jahren aus, während den Neandertaler bereits vor 40000 bis 35000 Jahren eine neue Unterart des Homo sapiens begleitet, die ihn möglicherweise ausrottet: der Cro-Magnon-Mensch, ein erster Vertreter der Spezies Homo sapiens sapiens.

01040 Neolithische Revolution: Neue These

01374 Eine Beobachtung am Feuer: Keramik

Cro-Magnon errichtet Behausungen

Der Cro-Magnon-Mensch entwickelt die Kunst der Steinwerkzeug-Herstellung erstmals zu großer Präzision. Er fertigt scharfe Speerspitzen, steinerne Messerklingen, perfekte Faustkeile, Axtklippen und andere Gegenstände durch gezieltes Behauen und Absplittern an. Er stellt hölzerne Speere und Lanzen her, die er mit pfeilförmigen Feuerstein- oder Obsidianspitzen versieht oder auf die er knöcherne Harpunenköpfe mit zahlreichen Widerhaken setzt. Als listenreicher Jäger plant der Cro-Magnon-Mensch den Großtierfang und stellt sich in Horden sogar den mächtigen Mammuts und gefährlichen Höhlenbären. Daneben betreibt er Fischfang und baut erste seetüchtige Boote.

Der Cro-Magnon-Mensch, benannt nach einer Fundstelle in Frankreich, lebt in Horden von 15 bis 30 Mitgliedern und errichtet erstmals in der Geschichte Behausungen und Siedlungen. Diese legt er in Mitteleuropa mit Vorliebe unter Felsüberhängen (Abris) und an Höhleneingängen an.

Vergleichsweise hoch entwickelt ist in der Cro-Magnon-Zeit die bildende Kunst, in erster Linie die Herstellung von Skulpturen und Halbreliefs aus Lehm oder Knochen, das Gravieren von Knochen und die Höhlenmalerei. Im Lager der Mammut-Jäger von Dolní-Véstonice in Mähren benutzen Cro-Magnon-Menschen den ersten bekannten Keramik-Brennofen der Welt. Als Zeitgenossen des Cro-Magnon-Menschen mit vergleichbarem Entwicklungsstand ziehen vor etwa 40000 Jahren mongolische Homo-sapiens-Rassen als wandernde Horden durch Asien. Über die damals noch bestehende Landbrücke an der Stelle der heutigen Bering-Straße dringen sie bis Alaska vor und besiedeln dann auch Mittel- und vor 14000 bis 12000 Jahren Südamerika. Aus ihnen gehen später die Indios hervor.

Kulturelle Revolution im Neolithikum

Von der Altsteinzeit (Paläolithikum) unterscheidet sich die Jungsteinzeit (Neolithikum) grundsätzlich. Auslösendes Moment für den Wandel von der Alt- zur Jungsteinzeit ist der einsetzende Anbau von Pflanzen um 10000 – der erste Ackerbau. Er zieht so einschneidende und weitreichende Veränderungen nach sich, dass Prähistoriker von einer Neolithischen Revolution sprechen. Der Ackerbau führt zu ortsgebundener Lebensweise und damit neuen Strukturen, zugleich aber auch zu einer explosiven Entwicklung neuer Technologien. Die Sesshaftigkeit erlaubt es, einerseits schwere Werkzeuge anzufertigen, andererseits auch einen umfangreichen »Gerätepark« anzulegen. Zugleich erfordert der sich rasch entwickelnde Bau fester Siedlungen neue, spezielle Handwerkstechniken.

Die Zeit des Ackerbaus beginnt nicht gleichzeitig auf der ganzen Erde, sondern regional zeitlich stark versetzt. Erste ausgeprägte Ackerbaukulturen finden sich vor etwa 10 000 Jahren im Gebiet des »Fruchtbaren Halbmondes«, den hügeligen Ausläufern des Sagros- und Taurus-Gebirges und etwa zeitgleich in Ostasien, in Mexiko und in Peru.

Die Ursprünge des Ackerbaus

Den Grund für die vergleichsweise plötzlich einsetzende Ackerbauwirtschaft sieht der britische Wissenschaftler Gordon Childe in weltweiten drastischen Klimaveränderungen nach der letzten Eiszeit, die zu einem Zusammenrücken größerer Menschengruppen in den noch fruchtbaren Regionen geführt haben sollen. Der Historiker geht davon aus, dass die Bevölkerungsballung und die dadurch ausgelöste Verknappung an jagdbarem Wild die Menschen zum Ackerbau gezwungen haben.

Dieser These stehen u.a. die Ansichten von Robert J. Braidwood entgegen, nach dessen Meinung die klimatischen Veränderungen keineswegs derart tief greifende Auswirkungen gehabt haben können. Nach seiner Theorie entwickelt sich der Ackerbau mehr oder weniger von selbst in besonders fruchtbaren Regionen, in denen Menschen, Tiere und Pflanzen seit längerem dauerhaft in ökologischem Gleichgewicht leben, was zum Sesshaftwerden der Stämme anregt. Zudem wächst im Gebiet des »Fruchtbaren Halbmondes« ein ertragreiches Gras, dessen Samen besonders groß ist und leicht geerntet werden kann: Dieser »Wilde Weizen« wird später zur wichtigsten Kulturpflanze der Welt.

Wilde Tiere werden domestiziert

Das wachsende Nahrungsangebot führt mit der abnehmenden Zahl von Jagdunfällen und aufgrund des Rückgangs der Kindestötungen im Neolithikum weltweit zu einem beachtlichen Bevölkerungswachstum. Erste Zivilisationen entstehen, die schon sehr früh auch Viehzucht betreiben. Man tötet die besten Tiere nicht, sondern lässt sie zu Zuchtzwecken am Leben.

Abgesehen vom Hund und vom Ren halten um 7000 Bauern in Anatolien und Persien als erste Haustiere Ziegen und Schafe. Ihnen folgen um 6000 in Anatolien und im Industal das Rind, um 6000 ebenfalls in Anatolien das Schwein, um 4000 in Ägypten der Esel und um 3000 in Sumer der Halbesel. Die Tierhaltung bringt vielseitigen Nutzen: Die Tiere liefern Fleisch, Milch, Häute und Felle, Haare sowie Wolle und Rinder und Esel eignen sich zugleich als Zug- und Reittiere.

Ausbreitung der neuen Lebensweise

Während sich in den klassischen Ackerbaugebieten (Mesopotamien, Ägypten und am Indus) bereits die Entwicklung ausgeprägter städtischer Kulturen abzeichnet, zeigen sich in Europa Kulturen, die man als Ausstrahlung der Zivilisation im Mittleren Osten und im Nordosten Afrikas auffassen kann.

Zwei Formenkreise heben sich dabei deutlich voneinander ab: Von Mesopotamien breitet sich die neue Lebensweise über das Schwarzmeergebiet und dann längs der Donau bis in das Zentrum Europas aus; von Ägypten gelangt sie auf dem Seeweg vor allem an die Küsten des westlichen Nordafrika, aber auch Frankreichs, Spaniens, Englands und Skandinaviens. Das erste Verbreitungsgebiet ist gekennzeichnet durch rein landwirtschaftliche Kulturen in den Niederungen der großen Ströme und technisch durch das Vorherrschen besonders gut entwickelter Keramik. Die ägyptische Strömung kennzeichnet eine Geisteshaltung, die von Anfang an stark mythologisch geprägt ist und besonders dem Gedanken an ein Fortleben nach dem Tode zentrale Bedeutung einräumt. Sie findet ihren Niederschlag in monumentalen Grabanlagen. Ob die europäischen Großsteingräber ein Spiegel des ägyptischen Totenkultes oder eigenständige Entwicklungen sind, ist nach wie vor nicht erwiesen.

Der Übergang zum Homo sapiens

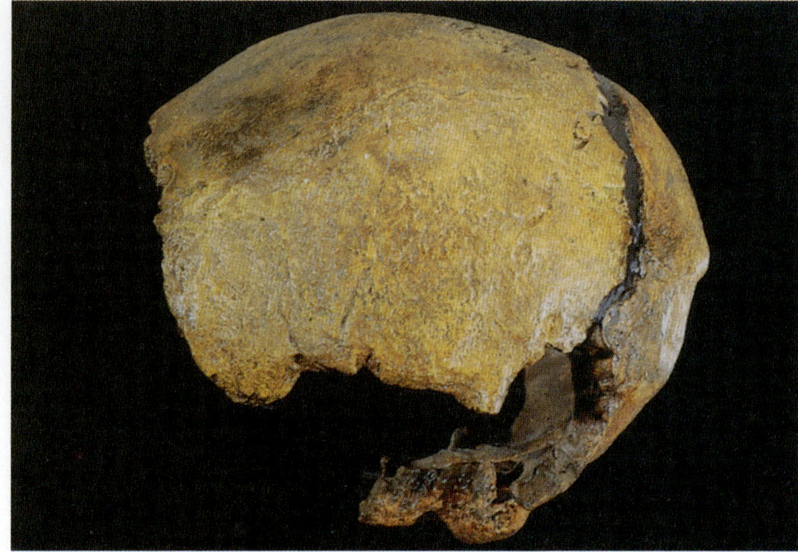

Der Homo sapiens von Swanscombe in der englischen Grafschaft Kent (im Bild: Schädelfragment) ist etwa 225 000 Jahre alt.

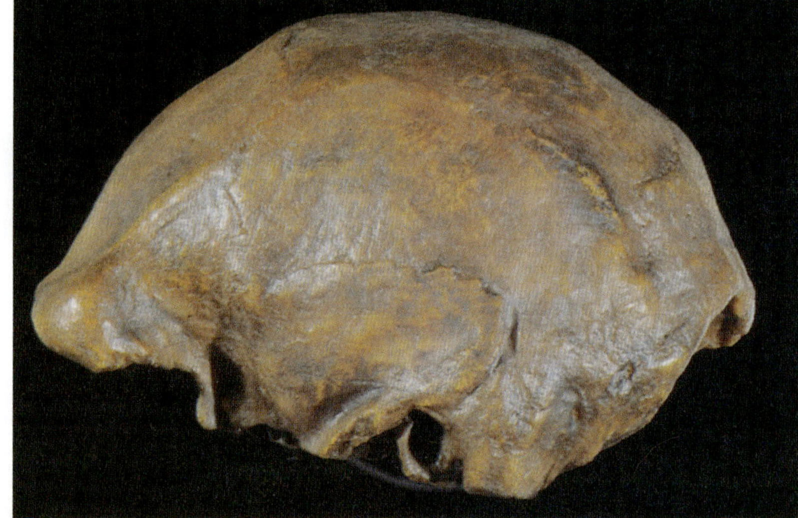

Dieser oberpleistozäne Schädel aus Ngandong (Java) gehört zu einem als Solo-Mensch bekannten Typ.

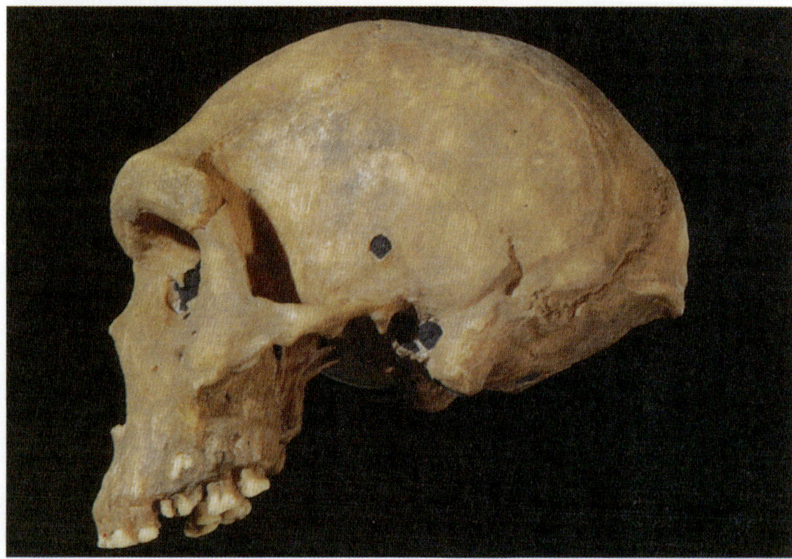

Mehr als 125 000 Jahre alt ist nach neueren Datierungen der Mensch von Kabwe (Sambia).

Etwa zu Beginn der Mindel/Riss- oder Holstein-Warmzeit, also vor rund 320 Jahrtausenden, kommt es in Europa zur Herausbildung einer neuen Menschenart: der Homo sapiens.

■ **320 000–10 000:** Das Erscheinen des Homo sapiens geschieht nicht plötzlich, sondern sehr wahrscheinlich in Form einer recht langen Entwicklungszeit, denn die Übergänge zwischen den jüngeren Homo-erectus-Formen und Homo sapiens sind gleitend. Allerdings wird auch der vor vielleicht 600 Jahrtausenden auf Java lebende Solo-Mensch, der in Fossilfunden von Ngandong belegt ist, von manchen Wissenschaftlern bereits als früher Homo sapiens betrachtet.

Die neuen, unumstrittenen Sapiens-Formen unterscheiden sich vom Homo erectus und den Erectus/Sapiens-Übergängen vor allem durch das Schädelprofil: Die Stirn ist höher gewölbt, aber bei weitem noch nicht so hoch wie bei Homo sapiens sapiens, die Überaugenwülste sind schwächer ausgebildet und der Unterkiefer zeigt deutliche Ansätze eines – wenngleich noch stark fliehenden – Kinns.

Der Mensch von Steinheim

Von den unsicheren Homo-erectus/sapiens-Überresten abgesehen finden sich die frühesten heute bekannten Homo-sapiens-Belege in Steinheim an der Murr (Deutschland). Ihre Datierung ist umstritten. Einerseits wird ein Alter von 370 bis 350 Jahrtausenden angegeben. Zuverlässiger – weil mit verschiedenen Methoden entwickelt – scheinen 320 Jahrtausende oder weniger zu sein. Als jüngstes Datum wurden bis jetzt 180 Jahrtausende genannt. Erhalten ist ein beschädigter, etwas verformter Schädel einschließlich der Gesichtspartie eines jungen Erwachsenen. Vorhanden sind auch der zweite oder rechte Prämolar und die Molaren (Backenzähne). Auffällig sind die Überaugenwülste, die weiten Nasenöffnungen und die eingedrückte Nasenwurzel. Das Gehirnvolumen beträgt 1150 bis 1175 cm^3. Im Ganzen erinnert der Schädel noch an Homo-erectus-Formen aus dem früheren unteren Pleistozän.

Der Pontnewydd-Mensch

Aus der Zeit vor 250 bis 225 Jahrtausenden stammen Homo-Fossilien aus der Pontnewydd-Höhle im Elwy-Tal im nördlichen Wales, die sehr wahrscheinlich ebenfalls zu Homo sapiens gehören. Der Mensch, von dem nur einige Knochenstücke und Backenzähne erhalten sind, sowie seine Stammesgenossen wa-

Spannende Rekonstruktion: Vom Schädel zum Gesicht

Die Schädel früher Hominiden haben die Wissenschaft seit der zweiten Hälfte des 19. Jahrhunderts zu vielfältigen Spekulationen angehalten. Wie sahen die »Urmenschen« aus? Waren sie abscheuliche Monstren oder edle Wilde? Romantisch gefärbte Bilder von Höhlenbewohnern lieferten ein zeitgenössisches Klischee des primitiven Menschen. 1877 regte der Anatom Hermann Schaaffhausen als Erster eine plastische Weichteilrekonstruktion des Neandertalers an, doch die Grundlagen waren noch zu dürftig.

Erste ernst zu nehmende Versuche, den Neandertaler wieder auferstehen zu lassen, gelangen 1949 dem russischen Anthropologen Mikhail Gerassimov, der anhand prominenter Schädelfunde realistische Nachbildungen früher Menschen schuf. Er stützte sich auf Untersuchungen von Anatomen, die bereits seit dem 19. Jahrhundert versucht hatten, bei Leichen eine Beziehung zwischen Knochen und Weichteilen herzustellen. So zog Gerassimov auf einen Abguss des Originalschädels nachgebildete Muskeln auf und überformte das Gebilde mit einer »Haut«. Das Aussehen von Nase, Ohren und Augen blieb Spekulation. Von der Methode profitierte die Rechtsmedizin.

Heute stehen für Rekonstruktionen Computertomographien, Ultraschallverfahren und Röntgenanalysen zur Verfügung. Der Einsatz von High-Tech hat die Arbeit Gerassimovs untermauert und bewiesen: Der Neandertaler und der moderne Mensch waren äußerlich nicht stark voneinander zu unterscheiden. Von dem gesteigerten Wachstum der Überaugenwülste abgesehen, wiesen Neandertaler nur geringfügig andere Schädelmerkmale auf.

Schädel eines frühen modernen Homo sapiens aus der Qafzeh-Höhle in Israel

ren offensichtlich aktive Werkzeugmacher. Vor der Höhle ist eine große Anzahl von Steingeräten überliefert, u. a. Schaber, Steinbeile und Handäxte, so genannte Cleaver, Hackmesser und auch bereits Pfeil- und Speerspitzen.

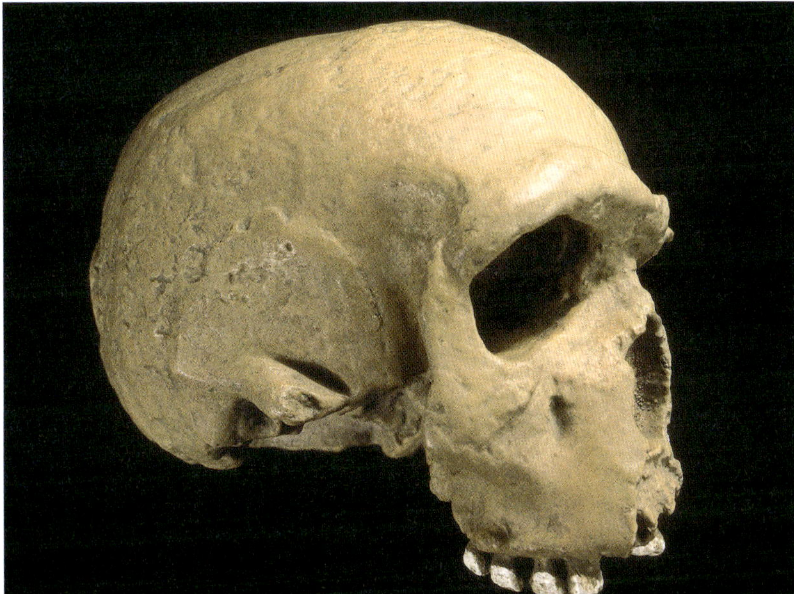

Vom modernen Homo sapiens unterscheidet den Schädel des Steinheim-Menschen seine flache Stirn.

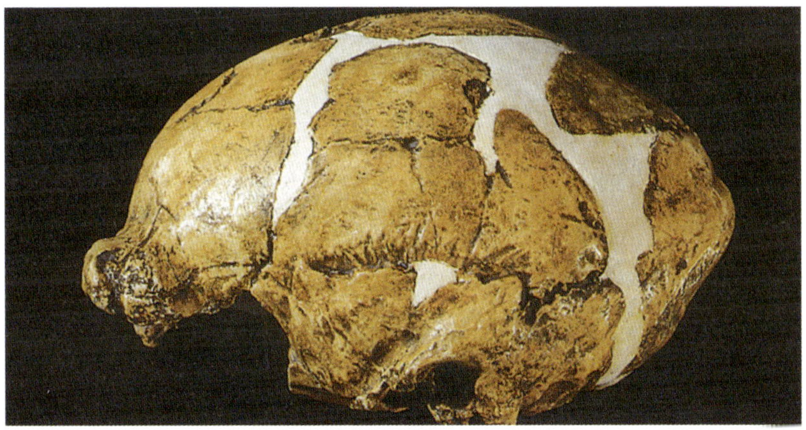

Als Peking-Mensch wird ein Homo erectus bezeichnet, von dem etwa 400 000 bis 370 000 Jahre alte Schädelfragmente vorliegen.

Der Mensch von Swanscombe

Vor etwa 225 Jahrtausenden lebt in der englischen Grafschaft Kent der Mensch von Swanscombe, der weitgehend dem Steinheim-Menschen gleicht und u. a. auch als Homo sapiens steinheimensis beschrieben wurde. Überliefert sind gut erhaltene Schädelreste in interglazialen Flussschottern. In denselben Schichten finden sich zahlreiche Fossilien zeitgenössischer Tiere. Auch Feuersteinwerkzeuge und bearbeitete Säugetierknochen sind überliefert.

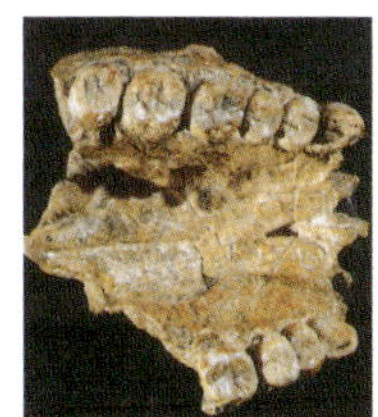

Spätes Homo-erectus-Gebiss von Sangiran auf Java

Der Omo-Mensch

Das Gebiet des unteren Omo-Flusses in Äthiopien ist ein Sedimentationsbecken, das Schichten aus rund 4 Mio. Jahren aufweist. In diesen liegen die fossilen Überreste zahlreicher älterer Menschenartiger, darunter viele Australopithecinen (4–3,5 Mio.), Homo habilis (2–1,7 Mio.) und Homo erectus (1,7–0,72 Mio.). In den obersten Schichten aus einer Zeit vor rund 130 Jahrtausenden sind auch Knochen eines Homo sapiens, u. a. ein zerstörter, aber gut rekonstruierbarer Schädel (»Omo I«) erhalten. Vor allem der Hinterschädel und das markante, erstaunlich modern wirkende Kinn sind eindeutige Sapiens-Merkmale.

Der Homo sapiens von Maba

Reich an frühen Hominiden ist China. Aus der Zeit vor 125 Jahrtausenden oder früher ist aus einer Höhle in der Nähe des Dorfes Maba in der Guangdong-Provinz eine Schädelkalotte erhalten, die eindeutig von einem Homo sapiens stammt. Er teilt seinen Lebensraum mit einer reichhaltigen Fauna, der eine Reihe sehr großer Säugetiere angehören, darunter Rüsseltiere, Tapire, Schweine, Hirsche und Rinder.

Neandertaler besitzen grosses Gehirn

In West- und Südeuropa, aber auch im Vorderen Orient und bis hinein nach Zentralasien lebt eine Menschengruppe, die nach ihrem ersten Fundort, dem Neandertal bei Düsseldorf, benannt ist: die Neandertaler.

■ **100 000–35 000:** Die in der Zeit vor etwa 75 bis 40 Jahrtausenden lebenden Neandertaler, die sog. klassischen Neandertaler, zeigen anatomisch ein sehr einheitliches Erscheinungsbild. Die gelegentlich als Präneandertaler bezeichneten Vorformen und die frühen Neandertaler vor etwa 100 Jahrtausenden zeichnen sich durch eine größere Merkmalsvariabilität aus. Auch sind sie gegenüber dem klassischen Neandertaler meist graziler. Vor etwa 40 bis 35 Jahrtausenden erscheinen dann im Vorderen Orient Neandertaler, die möglicherweise anatomische Übergänge zum modernen Menschen erkennen lassen.

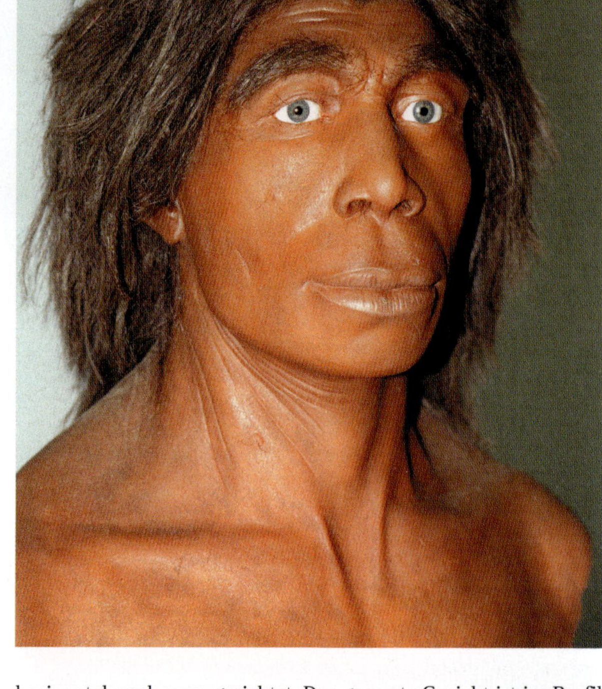

Aus Schädel-Teilskelettfunden wurde der Kopf einer Neandertalerin rekonstruiert (Wissenschaftliche Rekonstruktion: W. Schnaubelt/N. Kieser (Wildlife art) für das Hessische Landesmuseum Darmstadt).

Kräftige Menschen von kleinem Wuchs

Das Fundmaterial ist recht üppig. Bisher sind für den frühen Neandertaler 19 Fundstellen mit fossilen Resten von rund 75 Individuen beschrieben. Vom klassischen und Spätneandertaler sind 52 Fundplätze mit zusammen mehr als 200 Individuen bekannt. Aus all diesen Belegen ergibt sich folgendes Bild: Die klassischen Neandertaler sind wuchtige, untersetzte Menschen mit durchschnittlich 155 bis 165 cm Körpergröße. Ihre Arme und Beine sind starkknochig, der Oberschenkel- wie der Oberarmknochen leicht gebogen. Markante Muskelansatzstellen deuten auf eine kräftige Muskulatur hin. Die Körperhaltung ist – entgegen älteren Vermutungen – vollkommen aufrecht und Beweglichkeit sowie manuelle Geschicklichkeit entsprechen den körperlichen Fähigkeiten der modernen Menschen.

Gewaltiges Hirnvolumen

Der das Gehirn einschließende Oberschädel hat eine längere Form als beim Homo sapiens sapiens. Die Stirn ist flach und setzt über ausgeprägten Überaugenwülsten an. Von hinten betrachtet hat der Schädel eine runde bis ovale Form. Das Schädelvolumen liegt mit durchschnittlich 1500 cm³ und maximal 1700 cm³ deutlich über dem des modernen Menschen. Paläoanthropologen vermuten, dass dieses Faktum mit der wuchtigen Muskulatur im Zusammenhang steht.

fliehende Stirn

vortretender Augenbrauen-Wulst

Seitenansicht eines Neandertaler-Schädels

Das Gesicht ist groß und »keilförmig« vorgewölbt – ein Eindruck, der dadurch entsteht, dass im Gegensatz zum modernen Menschen die Wangenbeine zurückweichen. Der Oberkiefer wirkt im Profil flach. Wangengruben fehlen meist. Die großen Augenhöhlen sind rund begrenzt. Die Nasenöffnung im Schädel ist gegenüber der des modernen Menschen sehr breit. Der Nasenrücken verläuft fast horizontal nach vorn gerichtet. Das gesamte Gesicht ist im Profil steiler als das der Homo-erectus-Formen.

Frühe Formen des Homo habilis zeichnen sich durch Merkmalkombinationen aus, die einerseits gewisse Anklänge an den jüngeren Homo erectus, andererseits an den klassischen Neandertaler und schließlich auch an den modernen Menschen aufweisen. Das hat zu der Hypothese geführt, dass von den frühen europäischen, afrikanischen und asiatischen Sapiens-Formen aus zwei getrennte Linien zum modernen Menschen führen. Gestützt wird diese Behauptung durch die unbestrittene Tatsache, dass sich der Neandertaler ab der Zeit vor 35 Jahrtausenden nicht mehr nachweisen lässt, also zu einer Zeit, in der hier wenig später der moderne Mensch erscheint. Nach neueren Untersuchungen wird angenommen, dass von den frühen archaischen Sapiens-Formen aus Europa die Entwicklung ausschließlich zu den Neandertalern führt.

Erster Neandertalerfund sorgt für Verwirrung

Der erste Fund eines fossilen Neandertalers geht auf das Jahr 1856 zurück, als Steinbrucharbeiter im Neandertal bei Düsseldorf Schädelskelette finden, die sie für die eines Höhlenbären halten. Der Realschullehrer Johann Carl Fuhlrott erkennt die menschliche Natur der Fossilien. Der Arzt und Anatom Hermann Schaaffhausen hält die Fossilien für

Überreste eines »vorhistorischen« Menschentypus und schließt ein eiszeitliches Alter nicht aus. Diese Auffassung führt zu heftigen Auseinandersetzungen. Als unglaubwürdig stellt 1872 der Berliner Pathologe Rudolf Virchow den Fund dar. Zwar beschreibt er ihn als Erster anatomisch korrekt, doch ordnet er ihn einem an Rachitis erkrankten neuzeitlichen Menschen zu.

Sie untersuchten den Neandertaler: Rudolf Virchow (1821–1902, links) und Johann Carl Fuhlrott (1803–1877).

Der britische Paläoanthropologe Richard Leakey (*1944) beschreibt die evolutionäre Vergrößerung des Gehirns: *»Betrachtet man die Geschichte des Lebens als Ganzes, dann erkennt man für die relative Gehirngröße eine interessante Gesetzmäßigkeit ... Bei jedem Schritt gibt es eine augenfällige Zunahme der Gehirngröße in Relation zum Körpergewicht.«*

Der Alltag: Sammler und Jäger

Der klassische Neandertaler ist in erster Linie Europäer. Nur wenige Exemplare wurden bislang außerhalb Europas gefunden. Überlieferte Werkzeugfunde und Überreste von Feuerstellen und Beutetieren geben Auskunft über seinen Alltag.

■ **150 000–35 000:** Fossile Belege von Neandertalern sind vor allem aus Frankreich, aber auch aus Deutschland, Belgien, Spanien, Italien und England bekannt. Die Schichten des namengebenden Fundortes, des Neandertals bei Düsseldorf, lassen sich nur schwer datieren, weil in ihnen außer frühmenschlichen Überresten weder Werkzeuge noch irgendwelche fossilen Teile von Tieren aus dieser Zeit belegt sind. Bedeutende Fundorte in Frankreich sind vor allem La Chapelle-aux-Saints bei Brive im Departement Corrèze und La Ferrassie bei Bugue in der Dordogne. Zwischen 70 000 und 35 000 leben Neandertaler eines nicht klassischen, eher als Vorform des modernen Menschen zu bezeichnenden Typus in Nord- und Westafrika, im Mittleren Osten, im westlichen Asien und in Osteuropa.

Schwer einzuordnende, noch primitiv erscheinende Neandertaler sind aus der gesamten Zeit vor 150 bis 40 Jahrtausenden an wenigen Fundplätzen in Ostdeutschland (Ehringsdorf), der Slowakei (Ganovce) und Italien (Saccopastore) belegt. Ein weiterer Formenkreis (»tropischer Neandertaler«), dem die an Homo erectus erinnernden Körpermerkmale fehlen, lässt sich vor 130 bis 35 Jahrtausenden in Südafrika (Saldanha und Makapan) und Sambia (Broken Hill) nachweisen.

Forscher lesen aus Essensresten

Über das Alltagsleben des Neandertalers geben u. a. Werkzeugfunde aus dieser Zeit, aber auch Überreste von Feuerstellen und Beutetieren Auskunft. Besonders in Westeuropa ist reichhaltiges Material erhalten, vor allem im Bereich zwischen Westfrankreich und Österreich. Doch auch in Vorder- und Zentralasien sowie in Afrika finden sich Belege.

Grundsätzlich ist der Neandertaler Sammler und Jäger. Von welchen Pflanzen er sich ernährt, ist nicht bekannt. Weil aber Analysen über fossile Pollen aus seinem Lebensraum vorliegen, lässt sich zumindest sagen, was dem Neandertaler an vegetarischer Nahrung zur Verfügung steht. In Europa ist während der Warmzeiten der Haselstrauch weit verbreitet. Daneben gibt es bestimmte essbare Eicheln, wilde Erdbeeren, Himbeeren und Schlehen, außerdem Waldheidelbeeren und Brombeeren.

Bei der Jagd beschränkt sich der Neandertaler keineswegs auf Kleintiere. Er erbeutet Bären, Rene, Büffel, Pferde usw. Weil er noch keine Schleudern kennt, wirft er seine Geschosse mit der Hand, und zwar große Steine oder auch Speere mit Steinspitzen. In Gruppen jagt man, indem Tiere von verschiedenen Jägern abwechselnd so lange gehetzt werden, bis sie erschöpft niedersinken und sich mit Steinen oder Keulen erschlagen lassen. Oder die Jäger treiben ihre Beute über Felsklippen in Abgründe. Wahrscheinlich benutzen sie zum Aufschrecken des Wildes auch das Feuer, mit dem sie gut umzugehen verstehen.

Herr über das Feuer

Um Feuer zu benutzen, ist der Neandertaler nicht mehr auf Blitzschlag angewiesen wie seine Vorfahren. Er kann es selbst entfachen. Ob er bereits das Prinzip des »Feuerbohrens« mit einem Holzstab kennt, der mit seiner Spitze schnell auf einem Stück Weichholz gedreht wird, ist ungewiss. Sicher ist, dass er Feuer mit Steinen schlägt. Dazu eignet sich allerdings nicht das Aneinanderschlagen zweier Feuersteine, weil dabei kalte Funken entstehen. Der Neandertaler verwendet einen Feuerstein und eine Schwefelkiesknolle.

Das Handwerkszeug ist bereits recht differenziert. Sicher verwendet der Neandertaler Geräte aus Knochen, Horn und Holz, doch sind die Steinwerkzeuge natürlich am besten überliefert. Es finden sich verschiedene Schlaggeräte, also Abschläge, die auf einer oder mehreren Seiten in eine regelmäßige Form gebracht sind. Daneben gibt es gekerbte und gezahnte Steinwerkzeuge wie Sägen, Kratzer, Stichel und Bohrer, zugespitzte Klingenkratzer, aber auch noch Faustkeile. Dass der Neandertaler zumindest im Winter Bekleidung und wahrscheinlich auch Schuhe und Häute trägt, gilt den meisten Prähistorikern inzwischen als gesichert.

00798
Kräuterweiber heilen Kranke

Der Neandertaler lebt gern in der Nähe von Flüssen in Halbhöhlen oder – wo diese fehlen – in selbst geschaffenen Zelthütten aus großen Lederstücken.

Totenkult und Tieropfer

Eine große Zahl von Fundstellen beweist, dass die Neandertaler ihre Toten in Erdgräbern beisetzen. Diese Stätten sind aber nicht die einzigen Kultplätze. Auch in zahlreichen Höhlen hinterlässt der Neandertaler geweihte Orte.

■ **100 000–30 000:** Der Körper des Neandertalers von La Chapelle-aux-Saints in Frankreich wird in eine 30 bis 40 cm tiefe Grube gebettet. Sein Kopf ruht auf einem untergelegten Stein, das Gesicht weist nach Westen. Die Beine sind dicht an den Leib gezogen. Darüber liegen Knochen von Ren und Urrind, Steinbock, Höhlenhyäne, Nashorn und Murmeltier, also Vertretern der Fauna der letzten Eiszeit. Neben dem Toten finden sich verschiedene Werkzeuge, vor allem Schaber und Handspitzen.

Im Karmelgebirge (Israel) wurden 1931 Skelettreste von zehn Menschen entdeckt, bei denen es sich offenbar um eine »Familie« handelt.

Zwei versinterte Bärenschädel, die in der Mendener Höhle auf einem Altarstein gefunden wurden

Ein anderes Neandertalergrab in Le Moustier bei Les Eyzies, einer höhlenreichen Gegend in der Dordogne, lässt ebenfalls eine planmäßige Bestattung erkennen. Eine Fülle ähnlicher Funde aus Frankreich, Deutschland, Italien, Russland, Palästina, Usbekistan und verschiedenen Gebieten Afrikas deutet darauf hin, dass Bestattungen nicht die Ausnahme sind, sondern die Regel. In späteren Gräbern finden sich neben Werkzeugen und Tierfleisch-Beigaben, von denen natürlich nur die Knochen erhalten sind, noch andere Hinweise auf sorgfältig vollzogene Bestattungen. Einige Tote sind mit Erdfarben, rotem und gelbem Ocker, bestreut. An anderen Gräbern sind mehrere kleine Feuerstellen zu erkennen.

Viele Gräber des Jungpaläolithikums sind reich geschmückt. Für eine irakische Fundstätte in Shanidar ergeben Pollenanalysen, dass man den Leichnam auf ein großflächiges Lager aus Blumen bettet. Auch Hinweise auf Leichenfestmahle finden sich. Frauen, Männer und Kinder werden gleichermaßen festlich beigesetzt.

Bestattung von Körperteilen

Funde belegen, dass die Neandertaler die meisten ihrer Toten nicht als vollständige Leichname, sondern nur in Teilen bestatten. Untersuchungen an Knochen lassen den Schluss zu, dass der Neandertaler den Körpern teilweise Muskeln, Sehnen und Bänder abtrennt, um diese wiederzuverwerten. Bei verschiedenen Skeletten treten ähnliche Defekte im Muskelansatz- und Gelenkflächenbereich auf. Sie sind Hinweise auf gewaltsame Einwirkungen; möglicherweise Zeichen einer absichtlichen Zerstückelung der Leichen. In den meisten Fällen handelt es sich dabei allerdings nicht um vollständige Knochen. Eindeutige Schlagspuren sprechen dafür, dass die Knochen noch im frischen Zustand absichtlich zertrümmert oder gespalten wurden.

Die Neandertaler führen diese Manipulationen an den Leichnamen ihrer Verstorbenen offenbar aus, um deren Knochen für rituelle Handlungen zu erhalten. Nach dem Abtrennen der Knochenteile vom Leichnam werden diese wahrscheinlich Gegenstand weiterer Totenzeremonien und -riten im Kreis der Gruppenmitglieder. Nachdem die Menschenknochen ihren Zweck im Rahmen der Totenriten erfüllt haben, wirft der Neandertaler sie einfach fort. So erklärt sich der Fund von menschlichen Überresten inmitten von aus Nahrungsresten stammenden Tierknochen, die jedoch auch ein Hinweis auf Kannibalismus sein können.

Opfergaben in Höhlen

Die Grabstätten der Neandertaler sind nicht seine einzigen Kultplätze. In zahlreichen Höhlen in Frankreich, Österreich und anderen Ländern hinterlässt er geweihte Orte, an denen er Opfer darbringt. Regelmäßig finden sich diese Kultstätten tief im Inneren von Höhlen, die aufgrund der Dunkelheit und Feuchtigkeit nicht als Wohnraum in Frage kommen. In der Drachenlochhöhle unweit von St. Gallen in der Schweiz steht eine Art Kasten aus Kalksteinplatten aus der Zeit der Neandertaler. In ihm sind Schädel von Höhlenbären, alle in die gleiche Richtung blickend, deponiert. Unter den Schädeln liegen Langknochen, oft sind Röhrenknochen in die Schädel hineingesteckt. Derartige »Schädeltruhen« sind keinesfalls selten. Zahlreiche ähnliche Stätten sind besonders aus französischen und österreichischen Höhlen bekannt. Manchmal sind die Bärenschädel konzentrisch angeordnet, oft sind sie mit dem Blick nach Osten ausgerichtet.

··Schädelbestattung··

Unter den fossilen Funden von Neandertalern überwiegen deutlich die Schädel. Während Reste von Körperskeletten nur zu 34 % vorliegen, sind von 85 % der Neandertaler-Funde Schädel bzw. Reste von Schädeln erhalten.

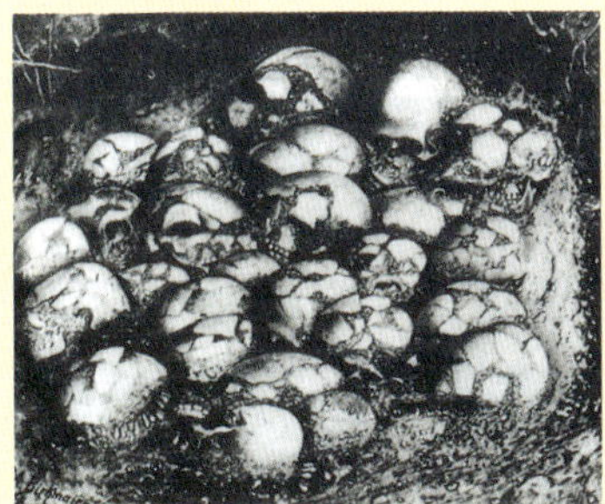

»Schädelnester« aus der Ofnethöhle am Nördlinger Ries

Ein besonders eindrucksvolles Zeugnis einer Schädelbestattung hinterlassen die mesolithischen Siedler in der »Großen Ofnethöhle« im Nördlinger Ries. Hier betten sie die Köpfe von neun Frauen, 20 Kindern und vier Männern. Symbolträchtige Bestattungsmerkmale – wie roter Ocker in den Mulden, die Ausrichtung der Schädel nach Westen und die spiralförmige Anordnung – deuten auf eine Beisetzung im Glauben auf eine Wiedergeburt hin.

Der Neandertaler stirbt aus

Für das Aussterben der Neandertaler gibt es mehrere Theorien. Möglicherweise sind eine Klimakatastrophe oder ein Krieg mit den Cro-Magnon-Menschen für ihr Verschwinden verantwortlich. Der wirkliche Grund ist bis heute unklar.

■ **Um 30 000:** Die Spuren des Neandertalers verlieren sich im europäischen Raum relativ schnell. Seit etwa 30 000 Jahren finden sich nur noch Hinweise auf einen neuen Menschentypus, den Cro-Magnon-Menschen, der sich zu dieser Zeit bereits in Europa ausgebreitet hat. Verdrängt er den Neandertaler? Oder flieht der Neandertaler vor dem Höhepunkt der Würm-Vereisung nach Süden und geht dort unter? Dass in kürzester Zeit der Homo sapiens sapiens aus ihm in Europa hervorgeht, ist unglaubwürdig. Vielleicht hat sich der moderne Mensch in Afrika oder Mittelost aus dort lebenden Neandertaler-Stämmen entwickelt; dafür sprechen Übergangsformen in Israel.

Es gibt heute eine Reihe von Theorien, weshalb der Cro-Magnon-Mensch den Neandertaler überlebt. Ein Szenario über das Ende der Neandertaler ist ein Krieg zwischen den beiden Gattungen, die zur selben Zeit auf der Erde lebten. Der dem Cro-Magnon-Menschen intellektuell unterlegene Neandertaler wird besiegt und ausgerottet. Hinweise für ein gewaltsames Ende der Neandertaler durch eine kriegerische Auseinandersetzung gibt es allerdings nicht.

Neandertaler, rekonstruiert nach einem Schädel von La Chapelle-aux-Saints, Frankreich

Vom Gegenteil dieser Theorie geht die Vermutung aus, dass beide Gruppen in einer solch friedlichen Koexistenz leben, dass sich im Lauf der Zeit beider Erbgute zu einer Gattung vermischen. Schließlich überlagert das stärkere Erbgut der Cro-Magnon-Menschen das der Neandertaler und bewirkt somit ein natürliches Ende dieser Menschengruppe. Die Ursache kann auch in einer hohen Sterblichkeitsrate liegen. So hat der US-amerikanische Anthropologe Ezra Zubrow 1989 herausgefunden, dass eine um zwei Prozent geringere Sterblichkeitsrate beim modernen Menschen gegenüber dem Neandertaler ausreichen würde, um in 30 Generationen zum Aussterben des Letzteren zu führen.

Aufbruch des Cro-Magnon

Der Cro-Magnon-Mensch breitet sich auf der ganzen Welt aus. Nach Afrika und Asien sowie Amerika, das er über die Beringstraße erreicht, besiedelt er zum Abschluss auch den australischen Kontinent.

■ **70 000–10 000:** Der vor allem in Europa durch zahlreiche Funde besonders gut nachgewiesene Cro-Magnon-Mensch stammt wahrscheinlich aus dem Mittleren Osten. Fossilien belegen, dass er bis zum Ende der Eiszeit außer der Antarktis alle Kontinente erreicht.

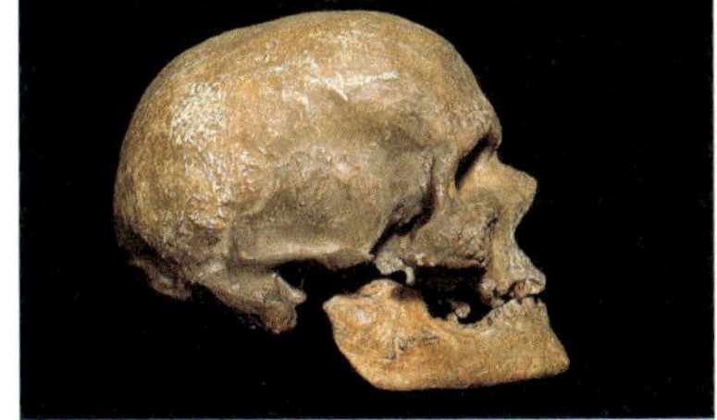

1868 wurden an der Vézère die Überreste eines frühen Homo sapiens entdeckt, der nach dem Fundort »Cro-Magnon-Mensch« genannt wurde.

Eine große Anzahl von Homo-sapiens-sapiens-Überresten birgt der afrikanische Kontinent. Wichtige Funde stammen aus Boskop im Südwesttransvaal, von Fisch-Hoek südlich von Kapstadt und von Springbok Flats, 130 km nördlich von Pretoria.

Durch die eiszeitlichen Steppen erreicht der moderne Mensch auch Nordasien und die Beringstraße sowie von dort Amerika, das er in wenigen Jahrtausenden bis zur Südspitze besiedelt. So finden sich gegen Ende der letzten Eiszeit u. a. in New Mexico, Minnesota und Mexiko Homo-sapiens-sapiens-Knochen.

In Australien reichen die ältesten Funde etwa 30 000 Jahre zurück. Sie stammen vom Lake Mungo im Südwesten von New South Wales.

Der britische Naturforscher Charles Darwin (1809–1882) benennt die Triebkräfte der Evolution:
»Die natürliche Auswahl ist das wichtigste, aber nicht das einzige Mittel der Veränderung.«

Homo sapiens verdrängt den Neandertaler

Gegen Ende der ersten Vereisungsperiode der Würmzeit erscheint in Europa der moderne Mensch: Homo sapiens sapiens. Seine Überreste finden sich z. T. in Frankreich (Cro-Magnon u. a.), Deutschland und der früheren Tschechoslowakei.

■ **40 000–10 000:** Der Homo sapiens sapiens unterscheidet sich in keinem wesentlichen Skelettmerkmal von seinem heutigen Vertreter. Auch die Schädelkapazität entspricht mit rund 1500 cm³ der des gegenwärtig lebenden Menschen. Ein einziger Unterschied lässt sich besonders bei den geologisch ältesten Funden in der Gestalt erkennen: Der frühe Homo sapiens sapiens ist kräftiger gebaut als der moderne Mensch.

Da ihn vom europäischen Neandertaler anatomisch viele Details trennen, ist es kaum wahrscheinlich, dass der Homo sapiens aus diesem hervorgegangen ist. Aber in Israel finden sich u. a. Schädel, die als Übergangsformen des dortigen Neandertaler-Typus zum modernen Menschen interpretiert werden. Die wichtigsten Funde stammen vom Berg Karmel südöstlich von Haifa und vom Jebel Qafzeh (oder Kafzeh), 2,5 km nördlich von Nazareth. In der Literatur werden die Menschen vom Berg Karmel meist als Palaeoanthropus palestinensis bezeichnet. Für den Fund von Jebel Qafzeh gibt es Beschreibungen sowohl als Homo neanderthalensis wie als Homo sapiens sapiens. Die Datierungen für diese israelischen Funde erweisen sich als schwierig.

Wiege im Mittleren Osten?

Wahrscheinlich liegen die israelischen Funde zwischen 75 und 50 Jahrtausenden. Das würde bedeuten, dass sich die letzte Phase der Entwicklung zum Homo sapiens sapiens nicht in Europa und auch nicht in Afrika, sondern im Mittleren Osten abspielt. Die alten Funde stehen in der Tat dem modernen Menschen anatomisch schon näher als dem Neandertaler, doch muss man berücksichtigen, dass auch der afrikanisch-asiatische Neandertalertyp, von dem sie abstammen, mehr Merkmale des modernen Menschen besaß als der europäische, sog. klassische Neandertaler. Immerhin ist anzunehmen, dass der fertig entwickelte Homo sapiens sapiens keine europäischen Vorfahren besitzt.

Der in Europa einwandernde moderne Mensch unterscheidet sich in zahlreichen Merkmalen vom europäischen Neandertaler: Auffällig ist einmal die veränderte Statur des Homo sapiens sapiens. Selbst die robusten Cromagniden sind schon wesentlich graziler und zugleich größer als die klassischen Neandertaler: Oberarm- und Oberschenkelknochen sind nicht mehr gekrümmt, sondern gestreckt.

Auch die Kopfform unterscheidet sich deutlich: Der moderne Mensch verfügt über einen langen, in der Aufsicht ovalen Schädel mit steil ansteigender Stirn und gerundetem Hinterhaupt. Die für die »klassischen« Neandertaler charakteristischen, miteinander verbundenen Überaugenbogen fehlen oder sind nur schwach ausgebildet. Seine Mundpartie springt nicht mehr oder nur noch wenig vor; typisch ist vielmehr ein ausgeprägtes Kinn und außerdem eine schlankere Nase. Das Verhältnis zwischen Gesichts- und Gehirnschädel ist ein grundlegend anderes. Während bei den Neandertalern der Gesichtsschädel überwog, dominiert beim modernen Menschen der Hirnschädel.

Moderne Menschen der Eiszeit

Der Homo sapiens sapiens der Eiszeit wird nach einer Höhle in der Nähe des französischen Ortes Les Eyzies de Tayac häufig als Cro-Magnon-Mensch bezeichnet. Tatsächlich dominieren die Cromagniformen in Europa das Spektrum der fossilen Vertreter des modernen Menschen, sie sind aber nicht deren älteste Repräsentanten. Zumindest in Westeuropa finden sich frühere Formen, die am besten durch einen Fund von Combe Capelle charakterisiert werden.

Beide Haupttypen unterscheiden sich am deutlichsten durch die Ausprägung ihrer Gesichtsschädel. Die Cromagniden verfügen über betont niedrige und breite Schädel mit kräftigen, vorstehenden Jochbeinen und niedrigen Augenhöhlen. Hingegen weisen das Skelett von Combe Capelle und ähnliche Formen aus Böhmen und Mähren sehr schmale und hohe Langschädel auf. Die ungleiche Verteilung beider Typen erlaubt allerdings keine definitive Aussage darüber, welcher Formentyp entwicklungsgeschichtlich der ältere ist.

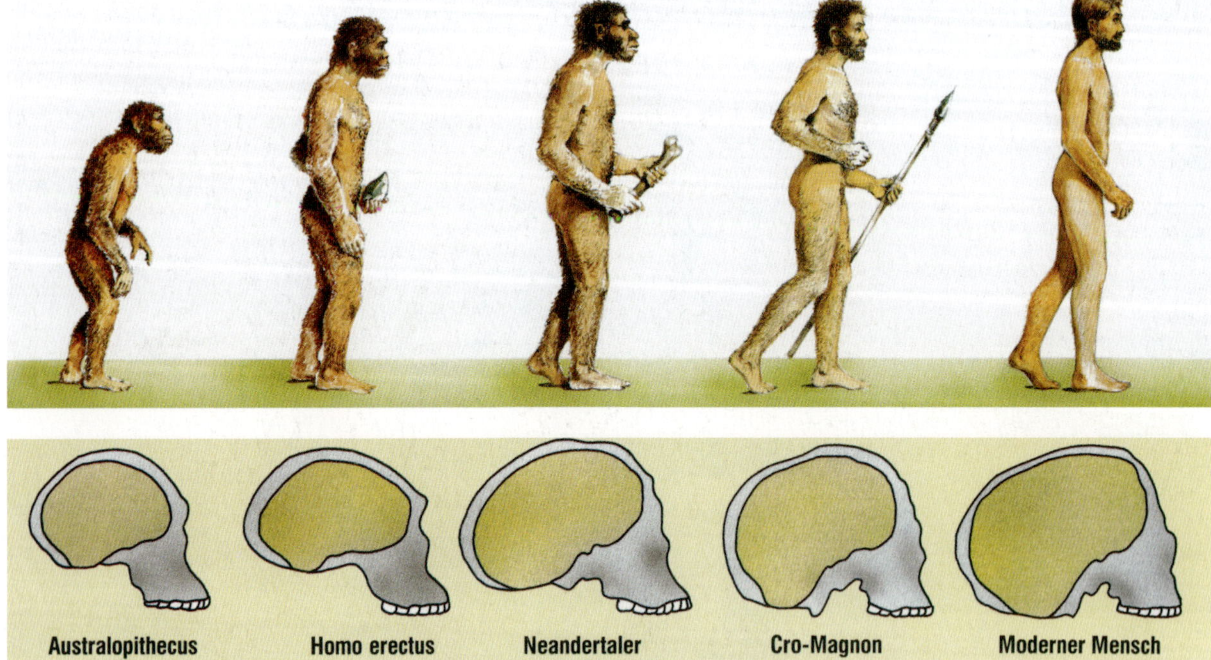

Am (bisherigen) Ende der über drei Jahrmillionen langen Entwicklung der Menschenartigen steht der moderne Homo sapiens.

Zähne belegen weltweite Wanderzüge

Anhand von Zahnfunden können die Wanderungen von Menschen des Homo-sapiens-sapiens-Typus von Südostasien nach Amerika nachgewiesen werden. Dabei lassen sich zwei Menschentypen unterscheiden: Sundadonten und Sinodonten

■ **20 000–11 000:** Aus dem südostasiatischen Raum wandern Menschen des Homo-sapiens-sapiens-Typus über Nordostasien und die Bering-Landbrücke auf den amerikanischen Kontinent. Weitaus besser als Kulturelemente belegen Zähne diese großräumigen Wanderbewegungen.

Der US-amerikanische Bioarchäologe Christy G. Turner II entwickelte aufgrund so genannter sekundärer Merkmale der menschlichen Zähne einen Schlüssel, nach dem sich – zunächst im asiatischen Raum – zwei unterschiedliche Homo-sapiens-sapiens-Typen klar auseinander halten lassen. Er nennt sie Sundadonten und Sinodonten. Da sie sich gleich durch eine ganze Reihe genetisch festgelegter Eigenschaften des Gebisses voneinander unterscheiden, sind beide Typen bemerkenswert stabil. Aus einem Zahnmuster, wie es allen frühen Homo sapiens sapiens in Afrika, Europa und Vorderasien eigen sind, entwickelt sich vor 30 bis 20 Jahrtausenden zunächst der ihm noch nahe stehende sundadonte Typ. Vor etwa 20 Jahrtausenden breiten sich diese Sundadonten über China und die Mongolei aus und dort spaltet sich von ihnen der Typ der Sinodonten ab.

Der Mensch erreicht Japan und Polynesien

Schon vor etwa 20 Jahrtausenden oder früher besiedeln die Sundadonten den gesamten südostasiatischen und malayisch-indonesischen Raum, was ihnen insofern nicht schwer fällt, als zu dieser Zeit der Sundaschelf über dem Meeresspiegel liegt. Vor etwa 17 bis 12 Jahrtausenden erreichen Sundadonten Japan und das nordöstliche Asien. Wesentlich spätere Bewegungen fallen ins Holozän: Vor etwa 3000 Jahren besiedeln die Sundadonten Polynesien und erst vor etwa 2000 Jahren verdrängen Sinodonten, wiederum aus dem chinesischen Raum kommend, die alte sundadontische Bevölkerung Japans.

Aus Südostasien wandert der Zweig der Sinodonten vor etwa 15 Jahrtausenden über die Bering-Landbrücke nach Alaska und weiter auf die Aleuten. Er besiedelt auch Grönland und den Norden Kanadas, wo die Inuit aus ihm hervorgehen.

Eine andere Gruppe der Sinodonten überquert vor rund zwölf Jahrtausenden ebenfalls die Bering-Landbrücke. Anschließend gabelt sie sich dann in verschiedene Regionen Nordamerikas (von Kalifornien bis Florida) auf und erreicht über die mittelamerikanische Landbrücke auch Südamerika. Dort dringen die Sinodonten im Osten in das Amazonasbecken ein, im Westen stoßen sie längs der Anden bis in den äußersten Süden des Kontinents vor, wo sie – 50 Generationen später – vor rund elf Jahrtausenden ankommen. Somit stellen sie die Vorfahren der späteren Inuit und Indianer dar.

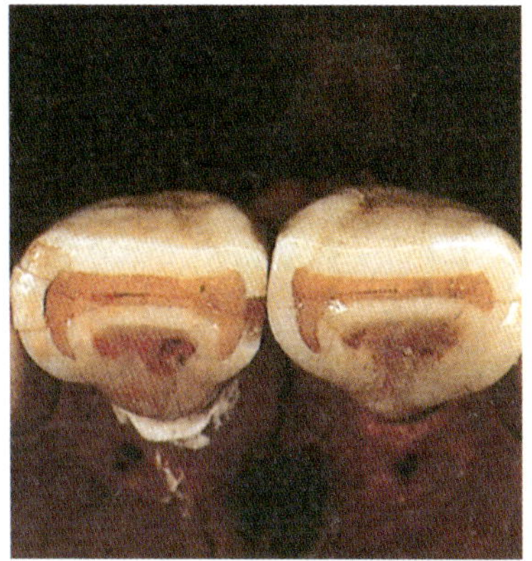

oben: Verschiedene Homo-sapiens-Zahnformen bildeten sich vor über 20 000 Jahren (Backenzähne von Sinodonten); unten: Anhand von Zahnformen (hier von Sundadonten) lassen sich Völkerwanderungen rekonstruieren.

Hetzjagden auf Wildpferde und Rentiere

Der Mensch von Cro-Magnon ist für seine Ernährung auf die Jagd angewiesen, denn aufgrund der allgemein herrschenden niedrigen Temperaturen bietet die Flora allein kein ausreichendes Nahrungsangebot.

■ **40 000–10 000:** Die Jagdtiere des Cro-Magnon-Menschen sind nicht nur aus zahlreichen Knochenfunden in der Nähe von Herdstellen bekannt, der Jäger selbst malt seine Beutetiere auch an Höhlenwände. Zu den seltenen Jagdtieren gehört das Eiszeitmammut Mammuthus primigenius. Daneben erbeutet der Steinzeitjäger gelegentlich auch den Altelefanten (Elephas antiquus), eigentlich ein Warmzeittier, das während der Eiszeit in Europa rar ist. Auch das gefährliche Wollnashorn (Rhinoceros trichorhinus) gehört zu den seltenen Beutetieren. Eines der am häufigsten gejagten Tiere ist das Wildpferd, von dem gleich vier Arten vertreten sind: das Przewalski-Pferd (Equus przewalskii), der Tarpan (E. gmelini), das schwere Quartärpferd (E. abeli) und der Halbesel Hemion (E. hemionus). Die bei weitem wichtigste Beute stellt das Rentier (Rangifer tarandus) dar, das an manchen Wohnplätzen die Hälfte, an anderen bis zu drei Viertel allen erbeuteten Wildes ausmacht.

Auf der Fährte des Bären

Gejagt wird auch der Höhlenbär (Ursus spelaeus), das einstige Hauptbeutetier des Neandertalers. Nur selten erbeutet der Cro-Magnon-Mensch Braunbären. Häufiger fängt er Höhlenlöwen (Panthera leo spelaea). Wichtige Jagdtiere sind auch der Riesenhirsch (Cervus megaceros), der Edelhirsch (Cervus elaphus) und das Reh (Cervus capreolus). Auf dem Speisezettel stehen außerdem zahlreiche Raritäten: Steinböcke und Gemsen, Saiga-Antilopen, Elche, Bisons und Urrinder, Wölfe und Füchse, Lemminge, Schneehasen, Murmeltiere, Hermeline und sogar der Vielfraß. Auch Vögel und Fische werden erbeutet.

Meist betreibt der Cro-Magnon-Mensch die Jagd mit Speeren, die er schon seit seinem Erscheinen in Europa verwendet. Später erlernt er auch den Gebrauch von Pfeil und Bogen. An einem Fundplatz in Ahrensburg bei Hamburg haben sich unter besonders günstigen Bedingungen im Seeschlamm zwei Kieferholzbogen und 100 Holzpfeile erhalten. Die häufigste Form der Jagd ist die Treibjagd. Wildpferde und andere Beutetiere werden auf Anhöhen gehetzt und in Abgründe getrieben, wo sie zu Tode stürzen.

Mammut am Fluss (Rekonstruktion in dem Prähistorischen Kunst- und Forschungszentrum von Le Thot in der Dordogne, Frankreich)

Zeitalter der Kunst beginnt in Höhlen

Eine in den weichen Fels einer Höhlenwand (Bara Bahau bei Les Eyzies) geritzte menschliche Hand, von einem Cro-Magnon-Menschen gefertigt, markiert den Auftakt für das Zeitalter der menschlichen Kunst.

■ **40 000–10 000:** Zu den frühen Kunstäußerungen des Cro-Magnon-Menschen gehören vor etwa 40 000 Jahren Felsritzungen, die im tiefen Inneren von Höhlen angebracht werden, also nicht seinen unmittelbaren Wohnbereich schmücken. Zwar kannte bereits der Neandertaler die Farbe, wie zahlreiche Farbfunde belegen, doch setzt der Cro-Magnon-Mensch sie erstmals nachweislich zur Gestaltung figurativer Bilder ein.

Die geritzte Form einer Hand in Bara-Bahau bei Les Eyzies gilt als älteste bekannte Kunstäußerung des Menschen. Schablonenhafte Umrisszeichnungen von Tieren folgen. Noch im Aurignacien (40 000–20 000) werden die Flächen der Tiere ein- und zweifarbig angelegt. Dem ersten Zyklus folgt im Solutréen (etwa 20 000–16 000) eine Art künstlerische Schaffenspause, bis mit dem Magdalénien so etwas wie eine Renaissance der Höhlenmalerei beginnt. Wieder stehen am Anfang Strichzeichnungen, erst feinlinig, dann fast teigig ausgezogen und schließlich zart und gelöst. Die Fläche wird jetzt oft durch Ausmalen, Schraffieren, durch rote und schwarze Tupfer betont. Zum Schluss erreichen die Bilder als mehrfarbige Wandgemälde höchste Aussagekraft. Auch die plastische Darstellung entdeckt der Künstler der Eiszeit. Er nutzt vorhandene Felsformen, aber er modelliert auch selbst: Halbreliefs in Fels und äußerst naturalistische Plastiken in Lehm.

Im Gegensatz zu den im Wesentlichen auf Westeuropa beschränkten Höhlengravierungen, -malereien und Höhlenplastiken spezialisieren sich die östlichen Vertreter der Cro-Magnon-Menschen auf die Herstellung von Skulpturen und Statuetten. So skulpturiert beispielsweise ein Eiszeitkünstler in Krems an der Donau um 28 000 aus Kalkstein die berühmte Venus von Willendorf, eine jener Fruchtbarkeitsstatuetten, wie sie die östlichen Eiszeitmenschen zu dieser Zeit in großer Zahl herstellen. Daneben sind im Osten auch kleine Tierplastiken verbreitet, z. B. in Gestalt von Mammuten. Die Zeitgenossen in Frankreich konzentrieren sich dagegen vornehmlich auf Knochengravierungen und Elfenbeinschnitzereien.

Die Kulturstufen der Jungsteinzeit

Der kulturelle Abschnitt, der dem Cro-Magnon-Menschen entspricht, ist die jüngere Altsteinzeit, das so genannte Jungpaläolithikum. Dieser Zeitabschnitt lässt sich in drei deutlich zu unterscheidende, einander ablösende Perioden einteilen:

- das Aurignacien vor etwa 40 000 bis 20 000 Jahren
- das Solutréen vor etwa 20 000 bis 16 000 Jahren
- das Magdalénien vor etwa 16 000 bis 12 000 Jahren.

In der Zeit von 12 000 bis 10 000 Jahren treten dann vor allem im nördlichen Europa noch einige mehr oder weniger lokale Sonderformen der Kultur in Erscheinung.

Während der Präneandertaler den ganzen Stein anfertigte, entwickelt der Cro-Magnon-Mensch viel feinere und vielseitigere Werkzeugarten. Er schlägt zunächst von einem Feuerstein

Bernsteinketten aus dem Jungpaläolithikum

(oder Obsidian usw.) Klingen ab, die spitz und scharf sind, dünn wie Messer. Die Klingen bearbeitet er mit so genannten Retuschen weiter und verwandelt sie in eine Fülle spezieller Werkzeuge für unterschiedliche Gebrauchszwecke. Im Aurignacien werden aus den Klingen nur lange Messer geschlagen. Kratzer, Stichel, Bohrer, feine Spitzen usw. fertigt man aus Knochen. Das Solutréen zeigt recht eigenwillige Formen. Die Steinwerkzeuge sind – sofern perfekt bearbeitet – auf ihrer ganzen Oberfläche gemuschelt, so dass vollendete Formen entstehen. Neuartige Formen (z. B. »Lorbeerblatt-Spitzen«) tauchen relativ plötzlich auf, was zu der Annahme verleitet, dass um diese Zeit neue Cro-Magnon-Gruppen aus östlichen Gebieten einwandern.

Im Magdalénien erst werden neben verschiedenen Klingenformen auch Stichel, Spitzen und Bohrer aus Stein gefertigt. Ab der Periode IV des Magdalénien erscheint die Harpune als wichtiges Gerät. Neben der Harpune ist im Magdalénien eine – ebenfalls aus Knochen gearbeitete – Speerschleuder belegt.

Neu und wichtig für die Höhlenkunst ist auch die Öllampe. Sie hat die Gestalt eines ausgehöhlten Steins und wird mit Tierfett gefüllt. Als Docht dient ein Tierdarm. Um dieselbe Zeit erscheinen nun auch die ersten Musikinstrumente: Pfeifen (möglicherweise als Jagdpfeifen verwendet), Flöten und Schwirrhölzer.

Bisonskulptur des Magdalénien aus der Höhle La Madelaine

Der österreichische Schauspieler und Regisseur Max Reinhardt (1873–1943) über die Entstehung der Kunst:
»Gott hat die Welt erschaffen, aber der Mensch hat sich eine zweite Welt erschaffen, die Kunst.«

Venusstatuetten belegen Schönheitsideal

Der moderne Mensch, der in der letzten Eiszeit lebt, hinterlässt eine ganze Reihe von Artefakten und Felsmalereien. Das wohl berühmteste Relikt dieser Epoche ist eine kleine Statuette: die Venus von Willendorf (um 28 000).

■ **40 000–10 000:** Durch vergleichsweise günstige Umweltbedingungen und spezialisierte Jagdformen reduziert sich die Zeit, die der frühe Mensch zur Beschaffung von Nahrung aufwenden muss. Das Kunstschaffen Einzelner, das sicherlich wesentlich vielgestaltiger war, als es heute das archäologische Material erahnen lässt, ist daher nicht zuletzt auch Resultat der neu gewonnenen Zeit. Durch die überlieferten Abbildungen und Reliefs erschließt sich eine Vorstellungswelt, in der Tiere, insbesondere Jagdtiere, eine dominierende Stellung einnehmen. Dabei repräsentieren die Bildmotive nicht genau das Spektrum der vor Ort jagdbaren Tiere. So finden sich in der Bilderhöhle von Lascaux Abbildungen von Hirschen, Wildrindern und Wildpferden, unter den Tierknochenfunden ist jedoch mit 90 % das Rentier vertreten. Außerdem beschränken sich die Darstellungen nicht allein auf jägerische Aspekte. Felsbilder von Tier-, Mensch- und Mischwesen oder Abbildungen von Geweihmasken, wie sie noch Tungusen-Schamanen zu Beginn des 18. Jahrhunderts nutzen, sind Indiz für eine symbiotische Beziehung zwischen den Jägern und ihrer Beute. Durch die Kombination charakteristischer Merkmale wichtiger Jagdtiere werden »übernatürliche« Wesen schöpferisch gestaltet.

Fruchtbarkeitssymbolik

Auch menschliche Eigenschaften sind Thema künstlerischer Gestaltung. Zahllose, meist aus Knochen gefertigte kleine Statuetten bezeugen eine ausgeprägte Fruchtbarkeitssymbolik. Ausladende, gewaltige Beckenpartien und sehr große, hängende Brüste kennzeichnen diese weiblichen Figuren, wie überhaupt eine Überbetonung der mittleren Körperpartie im Verhältnis zum Kopf und zu den Extremitäten die Regel ist. Anzunehmen ist, dass derartige Artefakte wie die Felsmalereien weder bloßes Abbild der Realität noch allein Ausdruck eines ästhetischen Kunstwillens sind, sondern den Versuch darstellen, Mensch und Natur als magische Einheit zu begreifen – ein Prozess, der ein hohes Maß an Selbstreflexion voraussetzt.

Die Venus von Willendorf

Eines der berühmtesten Kunstwerke des Aurignacien ist die nach ihrem Fundort benannte Venus von Willendorf, die 1908 in Österreich entdeckt wurde. Ihr hohes Alter und die übertrieben herausgearbeiteten weiblichen Formen haben die Plastik zu einem Markstein prähistorischer Kunst werden lassen. Die Statuette zeigt eine Frau mit großem, überhängendem Bauch und ebenso großem Gesäß. In gleicher Weise sind die Brüste betont herausgearbeitet. Der Kopf ist von einer Art Netz überzogen, der eine Kopfbedeckung oder eine Frisur darstellen kann. Arme und Beine sind klein gehalten und verschwinden in der Form. Diese Nichtbeachtung der Extremitäten wie des Gesichts deutet darauf hin, dass der Künstler die Fruchtbarkeitsmerkmale Gesäß, Brüste, Bauch betonen wollte. Die zu einer Spitze zusammenlaufenden Beine mögen zudem auf die Verwendung der Figur hinweisen: Sie wurde in weichen Boden oder zwischen Steine gesteckt.

Die Gestalt der Venus lässt erkennen, dass sie eine füllige Frau darstellt, jedoch keine Schwangere. Vermutlich entsprach die Willendorfer Statuette einem prähistorischen Schönheitsideal. Die Lebensweise der Jäger- und Sammlerkulturen liefert genügend Hinweise für diese Vermutung: Die Menschen lebten nomadisch. Eine Vorratswirtschaft war nur in einem sehr begrenzten Maß möglich, das Konservieren und Haltbarmachen von Lebensmitteln kaum bekannt. Hunger war an der Tagesordnung, vor allem in den kalten Jahreszeiten. Untersuchungen an Knochenfunden haben gezeigt, dass die frühen Hominiden während verschiedener Wachstumsphasen an Unterernährung litten. Eine Körperfülle wie die der Venus von Willendorf muss das Vorrecht von wenigen, vielleicht einer Elite zugehörigen Menschen gewesen oder aber gänzlich dem Wunschdenken entsprungen sein.

Rolle der Frau

Hinzu kommt noch die Bedeutung der Fruchtbarkeit. Nicht nur die Willendorfer, auch alle anderen Venusstatuetten der Steinzeit weisen die typischen Merkmale von fruchtbaren Frauen auf. Bei einer hohen Sterblichkeitsquote innerhalb einer menschlichen Gemeinschaft bekamen Fortpflanzung und Erhalt der Gruppe hohe Bedeutung. Auffallend in diesem Kontext ist, dass Frauen im Paläolithikum weitaus häufiger dargestellt werden als Männer. Diese Tatsache hat zu zahlreichen Spekulationen über die Rolle der Frau in der Steinzeit geführt. Darunter fällt auch die These einer Urgesellschaft, die von Frauen beherrscht wurde. Möglicherweise stellt die Venus von Willendorf auch eine Art Muttergottheit dar, wie sie von der Altsteinzeit bis in die germanische Welt in kultischem Kontext zu Tausenden zu finden ist.

Die »Frau von Brassempouy« (ca. 23 000, Elfenbein) zeigt einen ähnlichen Kopfputz wie die Willendorfer Figur und trägt erstmals individuelle Gesichtszüge.

01282
Die Venus von Willendorf

1908 wurde in Österreich die »Venus von Willendorf« entdeckt, eine 11 cm hohe Statuette der Altsteinzeit aus Kalkstein mit übersteigerten weiblichen Formen.

Felsmalereien an Kultplätzen

Die Höhlenbilder von Lascaux, Chauvet oder Altamira zählen zu den schönsten Zeugnissen der frühen Kunst und belegen eindrucksvoll das ästhetische Gespür des frühen Menschen. Thema der Malereien und Ritzbilder sind Tiere.

01755 Die Entdeckung der Höhle von Lascaux

■ **40 000–20 000:** Die ersten überlieferten Kunstzeugnisse des Eiszeitmenschen entstehen in Südfrankreich und Nordspanien. Für eine Sensation sorgt 1994 die Entdeckung der Grotte Chauvet im Tal der Ardèche. In der 150 m tiefen Höhle werden rund 300 Felsmalereien in hervorragendem Zustand überliefert. Mit einem geschätzten Alter von 32 410 bis 30 940 Jahren zählen die Kunstwerke der Grotte zu den ältesten der Menschheit. Überwiegend in Schwarztönen und Ocker wurden Abbilder von Tieren an die Wände gemalt: Bisons, Hyänen, Pferde, Eulen, Bären, Raubkatzen, Nashörner, Mammuts, Hirsche, Steinböcke und Pferde lassen sich unterscheiden. Auch die von anderen Orten bekannten Abdrücke menschlicher Hände, die wie die Signatur eines Künstlers wirken, sind in Chauvet vertreten. Ob die dargestellte Fauna Jagdtiere oder rituell verehrte Tiergötter darstellt, ist ungeklärt. Auffälligerweise haben die frühen Künstler zu 60 % gefährliche Tiere wie Löwen abgebildet – eine Besonderheit, die bei anderen Felsmalereien nicht auftritt. Auch die Maltechnik ist erstaunlich. Die Chauvet-Künstler beherrschten nicht nur die Perspektive, sie nutzten bereits Schattierungen, um ihre Werke plastischer darzustellen.

Bedeutend ist außerdem die Höhle von Bara-Bahau bei Les Eyzies de Tayac in der Dordogne, deren früheste Wandritzungen heute etwa 40 Jahrtausende alt sind. Bara-Bahau wird viele Jahrhunderte hindurch als Kultplatz benutzt. In späteren Phasen entstehen auf ihren Wänden Ritzzeichnungen von Bisons, Löwen, Auerochsen und Wildpferden. Sowohl Ritzzeichnungen wie frühe Malereien enthält die Höhle Les Combarelles, nur wenige Kilometer von Bara-Bahau entfernt. Andere Höhlen mit geritzten Bildern von Tieren sind u. a. die Laugerie Basse bei Les Eyzies und die nordspanische Höhle Los Casares.

Formen und Techniken

Die Werke aus dem späteren Magdalénien sind fast durchweg Wandmalereien, einfarbig, zweifarbig oder auch polychrom. Zur Kolorierung werden neben Blut und Pflanzensäften vor allem Farberden wie Ocker (gelb, rot, braun) und

Höhlenmalerei mit einer Darstellung von Tierherden aus Lascaux, Frankreich

Manganoxid (dunkelbraun bis schwarz), aber auch Mineralien wie Hämatit und Limonit (orangefarben, rot und braun) sowie Holzkohle verwendet. Farbbehälter wie Muscheln (in Altamira) oder Knochen (Les Côttés) werden selten als Fund geborgen.

Bei der Herstellung von Statuetten und Wandmalereien bedienen sich die frühen Künstler einer Vielzahl von Techniken. Oft werden natürliche Wölbungen in Höhlenwänden in die Malerei eingebunden, so dass z. B. ein Bisonkopf besonders plastisch hervortritt. Gravierungen treten häufiger auf als reine Malereien, da sie sich über die Jahrtausende besser erhalten. Meist kann eine Mischform beobachtet werden, bei der Gravierungen übermalt sind. Tiefe, in den Fels geritzte Halbreliefs tragen meist gar keine Farbe oder nur wenige Pigmentspuren.

······HÖHLENKUNST······

Zu den bedeutendsten Fundorten mit Kunstwerken des Cro-Magnon gehören neben Chauvet folgende Höhlen:

- Escoural bei Lissabon, Portugal
- Peña de Candamo bei San Román de Candamo (nahe Oviedo), Spanien
- Pindal bei Unquera im Gebiet von Llanes, Spanien
- La Pileta bei Banaojan im Gebiet von Ronda, Spanien
- Altamira bei Santillana del Mar, Spanien
- El Castillo und La Pasiega bei Puente Viesgo, Spanien
- Santimamiñe (auch Basondo genannt) im Gebiet von Bilbao, Spanien
- Pair-non-pair bei Marcamps im Gebiet von Bordeaux, Frankreich
- Bara-Bahau (auch Barabao) bei Les Eyzies de Tayac, Frankreich
- Cap Blanc bei Laussel, Frankreich
- Les Combarelles bei Les Eyzies de Tayac, Frankreich
- Laugerie Basse bei Les Eyzies de Tayac, Frankreich
- Rouffignac, nördlich von Les Eyzies de Tayac, Frankreich
- Cougnac bei Gourdon, Frankreich
- Lascaux bei Montignac, Frankreich
- Peche Merle (auch Cabrerets genannt) bei Cabrerets, Frankreich
- Mas d'Azil zwischen Pamiers und St. Girons, Frankreich
- Niaux bei Tarascon-en-Arriége, Frankreich
- Gargas bei Aventignan, Frankreich
- Levanzo auf dem Inselchen Levanzo westlich von Sizilien, Italien
- Addaura auf dem Monte Pellegrino bei Palermo, Italien.

KUNSTSTILE IN AFRIKA

Die afrikanische Kunst der Steinzeit, vor allem Felsmalereien und Felsgravierungen, hebt sich von den Werken der europäischen Nachbarn ab. In Stil und Technik unterscheiden sich der Norden und der Süden des afrikanischen Kontinents.

■ **Ab 10 000:** Die Kunst Nordafrikas lässt sich in drei große geographische Gebiete gliedern: den Mahgreb (Marokko, Algerien, Tunesien), die Sahara und das libysch-ägyptische Gebiet. In allen drei Gebieten sind die Malereien und Gravierungen zumeist auf freiliegenden Felswänden angebracht. Eine exakte Datierung der nordafrikanischen Kunstwerke fällt immer noch schwer. Als chronologischer Leitfaden dient daher vor allem die Thematik der Darstellungen. Insbesondere Abbildungen aus der Tierwelt lassen Rückschlüsse auf die Zeit zu, in der sie gefertigt wurden.

KUNST IN DER WÜSTE

Als älteste Abbildungen im nordafrikanischen Raum gelten Gravierungen, die im sog. naturalistischen Stil (einfache Umrisslinien) entworfen sind. Steinstücke mit spärlichen Gravierungen, die dem naturalistischen Kunststil entsprechen, fand man u. a. in den algerischen Fundstätten. Dabei handelt es sich zumeist um die Darstellung von Tieren.

Die Motive der ältesten nordafrikanischen Kunst hängen fast immer mit der Jagd zusammen. Und auch bei rituellen Darstellungen handelt es sich zumeist um eine Szene aus dem Jagdalltag. Die ursprüngliche Jägerpopulation Nordafrikas wurde im Lauf der Zeit von Bauern und Hirten abgelöst. Wesentlich jüngeren Datums sind somit auch die Gravierungen von Haustieren – Hunden, Schafen, Ziegen und Kühen. Stilistisch vollkommen anders und daher noch jünger sind wiederum Gravierungen und Malereien, die Pferde oder Kamele darstellen.

Die technische Ausführung der Gravierungen ist in allen drei Gebieten Nord-afrikas sehr ähnlich. So wurden die älteren unter ihnen mit Hilfe von Steinwerkzeugen hergestellt, was sich an dem verhältnismäßig tiefen Einschnitt erkennen lässt. An den Schnitten der jüngeren Gravierungen hingegen erkennt man bereits die Zuhilfenahme von Metallwerkzeugen. Nur in Ausnahmefällen kommen beide Techniken auf demselben Bild vor.

Auch der Süden Afrikas lässt sich in drei Fundgebiete einteilen: Zum einen sind dies die Granithöhlen, die vom Norden Südwestafrikas nach Simbabwe und Transvaal reichen. Das zweite Gebiet umfasst die sandsteinartigen Felsgalerien, die Südafrika im Halbkreis umgeben. Drittens gibt es die glatten, lavaartigen Gesteine im Binnenland Südafrikas.

Das Alter der südafrikanischen Gravierungen ist sehr wahrscheinlich höher als das der Malereien. Obwohl eine genaue Datierung nicht möglich ist, geht man von einer Zeit von 1000 bis 3000 aus. Älteren Datums sind vor allem Gravierungen mit Darstellungen des ausgestorbenen Büffels. Ethnologischen Studien zufolge sind die Schöpfer dieser Kunst unmittelbare Vorfahren der heutigen Buschmänner in Südafrika. Die in Simbabwe entdeckten Zeichnungen unterscheiden sich von diesem Stil. Im Südosten des Landes finden sich häufig Bilder mit drei bis vier übereinander liegenden Malschichten. In der südlichen Region wiederum sind einfarbige Darstellungen – oftmals Abbildungen menschlicher Hände – häufig.

Menschliche Figur aus einer algerischen Höhle

Die Malereien geben im Gegensatz zu den Gravierungen komplizierte Szenen aus dem Alltag der Menschen wieder. So sind ganze Jagd- und Festszenen nicht selten, bei denen die Menschen zuweilen Tierköpfe tragen. Früher ging man davon aus, dass es sich dabei um Jagdmasken zur Täuschung der Tiere handelte. Eine Erklärung dieser Abbildungen ist aber wohl eher in der Mythologie der Eingeborenen zu suchen.

Der Regisseur August Everding (1928–1999) beschreibt die »Kulturexplosion« durch Höhlenmalerei:
»Aus Herdentieren Individuen, aus Bandenmitgliedern Avantgardisten zu machen, die in die Terra incognita vorstoßen und sich erstmalig an Höhlenwänden porträtieren, seiner selbst ansichtig zu werden, das vermag Kultur.«

Menschliche Grossrassen in aller Welt

Alle Menschen der Nacheiszeit repräsentieren eine einheitliche Art, innerhalb derer sich zahlreiche Großrassen wie die Europiden, Negriden, Australiden oder Mongoliden unterscheiden. Zwei unterschiedliche wissenschaftliche Theorien versuchen dieses Phänomen zu erklären.

Der US-amerikanische Anthropologe Heinz Weidenreich und die auf ihn zurückgehende sog. polyzentrische Schule vertreten die Ansicht, dass sich die Entwicklung zum modernen Menschen in verschiedenen Gebieten der Erde unabhängig voneinander und zu unterschiedlichen Zeiten vollzogen habe. Nach dieser im Jahr 1932 aufgestellten Hypothese wären die heutigen Großrassen direkte Nachkommen der einst in den betreffenden geographischen Gebieten lebenden Früh- und Altmenschen. Die Verfechter dieser Theorie betonen, dass die Vertreter der heutigen Rassen charakteristische Merkmale zeigen, die sich auch an Fossilfunden in den jeweiligen Ursprungsräumen der betreffenden Rassen feststellen lassen.

Monozentrische Theorie

Dagegen ist die Mehrzahl der Anthropologen heute der Auffassung, der moderne Mensch habe sich nur an einer Stelle der Welt entwickelt. Die Region läge innerhalb eines großen Kernraumes in Westasien, Teilen Zentral- und Südasiens sowie Nordafrika. Durch Vermischung verschiedener in diesem Großraum lebender Frühmenschen (Paläanthropinen) wurde der Theorie zufolge das Erbgut dieser Bevölkerung bereichert. Hierdurch habe sich innerhalb eines relativ kurzen Entwicklungsprozesses der Homo sapiens herausgebildet. Die Bezeichnung Homo sapiens sapiens ist im Rahmen dieser Auffassung nicht sinnvoll. Ihr Grundgedanke ist, dass der klassische Homo neanderthalensis eine schon im frühmenschlichen Stadium abgezweigte Gruppe repräsentiert, die an der Entwicklung des Homo sapiens keinen Anteil hatte. Die asiatischen »Neandertaler«-Formen werden dagegen gar nicht als Neandertaler betrachtet, sondern als Paläanthropinen mit bereits deutlichen Homo-sapiens-Merkmalen.

Der frühe Homo sapiens Asiens und Nordostafrikas besaß nach Auffassung dieser Schule, die als monozentrisch bezeichnet wird, noch keine der typischen Charakterzüge der einzelnen Rassen. Es handelte sich zunächst um einen rassenmäßig »neutralen« Typus, der bestimmte Merkmale in den verschiedensten Kombinationen in sich vereinte.

Erst nach dem Auswandern und dem Sesshaftwerden verschiedener Gruppen von sapiens-Menschen in unterschiedlichen Gebieten kristallisieren sich die einzelnen Rassen heraus. Das würde die auffallende Ähnlichkeit der heutigen Rassen erklären. Die Monozentristen gehen davon aus, dass der »neutrale« frühe sapiens-Mensch in seinem Ursprungsgebiet bereits vor etwa 50 bis 45 Jahrtausenden lebte. Mehrere Funde stehen im Einklang mit dieser Vermutung.

Für die Hypothese der Monozentristen spricht eine weitere Überlegung: Schon bei seinem Auftreten unterscheidet sich der moderne Mensch von allen Paläanthropinen, auch vom Neandertaler, durch den wesentlich höheren Stand seiner Kultur. Das lässt auf qualitative Modifikationen im Denken dieser neuen Menschen schließen. Im Zusammenhang mit der fortschreitenden Sozialordnung muss sich die Kommunikation und damit die moderne sprachliche Verständigung entwickelt haben.

Chinesen und Indianer haben dieselben Vorfahren.

Die Inuit stammen ebenfalls von südostasiatischen Vorfahren ab.

Aborigines (Australien) kamen vor 30 000 Jahren aus Asien.

Die Zulu (Südafrika), ein ethnisch inhomogenes Bantu-Volk

Die Großrassen des modernen Homo sapiens (Bild: Europäer) unterscheiden sich durch äußerliche Kennzeichen.

Viele Kleinrassen (Bild: Navajo-Indianerin) grenzen sich durch eine eigene Sprache von verwandten Ethnien ab.

Für den Philosophen und Dichter Johann Gottfried Herder (1744–1803) gibt es keine gravierenden Unterschiede zwischen den menschlichen Rassen:

»In so verschiedenen Formen das Menschengeschlecht auf der Erde erscheint. So ist's doch überall ein und dieselbe Menschengattung.«

Die Neolithische Revolution

Ackerbau prägt die Zeit zwischen 10 000 und 3500, die als Neolithikum bezeichnet wird. Der Mensch, bis dahin ein Nomade auf Nahrungssuche, entdeckt die Sesshaftigkeit. Eine Vielzahl epochaler Erfindungen begleitet die Neolithische Revolution, die den Beginn der Zivilisation markiert.

Archäologische Funde belegen, dass es zwei grundsätzlich verschiedene Steinzeiten gegeben hat. Auf einen ersten Abschnitt mit dem Gebrauch beschlagener Steine, vom ersten Auftauchen des Menschen bis etwa 10 000, folgte ein zweiter Abschnitt der geschliffenen Steine sowie des beginnenden Metallgebrauchs. Der britische Forscher Sir John Lubbock (1834–1913) prägte 1865 für die erste Zeit den Begriff Paläolithikum (Altsteinzeit, griechisch: palaios = alt und lithos = Stein), für die zweite Periode dagegen Neolithikum (Neusteinzeit, griechisch: neos = neu). Seit 1892 wird für die Übergangszeit um 10 000 bis 9000 das Wort Mesolithikum (Mittelsteinzeit, griechisch: mesos = mittel) genutzt.

Die grundlegende Neuerung, der Ackerbau, führte zu solch gewaltigen Veränderungen, dass von einer Neolithischen Revolution gesprochen wird. Der gezielte Anbau von Pflanzen ist die Vorbedingung für die Entstehung komplexer Sozialformen bis hin zu den um 3500 entstehenden ersten Hochkulturen und begründet ebenso die Fortsetzung der biologischen Evolution des Menschen auf geistigem Gebiet.

Der Mensch beginnt die Natur zu beherrschen

Mit dem Ackerbau gelang es dem Menschen erstmals, seine natürliche Umwelt den eigenen Bedürfnissen anzupassen und für seine Zwecke zu verändern. Die Jäger und Sammler der Altsteinzeit waren wegen ihrer rein aufnehmenden und aneignenden Wirtschaftsform durch eine vollständige Naturverbundenheit und -abhängigkeit gekennzeichnet.

Im Neolithikum dagegen begann der Mensch zu produzieren. Die Errungenschaften der neuen Wirtschaftsform, der Überschuss an Nahrungsmitteln, die Entwicklung neuer Techniken und die Ausbildung fester Siedlungen ermöglichten den Menschen eine relative Unabhängigkeit von den Zufällen und Bedrohungen seiner natürlichen Umwelt. Mit diesem Prozess veränderte sich auch das Bewusstsein der Menschen. An die Stelle völliger Naturverfallenheit trat das Erlebnis eines selbständigen Individuums gegenüber den natürlichen Abläufen und Mächten.

Der Weg zum Ackerbau

Am Ende der Altsteinzeit umfasste der Lebensraum der Menschheit fast den gesamten mit Vegetation bedeckten Erdkreis, abgesehen von den unwirtlichen Polargebieten und einigen Inseln der Südsee. Die neue Zeit des Ackerbaus begann wegen der eiszeitlichen Vergletscherung nicht gleichzeitig auf der ganzen Erde, sondern zeitlich versetzt. Das Abschmelzen des Eises, das Ende der Altsteinzeit, dauerte Jahrtausende. Nachdem es an den Randgebieten um 10 000 begonnen hatte, war die Vergletscherung erst 2000 Jahre später in Mittel- und Nordeuropa zurückgegangen.

Hölzernes Erntemesser mit eingekitteter Feuersteinklinge aus Egolzwil (Schweiz)

Die Grenze der baumlosen Tundra verschob sich nach Norden, ihr folgten zunächst Nadelholz- und danach Laubholzwälder. Dementsprechend lag das Kerngebiet der neolithischen Revolution an den Randbereichen des Eises im Vorderen Orient, in Mesopotamien, Ägypten und am östlichen Mittelmeer.

In der Arana-Halbhöhle bei Bicorp, Valencia, zeigt ein 6000 bis 4000 Jahre altes Felsbild, wie eine Frau den Honig wilder Bienen sammelt.

»Revolutionsherd« Fruchtbarer Halbmond

Der erste Ackerbau begann um 8000 im Nahen Osten, im Gebiet des »Fruchtbaren Halbmondes«, jenen hügeligen Ausläufern des Sagros- und Taurus-Gebirges, die im Halbkreis das Zweistromland der Euphrat- und Tigris-Ebene umfassen. Nahezu gleichzeitig wurde der gezielte Anbau von Feldfrüchten an mindestens drei weiteren Gegenden der Welt unabhängig voneinander entwickelt: in Ostasien, in Mexiko und in Peru.

Die Menschen der Altsteinzeit waren bis an die Grenzen ihrer geistigen und physischen Entwicklung innerhalb der Stammesverbände gelangt. Zu ihren Errungenschaften zählten umfassende Kenntnisse über verfügbare Materialien zur Herstellung von Werkzeug, Waffen, Unterkunft, Kleidung und Gefäßen. Diese Fähigkeiten gingen mit einer Veränderung der Nahrungsquellen einher. Die Techniken der Jagd wandelten sich ebenfalls. An die Stelle der bisherigen Beutetiere (Mammut und Ren) war eine Vielzahl kleinerer Arten (Auerochse, Wildschwein, Hirsch, Reh und Elch) getreten. Die neuen Beutetiere, deren Wanderung man nicht mehr einfach folgen konnte, weil sie sich weitgehend beständig in einem Gebiet aufhielten, verlangten eine genaue Kenntnis ihres Verhaltens und auch der übrigen Nahrungsquellen, die ein Gebiet bot.

Durch die Erweiterung des Nahrungsmittelspektrums lernten die Jäger und Sammler ihre nähere Umgebung immer deutlicher kennen, so dass ihnen ein immer größeres Angebot pflanzlicher und tierischer Nahrung zur Verfügung stand. Die so spezialisierten Sammler konnten in Gegenden mit reichlichen Nahrungsquellen mehr oder weniger sesshaft werden. Die Lagerung der überschüssigen Lebensmittel erforderte wiederum größere Gefäße, die nur schwer transportierbar waren.

Im Bereich des »Fruchtbaren Halbmondes« wuchs ein Gras, dessen Samen sehr groß und leicht abzuernten waren: der Wildweizen, der zur wichtigsten Kulturpflanze der westlichen Welt werden sollte. So begann der Prozess der Domestikation, der Umwandlung einer Wildform in eine anders geartete, den menschlichen Bedürfnissen angepassten Kulturform dort, wo das ergiebige Gras in flächendeckenden, geschlossenen Verbänden wuchs. Dieser Wildweizen wuchs so dicht, dass, wie Versuche des Agronomie-Wissenschaftlers Jack R. Harlan zeigten, mit bloßen Händen und noch besser mit den steinzeitlichen Werkzeugen innerhalb der dreiwöchigen Reifezeit von einer Familie mehr geerntet werden konnte, als sie in einem Jahr verbrauchte.

01040
Neolithische Revolution: Neue These

Die ersten Amerikaner

Die Paläo-Indianer erreichen Amerika über die Beringstraße. Sie wandern nach Osten und lassen sich u. a. in Pennsylvania nieder. Bei Meadowcroft in der Nähe von Pittsburgh finden sich zahlreiche Spuren dieser ersten Amerikaner.

■ **20 000:** Die ersten Bewohner Amerikas bezeichnet man als Paläo-Indianer. Sie überqueren um 20 000 die Beringstraße von Asien nach Amerika. Gegen 17 000 dringen sie bis ins obere Ohio-Tal vor. In der Nähe des Ohio-River kampieren sie unter dem Felsdach von Meadowcroft. Pollen und andere Pflanzenreste beweisen heute, dass in der Gegend zu dieser Zeit Laub- und Nadelbäume wachsen. Die Indianer jagen den Weißwedelhirsch und das Mastodon. Aber auch das Kleinwild wie z. B. Backenhörnchen und Südliche Gleithörnchen gehören zu ihrer Nahrung. Für die Jagd fertigen die Menschen bereits elegant gekehlte Geschossspitzen aus Stein.

Bohrer, Speerspitzen und Schaber der steinzeitlichen Jägerkultur von Denbigh in Alaska

Die Paläo-Indianer hinterlassen eine Reihe von Steinwerkzeugen. Insgesamt bleiben 123 vollständige oder zerbrochene Werkzeuge in Meadowcroft erhalten. Außerdem finden sich mehrere hundert Abschläge, wie sie bei der Herstellung und der Instandhaltung von Werkzeugen anfallen. Ferner hinterlassen die Paläo-Indianer Klingen, unbearbeitete Abschläge sowie Bruchstücke von Kernen, von denen die Werkzeuge abgeschlagen wurden.

Die archaische Periode

Auch die Nachfahren der Paläo-Indianer, die sog. Archaic-Indianer, nutzen das Felsdach als Schutz vor Regen und Wind. Nach dem Ende der letzten Eiszeit erreichen sie die Gegend in der Nähe des heutigen Pittsburgh und verweilen dort über einen sehr langen Zeitraum. Rund 7000 Jahre siedeln sie im nordamerikanischen Pennsylvania. Die Spuren ihrer Anwesenheit bei Meadowcroft lassen sich bis etwa 2000 v. Chr. verfolgen. Das schützende Obdach des Felsvorsprungs wird immer wieder von archaischen Indianern aufgesucht. Unklar ist allerdings, ob es sich dabei nur um kleinere Gruppen oder auch größere Menschenmengen handelt.

Die archaischen Indianer, die zu dieser Zeit in der Gegend von Meadowcroft siedeln, leben als Jäger und Sammler. Hirsch, Elch, wilder Truthahn und verschiedenes Kleinwild sind ihre bevorzugten Jagdtiere. Auch die pflanzlichen Quellen der Umgebung werden von ihnen ausgebeutet. Dies belegen die große Anzahl von zerbrochenen Nussschalen, der Samen des Zürgelbaums und Tausende von weiteren pflanzlichen Überresten, die sich heute bei der Ausgrabungsstätte finden. Neben diesen Vorrats- und Abfallgruben hinterlassen die Indianer auch eine Vielzahl verschiedener, aus Stein gefertigter Geschossspitzen sowie Werkzeuge aus Knochen und Holz.

Die Ausgrabungen von Meadowcroft

Zu dem Schluss, dass es vor etwa 20 000 Jahren erstmals Leben auf dem amerikanischen Kontinent gegeben hat, kamen Archäologen nach der langjährigen Untersuchung des als geschützte Nische genutzten Felsüberhangs bei Meadowcroft. Der Ort wurde eher zufällig für eine Untersuchung ausgewählt. Eigentlich sollten dort nur Archäologiestudenten der Universität Pittsburgh in Ausgrabungstechniken ausgebildet werden.

Die überdachte Höhlung von Meadowcroft ist heute 15 m breit und vom Rand des Überhangs bis zur Rückwand 6 m tief. Dass sie einmal bedeutend größer war, bezeugen zahlreiche heruntergefallene Steinblöcke, die den Boden des Abri bedecken. Gebildet wurde das Felsschutzdach durch die Erosion von Schiefertonen, die unter einem widerstandsfähigen Sandstein liegen. Die auf dem Höhlenboden abgelagerten Sedimentschichten waren über 5 m dick und somit um einiges mächtiger, als die Archäologen angenommen hatten.

Mittlerweile wurde in der Gegend von Meadowcroft ein Areal von rund 40 km^2 erforscht. 20 000 Artefakte haben die Prähistoriker bei den Ausgrabungen in der Nähe von Pittsburgh gefunden: geschlagene und geschliffene Steingeräte sowie Werkzeuge aus Knochen und anderem Material.

Kontroverse um die ersten Amerikaner

Der Nachweis, dass es in Meadowcroft bereits so früh menschliches Leben gegeben haben soll, löste eine heftige Kontroverse unter amerikanischen Archäologen aus. Eine Mehrheit sieht die Besiedlung Amerikas erst um 13 000. Lange Zeit galten den Wissenschaftlern die Menschen der Clovis-Kultur als einzige Ureinwohner Amerikas und damit als Ahnen der heutigen Indianer. Die Clovis-Menschen lebten vor etwa 11 000 bis 12 000 Jahren. Mittlerweile gehen Prähistoriker jedoch davon aus, dass das richtige Datum der ersten Besiedelung des amerikanischen Kontinents etwa bei 20 000 Jahren liegen muss.

Lager von nordamerikanischen Präriendianern. Trotz starker Bevölkerungsverluste sind heute noch über 100 indianische Sprachen und Kulturen vertreten.

Hütten aus Mammutknochen

Im Jahr 1871 beginnen Amateurarchäologen mit den Ausgrabungen in Meshiritsch. Die ungewöhnlich großen Knochen, die sie freilegen, stammen von einem Tier, das in der Ukraine bereits vor 10 000 Jahren ausgestorben ist – dem Mammut

■ **13 000:** In der Stadt Meshiritsch im Südwesten der Ukraine errichten die altsteinzeitlichen Menschen mindestens fünf Hütten aus Mammutknochen, die ihnen als Winterquartier dienen. Archäologen fördern 1871 die Überreste dieser Bauten zutage. An derselben Stelle, an der sie die Knochen des einstigen Riesensäugers finden, entdecken sie allerdings auch menschliche Spuren. Denn der altsteinzeitliche Knochen-Müllhaufen entpuppt sich als einstmals bewohnte Hinterlassenschaft einer ganzen paläolithischen Gemeinschaft.

Die Knochen des Mammuts dienen den Jägern und Sammlern der frühen Steinzeit als Grundmaterial für einen ungewöhnlichen Baustil. Schädel, Unterkiefer und Schulterblätter bilden das Fundament der Hütten. Der Überbau besteht wahrscheinlich aus einem Holzgerüst, das mit Fellen bedeckt wird. Im Innern vieler Mammutknochen-Behausungen finden sich Überreste von Feuerstellen. Die Siedlungen sind nach keinem einheitlichen Muster angelegt. Teils liegen die Knochenbauten alle in einer Reihe, manchmal bilden sie auch einen Kreis. Die Erbauer der Behausungen sind keine Nomaden. Siedlungen wie die in Meshiritsch werden von ihnen über mehrere Jahre hinweg bewohnt. Man geht davon aus, dass der Fundort das Winterlager einer paläolithischen Gruppe ist, die nicht ihre gesamte Zeit dem bloßen Überleben widmen muss.

Rekonstruierte Mammutjägerstation: Die eiszeitliche Elefantenart bewohnte die Kaltsteppen, hatte ein langes Fell und bis zu 5 m lange Stoßzähne.

Wildbeuter und Sammler am Monte Verde

In den Wäldern im Süden Chiles lebt eine Gemeinschaft von Wildbeutern und Sammlern. Die frühen Bewohner der Neuen Welt hinterlassen am Monte Verde einen gut erhaltenen Siedlungsplatz.

■ **11 000:** Die Fundamente der Siedlungsbauten am Monte Verde bilden kleine Baumstämme und grob gehauene Hartholzbohlen. In den Boden getriebene Pfähle sichern die Stabilität der Konstruktion. An Baumstämmen befestigte Tierfelle bilden offenbar die Wände der Hütten. Die rechteckigen Behausungen sind 9 bis 18 m^2 groß. Im Inneren der Hütten hinterlassen die frühen Südamerikaner neben Pflanzenresten und Steinwerkzeugen auch mit Kohlen gefüllte Vertiefungen. Wahrscheinlich werden diese sowohl zum Heizen als auch zum Garen der Nahrung verwendet.

Da man am Monte Verde keine menschlichen Überreste findet, gibt es keine direkten Hinweise auf Anatomie und Physiologie der damaligen Bewohner. Von einem in Ton erhaltenen 16 cm langen Abdruck eines linken Fußes auf die Größe der Menschen zu schließen, ist schwierig. Wahrscheinlich stammt er von einem Kind oder einem Heranwachsenden. Informationen zur Physiologie der Bewohner liefern außerdem Koprolithen (fossiler Kot), die in kleinen Gruben erhalten bleiben.

Die Anordnung der bislang ältesten Gebäude des amerikanischen Kontinents lässt auf eine Gemeinschaft mit bereits ausgeprägter Arbeitsteilung schließen. Auch die vorwiegend pflanzliche Nahrung der Bewohner ist bereits üppig und abwechslungsreich. Aus den zahlreichen Entdeckungen am Monte Verde schließt man, dass die spätpleistozäne Kultur Amerikas bereits um einiges komplexer ist, als bisher angenommen.

GÖNNERSDORF – GLÜCKSFALL DER ARCHÄOLOGIE

Ein Vulkanausbruch im Mittelrheingebiet versiegelt einen Siedlungsplatz früher Menschen. Als Archäologen 1968 die Stelle sondieren, stoßen sie auf einen der fundreichsten Plätze des ausgehenden Jungpaläolithikums: Gönnersdorf bei Neuwied.

■ **13 500–9080:** Die Jäger und Sammler des Magdalénien nutzen das Gönnersdorfer Lager abwechselnd im Sommer und Winter. Dies setzt voraus, dass zu allen Jahreszeiten genügend Nahrungsressourcen vorhanden sind. Vor allem Wildpferde und Rentiere nutzen die Weidegründe an den Rheinufern. Sie sind Herdentiere, die jahreszeitliche Wanderungen unternehmen. Die Menschen aus Gönnersdorf erwarten diese Herden, um sie u. a. von hier aus gemeinschaftlich zu jagen. Vermutlich treffen mehrere Familienverbände, bestehend aus Großeltern, Eltern und Kindern in dem Gönnersdorfer Lager zusammen.

Feuerstellen befinden sich im Zeltinnern

Die Siedlung besteht aus vier Wohnbauten, die aus Holzgerüsten errichtet und mit Häuten abgedeckt werden. Für ein Zelt von etwa 7 m Durchmesser benötigen die Gönnersdorfer rund 40 Häute, die ihnen die umherziehenden Pferde liefern. Allein das Gewicht einer solchen Zeltplane von ca. 240 kg sowie eingegrabene Pfosten legen nahe, dass solche Behausungen nicht abgebaut und mitgenommen werden können.

Das Innere der Zelte erhält eine Pflasterung aus Schieferplatten und jeweils eine zentrale Feuerstelle, die zur Wärmespeicherung mit Steinen umsetzt werden. Daneben werden Mammutknochen und Rengeweihschaufeln senkrecht in den Boden gesteckt. Sie dienen als eine Art Grillvorrichtung, auf der das Fleisch am Spieß über dem Feuer gegart werden kann. Die Gönnersdorfer legen noch andere Kochvorrichtungen an. Sie tiefen kleine Löcher in den Zeltboden ein. Mit Leder ausgelegt, nehmen sie Flüssigkeiten auf. Erhitzte Quarzsteine, die in die Gruben geworfen werden, bringen Wasser zum Kochen. Mit derartigen Kochgruben gelingt es den Menschen, pflanzliche Nahrung zu garen, obwohl sie die Technik der Keramikherstellung noch nicht entwickelt haben. Auch für Beleuchtung ist im Inneren der Behausungen gesorgt. Die Gönnersdorfer schaben flache Vertiefungen in Schieferplatten, in die sie dann Talg legen. Ein Docht aus Moos lässt die Lampe brennen.

Rekonstruktion eines Wohnbaus aus Gönnersdorf. Die Pfosten bestehen aus Pferdeknochen, »Wände« und »Dach« aus Fellen.

01041
Ein Tag bei den Nomadenjägern

Die Frauen von Gönnersdorf lieben den Tanz

Besonderes Interesse der Paläontologie wecken die in den Gönnersdorfer Behausungen gefundenen Kleinkunstobjekte. Hunderte gravierter Schieferplatten geben Aufschluss über das Leben in der ausgehenden Altsteinzeit.

Auffallend ist die hohe Zahl an menschlichen Figuren. Auf 87 Platten befinden sich 224 Figuren. Allen Darstellungen fehlt der Kopf. Der Körper ist im Profil dargestellt, Gesäß und z. T. auch Brust sind betont herausgearbeitet, die Extremitäten sind vernachlässigt. Einige Frauengestalten sind in Gruppen von zwei, drei oder mehreren hintereinander aufgereiht graviert. Diese Ansammlung wird als Darstellung von Tanzszenen interpretiert. Interessant ist eine Platte mit vier Frauen, die in einer Reihe dargestellt sind. Eine der Figuren trägt ein Kind in einem Rucksack auf dem Rücken. Diese Abbildung ist in der Urgeschichtsforschung einmalig.

Frauen bewegen sich wie im Tanz; Reste einer Schiefergravierung aus Gönnersdorf.

Die Erde nach den Eiszeiten

Das Verhältnis der Meeres- zu den Kontinentalflächen hat sich auch durch die Eiszeiten noch einmal verändert. Nach dem Abtauen der großen Eismassen zeigen die Landflächen ihr neues Gesicht, das bis heute im Wesentlichen unverändert blieb.

■ **Ab 10 000:** Die Entwicklung des Klimas in der jüngsten erdgeschichtlichen Vergangenheit spielt sich mit größeren und kleineren Schwankungen ab. Schon gegen Ende des Pleistozäns begann vor rund 12 750 Jahren der Rückzug des Würmeises im europäischen Raum, bedingt durch einen ersten schwachen Wärmeeinbruch, der etwa vier Jahrhunderte anhielt. Ihm folgte eine zweite, ausgeprägte Warmphase vor 12 000 bis 11 000 Jahren, die Alleröd-Zeit. Eine nochmalige starke Abkühlung (die jüngere Dryas- oder Tundrenzeit) folgte und hielt bis vor 10 000 Jahren an. Dann beginnt (bis heute) die Nacheiszeit.

Schon vor etwa 9500 Jahren herrschen in Skandinavien etwa gleiche Eisverhältnisse wie heute. Eine sog. postglaziale Warmzeit stellt sich vor 7000 bis 5000 Jahren ein. In Europa ist es 2 bis 3 °C wärmer als heute und die Baumgrenze liegt einige hundert Meter höher. Selbst in Nordeurasien verschwindet die baumlose Tundra fast völlig. Nach dieser Zeit geht die Temperatur bis heute leicht zurück.

In Nordamerika folgt der Rückzug der letzten Eiszeit in etwa demselben Zeitplan wie in Europa. Am Vordringen des Waldes ist im nördlichen Nordamerika, etwa im Gebiet der heutigen Baumgrenze, die Klimaentwicklung der Nacheiszeit besonders gut zu verfolgen: Vor 11 600 bis 8500 Jahren verdrängt Waldtundra (Fichte) die baumlose Kältesteppe, vor 8500 bis 5500 Jahren herrscht geschlossener Fichtenwald vor. Zwischen 5500 und 4000 Jahren siedelt sich die Erle an. Die Polarfront liegt etwa 350 km nördlicher als heute. Danach zieht der Wald sich wieder zurück und ist heute erneut einer Zwergbirkentundra gewichen. In Afrika und Australien findet ein Wechsel von feuchtem zu trockenerem Klima statt.

Schwankungen gibt es während der letzten fünf Jahrtausende vor allem hinsichtlich der Niederschlagstätigkeit. Vor etwa 4300, 3200, 2600 und vor 1500 bis 1300 Jahren ist es in Europa besonders trocken. Vor 1200 bis 800 Jahren regnet es wesentlich mehr als heute, aber die Winter sind milder und die Gletscher schrumpfen. Eine »kleine Eiszeit« herrscht vor 400 bis 100 Jahren. Epochen besonders ausgeprägter Gletschervorstöße sind die erste Hälfte des 17. Jahrhunderts und die Zeiträume von 1810 bis 1820 sowie von 1850 bis 1860. Seit Ende des 19. Jahrhunderts lässt sich ein Gletscherrückgang erkennen. Dieses Abschmelzen der Gletscher wird durch die Erwärmung der Erdatmosphäre noch verstärkt.

Landmassen und Wassermassen

Während des Pleistozäns (1,7 Mio.–10 000) war der Meeresspiegel erheblich gesunken. Auch kam es zu starken Meeresspiegelschwankungen aufgrund der Wasserfestlegung im Eis während der Kaltzeiten. Gegenüber der Hauptvereisung in der Würmeiszeit bis vor rund zwölf Jahrtausenden liegt der Meeresspiegel im Holozän etwa 100 m höher. Dies geht mit der Überflutung zahlreicher während der Eiszeit trockener Schelfgebiete und Flachmeere einher.

Heute sind 70,8 % der 510,1 Mio. km² großen Erdoberfläche vom Meer bedeckt. Die drei großen Ozeane nehmen mit ihren Nebenmeeren 360,8 Mio. km² ein. Davon entfällt etwa die Hälfte auf den größten, den Pazifischen Ozean. Die mittlere Tiefe der Weltmeere beträgt 3793 m. Schelfgebiete, marine Kontinentalsäume von maximal 200 m Wassertiefe, umfassen 7,8 % der gesamten Meeresoberfläche.

Im Pleistozän waren 42 Mio. km² des Festlandes von Gletschereis überzogen. Heute bedeckt Gletschereis eine Fläche von etwas mehr als 16 Mio. km² oder 11 % des Festlandes. Dazu kommt die oberirdisch eisfreie Region des Permafrostbodens in Nordamerika und Nordasien mit einer Fläche von 21 Mio. km². Hier ist der Boden ständig bis in z. T. mehr als 1000 m Tiefe gefroren. Gletscher- und Dauerfrostgebiete nehmen also fast ein Viertel des gesamten Festlandes ein. Die vom Meereseis bedeckte Fläche bewegt sich im Mittel bei 26 Mio. km².

Die nicht arktischen Regionen der Erde lassen sich heute am sinnvollsten in Klimazonen untergliedern, wobei das Klima immer auch zugleich die Landschaftsform prägt. Wälder kühler und gemäßigter Regionen, subtropische und tropische Wälder bedecken heute zusammen rund 32 % der Kontinentalflächen, also knapp 48 Mio. km². Geröll-, Fels-, Lehm- und Sandwüsten nehmen einen genauso großen Festlandanteil ein. Das verbleibende Viertel bedecken Steppen, Savannen, Hochgebirge, Agrar- und sonstiges Kulturland.

Das Thorsmörk in Island ist ein Hochlandtal mit mehreren Gletscherabflüssen und dazwischenliegenden Grasinseln.

Pflanzenfunde in Moorgebieten

In der nacheiszeitlichen Flora gibt es Arten und sogar ganze Familien, die aus früheren Zeiten fossil nicht erhalten sind und sich jetzt erstmals nachweisen lassen. Eine typische Familie dieser Kategorie sind die Blumenbinsengewächse oder Scheuchzeriaceae, Sumpfpflanzen der gemäßigten Breiten mit grasähnlichen, an Schnittlauch erinnernden Blättern und Blüten in lockeren Ähren oder Trauben. Sie fallen in der Nacheiszeit besonders dadurch auf, dass sie in Moorgebieten oft in großer Individuenzahl vertreten sind und im Torf erhalten bleiben. Die entsprechenden Böden werden sogar als Scheuchzeria-Torfe bezeichnet, weil sich ihre Substanz zum großen Teil aus Blumenbinsen aufbaut. Nicht zu verwechseln sind die Scheuchzeriaceae mit den ebenfalls als Blumenbinsen bezeichneten Butomaceae.

DIE OZEANE DEHNEN SICH WEITER AUS

Auch am Ende der letzten Eiszeit ist die Welt geologisch noch nicht zur Ruhe gekommen. Die Kontinentaldrift dauert an. Die Ausdehnung der Weltmeere sorgt für neue Wanderungsbewegungen und regionale Entwicklungen des Menschen.

Die Vergletscherungen der Eiszeit und die damit einhergehende Veränderung des Meeresspiegels lassen sich noch gut an skandinavischen Landschaften (Bild: Norwegen) ablesen.

■ **Ab 10 000:** Durch das Abschmelzen der Eismassen steigt der Meeresspiegel in erhöhtem Maße. Viele Küstengebiete versinken in den Fluten. Tieflandregionen werden von den Wassermassen überspült, vielerorts bilden sich Binnenmeere. Eine der bedeutendsten Veränderungen in Mitteleuropa ist die Entstehung des Ärmelkanals. Das bis dahin trockene Gebiet stellte eine natürliche Brücke zwischen dem heutigen europäischen Festland und den Britischen Inseln dar. Durch den Anstieg des Meeresspiegels versinkt ein großes Stück Land, das bis dahin vermutlich unzähligen Menschen als Lebensraum gedient hat. Das eindringende Wasser reißt große Mengen an Kies und Sandablagerungen mit sich, die noch heute in Küstennähe wiederzufinden sind. Die umfangreichen Sandtransporte sorgen für geschlossene Dünenketten. Spätere Überflutungen lassen aus diesen gewaltigen Dünen die Kanalinseln und Friesischen Inseln entstehen. Hinter diesen Dünenketten kommt es zur Aufschlickung von Watten und Marschen, aus denen später das Wattenmeer entsteht.

Die Böden der Weltmeere sind von sog. Riften durchzogen, relativ junge Brüche und Gräben, die bei der Bewegung der Erdkruste eine bedeutende Rolle spielen. Isostatisch sind die Riftsysteme noch nicht ausgeglichen. In ihnen ist eine hohe vulkanische und seismische Aktivität festzustellen. Ausgehend von den Riftsystemen im Zentrum der Weltmeere mit ihrem jeweils zentralen Grabenbruch, dehnen sich die Ozeane weiter aus. Ihre ständig neu gebildeten Böden »zergleiten« dabei in Richtung der Ränder. Die Spreizung beträgt heute im Atlantik jährlich etwa 1 cm, im Pazifik rund 5 bis 8 cm. Dieser Raumgewinnung der Ozeane an ihren Rändern steht die Subduktion ozeanischer Platten, also deren Untertauchen unter kontinentale Krustenschalen, entgegen. Jedoch weitet sich zumindest der Atlantik auch heute noch kontinuierlich aus.

Die Länge aller ozeanischen Rifts beträgt heute weltweit 60 000 bis 70 000 km. Meist sind die mit ihnen verbundenen Schwellen zwischen 1200 und 1500 km breit. Ein neues ozeanisches System, das in der zukünftigen erdgeschichtlichen Entwicklung eine Rolle spielen wird, zeichnet sich in heute noch vorwiegend kontinentalen Grabenbrüchen ab. Vor allem zeigt sich der Prozess im Grabenbruch, der im Norden das Libanongebirge vom Antilibanon trennt, dann durch das Rote Meer verläuft und im Süden jene Senke liefert, in der u. a. der Tanganjikasee liegt.

NATURKATASTROPHEN BEDROHEN DIE MENSCHEN

Der Mensch sieht sich nicht nur den Gefahren des weiterhin verbreiteten Vulkanismus ausgesetzt: Auch eine Reihe von neuen Naturkatastrophen gefährdet seine Existenz.

■ **Ab 10 000:** Weltweit sind noch immer zahlreiche Vulkane aktiv, die den Lebensraum des Menschen bedrohen. Besonders vulkanreiche Zonen der Erde zu dieser Zeit sind:

• Gebirgszüge der Anden und der nordamerikanischen Kordilleren mit hochexplosiven Vulkanen
• Süditalien mit Vulkanen mittlerer Explosivität
• afrikanische Grabenbrüche mit sowohl mittelexplosiver wie ruhiger, effusiver Vulkantätigkeit
• Vulkaninseln längs des Mittelatlantischen Rückens, deren Ausbruchsmechanismen stark variieren (z. B. explosiver Vulkanismus auf den Azoren und effusiver Vulkanismus auf Island)
• Inseln des inneren Pazifischen Ozeans mit fast rein effusivem Vulkanismus.

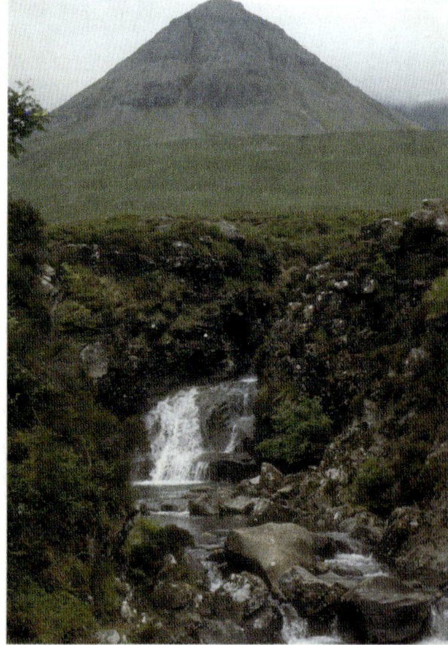

Alte kaledonische Vulkanlandschaft der schottischen Highlands

Mit der rapide fortschreitenden Besiedlung der Erde durch den Menschen, vor allem durch seine lebhafte Bautätigkeit, haben Naturkatastrophen ab 4000 immer verheerendere Wirkungen: Erdbeben, Sturmfluten, Überschwemmungen, Orkane oder Waldbrände werden für die Menschen zu einem bisher kaum bekannten Gefahrenpotenzial. Die in Siedlungen und Städten sesshafte Bevölkerung kann kaum fliehen. Während Tiere oder Nomaden durch Erdbeben selten zu Schaden kommen, begraben einstürzende feste Gebäude oft ihre Bewohner unter sich.

Klimazonen definieren die Vegetation

Analog zum klimatischen Geschehen der Nacheiszeiten bilden sich regional auf der Welt verschiedene Florenprovinzen. Allein die Landschaften der nördlichen gemäßigten Zonen umfassen etwa 40 % der Landoberfläche der Erde.

■ **Ab 10 000:** Der nordpolare kontinentale Bereich, in etwa also das Gebiet nördlich des Polarkreises (66,5°), beträgt rund 28 Mio. km². Seine Flora ist die Tundra (Kältesteppe), eine Lebensgemeinschaft von Flechten, Farnen und Moosen mit rund 800 bekannten Blütenpflanzenarten (darunter zahlreiche Gräser). Sträucher sind selten, Bäume gedeihen fast ausschließlich als Zwergformen.

Die Landschaften der nördlichen gemäßigten Zonen ziehen sich als rund 5000 km breiter Streifen um die Erde und werden vom nördlichen Polarkreis und vom nördlichen Wendekreis (23,5°) begrenzt. Sie umfassen mit rund 60 Mio. km² etwa 40 % der Landoberfläche der Erde. Hier leben heute nahezu 70 % der Weltbevölkerung. Ein durchschnittlich 1500 km breiter Gürtel von Nadelwäldern zieht sich durch die gemäßigten Zonen Nordamerikas und Eurasiens. Ein Drittel aller Wälder der Erde sind, wie die hier wachsenden, borealer Natur (griech. »boreas« = »Wind vom Berg« oder »Nordwind«), d. h., sie sind dem nördlichen Klima Europas, Asiens und Amerikas zugehörig. Das Klima in ihrem Bereich ist meist kontinental mit Januarmitteln von –10 °C bis –30 °C in Nordeuropa und Kanada sowie –30 °C bis –50 °C in Ostsibirien.

Nebelwald auf Costa Rica

Südlich schließt sich eine Zone sommergrünen Laubwaldes an die borealen Nadelwälder an, die im Bereich der Küsten besonders breit, im Innern der Kontinente aber wesentlich schmaler ist. Ihre größte Nord-Süd-Ausdehnung hat sie in den westeuropäischen Küstenländern von Südskandinavien bis ins nördliche Portugal.

Ungefähr in den gleichen Breiten wie die Laubwälder, aber in trockeneren kontinentalen Gebieten, breiten sich Waldsteppen und Steppen aus. Sie schließen in den küstennahen Gebieten südlich z. T. an die Waldregionen an. Waldsteppen, Prärien und Kultursteppen erstrecken sich heute aber auch dort, wo der Mensch den Wald vernichtet hat.

Die Tropen liegen per Definition zwischen dem nördlichen und dem südlichen Wendekreis und umfassen etwa 65 Mio. km². In Wirklichkeit greift die tropische Landschaft regional aber oft weit in die etwas unbestimmt als Subtropen bezeichneten Gebiete der Nord- und Südhalbkugel hinein. Ihr charakteristisches Element liegt im ständig relativ hohen Luftdruck und in der Windarmut im Gebiet der »Rossbreiten« im Bereich der Wendekreise. Von hier aus wehen fast immer Passate in Richtung Äquator. Die Äquatorzone selbst ist relativ windfrei.

Diese Luftdruckverteilung führt zu unterschiedlichen Klima- und somit Vegetationszonen: Die Rossbreiten selbst sind extrem trockene und heiße Wüstengebiete. In den regenreichen Passatzonen und der Äquatorregion mit ihren starken Niederschlägen gedeiht tropischer Regenwald. Im Gegensatz zur nördlichen gemäßigten Zone lassen sich auf der Südhalbkugel in den entsprechenden Breiten aufgrund der Reliefverhältnisse der Erdoberfläche keine Vegetationsgürtel in Ost-West-Richtung unterscheiden. Die Pflanzenwelt variiert hier regional stark. In Südamerika herrscht andine Gebirgsvegetation vor, in Südafrika dagegen Steppen- und Wüstenvegetation. Australiens Flora ist aufgrund der ständigen Hochdruck-Wetterlage in weiten Landesteilen ebenfalls steppen- und wüstenartig.

Seen aus der Eiszeit wie der Lake Myrtle sind charakteristisch für die Gebirgslandschaft im Norden der Insel Tasmanien.

Ackerbau erfordert Sesshaftigkeit

Die klimatischen Veränderungen wirken sich auf die Lebensweise der Menschen aus. Unsere Vorfahren passen sich vor allem bei der Ernährung den Gegebenheiten der Natur an. Ein Prozess der Sesshaftigkeit setzt ein.

■ **10 000–4000:** Am Ende der Eiszeit sind die meisten Mammuts, Bisons, Rentiere und Riesenhirsche ausgestorben oder nach Norden gewandert. Während einige Menschengruppen ebenfalls in den Norden ziehen und Großwildjäger bleiben, passt sich die Mehrheit in ihrer Lebensweise den veränderten Verhältnissen an. Gejagt werden jetzt Hirsche und Rehe, Braunbären, Wildschweine, Dachse, Biber und Wildkatzen sowie verschiedene Vogelarten. Daneben erlangt der Fischfang mit Angelhaken oder Harpune große Bedeutung. Vor allem Süßwasserfische wie z. B. Hechte und Forellen werden fester Bestandteil der Ernährung. In Meeresnähe sammelt der Mensch des Mesolithikums Muscheln. Einen Beleg dafür liefert der mesolithische Wohnplatz Maglemose bei Mullerup in Dänemark. Hier hinterlassen die Bewohner große Mengen von Muscheln. Solche Muschelschalenberge finden sich ebenfalls in Nordeuropa, Ägypten und am Persischen Golf.

Pflanzliche Ernährung

Die neue, waldreiche Vegetation lässt den Menschen auch der nördlichen Breiten zunehmend wieder Früchte und andere pflanzliche Nahrungsmittel sammeln. Der Europäer des Mesolithikums ernährt sich u. a. von Eicheln, Vogelkirschen, Haselnüssen, Walnüssen, Pflaumen und wildem Weizen. In Frankreich (Campigny bei Blagny-sur-Bresle) verwendet er nachgewiesenermaßen Mahlsteine, um das Wildgetreide zu zerreiben. Mörser, Stampfer und Stößel finden sich auch in Palästina; desgleichen Handgriffe von Erntemessern, mit denen die Halme geschnitten werden. Vielleicht baut der Mensch hier sogar schon Wildgetreide gezielt an. Das allerdings würde voraussetzen, dass er sich um diese Zeit vom Nomaden zum Halbnomaden entwickelt oder sesshaft wird.

Sesshafte Lebensweise

Während Nomaden die Steppe bewohnen, fördert der Wald eine sesshafte Lebensweise: Er ernährt den Menschen ganzjährig und liefert Baumaterial für feste Behausungen. Um dies zu nutzen, fertigt der Mensch als neue Werkzeuge schwere Steinäxte an. Das geschlagene Holz wird vielfach verwendet. So baut der Mensch neben Hütten z. B. auch Boote (bekannt aus Schottland) und stellt dafür Paddel her, was ihm erlaubt, in Küstengewässern jetzt auch Meeresfische zu fangen. Die Harpune wird weiterentwickelt. Für die winterliche Jagd benutzt der Mensch zur Fortbewegung erstmals hölzerne Schneeschuhe; aus Finnland und Schweden sind mittelsteinzeitliche Skier belegt. Das wachsende Arsenal an Hausrat und Jagdgerät verstärkt die Tendenz zur sesshaften Lebensweise, die dem Menschen zudem erlaubt, auch größere Vorräte anzulegen. Für deren Aufbewahrung werden Gefäße hergestellt. Die meisten bestehen vermutlich aus Holz, ganz vereinzelt finden sich jedoch bereits solche aus gebranntem Ton, so zuerst in Ägypten. Vermutlich geht die Verwendung von Ton generell auf eine ägyptische Erfindung zurück, denn Tongefäße aus Dänemark ähneln den ägyptischen spitzbödigen Krügen stark.

Vorboten der Zivilisation

Vor 10 000 bis 8000 Jahren kultivieren mexikanische Indios Kürbisse und Chilis. Menschen in Vorderasien bauen um dieselbe Zeit zwei Weizen- und eine Gerstensorte an. Der eingeschlagene Weg zur Landwirtschaft wirkt sich auf alle Bereiche des Lebens aus. Zunächst erfordert der Anbau von Pflanzen ein Zeitbewusstsein. Der Mensch muss lernen, den Lauf der Sonne und die Jahreszeiten zu beachten. Daneben besiegelt der Ackerbau die sesshafte Lebensweise. Während der Mensch zu Anfang noch weiterziehen muss, wenn der Boden ausgelaugt ist, lernt er schließlich, ihn zu düngen und damit dauerhaft fruchtbar zu machen. Dieser Fortschritt bildet zugleich eine der Wurzeln des Besitztums; der Acker »gehört« jetzt demjenigen, der ihn bebaut.

Die intensive Kultivierung von Boden und Pflanzen fördert den Prozess der Arbeitsteilung und Spezialisierung und lässt u. a. die »Berufe« der Handwerker entstehen. Zugleich wächst die Produktion über den Bedarf hinaus, der Bauer wird auch zum Händler. Die Verfeinerung der sozialen Strukturen lässt Rivalitäten entstehen. So versucht z. B. der sesshafte Ackerbauer den Nomaden aus »seinem« Gebiet zu vertreiben; eine frühe Andeutung des Vordringens der modernen Land- und Forstwirtschaft, die Tausenden von Stammesvölkern den Lebensraum nimmt.

Die planmäßige Gewinnung von Feldfrüchten wird schon bald mit Hilfe neuer Methoden und Werkzeuge rationalisiert. Aus dem Grabstock entstehen die Hacke und der Hakenpflug sowie erste Ernte- und Dreschgeräte. Zudem lernt der Mensch neben seiner Körperkraft noch andere Energien zu nutzen: Tiere werden eingeschirrt, Wind- und Wasserkraft erleichtern den Betrieb einfacher Handmühlen. In Mexiko, Ägypten, China, Vorderasien und Indien entstehen Entwässerungssysteme und Speicher.

Weltweit setzt sich die landwirtschaftliche Lebensweise durch (im Bild: Bauern in Kamerun bei der Ernte).

Nutzpflanzen

Die Grundnahrungsmittel entstehen: Auf Weizen und Gerste in Westasien (um 10 000) folgt nach der Entwicklung von Terrassenanbau der chinesische Reis (ca. 6000) und um 4000 schließlich in Mittelamerika die Kartoffel.

■ **Ab 10 000:** Die Gerstensorten haben ihren Ursprung in verschiedenen, heute noch im Vorderen Orient wachsenden Wildpflanzen. Auch beim Weizen unterscheidet man mehrere Ausgangsarten, die im Nahen Osten beheimatet sind. Im Laufe der Jahrtausende entwickelt sich im westlichen Asien auch die Kultivierung von Erbsen, Linsen, Feigen, Aprikosen, Mandeln, Walnüssen, Pistazien, Oliven und Weintrauben.

In Ostasien beginnt vor etwa 6000 Jahren der Anbau verschiedener Hirsearten, der sich nach Westen ausbreitet und später vor allem in Afrika große Bedeutung erlangt. Um dieselbe Zeit wird in China Reis kultiviert. Daneben werden in Südostasien auch Sojabohnen und Rohrzucker erstmals landwirtschaftlich genutzt, wobei die Zuckergewinnung selbst indischen Ursprungs und heute erst etwa 1700 Jahre alt ist.

Aus Mittelamerika stammen vor allem die Kartoffel und der Mais. Erstere wird in den Anden seit rund 4000 Jahren angebaut, während Maiskulturen vermutlich wesentlich älter sind. Ihr Ursprung ist allerdings ungeklärt. Man vermutet, dass die Gräser, von denen der Mais abstammt, ausgestorben sind. Der Kulturmais ist selbst nicht vermehrungsfähig. Um seinen Bestand zu erhalten, bedarf er des Menschen, der die Maiskörner aussät. Möglicherweise entstand der für den Anbau geeignete Mais durch Kreuzungen einer heute nicht mehr existierenden Wildmaispflanze mit anderen Wildgräsern. Erste Maiskulturen gedeihen vermutlich vor etwa 7000 Jahren in Mexiko. Aus Mittelamerika stammen auch Avocado, Bohne, Tomate, Gurke, Erdnuss, Kakao, Tabak und Kautschuk. Afrikanischen Ursprungs sind die Banane, der Kaffee sowie die Öl- und die Dattelpalme.

Reispflanze mit Früchte tragender Rispe

Vom Nomaden zum Züchter

Die ersten Haustiere, Hund und Affe, schließen sich dem Menschen vor rund 12 000 Jahren an. Seit mehr als 10 000 Jahren werden Ziegen und Schafe gehalten. Der Mensch denkt vor allem an den wirtschaftlichen Nutzen der Tiere.

■ **Ab 10 000:** In ähnlicher Weise wie bei den Pflanzen verläuft auch die Domestikation der Tiere, obwohl hier die bewusste Steuerung durch die Menschen den Vorrang hat. Gewisse Grundsätze der Züchtung sind den Menschen der Altsteinzeit bereits bekannt, denn sie töten nicht die besten Tiere, sondern lassen sie zum Zweck der Arterhaltung und Zucht am Leben. Verbesserte Jagdtechniken, so das Treiben ganzer Herden in Pferche, wo sie leichter zu schlachten sind, leitet schließlich zur Haustierhaltung über.

Die ersten Haustiere wie der Hund und der Affe sind seit 12 000 freiwillige Gefährten des Menschen. In Vorderasien und Südosteuropa (Griechenland) werden vor etwas mehr als 10 000 Jahren Ziegen und Schafe gehalten. Etwa genauso alt ist die Domestikation von Schweinen und Rindern, während die ersten gezähmten Pferde aus der Zeit vor 6350 Jahren aus der Ukraine bekannt sind. In Ägypten schließlich sind vor 4200 Jahren Katzen und Gänse beliebte Haustiere, daneben auch Geparden und Hyänen.

Nur aus fünf der 17 Säugetierordnungen gehen Haustiere hervor. Die Paarhufer sind z. B. durch Schaf, Ziege, Lama und Ren vertreten, die Unpaarhufer durch Pferd und Esel. Domestizierte Raubtiere sind Hunde, Katzen und Frettchen. Von den Nagern wird das Meerschweinchen zum Haustier, von den Hasenartigen das Kaninchen. Hinzu kommen etliche Vogelarten.

Die Ziele der Haustierhaltung sind unterschiedlich. Die Tiere sind dem Menschen eine Hilfe beim Transport von Gütern oder bei der Arbeit auf dem Feld.

Zahlreiche neolithische Felsbilder aus den Südalpen zeigen symbolische Darstellungen von Ochsengespannen. Hier eine Ritzung vom Mont Bego in den Seealpen.

Außerdem decken sie seinen Bedarf an Tierprodukten wie Eiern und Milch. Sind sie allerdings weder als Gehilfen noch für die Gewinnung von Produkten zu gebrauchen, dienen sie ihren Herren zumeist nur als Mahlzeit – oder werden im Rahmen eines kultischen Anlasses geopfert. Eine kultische Bedeutung als Symbol von Männlichkeit und Kraft in den Regionen des Nahen Ostens besaßen z. B. die Auerochsen.

Die meisten Haustiere üben gleich mehrere Funktionen aus. Dank seiner zahlreichen Talente ist besonders der Hund vom Beginn seiner Karriere als Haustier dem Menschen in mehrfacher Hinsicht von Nutzen: Er bewacht sein Haus, hütet das Vieh und hilft bei der Jagd. Er dient dem Menschen außerdem als Transport- und Opfertier, Fleischlieferant und Spielkamerad. Das Hausschwein hingegen bietet dem Menschen lediglich sein Fleisch als tägliche Nahrung. Gelegentlich nutzt der Mensch es auch als Opfertier. Die Horntiere wiederum sind wohl zunächst nur Lieferanten von Fleisch, Leder und Horn und dienen erst später der Gewinnung von Wolle und Milch.

Schädelskelett eines Haushundes aus dem Senckenbergmoor bei Frankfurt; um 800 v. Chr.

Schiffsbau ermöglicht weite Reisen

Der Mensch errichtet seine ersten Siedlungen meist in der Nähe des Wassers. Flüsse, Seen und Meere bieten ihm reichhaltige Nahrung. Gleichzeitig sind sie als Transport- und Reisewege bequem, aber auch gefährlich. Die Kenntnis des Boots- und Schiffsbaus verbreitet sich in der Welt.

Wann der Mensch erstmals auf einem schwimmenden Gefährt die Meere befährt, lässt sich heute nur vermuten. Schon für die Besiedlung Ozeaniens muss der Homo erectus einen Weg über die Wasserstraßen des Pazifiks gefunden haben. Überreste aus dieser Zeit sind jedoch nicht erhalten. Aus dem europäischen Mesolithikum und Neolithikum sind hingegen einige kostbare Beispiele früher Bootsbaukunst überliefert.

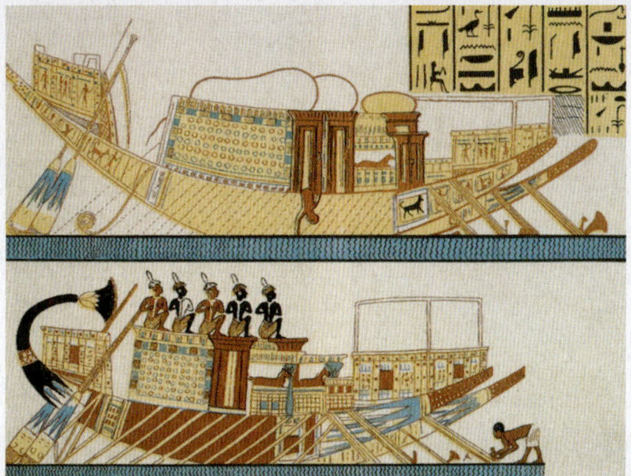

Lastentransport auf dem Nil: Von den ersten Einbäumen bis zu den Schiffen der Ägypter war es ein weiter Weg; Wandgemälde aus Theben.

Im Einbaum übers Meer

Die frühen Europäer bewegen sich ausschließlich auf Einbäumen über das Wasser. Flöße oder gar komplexere Strukturen sind nicht überliefert bzw. nicht bekannt. Aus dem dänischen Tybrind Vig stammen zwei der besterhaltensten Exemplare, dessen größeres beachtliche 9,65 m lang ist. Der Einbaum bietet acht bis zehn Mann Besatzung Platz und wird mit verzierten Paddeln angetrieben, die sich ebenfalls erhalten haben. Um das Boot ruhig im Wasser zu halten, wird der Bootsschwerpunkt mit einem in den Einbaum hineingelegten Stein verstärkt. Eine kleine Feuerstelle im quadratischen Heck dient den frühen Dänen zum Räuchern und Konservieren des Fischfangs. Dass die Einbäume hochseetüchtig sind, beweist ein Fund aus Westschweden. Dort belegen Reste eines Tiefseefisches, dass die Mesolithiker selbst die Fischerei auf hoher See nicht scheuen.

Entdecker in Nussschalen

Der Einbaum ist im Meso- und Neolithikum vermutlich weit verbreitet, denn in dieser Epoche besiedelt der Mensch zahlreiche bis dahin unbewohnte Inseln. Er erreicht die Hebriden, und im 9. Jahrtausend Sizilien, Korsika, Sardinien und die Balearen. Für die Überfahrt sind sowohl seetüchtige Boote unerlässlich als auch eine ausgeprägte Kenntnis der Gezeiten, Winde und Strömungen. Der Einbaum öffnet Wasserstraßen als Transport- und damit Handelswege. Güter können auf den Booten wesentlich besser weite Strecken zurücklegen als auf dem mühsamen und gefährlicheren Landweg. Gerade Keramik wird vielfach auf dem Wasser transportiert, da das zerbrechliche Material dort keinen Stößen ausgesetzt ist.

Die Kiesel von Mas d'Azil

Die Keilschrift der Mesopotamier (um 3000) gilt als älteste Schrift der Welt. Aber schon vorher soll es Schriftzeichen gegeben haben. Strichreihen unterschiedlicher Größe und Form sorgen immer wieder für interessante Spekulationen über den Beginn des Schriftlichkeit.

Über viele Epochen der Menschheitsgeschichte hinweg wird die Höhle von Mas d´Azil in den Pyrenäen als Kultraum genutzt. Grabungen bringen Kulturschichten von der Altsteinzeit bis ins Mittelalter zutage. Die berühmt gewordenen flachen Kiesel befinden sich in der Kulturschicht des Mesolithikums. Sie sind mit verschiedenen Zeichen, meist Strichen oder Punkten, die Zahlenwerte von eins bis zwölf wiedergeben, in roter Farbe bemalt. Für die Urgeschichtsforscherin Marie König (1899–1988) sind sie nicht einfach Zahlen, sondern sie erkennt darin Ordnungsfaktoren für das Begreifen der Welt. Danach bilden die Zahlenwerte »Übersetzungen« alter steinzeitlicher Sinnbilder in neue abstrakte Begriffe, die z. T. bis in unsere Tage Gültigkeit haben.

Die Steine von Mas d´Azil sollen die ältesten Zeugnisse der Schriftlichkeit sein. Für viele Lexika sind die »bescheidenen Kunstwerke der Azilien« beredte Zeugnisse für den Niedergang einer eiszeitlichen Jägerkultur. Der Entdecker der Kiesel in der Höhle von Mas d´Azil, der französische Urzeitforscher Edouard Piette (1827–1906), hält seine Entdeckung dagegen für die »ältesten Schriftdenkmäler« der Menschheitsgeschichte. Er entwirft das Bild einer einzigartigen Schule für steinzeitliche Schreiber.

Marie König sieht in den bemalten Kieseln die Marksteine für einen bedeutsamen Wandel in der »schriftlichen« Umsetzung steinzeitlicher Weltanschauung.

Die »Drei« z. B. als abstrakter Begriff für den immerwährenden Prozess von Leben, Tod und Wiedergeburt, der bereits auf den Stierbildern von Lascaux auftaucht, spielt noch in den neuzeitlichen Religionen als heilige Dreieinigkeit eine besondere Rolle. Auch das vierwertige Zeichen für die aus den vier Himmelsrichtungen sich zusammensetzende Welt hat Vorbilder im Linienkreuz der Neandertaler.

Die »Kiesel von Mas d´Azil«, auf die verschiedene Zahlenwerte oder Symbole gemalt sind, gelten als die ältesten »Schriftdenkmäler«.

Auf der Suche nach dem Ursprung der Musik

Wenn es um die Wurzeln des musikalischen Empfindens geht, ist die Musikwissenschaft auf Hypothesen angewiesen. Die Töne der Steinzeit sind nicht rekonstruierbar – wohl aber ihre Instrumente. Mehrere Musikwerkzeuge können bis in die Zeit der Neandertaler zurückdatiert werden.

In Slowenien entdeckten Paläontologen aus Ljubljana 1995 in einem Neandertaler-Lager ein Knochenstück. Der Fund war auffällig, da er zwei vollständige und zwei ausgebrochene Löcher aufwies, die absichtlich und mit großer Sorgfalt eingebracht waren. Die Vermutung, eine Flöte gefunden zu haben, erwies sich bald als gerechtfertigt. Die Bedeutung des Fundes wurde erst mit seiner Datierung klar: Mit einem Alter von 43 000 bis 67 000 Jahren ist die Neandertaler-Flöte das älteste Musikinstrument der Welt.

Auffallend ist das Verhältnis der vier Löcher zueinander: Der Abstand zwischen Loch zwei und drei ist exakt doppelt so groß wie der zwischen Loch drei und vier. Demnach kann angenommen werden, dass es sich um ein absichtlich gelochtes Stück handelt, dem vermutlich ein Muster zugrunde lag. Rekonstruktionen haben ergeben, dass mit der Flöte ganze und halbe Töne gespielt werden konnten. Die Vermutung liegt nahe, dass mit dem ursprünglichen Stück ein Teil der diatonischen oder Do-Re-Mi-Skala geblasen wurde. Die Musik der Neandertaler klang also ähnlich wie die der Antike oder der Neuzeit. Kritiker dieser Theorie dagegen behaupten, der Knochen sei nicht von Menschen bearbeitet worden, sondern trage Bissspuren eines Tieres, dessen Zähne zufällig den Abstand einer diatonischen Tonskala aufweisen.

Ein ähnlich spektakulärer Fund folgte 1999 in China. Auch hier war es eine Flöte, die für Aufsehen sorgte. Das Instrument war aus dem Flügelknochen eines Kranichs hergestellt und so gut erhalten, dass darauf noch gespielt werden konnte. Mit einem Alter von 9000 Jahren gehört es ins Neolithikum. Auch die frühen Chinesen spielten auf der Do-Re-Mi-Skala.

Töne aus Holz, Stein und Knochen

Möglicherweise sind Flöten zu allen Zeiten hergestellt worden. Wie bei der Herstellung von Waffen und Werkzeugen wird auch hier der Werkstoff Holz eine bedeutende Rolle gespielt haben. Doch Holzartefakte erhalten sich nur unter glücklichen Umständen. Das gilt auch für Tierfelle, die möglicherweise über hohle Holzkörper gespannt worden sind und als Trommeln dienten. Überliefert sind Trommeln aus der Bernburger Kultur, einer neolithischen Gruppe Mitteleuropas. Die so genannten Bernburger Trommeln wurden aus Keramik hergestellt. Löcher um den Rand der tönernen Hohlkörper lassen vermuten, dass sie mit Resonanzfellen bespannt gewesen sind.

Perkussive Laute lassen sich auch einfacher erzeugen. Schlägt man zwei Steine zusammen, erklingt ein Ton – und zwar abhängig von der Art des verwendeten Gesteins. Einige Materialien verursachen auf erstaunlich präzise Weise immer denselben Ton. Sog. Klangsteine können hell wie Glocken läuten. Noch heute sind diese Musiktechniken in Zentralafrika in Gebrauch. Auch die Legenden der britischen Insel Iona berichten von der Verwendung von Klangsteinen. Eine andere Art, Geräusche zu erzeugen, bieten flache Steinplatten von verschiedener Größe und Stärke, auf denen Noten geschlagen werden können. Mit einer sorgfältig zusammengestellten Auswahl unterschiedlicher Steine kann man eine ganze Tonleiter erklingen lassen. Von den australischen Aborigines ist die Technik bekannt, mit Stöcken auf Steine zu schlagen und diesen je nach Material, Schlagstärke und -richtung verschiedene Töne zu entlocken.

Fundinterpretationen sind strittig

Ein 1995 im Baltikum gefundener Stein zeigt, auf welch unsicherem Terrain sich die Forschung auf der Suche nach dem Ursprung der Musik bewegt. Die Feuersteinknolle ist 14 cm lang und hat einen Durchmesser von 3,5 cm. In ihrer Mitte befindet sich ein Loch von 12 mm Durchmesser. Stülpt man die Lippen über dieses Loch und bläst hinein, so erklingt ein einzelner Ton. Durch Verändern der Lochgröße mit der Hand kann dieser Ton heller oder dunkler klingen. Handelt es sich um ein vorgeschichtliches Instrument? Eine absichtliche Herstellung durch den Menschen ist nicht ausgeschlossen, da die Bearbeitung von Feuerstein seit Hunderttausenden von Jahren bekannt ist. Ebenso gut kann es sich auch um eine natürliche Form handeln, die nur zufällig als Musikinstrument interpretiert wird.

Die wenigen eindeutig bekannten Instrumente der Vorgeschichte sind mit Akribie hergestellt. Vermutlich kam ihnen eine besondere Bedeutung im Leben der Gemeinschaft zu. Kultische Handlungen und Feste wie Bestattungen werden von Musik begleitet worden sein.

Frau mit Pan-Flöte (Tonvase aus Sultana, Rumänien, um 4500)

Jagd nach dem Musik-Gen

Die Suche nach dem Ursprung der Musik führte den Musikwissenschaftler David Huron von der Ohio State University zu der Frage: Ist Musik ein Kulturgut, das wie Höhlenmalerei oder die Schrift erfunden und über Generationen weitergegeben wird? Oder ist der Wunsch nach musikalischem Ausdruck in den Genen des Homo sapiens verankert und im Laufe der Evolution entstanden? Huron hält ein Szenario für möglich, in dem einige frühe Menschen das »Musikgen« besaßen und nach entwicklungsgeschichtlichen Auslesetheorien Vorteile gegenüber ihren Zeitgenossen besaßen. Gegner dieser Theorie behaupten, Musik sei für das Überleben des Menschen nutzlos gewesen. Der US-amerikanische Sprachforscher und Psychologe Steven Pinker kann sich keine Situation vorstellen, in der es zum prähistorischen Überleben wichtig gewesen wäre, ein guter Sänger zu sein oder sich rhythmisch bewegen zu können. Seine These: Der Mensch entdeckte die Musik und kultivierte sie aus einem einzigen Grund – weil sie ihm Freude bereitete.

Der US-amerikanische Dirigent und Komponist Leonard Bernstein (1918–1990) über die Entstehung der Musik:
»Tatsache ist, dass alle Musik ihrem Ursprung nach primitiv ist, denn sie ging aus der Volksmusik hervor, die ja notwendig einfach und naturhaft ist.«

Die ältesten Städte der Welt

Mit dem Rückzug des Eises der großen Kaltzeiten beginnt der Mensch regional sesshaft zu werden. Zu den frühesten größeren Ansiedlungen gehören Jericho und die anatolische Ackerbausiedlung Çatal Hüyük.

■ **9000–6500:** Zu seiner Blütezeit vor etwa 9000 Jahren hat Çatal Hüyük wenigstens 3000, vielleicht sogar 10 000 Einwohner und bedeckt eine Fläche von 12 bis 15 ha. Die Häuser haben relativ einheitliche Grundflächen von 50 bis 60 m² und eine durchschnittliche Höhe von 2,7 m. Der ursprüngliche Name der Siedlung ist heute unbekannt. Der moderne türkische Name Çatal Hüyük bedeutet »Hügel am Scheideweg« und bezieht sich auf die Lage des Fundortes an zwei Straßen im südlichen Zentralanatolien. Es handelt sich um eine der ältesten Anlagen mit städtischem Charakter, von einer Stadt kann jedoch noch nicht gesprochen werden.

Auffallend ist die Struktur der Gebäude. Sie stehen Wand an Wand, meist ohne Zwischenraum oder nur durch einen engen Hof voneinander getrennt. Türen sind nicht bekannt. Wer ein Haus betreten will, muss über das Dach einsteigen. In die Flachdächer der Lehmbauten sind Luken eingelassen.

Die Dächer selbst sind über Leitern erreichbar und können wie aneinandergereihte Plätze begangen werden. Droht Gefahr, können die Leitern eingezogen werden. So kehrt Çatal Hüyük der Außenwelt eine fast uneinnehmbare, kahle Außenfassade zu, die wie eine Stadtmauer wirkt. Weitere Wehranlagen fehlen jedoch.

Graben, Turm und Festungsmauer von Jericho

02417 Ausflug nach Çatal Hüyük

Leben mit den Toten

Die Bewohner Çatal Hüyüks tünchen ihre Häuser jedes Jahr neu mit weißem Tonschlamm, um die Hitze abzuhalten. Dank dieser Vorgehensweise können Archäologen heute das relative Alter der Häuser ablesen, indem sie die Schichten des Fassadenputzes zählen. Das Innere der Gebäude ist mit Plattformen ausgestattet, die zum Sitzen, Schlafen oder Arbeiten dienen. Auch die Toten werden in den Häusern bestattet. Für die Verstorbenen einer Hausgemeinschaft ist der Raum unter den Wohnplattformen reserviert. Zuerst werden die Leichen vollständig entfleischt. Dann legt man die Skelette im Haus zur Ruhe: Frauen unter den Hauptplattformen, Männer unter kleineren Nebenplattformen, Kinder werden bei den Frauen bestattet.

Zwischen den Wohngebäuden stehen Kulthäuser, die ausschließlich zu rituellen Zwecken betreten werden. Die Wände dieser Schreine sind mit prächtigen Dekorationen ausgestattet: Wandmalereien, Gipsreliefs und Ritzverzierungen. Dargestellt wird in erster Linie eine weibliche Gestalt, meist in Geburtshaltung. Die häufig als Göttin angesprochene Figur hat die Arme erhoben und

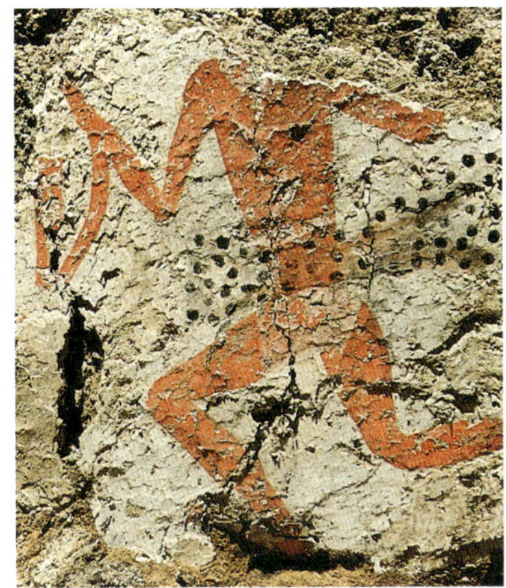

die Beine gespreizt. Zwischen ihren Schenkeln taucht gelegentlich ein Stier- oder Widderkopf auf. Die Kulthäuser sind ferner mit Bildern von Tieren und Symbolen wie weiblichen Brüsten geschmückt. Jagd-, Tanz- und Kultszenen haben sich ebenso erhalten wie das älteste Landschaftsporträt der Geschichte: Darauf ist Çatal Hüyük vor einem ausbrechenden Vulkan zu sehen.

Mächtige Türme um Jericho

Das befestigte Jericho gilt nach dem heutigen Stand der Forschung als erste städtische Siedlung der Welt. Sie liegt in einer fruchtbaren Oase im Tal des Jordan. Die ältesten Besiedlungsspuren lassen sich bis 9000 ins Mesolithikum zurückverfolgen. Diese Zeit gehört zum akeramischen Neolithikum, einer Periode, in welcher der Mensch bereits sesshaft geworden ist, die Keramikherstellung aber noch nicht kennt.

Im 8. Jahrtausend erhält Jericho eine Befestigungsanlage. Von dieser ist noch heute ein mächtiger Rundturm erhalten, der 9 m Durchmesser aufweist und 10 m hoch ist. Berühmt sind aus dieser Zeit die ersten Tonarbeiten, darunter ein mit Gips überzogener menschlicher Schädel, der noch individuelle Züge aufweist. Nach einer Besiedlungspause in der Kupferzeit wird Jericho in der frühen Bronzezeit (3. Jahrtausend) wieder genutzt. Kurz darauf wird die Stadt mit einer neuen mächtigen Befestigungsmauer aus ungebrannten Lehmziegeln umgeben. Die neuen Verteidigungsanlagen lassen Rückschlüsse auf verstärktes Kriegstreiben zu. Diese gingen mit der Verbreitung der Bronze einher, die als wertvolles Material Reichtum und Rivalitäten zwischen Städten hervorrief.

Das biblische Jericho hat mit dem neolithischen vermutlich nichts gemein. Es handelt sich bei dem legendären Ort wohl um eine Stadt, die König Herodes der Große (37–4 v. Chr.) weiter westlich errichten ließ.

Jägerkultur am Donauufer

Obwohl die Errungenschaften der Jungsteinzeit bereits über Teile Europas verbreitet sind, leben viele Menschen noch als Jäger und Sammler. Eine hohe Kunstfertigkeit zeichnet die Bewohner von Lepenski Vir (heutiges Serbien) aus.

■ **Um 6500:** Am rechten Donauufer, im Gebiet des »Eisernen Tores«, bildet sich die Siedlung von Lepenski Vir. Sie bringt die ältesten Großskulpturen Europas hervor. Die Kunst der Menschen von Lepenski Vir ist gekennzeichnet durch fischgesichtige Steinskulpturen. Die Stücke werden als Mischung zwischen Relief und Rundskulptur angefertigt und zeugen von hoher Kunstfertigkeit und Kreativität. Fast jedes Gebäude der Siedlung wird mit einer Steinskulptur ausgestattet. Vermutlich haben die Plastiken kultischen Charakter.

Bauen nach Norm

Die Wohnstätten der frühen Donaufischer weisen einen trapezförmigen, genormten Grundriss auf und haben eine Grundfläche zwischen 5 und 30 m². Die Hütten werden auf Terrassen errichtet, die zuvor in die Uferböschung der Donau hineingegraben worden sind. Auf senkrecht stehenden Pfosten ruhen Dächer aus Zweigen oder Stangen. Die Hüttenböden sind mit Kalkplatten ausgelegt, um das Eindringen von Feuchtigkeit zu verhindern. Große Gruben im Innern sind besonders stark mit Kalkblöcken versiegelt und dienen als Kochstellen. Ihre Toten bestatten die Bewohner innerhalb der Häuser.

Gesellschaft mit Strukturen

Die komplizierten Maßverhältnisse der Hütten setzen zum einen professionelle Kenntnisse des Hausbaus voraus. Zum anderen zeugen sie von einer strukturierten Gesellschaft. Möglicherweise wurde der Baugrund im Rahmen einer religiösen Zeremonie von einem Priester abgegangen und vermessen. Für eine differenzierte Gesellschaft mit verschiedenen Schichten spricht auch ein großes Gebäude im Zentrum der Siedlung, dem eindeutig eine beherrschende Position in der Siedlungsstruktur zuzusprechen ist. Dieses große Bauwerk »zerfällt« in der Spätphase Lepenski Virs in zwei Häuser, die aber noch immer das Bild der Gemeinschaft dominieren. Diese Zentralbauten haben eine öffentliche Funktion inne. Es kann sich um Tempel handeln, um Versammlungshallen oder um den Sitz eines »Fürsten«.

Die Wandmalerei in einer Kultstätte von Çatal Hüyük zeigt einen Jäger mit weißem Lendenschurz, einer gefleckten Leopardenhaut und Halsschmuck.

Rettung vor der Donauflut

Nach der Entdeckung Lepenski Virs 1960 wurde es 1969 notwendig, die prähistorische Stätte vor dem steigenden Pegel des Donausees zu retten. Ähnlich wie beim altägyptischen Tempel Abu Simbel wurde die Siedlung Stück für Stück abgetragen und auf einer höher gelegenen Donauterrasse wieder aufgebaut. Heute schützt ein zeltähnliches Stahltrossen-Schutzdach das Kulturdenkmal.

Typische Skulptur eines Kopfes aus Lepenski Vir

Massengrab von Talheim

Auf dem Gebiet des heutigen Talheim (Kreis Heilbronn) erschlagen Unbekannte 34 Menschen und verscharren sie. Das Grab wird 1983 entdeckt. Aber trotz intensiver pathologischer Untersuchungen bleibt die Tat ein Rätsel.

■ **Um 6000:** Vermutlich werden die Talheimer von einer rivalisierenden Gruppe im Schlaf überrascht. Eine in einem sonderbaren Winkel in einen Schädel eingedrungene Pfeilspitze deutet darauf hin, dass das Opfer bei seinem Tod auf dem Boden gelegen hat. An vielen Skeletten lassen sich Verletzungen an den Unterarmen erkennen, typische Wunden, die beim schützenden Hochreißen der Arme entstehen. Obwohl Verletzungen an den Weichteilen nicht mehr rekonstruiert werden können, sind die Talheimer vermutlich an zahlreichen Hieben und Stichen gestorben. Die Aufteilung der Toten in 16 Kinder und Jugendliche und 18 Erwachsene legt nahe, dass es sich um eine Sippe gehandelt hat. Warum die Familie niedergemetzelt wurde, ist nicht ersichtlich.

Bauernkultur erreicht Westeuropa

Die linearbandkeramische Kultur gilt als die erste fassbare Bauernkultur in Mitteleuropa. Mit einer Dauer von 800 Jahren und einer großen Ausdehnung erfasst sie Europa vom Ärmelkanal bis zum Schwarzen Meer.

Bandkeramischer Becher mit Spiralverzierung aus Kothingeichendorf, Niederbayern

■ **5600–4800:** Der Name der linearbandkeramischen Kultur rührt von der mit gekurvten Linien verzierten Keramik her, die für diese Zeit typisch ist. Sie winden sich in Wellen oder Spiralen um die Oberfläche. Kurze Schnitte oder Stiche ergänzen das Muster. In einer späteren Phase werden die Zwischenräume der Bänder immer dichter mit Kamm- oder Stichmustern gefüllt. Neben der verzierten Feinkeramik trägt die Kultur auch Grobkeramik.

Getreideanbau auf Lössboden

Die Bandkeramiker errichten ihre Siedlungen meist an Flüssen. Von dort aus erschließen sich die Menschen das angrenzende Umland, um es landwirtschaftlich nutzen zu können. Auf diese Weise verbreitet sich die Kultur und erfährt zahlreiche lokale Unterschiede. Ihre Grundform bleibt jedoch stets gleich. So zeugen die weit verbreiteten Ziertraditionen auf der Keramik davon, dass die Bandkeramiker untereinander in Kontakt stehen und ihre Kulturgüter untereinander austauschen.

Obwohl der Hausbau eine neue Errungenschaft der Europäer ist, ist er technisch bereits weit fortgeschritten. Die Bandkeramiker errichten kleinere Gebäude und Großhäuser, die bis zu 30 m lang werden können. Sie dienen gleichzeitig als Wohnhaus, Lager und Stall.

Alle bekannten bandkeramischen Siedlungen werden auf Lössboden angelegt. So endet die Besiedlung Mitteleuropas im Norden auf der Höhe der Rheinmündung, denn weiter nördlich enden die Lössregionen. Sie entstanden gegen Ende der letzten Eiszeit. Der Löss wurde angeweht und bildete einen besonders trockenen und fruchtbaren Untergrund – für die aufkommende Landwirtschaft der Jungsteinzeit ein idealer Anbauboden.

Rodungsinseln im Waldland

Vor 7000 Jahren liegt über Mitteleuropa eine fast geschlossene Walddecke. Das Klima ist um zwei bis drei Grad wärmer als heute und begünstigt den rapiden Bewuchs vornehmlich von Laubwäldern. In diese scheinbar endlosen Waldgebiete roden die Bandkeramiker Raum für ihre Siedlungen und Felder. Umgeben von dichtem Wald leben die Siedler auf Inseln im Waldmeer. Der sie umschließende Wald dient als schier unerschöpflicher Rohstofflieferant, ist wegen seiner Unüberschaubarkeit aber auch eine große Gefahrenquelle.

Die Keramikverzierung aus Anatolien (hier: Hacilar) lässt die Verbindung zur Bandkeramik erkennen.

Beim Getreideanbau nutzen die Bandkeramiker eine Reihe spezialisierter Werkzeuge. Neben geschliffenen Steinen sind auch Klingen aus Feuerstein bekannt. Feuerstein wird auch für die Herstellung von Pfeilspitzen verwendet, die jedoch nur selten vorkommen. Das mag zum einen daran liegen, dass die Erfindung des Ackerbaus Jagdutensilien unnötig gemacht hat. Zum anderen könnte hier ein Hinweis darauf vorliegen, dass Waffen keine Notwendigkeit darstellen. Möglich ist jedoch auch, dass Pfeilspitzen aus Holz hergestellt werden und sich nicht erhalten haben.

Rätselhafte Erdwerke

Einige bandkeramische Siedlungen werden mit so genannten Erdwerken versehen. Dabei handelt es sich um runde Wall-/Grabenanlagen von durchschnittlich 150 m Durchmesser, deren Funktion der heutigen Forschung Rätsel aufgibt. Archäologen entdeckten bei Darion, in der Nähe von Liège, ein Erdwerk, das um eine Siedlung und damit offensichtlich zu deren Schutz errichtet wurde. Andere Funde zwischen Köln und Aachen weisen Gruben und Häuser auf, die ganz oder nur zum Teil im Rund des Erdwerkes liegen. Eine gesicherte Aussage über die Funktion der Anlagen lässt sich somit nicht treffen.

In verschiedenen wissenschaftlichen Deutungen werden den Erdwällen ganz unterschiedliche Funktionen zugewiesen. So sollen sie u. a. als Befestigung, Ort kultischer Handlung, Bestattungsplatz, Einrichtung für Versammlungen, Viehmarkt oder Viehpferch gedient haben. Vielleicht wandelte sich die Nutzung der Erdwerke auch im Laufe der Zeit und hatte verschiedene Funktionen.

Die gefundenen Gräber und Gräberfelder der Bandkeramiker weisen sowohl Brand- als auch Körperbestattungen auf. Bei Letzterer werden die Toten in Hockerstellung beigesetzt und mit Grabbeigaben versehen. Geschliffene Steingeräte (so genannte Schuhleistenkeile), Roteisenstein und Rötel sowie Schmuck in Form von Armringen, Anhängern und

Perlen sind beliebte Grabbeigaben. Keramikgegenstände werden nur selten mit ins Grab gelegt.

··Tagebau als Helfer··

Nirgendwo auf der Welt sind so viele Zeugnisse der linearbandkeramischen Kultur entdeckt worden wie zwischen Köln und Aachen. Das ist einer einmaligen Grabungskampagne zu verdanken, die 1971 begann. Der Tagebau im rheinischen Braunkohlebecken war im Begriff, alle vorgeschichtlichen Überreste im Boden zu vernichten. Bis die Archäologen die gewaltigen Braunkohlebagger als Chance für die Wissenschaft erkannten. In den folgenden Jahren arbeiteten Forscherteams nur wenige Meter vor den Schaufelrädern der stählernen Kolosse und holten in Windeseile sieben neolithische Siedlungen mit insgesamt 24 ha Fläche aus dem Boden. Da der vorrückende Bagger das Tempo vorgab, musste auf Feinuntersuchungen verzichtet werden. Tausende Fundstücke gingen verloren. Der wissenschaftliche Wert des Unternehmens war jedoch die immens große Fläche, die unter normalen Umständen nie hätte freigelegt oder untersucht werden können. So zeigte sich, dass die Aldenhovener Platte bei Jülich ein Siedlungszentrum früher Ackerbauern gewesen ist. Die Häuser liegen an kleineren Bächen im Hinterland der großen Flussauen.

Die Auswertung dieses weltweit größten Grabungsprojektes zur Bandkeramik sind noch lange nicht abgeschlossen. Bisher wurden 14 altneolithische Fundstellen entdeckt. Ein Teil der Siedlungen soll nun ausgegraben werden, um die wirtschaftliche Verflechtung der Siedlungen untereinander sowie die überregionalen Handelsbeziehungen genauer zu untersuchen.

Mehrgarh – Vorläufer der Induskultur

Die Induskultur mit ihren Städten Mohenjo Daro und Harappa zählt zu den frühesten Hochkulturen der Welt. Ausgrabungen bei Mehrgarh in Pakistan legten Siedlungen frei, die 3000 Jahre vor der Induskultur angelegt wurden.

■ **7000:** An den Ufern des Bolanflusses lassen sich während der Jungsteinzeit erstmals Menschen nieder. Auf einer Fläche von mehr als 200 ha entstehen im Laufe der Zeit viele kleine Dörfer, die errichtet werden, nachdem ihre Vorgänger vollständig oder teilweise aufgegeben wurden. Insgesamt hat Mehrgarh eine Siedlungskontinuität von drei bis vier Jahrtausenden.

Während die ersten Siedler die Keramikherstellung noch nicht kennen, arbeiten die jüngsten Mehrgarher bereits mit Lehmziegeln. Ihre Gebäude sind rechteckige Ziegelbauten mit mehreren Räumen. In den unbebauten Flächen zwischen den Gebäuden werden die Toten begraben. Die Menschen aus Mehrgarh betreiben sowohl Getreideanbau als auch Viehzucht.

Eindrucksvolle Frauenstatuen

Besonders eindrucksvolle Zeugnisse hinterlassen die Bewohner der Dörfer in Form von Hunderten von Statuetten. Die ältesten Figuren sind aus gebranntem Ton und stellen meist Frauen dar. Ihre Formen betonen den weiblichen Schoß als Mittelpunkt eines dreieckig stilisierten Frauenkörpers. Bei den Figuren der folgenden Jahrtausende sind die Rundungen von Brüsten und Schößen betont. Während die Gliedmaßen noch bis ins 3. Jahrtausend vernachlässigt bleiben, werden die Frauenstatuen mit zunehmend prächtigeren Haartrachten und Geschmeiden geschmückt.

Bemerkenswert ist, dass die Frauenfiguren der Induskulturen auch dann noch ausschließlich aus Terrakotta gestaltet werden, als Metalle längst bekannt sind und für die Gestaltung von Tier- und Männerfiguren auch benutzt werden.

Ebenbild wirklicher Menschen

Aus späteren Phasen Mehrgarhs liegen Tausende keramischer Bruchstücke vor, die meist aus Armen und Beinen bestehen. Diese Figuren sitzen nicht mehr, sondern stehen aufrecht. Die Köpfe wirken mit ihren Glotzaugen und spitzen Nasen weiterhin stilisiert, aber die übrigen Körperpartien sind noch naturalistischer als früher nachgebildet. So verleiht eine sanfte Rundung der Hüfte den Frauenbildnissen einen Charakter, der an spätere indische Frauendarstellungen erinnert. Auch treten nun männliche Figuren erstmals in nennenswerter Zahl auf.

Terrakottafigur mit kunstvoller Haartracht, Halsschmuck und betonten Brüsten

Anhand der Statuen lassen sich individuelle Eigenarten erkennen, die möglicherweise Rückschlüsse auf das tatsächliche Aussehen der Mehrgarher zulassen. So tragen die Frauenstatuetten kunstvolle Frisuren und sind mit schwarzer Farbe prächtig verziert. Die Männer tragen einen großen Turban und Hängeschmuck, der an moderne Krawatten erinnert.

Mythisches Wissen der Töpfer

Das tönerne Gefäß in seiner Funktion für die Aufbewahrung der Vorräte und als Urne oder kultische Schale bei Beerdigungen ist ein zentrales religiöses Symbol für die Muttergöttin, in der auch Leben erschaffen, erhalten und nach dem Tod wieder aufgenommen wird. Die Herstellung von Tongefäßen ist deswegen streng gehütetes Geheimnis der Frauen und wird von ihnen im Ritual vollzogen.

Aus Lehm und Wasser formen sie das Gefäß und brennen es im Feuer. Dabei schweigen die Frauen, damit das Gefäß nicht bricht. Denn – so ihre magische Vorstellung – wenn sie selbst schweigen, werden auch die Tontöpfe im Feuer schweigen. Ein Topf, der im Feuer bricht, gibt ein Geräusch von sich, er »spricht«. Dieser Vorgang ist das Übel, das durch mythische Erzählungen thematisiert wird und durch das Ritual gebannt werden soll. So versuchen die Frauen des Matriarchats, den richtigen Umgang mit der Töpferei zu sichern, in der sie, wie in allen ihren Erfindungen, eine Gabe der Göttin sehen.

01043
Versunkene Stadt Mohenjo-Daro

Ungefähre Ausbreitung der Induskultur, die vermutlich aus Mehrgarh hervorging

Europäer bauen erste Häuser

Seit dem Beginn der Evolution versucht der Mensch sich in Höhlen, unter Felsabhängen oder in Hütten vor Unwetter zu schützen. Während der Jungsteinzeit gelangt die Erfindung des Hausbaus aus dem Vorderen Orient nach Europa.

■ **6000–4800:** Die ersten Häuser der sesshaft gewordenen Menschen sind Rundbauten, die auf die stets kurzfristig genutzten Behausungen der Jäger- und Sammlerverbände zurückgingen. Auf einem kreisrunden Fundament steht ein Gerüst aus Stangen, die mit Häuten oder Stroh bedeckt werden. Rasch entwickeln die Bewohner der ersten dauerhaften Plätze Lehmbauten, die später auf einen festen Steinsockel gestellt werden. Weil man bei der Neuanlage verfallener oder abgebrannter Häuser den Lehm an Ort und Stelle immer wieder planiert, so dass der Sockel des alten Hauses stets bedeckt wird, entstehen die typischen Siedlungshügel (Tells), auf denen im Vorderen Orient auch heute noch Dörfer stehen.

Inneneinrichtung auf neolithisch

Fußböden und Wände sind mit Gips oder Stampflehm weiß verputzt und tragen nicht selten Verzierungen mit roten Streifen oder anderen Malereien. Die Bewohner benutzen gewebte Matten oder erhöhte Bänke als Schlafstellen sowie abgetrennte Kochstellen. In späterer Zeit werden die aus Stein, Holz und luftgetrockneten Ziegeln errichteten Häuser zweigeschossig und mehrräumig, während die Rundbauweise für die zahlreichen Getreidespeicher beibehalten wird. Die Existenz uneinheitlicher und verschieden großer Häuser deutet auf beginnende soziale Unterschiede in der Bevölkerung hin. Bereits in den ältesten Phasen sind die Orte mit Befestigungsanlagen versehen.

In Asien ist bis in das Industal die mesopotamische Bauweise verbreitet. In China dagegen gibt es neben rechteckigen ebenfalls runde Gebäude, deren Wände jedoch zur Mitte geneigt sind und in ein kuppelförmiges Dach übergehen.

Robuste Bauten

Es sind die Bandkeramiker, die in Mittel- und Südeuropa zuerst in Häusern leben. Sie errichten gewaltige Bauten, die nicht selten Längen von bis zu 30 m aufweisen. Dazu werden möglichst gerade gewachsene Bäume geschlagen, von Ästen und Rinde befreit und in den Boden gegraben. Die Zwischenräume füllen die Neolithiker mit Flechtwerk, das mit Lehm verschmiert wird, um Wind und Regen abzuhalten. Ist der Lehm getrocknet, bildet sich eine massive Wand.

Die Gebäude sind nicht lange haltbar. Alle 30 bis 40 Jahre werden die Häuser aufgegeben oder abgerissen. Rohstoffe sind genügend vorhanden. So kümmern sich die frühen Siedler nicht weiter um die Altbauten. Sie lassen sie verrotten und errichten kurzerhand ein neues Haus einige Meter von der alten Stelle entfernt. Dennoch versuchen sie dem Problem der Wetteranfälligkeit Herr zu werden. Die eingegrabenen Pfosten sind der Schwachpunkt der Gebäude. Über das Erdreich zieht das Holz Feuchtigkeit an, beginnt zu faulen und bricht nach einigen Jahren schließlich zusammen. Recht früh entdeckt der Mensch eine Besonderheit des Holzes. Selbst wenn der Stamm von Krone und Wurzeln befreit ist, nimmt er an der Wurzelseite schneller Wasser auf, als am oberen Ende. Von nun an werden die Pfosten so eingegraben, dass die ehemalige Wurzelseite zum Himmel zeigt. Diese Technik schenkt den Häusern eine etwas längere Lebensdauer. Zudem werden die Pfosten an ihrem unterem Ende im Feuer gehärtet. Auch dieses Verfahren verhindert das allzu rasche Eindringen von Wasser in den Stamm.

Mit dem Vieh unter einem Dach

Im Innern sind die Gebäude in mehrere Bereiche unterteilt. Der Wohnbereich ist ebenso groß wie der Stallbereich am anderen Ende des Hauses. Die Funktion des geräumigen Mittelteils ist nicht geklärt. Auffallend ist der große Abstand zwischen den hier stehenden Pfosten. Möglicherweise handelt es sich um ein Kornlager oder einen Speicher. Die Körperwärme der Tiere verteilt sich durch einen Großteil des Hauses. Im Wohnraum der Menschen sorgt meist eine zentrale Feuerstelle für zusätzliche Wärme und dient als Herd. Fast alle Häuser der Bandkeramiker sind in nordwestlich-südöstlicher Richtung ausgerichtet.

Wie viele Menschen haben in den großen rechteckigen Bauten gelebt? Darüber lassen sich nur Vermutungen anstellen. Im 19. Jahrhundert ging die Forschung von einem großen Verband mehrerer Familien aus und sprach von »Sippenhäusern«. Heute ordnet die Archäologie einem Haus nicht mehr als sieben Personen zu, was der Größe einer Familie entspricht. Die großen Gebäude konnten nicht bis unters Dach Menschen beherbergen, da sie ja zusätzlich zur Vorratshaltung und als Stall dienen mussten. Dafür spricht u. a., dass um ein Haus keine anderen Gebäude errichtet wurden. Es handelt sich also um einen multifunktionalen Komplex.

Wohnraum eines spätneolithischen Hauses von Skara Brae auf den Orkney-Inseln

Skara Brae – erste Häuser Europas 244

Geschliffener Stein

Geschliffene Steinarbeiten lösen die bis dahin üblichen behauenen Steinwerkzeuge ab und belegen den kulturellen Aufstieg des Menschen. Dank der Schleiftechnik lässt sich das widerspenstige Material Stein in viele neue Formen bringen.

■ **Um 6000:** Um Stein zu schleifen, bedarf es viel Geduld. Die Neolithiker benutzen für den langwierigen Prozess vermutlich Quarzsand, mit dem Stein geschliffen und poliert wird. Gegen Ende der Jungsteinzeit tauchen Steinbeile auf, in die ein Loch gebohrt wird, um einen Holzschaft aufzunehmen. Diese Löcher werden mit Hartholz in das Gestein gedreht. Während der Bearbeitung wird die Kontaktstelle von Holz und Stein immer wieder mit Wasser und Quarzsand übergossen. So entsteht einerseits ein sandpapierähnlicher Effekt, andererseits kühlt das Wasser die Reibungshitze ab und verhindert, dass sich das Holz entzündet oder springt.

Ein derartig hergestelltes Werkzeug ist der sog. Schuhleistenkeil. Mit Holzschäftung versehen wird das Utensil vermutlich zum Bäumefällen und anderen Holzbearbeitungen genutzt. Auffällig ist die Gleichförmigkeit aller gefundenen Stücke der europäischen Linearbandkeramik. Hier wird der Unterschied zu den älteren Steinbeilen besonders deutlich: Deren Hersteller mussten sich beim Behau an den Grundformen des Rohlings orientieren und konnten so keine uniforme Gestalt erzeugen. Gleiches gilt für die jungsteinzeitliche Flachhacke, die wahrscheinlich zur Bestellung der Felder verwendet wird. Sie weist eine längliche, stumpfe Arbeitsfläche auf.

Töpferei entdeckt

Wie kaum eine andere Kunst hilft die Entdeckung der Töpferei dem Menschen auf seinem Weg in die Zivilisation. Die Verarbeitung von Ton zu Keramik wird in der Jungsteinzeit erstmals betrieben.

01374 Eine Beobachtung am Feuer: Keramik

■ **Um 6000:** Die ersten Keramiken werden noch nicht in Töpferöfen gebrannt. Den frühen Töpfern dienen offene Feuerstellen, die meist ebenerdig angelegt sind. Diese Brennmulden werden von oben mit dem geformten Ton beschickt. Erst später entwickeln sich abgedeckte Brennmulden. Durch den Verschluss gelingt es, ein Klima in der »Brennkammer« herzustellen, das wie bei einem geschlossenen Ofen reguliert werden kann.

Keramik wird zu vielerlei Zwecken verwendet. Ihr Vorteil: Sie ist beliebig formbar. Ihr Nachteil: Sie zerbricht wesentlich schneller als Stein. Als die ersten Ackerbauern beginnen, Vorratswirtschaft zu betreiben, kommen erstmals große Gefäße auf, die Korn in Mengen aufnehmen können. Das Essgeschirr wird ebenfalls zu einem Teil aus Keramik hergestellt. Beliebt ist die Kunst der Töpferei vor allem zu kultischen Zwecken: »Heilige« Statuetten können nun aus Ton modelliert werden.

Venus von Unter-Wisternitz, Plastik aus gebranntem Ton

Webtechnik im Orient erstmals belegt

Zweifellos zählt die Entwicklung der Webkunst zu den großen Kulturleistungen der Menschen. Lange bevor der Webrahmen erfunden wird, erkennen die Menschen die Vorteile des Webens. Im Vorderen Orient lösen gewebte Stoffe die Fellkleidung ab.

■ **Um 6000:** Ein Stoffknäuel, das in einem Frauenschädel gefunden wird, ist das älteste bekannte Zeugnis früher Webkunst. In der lehmigen Erde des Bestattungsplatzes unter einem Heiligtum in Çatal Hüyük überdauert das Tuch eine Feuersbrunst, die um etwa 5800 die Stadt niederbrennt. Obwohl verkohlt, ist die Struktur des Tuches deutlich erkennbar. Die Feinheit der Webart, die Glätte der einzelnen Fäden und ihre gleichmäßige parallele Anordnung sprechen dafür, dass die Menschen von Çatal Hüyük ihre Stoffe an Webstühlen produzierten.

Seit mehr als 100 000 Jahren beherrschen Menschen die Fähigkeit, aus Pflanzenfasern Matten und Körbe zu flechten. Es ist anzunehmen, dass sie die hierbei verwandte Technik – einzelne Pflanzenfasern von gleicher Länge, jeweils horizontal und vertikal sich umschlingend, übereinander legen – auch bei der Verarbeitung von Wolle einsetzen. Einzelne Fasern aus der Wolle von Schafen und Ziegen zwirnen die Weber zwischen ihren Fingern und befestigen den gezwirnten Fadenanfang zum Spinnen an einer rotierenden Spindel aus Holz oder Knochen.

Lebende Webstühle

Die gesponnenen Wollfäden besitzen, anders als die Pflanzenfasern, keine eigene Stabilität. Deshalb müssen sie beim »Flechten« gehalten werden. Ihre ersten Tuche stellen die Weber an »lebenden Webstühlen« her: In einer Gruppe zusammensitzend, halten sie die Wollfäden so, dass sie mit ihren Händen einen Spannrahmen für die Fadenführung bilden. Mit der Zeit ersetzen sie die Hände durch Holzrahmen.

Erste waagerechte, liegende Webstühle konstruieren die Bewohner von Çatal Hüyük auf den gestampften Lehmböden ihrer Gemeinschaftshöfe. Im Abstand der Länge des gewünschten Tuches befestigen sie zwei Holzstangen, dazwischen spannen sie die Kettfäden. Mit zwei weiteren Holzstangen gliedern die Frauen die Kettfäden in zwei gleich große Lagen, so dass sie abwechselnd hoch und niedrig gestellt werden können. Dabei entstehen die Längsfadengassen, durch die der Webfaden »geschossen« werden kann. Wahrscheinlich benutzen die Weber für das Durchschießen der Querfäden bereits geschnitzte Webschiffchen.

Stoffrest aus einem Haus in Çatal Hüyük aus der Zeit um 6000

Die Neolithiker des Vorderen Orients entwickeln die Weberei zu einer farbenprächtigen Kunst. Das sog. Kelim-Muster auf den Wandbildern von Çatal Hüyük gehört bis heute zu den typischen Teppichmustern Anatoliens.

Tehuacán-Indianer kultivieren Mais

In Süd- und Mittelamerika entwickelt sich der Ackerbau. Belege dafür bleiben vor allem im Tehuacán-Tal in Mexiko erhalten. Besonders der Mais spielt eine entscheidende Rolle beim Aufstieg glanzvoller indianischer Kulturen.

■ **Um 5000:** Dank günstiger Voraussetzungen ist Mexiko eine der Geburtsstätten des Ackerbaus. Das Land bietet unterschiedliche Wachstumsbedingungen und besitzt daher eine gewaltige Fülle genießbarer Wildpflanzenarten. Eine davon ist der Mais, der zuerst mehr oder weniger planlos auf kleinen Beeten angebaut wird. Eine gewisse Verbesserung stellt schließlich der Hydro-Gartenbau dar, bei dem die Menschen den Acker mit dem Wasser aus nahen Flüssen versorgen. Erst eine systematische Bewässerungskultur erlaubt es den Indianern, mehrere Ernten pro Jahr einzubringen.

Mais ist die wichtigste Nutzpflanze im frühen Mexiko; hier eine Pflanze des Zea-Mais.

01044 Menschen aus Mais

Wilder Mais in Mexiko

Bereits um 6000 führt die Verbesserung der Ackerbaumethoden im Tehuacán-Tal dazu, dass die Nahrung der Indianer vielfältiger wird. Nach und nach gewinnt neben Kürbissen und Bohnen besonders der Mais an Bedeutung. Dieser wird schließlich ab 3000 zum konkurrenzlosen Hauptnahrungsmittel.

Der Mais ist nicht nur die wichtigste Nutzpflanze des vorgeschichtlichen Mexiko, sondern auch die geheimnisvollste. Denn im Gegensatz zu allen anderen Kulturpflanzen gibt es den Mais heute in keiner Wildform. Sein Samen muss eingepflanzt und die wachsende Pflanze gepflegt werden. Botaniker, die eine frühe Wildform des Mais in Asien vermuteten, wurden in den 1950er Jahren eines Besseren belehrt: Eine Bodenprobe in Mexiko-City, die 19 fossile Maispollenkörper enthielt, bewies die Existenz einer wilden Maissorte vor bereits 80 000 Jahren.

Dieser Fund ermutigte eine Gruppe von Forschern, die Suche nach weiteren Belegen einer frühen mexikanischen Wildmaissorte fortzusetzen. So wurde insbesondere das Tehuacán-Tal in Mexiko in den 1960er Jahren Gegenstand eines umfassenden Forschungsprojektes. Das Tal war mittlerweile weitgehend bewässert und lieferte den Menschen somit ausreichend Nahrung. In seinem natürlichen Zustand bestand seine Vegetation allerdings vorwiegend aus dürrefesten Pflanzen (z. B. Kakteen). In den Höhlen des Tals fanden die Forscher schließlich die Überreste einer etwa 4000 Jahre alten mutmaßlichen Wildmaissorte. Neben nahezu 100 000 Pflanzenresten entdeckte man auch zwölf vorgeschichtliche Wohnstätten sowie 11 000 Tierknochen – Belege für den Ernährungswandel der Talbewohner im Laufe von 7000 Jahren.

Vinča-Kultur blüht im Südosten Europas

Der Fundort Vinča in der Nähe von Belgrad (Serbien) gilt als die größte, geschlossene Siedlung im Europa des Neolithikums. Die Archäologen finden neben Knochen und Skeletten auch Waffen, reich dekorierte Vasen und Figuren.

■ **Um 6000:** Im Norden der Balkanhalbinsel entwickelt sich die Vinča-Kultur. Charakteristisch für diese neolithische Kultur ist eine relativ hoch entwickelte, kunstvoll geformte Keramik. Die Menschen dieser Region versehen ihre Tongefäße mit symbolischen Zeichen.

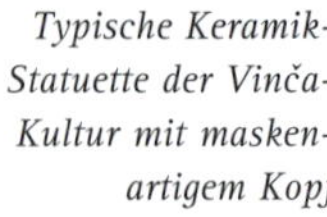

Typische Keramik-Statuette der Vinča-Kultur mit maskenartigem Kopf

Metropole in Südosteuropa

Die ersten Bewohner von Vinča pflegen gute Verbindungen zu ihren Nachbarn und leben im Frieden. Daher können sie sich ganz auf die Jagd sowie die Herstellung von Haushaltsgütern und reich verzierten keramischen Kunstwerken konzentrieren. Die Früchte ihrer harten Arbeit können die ersten Siedler dieser Region allerdings nicht lange genießen. Um etwa 4500 befinden sich Völker aus Thrakien und dem südlichen Donauraum auf Wanderschaft. Als diese Vinča erreichen, verwüsten sie die Siedlungen und zerstören auch die Kultur. Zwischen der Zerstörung der ersten Vinča-Kultur und dem Aufbau der zweiten, weitaus größeren vergeht wahrscheinlich nicht allzu viel Zeit.

Während die Eroberer von den Eingeborenen assimiliert werden, schenkt man jetzt besonders der Architektur große Beachtung. Beim Wiederaufbau der Stadt werden die Gebäude mit einsturzsicheren Fundamenten, festem Material und einem Anstrich versehen. Vinča entwickelt sich zu einer blühenden Kultur-Metropole im Südosten Europas.

Früheste Vorform der Schrift

Das Gebiet der Vinča-Kultur ist um einiges größer als die Ausgrabungsstätte bei Belgrad. Es umfasst einen Großteil des heutigen Serbien, Teile von Siebenbürgen und Bulgarien. Die Vinča-Keramik, die zu einem großen Teil aus Fruchtschalen und Krügen besteht, lässt eine formenreiche Entwicklung erkennen. Die Ackerbauern und Viehzüchter der Gegend sind wohl die ersten, die symbolische Zeichen auf die Außenseite ihrer Tongefäße ritzen. Diese Vorform der späteren Schrift ist allerdings so vereinfacht, dass ihr ursprünglicher Sinn nicht mehr zu erkennen ist. Die Vorbilder dieser Zeichen, die das Stadium der einfachen Bilderschrift bereits überschreiten, werden im vorderasiatischen Raum vermutet. Die frühen Vinča-Schriftzeichen erreichen – über die Linearbandkeramik – auch die Ukraine und Frankreich.

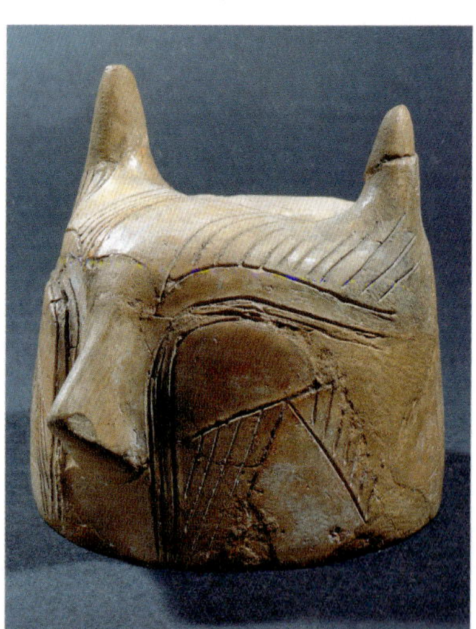

Katzenähnlicher Kopf der Vinča-Kultur

Der britische Naturforscher Charles Darwin (1809–1882) über die Fähigkeit des Menschen, die Natur zu kultivieren:
»Der Mensch ruft Variabilität in Wirklichkeit nicht hervor, ... kann aber die ihm von der Natur dargebotenen Abänderungen zur Nachzucht auswählen und dieselben hierdurch in einer beliebigen Richtung häufen ... Er passt auf diese Weise Tiere und Pflanzen seinem eigenen Nutzen und Vergnügen an.«

Vorfahren der Inuit besiedeln Nordamerika

Den Vorfahren der heutigen Inuit und Alëuten, die über die Beringstraße von Asien nach Alaska einwandern, gelingt es, sich der unwirtlichen Natur anzupassen und eine Jahrtausende währende Kultur zu entwickeln.

Inuit-Grabstätte in Westgrönland. Schädel in einem Grab unter einem Steinhaufen

■ **Ab 7000:** Große Teile des arktischen Gürtels Nordamerikas werden von einer ganzjährig vereisten, baumlosen Kältesteppe eingenommen. Im eisfreien Süden hingegen herrschen maritime Graslandschaften vor. Die Ureinwohner dieses Lebensraumes sind die Vorfahren der Inuit. In einer mehr als zehn Jahrtausende währenden wirtschaftlichen und kulturellen Entwicklung passen sie sich ihrer Heimat an.

Die Urbevölkerung der nordamerikanischen Arktis besteht aus einem vielschichtigen Gefüge von Sprachgruppen und Lebensformen. Von den insgesamt 90 000 Bewohnern Alaskas gehören etwa 16 000 zum Volk der Alëuten, die auf der gleichnamigen Inselkette vor der Westspitze leben und alle dieselbe Sprache sprechen: Alëutisch. Die übrigen Ureinwohner zählt man zu den Inuit, deren Bevölkerung und Sprache in zahlreiche Gruppen untergliedert ist. Ungeachtet der sprachlichen und kulturellen Unterschiede sind Alëuten und Inuit asiatischer Herkunft.

Die Alëuten von Anangula

Um etwa 7000 lässt sich eine Menschengruppe auf den südlichen Alëuten nieder. Sie bilden eine dörfliche Gemeinschaft auf einer Landspitze der baumlosen Insel Anangula. Die Siedlung setzt sich aus vielen kleinen Behausungen zusammen, die aus einem mit Rasenziegeln bedeckten Treibholzgerüst bestehen. Als Eingang dient eine Öffnung im Dach jeder Hütte. Die Männer und Frauen des Dorfes üben unterschiedliche Arbeiten aus. Während die Männer und Jungen viel Zeit im Freien verbringen und Gegenstände aus Stein, Knochen und Holz fertigen, bleiben die Frauen zumeist im Haus. Ihre Aufgaben sind die Herstellung von Kleidungsstücken und das Hüten der Wärme und Licht spendenden, mit Robbenöl gespeisten Steinlampe. Insgesamt haben auf Anangula wohl nicht mehr als 75 Personen gelebt.

Die Bewohner der Alëuten ernähren sich fast ausschließlich von dem, was das Meer und der Strand ihnen bieten. Hauptbestandteile der Nahrung sind Robben, Seelöwen und Wale. Hinzu kommen Flachwasser- und Tiefseefische, Schalentiere und Vögel. Die Jagd bestreiten die Vorfahren der Alëuten wahrscheinlich in kleinen Gruppen von Männern, teilweise sogar allein. Sie sind geschickte Jäger und verfügen bereits über hoch entwickelte Jagdtechniken. Da auf dem baumlosen Boden nur wenige ess-bare Pflanzen wachsen, besteht die fleisch- und fischlose Kost der Bewohner von Anangula wohl lediglich aus Beeren und etwas Grünzeug.

Die Prä-Dorset-Kultur

Die Urgeschichte der Inuit ist vielschichtiger als die der Alëuten. Ihr Volk ist nicht nur zahlreicher; die frühen Inuit bestehen auch aus wesentlich mehr Bevölkerungsgruppen. Die Kultur der Ureinwohner des nordöstlichen Alaska bildet demnach auch keine einheitliche Entwicklungslinie, sondern umfasst mehrere Erscheinungsformen. Ein frühes Beispiel hierfür ist die Prä-Dorset-Kultur. Vor rund 4000 Jahren besiedeln die Menschen des Prä-Dorset die damals noch unbewohnte Arktis im Osten Alaskas. Der Grund ihrer Wanderung ist wahrscheinlich die vorübergehende Klimamilderung, in deren Verlauf Teile der Küste in diesem Bereich vom Eis befreit werden. Durch den Klimawandel steigt auch die Zahl der Meeressäuger, die den Prä-Dorset-Gemeinschaften als Hauptnahrungsquelle dienen. Die Mahlzeiten der Ureinwohner Ost-Alaskas bestehen fast ausschließlich aus der Ringelrobbe und dem Karibu. Die Prä-Dorset-Leute sind wohl die ersten Bewohner Alaskas, die während der kalten Jahreszeit in Schneehütten (»Iglus«) leben.

Erste Australier kamen übers Meer

Die Vorfahren der Aborigines besiedeln Australien. Die Ureinwohner leben in erster Linie als Jäger und Sammler und verbreiten sich über weite Teile des Kontinents. Als die Europäer im 17. Jahrhundert Australien entdecken, hat sich die Lebensweise der Aborigines nicht wesentlich gewandelt.

Die Besiedlung Australiens beginnt vermutlich von Indonesien aus. Aufgrund des niedrigen Meeresspiegels beträgt die schmalste Meeresenge zwischen Asien und Australien nur 90 km. Unklar ist allerdings, wann genau die ersten Menschen den Kontinent betreten haben. Während die meisten Wissenschaftler von einem Siedlungsbeginn vor rund 60 000 Jahren ausgehen, sprechen einige Studien sogar von 120 000 Jahren.

Die Ureinwohner Australiens

Das älteste Skelett Australiens wird rund 300 km nördlich von Melbourne am Lake Mungo in New South Wales entdeckt. Vermutlich handelt es sich dabei um einen 60 000 Jahre alten Fund. Der Schädel des Skeletts vom Lake Mungo entspricht dem der heutigen Ureinwohner Australiens. Andere Funde hingegen scheinen – durch stärkere Überaugenwülste und eine flachere Schädeldecke – einen stammesgeschichtlich älteren Typus zu repräsentieren. Dieser sog. Protoaustralid wird mit dem Solo-Menschen aus Ngandong (Ostjava) und mit dem Java-Menschen aus Trinil (Ostjava) in Verbindung gebracht. Ob der australische Kontinent eine Zeit lang von zwei verschiedenen Rassen bewohnt wurde, ist unter Anthropologen umstritten. Einig ist man sich hingegen über die Tatsache, dass die Skelettreste vom Mungo-See der älteste Beleg einer Brandbestattung sind.

Sozialstruktur der Stammesverbände

Die Aborigines leben in Stammesverbänden von 500 bis 700 Individuen. Diese Gemeinschaften unterteilen sich in meist nomadisierende Gruppen, denen in der Regel 20 bis 50 Personen angehören. Eine konstante Zahl der Bevölkerung wird durch Geburtenkontrolle gewährleistet. Da es den Frauen der Nomaden nicht möglich ist, den gesamten Hausrat sowie mehr als zwei Kinder zu transportieren, sind Abtreibungen und Kindestötungen keine Seltenheit.

Die Mehrzahl dieser frühen Australier lebt an der für den Menschen klimatisch günstigeren Ostküste. Allerdings ist auch das von ständiger Trockenheit befallene Zentrum des Kontinents Heimat für einige Stämme. Da die Siedlungsgebiete der Aborigines einen äußerst großen Lebensraum bieten, sind kriegerische Auseinandersetzungen zwischen den einzelnen Gruppen relativ selten.

Prähistorische Felsmalerei der Aborigines

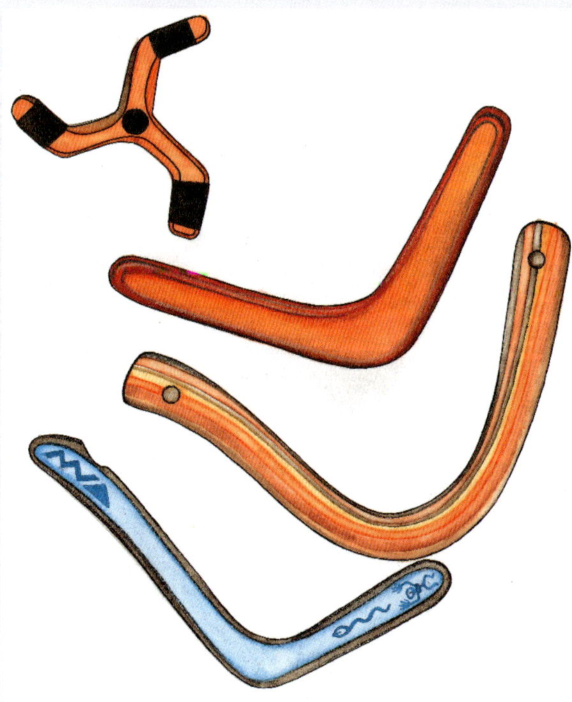

Wurfhölzer als Jagdwaffen: verschiedene Formen des Bumerangs

Nahrungsbeschaffung und Jagdtechniken

Im Gegensatz zu anderen frühen Völkern bewirtschaften die Aborigines ihr Land nicht. Vielmehr betreiben sie das sog. »firestick-farming«, bei dem einzelne Landabschnitte kontrolliert verbrannt werden. Diese Methode garantiert nicht nur das Nachwachsen von frischem, saftigem Gras, sondern verhindert auch eine Bewaldung des jeweiligen Gebietes. Durch den geschickten Einsatz von Feuer haben die Aborigines wahrscheinlich nie den Bedarf an einem geregelten Ackerbau. So besteht ihre Nahrung zu einem großen Teil aus vegetarischen Mahlzeiten, die von den Frauen des Stammes gesammelt werden. Auf der Jagd benutzen die Aborigines insbesondere Speere, Keulen oder Bumerangs. Durch Felsmalereien ist der Gebrauch des Wurfholzes ab ca. 8000 belegt.

Sprache und Kunst der Aborigines

In den zahlreichen Stammesverbänden der Ureinwohner Australiens werden insgesamt fast 300 verschiedene Sprachen und Dialekte gesprochen, deren Grammatik hoch entwickelt ist. Eine Schriftform gibt es nicht. Als wichtiges Ausdrucksmittel dienen bildende Künste. Felsbilder mit Tier- und Menschendarstellungen sind z. T. 5000 Jahre alt. Die Aborigines malen insbesondere Stammesgeschichten und religiöse Traditionen auf Felsen, Höhlenwände und Bäume. Ein typisches Merkmal dieser vorwiegend in Erdfarben gehaltenen Kunst ist die nahezu ausschließliche Reduktion auf Punkte und Striche – eine frühe Form des Pointillismus.

Die Medizin der Urgesellschaften

Wissen über Krankheit und Tod bei den Menschen vor- und frühgeschichtlicher Populationen basiert fast ausschließlich auf archäologischen Funden. Nur eine sorgfältige Untersuchung des primären Fundmaterials kann Auskunft über das Leben der frühen Völker geben.

Für die Medizingeschichte, insbesondere aber für die Paläopathologie, die sich mit der Erforschung der Krankheiten unserer Vorfahren beschäftigt, sind menschliche Skelettfunde die wichtigsten Quellen. Sie geben uns Hinweise auf Art, Ursache und Häufigkeit bestimmter Erkrankungen sowie auf die Möglichkeiten der damaligen Heilkunde.

Über die Heilmethoden und die Heilmittel des frühen Menschen sind wir nur äußerst unzureichend informiert. Dies liegt vor allem daran, dass nur in wenigen Kulturen der Jungstein- und Frühbronzezeit eine Schrift verbreitet war. Medizinhistorisch relevante Berichte aus dieser Zeit sind bisher nicht bekannt geworden. Daher liegen zum Thema Heilmethoden nur Hypothesen vor, die sich in wenigen Fällen an Skelettfunden belegen lassen.

Karies plagte schon Neandertaler

Aus der Frühzeit des Menschen haben sich nur sehr wenige Skelettfunde erhalten. Da sie in der Regel nur äußerst fragmentarisch vorliegen, sind sie für demographische Untersuchungen nicht geeignet. Dennoch ermöglichen sie - in Verbindung mit anderen Fundstücken - gewisse begrenzte Rückschlüsse auf die herrschenden Lebensbedingungen der frühgeschichtlichen Bevölkerung.

Von den Paläoanthropologen sind im Laufe der letzten 100 Jahre viele fossile Menschenknochen gefunden worden, die deutliche Krankheitsspuren erkennen lassen. Beispielsweise finden sich am Schädel des Neandertalers von Gibraltar kariöse Zähne. Ähnliches ist auch am sog. Rhodesia-Schädel zu beobachten. Dieser Schädel eines frühen Menschen wurde in Broken Hill im heutigen Sambia gefunden und besitzt sowohl Merkmale des Homo erectus als auch des Homo sapiens neanderthalensis. Am Schädel dieses Mannes ist es aufgrund kariöser Zähne zu einer ausgeprägten Ausbildung von Abszessen des Oberkiefers gekommen. Der Neandertaler von Chapelle-aux-Saints, der um etwa 40 000 lebte, litt unter Zahnausfall, der auf Erkrankungen der Zähne und Kiefer zurückgeführt werden kann. Alle diese in das Paläolithikum (Altsteinzeit) datierten Befunde sind insofern von Interesse, da Karies häufig als Zivilisationskrankheit angesehen wird. Sie trat aber schon in der Frühzeit des Menschen auf und ist heute - wie Untersuchungen des Primatologen Adolph H. Schultz (1891–1976) gezeigt haben - auch bei wild lebenden Menschenaffen nicht so selten.

Auch Knochenbrüche und Gelenkverschleiß lassen sich vergleichsweise häufig bei den Menschen der Altsteinzeit nachweisen. So besaß z. B. der Neandertaler von Chapelle-aux-Saints eine ausgeprägte Arthrose der Halswirbelsäule. Entsprechende Befunde konnten an Skeletten des sog. Cro-Magnon-Menschen (Homo sapiens sapiens) beobachtet werden, der vor etwa 30 000 Jahren im heutigen Südwest-Frankreich lebte. Bei keinem dieser Knochenbrüche kann der Nachweis einer Schienung oder einer Wundbehandlung nachgewiesen werden.

In den Kulturbetrieb des frühen Homo sapiens datieren einige der sog. Venus-Statuetten, die in der Regel Frauen mit ausgeprägter Fettleibigkeit darstellen. Diese Figuren müssen im Zusammenhang mit religiösen Vorstellungen gesehen werden. Eine derartige Fettleibigkeit ist als krankhaft einzustufen, kann aber auch als Schönheitsideal gedeutet werden.

Tumorerkrankungen und Infektionskrankheiten

Nicht selten kann an vor- und frühgeschichtlichen Skelettfunden auch der Nachweis für Tumorerkrankungen erbracht werden. Ein Beispiel aus der mitteleuropäischen Bandkeramik ist das Gräberfeld vom Viesenhäuser Hof bei Stuttgart. Erste Untersuchungen haben ergeben, dass eine Tumorhäufigkeit von etwas über 10 % vorliegt. Diese weit überdurchschnittliche Krankheitshäufigkeit kann noch nicht sicher geklärt werden. Vielleicht handelt es sich um einen Bestattungsplatz, auf dem vor allem Menschen mit auffälligen Krankheiten beerdigt wurden. Fundstücke aus den verschiedenen Teilen der Alten und der Neuen Welt belegen, dass Tumorerkrankungen schon vor Tausenden von Jahren auftraten.

Viel häufiger als Tumorerkrankungen sind in der Regel Spuren von Entzündungskrankheiten zu finden. So konnten an fast 2 % der Schädel der erwachsenen Bandkeramiker, die im bayrischen Aiterhofen gefunden wurden, eine Schädeldachosteomyelitis (Knochenmarkentzündung) nachgewiesen werden. Viel häufiger können die Spuren entzündlicher Reaktionen der Hirnhäute beobachtet werden. Diese entzündlichen, nicht selten mit Blutfluss einhergehenden Erkrankungen gehen oft von einer eitrigen Mittelohrentzündung aus. Sie stehen häufig im Zusammenhang mit Entzündungen der Nasennebenhöhlen. Die wichtigsten Merkmale der entzündlichen Hirnhauterkrankung am archäologischen Schädelfund sind feine schuppenförmige Auflagerungen und Zeichen eines gesteigerten Hirndruckes. Diese Veränderungen sind an prähistorischen Kinderschädeln relativ häufig zu finden. Eine der häufigsten Ursachen für das Auftreten von Infektionskrankheiten dürften unzureichende hygienische Einrichtungen gewesen sein.

Diese Rekonstruktion einer Wandmalerei aus der Höhle von Lascaux zeigt vermutlich einen steinzeitlichen Schamanen mit Tiermaske.

00798 Kräuterweiber heilen Kranke

Lehrsatz des Äskulap, des griechischen Gottes der Heilkunde:
»Erst das Wort, dann die Pflanze, zuletzt das Messer.«

Das Mittelneolithikum in Europa

Die linearbandkeramische Kultur hat sich mit großem Erfolg über weite Teile Europas verbreitet. Nach rund 800 Jahren der Uniformität entwickeln die zahlreichen regionalen Gruppen eigene Formen und kulturelle Ausdrucksweisen.

■ **4900–4400:** Die Linearbandkeramik zerfällt in ihrer letzten Phase in mehrere regionale Gruppen. Außerdem entwickelt sich die Stichbandkeramik.

Die Dreigliederung der bandkeramischen Häuser wird in den Folgekulturen abgelöst von einer Gleicheinteilung der Gebäude in Joche. Jetzt können einzelne Funktionsbereiche nicht mehr voneinander unterschieden werden. Die Häuser der westlichen Gruppen sind ostwestorientiert. Im Osten sind die Häuser nordsüdausgerichtet. Die Altsiedellandschaften werden von den neu entstehenden Kulturen weiter genutzt.

Besonders auffällig ist, dass die Häuser nicht mehr abgerissen und neu aufgebaut werden, wenn sie Schaden nehmen. Vielmehr zeigen sich an den Überresten Spuren von Ausbesserungsarbeiten. Das lässt auf zurückgehende Rohstoffressourcen schließen, die in der Bandkeramik durch wahlloses Waldroden verbraucht worden sind.

In den neuen Kulturen tauchen erstmals Kreisgrabenanlagen aus mehreren konzentrischen Kreisen auf. Einige weisen Innenbebauung auf, andere nicht. Ihre Funktion ist ebenso unklar wie die der altneolithischen Erdwerke, die im Mittelneolithikum weiter errichtet werden und sowohl Versammlungsplatz als auch Fluchtburg sein könnten. Ein bedeutendes Merkmal, das die mittelneolithischen Gruppen vom Altneolithikum trennt, ist das Vorkommen von durchbohrten Steinwerkzeugen.

Äxte und Hämmer aus poliertem Stein

Die Hinkelsteingruppe

Die Hinkelsteingruppe erhält ihre Bezeichnung nach einem Flurnamen bei Worms. Aus ihr sind keine Hausgrundrisse bekannt. Die Fundsituation stützt sich ausschließlich auf Grabfunde. In diesen liegen die Toten nicht mehr in Hocker-, sondern in Streckerhaltung. Auf den für Hinkelstein typischen Gefäßen Kumpf und Fußschalen befinden sich als Verzierungen hauptsächlich Dreiecksmuster. Der Rand bleibt unverziert. Markant ist auch der Schmuck, der zum Teil aus Kalksteinperlen hergestellt wird. Auch Halsketten aus Hirschzähnen legen die Menschen der Hinkelsteingruppe an. Die Hinkelsteinkultur dehnt sich aus über den nördlichen Oberrhein, die Rheinpfalz und Tübingen und reicht bis zum Bodensee. Am Neckar befinden sich noch einige kleinere Ausläufer.

Die Großgartacher Gruppe

Die Großgartacher Gruppe, nach einem Fundort bei Stuttgart benannt, trägt als markante Keramiken Bauchknickgefäße, steilwandige Becher und Vierzipfelschalen. Typisch ist die Verzierung der Gefäße mit Ösen. Die Keramikoberfläche ist meist mit Winkelbändern, Fischgrätenmustern oder wirren Strichmustern versehen. Ein weiteres Merkmal dieser Gruppe ist die gestreckte Rückenbestattung. Die Toten werden meist in West-Ost-Richtung beerdigt. Schmuckfunde aus Hirsch- und Eberzähnen lassen darauf schließen, dass die Jägerkultur trotz der Sesshaftigkeit noch nicht ganz aufgegeben worden ist. In der Großgartacher Kultur sind erstmals Grundstrukturen eines Dorfes erkennbar. Sie breitet sich über das Rheinland, Südwestdeutschland, das Elsass und den Neckarraum aus.

Die Rössener Kultur

Die Rössener Kultur, benannt nach dem Dorf Rössen im Kreis Merseburg, steht am Ende der mittelneolithischen Entwicklung. Die Siedlungen dieser Kultur werden als erste in wasserarmen Gebieten und auf Höhenlagen errichtet. Die Häuser liegen dichter beieinander und sind z. T. von Zäunen umschlossen. Das lässt auf eine Dorfstruktur schließen. Einige Häuser haben vermutlich eine soziale Funktion inne. Rössener Keramik ist mit sog. M-Motiven großflächig verziert. Je jünger die Gefäße sind, desto mehr lockert sich das Dekor, bis es schließlich ganz verschwindet. Die Toten sind in Nord-Süd-Ausrichtung und noch in Hockerlage bestattet. Eine Tendenz zur Strecker-Bestattung ist jedoch bereits erkennbar. Die Rössener Kultur entwickelt sich am Mittelrhein und reicht bis Südwestdeutschland ins Elbe-Saale-Gebiet. Nach Norden wird die Ausdehnung durch Funde am Dümmer See bei Osnabrück begrenzt.

Die Stichbandkeramik

Die Stichbandkeramik erhält ihren Namen nach der keramikverzierenden Technik. Eingestochene Winkel und Zickzackbänder sowie waagerechte und senkrechte Stichbänder sind typisch. In ihrer Form zeigt sich die Stichbandkeramik sowohl rund- als auch flachbodig. Bei den Bestattungen deutet sich die Entwicklung zum Strecker an. Aus dieser Kultur ist außerdem hohle Tierkeramik bekannt. Die stichbandkeramische Kultur erstreckt sich von Österreich bis Böhmen und Mähren sowie ins Hannoversche.

Das Jungneolithikum

Im Jungneolithikum verbreitet sich der Gebrauch von Kupfer über Europa und leitet die Bronzezeit ein. Kupfer taucht in dieser Zeit bereits in unlegierter Form auf. Kupferfunde sind allerdings selten. Stein gilt weiterhin als wichtigstes Material zur Werkzeugherstellung. Typisch für das Jungneolithikum ist die flache Hammeraxt, die vom Bodensee bis Dänemark verbreitet ist. Erstmals werden Grabstätten überhügelt. Die Toten werden in Einzelgräbern in Hockerstellung bestattet. Aus den Grabhügeln entwickeln sich nach und nach überhügelte Ganggräber.

Erste Megalithgräber in Westeuropa

Die Bestattungsriten der Jungsteinzeit unterliegen regional starken Veränderungen. An der europäischen Atlantikküste entstehen die sonderbarsten und eindrucksvollsten Nekropolen: die Megalith- oder Großsteingräber.

■ **Ab 4600:** Die französischen Megalithen tauchen in drei Regionen auf: der Bretagne, dem Pariser Becken und der südfranzösischen Mittelmeerküste. Die Gräber liegen in den meisten Fällen nahezu westostorientiert und werden aus gewaltigen Findlingen zusammengesetzt. Sie können verschiedene Formen annehmen. Die frühesten Vertreter werden als sog. Dolmen angelegt. Bei dieser Form liegt ein gewaltiger Deckstein auf drei senkrecht stehenden Findlingen. Das Innere der Dolmen dient als Grabkammer. Hier werden zahlreiche Tote über lange Zeiträume hinweg bestattet. Die Dolmen, die sich heute freistehend in der Landschaft präsentieren, werden von ihren Erbauern mit Erde überhügelt.

Megalithgrab bei Saint-Cernin-de-Larches (Corrèze, Frankreich)

Französische Megalithkunst

Ebenso zahlreich wie die französischen Megalithanlagen sind die auf ihnen auftauchenden Verzierungen, die einen Einblick in die Glaubenswelt der Neolithiker zulassen. Das Gros der überlieferten Abbildungen kann bei vergleichender Betrachtung verwandten Formengruppen zugeordnet werden.

Äxte sind die meistverbreiteten Motive der französischen Megalithkunst. Sie werden in Ritztechnik im Innern der Dolmen angebracht und sind die einzigen abgebildeten Gegenstände, deren Existenz durch Funde belegt werden kann. Da sie meist innerhalb der Anlagen auftauchen, handelt es sich vermutlich um die Abbilder von Grabbeigaben. Sie gelten als markantes Utensil der Becherkulturen und der kupferzeitlichen Kultur.

Bei den so genannten Hirtenstäben handelt es sich um eine Form, der unterschiedliche Bedeutung zugesprochen wird. Der Gestalt nach ähneln diese Abbildungen tatsächlich einem Hirten- oder Bischofsstab. Manche Forscher sehen in ihnen Darstellungen wirklicher Hirtenstäbe, die im Neolithikum als Symbol für Herdenbesitz und damit für eine hohe soziale Stellung gegolten haben könnten. Andere Interpretationsversuche gehen von einer weiteren Form der Axtdarstellung aus.

Menschliche Gravierungen tauchen im Spätneolithikum in den bretonischen Gräbern auf. Zu erkennen sind in der Regel keine vollständigen Menschen, sondern nur einzelne Elemente, z. B. stilisierte Halsketten sowie zwei Warzen oder Brüste.

01002 »Friedhof« der Jungsteinzeit

01291 Der Totenkult

Häuser bauende Halbnomaden in Osteuropa

Die zivilisatorischen Errungenschaften der Jungsteinzeit – Keramik, Hausbau und Ackerbau – haben sich vom Vorderen Orient nach Süd- und Mitteleuropa verbreitet. Über das mittlere Donautal gelangen die Kenntnisse auch in das Gebiet des heutigen Polen.

■ **5300:** Etwa 150 km nordwestlich von Warschau haben Ausgrabungen in Kujawien umfangreiches Material zum polnischen Neolithikum zutage gefördert. In der Umgebung von Bržesč Kujawski siedeln bereits in der ersten Phase der Jungsteinzeit erste Bauern. Sie errichten ihre Häuser auf einer Halbinsel, die weit in einen See hineinragt.

Obwohl die Kultur der frühen Polen deutliche Züge der Bandkeramiker trägt, treten in einigen Fällen deutliche Unterschiede auf. So fehlen hier die typischen bandkeramischen Langhäuser. Zwar existieren kleinere Häuser, doch fehlen Hinweise darauf, dass diese auch im Winter bewohnt wurden. Möglicherweise leben die Menschen von Bržesč Kujawski in einer Mischform aus Sesshaftigkeit und Nomadentum und ziehen zwischen mehreren festen Siedlungen umher. Auch Anzeichen für einen Anbau von Getreide sind spärlich, was die These vom nicht sesshaften Hausbauer unterstützt.

Dennoch weist BržesčKujawski eine hohe Siedlungskontinuität auf, die bis zum Jungneolithikum reicht. Erst um 3900 verlassen die Bauern ihre Siedlung nach fast 1400-jähriger Nutzung. Vermutlich ist um diese Zeit das Ökosystem in Kujawien ausgebeutet. Die Suche nach neuen Ressourcen treibt die Menschen weiter.

Tel-Halaf-Kultur in Mesopotamien

In Mesopotamien entwickelt sich die Tel-Halaf-Kultur. Die Errungenschaften dieser jungsteinzeitlichen Gruppe sind so erfolgreich, dass sie sich über das gesamte Zweistromland und den Süden Syriens ausdehnt.

■ **4500–3800:** In der Mitte des 5. Jahrtausends taucht im gesamten Vorderen Orient ein neuer Stil auf, der nach dem archäologischen Fundplatz Tel Halaf auch Halafium genannt wird. Die Epoche dauert rund 700 Jahre an und verändert das Leben in Mesopotamien grundlegend. Ausstrahlungen des Halafium finden sich bis nach Zentral- und Ostasien. Der starke technische Fortschritt der Halaf-Leute zeigt sich u. a. im Gebrauch von regulierbaren Brennöfen. Sie lösen den offenen Feldbrand ab und garantieren die Herstellung einer dauerhaften, hart gebrannten Irdenware. Auch taucht eine einfache Form der Töpferscheibe zuerst im Halafium auf. Mit der Töpferscheibe ist es erstmals möglich, Keramikformen in Massenproduktion herzustellen. Bis diese Erfindung Mitteleuropa erreicht, dauert es jedoch noch rund 3000 Jahre.

Weibliches Idol in Gebärhaltung aus Halaf

Eine Beilklinge aus Mersin zeigt, dass die Halaf-Leute die systematische Kupferverarbeitung kannten. Davon zeugen auch Werkzeuge zur Holzverarbeitung, die in Kilikien und Huzistan (Vorderasien) gefunden werden. Technisch derart gewappnet, steht einer Ausbreitung der Menschen von Tel Halaf nichts mehr im Wege. Eine Expansion in die Flusstäler findet statt. Im Halafium wachsen offenbar Siedlungen zu stadtartigen Orten heran. Zwar ist über das Ausmaß und die innere Gliederung noch wenig bekannt, doch sind sie teilweise mit Mauern aus luftgetrockneten Lehmziegeln umgürtet.

Im Hausbau setzt sich die Zellenbauweise durch: Aus rechteckigen Einzelelementen fügt sich ein unregelmäßiger großer Komplex zusammen, der wohl die Kernzelle für den später allgemein verwendeten Häusergrundriss darstellt, wie er besonders im Süden Mesopotamiens in historischer Zeit wahre Riesengebilde entstehen lässt.

Vormarsch des Einraumhauses

Aus den Randgebieten dringt das übergiebelte Einraumhaus vor, das in weiterer Folge in der Ubaid-Zeit (5. Jahrtausend) zu einer Typenmischung zwischen Giebel- und Zellenhaus führt. Das Dach wird entweder als Pult- oder als Satteldach verwendet. Die Wohnhäuser des Halafiums haben durchweg rechteckige Grundrisse. Einige Rundbauten mit einer gangartigen Vorkammer haben vermutlich kultischen Zwecken gedient.

Um die Wende vom 5. zum 4. Jahrtausend kommt es im vorderasiatischen Großraum zu ethnischen Verschiebungen und kulturellen Umwälzungen. Der mesopotamische Raum wird in dieser Zeit als Siedlungsgebiet aufgeschlossen. Wahrscheinlich spielen die Errungenschaften des Halafiums dabei eine bedeutende Rolle. Der an Stilen und Motiven verarmende Keramikkreis des nun einsetzenden Obediums (Ubaid-Epoche) scheint mit der exzentrischen Ausbreitung der syrischen Halaf-Typen zusammenzuhängen.

Gerätevielfalt der Michelsberger Kultur

Mit der Michelsberger Kultur entwickelt sich in Mitteleuropa eine neolithische Gruppe, deren handwerkliche Produktion durch ungewöhnlichen Formenreichtum besticht.

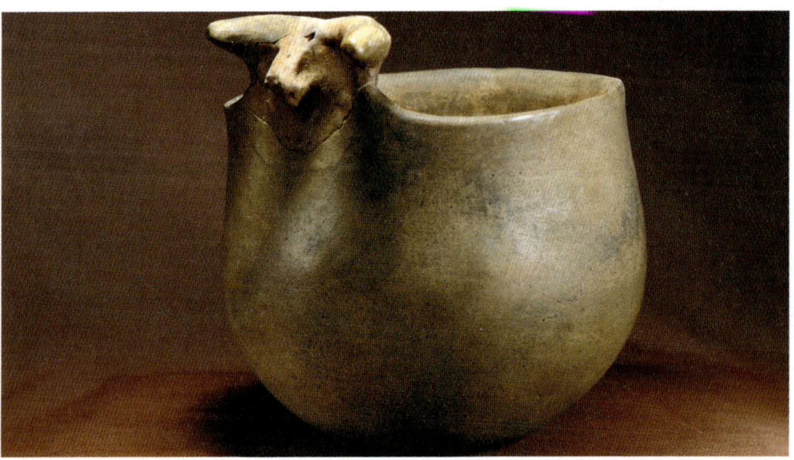

Keramik aus Edesheim (Northeim) und Rederitz (Dannenberg)

■ **4400–3600:** Obwohl der Hausbau für die Michelsberger Kultur kaum nachgewiesen ist, leben die Menschen dieser Gruppe ebenso in Langhäusern wie ihre Zeitgenossen anderer Kulturen. Ein Fund in Frankreich brachte ein Langhaus von imposanten 45 m Länge zutage. An Keramikformen stammen aus dieser Gruppe Backteller, Ösenkranzflaschen, Henkelkannen und die markanten Tulpenbecher. Auffallend ist, dass alle Töpferwaren Rundböden, sog. Wackelböden, aufweisen. Sie konnten also nicht von selbst stehen, sondern wurden entweder in weichen Sand gepresst oder – was wahrscheinlicher ist – an Ösen aufgehängt, da so Lebensmittelvorräte vor Schädlingen geschützt werden konnten.

Charakteristisch für den Michelsberger Gerätebestand ist die flache Hammeraxt. Des Weiteren setzt in der Michelsberger Kultur der Anbau von Nacktweizen ein und auch Möhren, Saubohnen, Erbsen, Flachs, Hanf und Mohn sind auf den Feldern zu finden. Die Michelsberger Leute, die auch Milchwirtschaft betreiben, siedeln u. a. im Rheinland, in Belgien und in Niedersachsen.

Metallurgie beginnt mit Kupfer

Im Vorderen Orient bearbeitet der Mensch erstmals Metall. Außerdem entdeckt er das Kupfer, das er dank seiner Elastizität ohne Mühe formen kann. Der Grundstein für die Epoche der Metallzeiten ist gelegt.

■ **Ab 4000:** Erste Zeugnisse von Kupferverarbeitung sind u. a. aus dem Gebiet der Induskultur und ihrer Vorläufer (Tel Halaf) belegt. Bei Amri im Sind stellen die Menschen der Jungsteinzeit kleine Gegenstände aus dem neuen Werkstoff her, deren Menge jedoch weit hinter den steinernen Gegenständen zurückbleibt. Weitere frühe Funde stammen aus dem Gebiet der heutigen Türkei und des Irak.

Stein bleibt beliebter Werkstoff

Der neue Werkstoff hat bestechende Vorzüge. Er ist widerstandsfähig und in geschmolzenem Zustand gut formbar. In Maßen kann Kupfer sogar kalt verarbeitet werden. Jede gewünschte Form ist herstellbar, die entsprechende Gusstechnik vorausgesetzt. Dazu wird das gewonnene Metall in Mörsern zerstoßen. Die Bruchstücke werden in Tiegeln geschmolzen und das flüssige Kupfer in eine zuvor erstellte Form gegossen.

Trotz der Entdeckung des Kupfers besteht der Gerätebestand aller neolithischen Kulturen weiterhin hauptsächlich aus Stein, denn Kupferlagerstätten sind selten. Selbst in Mesopotamien, der Heimat der Kupferbearbeitung, fehlt es an großen Vorkommen. Aus diesem Mangel entwickelt sich ein weit verzweigtes Handelsnetz.

Flachbeil und runde Scheibe aus Kupfer aus dem Gebiet des Plattensees in Ungarn

Faktor Kupferhandel

Das Wissen um die Kupferverarbeitung findet durch den Handel des Rohstoffes rasch ihren Weg bis nach Südosteuropa. Hier ist es die mittelneolithische Lengyel-Kultur, die das Geheimnis der Metallverarbeitung als Erste nutzt und verbreitet. Aufschluss über die Verbreitung der Metallurgie liefert ein Fund vom Bodensee. In der jungsteinzeitlichen Siedlung Hornstaad kam eine Kupferscheibe zutage, die auf etwa 4000 datiert wird. Die Metallurgie hat sich demnach in unglaublich kurzer Zeit vom Vorderen Orient bis ins südliche Mitteleuropa verbreitet. Hier ist das Phänomen Kupfer eng mit der Glockenbecher-Kultur, der schnurkeramischen Kultur und den Megalithkulturen verbunden. Vor allem Megalithgräber werden häufig mit Grabbeigaben aus Kupfer ausgestattet. In Nordamerika lässt sich die Old Copper Culture im Bereich der Großen Seen nachweisen. Auch sie verwendet das Metall, das besonders im Bereich des Lake Superior in großen Mengen in gediegener Form anzutreffen ist.

Kupferhandel findet vermutlich nur zwischen strukturierten Gesellschaften statt. Von den letzten Jäger- und Sammlerkulturen, die sich bis ins Mittel- und Jungneolithikum halten, sind keine Kupferfunde bekannt. Diese Tatsache lässt den Schluss zu, dass in den jungsteinzeitlichen Gruppen eine soziale Schichtung bereits fortgeschritten war. In einer egalitären Gesellschaft wären Prestigeobjekte aus dem Wunderstoff Kupfer kaum so sehr erwünscht gewesen, dass sie über Hunderte von Kilometern verhandelt worden wären.

Auch die arbeitsteilige Gesellschaft lässt sich an den ersten Kupfer tragenden Kulturen ablesen. Die Gewinnung und Verarbeitung des Metalls erfordert Spezialisten, die von der Gemeinschaft für ihre besondere Tätigkeit von der täglichen Nahrungsbeschaffung freigestellt werden müssen. Dazu war es notwendig, Überschüsse in der Landwirtschaft zu produzieren, um die Metallarbeiter zu ernähren.

Wie wird Kupfer gewonnen?

Der erste Schritt der Kupferverarbeitung ist der Abbau des Erzes. Im bulgarischen Aibunar sind Abbauspuren aus der zweiten Hälfte des 5. Jahrtausends nachgewiesen, die 20 m in die Tiefe reichen. Kupfer führende Erze sind u. a. Malachit und Azurit, die etwa 50 % Kupfer enthalten. Die Erzbrocken können in dieser Form jedoch noch nicht geschmolzen werden. Zunächst muss das Kupfer auf mechanischem Wege von dem umschließenden Gestein befreit werden.

Mitte des 3. Jahrtausends erlangt die Gewinnung von Kupfer aus Pyrit nach dem Röstverfahren in Ägypten und auf Zypern Bedeutung. Man verwendet das Kupfererz selbst zum Bau von Öfen, in die unten zunächst Brennmaterial eingelegt wird. Darüber schichtet man das zu röstende Erz. Hat sich das Erz rot verfärbt, ist die Brennzeit beendet.

Produkte dieser Kupfergewinnung sind reines Kupfer, Schlacke, Gichtschwamm und Kupferstein. Das noch unreine Kupfer muss noch mehrmals umgeschmolzen werden. Nur etwa 15 bis 20 % des Kupfergehalts der Erze lassen sich auf diese Art gewinnen.

Häuser auf Pfählen bilden Dörfer im See

Der im Neolithikum einsetzende Hausbau wird im Alpenraum um eine Sonderform bereichert, die der Archäologie noch immer Rätsel aufgibt: Pfahlbauten. Zu Hunderten tauchen die Reste hölzerner Pfähle in trockengefallenen Seen auf.

■ **4200:** Die Besiedlung der Seeufer ist erstaunlich dicht. Während Dörfer im übrigen Mitteleuropa meist weit auseinander liegen, beträgt der Abstand der Pfahlbausiedlungen meist nur 2 bis 5 km oder gar nur wenige hundert Meter. Eine Siedlung fasst bis zu 100 Menschen. Unklar ist bis heute, ob es sich um Dörfer handelt, die vollständig im Wasser stehen und nur per Boot erreichbar sind, oder um sog. Feuchtbodensiedlungen an Gewässerrändern, die zum Schutz vor Überschwemmungen auf Pfählen errichtet wurden. Da sich die Gewässergrenzen im Laufe der Jahrtausende verschoben haben, ist eine eindeutige Zuordnung anhand des Fundortes nicht möglich.

Der Charakter der Gebäude kann unterschiedliche Züge tragen. Einige Häuser stehen auf in den Grund getriebenen Pfählen. Andere sind auf Schwellhölzern errichtet, welche die Konstruktion vor dem Eindringen von Wasser schützen. Auch ebenerdige Häuser mischen sich unter die Pfahlbauten.

Wieso bauen die Neolithiker im Wasser oder in seiner unmittelbaren Nähe? Durch schwammigen Baugrund und die ständige Gefahr von Überschwemmungen ist die Stabilität der Häuser ständig bedroht. Allein die unmittelbare Nähe zum Nahrungslieferanten See scheint ein Vorteil der Feuchtbodenbauweise zu sein. Betrachtet man die Siedlungsdichte Südeuropas zu dieser Zeit, so fällt auf, dass das Alpenvorland kein bevorzugter Raum der Neolithiker ist, während sich der Mensch über die anderen Gebiete in Schüben explosionsartig verbreitet. So scheint es möglich, dass die Pfahlbauten von Menschen errichtet werden, die durch Bevölkerungsdruck zum Abwandern ins Alpenvorland gezwungen sind.

Die Pfähle in den Boden zu treiben, ist keine schwere Aufgabe. Sie lassen sich bis zu 4 m in den Schlick drücken. Um die Konstruktion stabil zu halten, dürfen die darauf liegenden Häuser jedoch ein gewisses Gewicht nicht überschreiten. Auch ist Pfahlbauten nur eine relativ kurze Lebensdauer von höchstens 20 Jahren beschieden, während Langhäuser auf dem Land doppelt so lange bewohnt werden können.

Die heute bekanntesten Feuchtbodensiedlungen liegen am Bodensee und am Federsee.

»Idealbild eines alteuropäischen Pfahlbaudorfes«; Holzstich nach einer Zeichnung von L. E. Petrovits, um 1880

Monumentale Wehranlage

Eine der größten jungsteinzeitlichen Ausgrabungsstätten in Europa ist die Wehranlage von Hambledon Hill im Südwesten Englands. Ihre mächtigen Verteidigungsanlagen belegen, dass Siedlungen bereits im Neolithikum überfallen wurden.

■ **Um 3600:** Der Komplex von Hambledon Hill erstreckt sich über 60 000 m². Auf dem Gipfel eines Hügels errichten die britischen Neolithiker eine monumentale Wehranlage, die aus drei konzentrischen Ringwällen besteht. Den inneren Wall verstärken sie mit 10 000 Eichenbalken. Ein Graben umläuft die Anlage, in den die Siedler Schädel zur Abschreckung stecken.

Im Innern der Verteidigungsanlage werden komplexe Bestattungsriten vollzogen. Im Zentrum des Hügels befindet sich eine weitere Wallanlage, innerhalb derer kultische Handlungen für die Verstorbenen vorgenommen werden. Ein großer Gebäudekomplex auf einer Aufschüttung nahe bei diesem zentralen Wall ist vermutlich das Heim eines sozial Höhergestellten, der die Aufsicht über die Totenriten hat. Der Umgang mit Verstorbenen ist außergewöhnlich. Tote werden zunächst in einem eigens dafür vorgesehenen Areal im Freien aufgebahrt, bis die Körper vollständig entfleischt sind. Dann werden einige, vielleicht im Leben besonders geschätzte Tote ausgewählt und an einem anderen Ort in die Erde gelegt.

Trotz seiner Wehrhaftigkeit fällt das Bollwerk von Hambledon Hill schließlich doch dem Ansturm heute unbekannter Feinde zum Opfer. Von einem Brand zeugt heute ein 200 m langer Abschnitt, auf dem eine Lücke in den Wall geschlagen wird. In dem Schutt liegende Skelette tragen typische Verwundungen eines Kampfes wie Pfeilspitzen oder Hiebspuren.

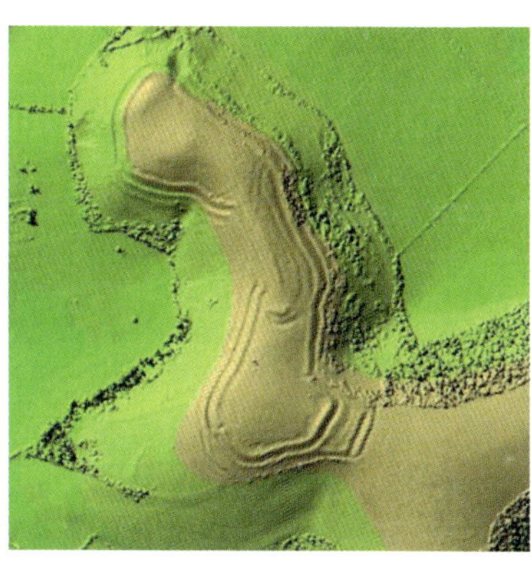

Luftaufnahme von Hambledon Hill

Steinzeitmenü wird reichhaltiger

Das Wissen um den Ackerbau sichert dem Menschen im Neolithikum die Existenz. Immer besser werden die Techniken der Feldbestellung, immer reichhaltiger der Speiseplan.

■ **Um 4000:** Erneut liegt die Wiege neuer Getreide-, Obst und Gemüsesorten im Nahen Osten. In der ersten Kornkammer der Welt wird die Kichererbse ebenso kultiviert wie die Limabohne oder die Linse. Diese Nahrungsmittel bringen eine wichtige Eigenschaft mit sich: Sie können nach der Ernte sofort verzehrt oder getrocknet gelagert werden.

Der Speisezettel wird ab 4000 reichhaltiger. Jetzt kommen Feigen, Mandeln, Aprikosen, Walnüsse, Pistazien, Datteln, Weintrauben und Oliven hinzu. Vor allem die Oliven sorgen für weitere Innovation. Ihr Öl eignet sich u. a. hervorragend zur Herstellung von Lampen. Die neue Lichtquelle löst rasch die bis dahin üblichen offenen Feuerstellen und Fackeln im Innern der Häuser ab.

Die frühen Ackerbauern Amerikas entdecken andere Kulturpflanzen. Sie bauen Flaschenkürbisse und Avocados bereits ab etwa 7000 an. 1000 Jahre später zählen Bohnen und Kürbisse zum Nahrungsangebot. Der Mais tritt ab etwa 5500 seinen Siegeszug an. Chilipfeffer und Kakaobohnen bereichern ebenfalls den Speiseplan. Um 2000 v. Chr. kommt die Kartoffel hinzu, die im nachchristlichen Zeitalter der großen Entdeckungen ihren Weg nach Europa findet und dort zu einem der wichtigsten Grundnahrungsmittel wird. Fester Bestandteil des fernöstlichen Speisezettels werden Hirse, Sojabohnen und Reis.

Die Feige gehört zu den bevorzugten Anbaufrüchten im Vorderen Orient.

Chinesen entdecken den Hirseanbau

Am Mittellauf des Hwangho kultivieren jungsteinzeitliche Siedler erstmals die Hirse. Die Graspflanze wird zur Grundlage der ersten Kultur in China.

■ **Um 4000:** Das chinesische Neolithikum beginnt in einer Region, die der Landwirtschaft viele Vorteile bringt. Obwohl das Gebiet trockener ist als das später dicht besiedelte Land am Mündungsgebiet des Hwangho, ist der Boden hier sehr fruchtbar. Wie in der europäischen Jungsteinzeit bevorzugen die frühen Chinesen Lössboden zur Kultivierung der Hirse. Löss ist porös und lässt sich mit einfachen Werkzeugen bearbeiten, doch wird er leicht vom Wind abgetragen. Der in den Hwangho gespülte Löss färbt das Flusswasser gelb. Noch heute trägt der Strom den Beinamen »Gelber Fluss«.

Dank des Hirseanbaus entwickeln sich rasch Siedlungen, die für die Zeit z. T. gewaltige Ausmaße annehmen. An einem Nebenfluss des Weiho entwickelt sich ein Dorf, das heute den Namen Panp'o trägt, auf einer Fläche von 3 ha. Bis zu 600 Menschen leben dort gleichzeitig. Ausgrabungen in Panp'o haben zentnerweise Vorräte an Kolbenhirse zutage gefördert. Die Landwirtschaft ist zu dieser Zeit also schon weit entwickelt.

Bis heute ist Hirse das meistverbreitete Getreide im Himalaja.

3500–2500

um 3500

Die Sumerer bilden in Mesopotamien die erste städtische Zivilisation der Welt. In geringer räumlicher Distanz entstehen die Stadtstaaten Uruk, Ur, Kisch, Lagasch, Umma u. a. Über das Gemeinwesen herrschen Priesterkönige. Den Mittelpunkt des politischen und religiösen Lebens bildet der Tempel.

um 3500–3000

In Mesopotamien und Ägypten entwickelt sich aus der sumerischen Bilderschrift die Keilschrift. Ihre Formen entstehen durch die keilartigen Eindrücke des Schreibgriffels in den Schreibstoff Ton. → S. 174

um 3400

Im Gebiet des Nildeltas bildet sich das unterägyptische Großreich heraus. Das Herrschaftsgebiet Unterägyptens reicht vom oberen Nildelta bis Elephantine.

3350

Ein bronzezeitlicher Jäger wandert von seinem Dorf ins Hochgebirge der Ötztaler Alpen. In 3200 m Höhe stirbt er eines rätselhaften Todes. Über 5000 Jahre wird die Leiche konserviert. Knochen- und Gewebeproben ergeben, dass es sich bei dem Toten um einen 25- bis 40-jährigen Mann handelte. »Ötzi« wird zu einer weltweiten Sensation und erlaubt den Archäologen wertvolle Einblicke in die Bronzezeit. → S. 177

um 3350

Die ältesten keramischen Funde stammen aus den Gebieten des heutigen Kolumbien und Ecuador, wo sich in den Flusstälern die Valdivia-Kultur entwickelt. Sie gilt als die älteste Hochkultur Amerikas. → S. 176

um 3100

König Menes bzw. Narmer eint Unter- und Oberägypten und begründet das ägyptische Großreich, dessen Hauptstadt Memphis im Nildelta wird. → S. 179

Die Hieroglyphenschrift entsteht. Papyrus und Tinte setzen sich als Materialien durch. Die Schrift trägt zur Entwicklung eines zentralistischen Beamtenstaates bei. → S. 180

um 3000

In Mesopotamien und Ägypten lässt sich der Gebrauch des Segels, des Pfluges und des Rades nachweisen. Diese technischen Neuerungen waren mit großer Sicherheit bereits um 4000 bekannt. → S. 178

Im Südosten Spaniens bildet sich die spätneolithisch-kupferzeitliche Almeria-Kultur heraus (Megalith-Gräber, Feuersteingeräte, kupferne Flachbeile). → S. 182

In Carnac an der nordfranzösischen Küste bilden 2000 Megalithen gigantische Steinreihen. → S. 181

In Mesopotamien wird die Bronze, eine Legierung aus 75 bis 95 % Kupfer und 5 bis 25 % Zinn, erfunden. Sie lässt sich besser erschmelzen als reines Kupfer und je nach Zusammensetzung in ihrer Härte und Geschmeidigkeit auf den gewünschten Verwendungszweck einstellen.

um 3000

Auf Malta entsteht der Tempel von Tarxien. Die Megalithik auf Malta erreicht beachtliche Ausmaße. Bald zieht sich eine Kette von riesigen Kultbauten über die Mittelmeerinsel. → S. 183

2985

In Indien kommen zweirädrige Wagen (offene Karren) in Gebrauch.

um 2800

Baumeister in Sumer errichten die erste Treppe aus Kalkstein. Sie führt zu den oberen Stockwerken eines mehrgeschossigen Hauses.

2800

Die Glockenbecherkultur ist die am weitesten verbreitete Kultur des europäischen Neolithikums. → S. 182

um 2780

In Ägypten bürgern sich langsam Bauten aus bearbeiteten Steinen ein. Sie sind für die Hochkulturen im östlichen Mittelmeerraum ein Novum. Bis dahin wurde sowohl in Mesopotamien als auch am Nil nur mit Ziegelwerk gearbeitet.

2763

In Ägypten kommen flache Öllampen mit schwimmendem Docht zur Innenbeleuchtung in Gebrauch.

um 2750

Ägyptische Steinbildhauer beginnen mit der Herstellung größerer Statuen und Reliefs. Die Figuren sind betont eckig, kubisch oder zylindrisch gehalten, um das statische Element herauszuarbeiten.

2750

In Mesopotamien erringt Kisch als erste Stadt die Oberherrschaft in Sumer. König Mesilim begründet die Dynastie der Könige von Kisch, die der Sage zufolge als »erste Dynastie nach der Sintflut« gilt. → S. 183

um 2700

In China entsteht am mittleren Hwangho eine erste Hochkultur, die Yangshao-Kultur. Archäologische Funde belegen intensive Handelskontakte zu den umliegenden Gebieten.

2697

Die chinesische Zeitrechnung beginnt. Verknüpft ist sie mit astronomischen Beobachtungen. So werden eine Sonnenfinsternis registriert und ein erstes Planetarium erstellt.

2675

König Gilgamesch erkämpft die Selbständigkeit der Stadt Uruk (Mesopotamien). Ihm wird die Erbauung der Stadtmauer von Uruk zugeschrieben, das er gegen Angriffe der Könige von Kisch verteidigt, wovon auch das sog. Gilgamesch-Epos berichtet. → S. 186

um 2670

In Ägypten erreicht die Metallgewinnung aus Erzen einen ersten Höhepunkt. Sie werden im Röstverfahren in Schmelzöfen verhüttet.

um 2640

Die Könige Nebka und Djoser (Reg. 2609–2590) begründen in Ägypten die 3. Dynastie, die das so genannte Alte Reich (bis 2134) einleitet.

um 2630

Der chinesische Kaiser Huang Ti und seine Gemahlin Hsi Lingshi begründen die Seidenraupen-Zucht und führen in China die Weberei und Stickerei ein. Am Hof des Kaisers wird auch das erste Rechenbrett erfunden sowie das erste arithmetische Lehrbuch verfasst. → S. 186

2615

Djoser lässt durch seinen Baumeister Imhotep die Stufenpyramide von Sakkara erbauen. Imhotep, der seinem Pharao zudem als Arzt und Berater dient, ist der Verfasser der ältesten ägyptische Lebenslehre. Im späteren Hellenismus wird er als Gott verehrt. → S. 188

um 2605

Ägyptische Fischer verwenden zum Fischfang die Harpune, die bisher nur bei der Jagd auf dem Festland gebräuchlich war.

um 2600

Im Nordwesten Kleinasiens entsteht das von einer Ringmauer umgebene Troja II. Wahrscheinlich war die Stelle bereits seit dem 4. Jahrtausend v. Chr. besiedelt.

Die Jomon-Kultur in Japan erlebt ihre Blütezeit und betreibt eine intensive Meereswirtschaft. → S. 189

um 2575

König Snofru (Reg. um 2575 bis 2551) begründet in Ägypten die 4. Dynastie. Der Pharao unternimmt erfolgreiche Feldzüge auf der Sinaihalbinsel. Er lässt zwei große Pyramiden bei Dahschur im Süden von Memphis errichten (Knickpyramide und Rote Pyramide). Die Rote Pyramide besitzt erstmals einen ungebrochenen Neigungswinkel und etabliert damit den »klassischen« Pyramidentypus.

um 2551

Cheops, der zweite König der 4. Dynastie in Ägypten, tritt die Herrschaft an (Reg. 2551 bis um 2528). Er lässt die Cheopspyramide bei Gizeh erbauen. Diese ist mit einer Seitenlänge von 230,38 m und einer Höhe von 137 m der größte Pyramidenbau Ägyptens. → S. 190

um 2550

Beim Tod des ägyptischen Generals Prinz Rahotep werden seinem Grab Statuen beigegeben. Sie zeigen ihn mit seiner Frau Nofret.

um 2520

Chephren, der vierte König der 4. Dynastie, übernimmt die Herrschaft in Ägypten (Reg. 2520 bis um 2494). Er lässt bei Gizeh die Chephrenpyramide sowie die Sphinx erbauen. Als erster König nennt sich Chephren »Sohn des Re«, wodurch der ägyptische Sonnengott Re auch als Weltgott anerkannt wird und damit über dem Pharao steht. → S. 191, → S. 198

um 2510

In Ägypten und Mesopotamien beherrscht man die Technik des Bierbrauens aus Weizen, Gerste und Hirse.

In den Städten der Hochkulturen des Mittleren und Fernen Ostens (Sumer und Indus-Kultur) werden erste Abwasserkanalsysteme verlegt. In Mesopotamien ist bereits das Wasserklosett bekannt.

2500–1500

um 2500

Der Sage nach soll auf der Insel Kreta König Minos herrschen, der Sohn von Zeus und Europa. → S. 205

um 2500

Die indische Harappa-Kultur (auch Indus-Kultur genannt), benannt nach der Stadt Harappa an der Rawi im Pandschab (Pakistan), umfasst ein Gebiet von der Grenzregion zwischen Iran und Pakistan bis zum Gebiet von Jamuna und dem Ganges östlich von Delhi und vom Westen des Himalajas bis zum Golf von Cambay. → S. 201

Mit dem Megalithgrab von Newgrange entsteht im Osten Irlands ein gigantisches Mausoleum. → S. 196

In China breitet sich die Lung-Shan-Kultur aus. → S. 197

In Mesopotamien gründet Mesannepada die 1. Dynastie von Ur. Er dehnt seine Herrschaft bis Mari am mittleren Euphrat aus. Die prächtigen Grabanlagen zeugen von ausgedehnten Handelsbeziehungen und einem hohen Niveau des Schmuckhandwerks. → S. 192

ab 2500

In Mesopotamien entsteht mit der Stadt Ebla eine einflussreiche Metropole. → S. 197

In der pakistanischen Stadt Harappa werden Bewässerungstechniken angewandt und es entwickelt sich eine Schrift, die in den späteren Jhukar- und Jhangar-Kulturen fehlt. → S. 201

2465

Mit dem Herrschaftsantritt des Königs Userkaf beginnt in Ägypten die 5. Dynastie. In dieser Zeit erstarkt der Kult um den Sonnengott Re, was eine Schwächung des religiös legitimierten Königtums zur Folge hat. Priestertum und regionale Herrscher gewinnen an Macht. → S. 198

2463

In Mesopotamien verwendet man zum Getreideschneiden bronzene Sicheln. Sie gelten neben Bronzebeilen und Getreide auch als Zahlungsmittel.

2447

Die sumerische Stadt Ur erhält ein komplettes Kanalisationssystem.

2430

In Mesopotamien führt König Eannatum die Stadt Lagasch zur Vormacht über den babylonischen Raum. Seine Eroberungen sind auf der sog. Geierstele festgehalten, die die älteste der heute noch erhaltenen sumerischen Königsinschriften ist.

2340

Lugalzaggesi, Herrscher von Umma (Mesopotamien), erobert Lagasch, Uruk, Ur und Kisch. Seine Expansion zum Mittelmeer wird durch die Entstehung des machtvollen Akkadischen Reiches gestoppt.

2330

Sargon I. von Akkad (Reg. um 2340–2284) besiegt Lugalzaggesi von Umma und erobert Südmesopotamien. Er begründet das erste Großreich im Vorderen Orient. Das Reich von Akkad reicht nach weiteren Eroberungen vom Persischen Golf bis zum Mittelmeer. → S. 199

2325

König Teti begründet in Ägypten die 6. Dynastie. Die Gaufürsten erhalten von ihm Gebiete als Lehen und können deren Erblichkeit durchsetzen. Durch diesen Prozess entstehen regionale Machtzentren, die den zentralistischen Staatsaufbau zerstören.

um 2300

Im Orient arbeiten Schmelzöfen, deren Glut mit Blasebälgen angefacht wird. Das sind zunächst noch keine luftgefüllten Säcke oder Faltenbälge, sondern sie bestehen aus einem langen Rohr, dessen Ende aus Ton und mit einem engen Blasloch versehen ist.

um 2290

In Kleinasien sind Eisengeräte in Gebrauch. Sie sind allerdings noch nicht weit verbreitet, denn Eisen ist schwerer herzustellen und damit kostbarer als Silber und Gold oder die weicheren Gebrauchsmetalle Kupfer und Bronze. Eisen verdrängt das Kupfer zuerst dort, wo es weniger auf die Form als auf die Härte ankommt, also etwa bei Messern und Waffen.

2260

Naramsin, König von Akkad (Reg. 2260–2223), der Enkel von Sargon I., führt von Mesopotamien aus Kriegszüge bis nach Kurdistan und ans Mittelmeer und gibt sich den Titel eines »Königs der vier Weltgegenden«. Bereits während seiner Regierung kommt es zu Aufständen, die nach seinem Tod zur Schwächung und schließlich zur Auflösung des Reiches führen. → S. 199

um 2254

Pepi II., König der 6. Dynastie in Ägypten (Reg. 2254–2160), kommt als sechsjähriges Kind zur Herrschaft. In seine nach der Überlieferung 94-jährige Regierungszeit fällt der Beginn der Auflösung des ägyptischen Staates durch die Erstarkung der Gaufürsten in Oberägypten. Nach seinem Tod zerfällt das Alte Reich. → S. 200, → S. 201

2220

Unter der Regierung des Kaisers Yü erfinden die Chinesen den Stahl. Stahl ist ein Eisen mit wenigstens 0,3 % Kohlenstoff, das sich wegen dieses Zusatzes durch Abschrecken härten lässt. In Europa ist im Gegensatz zu China die Stahlherstellung praktisch unmöglich, weil hier phosphathaltige Torfmoorerze vorkommen, die zwar ein gut schweißbares, aber nicht zu härtendes Eisen liefern. → S. 207

um 2200

In Mesopotamien wird Soda bzw. Pottasche hergestellt. Diese Substanz wird nicht nur zur Reinigung von Textilien, sondern auch zur Körperwäsche benutzt.

Im Orient bestehen Karawanen-Handelswege, auf denen als Zugtiere neben Maultieren und Eseln bereits Kamele eingesetzt werden.

In Europa besteht seit längerem ein ausgedehntes Netz von Fernhandelsstraßen, besonders Salz- und Bernsteinstraßen, daneben aber auch Straßen für andere Handelsgüter (Keramik, Metallwaren, Tuche, Farben, Elfenbein, Perlen, Schmuck usw.).

um 2155

Aufstände und soziale Unruhen leiten den Niedergang des Alten Reiches in Ägypten ein. Kennzeichen des Machtverfalls der Zentralgewalt sind die rasch wechselnden Könige der 7. und 8. Dynastie.

um 2150

Die Reste des Akkadischen Reiches werden durch die aus dem Iran einfallenden Gutäer vernichtet. Für etwa 100 Jahre beherrschen die Gutäer den Norden Mesopotamiens. Im Süden erlangen die sumerischen Stadtstaaten ihre Unabhängigkeit zurück.

Die Ägypter machen den Nil bei Assuan dadurch schiffbar, dass sie den ersten Katarakt durch einen in den Granitfels gehauenen Kanal umgehen.

2134

In Ägypten endet die Reichseinheit. Das um 2640 entstandene Pharaonen-Reich zerfällt wieder in einen südlichen und einen nördlichen Teil. In dieser so genannten Ersten Zwischenzeit erlebt die altägyptische Literatur eine erste Blüte.

um 2100

In der Stadt Babylon errichten die Sumerer zahlreiche Monumentalbauwerke, darunter Tempelanlagen, Paläste, Türme und Terrassenbauten. Die Stadt ist befestigt angelegt, wobei ein Teil der Monumentalbauten außerhalb der Stadtmauer liegt. Diese Maßnahme soll bei inneren Unruhen Fluchtmöglichkeiten offen halten.

um 2080

Gudea (Reg. um 2080–2060) wird König von Lagasch (das heutige Tello im Irak) und eint Südbabylonien (Mesopotamien).

um 2047

Der sumerische Großkönig Urnammu (Reg. um 2047–2030) begründet in Babylonien die 3. Dynastie von Ur und führt als Erster den Titel »König von Sumer und Akkad«. → S. 202

In Ur (Babylonien) entstehen stufenförmig angelegte Tempelbauten. Einer davon ist der dem Gott Nanna geweihte, aus drei Stockwerken bestehende Zikkurat. → S. 202

2040

Mentuhotep I. (Reg. um 2061 bis 2010) aus der 11. Dynastie von Theben vereint Unter- und Oberägypten und begründet das Mittlere Reich (bis 1650 v. Chr.). Zum Mittelpunkt des religiösen Lebens wird der Tempel des Gottes Amun in Karnak bei Luxor. → S. 203, → S. 211

um 2000 v. Chr.

In Europa beginnt die Bronzezeit. In Mitteleuropa verbreitet sich die Aunjetitzer Kultur (Fürstengräber mit Totenhäusern), in England die Wessex-Kultur, in Spanien die El-Argar-Kultur und in Südost- und Osteuropa die Andronowo- und die Holzkammergrab-Kultur. → S. 207

Auf der Mittelmeerinsel Kreta setzt die erste minoische Hochkultur ein (bis etwa 1600 v. Chr.). Es entstehen die älteren Palastbauten von Knossos, Phaistos und Mallia. In ihnen ist neben den Herrschern auch die Verwaltung untergebracht, die sich auf der Basis einer eigenen Schrift (Linear-A) entwickelt. Die Paläste sind auch die Zentren des Handels und des Gewerbes. → S. 204, → S. 205

um 2000 v. Chr.

Die Wanderungsbewegung der Indogermanen aus dem Norden Europas und Asiens in den Vorderen Orient beginnt. Sie führt zu Reichsgründungen. Im östlichen Mittelmeerraum entstehen die Reiche der Hethiter (Ost-Kleinasien) und Achäer (Griechenland und Ägäis). → S. 208

Gemeinsames Merkmal der Indogermanen ist eine relativ einheitliche Grundsprache. Diese geht vermutlich nicht auf ein einziges Volk zurück, sondern verbreitet sich großräumig durch Eroberungen und die Nachbarschaft verschiedener Völker. → S. 208

In Kleinasien entstehen die ersten Speichenräder. Bereits um 2800 v. Chr. gab es das Vollscheibenrad, das allerdings noch nicht zu Transportzwecken benutzt wurde. Die neuen Räder haben sechs bis acht Speichen und bestehen aus Bronze.

In Babylon benutzen die Sumerer Rechentabellen. In China arbeitet man bereits seit einigen Jahrhunderten mit verschiedenen Rechenbrettern, bei denen meist Kugeln – je nach ihrer Lage oder Farbe – unterschiedliche Zahlenwerte darstellen.

Die ersten babylonischen Kalender, die den Mondphasen folgen, kommen in Gebrauch. Vermutlich teilen sie das Jahr in zwölf Monate zu je 30 Tagen à zwölf »Doppelstunden« ein

1991 v. Chr.

König Amenemhet I. (Reg. 1991 bis 1962 v. Chr.) begründet in Ägypten die 12. Dynastie. Er verlegt die Residenz von Theben nach Lischt.

um 1955 v. Chr.

Das Reich der 3. Dynastie von Ur (Mesopotamien) zerfällt unter dem Ansturm der Elamiter und des sich gründenden Reichs von Mari. → S. 203

vor 1926 v. Chr.

In Ägypten entsteht während der Regierungszeit Sesostris I. (Reg. 1962–1926 v. Chr.) die Erzählung von Sinuhe. Sie gilt als das bedeutendste literarische Werk des alten Ägypten. Ihr Held verkörpert die Ideale von Selbstbeherrschung, Zucht und Sitte. → S. 209

um 1900 v. Chr.

Am rechten Ufer des Euphrat steigt die Stadt Mari zu einem der bedeutendsten Kulturzentren der Sumerer auf. Der Herrscherpalast erstreckt sich über etwa 2,5 ha und umfasst rund 300 Räume und Höfe. Die Stadt wird 1695 v. Chr. von den Babyloniern zerstört.

In den eurasischen Steppen gehen zahlreiche Völker auf Wanderschaft. Ursache für das Nomadentum sind die Fortschritte in der Gewinnung und Verwertung verschiedener Metalle. Einer der Knotenpunkte im Metallgewerbe ist das Samaratal an der Wolga. → S. 209

1878 v. Chr.

Der ägyptische Pharao Sesostris III. (Reg. 1878–1841 v. Chr.) ist der bedeutendste Herrscher des Mittleren Reichs (um 2040 bis um 1650). Er unterhält umfangreiche Handelsbeziehungen bis zum Roten Meer und nach Babylon. → S. 211

1841 v. Chr.

Der ägyptische Pharao Amenemhet III. (Reg. 1841–1797 v. Chr.) vollendet die unter Sesostris III. begonnene Erschließung des Beckens von Al Faijum. Der Wasserstand des Moeris-Sees wird durch ein Schleusensystem reguliert.

um 1830 v. Chr.

Die seit etwa 2000 v. Chr. eingewanderten Amoriten (semitische Nomaden) gründen im bisher unbedeutenden Babylon eine eigene Dynastie. → S. 210

1785 v. Chr.

Mit dem Beginn der 13. Dynastie beginnt der allmähliche Niedergang des sog. Mittleren Reiches (seit 2040 v. Chr.). Kennzeichen ist der Verlust Nubiens sowie der rasche Wechsel der Pharaonen durch innere Wirren. Im Nildelta wandern semitische Stämme ein.

1766 v. Chr.

Die Shang-Dynastie (1766–1122 v. Chr., nach anderen Quellen 1523–1028 v. Chr.) ist die erste historisch fassbare Dynastie Chinas. → S. 210

1749 v. Chr.

In Assyrien übernimmt Schamschiadad I. die Herrschaft. Bis zu seinem Tod 1717 v. Chr. weitet er Assurs Herrschaft auf Teile Babyloniens und des Reiches von Mari aus.

1728 v. Chr.

Mit dem Regierungsantritt von König Hammurabi (Reg. 1728 bis 1686 v. Chr.) beginnt die Geschichte des Babylonischen Reiches. Er verbündet sich mit den Reichen Larsa und Mari, um gegen Eschnunna, Elam und Assur zu kämpfen. → S. 214

1726 v. Chr.

Der babylonische König Hammurabi wirkt als Gesetzgeber. Durch den Erlass des »Codex Hammurabi« regelt er die Strafen für diverse Vergehen seiner Untertanen. → S. 214

um 1700 v. Chr.

Seit dem Beginn des 2. Jahrtausends v. Chr. werden sumerisch-akkadische Wörterbücher erstellt. In einem der Werke wird der Versuch unternommen, das gesamte Bildungsgut in einer Art weltgeschichtlich erstem Konversationslexikon zusammenzustellen. → S. 212

Im Westen von England wird die Kultstätte Stonehenge vollendet. Wegen der astronomischen Bezüge der einzelnen Steinstandorte wird vermutet, dass Stonehenge das zentrale Heiligtum eines Sonnenkultes ist. → S. 206

Die Indus-Kultur wird durch mehrere Überschwemmungskatastrophen geschwächt. Der Untergang dieser zwischen 3000 und 2500 v. Chr. entstandenen Hochkultur mit Schwerpunkt im Norden Indiens vollzieht sich langsam. Lediglich in der Stadt Mohenjo-Daro (»Stadt der Toten«) deuten Skelettfunde auf einen raschen, kriegerischen Untergang hin. → S. 193

Nomadenstämme unter der Führung von Abram (biblisch: Abraham) ziehen aus dem Umland von Ur in den Süden des Westjordanlandes. Das Alte Testament spricht von einem Bund zwischen Abram und dem Gott »Jahwe«, der ihnen das Land Kanaan verheißt. Als Zeichen des Bundes müssen alle männlichen Nachfahren am achten Tag nach der Geburt beschnitten werden.

um 1700 v. Chr.

Die Harappa-Kultur in Indien erlebt nach Überschwemmungskatastrophen ihren Untergang. → S. 212

um 1650 v. Chr.

Die aus Asien eingedrungenen semitisch-churritischen Hyksos (ägyptisch: Herrscher fremder Länder) gewinnen im Pharaonen-Reich sowie in Palästina und Syrien die Oberhand. Dank ihrer neuartigen Kriegsmittel besiegen sie die ägyptischen Heere und errichten im Ostdelta des Nils ihre Residenz Avaris. Die Hyksos herrschen bis 1551 v. Chr. in Ägypten. → S. 215

um 1640 v. Chr.

Unter den Kleinstaaten der Hethiter erringt Fürst Labarna aus Kussara die Vormachtstellung. Die Hethiter sind ein Volk mit indoeuropäischer Sprache, das nach 2000 v. Chr. in Anatolien einwanderte und sich zur herrschenden Macht entwickelte. Seine Nachkommen nehmen Labarnas Name als Königstitel an. → S. 213

um 1600 v. Chr.

Auf Kreta beginnt die sog. spätminoische Periode (bis um 1450 v. Chr.). Nach der Zerstörung der älteren Paläste durch ein schweres Erdbeben mit anschließender Flutwelle erhalten die neuen Palastanlagen in Knossos, Phaistos, Mallia, Hagia Triada und Zakros einen monumentaleren Charakter. Die Kunst erreicht eine neue Blüte. → S. 212

Hattusilis I. verlegt die Königsresidenz des Hethitischen Reiches von Kussara nach Hattusa. Unter seiner Herrschaft (bis ca. 1570 v. Chr.) führen die Hethiter Feldzüge nach Nordsyrien und lösen die altassyrischen Handelskolonien in Kappadokien auf. → S. 215

um 1600 v. Chr.

Im griechischen und ägäischen Raum prägt sich die mykenische Kultur aus. Ihre Fürsten leben auf hoch gelegenen Burgen. Sie erobern bis 1400 v. Chr. die Insel Kreta und lösen die Minoer als führende Macht im Mittelmeerraum ab. → S. 222

ab 1600 v. Chr.

In Ägypten wird der Totenkult geändert: Die bisher an die Wände der Grablegen geschriebenen sog. Totentexte werden nun auf Papyrus festgehalten und als Schriftrollen den Verstorbenen beigelegt.

1551 v. Chr.

Der Lokalfürst Ahmose I. aus Theben (Reg. 1551–1527 v. Chr.) vertreibt die Fremdherrscher der Hyksos aus Ägypten und unterwirft Nubien. Er ist der Begründer der 18. Dynastie, mit der auch das sog. Neue Reich beginnt (1551–1070 v. Chr.).

um 1550 v. Chr.

In Europa verbreitet sich die Hügelgräberkultur vom Karpatenbecken bis Ostfrankreich. Eines der Kulturzentren liegt westlich des Rheins, ein weiteres entsteht zu beiden Seiten der Donau von Bayern bis Böhmen und dem südlichen Thüringen. Ein dritter Kulturkreis bildet sich um Lausitz und im heutigen Westpolen. → S. 218

1531 v. Chr.

Der Hethiter-Herrscher Mursilis I. (Reg. um 1550–1530 v. Chr.) dringt auf einem Kriegszug bis nach Babylon vor, das er zerstört. Im folgenden Jahr wird er von seinem Schwager Hantilis ermordet. Die anschließenden Thronwirren führen zum Verlust der in Mesopotamien eroberten Gebiete. → S. 219

nach 1530 v. Chr.

Babylon wird von den Kassiten – einem wahrscheinlich indoeuropäisch geprägten Volk aus dem Iran – erobert. Bis etwa 1480 v. Chr. gewinnen sie die Kontrolle über die Territorien des Altbabylonischen Reiches der Amoriter, deren Untergang sie besiegeln.

1506 v. Chr.

Mit Thutmosis I. (Reg. 1506 bis 1494 v. Chr.) beginnt in Ägypten die Expansion des sog. Neuen Reiches. Er dehnt die Südgrenze bis nach Tombos am 3. Katarakt aus und macht Nubien zur ägyptischen Provinz unter der Leitung eines »Vizekönigs von Kusch«.

vor 1500 v. Chr.

In Mykene, der bedeutendsten Stadt des prähistorischen Griechenlands, entstehen königliche Schachtgräber, in denen die toten Herrscher mit großen Mengen wertvollen Goldschmucks bestattet werden. Mykene ist nach Homer der Königssitz des Agamemnon. → S. 217

1500–800

um 1500 v. Chr.

Der syrische König Idrimi lässt seine Biografie niederschreiben. → S. 220

In Ägypten und Mesopotamien wird Glas gezielt nach Rezepturen hergestellt. → S. 219

nach 1500 v. Chr.

In mehreren, über Jahrhunderte anhaltenden Wanderungsbewegungen dringen die vedischen Arier über die Pässe des Hindukusch aus iranischem und afghanischem Gebiet nach Harappa ein und führen den endgültigen Untergang der Indus-Kultur herbei. → S. 223

1490 v. Chr.

Nach dem Tod von Thutmosis II. reißt dessen Halbschwester Hatschepsut in Ägypten die Macht an sich und lässt sich zur Pharaonin krönen. Hatschepsut lässt den Terrassentempel Dair al-Bahri im Westen von Theben erbauen. → S. 221

um 1450 v. Chr.

Mykenische Heerfürsten besetzen das seit den Zerstörungen durch den Vulkanausbruch auf Santorin (um 1500 oder 1470 v. Chr.) darnieder liegende Kreta und beenden die kretische Vorherrschaft im Mittelmeer. Lediglich in Knossos hält sich noch ein Ableger der minoischen Kultur, der jedoch durch die mykenische Kultur überprägt wird. → S. 216, → S. 222

1436 v. Chr.

Nach 32 Regierungsjahren stirbt der ägyptische Pharao Thutmosis III. In insgesamt 17 überlieferten Feldzügen eroberte er die Stadtstaaten Syriens und Palästinas und unterstellte sie als Provinzen der ägyptischen Verwaltung.

1403 v. Chr.

Der ägyptische Pharao Thutmosis IV. (Reg. 1413–1403 v. Chr.) stirbt. Herausragende außenpolitische Leistung des Herrschers war der Friedensschluss mit dem Reich von Mitanni in Mesopotamien, der Ägypten eine Phase der Ruhe gebracht hat.

um 1380 v. Chr.

Der Herrschaftsantritt von Suppiluliuma I. (Reg. um 1380 bis 1346 v. Chr.) begründet in Kleinasien das Neue Hethiter-Reich. Er drängt die feindlichen Nachbarn in Anatolien zurück und erobert Nordsyrien bis an den Euphrat. Damit etabliert der König die Hethiter als dritten Machtfaktor in Vorderasien neben den Kassitenherrschern in Babylon und den ägyptischen Pharaonen.

1364 v. Chr.

Amenophis III. (Reg. 1402 bis 1364 v. Chr.) stirbt. Seine Politik bedeutete die Abkehr vom ägyptischen Expansionismus, der das 15. Jahrhundert v. Chr. geprägt hatte. Der Pharao gab der Diplomatie den Vorzug vor weiteren Eroberungen. In die Herrschaftszeit von Amenophis III. fiel wahrscheinlich auch die Errichtung des Archivs von Amarna, der wichtigsten Quelle für die Geschichte Palästinas und Syriens zu dieser Zeit.

Amenophis IV. (Reg. 1364 bis 1347 v. Chr.) kommt an die Macht. Er ändert wenig später seinen Namen in Echnaton. Von seiner Frau Nofretete ist eine bemalte Kalksteinbüste aus Tell Al Amarna überliefert. → S. 224

1361 v. Chr.

Amenophis IV. erhebt Amarna zur neuen Residenz und leitet eine Art Kulturrevolution im ägyptischen Reich ein. Er erhebt den Sonnengott Re (Aton) zum Staatsgott und verbietet den bis dahin vorherrschenden Amun-Kult. Faktisch führt der Pharao damit eine monotheistische Religion ein.

um 1356 v. Chr.

Unter König Assuruballit I. (Reg. 1356–1320 v. Chr.) erringt das Assyrer-Reich am Tigris die Unabhängigkeit vom mesopotamischen Mitanni-Reich. Das Mittelassyrische Reich entsteht.

um 1350 v. Chr.

In Mykene, dem Zentrum der gleichnamigen Kultur auf dem griechischen Peloponnes, wird mit dem Bau des großen Kuppelgrabes (sog. Schatzhaus des Atreus) begonnen. Der Palast in Mykene wird mit einer Ringmauer, dem Löwentor und Kulträumen erweitert. Die Mykener beherrschen in ihrer Blütezeit (1400–1250 v. Chr.) den Süden Griechenlands.

1347 v. Chr.

Tutanchamun (Reg. 1347–1338 v. Chr.) aus der 18. Dynastie gelangt neunjährig auf den ägyptischen Thron und kehrt unter Aufgabe der Sonnenreligion zur herkömmlichen Götterverehrung zurück. → S. 225

1303 v. Chr.

Sethos I. (Reg. 1303–1290 v. Chr.), ägyptischer Pharao der 19. Dynastie, tritt die Nachfolge des Dynastie-Gründers Ramses I. (Reg. 1306–1303 v. Chr.) an. Er entreißt den Hethitern das unter Echnaton verlorene Syrien. → S. 226

um 1300 v. Chr.

In Europa setzt mit der Urnenfelder-Kultur die ausgehende Bronzezeit (13.–8. Jh. v. Chr.) ein. Gegenüber der vorangegangenen Hügelgräber-Kultur zeichnet sie sich weitgehend durch einen neuen Totenkult mit Brandbestattung in Urnen aus. → S. 226

Die Einwanderung der vedischen Arier hat im indischen Pandschab die Bildung von Kleinstaaten zur Folge. Unter einem Fürsten entsteht eine Zwei-Klassen-Gesellschaft aus dem Kriegsadel und den freien Stammesangehörigen.

1290 v. Chr.

Ramses II. (Reg. 1290–1224 v. Chr.) gelangt an die Herrschaft und wird zum bedeutendsten König der 19. Dynastie in Ägypten. Im Nildelta lässt der Sohn und Nachfolger von Sethos I. bei Qantir eine neue Hauptstadt Ägyptens erbauen (Ramsesstadt) und gewaltige Tempel errichten (u. a. Abu Simbel und seinen Totentempel in Theben-West, das Ramesseum). → S. 230

1285 v. Chr.

Beim Versuch, den ägyptischen Einfluss in Nordsyrien zu erweitern, wird Pharao Ramses II. in der Schlacht von Kadesch vom Hethiterkönig Muwatallis aufgehalten. 1270 v. Chr. schließt Ramses II. mit dem Hethiterkönig Hattusilis III. einen Friedensvertrag, der damit besiegelt wird, dass der Pharao 1257 v. Chr. eine hethitische Prinzessin heiratet. → S. 227, → S. 233

um 1250 v. Chr.

Assyrien erobert endgültig das Reich der Churriten. Die Bevölkerung wird gemäß der assyrischen Gepflogenheiten deportiert, um eine dauerhafte Herrschaft zu garantieren.

nach 1250 v. Chr.

Unter Führung von Moses ziehen die Israeliten von Ägypten nach Südpalästina. → S. 232

1244 v. Chr.

Tukulti-Ninurta I. wird Herrscher von Assur. Bis 1208 v. Chr. unterwirft er ganz Mesopotamien und zerstört Babylon. Er siegt mehrfach gegen die Hethiter. Die unterworfenen Völker müssen hohe Tributzahlungen leisten, die der König zum Bau von Palästen und Tempeln in Assur verwendet. → S. 238

um 1240 v. Chr.

Die bedeutende Handelsstadt Troja, auf einem Hügel bei Hissarlik südwestlich der Dardanellen (Kleinasien) gelegen, wird durch ein Erdbeben zerstört. Vorausgegangen war der zehnjährige Krieg mit den mykenischen Achäern, der durch Homer literarisch überliefert ist. → S. 234

1224 v. Chr.

König Ramses II. stirbt nach 66-jähriger Herrschaft. Bedeutendes Zeugnis seiner Zeit sind die Felstempel von Abu Simbel mit ihren vier Kolossalstatuen. → S. 231

um 1200 v. Chr.

Die Ägäische Wanderung, eine vom Balkan ausgehende, wohl vor allem von Illyrern ausgelöste Wanderbewegung, führt zur Zerstörung der mykenischen Kultur in Griechenland. Im Zuge der nachfolgenden Dorischen Wanderung gelangen Hirten- und Bauernkrieger aus dem dalmatinisch-albanischen Raum in den östlichen Peloponnes und nach Kreta.

In den Zentralgebieten Kleinasiens siedeln sich die Phryger an, ein Volk mit indoeuropäischer Sprache.

In China entsteht das Orakelbuch »I-Ching« (Buch der Wandlungen). Auf dieses klassische Werk des Konfuzianismus und Taoismus geht fast alles, was in der chinesischen Geschichte an großen Gedanken hervorgebracht wird, zurück. Philosophie, Naturwissenschaft und Politik nutzen das »I-Ching« als Quelle der Inspiration. → S. 235

Bei Kap Chelidonia vor der westlichen Südküste Anatoliens sinkt ein bronzezeitliches Schiff. An Bord des rund 11 m langen Wracks befinden sich neben Bronze und Kupfer auch die ältesten heute bekannten Zinnfunde. → S. 236

um 1190 v. Chr.

Die aus dem östlichen Mittelmeerraum und dem Vorderen Orient stammenden sog. Seevölker (altägyptische Bezeichnung) zerstören das Hethiter-Reich und die Staaten der Levanteküste (Zypern, Kilikien, Nord- und Mittelsyrien). → S. 233

1184 v. Chr.

Ramses III. aus der 20. Dynastie wird König von Ägypten (Reg. 1184–1153 v. Chr.). Er verteidigt Ägypten gegen die Angriffe der Libyer und der sog. Seevölker. Ramses III. ist der letzte bedeutende ägyptische Pharao des Neuen Reiches. → S. 236

1180 v. Chr.

Ramses III. schlägt die Philister, die zu den Seevölkern gehören, in See- und Landschlachten und siedelt sie in der Küstenebene Palästinas an. Die Stadtstaaten Gaza, Askalon, Ashdod, Ekron und Gath entstehen und bilden einen Fünfstädtebund, der durch seine Expansion ins Landesinnere zur dominierenden Konkurrenzmacht der Israeliten wird. → S. 238

1160 v. Chr.

Die östlich des Tigris und nördlich des Persischen Golfs ansässigen Elamiter erobern und plündern Babylon, das nach 1531 v. Chr. von den Kassiten beherrscht worden war.

1156 v. Chr.

Der erste belegte Streik der Geschichte bricht aus: Die Nekropolenarbeiter von Deir el-Medine (Ägypten) legen die Arbeit nieder, da ihr Lohn zwei Monate lang ausgeblieben ist. Der Streik ist symptomatisch für die Krise im Pharaonen-Reich, die durch finanzielle Engpässe aufgrund hoher Verteidigungskosten ausgelöst wird. → S. 237

1153 v. Chr.

Ramses III. wird während eines Besuches seines Totentempels Medinet Habu von Verschwörern ermordet. Sein Sohn Ramses IV. kann sich zwar die Nachfolge sichern, doch erstarkt die Priesterschaft des Tempels des Amun als ein konkurrierendes Machtzentrum.

um 1128 v. Chr.

Nebukadnezar I. wird König von Babylonien. Er gewinnt die Vorherrschaft über die Elamiter im Osten des Landes. Nach seinem Tod 1106 v. Chr. verfällt die babylonische Macht erneut.

1115 v. Chr.

König Tiglatpileser I. (Reg. 1115 bis 1077 v. Chr.) übernimmt die Herrschaft in Assyrien, das unter seiner Führung zur Großmacht wird. Er dringt bis zum Vansee (heutige Osttürkei) und ans Mittelmeer vor. → S. 238

um 1100 v. Chr.

In Palästina entsteht das »Deborah-Lied«. Es ist eines der ältesten Beispiele althebräischer Dichtung und eines der ältesten Stücke des Alten Testaments. Das Lied preist die israelitische Seherin gleichen Namens nach den israelitischen Erfolgen gegen die Kanaäer. → S. 240

Die auf der Mittelmeerinsel Kreta gelegene Stadt Gurnia wird nach 2000 Jahren Siedlungsgeschichte aufgegeben. → S. 241

1070 v. Chr.

Mit dem Pharao Ramses XI. (Reg. 1099–1070 v. Chr.) endet in Ägypten die 20. Dynastie und das Neue Reich (seit 1551). Der in Tanis im Ostdelta residierende König Smendes begründet die 21. Dynastie. Es beginnt die Dritte Zwischenzeit (bis 712 v. Chr.). → S. 241

1050 v. Chr.

Mit der geometrischen Periode beginnt die erste Epoche der griechischen Kunst. Die geometrische Zeit ist nach den in ihr üblichen Verzierungsmustern benannt, die insbesondere bei der Kunst der Vasenmalerei zur Anwendung kommen. → S. 240

1025 v. Chr.

Die chinesische Shang-Dynastie (seit ca. 1500 v. Chr.) wird durch aus dem äußersten Westen stammende Fürsten gestürzt. König Wen und sein Sohn Wu gründen die Chou-Dynastie. → S. 239

um 1012 v. Chr.

Der erste israelitische König Saul (Reg. 1012–1004 v. Chr.) vereinigt die zwölf Stämme Israels im Kampf gegen die Philister (hebräisch: Pelischtim). Dieses Volk aus der Gruppe der sog. Seevölker war um 1180 v. Chr. von Ramses III. in der Küstenebene des später nach ihnen benannten Palästina angesiedelt worden. → S. 244

1004 v. Chr.

Nach dem Freitod von Saul wird David König der Israeliten (Reg. 1004–965 v. Chr.). Er unterwirft die Philister, erobert Jerusalem und macht es zur Hauptstadt der durch Personalunion geeinten Reiche. Das von ihm durch Siege über die Nachbarstaaten gegründete Großreich umfasst Syrien und Palästina. → S. 245

um 1000 v. Chr.

Die Hymnensammlung »Rigveda« wird abgeschlossen. Sie ist in vedischem Sanskrit abgefasst und stellt das älteste Literaturdenkmal Indiens dar. Aus den Texten lassen sich die religiösen und kulturellen Hintergründe der vedischen Arier erschließen – beispielsweise die Vier-Stände-Ordnung –, aus der das Kastenwesen entsteht. → S. 248

um 1000 v. Chr.

Die semitischen Aramäer bilden in Syrien kleine Stadtstaaten. Damaskus wird von den Israeliten unterworfen.

Im Val Camonica, einem Tal in den südlichen Alpen, entsteht eine Reihe von Felsbildern. Bei den Felsbildern handelt es sich um Gravuren, die in den anstehenden Sandstein geschlagen werden. → S. 246

Das Volk der Inuit wird im Bereich der Beringstraße (Alaska) sesshaft und verbreitet sich rasch über Kanada bis nach Grönland. → S. 246

Die La-Venta-Kultur gilt als erste Hochkultur in Amerika. Sie verbreitet sich in Zentral- und Westmexiko, Guatemala und El Salvador. In der La-Venta-Kultur liegt der Ursprung von Schrift und Kalender in Mittelamerika. → S. 247

In Israel erlangen Hellseher eine immer größere Bedeutung. Das Prophetentum hält Einzug in den jüdischen Glauben und wird zentraler Aspekt der Religion. → S. 248

Bronzezeitliche Handwerker aus Süddeutschland fertigen aus Goldblech eine Reihe von kegelförmigen Gegenständen. Eines der bekanntesten Stücke ist der so genannte Goldene Hut von Schifferstadt aus dem heutigen Rheinland-Pfalz. → S. 249

969 v. Chr.

Unter König Hiram I. (Reg. 969 bis 936 v. Chr.) steigt die Hafenstadt Tyros zum wirtschaftlichen und politischen Zentrum der phönikischen Städte in Syrien auf. Mit dem israelitischen König Salomo unterhält Hiram rege Handelskontakte. → S. 251

965 v. Chr.

In Israel wird nach dem Tod Davids sein Sohn Salomo (Reg. 965–926 v. Chr.) König von Israel und Juda. Unter dessen Herrschaft erreicht das Reich seine größte Ausdehnung. Es reicht von der Mittelmeerküste bis zum Euphrat, im Süden bis an die Grenzen Ägyptens. Die Kontrolle des Handels in diesem Bereich bringt große Geldmittel für das Königreich, die Salomo für den Bau des Tempels in Jerusalem verwendet. → S. 250

926 v. Chr.

Nach dem Tod von König Salomo zerfällt das Reich Israel in die rivalisierenden Teilstaaten Israel (Nordreich) mit der Hauptstadt Sichem bzw. Samaria (ab etwa 880 v. Chr.) und Juda mit dem Zentrum Jerusalem.

883 v. Chr.

Assurnasirpal II. erneuert die Großmachtstellung Assurs. Das sog. Neuassyrische Reich weitet er bis zu seinem Tod 859 v. Chr. zeitweise bis zum Libanon aus. Seine Erfolge beruhen einerseits auf der erstmals eingesetzten Reiterei, andererseits auf brutalem Terror. Aufständische Regionen werden durch grausame Massaker und Zwangsdeportationen befriedet. → S. 253

878 v. Chr.

König Omri begründet in Israel die nach ihm benannte Dynastie und ersetzt damit das bisherige charismatische Königtum. Seine Nachfolger führen phönikische Gottheiten und den Baal-Kult in Israel ein. → S. 252

851 v. Chr.

König Salmanassar III. von Assur (Reg. 858–824 v. Chr.) wird in Babylon als König anerkannt. Tyros, Sidon und Israel sind dem Herrscher ab 841 v. Chr. tributpflichtig.

845 v. Chr.

In Israel kommt König Jehu (Reg. 845–818 v. Chr.) durch eine blutige Revolution an die Macht und beseitigt die von seinen Vorgängern eingeführte Verehrung des phönikischen Gottes Baal.

843 v. Chr.

Der Name der Perser wird erstmals in assyrischen Feldzugsberichten in der Gegend des Urmiasees (Nordwestiran) erwähnt. Auf das Volk der Meder stoßen die Assyrer 835 v. Chr. in der Gegend ihrer späteren Hauptstadt Ekbatana (dem heutigen Hamadan). → S. 252

814 v. Chr.

In Nordafrika gründen phönikische Seefahrer aus Tyros die Stadt Karthago (etwa 12 km nordöstlich des heutigen Tunis) als Kolonie zur Sicherung der Schifffahrt im westlichen Mittelmeer.

801 v. Chr.

Nach dem Tod des assyrischen Königs Samsi-Adad (Reg. 823 bis 811 v. Chr.) führt dessen Witwe, die babylonische Prinzessin Semiramis (Sammuramat), die Regentschaft für ihren unmündigen Sohn. Durch die antike Literatur wird die Königin zu einer Legende. → S. 254

vor 800 v. Chr.

In der Schlacht auf dem Kurukshetra besiegen die Pandavas (zentralasiatische Herkunft) die Kauravas und erringen die Herrschaft über Mittelindien. → S. 254

Bronzezeit – die ersten Hochkulturen

Mit der Ausbildung der ersten Hochkulturen beginnt die geschichtliche Zeit. Die Epoche vom 3. bis zum 1. Jahrtausend v. Chr. prägt die Menschheit entscheidend. Um 3000 v. Chr. in Mesopotamien, Syrien, Ägypten und am Indus, gegen Mitte des 2. Jahrtausends auch auf Kreta, in Anatolien (Hethiter), in China und Mexiko sowie in der Mitte des 1. Jahrtausends in Griechenland, Japan und Peru entstehen ausgeprägte Hochkulturen.

Vernunft statt Mythos

Gedanklich führt der Weg ein Stück weg von Magie und Mythos hin zu logischem Denken. Der organisierende und planende Menschenverstand ist gefragt, umfangreicher Handel setzt ein, die alte Naturalwirtschaft weicht der Geldwirtschaft. Technisch bestimmt werden die Hochkulturen durch ihre beachtlichen Errungenschaften in der Architektur, durch Gewinnung von Rohstoffen im Bergbau und die Entwicklung von Verfahren zur Aufbereitung von Rohstoffen.

Besonders die Verwendung von Metallen ist es, die weit über die Grenzen der Hochkulturregionen ausstrahlt und zunehmend das Leben auch in anderen Bereichen der Erde, vor allem in Europa und im westlichen Asien, beeinflusst. Nicht von ungefähr sprechen die Archäologen von der Bronze- und der Eisenzeit – Bezeichnungen, die sich zwischen 1860 und 1890 durchsetzten.

Stadt, Schrift, Handel

Die frühen Hochkulturen, von denen die Benutzung vor allem der Legierung Bronze und später auch des Eisens ausgehen, sind vor allem gekennzeichnet durch die drei Elemente Stadt, Schrift und Handel. Die Städte sind größere befestigte Siedlungen mit Straßen, Tempeln, Palästen, Verwaltungsgebäuden, Vorrats- und Verkaufshäusern. Die Erwerbsgrundlage ihrer Bevölkerung ist nicht mehr die Urproduktion (Jagd oder Ackerbau und Viehzucht), sondern Handwerk, Warenverkauf, Handel und Verkehr.

Als herausragendes Mittel der Kommunikation und Reflexion entsteht die Schrift und später das Alphabet in dem Bemühen, zwischen gesprochener und geschriebener Sprache eine größtmögliche Annäherung zu erreichen. Die Ägypter und Sumerer entwickeln eine Bilder- und Silbenschrift, die alle späteren Schreibarten bis hin zum griechischen Alphabet beeinflusst. Als widerlegt gilt mittlerweile die These, die chinesische Schrift sei aus ägyptischen und sumerischen Zeichen entwickelt worden.

Handel mit der Jungsteinzeit

Natürlich sind die städtischen Siedlungen der frühen Hochkulturen nicht aus sich selbst heraus existenzfähig. Sie leben im Warenaustausch mit dem bäuerlich-ländlichen Umfeld und den entfernter gelegenen, noch auf jungsteinzeitlicher Kulturstufe lebenden Völkern. Diese erhalten als Entgelt für Nahrungsmittel vor allem Werkzeuge und Geräte, Schmuck und Tongefäße.

Nach der Erfindung von Jagdmethoden mit Waffen und Fallen in der Altsteinzeit sowie der Sesshaftwerdung (Ackerbau und Viehzucht) in der Jungsteinzeit stellt der Übergang zu städtischem Leben in den frühen Hochkulturen einen weiteren revolutionären Schritt in der Entwicklung der Menschheit dar. Eine vergleichbare Zäsur findet dann erst wieder mit der Industriellen Revolution im 18. Jahrhundert n. Chr. statt.

Weitere Merkmale früher Hochkulturen entwickeln sich mitunter nur in den urbanen Zentren:

- Die Formen der technischen Naturbeherrschung sind relativ entwickelt.
- Die Gesellschaft organisiert sich in einem Staat, der hierarchisch in verschiedene soziale Schichten unterteilt ist und über Institutionen verwaltet wird.
- Es kommt zur Arbeitsteilung entsprechend den anfallenden Aufgaben.
- Es kommt zu anspruchsvollen künstlerischen Leistungen (Literatur, Musik, bildende Kunst).

- Durch Sprache, Kultur und Religion bildet sich ein gemeinsames Fühlen und Denken heraus.

Inwieweit die verschiedenen Hochkulturen unabhängig voneinander entstanden sind, ist bis heute nicht geklärt. Zwischen Ägypten und Mesopotamien gibt es wohl relativ früh Kontakt und auch die Menschen im Industal treiben Handel mit den mesopotamischen Kulturen. Hingegen entwickelt sich die Hochkultur Chinas ebenso wie die Japans, Mexikos und Perus unabhängig vom europäischen, mittelöstlichen und indischen Geschehen. Auch hier vollzieht sich der Übergang von der Naturalwirtschaft zur Geldwirtschaft, zur städtischen Kultur mit Arbeitsteilung sowie Schrift und Ausbildungswesen. Bei technischen Praktiken und Handwerksgegenständen des täglichen Lebens zeigen sich trotz der eigenständigen kulturellen Entwicklung dieser Gebiete erstaunliche Parallelen zu den entsprechenden Errungenschaften in Vorderasien und Europa. Allein die stilistischen Formen weichen mehr oder weniger stark voneinander ab.

Grosse Ströme – Wiege der Menschheit

Alle frühen Hochkulturen entstehen an Flüssen. In den fruchtbaren Streifen des Schwemmlandes an beiden Ufern lassen sich Bauern nieder, die Getreide züchten und Tiere zähmen. Sie sind daher nicht mehr gezwungen, als Nomaden herumzuziehen.

Umgeben sind die Flüsse von Wüsten und das Flusswasser ist wegen der allgemeinen Trockenheit besonders kostbar. Um Bewässerungsgräben und Staudämme zu bauen und zu unterhalten, ist ein organisiertes Gemeinwesen Voraussetzung. Außerdem müssen das Land für die Feldbestellung und die Wasserrechte gerecht verteilt und effizient verwaltet werden. Diese Aufgaben werden von staatlichen Beamten erledigt.

Die Bedeutung, die die Flüsse für das Alltagsleben der Menschen in den frühen Hochkulturen haben, spiegelt sich auch in ihren religiösen Vorstellungen. So wird der Nil von den Ägyptern als Gott verehrt, der in Darstellungen weibliche Brüste, das Symbol der Fruchtbarkeit, besitzt. Von Kaiser Yü, dem legendären Begründer der 1. Dynastie in China, heißt es, dass er die Flüsse kanalisieren und die Berge durchstechen ließ und China so vor dem Untergang bewahrte. Um Gilgamesch, den Helden des bekanntesten sumerischen Epos, rankt sich die Sage, dass er dem einzigen Überlebenden einer Überschwemmung begegnet sein soll. Diese Passage des Gilgamesch-Epos ähnelt dem Bericht über die Sintflut im Alten Testament der Bibel.

Nicht zuletzt ermöglichen die Flüsse einen regen Handelsverkehr. Geschickte Schiffer können die Binnengewässer ohne Anstrengung über weite Strecken befahren. Auch drohen auf den Flüssen keine Stürme oder Flutwellen, wie sie auf dem Meer üblich sind. Der Warenverkehr erlebt durch die Entwicklung der Schiffstechnik einen weiteren Aufschwung, denn die ruhig dahingleitenden Schiffe und Boote erlauben sogar den Transport zerbrechlicher Güter wie Keramik oder Glas.

Erster Kalender

Die Bauern profitieren davon, dass die Flüsse alljährlich über die Ufer treten und das Land mit fruchtbarem Schlamm bedecken. Bleibt die jährliche Überschwemmung einmal aus oder fällt sie geringer aus, droht eine Hungerkatastrophe. Daher ist eine Vorratswirtschaft nötig und nicht nur aus dem alten Ägypten, sondern auch von der Harappa-Kultur ist der Bau von Getreidespeichern belegt.

Die Abhängigkeit der Landwirtschaft von der Flut zwingt die Ägypter zu präzisen Vorhersagen über den Zeitpunkt der Überflutung. Zu diesem Zweck entwickeln ägyptische Astronomen einen Kalender. Er orientiert sich sowohl am Stern Sirius als auch an der Sonne, aber nicht am Mond. Ein Sonnenjahr, das die Monate nur als Unterabteilungen des Jahres auffasst und keinen Bezug zum Mondumlauf (29,5 Tage) hat, ist 365,2425 Tage lang. Da ein Kalenderjahr 365 Tage hat, verschiebt sich der Jahresanfang alle vier Jahre um einen Tag. Eine Siriusperiode umfasst vier Sonnenjahre, so dass das Kalenderjahr alle vier Jahre wieder mit dem Beginn der Siriusperiode zusammenfällt.

KEILSCHRIFT IST DIE EPOCHALE KULTURLEISTUNG

Sumerische Beamte in Mesopotamien begründen das älteste bekannte Schreibsystem der Welt, die Keilschrift. Die Entwicklung der Schrift ermöglicht erstmals Informationsvermittlung und -aufbewahrung mittels Zeichen.

■ **3500–3000:** Die sumerischen Hochkulturen in Mesopotamien entwickeln die Keilschrift. Sie ist keine reine Bilderschrift. Die standardisierten Zeichen für zeichnerisch darstellbare Gegenstände werden ergänzt durch kombinierte Zeichen und durch grammatische Elemente.

Vom Bild zum Buchstaben

Die sumerischen Tempel beherbergen die Schulen, in denen die angehenden Beamten ausgebildet werden. Ihre Schreibübungen sind auf zahlreichen Tontafeln überliefert und geben die Möglichkeit, die verschiedenen Entwicklungsstufen der Keilschrift nachzuvollziehen.

Um schneller schreiben zu können, werden die Bilder zunehmend stilisiert und entwickeln sich zu Symbolen, deren Bezug zum dargestellten Gegenstand nicht mehr ohne weiteres zu erkennen ist. Ferner werden Wörter, für die es kein ähnlich klingendes, per Zeichen darstellbares Wort gibt, nach der Lautung in Bestandteile zerlegt, denen Zeichen zugeordnet werden (nach einem fiktiven Beispiel ließe sich der Name »Roosevelt« mit Zeichen für »Rose« und »Welt« darstellen). Durch konsequente Anwendung und Systematisierung dieses Prinzips, wonach das Bild nicht mehr für den dargestellten Gegenstand, sondern für seinen Lautwert steht, entsteht so eine kombinierte Wort- und Wortsilbenschrift. Am Ende kann z. B. in der Keilschrift das Symbol für das Wort »Biene« für jedes Wort oder jeden Wortteil benutzt werden, der den Laut »b« enthält.

01045
Die älteste Schule der Welt

Die Anzahl der Zeichen kann wegen ihrer vielseitigen Verwendbarkeit reduziert werden; in der Keilschrift verringert sich die Zeichenzahl schon in der frühesten Entwicklungsperiode von 2000 auf 800 bis 900, später auf 350 bis 400.

Die von den Sumerern entwickelte Schrift wird mit dem Rohrgriffel in den weichen Ton der Schreibtafel gedrückt, die später getrocknet oder gebrannt wird – die Schrift hat ihren Namen von dem keilförmigen Eindruck des Griffels. Die meisten Schriftstücke bedürfen eines persönlichen Signums. Zunächst geschieht dies durch Einprägen eines Fingernagels oder eines Steinstempels. Um 3000 ermöglicht das aus Kalk, Steatit, Knochen oder Halbedelstein gefertigte zylindrische Rollsiegel individuellere und meistens auch ansprechendere Signaturen, etwa kurze Gebete oder Angaben über den Besitzer.

Sprung in die Geschichte

Mit der Erfindung der Schrift gelingt den Sumerern der »Sprung in die Geschichte« – unsere Kenntnis über ihren Alltag, ihre Kultur und Religion sowie über ihre gesellschaftliche Ordnung verdanken wir nicht nur Fundstücken und Bauwerken, sondern vor allem den überlieferten schriftlichen Zeugnissen.

Die politische Entwicklung Sumers ist gekennzeichnet durch eine Reihe unabhängiger Stadtstaaten, deren Machtzentren Tempel und Königspaläste sind. Über ihre religiöse Bedeutung hinaus sind die Tempel Mittelpunkt des gesamten Lebens in der Stadt und im Umland. Die Tempelbeamten steuern Verwaltung, Bodenorganisation, Bewässerungs- und Verkehrswirtschaft. Durch die Kanalisierung von Euphrat und Tigris wandeln die Sumerer Wüste in Kulturlandschaft um und entwickeln eine blühende Landwirtschaft. Tempel und Königspaläste mit einer geregelten staatlichen Verwaltung schaffen so die Vorbedingung für die Entwicklung der Schrift.

Für die Verwaltung ist die Schrift ein wichtiges Hilfsmittel und so ist davon auszugehen, dass sumerische Tempelbeamte die Erfinder der Keilschrift sind. Sie entwickeln frühzeitig ein System, das die Registrierung sowie die Abwicklung von Handelsgeschäften erleichtert. Die ältesten erhaltenen Keilschrifttafeln sind Rechenschaftsberichte von Tempelverwaltungen. Sie legen Pachtverträge gegen Leibrente fest und dienen zur Kontrolle und Registrierung von Arbeitsleistungen. So beschäftigt z. B. die religiöse Gemeinschaft der kleinen sumerischen Stadt Lagasch 48 Bäcker, sieben Sklaven, 31 Brauer, einige Weber und andere Handwerker. Auch zahlreiche Zinsgeschäfte durch Geldverleih sind dokumentiert. In den Archiven, die nicht nur in sumerischen, sondern auch in syrischen Städten wie Mari oder Ebla entdeckt wurden, hat man eine große Anzahl keilschriftlicher Dokumente gefunden: Verwaltungsurkunden, wissenschaftliche Abhandlungen, Listen, religiöse Hymnen, Beschwörungsformeln und Gebete.

Es existieren auch viele historische Texte, die eine Auflistung von Königen (sumerische Königslisten) und Beamten enthalten. Schließlich gibt es auch noch literarische Texte, sowohl mystischer als auch epischer Natur. In vielen sumerischen Gedichten kommt der in Mesopotamien beliebte Gottkönig Gilgamesch als Held vor.

Archaische Schrifttafel aus Mesopotamien. Die Proto-Keilschrift gehört zu den ältesten Schriftzeichen der Erde.

Der deutsche Philosoph Christian Garve (1742–1798) über die Entzifferung von Schriftzeichen:
»Die Schrift ist ein toter Buchstabe, den nur die Einbildungskraft und der Verstand des Lesens beleben kann.«

Die Ur-Ägypter der Negade-Kultur

Der jungsteinzeitliche Mensch Nordafrikas hat bereits früh die enorme Fruchtbarkeit des Niltals für seine Zwecke zu nutzen gewusst. In Naqâda (Negade) hinterlassen die prädynastischen Ägypter Zeichen, die ihrer Kultur den heutigen Namen geben.

■ **Um 3500:** Die Negade-Kultur geht aus der Badari-Kultur hervor. Während die Badari-Menschen noch 1000 Jahre früher auf Hängen über dem Niltal siedelten, ziehen sie zur Zeit von Negade in das Tal hinab. Dort errichten sie kleine Rundhütten und setzen die Bestattungsriten der Badari-Zeit fort.

Schon um 3500 ist die Kultur hoch entwickelt. Die Kunst kennt Tierumrisse, welche die zuvor vorherrschenden geometrischen Muster ablösen. Aus dem kosmetischen Bereich sind grüne Schminkpulver aus Malachit überliefert, die auf steinernen Schminkpaletten angerührt wurden. Die Paletten sind sorgsam ausgearbeitet und zeigen, dass die Negade-Leute der Kosmetik viel Zeit widmen. Das belegen auch prachtvolle Schmuckstücke, die Männer wie Frauen gleichermaßen tragen. Selbst Elfenbeinkämme tragen kunstvolle Tierkopfschnitzereien.

Wie bei allen Kulturen ist auch die Keramik Negades ein Spiegel ihrer Entwicklungsstufe. Sie weist zum Teil feine Strukturen und Formen auf. Daneben gibt es Gefäße aus Basalt und Alabaster, deren Rohmaterial vermutlich aus Mesopotamien stammt. Das Dekor zeigt Bilder aus dem Alltagsleben der Negade-Leute: Tier-, Menschen- und Bootsdarstellungen, vermischt mit Jagdszenen.

Bei den Werkzeugen begnügen sich die Menschen der Negade-Kultur nicht mehr damit, auf der Erde gefundene Feuersteine zu bearbeiten. Sie treiben Minen in den Boden und bauen große Silexbrocken ab. So entstehen Dolchspitzen und Fischschwanz-Lanzenspitzen, die in ihrer Perfektion den späteren Waffen aus Metall nur wenig nachstehen.

Machtstrukturen eines Staates

Die prädynastische Kultur dehnt sich weit nach Norden aus. In Mittelägypten entwickelt sich um 3000 die Stufe Negade II, befruchtet von kulturellen Einflüssen aus Mesopotamien. Felsbilder in der östlichen Wüstenregion zeigen fremdländische Boote und deuten möglicherweise auf eine Invasion aus Mesopotamien hin, für die es aber sonst keine Belege gibt. Kontakte zum Zweistromland sind aber u. a. durch eine ägyptische Nachbildung eines mesopotamischen Rollsiegels belegt.

Wie hoch entwickelt Negade II ist, zeigt ihr Erfindungsreichtum. So führen die Ägypter die künstliche Bewässerung der Felder ein, da das Klima in den vorhergehenden Jahrhunderten zunehmend trockener geworden ist. Schon hier zeigt sich eine staatsähnliche Organisationsform. Zunächst sind es kleinstaatliche Gruppen, ähnlich den späteren Gauen der Hochkultur, die sich aber bald zu größeren Einheiten zusammenschließen.

Negade-Figur eines Mannes

Plastik eines Schweins aus Negade I

Rätselraten um Steinbilder von Gavr'inis

Die Megalithkultur hinterlässt spektakuläre Zeugnisse in Europa. Zu den bedeutendsten und rätselhaftesten zählt der Tumulus von Gavr'inis auf einer Insel vor der bretonischen Küste.

■ **Um 3500:** Der Tumulus (Hügelgrab) von Gavr'inis wird errichtet. Ein 14 m langer Gang führt in den Hügel und mündet in einer Kammer. Sechs Orthostaten (Steinplatten) tragen einen gewaltigen Monolithen von mehreren Tonnen Gewicht, der als Deckstein dient. Alle Steine unter dem Hügel sind Findlinge von einem bis mehreren Metern Größe. Von 29 Wandsteinen sind 23 ganzflächig mit Rillenmustern verziert. Als Hauptelement tauchen konzentrische Halbkreise auf. Sie werden ergänzt durch Bilder von Äxten, Bogen, Schilden u. a.

Ältestes Christusbild?

Nach neuesten Interpretationen wird der Tumulus von Gavr'inis nicht als Grabstätte, sondern als rituelles Zentrum eingerichtet. Darauf deutet auch hin, dass Grabbeigaben völlig fehlen. Auffallend ist vor allem die üppige Ausstattung, die zu teilweise sonderbaren Interpretationen geführt hat. So existieren Theorien, nach denen in dem Dekor des Tumulus die früheste Schrift Mitteleuropas verborgen liegt. Zählt man die Rillen ab, so ergebe sich diesen Hypothesen zufolge eine Leserichtung von links nach rechts, die sich durch die gesamte Anlage ziehe. Im 19. Jahrhundert verleitet die Anordnung der Halbkreise auf einem einzigen Stein einen Geistlichen zu der Behauptung, in Gavr'inis sei Christus mit den zwölf Aposteln stilisiert abgebildet. Etwas vorsichtiger, aber ebenso hypothetisch ist der Versuch, in den Rundungen die Bäuche schwangerer Frauen zu erkennen und den Tumulus als Stätte eines Fruchtbarkeitskultes zu interpretieren. Fest steht, dass sich einige Verzierungen auf den Steinen des Megalithgrabes von Newgrange in Irland wiederfinden. Möglicherweise bestand eine Verbindung zwischen den Orten, denn die beiden Anlagen sind nur 400 km Luftlinie voneinander entfernt. Und die Insel, auf welcher der Tumulus von Gavr'inis heute steht, war vor rund 5500 Jahren noch Teil des Festlandes.

Steinritzung aus dem Tumulus von Gavr'inis

Valdivia – Älteste Hochkultur Amerikas

Bauern der Andenregion entdecken die Kunst der Keramikherstellung. Die ältesten keramischen Funde stammen aus den Gebieten des heutigen Kolumbien und Ecuador, wo sich in den Flusstälern die Valdivia-Kultur entwickelt.

Steinfigur der Valdivia-Kultur

■ **Um 3350:** Die Valdivia-Leute siedeln an den Flüssen des Guayas-Beckens. Dort errichten sie Orte, die bereits städtische Züge tragen. In Real Alto und Loma Alta entstehen Kultzentren, in denen ausgeprägte Opferzeremonien und andere Riten gepflegt werden. Eine Siedlung besteht aus 120 bis 150 Hütten, in denen jeweils 30 Menschen leben. Real Alto bringt es auf die Einwohnerzahl von 3000 Personen und zählt zu den größten menschlichen Siedlungen dieser Zeit.

Der Golf von Guayas bietet den Siedlern ähnliche Vorteile wie das Niltal den Ägyptern. Durch regelmäßige Überschwemmungen entwickeln die Flusstäler eine enorme Fruchtbarkeit, die den Ackerbau begünstigt. Die Gebirgsschwelle der Anden hält zudem den Regen ab und sorgt für ein gemäßigtes Klima, das die Ausbreitung des Regenwalds verhindert und das Land zugänglicher macht.

Die Handwerker der Valdivia-Kultur stellen vielfältige Gegenstände aus Keramik her. In erster Linie handelt es sich dabei um Gefäße für den täglichen Gebrauch. Fast alle keramischen Werke sind mit geometrischen Motiven verziert, die zu Beginn der Herstellung in den noch weichen Ton geritzt werden. Menschendarstellungen sind auf den Gefäßen eher selten. Die Valdivia-Leute benutzen für ihre Dekorationstechnik Nadeln und Maiskörner. Praktischen Wert und hohes künstlerisches Niveau haben besonders die Dreifußgefäße.

Figurinen der Fruchtbarkeit

Unter der Keramik der frühen Ecuadorianer findet sich auch eine Reihe von Rundplastiken, die als die Ersten ihrer Art in Amerika gelten. Bei einem großen Teil der Valdivia-Plastiken handelt es sich um Frauenfigurinen. Die 8 bis 10 cm großen Kunstwerke zeichnen sich besonders durch die deutliche Hervorhebung ihrer geschlechtsspezifischen Merkmale aus. Auf die Darstellung von anderen anatomischen Besonderheiten und der Gliedmaßen wird hingegen kein Wert gelegt – und manchmal sogar ganz verzichtet. Anders die Gesichter der Figurinen: Sie sind mit aufwändigen Frisuren verziert und die Augen haben eine so genannte »Kaffeebohnenform«. Bei den Figurinen der Valdivia-Kultur handelt es sich wahrscheinlich um Votivfiguren (Figuren für Opferzeremonien) bestimmter Fruchtbarkeitskulte aus dieser Zeit. Bei den präkolumbischen Völkern gibt es noch bis zur Ankunft der Europäer eine ganze Reihe solcher Kulte.

Die Wurzeln der Keramik

Die Valdivia-Kultur beschränkt sich auf die nördlichen Küstengebiete von Ecuador, wo die Keramik-Technik um 3200 bereits weit fortgeschritten ist. In dieser Region leben hauptsächlich sesshafte Sammler von Muscheln und Wildpflanzen. Die Einzigartigkeit der keramischen Produkte sorgt jedoch dafür, dass sie über weite Gebiete gehandelt werden. Valdivia-Keramik breitet sich an der Pazifikküste Ecuadors bis nach Zentralamerika und auf der anderen Seite der Kordilleren an den Flüssen des Amazonasbeckens aus.

Neben der Valdivia-Kultur, die etwa 1500 Jahre Bestand hat, entwickelt sich zur selben Zeit ein weiterer Kulturkomplex, dem die Keramik ebenfalls bekannt ist. Der so genannten Machalilla-Kultur gehören ebenfalls vorwiegend Jäger, Fischer und Muschelsammler an. Infolge einer Invasion aus dem Süden findet diese Kultur jedoch rasch ein Ende. Um 1500 v. Chr. erreicht die Keramik schließlich auch Guatemala (Ocos-Periode) und den Süden von Mexiko (Chiapa de Corzo).

Bergbau belebt Fern- und Tauschhandel

Bronzezeitliche Feuersteinmine bei Hou in Dänemark

In Ägypten sind Gold-, Kupfer- und Türkisbergwerke in Betrieb. Auch in Europa breitet sich der Bergbau immer weiter aus. Die Metallzeit bringt einen ersten Aufschwung der Erzverarbeitung.

■ **Ab 3200:** Der Bau von Häusern und Booten sowie von zunehmend differenzierterem Werkzeug verlangt nach immer größeren Mengen von Ausgangsmaterialien. Besonders an Feuerstein, einem häufig verwendeten Werkstoff, herrscht Mangel. So setzt bereits in der Jungsteinzeit der erste Bergbau ein. Überall in Europa entstehen Flintminen, Schächte bis 12 m Tiefe, von deren Sohle 50 bis 120 m lange Stollen strahlenförmig in den Berg getrieben werden. Sehr früh im Neolithikum arbeitet auch vor der norwegischen Insel Hespriholmen bereits ein Bergwerk, in dem Jadeit im Tagebau gebrochen wird.

Während das Mehrangebot erster landwirtschaftlicher Erzeugnisse nur zu Binnenhandel führte, beginnt mit dem Bergbau der Fernhandel. Und nicht nur Bergwerksprodukte, sondern auch seltene Rohstoffe (Elfenbein, Farberden, Schmuckmuscheln) werden getauscht und oft über weite Strecken transportiert. Erst mit zunehmender Arbeitsteilung handelt man auch mit fertigen Handwerksprodukten. Der Tauschhandel findet auf bestimmten, an zentralen Orten gelegenen Märkten statt.

Ötzi – Der Mann aus dem Eis

Aus dem Gletschereis der Ötztaler Alpen schmilzt 1991 eine mumifizierte Leiche. Das Eis des Similaungletschers hat die Leiche über 5000 Jahre konserviert. Der Jahrhundertfund erlaubt sensationell neue Rückschlüsse auf die Bronzezeit.

■ **Um 3350:** Ein bronzezeitlicher Jäger wandert von seinem Dorf ins Hochgebirge der Ötztaler Alpen. In 3200 m Höhe stirbt er eines rätselhaften Todes. Zwei Bergsteiger entdecken die Leiche am 19. September 1991 in einem Schmelzwassersee des Similaungletschers. Nur Kopf und Schultern ragen aus dem Eis. Das Gesicht ist nicht zu erkennen, da der Mann bäuchlings auf einem großen flachen Stein liegt. Die Entdecker verständigen Gendarmerie und Bergrettung, die in unmittelbarer Nähe des Toten auch diverse Holzgeräte, Fell- und Schnurreste sowie ein Metallbeil finden. Der 1,60 m große »Ötzi«, wie die Medien ihn später taufen, wird in das gerichtsmedizinische Institut der Universität Innsbruck gebracht, um ihn vor dem bereits einsetzenden Pilzbefall zu schützen. Zu diesem Zeitpunkt hält man den historischen Sensationsfund allerdings noch nicht für einen archäologischen Fall.

Die Konservierung des Eismannes

Die Leiche des Mannes ist durch die Lagerung im Eis bestens konserviert. Haut, Muskeln und innere Organe sind gut erhalten. Über die Höhe seines Alters herrscht zunächst Uneinigkeit unter den zu Rate gezogenen Archäologen. Erst nach der Begutachtung durch Konrad Spindler vom Institut für Ur- und Frühgeschichte in Innsbruck ist man sich einig, dass es sich bei dem Mann eindeutig um einen prähistorischen Fund handelt. Um den Körper des für die Forschung unschätzbar wertvollen Toten auch weiterhin zu konservieren, wählt man eine natürliche Methode: Im anatomischen Institut der Universität Innsbruck wird eine Kühlzelle angefertigt, in der die klimatischen Bedingungen denen des Gletschereises der Ötztaler Alpen entsprechen: –6 °C und 100 % Luftfeuchtigkeit. Die aufgefundenen Ausrüstungsgegenstände von Ötzi werden ebenfalls einer gesonderten Konservierung zugeführt.

Knochen- und Gewebeproben ergeben, dass es sich bei dem Toten um einen 25- bis 40-jährigen Mann handelt. Den Analysen der Wissenschaftler zufolge lebt »Ötzi« zwischen 3350 und 3100. Damit ist der Mann aus dem Eis die älteste und am besten erhaltene Feuchtmumie, die jemals entdeckt wurde. Der Körper ist praktisch unversehrt und weist nur im Hüftbereich eine Verletzung auf. Druckstellen im Gesicht sind durch den Eisdruck und die Bauchlage der Mumie in einer Felsrinne entstanden. Auf Röntgenbildern entdecken die Forscher einige anatomische Besonderheiten. So fehlen der Mumie die Weisheitszähne und das zwölfte Rippenpaar. Diagnostiziert werden können außerdem noch ein Serienrippenbruch, eine zystenartige Veränderung an der kleinen Zehe sowie arthritische Abnutzungserscheinungen in den Gelenkbereichen. Zu den Besonderheiten der Mumie zählen Tätowierungen, die vermutlich als medizinische Markierungen angebracht sind.

Ausrüstung fürs Hochgebirge

Bekleidung und Ausrüstung des Mannes lassen erkennen, dass er für den Aufenthalt im Hochgebirge bestens gewappnet ist. Seine Tracht, bestehend aus Schuhen, Beinkleid, Lendenschurz, Mantel, Umhang und Mütze, ist vornehmlich aus Pelz-, Leder- und Grasmaterial hergestellt. Auch die Ausrüstung ist vielfältig. Zur Ausstattung zählen Feuersteingeräte (Messer, Klinge, Bohrer, Lamelle), eine Knochennadel, ein Geweihdorn sowie ein Retuscheur aus Lindenholz. Ein Kupferbeil nutzte er wahrscheinlich nicht nur als Werkzeug, sondern auch als Waffe. Ausschließlich als Waffe diente ihm neben einem Wurfholz auch ein Bogen aus Eibenholz inklusive Pfeilen und Köcher. In seiner hölzernen Rückentrage verbergen sich schließlich noch Kohlenstücke und Zundermasse zum Feuermachen sowie eine kleine Reiseapotheke.

Die Mumie des Gletschermannes »Ötzi«

Ein Mord im Bergmassiv?

Einige Prähistoriker gehen davon aus, dass »Ötzi« Schaf- und Ziegenhirte war. Allerdings passt seine wehrhafte Ausrüstung auch sehr gut zu einem Jäger. Ein Beruf als Händler, Krieger oder Schamane wird ebenfalls in Betracht gezogen. Das wertvolle Metallbeil jedenfalls lässt den Schluss zu, dass es sich um eine höherstehende Person der damaligen Gesellschaft handelt. Doch was hat »Ötzi« in die Berge getrieben? Eine Version vermutet eine Herbstwanderung eines älteren, kränklichen Mannes. Im Ötztal zwingt ihn ein aufkommendes Gewitter zur Rast in einer Felsmulde, wo er einschläft und schließlich erfriert. Die wahrscheinlichere Variante ist ein gewaltsamer Tod. Denn erst Jahre nach dem Fund Ötzis wird eine Pfeilspitze aus Feuerstein in einer Schulter und eine Schnittverletzung an einer Hand der Leiche entdeckt. Eine krankheitsbedingte Schwäche kommt hinzu, denn der bronzezeitliche Wanderer ist von Parasiten befallen.

Ötzis letzte Reise

Die wissenschaftlichen Untersuchungen der Mumie in Innsbruck führen im Lauf der Zeit zu einem weltweiten, interdisziplinären Forschungsprojekt. Mehr als 150 Fachleute aus 60 wissenschaftlichen Institutionen wollen an der Erforschung des einzigartigen Studienobjektes teilnehmen. Sechs Jahre verbringt der Eismann in der exklusiv für ihn gebauten Kühlzelle im Institut für Anatomie der Universität Innsbruck. Dann stellt sich heraus, dass die Fundstelle 92,6 m jenseits der österreichischen Grenze liegt und somit zur autonomen italienischen Provinz Bozen gehört. Mumie und Ausrüstung werden daraufhin in das Archäologiemuseum Südtirol verlegt. Dort ist der Fund, der zu den bedeutendsten archäologischen Entdeckungen des 20. Jahrhunderts zählt, seitdem zu besichtigen.

01246
Ötzis Tod – ein Steinzeitkrimi

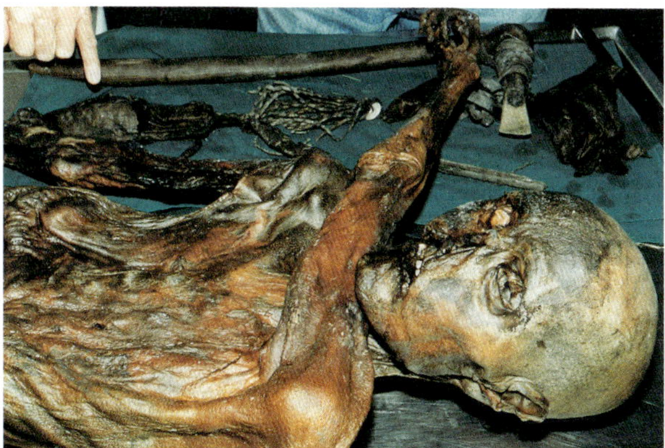

Durch den sensationellen Erhaltungszustand ist erstmals ein Individuum der Bronzezeit wissenschaftlich fassbar.

Epochale Erfindungen der Menschheit

Neue Erfindungen erleichtern den frühen Hochkulturen das Leben. Technische Entwicklungen katapultieren die Menschen am Ende der Jungsteinzeit in ein neues Zeitalter.

■ **Um 3500:** Eine der bedeutendsten frühen Errungenschaften der Menschheit ist die Erfindung des Rades. Bei der ältesten bekannten Form handelt es sich um eine Töpferscheibe, die vermutlich mesopotamische Töpfer herstellen. Die ersten Wagenräder sind volle Scheiben. Um 2000 entstehen in Nordmesopotamien die leichteren Speichenräder. Zwei oder drei sternförmige Speichen gehen von einer Nabe aus und werden von einer zu einem Kreis zusammengebogenen Holzfelge umschlossen. Sie sind fest mit der Achse verbunden.

Erster Strassenverkehr

Mit dem Aufkommen des Wagens geht um 3000 in Mesopotamien der erste Straßenbau einher. Diese neuen Verkehrswege zeichnen sich durch in den Fels gemeißelte oder mit Quadersteinen eingefasste Spurrillen für die Räder aus. Ähnliche Anlagen entstehen auch auf der Mittelmeerinsel Malta.

Mit dem Sesshaftwerden der Bauern in Mesopotamien, am Indus, in China und in Ägypten setzen Handelsbeziehungen zwischen den Niederlassungen ein, die immer stärker einen geordneten Landverkehr erforderlich machen. Seither weiten sich die geregelten Nahverkehrswege aus.

Für Transporte benutzt man sowohl in Asien wie im Mittleren Osten vorwiegend Tragtiere: Esel und in der Induskultur Trampeltiere. Außerdem etablieren sich die ersten Handelskarawanen. Für den Nahverkehr kommen in Indien zweirädrige, in Sumer zwei- und vierrädrige Karren in Gebrauch. Die Wagen werden entweder von Menschen, als Lastkarren auch von Ochsen gezogen.

Bauer am Pflug mit Zugtieren; Bronzestatuette aus Frankreich

Pflug erleichtert Ackerbau

Etwa gleichzeitig mit der Erfindung des Rades findet die Entwicklung des Pfluges statt, der die Bearbeitung des Bodens erleichtert und von Rindern gezogen wird. Zum Urbarmachen von Land, aber auch zum Ausbringen der Aussaat bedienen sich die Sumerer des hölzernen Hakenpfluges. Das Gerät besteht aus einer Zugstange, deren vorderes Ende mit Riemen am Gehörn von zwei Kühen befestigt ist und die an ihrem hinteren Ende den Hinterbaum, den eigentlichen hölzernen Pflugstab, trägt. Dieser ist unten zugespitzt. Schwere Pflüge dienen einer tieferen Umwälzung des neu zu erschließenden Bodens. Mit leichten Hakenpflügen wird das auf die Felder ausgestreute Saatgut mit Erde bedeckt.

Wasserwirtschaft entsteht

Mit dem Sesshaftwerden der Menschen genügt die Wasserversorgung aus Brunnen, Quellen und Flüssen mit jahreszeitlich stark wechselnder Schüttung nicht mehr. In Ägypten und Mesopotamien legen die Bauern um 3000 deshalb allenthalben Kanal- und Wasserbevorratungssysteme an. Wasserlieferanten sind vor allem die großen Ströme: Nil, Euphrat und Tigris.

Die Ägypter legen quer zur Strömung des Nils Dämme an und teilen damit das Flussbett in große Becken, zwischen denen der Strom eingedeicht ist. Die Becken sind sorgfältig eingeebnet und 400 bis 1700 ha groß. Von ihnen aus verlaufen Stichkanäle bis an den Rand der Wüste, wo sie wiederum Kanäle speisen, die parallel zum großen Strom verlaufen.

Im Herbst tritt der Nil wegen starker Regenfälle in seinem Quellgebiet über die Ufer und überschwemmt sein ganzes Tal. Während des Hochwassers öffnen die Bauern die Sperrdämme, welche die Kanäle vom Nil trennen. Die künstlichen Wasserläufe und Becken füllen sich dann. Hat das Hochwasser seinen Maximalpegel erreicht, werden die Kanalmündungen wieder abgedichtet. Noch etwa zwei Monate nach dem Absinken des Nilpegels steht das gespeicherte Wasser in den Reservoiren

Streitwagen mit Rädern aus Vollholz auf der Standarte von Ur, einem mesopotamischen Mosaik (um 2650)

1 bis 2 m über dem Flussniveau. Die Wasservorräte genügen, um einjährige Feldkulturen zu versorgen: Getreide, Gemüse, Kräuter und Blumen.

Experimente mit Glas

Zwischen 3200 und 3000 entdecken Metallschmelzer in Ägypten mehr oder weniger zufällig das Entstehen eines neuen Materials in ihrem Ofen: Glas.

Sie experimentieren gezielt, um den Prozess zu wiederholen und die dafür nötigen Bestandteile der Schmelze herauszufinden. Jetzt beherrschen sie die Kunst des Glasmachens und stellen erste Gegenstände, vor allem bunte Perlen und kleine Stäbchen, her.

Das altägyptische Glas besteht aus Kieselsäure, Kalzium und Natrium, ist also ein Kalknatronglas. Seine Gewinnung setzt die Fähigkeit voraus, Quarz (Kieselsäure) schmelzen zu können. Reiner Quarzsand verflüssigt sich erst bei etwa 1700 °C, durch den Zusatz von Soda, Glaubersalz oder Pottasche erfolgt die Verflüssigung schon bei rund 1200 °C. Dafür sind besondere Öfen mit Blasebalg-Belüftung erforderlich.

Wichtig ist ferner das Wissen um die Zusammensetzung des Schmelzflusses. Die ägyptischen Glasmacher vermischen Sand mit Kalk und Soda und schmelzen diesen Glassatz in einem Erdloch oder in einem Tontiegel. Vom erkalteten Glasblock wird der Tiegel abgesprengt und das neue Material freigelegt. Um es zu formen, wird es nochmals erhitzt und dann auf einer Unterlage gerollt.

Schreibmaterial Papyrus

Um 3000 erfinden ägyptische Schriftgelehrte ein neues, leichtes Schreibmaterial. Es wird aus dem Mark der im Norden des Landes weit verbreiteten Riedgrasart Papyrus gewonnen. Die Stängel der 4 m hohen Staude werden in 40 cm lange Stücke zerschnitten und diese dann in Markstreifen zerlegt, die man zweischichtig kreuzweise flach aneinander legt und dann so lange mit einem Schlegel bearbeitet, bis der Saft sie zu einem homogenen Blatt verklebt. Wenn sie getrocknet sind, werden die einzelnen Blätter noch mit einem Holz- oder Elfenbeinwerkzeug geglättet.

Menes gründet Grossreich

Mit Menes beginnt das Pharaonentum und die eigentliche Geschichte Ägyptens. Er gründet Memphis und baut die Stadt zum Zentrum des neuen vereinigten Reiches aus.

■ **Um 3100:** Menes (nach anderen Quellen Narmer), König von Oberägypten, vereinigt die beiden ägyptischen Reiche und begründet die Erste Dynastie. Der Herrscher trägt die weiße Krone Oberägyptens, die er später mit der roten Krone Unterägyptens symbolisch zu einer Doppelkrone vereint, um damit seinen Machtanspruch auf ganz Ägypten zu dokumentieren. Im Mittelpunkt der neuen Ordnung, die in dem doppelten Herrscheramt des Königs ihren Ausdruck findet, steht das Königtum. Der ägyptische Pharao gilt als Inkarnation des Gottes Horus, der durch ihn die Welt regiert.

Ägypten zählt zu den am frühesten von Menschen besiedelten Gebieten der Erde. Erste agrarische Siedlungen entstanden um 4200 im Nildelta und in der Senke von Faijum. Neben der Haltung von Schweinen, Rindern, Schafen und Ziegen wurden dort Weizen und Gerste angebaut. Nach und nach kristallisierten sich Lokalherrschaften entlang des Nils heraus. Bereits vor 3100 entstanden daraus die beiden Großreiche Unterägypten (Gebiet um das Nildelta) und Oberägypten (oberes Nildelta bis Elephantine).

Menes gründet Memphis

Der Reichseiniger Menes stammt aus dem oberägyptischen Gau Thinis. Die Stadt Thinis wird zur neuen Hauptstadt erklärt. Nach der Einigung von Ober- und Unterägypten verlegt Menes das Verwaltungszentrum des neuen, zentralistischen Staates in das von ihm gegründete Memphis (»Weiße Mauer«) im Nildelta. Menes wählt die Stelle für die Stadtgründung genau dort, wo zuvor die Grenze zwischen den beiden Reichen verlief. Damit will der König den erfolgreichen Zusammenschluss der Länder unterstreichen. Er dokumentiert seine herrschaftliche Größe mit einem gewaltigen technischen Projekt. Menes lässt Land durch einen Damm sichern und den Nil umleiten. Dadurch entsteht ein trockenes Flussbett, in dem Memphis errichtet wird. Der neue Flusslauf strömt mitten zwischen den Bergen in einen Kanal. Um die Stadt herum lässt Menes einen See graben. Als bedeutendstes Bauwerk in Memphis wird ein Tempel zu Ehren des Ptah errichtet, der als Schöpfergott in Form eines Stieres verehrt wird und im Alten Reich an der Spitze des ägyptischen Pantheons steht.

Ägyptische Bauern beim Pflügen; Relief aus den Adelsgräbern auf der Elephantine-Insel am Nil

Sandrelief mit der »Galerie der Könige«, die alle Königsnamen von Menes bis Sethos I. (rechts) aufzählt

Dynastie setzt auf Expansion

Das gesamte Land wird in 42 Gaue unterteilt, die sich schon in vorgeschichtlicher Zeit als regionale Wasserwirtschaftsgemeinden herausgebildet haben. Es gelingt Menes, seine Macht bis nach Nubien, Libyen und zum Libanon auszuweiten, um sich fehlende Rohstoffe – Mineralien, Steine und Hölzer – zu sichern. Der Überlieferung nach werden unter der Herrschaft von Menes auch die Hieroglyphen erfunden.

Die Einteilung der ägyptischen Geschichte in 30 bzw. 31 Dynastien geht auf Manetho, einen ägyptischen Geschichtsschreiber, zurück. Danach beginnt mit König Menes die Erste Dynastie und gleichzeitig die Thinitische Epoche.

00939
Herodot über Gründung von Memphis

Der griechische Geschichtsschreiber Herodot (um 490–425 v. Chr.) berichtet über den ersten König Ägyptens:
»Von Menes ... erzählen die Priester, er habe Memphis durch einen Damm gesichert ... Menes schuf etwa 100 Stadien oberhalb von Memphis durch Dämme die südliche Biegung des Stromes, trocknete das alte Flussbett aus und bewirkte, dass der Fluss mitten zwischen den Bergen in einen Kanal strömte.«

Hieroglyphen-Kultschrift der Ägypter

Die ägyptische Hieroglyphenschrift ist nur wenig jünger als die von der sumerischen Hochkultur in Mesopotamien entwickelte Keilschrift. Aus der anfänglichen Kultschrift der Könige entwickelt sich ein Instrument der ägyptischen Verwaltung.

Hieroglyphen-Relief von der Elephantine-Insel im ägyptischen Assuan-Gebiet

■ **Um 3000:** In Ägypten werden die Hieroglyphen erfunden – bildhafte Zeichen, die auf Papyrus aufgetragen oder in Stein gemeißelt werden. Der ägyptische Mondgott Thot, eine der ranghöchsten Gottheiten des alten Ägypten, gilt als ihr Erfinder. Als mythischer Schöpfer der Hieroglyphen symbolisiert Thot den Beginn der Schriftkultur und gilt als Schutzpatron der Schreiber und Rechner. Der Mondgott ist Berechner der Mondphasen und des Mondumlaufs und wird deshalb auch als Begründer der Wissenschaften verehrt.

Hieroglyphen auf Papyrus

In der Anfangszeit steht eine Hieroglyphe für ein Wort bzw. für einen Gedanken. Die Schrift besteht aus einer Kombination von Ideogrammen (Zeichen, die für Gedanken stehen) und Phonogrammen (Zeichen, die Laute ausdrücken). Bei der ägyptischen Schrift gibt es neben der Zuordnung von Zeichen und Wort das Phänomen, dass dasselbe Zeichen für ein Wort ähnlicher Lautung verwendet wird, das nicht zeichnerisch darstellbar ist – wie Namen oder Abstrakta. Um die Übertragbarkeit nicht zu sehr einzuschränken, wird dabei von den Vokalen abgesehen.

02501 Keiner glaubt Champollion

Papyrusrollen werden anfangs in senkrechten Zeilen von rechts nach links beschrieben. Die Hieroglyphen finden aber auch auf Steinwänden von Tempeln und Gräbern sowie in der Malerei Verwendung. Daraus entwickelt sich fast zeitgleich die mit Binse und Tinte auf Papyrus, Kalkstein oder Scherben geschriebene hieratische Schrift, bei der die Zeichen zu Strichen und Strichgruppen verkürzt sind.

Kult- und Amtsschrift

Die als Hieroglyphen bezeichnete Bilderschrift (griechisch: hiero = heilig, glyphen = Zeichen) dient in erster Linie als Kultschrift, die zu Repräsentations- und Herrscherzwecken eingesetzt wird und der eine magische Bedeutung zugeschrieben wird. Doch neben die Aufzeichnung und Kodifizierung der Religion tritt insbesondere beim Schreiben auf Papyrus der Einsatz der Schrift in Verwaltung und Bürokratie. Auch zahlreiche literarische Zeugnisse sind belegt. In Ägypten mit seinem hierarchischen, zentral organisierten Verwaltungsapparat sind die Schreiber hoch angesehen. Sie rekrutieren sich nicht aus einer besonderen Schicht, sondern sind unterschiedlicher sozialer Herkunft. Der Schreiberberuf kann für jemanden, der ursprünglich nicht dem Stand der Priester oder Höflinge angehört, zum Sprungbrett für eine steile Karriere werden. Je nach Fähigkeiten sind Schreiber mit der Registrierung von Waren oder Ernten, der Vermessung von Feldern, aber auch der Zumessung von Strafen betraut.

Statuette des Mondgottes Thot mit einem Schreiber; 18. Dynastie um 1340 v. Chr.

Der Stein von Rosette

Die Bedeutung der alten ägyptischen Schrift ging mit dem Untergang der Hochkultur um die Zeitenwende verloren. 1800 Jahre später konnte das Rätsel um die Hieroglyphen dank eines einzigen Fundes entschlüsselt werden: Der Stein von Rosette, nach seinem Fundort in Ägypten benannt, wurde im Sommer 1799 von dem französischen Offizier Pierre François Xavier Bouchard entdeckt, der Napoleons Ägyptenfeldzug begleitete. Der Stein verfügt über enorme Ausmaße: Bei 1,14 m Höhe, 72 cm Breite und einer Stärke von etwa 28 cm beträgt sein Gewicht 762 kg. Die Schriftzeichen auf dem Stein sind in zwei Sprachen abgefasst: Ägyptisch und Griechisch. Von dem in Hieroglyphen geschriebenen ägyptischen Text blieben nur die letzten 14 Zeilen erhalten. Der Rest des Textes, ein von einer Priestersynode erlassenes Dekret, konnte dank der Existenz zweier identischer Kopien, später wiederhergestellt werden.

Verschiedene Gelehrte haben sich an der Entzifferung der Hieroglyphen versucht. Den mit Abstand größten Anteil an der Entschlüsselung hatte der Franzose Jean François Champollion (1790–1832). Im Jahr 1821 veröffentlichte er die Ergebnisse seiner 13-jährigen Arbeit am Stein von Rosette. Die ersten Schriftzeichen konnte er anhand der Namenskartusche des Ptolemaios und des Namens der Königin Kleopatra deuten. Die restlichen Hieroglyphen auf dem Stein von Rosette entschlüsselte er in den darauf folgenden Jahren. Heute kennt man etwa 6000 altägyptische Schriftzeichen. Das liegt vor allem an der Tatsache, dass die Hieroglyphen von den Ägyptern als heilig verehrt wurden und daher einigermaßen unbeschadet an die jeweils nächste Generation weitergereicht wurden.

Die Steinreihen von Carnac

Die Alignements von Carnac – parallel zueinander stehende Reihen von riesigen Steinen – gehören heute zu den eindrucksvollsten Denkmälern der megalithischen Kultur. Ihre wahrscheinlich rituelle Bedeutung bleibt rätselhaft.

Um 3000: In der heutigen Bretagne errichten Menschen der Jungsteinzeit rund 3000 Findlinge. Die Anordnung von Megalithen (große Steine) in Alignements gehört zu den auffälligsten prähistorischen Zeugnissen menschlicher Kultur. Sie finden sich v. a. im Nordwesten Europas. Zusammen mit den kreisförmigen, von einem Graben umgebenen Henges bilden diese Stätten eine geschlossene Gruppe von kultischen Monumenten. Obwohl der Legende nach von Riesen errichtet, wurden die Steinreihen von Carnac von Menschenhand im Boden verankert. Ihre Höhe variiert von 80 cm bis 22 m. Die Steine sind in mehreren Reihen aufgestellt, welche sich auf drei verschieden große Gebiete verteilen: Kermario, Kerlescan und Le Menec.

Menhir-Feld in Carnac an der Südküste der Bretagne

Fundorte Kermario, Kerlescan und Le Menec

Die steinernen Bauwerke von Carnac bestehen aus mehreren Elementen. So finden sich abgeschlossene Räume, die sich aus sehr nahe beieinander stehenden Steinen zusammensetzen sowie Gruppen von Steinreihen, die sich zwischen diesen Alignements befinden.

Die wahrscheinlich schönsten Exemplare Carnacs sind die Alignements von Kermario. Am Ende dieses Steinreihenfeldes, das aus 1029 in zehn Reihen aufgestellten Menhiren besteht, befindet sich u. a. ein großer, mit schlangenförmigen Gravuren verzierter Menhir (stehender Stein), der einen Grabhügel markiert. Weitere Steine existieren in der Nähe des Dorfes Kerlescan. Dort sind insgesamt 555 Menhire in 13 Reihen von 280 m Länge zusammengefasst. Im Westen sind diese Reihen von einer kreisbogenförmigen Einfassung aus 39 Steinen begrenzt. Davor bilden einige eng nebeneinander stehende Menhire das sog. Viereck von Manio. Unweit davon erhebt sich der höchste noch aufrecht stehende Menhir von Carnac, der »Riese von Manio« mit 6,5 m. Die Alignements von Le Menec schließlich bilden das westlichste der drei großen Steinreihenfelder, das aus insgesamt 1099 Steinen in elf Reihen besteht.

Kult und Kalender

Der Zweck der Alignements von Carnac ist sehr wahrscheinlich ritueller Art. Man geht davon aus, dass sie in erster Linie für die Bestattung von Menschen oder den Kult – als Heiligtum zur Huldigung der Götter – bestimmt sind. So spiegelt die Errichtung der gewaltigen Steinanordnungen vielleicht eine zunehmende Tendenz zu kultischer und damit wohl auch politischer Zentralisation wider. Welche Art religiösen Glaubens als Hintergrund für den Bau der Monumente gedient haben mag, ist unbekannt. Allerdings beachteten die Konstrukteure zweifellos astronomische und jahreszeitliche Aspekte. So sind ein Großteil der Steinreihen als Kalender zu verwenden, da ihre Elemente in Beziehung zur Bahn der Sonne zu stehen scheinen. Aufgrund des ausgewählten Standortes der Megalithen können die Menschen dieser Zeit also bereits Jahreszeiten bestimmen.

02507
Gott lässt Soldaten zu Stein werden

Glockenbecherkultur verbindet Europa

Vom Rhein bis nach Sizilien entstehen einheitliche Keramikformen, welche die Menschen Europas erstmals kulturell miteinander verbinden. Die Keramik ist durch einen rötlichen oder gelblichen Farbton gekennzeichnet.

Glockenbechergefäß mit Stempelverzierung aus Niederösterreich

■ **2800:** Die Glockenbecherkultur dehnt sich wie keine andere Kultur dieser Zeit über Europa aus. Der Name der Kultur leitet sich von den charakteristischen Gefäßen ab, die an eine auf dem Kopf stehende Glocke erinnern. Diese Form verbreitet sich über die Iberische Halbinsel, das Mittelmeergebiet, Frankreich, die Britischen Inseln bis zum Ostufer des Rheins und nach Süddeutschland. Insgesamt entwickeln sich 28 regionale Gruppen. Fast immer ist sie mit horizontalen Linien dekoriert, die sich in einigen Zentimetern Abstand um die Gefäße ziehen. Diese sog. Metopenbecher kommen vor allem in Mitteleuropa vor. Andere Varianten sind rundum einheitlich verziert. Auffällig sind auch sog. Zonenbecher, die von oben nach unten bandförmige Zonen undekoriert lassen und aus der frühen Phase der Kultur stammen. Neben Keramik stellen die Glockenbecher-Leute auch Holzgefäße her.

Verschiedene Bestattungen

Die Grabkultur zeichnet sich durch Einzelbestattungen in kleinen Gräberfeldern aus. Die Toten liegen nordsüdausgerichtet in Hockerstellung in den Gräbern. Erstmals findet geschlechtsspezifische Bestattung statt. Männer und Frauen werden in unterschiedlicher Haltung in die Erde gelegt. Frauen liegen stets auf der rechten Seite, den Kopf im Süden, Männer auf der linken Seite, den Kopf im Norden. Der »Blick« ist bei den Toten beider Geschlechter stets nach Westen gerichtet.

Waffen, Met und Pferde

Weite Verbreitung finden auch Armschutzplatten, steinerne Platten von mehreren Zentimetern Größe, die mit Hilfe von Riemen am linken Unterarm befestigt werden. Die Platten dienen zum Schutz des Armes bei intensivem Gebrauch von Pfeil und Bogen, die vermutlich ebenso mit ins Grab gelegt werden, aber im Laufe der Zeit vergehen. Vermutlich dienen die Schusswaffen sowohl zur Verteidigung als auch zur Jagd. Auf eine wehrhafte Kultur deuten auch die als Grabbeigaben ebenfalls beliebten Dolche hin. Werden sie zu Beginn der Glockenbecherzeit noch aus Feuerstein geschlagen und mit einem Griff aus Holz versehen, tauchen schon bald Klingen aus Kupfer auf, die Vorboten der europäischen Bronzezeit.

Es sind vor allem zwei Errungenschaften, die die Glockenbecher-Leute auf eine neue Stufe der Zivilisation heben: Pferde und Alkohol. Das Pferd als Reittier ist erstmals in Spanien und auf den Britischen Inseln belegt und revolutioniert die Lebensweise in ganz Europa. Bislang unüberbrückbare Entfernungen schrumpfen mit einem Mal zu Strecken von wenigen Tagesritten zusammen. Es ist die Mobilität, die dazu führt, dass sich die Glockenbecherkultur rasch über so große Gebiete ausdehnen kann.

Alkohol wird in Form eines metähnlichen Getränks hergestellt und mit Kräutern und Wildfrüchten aromatisiert. Rückstände dieser Flüssigkeit tauchen selten in großen Gefäßen auf, ein ritueller Gemeinschaftstrunk ist deshalb unwahrscheinlich. Hingegen haben sich entsprechende Pflanzenpollen in kleinen Bechern erhalten. Alkohol diente demnach Zwecken des privaten Lebens und der Gastfreundschaft.

Die Glockenbecherkultur hinterlässt keine Hinweise auf Häuser. Während die Gebäude der früheren jungsteinzeitlichen Gruppen durch Pfostenspuren im Boden nachweisbar sind, fehlen diese nun völlig. Möglicherweise erfinden die Menschen der Glockenbecherkultur die Blockbauweise, bei der Holzstämme übereinander gelegt und Verankerungen im Boden unnötig werden.

Almería-Kultur betet zur Augen-Göttin

Die sog. Augengöttin der Los-Millares- und Almeria-Kultur wird zur häufigsten Darstellung auf der Iberischen Halbinsel. Die Funktion der Bilder ist unbekannt, anscheinend sollen sie Böses abwenden oder eine alles sehende Gottheit zeigen.

■ **Um 3000:** Im Osten des heutigen Spanien entsteht ein Kult, dessen Gottheit stets mit überdimensionalen Augen dargestellt wird. Oft ritzen die frühen spanischen Künstler nur Augen in Platten oder auf Menhire und benutzen die Umrisse der Objekte als Körper.

02502 Das alles sehende Auge der Göttin Maat

Die Abbildung von Augen ist in ganz Europa ein beliebtes Motiv. Die Menhire entlang der Atlantikküste sind mit so genannten Oculi verziert. Man findet sie auf Brettidolen auf Zypern und später im antiken Griechenland.

Luftbild einer bronzezeitlichen Höhensiedlung bei Almería in Spanien

Gigantische Tempelbauten auf Malta

Die frühen Malteser kennen die Kunst der Metallverarbeitung noch nicht, sondern leben in einer jungsteinzeitlichen Kulturstufe. Mit imposanten Kultbauten erreicht die Megalithkultur auf Malta beachtliche Ausmaße.

■ **Um 3000:** Auf Malta entsteht der Tempel von Hal Tarxien. Bald zieht sich eine Kette von riesigen Kultbauten über die gesamte Mittelmeerinsel. Auf Malta ist – wie auch an der europäischen Atlantikküste – der Bau von Grab- und Tempelanlagen aus großen Steinen üblich. Die Erbauer der imposanten Anlagen verschwinden, ohne nennenswerte Spuren zu hinterlassen.

Geheime Kammern

Alle Megalithanlagen des maltesischen Archipels weisen einen kleeblattförmigen Grundriss auf. Vermutlich rührt diese Gestalt von der Form alter Felsgräber her. Die Tempelanlagen von Hal Tarxien tragen Tierdarstellungen auf Reliefs. Auch sind viele Tierstatuetten erhalten, die auf einen Jagdkult hindeuten. Wichtiger aber ist die Orakelfunktion des Tarxientempels. Wie andere Kultbauten Maltas ist auch Hal Tarxien so konstruiert, dass ein Priester unbemerkt eine verborgene Kammer betreten kann. Von hier führt ein röhrenförmiges Loch durch eine Trennwand in einen Gebetsraum. Durch dieses Loch teilt der Priester den Gläubigen Orakelsprüche mit, die für die Anwesenden wie eine göttliche Stimme durch die Gebetshalle schallen.

Von beachtlichem Ausmaß ist auch das Hypogäum (unterirdischer Raum) von Hal Saflieni, das zugleich als Tempel und Bestattungsplatz genutzt wird. Hier stellen die Malteser zwei weibliche Statuen auf, die zu schlafen scheinen. Die Plastiken sind vermutlich Idole eines Orakelkultes mit Tempelschlaf. Die gesamte Anlage ist mit liebevoll angebrachten Verzierungen versehen. Spiralmuster überziehen die Decken, eine Wand ist mit einem seltenen Schachbrettmuster dekoriert.

Wände von 50 t Gewicht

Das größte und älteste Heiligtum steht auf der Nachbarinsel Gozo. Die »Ggantija« besteht aus zwei Tempeln. Einige der zum Bau verwandten Megalithen haben die Größe kleiner Häuser und wiegen bis zu 50 t. In die »Ggantija« werden Tabernakel eingehauen, in denen Kultgefäße aufgestellt werden.

Das Heiligtum von Hagar Qim erhebt sich an der Südküste der Insel. Viele Platten und Blöcke sind mit Punktmustern von kleinen Bohrlöchern überzogen. In Nischen und Schreinen werden Tiere geopfert. Für die Kulthandlungen stehen gewaltige Altäre bereit. Bei der Entdeckung des Tempels kamen viele Statuen und Statuetten zutage, die Frauen darstellen. Ein Kult um eine weibliche Gottheit ist wahrscheinlich. Auch die Megalithkulturen auf dem Festland beten etwa zeitgleich zu einer Göttin. Ob zwischen Malta und der europäischen Atlantikküste ein Kulturtransfer stattgefunden hat, ist nicht sicher. Keramikfunde belegen Verbindungen Maltas nach Syrien, Palästina, Ägypten und den Äolischen Inseln. Einige Idole erinnern an kupferzeitliche Kultfiguren von den Kykladen. Knöpfe aus Perlmutt und Stein mit v-förmiger Durchbohrung haben ihre Gegenstücke in Frankreich und auf der Iberischen Halbinsel.

Die Erbauer der Megalithen haben auf Malta kaum Spuren hinterlassen. Siedlungen aus dem Neolithikum sind auf der Insel bis heute nicht bekannt. Möglicherweise wurden die Orte immer wieder überbaut. Die Forschung vermutet heute, dass neolithische Pilger vom Festland nach Malta gereist sind, um beim Aufbau der Kultstätten zu helfen.

01363 Die Entdeckung des Hypogäums

Eingangsportal der Tempelanlage von Hal Tarxien

Erster Bericht über die Sintflut

Für die moderne Forschung gilt das Sagenepos über den mesopotamischen König Kisch als ältestes Indiz für die in der Bibel beschriebene Sintflut. Der Kern dieser Sintflutsage ist jedoch bis heute heftig umstritten.

■ **2950:** Das mesopotamische Epos um König Kisch entsteht. Der Text enthält Hinweise auf eine gewaltige Flutkatastrophe. Spuren der Sintflutlegende finden sich im Atrachsis-Mythos, im Gilgamesch-Epos und in der Ziusudra-Erzählung. Später taucht die Geschichte in der Bibel auf. Belege einer Überschwemmung, die ganz Mesopotamien verschlungen und bis zum Gipfel des Ararat gereicht haben soll, gibt es nicht. Holz, das auf dem Ararat gefunden wurde, stammt vermutlich nicht von der Arche Noah, sondern von einem Kloster. Die Entstehung der Sintflutsage wird heute auf das Ende der letzten Eiszeit zurückgeführt: Um 10 000 ließ die Gletscherschmelze den Meeresspiegel ansteigen, der weite Küstenregionen überspülte.

02504 Die Sintflut in der Bibel

Der Bau der Arche; byzantinische Elfenbeintafel des 9. Jahrhunderts

Der französische Philosoph Voltaire (1694–1778) über die Sintflut:
»Indessen wäre es dumm, die Geschichte von der Sintflut zu erklären, zumal dies die wunderbarste Sache ist, wovon man jemals gehört hat. Sie zählt zu jenen Rätseln, die man kraft des Glaubens nicht bezweifelt.«

Bronze – ein Metall verändert die Welt

Mit der Verbreitung der Bronzemetallurgie tritt Europa in ein neues Zeitalter ein. Ägypter und Mesopotamier nutzen Bronze schon seit mehreren hundert Jahren als Basis ihrer Hochkulturen. Die Bronzezeit kann dank ihres Formenreichtums von der Archäologie in wesentlich kürzere Zeitabschnitte eingeteilt werden als bisher üblich.

Um 2000 v. Chr. kommt in den Gesellschaften des nordalpinen Raums immer mehr Kupfer und Bronze in Umlauf. Insbesondere in drei großen Regionen Europas wird zu dieser Zeit Metall verwendet: in der Atlantikregion (vor allem in der Bretagne und Wessex), in der zentraleuropäisch-karpatischen Region und im mitteldeutschen Gebiet (Aunjetitzer Kultur). Die Grundlagen des Wohlstands der Aunjetitzer Kultur sind reiche Vorkommen an Gold, Kupfer und Zinn. Ihren Einfluss machen die mächtigen Aunjetitz-Gruppen besonders in England, Irland, der Bretagne und in den Ostseegebieten geltend.

In Europa entwickelt sich ein zusammenhängendes Produktionssystem, dessen gemeinsamer Wertmaßstab Bronze ist. Die Produktion und der Austausch von Prestigewaren spielen eine derart große Rolle, dass sogar die metallarmen Ostseegebiete in die gemeinsame Bronzekultur mit einbezogen werden. Dort dient allerdings eher das reiche Vorkommen des Bernsteins als Grundlage des kulturellen Austauschs.

Die große Nachfrage nach Metall führt dazu, dass sich auch die Lebensweise der Menschen ändert. Macht, Reichtum und Status haben plötzlich eine ganz andere Bedeutung. So werden in manchen Gebieten bedeutende Personen in riesigen Hügelgräbern beigesetzt. Um die soziale Stellung des Verstorbenen hervorzuheben, sind diese mit kostbaren metallenen Grabbeigaben bestückt. Vom hohen Status der Besitzer zeugen auch die Waffen, die um 2000 v. Chr. in großen Teilen Europas gefertigt werden. Besonders der Stabdolch findet eine große Ausbreitung in der gesellschaftlichen Elite des europäischen Raums.

Schwert als Machtsymbol

Um 1700 v. Chr. löst sich das Zentrum der Aunjetitzer Kultur auf. Ursache dafür ist wahrscheinlich der Zusammenbruch der zentraldeutschen Kupferversorgung aus dem Harz. Nördlich der Alpen entwickelt sich ein großer, einheitlicher Kulturkomplex, der die Machtkonzentration einzelner Gebiete des europäischen Raums ablöst. Allein das Karpatenbecken, das über weit verzweigte Verbindungen u. a. nach Norddeutschland und Südskandinavien verfügt, spielt eine dominierende Rolle im europäischen Metallgewerbe. Innerhalb dieses weitläufigen nordalpinen Gebietes vollzieht sich auch eine wichtige waffentechnische Neuerung: Ebenso wie der Stabdolch wird das Schwert ein Symbol für Macht und Würde und die wichtigste Waffe eines Kriegers.

Etablierung der Kriegerelite

Die Herrscherhäuser des ägäischen Raums spezialisieren sich in der Mitte des 2. Jahrtausends v. Chr. auf eine ganze Reihe von Handwerkstechniken. Ein Monopol haben die reichen Paläste im Süden Europas u. a. auf die Herstellung von Kriegsmaterial. Das ändert sich, als eine politische und wirtschaftliche Krise große Teile des östlichen Mittelmeergebietes umfasst und die mykenische Zivilisation sowie das Reich der Hethiter langsam zerfallen. Es folgt ein reicher Austausch von Gütern zwischen ostmediterranen sowie zentraleuropäischen Kulturelementen und Handwerkstechniken.

Kultwagen mit Kessel und Vogelfiguren aus Siebenbürgen; späte Bronzezeit

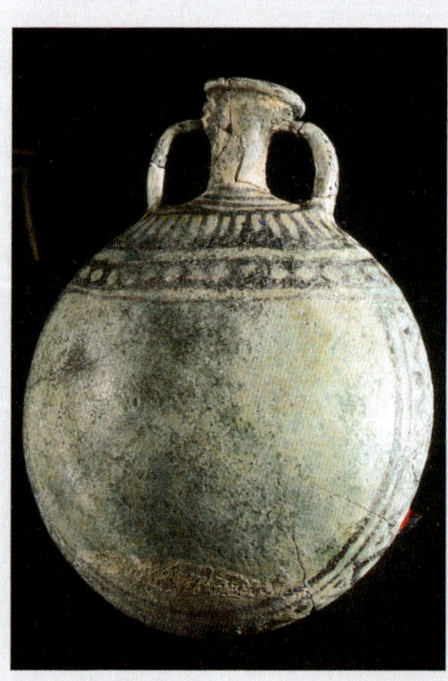

Bronzezeitliche Fayenceflasche für Parfüm aus Palästina

Die zentraleuropäischen Krieger können sich ab etwa 1300 v. Chr. u. a. mit Bronzepanzern schmücken, die im Mittleren Orient bereits seit dem 15. Jahrhundert v. Chr. bekannt sind. Wie die Panzer sind auch die Metallhelme eine orientalische Erfindung, die sich nur langsam in nordwestlicher Richtung verbreitet. Ebenfalls um 1300 v. Chr. erreichen sie Zentral- und Nordeuropa, wo sie als Kappen-, Glocken- und Kammhelme Verbreitung finden. Gegen Ende des 13. Jahrhunderts wird in Europa auch das Rundschild gefertigt – zunächst aus mit Metall beschlagenem Holz, später aus Bronze.

Mesopotamien – erste Hochkultur

Im 5. Jahrtausend entstehen auf einer weitgehend kahlen Schwemmlandebene im südlichen Zweistromland (Mesopotamien) zahlreiche kleine Siedlungen, aus denen die ersten Städte der Menschheit hervorgehen. Zwischen 3500 und 3000 entwickelt sich zwischen Euphrat und Tigris im zentralen Gebiet des heutigen Irak die erste Hochkultur der Menschheit.

Die archäologischen Wurzeln der Hochkultur reichen besonders im Norden Mesopotamiens weit in die Vorzeit, bis etwa 7000, zurück. Später verlagert sich der Ackerbau von den regenreichen Hängen des Sagros-Gebirges in das bei künstlicher Bewässerung fruchtbare Schwemmland des südlichen Mesopotamien. Der Reichtum dieses Gebietes zieht in der Folgezeit immer neue Nomadenvölker an, die rasch sesshaft werden.

Mit dem Volk der Sumerer, die dem südlichen Mesopotamien den Namen Sumer gaben, ist eine erste Einwanderungswelle historisch erfassbar. Die Sumerer sind gute Landwirte und kennen sich in der Kunst der Bewässerung aus. Es gilt als sicher, dass sie mit den Ureinwohnern zu einem Volk verschmelzen und um die Wende vom 4. zum 3. Jahrtausend die früheste nachweisbare Hochkultur der Menschheit schaffen. Die ersten Städte entstehen, die Schrift wird erfunden, religiöse Riten werden geschaffen und ein Nachrichtenwesen organisiert. Die frühdynastische Zeit Sumers, die um 2750 beginnt und bis etwa 2350 reicht, ist nur spärlich durch Quellen belegt und in ihrer zeitlichen Abfolge nicht gesichert. Archäologische Funde bezeugen eine Anzahl von Stadtstaaten geringer räumlicher Ausdehnung mit monumentaler Sakralarchitektur wie Ur, Uruk, Lagasch, Kisch, Umma und Mari, die nebeneinander existieren. Das um 2675 entstandene, doch erst seit etwa 1900 v. Chr. überlieferte Gilgamesch-Epos ist ein beredtes Zeugnis der frühen Kämpfe der Stadtstaaten untereinander.

Alle Macht liegt beim König

Die unvollständig erhaltenen sumerischen Königslisten nennen als bedeutende Herrscher Mesilim von Kisch (um 2700), Gilgamesch von Uruk (um 2675), Eannatum von Lagasch (um 2500), den Reformgesetzgeber Urukagina von Lagasch (bis etwa 2340) und Lugalzaggesi von Umma (um 2340). Er ist der erste Herrscher, der mit Lagasch, Ur, Uruk, Larsa, Kisch und Nippur ganz Sumer unterwirft. Die Könige regieren als absolute Priesterfürsten über befestigte Stadtanlagen, deren Mittelpunkt die monumentale Tempelanlage mit Zikkurat (Stufenturm) ist.

Um 2340 beendet der semitische König Sargon I. (um 2340 bis 2284) von Norden her die Vorherrschaft Sumers und gründet im mittleren Mesopotamien eine Residenz mit Namen Akkad, nach welcher der gesamte Nordteil Mesopotamiens bezeichnet wird. Sargon I. von Akkad unternimmt mit einem gut ausgerüsteten Heer Kriegszüge bis an die Mittelmeerküste und setzt sogar nach Zypern über. Seinem Anspruch auf Weltherrschaft verleiht der Titel »König der vier Weltgegenden« unmissverständlich Ausdruck. Doch schon knapp zwei Jahrhunderte später, um 2220, überrennen die Gutäer, ein kriegerisches Volk aus dem heutigen Iran, vom Sagros-Gebirge her das akkadische Großreich, das sich vom Persischen Golf bis Kleinasien erstreckt. Erst nach 2070 gelingt es Utuchengal, dem Herrscher von Uruk, die Eindringlinge zu vertreiben.

Die letzte Blütezeit Sumers bricht an. Ihr bekanntester Herrscher ist Gudea von Lagasch (um 2080–2060). Er legt schon während der Gutäerherrschaft die Grundlagen für den Wiederaufstieg Sumers. Bedeutende Herrscher wie Urnammu und Schulgi aus der III. Dynastie von Ur dehnen die Herrschaft Sumers fast auf die Größe des einstigen Großreiches von Akkad aus. Gegen 2000 v. Chr. greifen aus dem Osten die Elamiter an und zerstören Ur. Bald darauf dringen aus Syrien nomadisierende Amoriter ein, vertreiben die Elamiter und erheben Babylon am Euphrat zur neuen Hauptstadt. So endet nach 1500 Jahren das sumerische Zeitalter, doch sein kulturelles Erbe lebt weiter.

Babylonien und Assyrien

In der Folgezeit entwickeln sich aus den mesopotamischen Stadtstaaten zwei neue Großreiche: Babylonien im Süden und Assyrien im Norden, die in den nächsten eineinhalb Jahrtausenden weit über das Zweistromland hinausgreifen.

Um 1700 v. Chr. gelingt es Hammurabi von Babylon (1728 bis 1686) die anderen Mächte in Assur, Eschnunna, Larsi und Mari zu besiegen und ein einheitliches Großreich zu errichten, das sich vom Persischen Golf bis zur heutigen Türkei, vom Sagros-Gebirge im Osten bis zum Chabur in Syrien erstreckt. Verwaltung, Handel und Rechtsprechung Babyloniens setzen sich überall durch. Das Babylonische verdrängt das Altakkadische und Sumerische als Amtssprachen und der babylonische Stadtgott Marduk wird über die Vielzahl der sumerischen und akkadischen Götter zum Reichsgott erhoben. 1531 v. Chr. bricht dann die babylonische Herrschaft durch einen Plünderungszug der kleinasiatischen Großmacht der Hethiter zusammen. Nach ihrem Abzug übernimmt das iranische Bergvolk der Kassiten die Macht in Babylonien, bis 1160 v. Chr. erneut die Elamiter vordringen und das Kassitenreich zerstören.

Sturm der Seevölker bringt das Chaos

In der Zwischenzeit kann Assyrien im Norden Mesopotamiens, am Oberlauf des Tigris, sein Herrschaftsgebiet erweitern, weil das dort von Churritern gegründete mächtige Mitanni-Reich 1356 v. Chr. von den Hethitern zerschlagen worden ist. So entsteht das sog. Mittelassyrische Reich (1318–1050) als erste Militärmacht Vorderasiens. Günstig für die kontinuierliche Expansion Assyriens, die erst mit dem Tod Tiglatpilesers I. (1115–1077) endet, wirken sich die Verbindungen zu Ägypten und der Untergang des mit Assyrien rivalisierenden Hethiter-Reiches aus, das von Zentralanatolien aus seine Grenzen ständig vorgeschoben hat. Es bricht um 1200 unter dem Ansturm der so genannten Seevölker zusammen, für Jahrhunderte versinkt Kleinasien daraufhin im Dunkel der Geschichte.

Terrakottamodell eines Hauses; akkadisch (2900–2290 v. Chr.)

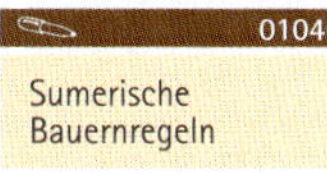
01046 Sumerische Bauernregeln

01048 Göttin Inanna kommt nach Uruk

01053 Karawane statt Tagesschau

Lobrede aus dem Gilgamesch-Epos auf den König der mesopotamischen Stadt Uruk:
»Wisse, mein Sohn, in Uruk wohnt Gilgamesch,/ Niemand gibt es, der ihn übermochte,/ Gleich der Feste des Anu gewaltig ist seine Stärke./ Auf ihn, den König, richte dein Antlitz.«

Gilgamesch und die Stadtgötter

Das Reich der Sumerer besteht aus einzelnen Stadtstaaten wie Uruk, Ur, Kisch, Lagasch und Umma. Jede dieser Städte gehört nach den religiösen Vorstellungen der Sumerer einem Gott oder einer Göttin, denen in der Stadt ein Tempel gewidmet ist.

■ **Nach 2750:** Die Sumerer gehen davon aus, dass Götter die Welt beherrschen und die Menschen erschaffen worden sind, um diese zu bedienen. In ihrer Furcht vor den Naturgewalten, die ihre Felder überschwemmen oder ihre Ernte durch Dürre vernichten könnten, sehen die Menschen es als eine ihrer wichtigsten Aufgaben an, den Zorn der Götter durch Anbetung zu besänftigen. Wenn sie den Dienst an den Göttern nicht persönlich vollziehen können, lassen sie sich durch ihr Abbild, eine Beterstatuette, vertreten. Die Anbetung drückt sich in diesen Figuren in den weit aufgerissenen, übergroßen Augen und in den ineinander verschlungenen Händen aus.

Das an einem – später verlagerten – Euphratarm im Süden des heutigen Irak gelegene Uruk ist die mächtigste Stadt Sumers und an der Entstehung der Hochkultur in Mesopotamien maßgeblich beteiligt. Die sumerischen Epen und Mythen erzählen von den ersten Stadtfürsten von Uruk, von Enmerkar, Lugalbanda, Dumusi und Gilgamesch, der die Unabhängigkeit von Kisch erkämpft und die Stadt mit einer großen Mauer umgeben haben soll. Um den Sohn des Lugalbanda und der Göttin Ninsun rankt sich ein Zyklus von mythisch-epischen Dichtungen.

Relief-Darstellung aus der Zeit des Gilgamesch mit betenden Figuren

02503 Gilgamesch für Rilke und Canetti

Suche nach Unsterblichkeit

Das Gilgamesch-Epos berichtet von den Bemühungen des Stadtfürsten, die Unsterblichkeit zu erreichen. So ist sein Freund Enkidu in die Unterwelt gelangt und hat ihm als Totengeist vom trostlosen Schicksal der Bewohner erzählt. Gilgamesch zieht mit Enkidu zu Heldentaten aus. Er erschlägt Huwawa, den dämonischen Hüter des Zedernwaldes, woraufhin die Göttin Inanna den Himmelsstier auf die beiden Helden hetzt. Enkidu tötet den Himmelsstier und muss für diesen Frevel sterben. Verzweifelt macht sich Gilgamesch auf den Weg zu seinem Ahnherrn Utnapischtim, um von ihm das Geheimnis der Unsterblichkeit zu erhalten. Utnapischtim rät ihm, sechs Tage und sieben Nächte zu wachen, doch Gilgamesch schläft ein. Schließlich sieht Gilgamesch ein, dass die Unsterblichkeit für Menschen nicht zu erreichen ist.

Seidenraupenzucht beginnt in China

Die Herstellung von Seide hat eine Jahrtausende währende Tradition und ist bis in die Mitte des 6. Jahrhunderts n. Chr. das bestgehütete Geheimnis der Chinesen.

■ **Um 2630:** Im neolithischen China wird erstmals Seide gewonnen und zu luxuriösen Geweben verfertigt. Ausgangsmaterial für die Seidengewinnung ist der Kokon des Seidenspinners Bombyx Mori. Aus den 300 bis 500 Eiern, die das Weibchen dieses Falters legt, schlüpfen Raupen, die sich ausschließlich von den Blättern des Weißen Maulbeerbaums ernähren. Die Zucht von Seidenraupen ist nur dort möglich, wo diese spezielle Baumsorte vorkommt oder die klimatischen Voraussetzungen für eine Anpflanzung gegeben sind. Nach vier Häutungen verpuppen sich die Raupen in feste elliptische Kokons von 3 cm Länge. Diese taubeneigroßen Puppen werden in der Sonne getrocknet. Anschließend löst man in kochendem Wasser den Leim heraus, der die Fäden hält. Dabei wird die Raupe im Innern getötet. Ein Spinnen erübrigt sich: Der Faden einer Raupe der Wildform kann bis zu 1 km lang sein und lässt sich ohne weitere Aufbereitung abhaspeln und dann verweben.

Der Kokon einer Seidenraupe während des Entstehens (oben) und ein fertiger Kokon (unten)

Chinesisches Seidenmonopol

Die kostbaren Stoffe finden rasch ihren Weg in andere Bereiche Ostasiens und von dort ans Schwarze Meer. Seide wird zur wirtschaftlichen Basis der frühen Chinesen, die das Geheimnis der Seidenherstellung wie einen Staatsschatz hüten. Erst um 550 n. Chr. gelingt es byzantinischen Agenten, die Kunst der Seidenherstellung nach Konstantinopel zu bringen und das 3000 Jahre alte Seidenmonopol Chinas zu brechen.

Die Steinkreise von Avebury

Britische Menschen des Neolithikums errichten den Steinkreis von Avebury in der Nähe des heutigen Wiltshire. Die Anlage mit 427 m Durchmesser gehört neben Stonehenge zu den gewaltigsten Zeugnissen der ausgehenden Jungsteinzeit in Europa.

Um 2800: Die Erbauer von Avebury, die der Glockenbecherkultur angehören, transportieren die tonnenschweren Steine von den 3 km entfernten Avebury Hills zum Baugrund und stellen sie senkrecht auf. Die Monolithen bestehen aus Sandstein. Sie sind im Rohzustand und nicht behauen. In einer Zeit von mehreren hundert Jahren entsteht auf diese Weise eine gewaltige Kultanlage. Außen verläuft ein Graben von 1200 m Länge. Die ausgehobenen Erdmassen werden hinter dem Graben zu einem 400 m breiten Wall aufgeschüttet. Darin stehen die größten Steine in einem Kreis von 427 m Durchmesser. Im Innern dieses Hauptkreises werden zwei weitere Steinkreise von je 100 m Durchmesser aufgebaut. Zwei »Straßen« stoßen an die Stätte, die von je etwa 100 weiteren Menhiren gesäumt sind. Insgesamt besteht Avebury aus rund 600 Megalithen.

Grösser als Stonehenge

Die Ähnlichkeit mit dem nur 40 km entfernten Stonehenge ist frappierend. Jeder der kleinen, inneren Steinkreise weist einen größeren Durchmesser auf als das Pendant in Stonehenge. Vermutlich handelt es sich bei Avebury um eine Tempelanlage. Einige Forscher erkennen in den beiden kleinen Innenkreisen zwei Kulträume, die von einer weiteren Einfriedung umschlossen war. Andere schließen aus der Art der Steinsetzungen auf eine astronomische Funktion dieser und ähnlicher Bauwerke.

Im Laufe der Jahrtausende wurden viele Menhire von den Bewohnern der Region abgetragen und zum Haus- und Straßenbau verwendet. So stellt sich die Henge-Anlage von Avebury heute nur lückenhaft dar. Ausgrabungen förderten auffallend spärliches Material zutage.

Zwei Menhire in der Umgebung von Avebury

02505 Avebury übertrifft Stonehenge

01362 Der Bader von Avebury

Kupfermetallurgie läutet Bronzezeit ein

An der Atlantikküste des heutigen Portugal wird noch zu Zeiten der Glockenbecherkultur Kupferabbau betrieben. Damit erreicht die Kenntnis der Metallverarbeitung Südeuropa.

Um 2800: In der Nähe der heutigen Ortschaft Zambujal entwickelt sich eine neolithische Siedlung zu einer wehrhaften Verteidigungsanlage, die auf einem Bergsporn liegt. Die Wohnhäuser selbst liegen am Fuß der Erhebung. Möglicherweise leben in der »Oberstadt« gesellschaftlich höher stehende Personen. Anhand von Prunkgrabausstattungen lässt sich die Herausbildung sozialer Eliten erkennen, die mit zunehmender Bedeutung des Kupfers einhergeht. Auf eine Herrscherschicht ist wohl auch die sich immer wieder ändernde Art der Verteidigungsanlage zurückzuführen. Die Befehlsgewalt in der Hand von Einzelnen führt auch zu weitreichender Arbeitsteilung, so dass sich ein Spezialistentum in vielen Handwerkskünsten, vor allem in der Kupferverarbeitung, entwickeln kann. Der neue Werkstoff bietet zudem bessere Gestaltungsmöglichkeiten als seine Vorläufer. Damit ist der Grundstein für die hohen Fertigkeiten der Handwerker in der Bronzezeit gelegt.

Kupfer dient zur Herstellung von kostbarem Schmuck, Waffen oder Rüstungen. Da Kupfererz jedoch seltener ist als die herkömmlichen Werkstoffe Holz, Ton oder Feuerstein, muss es gehandelt werden. Von Kontakten mit fremden Kulturen zeugen in Zambujal Funde von teilweise exotischer Herkunft: Amphibolit, Elfenbein und Kaurischnecken, die vermutlich aus dem afrikanischen Raum stammen.

1946 wurde Zambujal von der portugiesischen Regierung zum »Monumento Nacional« erklärt.

Ausgrabungsstätte Zambujal in Portugal (Luftbild)

Prunkvolles Königsgrab in Sakkara

Mit der Stufenpyramide von Sakkara entsteht der erste steinerne Monumentalbau. Der Baumeister Imhotep wird durch sein Werk ebenso berühmt wie sein Herrscher, für den er die Pyramide errichtet hat.

■ **2615:** Der ägyptische König Djoser (um 2624–2605) aus der 3. Dynastie lässt sich noch zu Lebzeiten durch seinen Baumeister Imhotep eine imposante Grabstätte errichten. Die Stufenpyramide besteht aus sechs übereinander gesetzten, sich jeweils verjüngenden Mastabas, wie die für Pharaonen und hohe Adlige üblichen kastenförmigen Gräber genannt werden. Sie ist aus Felsblöcken erbaut, die wie Ziegel zurechtgehauen und übereinander geschichtet sind. Zu dem Grabbezirk gehören neben diesem Mammutgrab mit 126 x 105 m Grundfläche und 60 m Höhe samt unterirdischen Kammern auch Höfe und Kapellen. In ihnen sind mit Pflanzenornamenten verzierte Kalksteinsäulen aufgestellt. Die in die Decke gemeißelten Muster imitieren hölzerne Tragbalken.

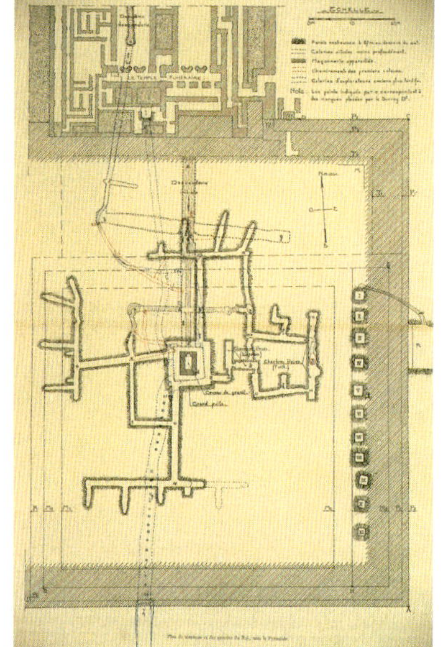

Grundriss des Inneren der Sakkara-Pyramide

König göttlichen Ursprungs

Die ganze Anlage ist reich mit Plastiken geschmückt, die Djoser, seine Familie und verschiedene Gottheiten darstellen. Im Inneren der Pyramide ist eine Sitzfigur des Königs aus Kalkstein aufgestellt. Sie steht in einer Kammer, die nach der Beisetzung zugemauert worden ist – sie ist also nicht für das Auge eines Betrachters bestimmt. Im Gegensatz zu früheren Bildnissen weist diese erste lebensgroße ägyptische Steinplastik deutliche Porträtzüge auf: hervortretende Backenknochen, herabgezogene Mundwinkel und tief liegende Augen.

Die Abbildungen in den Grabkammern stellen keine historischen Ereignisse aus Djosers Regierungszeit, sondern typische Verrichtungen eines Königs dar: Jagd- und Kriegsszenen sowie kultische Handlungen, darunter einen Opfertanz Djosers. Dieser hat sich als erster ägyptischer König als »Goldener Re« bezeichnet und damit dem Sonnengott gleichgesetzt. Nach ägyptischen Glaubensvorstellungen ist der König kein Mensch, sondern göttlichen Ursprungs. Er entspricht dem Himmelsgott Horus, einem Sohn des Fruchtbarkeitsgottes Osiris, der – so die Sage – vom Dürregott Seth getötet wurde und wieder auferstanden ist. Osiris' Schicksal versinnbildlicht das Werden und Vergehen in der Natur, die sich in jedem Jahr stets wieder erneuert.

Der Baumeister der Stufenpyramide von Sakkara, der als Berater des Pharaos tätige Imhotep, soll der Legende nach auch Arzt und Dichter gewesen sein.

Die Pyramide des Königs Djoser ist das Wahrzeichen von Sakkara. Mit einer Höhe von rund 60 m überragt sie das Gräberfeld von Memphis.

Die Zeit der Pyramiden

Mit der Beisetzung von Djoser beginnt die Zeit, in der die ägyptischen Könige in Pyramiden bestattet werden.

Während die Stufenpyramide von Sakkara eine rechteckige Grundfläche hat, sind alle weiteren Pyramiden auf quadratischer Grundfläche erbaut. Aus der Zeit des Alten Reiches (2635–2100) sind etwa 20 steinerne Pyramiden, viele davon mit Neben-Pyramiden, erhalten. Im Mittleren Reich (2040–1650) entstehen mehrere kleinere Pyramiden aus Ziegeln, danach wird die Begräbnissitte aufgegeben.

Die erste Pyramide, die nicht stufig, sondern mit ungebrochenem Neigungswinkel erbaut wird, ist die Rote Pyramide von Dahschur, die König Snofru, der Begründer der 4. Dynastie in Ägypten, zusammen mit der Knickpyramide um 2575 errichten lässt. Mit der Roten Pyramide ist der »klassische« Pyramidentypus gefunden, den die Nachfolger Snofrus – Cheops, Chephren und Mykerinos (Menkaure) – weiterentwickeln. Sie sind die Bauherren der bedeutendsten Pyramidengruppe Ägyptens, die etwa in der Zeit zwischen 2540 und 2450 in Gizeh entsteht.

Monumente gen Himmel

Die größte aus der Gruppe ist die Cheops-Pyramide mit ursprünglich 146,6 m Höhe (nach Abnahme der äußeren Verkleidung noch 137 m) und einer Seitenlänge der Grundfläche von ursprünglich 230,38 m. Die für Cheops' Sohn Chephren daneben erbaute Pyramide ist mit einer ursprünglichen Höhe von 143,5 m (jetzt 136,5 m) und einer Seitenlänge der Grundfläche von 210 m die zweitgrößte. An den Wänden des zugehörigen Tempels standen ursprünglich 23 überlebensgroße Königsstatuen (einige heute im Ägyptischen Museum in Kairo). Während Chephrens Regentschaft entsteht vermutlich auch die Sphinx von Gizeh, eine Figur mit Löwenleib von 80 m Länge und 22 m Höhe sowie einem menschlichen Gesicht, die wohl Züge des Pharaos trägt.

Die Pyramide von Saqqara 074

Nilüberschwemmungen bestimmen das Leben

Rasch lernen die Menschen in Ägypten, den Nil zu kanalisieren und seine Fluten vorauszusagen. Das Nilwasser wird in großen Staubecken zurückgehalten und durch ein dichtes Netz von Kanälen auf die Felder geleitet.

■ **Um 2500:** Der Jahresrhythmus der Ägypter wird durch den Nil bestimmt, der jährlich über die Ufer tritt und das Land mit fruchtbarem Schlamm bedeckt. Das Nilhochwasser setzt im Juli ein, erreicht seinen Höhepunkt im September und geht im Oktober zurück. Dann kehren die Menschen zurück, die Äcker werden neu vermessen und die Feldbestellung beginnt. Die Bauern leben in Hütten aus ungebrannten Lehmziegeln, die dem Nilwasser zum Opfer fallen. Sie müssen jedes Jahr erst einmal ihre Häuser wieder aufbauen. Wenn die Überschwemmung einmal ausbleibt oder weniger reichlich ausfällt als gewöhnlich, droht eine Hungersnot, da es in Ägypten selten regnet.

Die Abhängigkeit vom Nil setzt ein wohl organisiertes Gemeinwesen voraus. Staubecken und Dämme müssen planvoll gebaut und instand gehalten werden. Landverteilung und Wasserrechte sind gerecht zu verwalten. Der König verfügt über einen großen Stab von Beamten, die mit diesen Aufgaben betraut sind.

Um nicht von der Flut überrascht zu werden, entwickeln die Ägypter früh einen zuverlässigen Kalender. Das Sonnenjahr ist 365 $^1/_4$ Tage lang, bei einem Kalenderjahr von 365 Tagen verschiebt sich der Jahresanfang also alle vier Jahre um einen Tag. Darum verknüpft man den Kalender mit dem Stern Sirius, der jedes Jahr nach einer längeren Periode der Unsichtbarkeit am 19. Juli zum ersten Mal wieder aufgeht. Eine Siriusperiode dauert 1460 Tage (viermal 365), dann fallen Sonnenjahr und Siriusjahr wieder zusammen. Die Arbeit am Kalender ist die Hauptaufgabe der Astronomie, die in Ägypten hoch entwickelt ist.

02508 Herodot: Feierlaune der Ägypter

Ägypter bei der Feldarbeit, beim Ernten des Getreides und beim Pflügen mit Ochsengespann und Holzpflug

Jomon beginnt intensive Meereswirtschaft

Mit der Hochseefischerei erschließen sich die Menschen der Jomon-Kultur in Japan eine neue Nahrungsquelle. Die Bevölkerung der Inseln steigt sprunghaft an.

■ **Um 2600:** Seit rund 12 000 Jahren leben die Jomon-Leute an den Küsten der japanischen Inseln. Bislang ernährten sie sich von Fischerei in küstennahen Gewässern. Die Erfindung der Knebelharpune erschließt auch die hohe See als Jagdgrund. Dank der neuen Waffentechnik, bei der sich die Spitze beim Eindringen querstellt und in der Beute verankert, erlegen die Japaner Meeressäuger wie Wale, die viele Rohstoffe liefern.

Die Jomon-Kultur entwickelt sich auf den japanischen Inseln weitgehend isoliert. Zum nahen China besteht kein Kontakt, wohl aber zu den Inseln im Pazifik. So entsteht eine halbsesshafte Kultur, die trotz der räumlichen Enge unterschiedliche Ausprägungen aufweist. Die Keramik des Ostens ist mit Muscheleindrücken verziert, die des Westens mit Rollstempeln. Trotz der relativ hohen kulturellen Entwicklungsstufe, die in etwa der des europäischen Neolithikums entspricht, ist die Metallverarbeitung noch nicht bekannt. Ihren Namen erhält die Jomon-Kultur nach den Schnurmustern (japanisch: jomon), mit denen viele Gefäße dekoriert sind.

01959 Neue Erkenntnisse über Jomon-Kultur

Ägypter errichten die Cheops-Pyramide

Mit der Cheops-Pyramide bei Gizeh entsteht das größte Bauwerk Ägyptens. Mehr als 20 Jahre lang arbeiten etwa 100 000 Menschen an der imposanten Grabstätte, die zu den sieben Wundern der antiken Welt zählt.

■ **Um 2600:** Zur Zeit ihrer Fertigstellung hat die Grabstätte des Pharaos Cheops an der Basis eine Kantenlänge von 232 m und eine Höhe von 148 m. Sie ist innen in gelblichen Sandsteinquadern ausgeführt und außen mit sorgfältig eingepassten schrägen Steinen aus blendend weißem Kalk verkleidet. Die schrägen Außenwände sind glatt. Der Sockel und die inneren Grabkammern bestehen aus Granit. Das Bauwerk hat ein Gesamtvolumen von 2 521 000 m³.

Grabkammern des Pharaos

Der ursprüngliche Eingang der Cheops-Pyramide liegt an der Nordseite in einer Höhe von 18 m. Von dort aus führt ein 97 m langer Gang unter die Erde in eine Grabkammer. Diese erste und unvollendete Kammer liegt 30 m unterhalb des Erdbodens. Sie ist auf den »Regenten des Firmaments«, den Zirkumpolarstern, ausgerichtet. Diese frühe astronomische Berechnung geht wahrscheinlich auf den Wunsch des Pharaos zurück, ein Leben nach dem Tod zu führen. Um die Vergänglichkeit zu überwinden, will Cheops nach seinem Tod von der Erde zum Himmel aufsteigen.

Ein zweiter, etwa 38 m langer, sehr niedriger Gang führt vom Boden der Pyramide aus schräg nach oben. Nach einer Baupause an dieser Stelle wird der Gang schließlich um 42 m verlängert und als Galerie ausgebaut. Sie ist mit Mokkadam-Kalkstein ausgekleidet und verfügt über eine Höhe von etwa 8 m und eine Breite von 2 m. Über die Galerie und einen kleinen Vorraum erreicht man schließlich die eigentliche Grabkammer des Pharaos. Diese Königskammer, deren Wände aus 100 geschliffenen, polierten schwarzen Granitblöcken bestehen, liegt fast exakt unter der Spitze der Pyramide. Sie befindet sich etwa 43 m über der Basis des Bauwerks. In der Kammer führen zwei Lichtschächte schräg nach oben ins Freie.

00279
Cheops lässt seine Pyramide bauen

Für die Erbauer der Pyramide ist der Verschluss des Eingangs und der Gänge eine besonders wichtige Aufgabe, denn Grabräuber lassen nichts unversucht, um in den Besitz der wertvollen Grabbeigaben zu gelangen. Um Dieben den Zugang zur Pyramide zu verwehren, lassen die Architekten die Zugänge ihres Werkes von riesigen Steinblöcken versperren. Trotzdem finden Grabräuber einen Weg in das Innere der Cheops-Pyramide. Der Granitsarkophag des Pharaos ist bei seiner Entdeckung leer. Wahrscheinlich wird der Leichnam des Herrschers bereits am Ende des Alten Reiches von Revolutionären gestohlen.

Mathematik hilft beim Bau

Die Cheops-Pyramide ist offenbar nach exakten mathematischen und astronomischen Prinzipien errichtet. Ihr Grundmaß scheint ein »Pyramidenzoll« zu sein – eine Einheit, die auf einer vor dem Eingang der Königskammer angebrachten Granittafel wiedergegeben ist. 25 Pyramidenzoll ergeben ein »Pyramidenmeter« (0,635 m). Die Seitenlänge der Cheops-Pyramide misst 365,24 »Pyramidenmeter«, was der Anzahl der Tage im Jahr entspricht. Die anderen Seiten der Pyramide sind genauso lang. Die Ecken der Pyramide weisen fast exakt einen 90°-Winkel auf.

Die Pyramide ist exakt in Nord-Süd-Richtung gebaut. Verschiedene ihrer äußeren und inneren Flächen sowie die zur Königsgrabkammer führenden Lichtstollen lassen astronomische Bezüge erkennen. Zu guter Letzt liegt die Cheops-Pyramide annähernd genau auf dem 30. Längengrad, dem Meridian, der die Erdkugel in zwei Teile trennt.

Werkzeug und Baumaterial

Die Cheops-Pyramide ist aus 2,3 Mio. einzelnen Steinblöcken in 210 Schichten aufgebaut. Die meisten dieser Blöcke haben eine Kantenlänge von 1,30 m und ein Gewicht von rund 2,5 t. Unter dem Baumaterial befinden sich aber auch Megalithe von 200 t und mehr. Die Werkzeuge, welche die Ägypter zur Verarbeitung dieser Steine benutzen, sind bereits sehr fortschrittlich. Sie arbeiten mit Säge, Hammer, Meißel und einem Bohrer aus Kupfer. Zudem verwenden sie Kugeln aus Dolerit, einem harten grünfarbenen Stein aus der Wüste östlich des Roten Meeres. Mit diesen Kugeln schlagen die Arbeiter den Stein so lange, bis er an der gewünschten Stelle auseinander platzt. Für besonders harte Baumaterialien kennt man aber noch effektivere Trennmethoden. So werden entlang der Trennlinie Löcher in den Fels gebohrt, die mit Holzscheiten verstopft werden. Nachdem das Holz mit Wasser übergossen wird, quillt es und sprengt den Quader vom Fels. Auch mit Hilfe von Feuer gewinnen die Ägypter Baumaterial aus Steinblöcken.

Auf jeden der für den Bau gefertigten Steinblöcke steht in Ockerfarbe genau geschrieben, für welche Stelle der Pyramide er bestimmt ist. Dabei fertigen die Arbeiter auch Inschriften an, die mit dem eigentlichen Bau nichts zu tun haben. Sie reichen von »Wie mächtig ist die weiße Krone des Cheops« bis hin zu »Wie war der Pharao betrunken«. Nach der Beschriftung werden sämtliche

Die Pyramiden von Gizeh heute. Die gewaltige Cheops-pyramide erhebt sich in der Mitte.

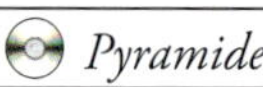

Pyramiden von Gizeh 013

einzelne Blöcke auf ein Gestell gehoben, mit Seilen befestigt und anschließend auf Baumstämmen zur Baustelle transportiert. Das Material des zur Pyramidenverkleidung verwendeten Nummuliten-Kalksteins stammt aus den großen Steinbrüchen des Mokattam-Gebirges bei Kairo. Es wird am östlichen Nilufer abgebaut, auf Lastensegler verladen und schließlich nach Gizeh transportiert.

Lebenswerk für den Tod

Der Pharao Cheops gilt als grausamer Despot. Der griechische Historiker Herodot berichtet um 450 v. Chr. u. a., dass Cheops aus Geldmangel die eigene Tochter in ein Freudenhaus bringt, damit sie dort eine möglichst hohe Summe Geld verdient. Das Geld braucht der ägyptische Herrscher vor allem, um die am Bau seiner Grabstätte beteiligten Menschen mit Nahrung und Kleidung zu versorgen. Welche Unsummen an Silbertalenten für das Projekt ausgegeben werden, ist an der Pyramide selbst in ägyptischer Schrift überliefert.

Damit sein gigantisches Bauprojekt gelingt, zwingt Cheops einen Großteil seines Volkes, für ihn zu arbeiten. Einige von ihnen müssen die Steinblöcke aus den Steinbrüchen im arabischen Gebirge bis an den Nil schleppen. Nachdem die Steine auf Schiffen über den Fluss transportiert worden sind, übernehmen andere die Blöcke, um sie bis nach Gizeh weiterzuschleifen. Allein für den Bau der Straße, auf der das Baumaterial befördert wird, benötigen die Arbeiter zehn Jahre.

Der Bau der Pyramide erfolgt jeweils zwischen Juli und Oktober. In diesen Monaten kann der Großteil der Bauern aufgrund der Überschwemmung des Nils seine Felder nicht bestellen und steht den Architekten der Pyramide somit zur Verfügung. Wahrscheinlich werden in den 23 Herrschaftsjahren des Pharaos Cheops jeden Tag 1100 Steinblöcke gebrochen und an ihren Platz gebracht, um das Werk bis zum Tod des Herrschers fertig zu stellen. Am Bau der Cheops-Pyramide sind demnach rund 100 000 Arbeiter mehr als 20 Jahre lang beschäftigt.

Um die Dimensionen der Cheops-Pyramide zu erfassen, bietet sich ein Vergleich mit einigen ebenfalls gigantischen Bauwerken der Architektur-Geschichte an. In diesem größten Grabmal, das je für einen ägyptischen Pharao gebaut worden ist, würden die fünf größten Kirchen der Welt - die Peterskirche in Rom, der Mailänder Dom, der Dom von Florenz, die St.-Pauls-Kathedrale in London sowie die Westminster-Abtei in London - gemeinsam bequem Platz finden.

Sphinx gibt Rätsel auf

Die aus Löwenkörper und Menschenkopf bestehende Sphinx gilt als Wächterin des Gräberkomplexes von Gizeh. Sie ist aus einem einzigen Felsblock gehauen. In Gizeh befindet sich auch der Taltempel des ägyptischen Pharaos Chephren.

■ **Um 2600:** Die Sphinx liegt genau am Ende der Prozessionsrampe, die zu der Pyramide des Pharaos Chephren führt. Sie ist 57 m lang und 20 m hoch. Als erste Kolossalstatue des pharaonischen Ägypten thront sie majestätisch über der Nekropole von Gizeh. Man geht davon aus, dass die Sphinx aus unbrauchbaren Gesteinsresten eines beim Bau der Cheops-Pyramide genutzten Steinbruchs besteht.

Die Sphinx von Gizeh mit den Pyramiden im Hintergrund

Ihr Standort ist sehr sorgfältig gewählt. Die Sphinx und der Grabkomplex des Chephren sind fast exakt in einer Linie ausgerichtet und bestehen aus Kalkstein mit einer Verkleidung aus rotem Granit. Ursprünglich ist die Statue auch mit einem farbigen Putz überzogen, von dem heute allerdings nur noch wenige Spuren erhalten sind. Dies ist vor allem auf die heftigen Sandstürme in der Wüste - und die darauf jeweils folgende Reinigung durch die Menschen - zurückzuführen. Schwere Schäden erleidet die steinerne Wächterin aber nicht allein durch den natürlichen Verschleiß im Lauf der Jahrhunderte. Die Türken z. B. missbrauchten die Sphinx im 19. Jahrhundert bei ihren Artillerieübungen als Zielscheibe.

Das Geheimnis der Sphinx

Der Zweck der Sphinx ist umstritten. Da Löwen im alten Ägypten als Wächtergestalten gelten, wird die Statue als Beschützerin des gesamten Grabkomplexes von Gizeh angesehen. Die Statue lässt sich aber auch als Bildnis von Chephren als Sonnengott Horus auffassen. Die Sphinx wäre somit auch als Ehrenmal für Chephrens Vater Cheops, welcher der Sonne (Re) gleichgesetzt wird, zu verstehen. Wen die Statue ursprünglich darstellen soll, bleibt im Unklaren. So wird der unverkennbar den Pharao Chephren darstellende Kopf wahrscheinlich sogar erst nachträglich auf den Löwenkörper gesetzt.

Auch über das Alter der Sphinx gehen die Meinungen der Forscher weit auseinander. Wahrscheinlich lässt Chephren den steinernen Koloss um 2520 errichten, zwei Jahre nach der Fertigstellung seiner Pyramide. Doch schriftliche Zeugnisse existieren weder von der Funktion noch vom Bau der riesigen Statue. So bleibt das Geheimnis der Sphinx bis heute ungelöst.

00279 Cheops lässt seine Pyramide bauen

Der Taltempel des Chephren

Zu Füßen der Sphinx liegt der Taltempel des Chephren. Nach dem Tod des Pharaos werden dort Reinigungsriten durchgeführt, die dem Herrscher eine Wiedergeburt im Jenseits garantieren sollen. Da Chephren mit Atum-Re, der Sonne, gleichzusetzen ist, wird ihm ein Weiterleben nach dem Tod vorhergesagt. Das Gebäude ist der besterhaltene Tempel der 4. Dynastie. Ursprünglich beherbergt er 23 Statuen aus Alabaster, Diorit und Schiefer. Heute ist nur noch eine von ihnen erhalten. Sie stellt Chephren mit dem Horusfalken dar und steht im Ägyptischen Museum in Kairo.

02430 Die vierte Pyramide

Ägyptisches Prinzengrab mit Statuetten

In Ägypten werden die Toten mit umfangreichen Grabbeigaben ausgestattet. Sie sind für die Nachwelt wichtige Zeugnisse, die über Kultur und Religion im Alten Reich Auskunft geben.

Statuen des Prinzen Rahotep und der Prinzessin Nofret im Ägyptischen Museum, Kairo

■ **Um 2550:** Beim Tod des Generals Prinz Rahotep werden seinem Grab Statuen beigegeben, die ihn mit seiner Frau Nofret zeigen. Die Kleidung der Grabfiguren ist typisch für das Alte Reich: Die Männer tragen einen kurzen Lendenschurz, die Frauen ein Trägerkleid mit losem Mantel. Wie für König und Adlige in der Frühzeit üblich, wird Rahotep in einer großen Mastaba, einem aus Lehmziegeln gemauerten kastenförmigen Grab mit darunter liegenden Kult- und Vorratsräumen, beigesetzt.

Nach dem Glauben der Ägypter lebt der Tote im Jenseits fort, und zwar nicht als geistige Scheinexistenz, sondern körperlich. Die Seele verlässt zwar beim Tod den Leib des Menschen, kann aber im Jenseits dorthin zurückkehren. Während anfangs nur dem Pharao und seiner Familie Unsterblichkeit zugestanden wird, weitet sich der Kreis bis zum Ende des Alten Reichs (um 2100) allmählich auf Beamte aus, danach wird das Fortleben im Jenseits allen zugestanden.

Jagd und Feste im Jenseits

Vielfältige Anstrengungen gelten der Vorbereitung auf das Leben im Jenseits: Die Wände der Mastabas werden mit Szenen ausgemalt, die Vergnügungen im Diesseits wie Jagen, Segeln, Festlichkeiten oder die Dienste der Knechte und Mägde wie Weben, Backen, Rinderhüten usw. darstellen. So ist nach dem Glauben der Ägypter gesichert, dass sie auch nach dem Tod noch zu ihrer Verfügung stehen. Außerdem enthalten die Gräber Nahrungsmittel, Möbel, Waffen und Schmuck für das Leben im Jenseits.

In vorgeschichtlicher Zeit wurden die Toten in Ägypten im Sand begraben. Wegen der extremen Trockenheit kam es nicht zur völligen Verwesung, sondern es blieben oft Haar und Haut der Leichen erhalten. Denkbar ist, dass die Ägypter deshalb auf die Idee kommen, die Körper der Pharaonen und anderer adliger Persönlichkeiten durch Einbalsamierung zu konservieren. Schon früh werden derartige Versuche unternommen, doch diese sind anfangs nicht von Erfolg gekrönt. Deshalb werden in den Gräbern Statuen aufgestellt, die den Toten möglichst ähnlich sehen und diese vertreten sollen. In eine Kapelle eingemauert können sie durch ein Loch in der Wand das ihnen gebrachte Essen schmecken und den dargebotenen Weihrauch riechen – so glaubt man. Auch in einfachen Gräbern für die Armen finden sich Utensilien wie Dolche, einfache Ketten oder Krüge mit Nahrungsmitteln.

Die Königsgräber von Ur

Die überaus prächtigen Königsgräber von Ur zählen heute zu den bedeutendsten Funden der altassyrischen Forschung. Die meisterhafte Verarbeitungstechnik des dort gefundenen Schmucks weist auf ein hoch entwickeltes Kunsthandwerk im Reich Ur hin.

02509 Inannas Gang in die Unterwelt

■ **Um 2500:** Mesannepada, Gründer der Ersten Dynastie von Ur, lässt sich im politischen Zentrum seines Reiches luxuriöse Grabanlagen bauen. Neben anderen Grabbeigaben – Handwerksgeräte, Keramik und Waffen – gehört persönlicher Goldschmuck zur Totenausstattung.

Halsschmuck aus einem der Königsgräber von Ur; um 2500

Den Kultritualen entsprechend folgt die Dienerschaft den Herrschern durch Freitod (Giftbecher) mit ins Grab. Diese sumerische Sitte geht vermutlich auf die »Heilige Hochzeit« der Göttin Inanna (dargestellt von der Hohepriesterin) mit ihrem Geliebten, dem Unterweltgott Dumuzi (dargestellt durch den König), zurück. In einer Grabstätte werden mit der Königin Schubad 68 Hofdamen sowie bewaffnete Soldaten beigesetzt.

Wie die Mosaikstandarte von Ur zeigt, gliedert sich die Gesellschaft in drei Schichten: die Aristokratie, die freien Bürger und die Sklaven. Die adligen Familien, deren Macht und Reichtum sich auf Grundbesitz gründen, stellen die hohen weltlichen und klerikalen Beamten und Offiziere. Die Stadtbewohner und die im Vergleich zu ihnen geringer angesehenen Bauern bilden den nicht versklavten Teil der Bevölkerung.

Mohenjo-Daro – Kulturzentrum Indiens

Im Industal (heute Pakistan) und in den angrenzenden Gebieten entsteht eine Zivilisation, die in ihrer Entwicklungsstufe den Hochkulturen Ägyptens und Mesopotamiens nicht nachsteht.

■ **Um 2500:** Insgesamt umfasst die Hochkultur am Indus über 20 Städte, darunter Chanhu-Daro, Amri und Jangar. Nach einer der Städte wird diese einheitliche Zivilisation als Harappa-Kultur bezeichnet. Die Siedlungen haben, wie Funde aus den 1920er Jahren belegen, ein hervorragendes Kanalisationssystem mit mannshohen Abwasserrohren. Die Kanäle sind mit Gipsmörtel verfugt. Ein rechtwinkliges Straßennetz mit breiten Hauptstraßen und sich schneidenden engen Gassen gibt es in Mohenjo Daro. Die Stadt ist von 8 m hohen Mauern umgeben und verfügt über eine ausgebaute 800 m lange und 10 m breite Hauptstraße, die Fahrzeugverkehr in Nord-Süd-Richtung erlaubt.

Dampfbäder mit Heizung

Die mehrstöckigen, aus gebrannten Lehmziegeln errichteten Wohnhäuser haben Innenhöfe und sind mit Holztreppen ausgestattet. Die Ziegel sind mit Mörtel vermauert. Jedes Haus hat ein eigenes Badezimmer, Toilette, Küche und Backofen sowie verdeckte Kanalisation. Im Zentrum der Stadt liegen mehrere Gasthäuser, ein Schwimmbad und der Herrscherpalast von 66 m Länge und 35 m Breite. Seine Mauern sind 1,5 m stark. Die Badeanlage in Mohenjo Daro ist öffentlich zugänglich und dient vermutlich kultischen Zwecken. Ihr Gegenstück in Harappa verfügt über Schwimm- und Dampfbäder sowie Luftheizungen. Neben Straßen, Plätzen und Brunnen besitzen die Siedlungen auch Verkaufsläden. Harappa, am Induszufluss Ravi gelegen, bedeckt ein Gebiet von 2,5 km^2.

Wichtige Handwerksprodukte der Industädte sind neben Metall- und Halbedelsteinarbeiten Metallspiegel, Glasperlen, Bronzewerkzeuge, Spinn- und Webwaren sowie Tongefäße. Der Reichtum an handwerklichen Produkten führt zu einem Überschuss, der im Nah- und Fernhandel abgesetzt wird. Im Gegenzug werden neue Rohstoffe importiert, die wiederum das Handwerk befruchten. Funde von mesopotamischen Rollsiegeln belegen Kontakte ins Zweistromland, die vermutlich über den Seehandel zustande kommen. Über Persien und Afghanistan existieren viel bereiste Fernhandelsstraßen. Hauptverkehrsmittel ist der Ochsenkarren, wie zahlreiche Miniaturstatuen belegen. In Shortugai, 1000 km nördlich von Harappa, wird eine Handelsstation eingerichtet, in der Lapislazuli aus Badachschan und Zinn aus Persien vertrieben wird.

Über die gesellschaftliche Struktur der Induskultur ist heute wenig bekannt. Zwar gibt es Bauten, die auf Anhöhen über der Unterstadt thronen, doch fehlen bislang Hinweise auf eine gesellschaftliche Elite. Paläste sind nicht bekannt, doch könnten große Bauten wie die rituellen Bäder auf eine sozial hochstehende Priesterschaft hinweisen.

Genormte Masseinheiten

Vermutlich leben die Menschen am Indus in einem Staat, dem alle Städte gleichermaßen angehören. Darauf deutet die Einheit der Maße und Gewichte hin, die von Mohenjo-Daro bis Harappa dieselben sind. Besonders deutlich wird dies bei den Lehmziegeln der Häuser, die allesamt in den Abmessungen 28 x 14 x 17 cm hergestellt sind. Eine starke zentralistische Macht über die gesamte Induskultur ist deshalb wahrscheinlich.

Die Induskultur geht um 2000 v. Chr. unter. Schuld hat vermutlich der Indus, der in dieser Zeit seinen Lauf ändert und die landwirtschaftlichen Regionen um die Stadtzentren nicht mehr mit Wasser und fruchtbarem Schlamm versorgt. So bricht die handwerkliche Produktion nach und nach zusammen und mit ihr auch die Handelsbeziehungen ins Ausland. Invasionen fremder Völker versetzen der ersten Induskultur schließlich den Todesstoß.

01441 Die Erfindung der Abwassertechnik

Blick auf die Ruinen der Stadt und Zitadelle von Mohenjo-Daro

Die Götterwelt der Ägypter

Das Leben in Ägypten ist in herausragender Weise von der Religion bestimmt. So tummeln sich im Pantheon zuweilen 70 verschiedene Götter, jeder mit einem anderen Zuständigkeitsbereich. Diese Vielfalt entspringt nicht allein dem ägyptischen Glauben. Durch Krieg und Fernhandel dringen immer neue Wesen von außen in die ägyptische Mythologie.

Re, der Sonnengott, Weltenschöpfer und oberste Gottheit, wird mit einem Vogelkopf dargestellt. In einigen Darstellungen sind Re und der Gott Autun (das All) ein einziges Wesen. Von Autun stammen die Zwillinge Schu (die Luft) und Tefnut (das Wasser) ab. Sie wiederum zeugen Nut (der Himmel) und Geb (die Erde).

Nut und Geb bringen vier Kinder zur Welt: Isis (das Fruchtland), Seth (die Dürre), Netphys (die Wüste) und Osiris (das Überschwemmungswasser). Die weibliche Isis und der männliche Osiris bilden ein Paar und werden oft zusammen angerufen. Osiris ist der erste Erdenbewohner, der nach dem Tod wieder auferstanden ist. Isis fand den zerstückelten Leichnam ihres Mannes und band die Körperteile wieder zusammen. Mit ihrer Zauberkunst hauchte sie dem Toten wieder Leben ein. Auf Osiris geht der ägyptische Mumienkult zurück. Er ist nicht nur Herrscher des Nils, sondern auch der Unterwelt und sitzt über die Toten zu Gericht.

02510 Osiris und Isis im Mutterleib

01919 Die Frau in Ägypten

Anubis in Schakalgestalt; vergoldeter Holzschrein der 18. Dynastie

Sohn von Isis und Osiris ist der Falkengott Horus, der einst Herr über Ägypten war. Seine Augen sind Sonne und Mond, er ist Herr über den Himmel und die Gestirne. Während der Zeit ihrer Regentschaft verkörpern die Pharaonen Horus. Nach ihrem Tod nehmen die Pharaonen die Gestalt Osiris' an – Sinnbild für ihre Unsterblichkeit.

Thot, der Mondgott, gilt den Schriftgelehrten als heilig. Pavian und Ibis sind die heiligen Tiere Thots. Der schakalköpfige Anubis ist der Gott des Mumifizierens. Hathor, die Himmelsmutter, wird von denen angerufen, die Beistand in Liebesangelegenheiten benötigen. Probleme ähnlicher Art hilft auch Bastet zu lösen. Die Göttin der Liebe und der Freude wird durch eine Katze verkörpert. Im ägyptischen Götterreigen findet sich für jeden Aspekt des Lebens ein spirituelles Wesen, wie z. B. Heket, die Schutzgöttin der Geburt.

Wie in allen alten Kulturen treten die ersten ägyptischen Götter zunächst als Tierwesen auf. Dies ändert sich jedoch ab ca. 3000 v. Chr.: Zu Beginn der Hochkultur haben fast alle Götter menschliche Formen. Einige tragen noch Tierköpfe, die an ihre spirituelle Herkunft erinnern. Die Verehrung von heiligen Tieren zieht sich dennoch weiter durch die ägyptische Geschichte. Katzen, Ibisse, Schakale, Widder und Stiere werden von Priestern ausgewählt und – z. B. anhand der Fellfärbung – für anbetungswürdig erklärt. Nach ihrem Tod werden diese heiligen Tiere mumifiziert und sorgsam bestattet.

Am Nil herrschen 31 Dynastien

Die ägyptische Hochkultur wird von einem absoluten Herrscher regiert, dem Pharao (altägyptisch = großes Haus). Ihm wird gottgleiche Macht zugesprochen, nach seinem Tod findet eine Apotheose (Gottwerdung) statt. Die spirituelle Legitimierung der Macht hat über 3000 Jahre lang Bestand.

Die Datierung der ägyptischen Herrscher beginnt mit der Reichsgründung unter Pharao Menes. Die Zeit bis zur Eroberung Ägyptens durch Alexander den Großen 332 v. Chr. wird in 31 Dynastien unterteilt. Diese Einteilung erfolgt nach Herrschaftsbereich und Residenz der Pharaonen und richtet sich nicht nach der Geschlechterfolge. Zwischen dem Alten, Mittleren und Neuen Reich liegen die Erste und Zweite Zwischenzeit. Sie signalisieren einen politischen Abstieg und kulturellen Niedergang.

In der Frühzeit (um 3000–2640) herrschen zwei Dynastien über das Land am Nil. Wichtigster Pharao ist Menes. Die Zeit des Alten Reiches (2640–2134) umfasst acht Dynastien mit Pharaonen wie Djoser, Cheops und Chephren, den Erbauern der großen Pyramiden. Nach der ersten Zwischenzeit führen die Herrscher der 11. bis 14. Dynastie Ägypten zu neuer Blüte: In der Periode des Mittleren Reiches (2040–1650) regieren u. a. Mentuhotep in Theben und Sesostris III.

In der zweiten Zwischenzeit (1650–1552) erlebt das Land die Fremdherrschaft der Hyksos, bis mit Ahmose I. die Epoche des Neuen Reiches (1552–1070) anbricht. Nach der dritten Zwischenzeit (1070–712) beginnt die Spätzeit Ägyptens (712–332). Der Eroberung durch die Griechen 332 v. Chr. folgt 30 v. Chr. die Herrschaft der Römer.

Chephren, Pharao im Alten Reich; Kopffragment einer Statue aus Giseh

Der griechische Philosoph Aristoteles (384–322 v. Chr.) über den Ursprung der Mythologie:
»Die Vorstellung der Menschen von Göttern entspringt einer doppelten Quelle: den Erlebnissen der Seele und der Anschauung der Gestirne.«

MUMIEN: DIE KUNST DER LEICHENKONSERVIERUNG

Ab dem Beginn des 3. Jahrtausends beginnt man in Ägypten mit dem Mumifizieren von Leichen, um sie vor der Verwesung zu bewahren. Die Mumien (persisch mum = Wachs) sollen ein Hort für die Seele des Toten sein, die nach dem Tod des Menschen zunächst in den Himmel auffliegt und dann periodisch immer wieder in den Körper zurückkehrt.

Das Spezialverfahren der Einbalsamierung wird im Laufe der Jahrhunderte immer aufwändiger, ihr Grundprinzip bleibt jedoch gleich. Zunächst werden die Eingeweide und andere Weichteile entfernt. Das kann auf verschiedene Weise geschehen. Einmal geht man mechanisch vor, wobei zum Teil Spezialwerkzeuge angewandt werden, etwa zum Auskratzen des Gehirns durch die Nasenlöcher. Das Körperinnere wird dann mit Palmwein und Spezereien ausgerieben. Anschließend wird der Körper für 70 Tage in »Natrum« (vermutlich Kochsalzlauge) eingelegt.

Nach einer anderen Technik erfolgt die Entfernung von Weichteilen und Fleisch rein chemisch durch Einfüllen von Zedernöl durch die Körperöffnungen, das in 70 Tagen alles Gewebe außer Haut und Knochen auflöst und dann herausgespült wird. Die so vorbereitete Leiche füllt man mit dauerhaften Stoffen wie Lehm, Sand oder Sägemehl unter Zugabe von wohlriechenden Substanzen, um ihr eine natürliche Form zu verleihen. Danach wird der Körper mit Binden umwickelt.

VORBEREITUNG AUF DIE EWIGKEIT

Die Gliedmaßen der Mumie werden im Alten Reich einzeln umwickelt, um ihr im Totenreich Bewegungsfreiheit einzuräumen. Im Mittleren Reich ändert sich diese Vorgehensweise: Der Leichnam wird in einen Kokon aus Stoffstreifen gebunden. Dabei verwenden die Balsamierer bis zu 350 m² Tuch. Zwischen das Leinen legen sie Kostbarkeiten wie Schmuckstücke oder prunkvolle Kleidungsutensilien. Auch der Stoff wird haltbar gemacht. Einige Schichten der Umwicklung werden mit harzigen Ölen bestrichen, die schon bei der Konservierung des Körpers Verwendung finden.

Dass die Einbalsamierung nicht immer pietätvoll vonstatten geht, zeigt die Mumie des Oberhofmeisters Wah. Bei der Präparation der Leiche läuft eine Maus über den Arbeitsplatz der Balsamierer, die diese kurzerhand erschlagen und zwischen die Leinenstreifen wickeln. Auch eine kleine Echse findet als unbeabsichtigte Grabbeigabe ihre letzte Ruhestätte zwischen den Wicklungen der Wah-Mumie.

Mehr Augenmerk legt man auf die Anfertigung der Mumienmaske, die aus stukiertem (mit Gips getränktem) Leinen hergestellt wird und das Gesicht des Toten abbildet. Sie ist der wichtigste Teil des Totenputzes. Während die Herrscher das Recht auf goldene Masken für sich beanspruchen, müssen sich die Untertanen mit hölzernen Masken oder solchen aus gehärtetem Leinen zufrieden geben. In ptolemäischer Zeit hält der Papyrus Einzug in die Werkstätten der Balsamierer. Alte, beschriebene Blätter werden zu einer Art Pappmaché verarbeitet und über die Gesichter der Leichen gegossen und modelliert.

Auch die herausgenommenen Organe einer Leiche erfahren besondere Behandlung. Im Alten Reich stellen vier Krüge die Innereien der Toten dar und werden meist ohne Inhalt mitbestattet. Im Mittleren Reich wird die Prozedur aufwändiger. Jetzt legt man großen Wert darauf, Lunge, Leber, Magen und Därme tatsächlich in je eine Keramik zu geben und mit konservierendem Harz zu übergießen. Die Gefäße finden Platz in einem hölzernen Schrein und werden vier Göttern geweiht: die Lunge für Duamutef, der Magen für Amset, die Därme für Hapi und die Leber für Kebechsenuef. Bei den vieren handelt es sich um Söhne des Horus, dem Herrn des Himmels und der Gestirne.

EXPERIMENTE MIT LEICHEN

Die Kunst der Leichenkonservierung entwickelt sich durch die Dynastien zur Perfektion. Viele Mumien weisen Behandlungsspuren auf, die zeigen, dass die Balsamierer mit neuen Techniken experimentieren, die nicht immer den gewünschten Erfolg bringen. Oberhofmeister Wah wird z.B. nur im Bauchraum behandelt. Alle Organe oberhalb, also vornehmlich Lunge und Herz, bleiben unkonserviert und sorgen bei der Verwesung für eine Schädigung der Mumie.

Einige Leichenbehandler vollführen im Bemühen um die Schönheit nach dem Tod wahre Kunststücke. Um die Augen der Toten strahlen zu lassen, füllen sie diese mit kleinen Stoffballen auf und legen Schmuck darauf, der in Augenform gearbeitet ist. Gegen Leichenblässe werden die Toten mit Farbe aus Ockerpigmenten eingerieben. Ein Problem bildet jahrhundertelang der Zerfall des Muskelgewebes. Erst in der 21. Dynastie (etwa um 1000 v. Chr.) gelingt es findigen Präparatoren, auch die Muskeln mit Sand und Sägespänen zu stopfen und so füllig zu halten. Schließlich bekommen die Toten noch eine Perücke aufgesetzt.

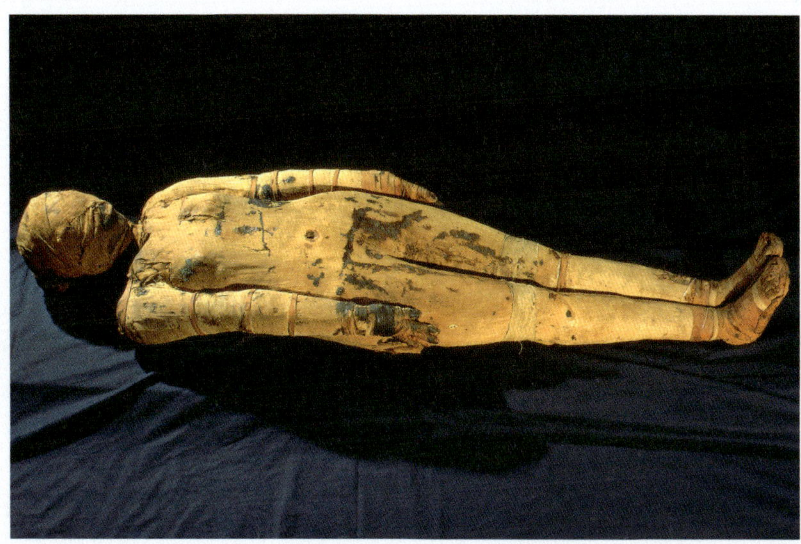

Mumie von Hator-Tsen-Usire; ägyptische Plastik, um 100 v. Chr.

Nach den religiösen Vorstellungen der Ägypter fährt der Pharao nach seinem Tod am Tag mit dem Sonnenboot, in der Nacht mit dem Mondboot über den Himmel. Damit ihm dies möglich ist, muss sein Körper erhalten bleiben und er muss mit allem, was er zum Leben braucht, versorgt werden. Man gibt ihm Speis und Trank, Gerätschaften und Schmuck, bildliche Darstellungen und später auch Dienerfiguren, die ihm die Arbeit abnehmen, mit ins Grab. Dem ägyptischen Glaube zufolge zeugt der Pharao im Augenblick seines Todes mit einer weiblichen Gottheit sich selbst als seinen Nachfolger, um wiederum als Gott den Thron zu besteigen.

02506
Mumien als Raritäten missbraucht

Hymnus auf den Nil 016

Riesiges Ganggrab in Newgrange

Das Monument von Newgrange wird von den Menschen, die Irland um 2500 besiedeln, als Beerdigungsstätte angelegt. Die präzise Ausrichtung der Grabanlage zeugt von bereits umfangreichen astronomischen Kenntnissen.

■ **Um 2500:** In Irland entsteht eine Reihe von Megalithgräbern. Das größte und bedeutendste unter ihnen ist der Tumulus von Newgrange. Das Grab befindet sich, ebenso wie die alten Ganggräber von Knowth und Dowth, etwa 30 km nördlich von Dublin in unmittelbarer Nähe des Flusses Boyne. Mehrere Generationen arbeiten an der Anlage. Etwa 100 Jahre werden bis zur Fertigstellung des Kuppelgrabes benötigt. Die für den Bau notwendigen Felsplatten und -blöcke schaffen die Menschen aus einer Entfernung von 17 km herbei, denn in der näheren Umgebung von Newgrange ist kein geeignetes Material zu finden. Der Grabhügel besteht aus mehreren hundert Steinen, die ein Gewicht von bis zu 6 t haben. Die gesamte Konstruktion ist so geschickt aufeinander gesetzt, dass seit über 5000 Jahren kein Wassertropfen in das Monument eindringen konnte. Nur das Sonnenlicht schafft es regelmäßig, sich einen Weg durch die steingesäumten Gänge zu bahnen. Neben astronomischen Zwecken dient die aus Megalithen bestehende Anlage allerdings auch als Zeuge jungsteinzeitlicher Kunst und Kultur.

Gesamtansicht des Ganggrabes Newgrange im irischen Boyne Valley

Frühe Kunst in steinerner Architektur

Der Hauptgrabhügel von Newgrange hat einen Durchmesser von fast 90 m und eine Höhe von 15 m. Der Eingang zur Grabanlage, vor dem sich ein mit Spiralornamenten verzierter, quer liegender Stein befindet, ist 1,50 m hoch und 90 cm breit. Dahinter öffnet sich ein relativ enger, knapp 19 m langer Gang, der von 22 aufrecht stehenden Steinen begrenzt wird. Durch ihn erreicht man die eigentliche Grabkammer, deren Wände und Dach aus großen Steinplatten bestehen. Sie ist in ihrer größten Ausdehnung 6,50 m breit und etwa ebenso hoch. An sie grenzen im Osten, Westen und Norden kleinere Nebenkammern.

Die Grabstätte wird von einem kreisrunden, etwa 11 m hohen Erdhügel bedeckt, der von massiven, horizontal gesetzten Randsteinen umgeben wird. Diesen Hügel wiederum umschließt ein Steinkreis, den schließlich weitere 97 Randsteine umgeben. Viele dieser Randsteine sind mit aufwändigen Verzierungen geschmückt.

Insbesondere der Eingangsstein der Grabstätte gilt in Irland als bekanntestes Beispiel frühgeschichtlicher Kunst. Seine Dekoration besteht aus einer großen, dreifachen Spirale, die auf der linken Seite angebracht ist. Die Rotation der Spirale, die sowohl mit und gegen den Uhrzeigersinn läuft, gilt als ein dem chinesischen »Yin und Yang« ähnliches frühes irisches Symbol. Die rechte Seite des Steins wird ebenfalls von Spiralen und einigen Bogen geschmückt. Jungsteinzeitliche Kunstwerke bedecken auch die Wände der Grabkammern im Inneren des Monuments. Einige dieser dekorierten Steine sind mittlerweile in das Nationalmuseum der irischen Hauptstadt Dublin transportiert worden.

Im Zentrum des Eingangssteins befindet sich ein vertikaler Einschnitt, der die Eintrittsposition der ersten Lichtstrahlen am Tag der Wintersonnenwende markiert.

Jahreszeitliche Licht- und Schattenspiele

Newgrange ist eine als Ganggrab angelegte Beerdigungsstätte. Die Anlage dient aber wohl auch astronomischen Zwecken. Der Zugang ist so ausgerichtet, dass einmal pro Jahr die Sonne bis zum hintersten Ende des Innenraumes strahlt und diesen hell erleuchtet. So findet dort zur Wintersonnenwende am 21. Dezember ein faszinierendes Licht- und Schattenspiel statt: Exakt vier Minuten nach Sonnenaufgang schleichen sich die Sonnenstrahlen den Hauptgang entlang in das Innere der Kammer. Von dort wandern sie weiter bis zum Bassinstein in der nördlichen Nische. Das Licht dringt in die Passage bis zum linken Seitenstein vor, wo es die eingeritzte Ornamentik, eine dreifache Spirale, beleuchtet. Gleichzeitig fällt ein Sonnenstrahl durch einen Schlitz im Dachkasten, der bis zum Fuß des rückwärtigen Steins in der Endnische der Kammer reicht. Das gesamte Schauspiel dauert nur 15 Minuten, danach versinkt das Innere des Grabes wieder in seine natürliche Dunkelheit. Aufgrund der großen Nachfrage nach diesem Ereignis – Newgrange zieht jährlich etwa 200 000 Besucher an – sind Führungen durch das Grab zur Wintersonnenwende auf Jahrzehnte ausgebucht.

Ebla – Schicksal einer Metropole Syriens

Trotz seiner Zerstörung durch Truppen des akkadischen Großreichs bleiben Teile des Ortes Ebla erhalten. Von einer einstigen kulturellen Blütezeit zeugen zahlreiche Tontafeln mit Texten in Keilschrift.

Schließlich findet sich im Archiv des Palastes ein nach Silben geordnetes zweisprachiges Wörterbuch, das eine Liste sumerischer Wörter mit ihrer jeweiligen Entsprechung in der Sprache der Bürger von Ebla enthält.

■ **Um 2500:** Ebla gilt als eine der wichtigsten syrischen Städte im Altertum. Die Architektur und Aufteilung von Ebla entspricht dem Modell einer typischen befestigten Stadt im Syrien der damaligen Zeit. Die bis heute erhaltene Außenmauer umschließt eine Siedlungsfläche, die sich in zwei Bereiche teilt: Im unteren Teil befinden sich die Wohngebäude und ein Tempel, während auf dem Burghügel der Königspalast thront.

Die Überreste von Ebla wurden im Jahr 1968 bei Ausgrabungen etwa 60 km südlich von Aleppo entdeckt. Es stellte sich heraus, dass die Stadt Tell Mardikh mit dem mystischen Ebla identisch ist. Die wahre Ausbreitung des Ortes und ihren Glanz im ausgehenden 3. Jahrtausend v. Chr. offenbarten die Ausgrabungen, die sich dem sensationellen Fund anschlossen. So deuten die jüngsten Schichten auf eine Zerstörung von Ebla durch akkadische Truppen und ihren Wiederaufbau im Verlauf des 2. Jahrtausends v. Chr. hin.

Gesetze und Wörterbücher

Im Archiv der königlichen Residenz hinterlassen die einstigen Herrscher die eigentliche Sensation von Ebla: einen bemerkenswert reichen Bestand an Tontafeln mit Keilschrifttexten. Der Inhalt der Texte ist vielfältig. Neben Informationen über das Wirtschaftsleben der syrischen Metropole finden sich eine Reihe von Gesetzestexten, die das politische System nachvollziehbar machen. Weitere Texte enthalten eine Auflistung von Berufen sowie die Bezeichnung von Gegenständen des alltäglichen Lebens.

Relief der langen Seite eines Kultbeckens aus Basalt aus dem syrischen Ort Ebla

02511
Tontafeln von Ebla – ein Bibelbeweis?

Lung-shan-Kultur erfindet Töpferscheibe

Im Osten Chinas breitet sich die Kultur von Lung-shan aus. Ihre Merkmale sind eine dünnwandige, schwarze Keramik mit metallischen Reflexen, die durch Glasuren hervorgerufen werden.

■ **Um 2500:** Zum ersten Mal werden Tongefäße auf rotierenden Töpferscheiben hergestellt. Die Kultur von Lung-shan, die bis an die chinesische Küste mit dem Zentrum in der Region Sinkiang reicht, entwickelt eine reiche Formenvielfalt.

Die Lung-shan-Keramik schmücken keine Malereien. Bei der Herstellung werden vielmehr Dreiecke und parallele Schraffuren in den feuchten Ton eingeritzt. Die Tonwerke entstehen bereits auf einer rotierenden Töpferscheibe, nachdem die Keramik bis dahin zumeist freihändig modelliert worden ist. Die neue Technik ermöglicht eine umfangreiche Formenvielfalt. Zu den typischen Formen gehören die Töpfe, welche die Menschen zum Zubereiten von Speisen und zum Erwärmen des Hirseweins nutzen. Diese so genannten Ding- und Li-Töpfe sind drei- oder vierfüßig. Eine Mischung aus diesen beiden Formen stellen die so genannten Xian-Gefäße dar, die zum Kochen mit Dampf dienten. Charakteristisch für die Kultur ist schließlich noch der Gu-Becher mit seiner betonten Hohlform.

Dreifüßiger Kessel aus schwarzem Ton aus der Lung-shan-Periode; um 2000 v. Chr.

Pharaonen verlieren an Macht

Die 60 m hohe Mykerinos-Pyramide bildet mit den Grabmälern der Könige Cheops und Chephren den architektonischen Schlusspunkt der Pyramiden von Gizeh. Der kostenaufwändige Bau führt zur ökonomischen Erschöpfung Ägyptens.

Re-Harachte und Maat; Wandmalerei im Grab der Königin Tausret

■ **2471:** Innere Spannungen folgen dem Abschluss der Bauarbeiten. Die gestärkte Position des Wesirs und die Dezentralisierung durch die Vergabe von Lehen an königliche Beamte schränken die Macht des Pharaos ab sofort ein.

Die Zeit der Vierten Dynastie endet mit Thronwirren (um 2465), mit denen sich die beginnende Entmachtung der königlichen Zentralgewalt ankündigt. Userkaf tritt als erster Pharao einer neuen Epoche die Herrschaft an. Unter den ersten Königen der Fünften Dynastie setzt auf politisch-religiösem Gebiet ein Wandel ein: Der Einfluss des Re-Heiligtums und die Sonnenreligion von Heliopolis gewinnen entscheidende Bedeutung. Neben das alte Staatsdogma vom König als Mensch gewordenem Himmelsgott Horus tritt eine neue Lehre, die im König den menschlichen Sohn Gottes sieht. Gegen Ende der Dynastie (um 2325) setzt ein weiterer Wandel ein: Der tote Pharao wird auch mit Osiris, dem Fruchtbarkeits- und Unterweltgott, identifiziert. Mit dem religiös motivierten universalen Anspruch des Königtums sinkt jedoch seine politische Macht. Die beamteten Gauverwalter werden mächtige Gaufürsten und die Priesterschaft gewinnt durch Privilegien an Eigenständigkeit. Unter dem Eindruck der in Ägypten vorherrschenden Naturalwirtschaft wird aus dem straff organisierten Beamtenstaat mit zunehmender Dezentralisierung ein Feudalstaat.

Der ägyptische König Mykerinos zwischen der Göttin Hathor und der Personifikation des ägyptischen Gaues Fal Hu; Skulptur aus Gizeh

Sonnengott Re wird Staatsgott

Eine bedeutende Rolle bei den revolutionären Ereignissen spielt die ägyptische Religion. Das Alltagsleben der Ägypter ist von spirituellen Vorstellungen durchdrungen. Sie glauben, dass alle Ereignisse von den Göttern abhängen, dass jedes Geschehnis vorherbestimmt ist. Neben den Tieren verehren sie Naturerscheinungen, vor allem die lebensnotwendige Sonne.

Die Ägypter identifizieren jeden Gott mit dem Pharao, im Alten Reich gilt der Pharao als einzige und unumstrittene Quelle des göttlichen Wortes. Der König ist als Person Mensch und als Amtsträger Gott. In der Zeit der Vierten Dynastie wird der Pharao zum Sohn des Sonnengottes Re und damit seinem Vater verantwortlich. Während der Fünften Dynastie wird Re, dessen Kultzentrum sich in Heliopolis befindet und von dort auf ganz Ägypten ausstrahlt, zum Staatsgott. Die Priester von Heliopolis betrachten den Gott Atum, den sie mit dem Sonnengott Re identifizieren, als Schöpfer der Welt. Die Pharaonen der neuen Dynastie sind darauf bedacht, den Staatsgott – und damit die Priesterschaft – zu ehren. Neben den Pyramiden errichtet jeder Pharao in den nächsten 150 Jahren zusätzlich ein Sonnenheiligtum.

Streitaxtkultur kennt Wagen

In Nord- und Osteuropa erlebt die schnurkeramische Kultur ihre Blütezeit. Die auch Streitaxtkultur genannte Gruppe verfügt mit dem Wagen über eine wichtige technologische Neuerung.

Jungsteinzeitliche Schnurkeramik-Gefäße aus dem Saalegebiet, um 2000 v. Chr.

■ **Um 2500:** Die Streitaxtleute bauen Wagen mit Vollscheibenrädern, die aus drei einzelnen Holzelementen zusammengesetzt werden. Als Zugtiere dienen Ochsen und Pferde. Dank des Wagens knüpfen die Menschen der schnurkeramischen Kultur Handelskontakte zu ihren Nachbarn. Es kommt zu einem weitläufigen Austausch von Gütern. Die Streitaxtkultur (2800–2400) tritt geballt in Mitteldeutschland auf und dehnt sich über Böhmen, Hessen bis nach Polen aus. Im Westen begrenzt der Rhein die Ausdehnung der Schnurkeramik. Als Waffe dient den Menschen dieser Kultur die Streitaxt, die auch eine bedeutende Rolle im Glauben spielt. Die Beile sind Schwergeräte, die zum Teil mitsamt Schäftung aus Kupfer gegossen werden. Vielen Männerbestattungen werden Streitäxte als Grabbeigaben mitgegeben. Wegen der typischen Keramikform mit ausgeprägtem Standfuß spricht man auch von der Standfußbecherkultur. Bevorzugt werden schlanke, hohe Formen hergestellt. Die Namen gebende Schnurverzierung entsteht durch den Abdruck einer um das Gefäß laufenden Schnur in den noch feuchten Ton.

Sargon I. errichtet erstes Grossreich

Ein von Sargon I. von Akkad gegründetes Fürstentum wird zum ersten Großreich im Vorderen Orient und tritt an die Stelle der sumerischen Stadtstaaten. Nach dem Niedergang Akkads führt der Priesterkönig Gudea das sumerische Lagasch zur Blüte.

■ **Um 2340:** Der Semit Sargon I. gründet ein Fürstentum. Um seine Geburt rankt sich eine Legende, die in ähnlicher Form über viele Helden erzählt wird. Danach legte Sargons Mutter das Kind in einen mit Pech versiegelten Korb und setzte es auf dem Euphrat aus. Der Junge wurde von einem Schäfer gerettet und wie ein eigenes Kind aufgezogen. In jungen Jahren kam Sargon als Mundschenk an den Hof von Kisch.

König des Landes Sumer

Das von Sargon nach dem Sturz des Königs von Kisch neu gegründete Akkad wird zur Basis für weitere Expansionspläne. Er besiegt König Lugalzaggesi von Umma, der sich nach der Eroberung von Uruk als »König des Landes Sumer« an die Spitze einer Konföderation von Stadtstaaten gesetzt hatte, und lässt ihn in Nippur, dem kultischen Zentrum von Sumer, gefangen halten. Nach der Eroberung Südmesopotamiens wendet sich Sargon nach Norden und Westen, um sein Reich bis zum Mittelmeer zu erweitern. Die Semiten, die sich vor längerer Zeit am nordwestlichen Rand von Sumer angesiedelt haben, werden unter Sargon zum führenden Volk in der Region.

Das Expansionsstreben Sargons und seiner Nachfolger lässt sich hauptsächlich mit wirtschaftlichen Gesichtspunkten erklären: Mesopotamien fehlt es an Rohstoffen wie Holz und Metall, die aus anderen Gebieten wie dem Libanon importiert werden müssen. Mitglieder der Königsfamilie oder andere hoch gestellte Bürger von Akkad leiten die höhere Verwaltung. Eine straffe Militärorganisation sorgt für die reibungslose Abwicklung des Handels und der Tributzahlungen.

Auch kulturell vollzieht sich durch die Errichtung des Semitischen Reiches von Akkad eine entscheidende Veränderung in Mesopotamien. Die sumerische Sprache wird zugunsten der akkadischen Schriftsprache verdrängt; nur im Süden kann sich das Sumerische als Volkssprache behaupten. Die Keilschrift wird der neuen Amtssprache angepasst. In den religiösen Vorstellungen kommt es zu einer Verschmelzung von semitischen und sumerischen Gottheiten.

Das Reich zerfällt

Bereits während der Herrschaft Sargons kommt es immer wieder zu Aufständen der unterdrückten Völker. Die Auflösung des Akkadischen »Weltreichs« setzt zur Zeit der Herrschaft von Naramsin (um 2260–2223), eines Enkels von Sargon, ein. Er versucht, das Großreich durch Eroberungszüge zu erweitern und lässt seine Siege auf Sandsteinstelen verewigen. Trotz anfänglicher Erfolge kann Naramsin nicht an die Glanzzeit Akkads unter seinem mächtigen Vorfahren anknüpfen. Nach seinem Tod bricht Akkad endgültig auseinander. Das westiranische Bergvolk der Gutäer errichtet für etwa 40 Jahre eine Fremdherrschaft in Babylonien. Nachdem einige südsumerische Stadtstaaten erneut die Selbständigkeit errungen haben, kommt es zu einer neuerlichen kulturellen Blüte am Euphrat unter dem neusumerischen Priesterkönig Gudea, der von etwa 2080 bis 2060 in Lagasch regiert. Er übt zeitweise – vor allem durch ein ausgedehntes Netz von Handelsbeziehungen – eine Hegemonie über große Teile Südbabyloniens einschließlich Ur aus und bringt den Stadtstaat Lagasch zu Wohlstand.

Kopf des Königs Sargon aus Ninive; akkadisch, um 2300

Die staatliche Organisation

Seit der Zeit Sargons I. von Akkad ist eine einheitliche zentrale Verwaltung erkennbar, die von einer klerikalen und staatlichen Beamtenschaft getragen wird. Hohe Beamte wie Schatzmeister, Wesire und Statthalter der Provinzen entstammen zumeist der Aristokratie. Sie geben häufig ihre Anweisungen in schriftlicher Form, wie die rund 5 Mio. aus verschiedenen Archiven erhaltenen Tontafeln dokumentieren. Als Gesetzgeber und oberste Rechtsinstanz fungiert der Herrscher. Die Rechtsprechung erfolgt durch eingesetzte Richter, denen ein Beratungsgremium beigegeben ist. Seit der Akkadzeit ist Privateigentum an Grund und Boden belegt. Neben der Beamtenschaft bildet das Heer die Hauptstütze der monarchischen Gewalt. Ein leistungsstarkes Straßensystem mit Post- und Umspannstationen sorgt für rasche Beförderung von Nachrichten und Personen und gewährleistet eine schnelle Präsenz von König und Armee.

01003
Der Mythos um Sargon I.

Grossbauten dominieren

Die Architektur beeindruckt durch ihre Monumentalbauten – Paläste, weitläufige Tempelanlagen und gewaltige Stadtmauern. Dagegen sind die Wohnhäuser recht einfach. Als Baumaterial werden luftgetrocknete Ziegel verwendet. Gebrannte Ziegel verarbeitet man nur bei Prachtbauten, die Witterungsschutz bedürfen. Der vor allem aus Grabanlagen bekannte Gewölbebau zeigt – wie im Brückenbau – überwiegend Kragsteintechnik, Säulen finden nur wenig Verwendung.

Betender Prinz von Lagasch aus der Gudea-Epoche; 3. Jahrtausend v. Chr.

Pharao Pepi II. regiert 94 Jahre lang

Mit seiner überlieferten Regierungszeit von 94 Jahren (bis um 2160 v. Chr.) ist der ägyptische König Pepi II. der am längsten amtierende Herrscher der alten ägyptischen Geschichte. Bereits im Alter von sechs Jahren besteigt er den Thron.

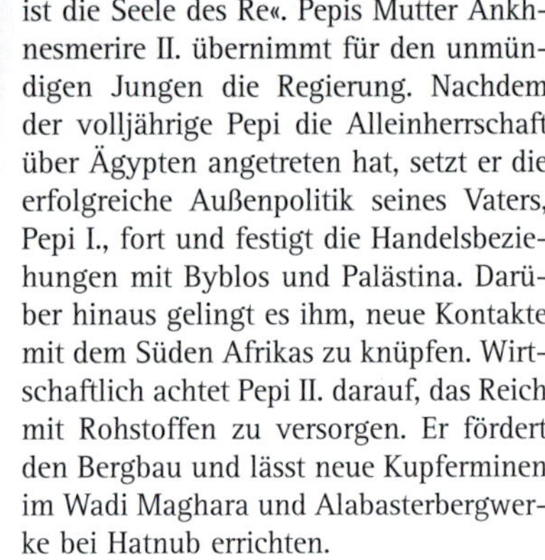

Pepi II. auf dem Schoß seiner Mutter, der Königin Ankhnesmerire

■ **2254:** Pepi II. wird als Neferkare inthronisiert, was so viel heißt wie »Schön ist die Seele des Re«. Pepis Mutter Ankhnesmerire II. übernimmt für den unmündigen Jungen die Regierung. Nachdem der volljährige Pepi die Alleinherrschaft über Ägypten angetreten hat, setzt er die erfolgreiche Außenpolitik seines Vaters, Pepi I., fort und festigt die Handelsbeziehungen mit Byblos und Palästina. Darüber hinaus gelingt es ihm, neue Kontakte mit dem Süden Afrikas zu knüpfen. Wirtschaftlich achtet Pepi II. darauf, das Reich mit Rohstoffen zu versorgen. Er fördert den Bergbau und lässt neue Kupferminen im Wadi Maghara und Alabasterbergwerke bei Hatnub errichten.

Pharao verliert die Macht

Trotz erfolgreicher Regentschaft Pepis ist der Erschöpfungszustand des ägyptischen Reiches spürbar. Die Beamtenschaft erlangt immer mehr Einfluss über den Pharao, die Zentralgewalt in Memphis wird schwächer. Durch Herausbildung vieler autonomer Kleinfürstentümer wird es für den König immer schwieriger, das gesamte Land zu kontrollieren. So teilt er das Amt des Wesirs in zwei Hälften. Fortan herrscht ein Wesir in Unter- und einer in Oberägypten. Die vordynastische Teilung des Reiches ist wieder sichtbar geworden.

Je älter Pepi wird, desto stärker schrumpft seine Macht zugunsten der Wesire. Die hohen Ausgaben der Außenpolitik legen in dieser Zeit die Staatskasse trocken, so dass der Pharao die Beziehungen zu einigen Ländern abbrechen muss. Wirtschaftliche Stagnation ist die Folge. Das Reich taumelt in die Katastrophe. Nach Pepis Tod wird der Verfall der Königsmacht deutlich. Sein Sohn Merenre II. folgt ihm auf den Thron nach, kann sich dort aber nur ein Jahr behaupten. Merenres Ehefrau Nitocris übernimmt die Herrschaft und wird zur letzten Regentin der Sechsten Dynastie. Mit dem Pharaonengeschlecht erlischt auch die Bautätigkeit, die noch unter Pepi verschwenderische Ausmaße angenommen hatte. Ägyptische Monumentalbauten werden erst wieder unter Mentuhotep, dem ersten Pharao der Elften Dynastie (um 2040 inthronisiert), in Auftrag gegeben.

Grabanlage von Ima Pepi II. und Medou Nefer im ägyptischen Qila El Dabba

Harappa gibt Kulturstufe den Namen

Neben Mohenjo Daro entwickelt sich Harappa zu einem Zentrum der Hochkultur. Ihr zivilisatorischer Stand ist mit dem Mesopotamiens und Ägyptens vergleichbar.

■ **Um 2300:** Angehörige der Induskultur errichten die Stadt Harappa im Pandschab. Sie zählt zu den bedeutendsten Zentren der Induskultur und liegt in einem alten Flussbett. Die Stadt erhebt sich auf fünf Hügeln. Ein Palast in der Stadtmitte ist mit Schächten durchzogen, um das Innere des Gebäudes mit Frischluft zu versorgen. Harappa gehört neben Mohenjo Daro zu den größten Städten der Induskultur. Wie der südliche Nachbar ist sie auf hohem technologischem Stand und verfügt über mehrstöckige Häuser, rechtwinklige Straßenzüge und ein Kanalisationssystem.

Über die Religion der Menschen, die am Indus eine Hochkultur entwickelten, ist nur wenig bekannt. Lehmfiguren von Tieren und Menschen deuten darauf hin, dass es Opferriten gegeben hat. Einige Kalksteinsiegel zeigen Szenen, die aus der Mythologie stammen und Götter oder Opferzeremonien abbilden.

Die Menschen der Induskultur bestatten ihre Toten in Holzsärgen und geben ihnen Gebrauchskeramik mit ins Grab, die mit Lebensmitteln gefüllt sind, um die Toten in ihrem jenseitigen Leben zu ernähren. Die meisten Leichen werden mit einfachen Schmuckstücken aus Muscheln oder Kupfer bestattet. Feine Kunsthandwerkarbeiten aus Gold, Silber oder Edelsteinen werden in den Gräbern nicht mit bestattet, sondern vermutlich Erben der Verstorbenen übergeben. Prunkgräber, an denen sich eine gesellschaftliche Elite erkennen ließe, können ohne reiche Beigaben nicht identifiziert werden.

Neben großen Städten wie Harappa leben die Menschen der Induskultur auch in kleinen Siedlungen. Bäuerliche Dörfer, Minen-, Handels- und Küstenposten liegen um die Hauptorte verstreut und bilden mit diesen zusammen ein Siedlungsgefüge, das dem eines modernen Staates ähnlich ist.

Kalksteinfigur eines königlichen Priesters; Harappa-Kultur, um 2500

UNRUHEN IN ÄGYPTEN: ALTES REICH ZERFÄLLT

Die Regentschaft der Pharaonen hat Ägypten in die wirtschaftliche Katastrophe geführt. Das Alte Reich zerbricht, die Erste Zwischenzeit beginnt. Der weitere Fortbestand der Hochkultur ist gefährdet.

■ **2155:** Als nach dem Tod des Königs Pepi II. aus der Sechsten Dynastie, des am längsten regierenden Königs der alten ägyptischen Geschichte, seine Nachfolger nicht in der Lage sind, die Zentralgewalt des Pharaos zu sichern, kommt es zu blutigen Aufständen, die das ägyptische Reich in seinen Grundfesten heftig erschüttern. Soziale Spannungen fördern den Zusammenbruch des Alten Reiches, der Süden Ägyptens macht sich selbständig, die Macht geht an die starken Feudalherren über.

Die Folgen der Wirren sind eine zunehmende Rechtsunsicherheit und eine – auch geistige – Krisenstimmung. Kennzeichnend für den Verfall der königlichen Macht ist die rasche Abfolge von Herrschern in der Siebten und Achten Dynastie. Der ägyptische Geschichts-Schreiber Manetho spricht von 70 Königen in 70 Tagen.

Um 2134 bricht in Ägypten die so genannte Erste Zwischenzeit an. 120 Jahre lang muss das Land ohne Zentralgewalt auskommen. Die Feudalherren, entstanden aus dem Beamtenadel, beanspruchen ihren ursprünglich als Lehen vom König erhaltenen Grundbesitz als vererbbares Eigentum. In wechselnden Koalitionen machen sich diese Gaufürsten die Regierung über Ägypten streitig.

Sitzstatue eines ägyptischen Beamten aus Kalkstein; um 2350

Im Norden können sich die Gaufürsten von Herakleiopolis durchsetzen, im Süden wird Theben (Luxor) zur beherrschenden Macht. Die sog. Herakleipoliten bilden die Neunte und Zehnte Dynastie. Doch sie werden nicht im ganzen Land anerkannt. Theben hingegen verfügt über hervorragende Verbindungen nach Nubien. Dort haben die Thebaner Zugriff auf ein gewaltiges Söldnerkontingent, das sie im Bürgerkrieg gegen Herakleiopolis einsetzen. Erst der Sieg Thebens unter Metuhotep II. nach einem fast 100 Jahre dauernden Bürgerkrieg öffnet den Weg zur Wiedervereinigung des ägyptischen Reiches.

ERSTE PHILOSOPHISCHE TEXTE

Mit ihren sozialen Umwälzungen und makabren Erscheinungen wie geplünderten Gräbern und umherliegenden Leichen bringt die Erste Zwischenzeit eine Fülle weltanschaulicher und religiös-philosophischer Literatur hervor.

Das Dialogwerk »Mahnworte des Weisen Ipuwer« schildert die katastrophalen gesellschaftlichen Verhältnisse und die Not in Ägypten nach der Revolution und beschuldigt den Schöpfergott, sein Werk unvollkommen gelassen zu haben. Auch die Dichtung »Gespräche eines Lebensmüden mit seiner Seele« stellt die Vollkommenheit der göttlichen Schöpfung in Frage und sucht nach einer Neuorientierung der Lebensgrundlagen. Die Erzählung »Die Klagen des Bauern« fordert eine neues Beamtenethos nach dem Zusammenbruch des Alten Reiches und der Revolution. Die »Lehre für König Merikare« propagiert das Totengericht als ausgleichende Instanz der Gerechtigkeit

Viele literarische Zeugnisse werden auf Särgen erhalten. Diese sog. Sargtexte sind Zeichen der geistigen Auseinandersetzung mit dem bisherigen Glauben. Die Sargtexte sollen den Toten auf seinem Weg ins Jenseits begleiten und ihm Zauberkräfte verleihen, die er in seinem neuen Leben benötigt.

Bauern werden von Aufsehern geschlagen; Relief aus der Mastaba des ägyptischen Beamten Akthihetep aus dem Musée du Louvre, Paris.

Sumer von Urnammu geeint

Der Sumerer Urnammu, ursprünglich lediglich Statthalter und Militärgouverneur des Fürsten Utuchengal von Uruk, löst sich aus dessen Oberherrschaft und schafft als Großkönig ein einheitliches, zentral verwaltetes Reich in Babylonien.

■ **Um 2047:** Urnammu wehrt die nach dem Zusammenbruch des Reiches von Akkad auflebenden Selbständigkeitsbestrebungen der südmesopotamischen Provinzen ab. Er trägt den Titel eines Königs von Sumer und Akkad und bringt die Fernhandelsstraßen vom Persischen Golf nach Syrien unter seine Kontrolle. Dann nimmt er den Seehandel wieder auf und sichert seinem Reich einen wirtschaftlichen Aufschwung, der sich u. a. in einer bedeutenden Getreide- und Textilproduktion zeigt.

00946
Die Reform des Urnammu

Urnammu befasst sich u. a. mit der Verbesserung der Kanalisation und lässt den Grenzverlauf seines Herrschaftsgebiets in einem Katastertext festlegen. Ur erhält während Urnammus Herrschaft eine Verteidigungsmauer und viele repräsentative Gebäude wie die Zikkurat. Der auf ihn zurückgeführte – möglicherweise in Teilen aber auch auf seinen Vorgänger Naramsin zurückgehende – »Kodex Urnammu« gilt als ältestes Gesetzeswerk der Geschichte. Zehntausende von Rechtsurkunden und Verwaltungstexten, die in Keilschrift auf Tafeln festgehalten sind, belegen die Effizienz von Urnammus Administration. In zahlreichen Gründungsinschriften, die sich auf Backsteinen, Ton- und Bronzenägeln, Steintafeln und -gefäßen sowie auf Türangelsteinen finden, wird Urnammu als Bauherr genannt. Auch unter seinem Nachfolger Schulgi (2030–1998) wird in Ur viel gebaut.

Baumeister brennen Ziegel

Es sind sumerische Baumeister in Ur, die als Erste gebrannte, zum Teil auch glasierte Ziegel verwenden. Sie bleiben aber dem Bau herrschaftlicher Paläste und religiöser Zentren vorbehalten und werden auch dort nur für die Verkleidung der Außenflächen eingesetzt, weil sie sehr teuer sind. Die Herstellung erfordert Brennmaterial, für das im baumlosen Südmesopotamien allenfalls dürre Sträucher und getrockneter Mist zur Verfügung stehen. Daher ist die Temperatur in den Brennöfen niedrig (500 bis 600 °C). Die gebrannten Ziegel sind deshalb noch relativ weich. Die porösen

Zikkurat: Tempel und Wirtschaftsbau

Eine der bedeutendsten kulturellen Leistungen der vom neusumerischen König Urnammu (um 2047–2030 v. Chr.) begründeten Dritten Dynastie von Ur ist die Errichtung stufenförmig angelegter Tempeltürme anstelle der bisher üblichen flachen Terrassentempel.

Die in Ur erbaute Zikkurat – so der Fachbegriff für diese Tempeltürme mit verschieden breiten Plattformen – Etemenniguru mit einem Umfang von rund 210 m an der Basis besteht aus drei Stockwerken und ist etwa 20 m hoch. Sie dient – wie das ebenfalls in Ur angelegte Heiligtum Ekischnugal – als Kultstätte für den Mondgott Nanna. Urnammu lässt u. a. auch in Uruk eine Zikkurat errichten. Aus dem Hochtempel des 4. Jahrtausends, der auf einer unregelmäßigen, künstlichen Tempelterrasse steht, entwickelt sich der mehrstufige Sakralturm der Zikkurats als typisches Bauwerk der sumerischen, assyrischen, babylonischen und elamitischen Tempelarchitektur.

Die Zikkurat, ein bis zu 20 m in die Höhe ragendes Ziegelbauwerk, ist über eine zentrale monumentale Rampentreppe bis zur ersten Plattform und über zwei seitliche, gegenständige Wandtreppen bis zur ersten Terrasse sowie von dort aus in einzelnen Absätzen zu den höheren Terrassen besteigbar.

Der Kern der Zikkurats von Ur besteht aus getrockneten Lehmziegeln, die Außenwände sind mit Backstein verkleidet und mit Nischen geschmückt. Getrocknete Lehmziegel sind auch für den gewöhnlichen Hausbau üblich. Sie sind mit Strohhäckseln versetzt, die dem Ziegel eine wesentlich größere Bruchfestigkeit verleihen (19,75 kg/cm³ gegenüber 5,73 kg/cm³ ohne Stroh).

Jede Zikkurat-Plattform ist von einer Mauer umgeben. An der Innenseite dieser Mauerringe sind längliche Kammern eingerichtet, die als Wohnräume für Priester und Beamte dienen. Stärker noch als in den vergangenen Epochen ist die Zikkurat nicht nur Heiligtum, sondern auch Wirtschaftszentrum, von dem aus die Verwaltung des Landes ausgeübt wird. Ferner ist im Tempel ein umfangreiches Archiv untergebracht.

In den immer steileren und höheren Anlagen der Zikkurats drückt sich das Bedürfnis des Königs und seiner Beamten nach einer Demonstration ihrer religiös fundierten Macht aus. Zugleich liegt dem Bauwerk die Vorstellung zugrunde, dass sich die Gottheit auf der Zikkurat wie auf einem Berg niederlässt, um dort die heilige Hochzeit zu vollziehen. In der alttestamentlichen Legende vom Turmbau zu Babel lebt in jüdischer Interpretation die Erinnerung an den Zikkuratbau fort. Der Tempelturm hat architektonische Vorbilder in altmesopotamischen Terrassenbauten und wird seinerseits vorbildlich für spätere Sakralbauten in Babylon und bei den Assyrern.

Zikkurat der iranischen Ruinenstadt Tschoga Zanbil

Der französische Philosoph und Dichter Jean-Jacques Rousseau (1712–1778) über den Bau von Tempeln:

»Als noch die unschuldigen und tugendhaften Menschen die Götter gern zu Zeugen ihrer Handlungen machten, wohnten sie mit ihnen zusammen in derselben Hütte. Als sie aber bald darauf böse geworden waren, wurden sie dieser beschwerlichen Zuschauer überdrüssig und verwiesen sie in prächtige Tempel.«

Der bei Ausgrabungen in Ur gefundene Helm aus Goldblech zeigt die hohe handwerkliche Kunst der Sumerer im 3. Jahrtausend.

Steine werden mit heißem Erdharz vermauert, das gut in die Poren eindringt und solide Verbindungen schafft.

Priester messen die Zeit

Die Priester und Gelehrten von Ur beherrschen die Lang- und Kurzzeitmessung. Sie leiten die Kalenderdaten und Tageszeiten aus astronomischen Beobachtungen her. Ein wichtiges Instrument ist dabei der sog. Gnomon, ein Stab, der senkrecht in die Erde gesteckt

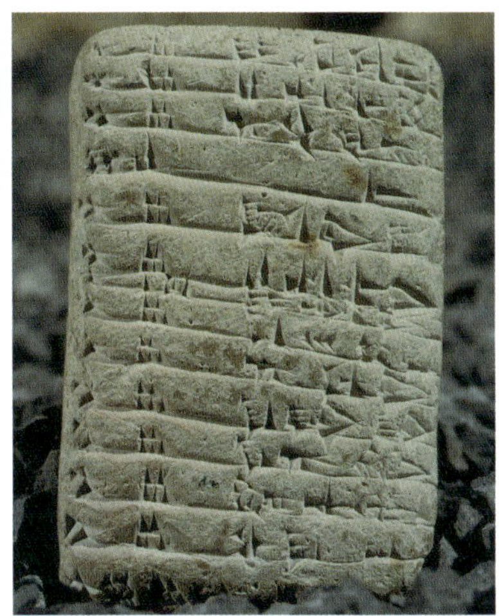

Tontafel aus der 3. Dynastie von Ur, auf der monatliche Gerste-Rationen aufgelistet sind

wird. An der Länge und Lage seines Schattens lassen sich die Zeitpunkte der Tag- und Nachtgleiche sowie der Sonnenwenden bestimmen. Auf der Fläche um den Stab sind die Tagesstunden markiert. Der Gnomon kann in Ägypten in Form eines Obelisken auch die Funktion einer öffentlichen Uhr übernehmen. Die Priester unterteilen die Stunde in 60 Minuten und bestimmen diese durch geeignete Kurzzeitmesser.

Als Grabbeigabe in den Königsgräbern von Ur findet sich ein mit Muschelschalen und Lapislazuli verzierter Instrumentenkasten, genannt die »Standarte von Ur«. Seine szenischen Darstellungen geben Aufschluss über die Gesellschaftsordnung der Sumerer. Die von Urnammu begründete 3. Dynastie hat bis 2003 Bestand.

Lieder beklagen Untergang

Der Zusammenbruch der Dritten Dynastie von Ur findet seinen literarischen Niederschlag in den zwei »Klageliedern um die Zerstörung von Ur«, in denen sich Klage, Mythos und historischer Bericht verbinden.

■ **2003 v. Chr.:** Unter König Ibbisin (2027–2003) verliert das Reich von Ur immer mehr an wirtschaftlicher Macht. Ertragreiche Provinzen wie Lagasch und Umma gehen verloren, der Einflussbereich Urs schrumpft zusehends. Gouverneure nutzen die Schwäche der Zentralgewalt und spalten ihre Ländereien vom Reich ab. Einige schließen Bündnisse mit dem verfeindeten Elam, das eine große Streitmacht gegen Ur schickt. Die Elamiter erobern Ur, plündern die Stadt und führen Ibbisin als Gefangenen in das Bergland von Anschan.

Die zweite Ur-Klage ist auf Tontafeln aus Nippur überliefert und schildert die Begebenheiten wie folgt: 1. Die Versammlung der großen Götter beschließt, Sumer und seine Hauptstadt Ur völlig zu vernichten. Die Zerstörung durch die Gutäer (und Elamiter) wird summarisch geschildert. 2. Die Städte, die von ihren Göttern verlassen worden sind, werden aufgezählt. 3. Die Hungersnot im belagerten Ur wird geschildert. 4. Der sumerische Hauptgott Enlil bestätigt den Beschluss der Götterversammlung als unwiderruflich, das Königtum von Ur sei nicht ewig. Enlil fordert den Mondgott Nanna zum Verlassen Urs auf. Die Bevölkerung öffnet dem Feind die Tore, Ur wird vernichtet. Zum Schluss wird Nanna noch einmal bei den Göttern vorstellig, diesmal mit Erfolg: Die Götter kehren nach Ur zurück.

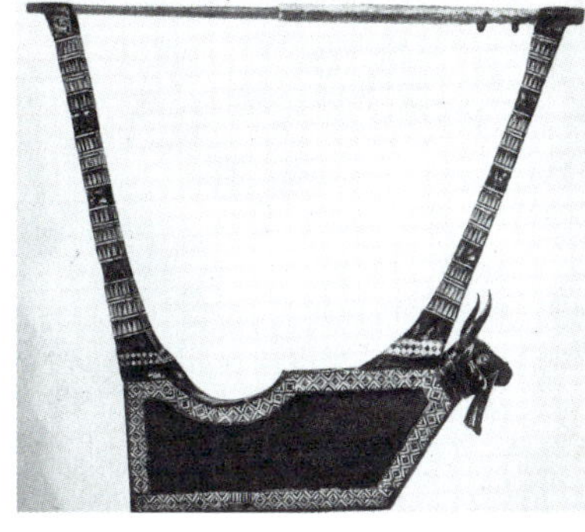

Diese Rekonstruktion einer Leier aus Ur stammt aus dem irakischen Directorale General of Antiquities.

Im Originaltext heißt es: »Oh Vater Nanna, diese Stadt wurde zur Ruine – das Volk seufzt. Das Volk, nicht Topfscherben füllte es an. Ihre Mauern waren zerbrochen.«

01004
Die Sumerische Stadtklage

Mentuhotep II. eint Ägypten

Seit 100 Jahren tobt der Bürgerkrieg zwischen Ober- und Unterägypten. Nach dem Zerfall der Zentralmacht kämpfen beide Landesteile um die Vorherrschaft.

■ **2040:** Der ägyptische König Mentuhotep II. aus der Elften Dynastie von Theben eint Ober- und Unterägypten und begründet das Mittlere Reich. Residenz des neuen Gesamtstaates wird Theben, dessen Gott Amun zentrale Bedeutung erlangt. Den Unterägyptern in Herakleiopolis war es nicht gelungen, ihren Machtbereich über die mittleren Provinzen auszudehnen. Schließlich findet Mentuhotep II. starke Bündnispartner für seinen Kampf um die Reichseinheit. Durch geschickte Heiratspolitik sichert er sich die Solidarität Nubiens, das ihn daraufhin mit Söldnern im Kampf gegen Unterägypten unterstützt. Mentuhotep siegt und wird zum Pharao des gesamten Landes ernannt. Die durch das Bürgerkriegschaos bedingte Stagnation von Wirtschaft und Kultur endet. Der Pharao ruft gigantische Bauprogamme ins Leben und belebt die alten Handelsbeziehungen neu.

Obwohl die Könige von Theben ihrem Herkunftsort verbunden bleiben, betrachten sie sich als Erben der Könige von Memphis und führen deren Traditionen fort. Sie erheben Izet-Tani zur Hauptstadt, richten wieder Krongüter ein und bauen die zentralen Verwaltungsorgane von neuem auf.

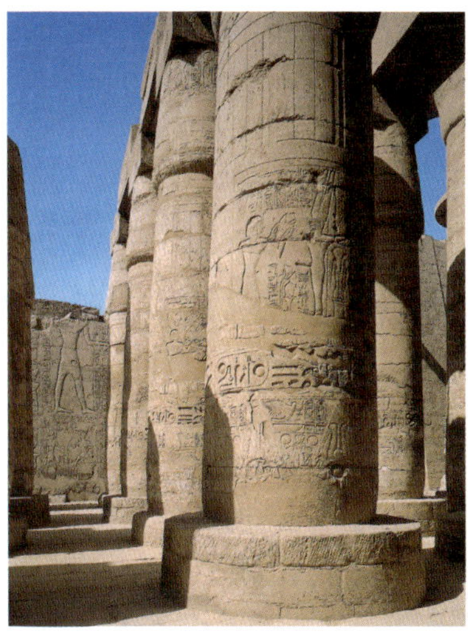

Die 134 Säulen der Hypostylenhalle im Tempelbezirk von Karnak sind mit Inschriften übersät.

Erste europäische Hochkultur auf Kreta

Auf der Mittelmeerinsel Kreta entsteht eine Hochkultur, die die bislang höchste Zivilisationsstufe in Europa aufweist. Die Minoer beherrschen mit einer Flotte das östliche Mittelmeer und treiben regen Handel bis nach Ägypten.

Vorratskrüge aus dem Palast von Knossos; die Tongefäße sind etwa 2 m hoch. Die kretischen Paläste sind Versorgungs- und Verwaltungszentren.

■ **Um 2000 v. Chr.:** Nach bescheidenen Anfängen erlebt Kreta gegen Ende der kretischen Frühzeit einen glanzvollen Aufschwung, der wohl auch durch die Zerstörung Trojas im nordwestlichen Kleinasien (Ende der zweiten Siedlungsperiode) um 2200 begünstigt wird. Zu dieser Zeit besitzen die Kreter bereits eine Flotte, die sie kontinuierlich ausbauen und die in den folgenden Jahrhunderten das Mittelmeer beherrscht und für weitreichende Handelsbeziehungen sorgt. Um 2000 v. Chr. entstehen mindestens fünf Paläste, die religiöse, wirtschaftliche und politische Zentren bilden: Knossos, Kato, Zakros, Phaistos und Hagia Triada. Gleichzeitig neigt sich die bis dahin unabhängige Kykladen-Kultur (Inseln der Ägäis) ihrem Ende zu und wird schließlich von der kretischen überlagert. Die minoische Hochkultur steht am Beginn ihrer Blütezeit, die etwa bis 1600 v. Chr. dauert.

Bequemes Leben im Palast

Die Herkunft der kretischen Bevölkerung, des Trägers dieser Kultur, die nach dem sagenhaften König Minos benannt wird, ist unbekannt. Vermutlich gehört sie zu der vorindoeuropäischen Bevölkerung der Ägäis. Insgesamt macht die minoische Kultur einen unkriegerischen Eindruck. Die großen Paläste, wie der in Knossos, die nach minoischer Bauweise einen weitverzweigten, »labyrinthartigen« Grundriss aufweisen, sind unbefestigt und völlig auf die Bequemlichkeit der Bewohner ausgerichtet.

Von diesen Palästen aus wird das Land zentral verwaltet. Die landwirtschaftliche Produktion der Umgebung wird in den einzelnen Palästen gespeichert, inventarisiert und bei Bedarf an die Bevölkerung ausgegeben. Außerdem beherbergen die Paläste zahlreiche Handwerksbetriebe. Minoische Bauwerke und Bilddarstellungen belegen, dass auf Kreta eine gut entwickelte Wirtschaft besteht. Bauern, Handwerker und Künstler müssen einen Teil ihrer Produkte an den Palast abliefern, der die Weiterverwendung der Erzeugnisse festlegt und den Handel reguliert. Exportiert werden neben Öl und Getreide Kunstgegenstände und Keramik; der Import konzentriert sich auf Gold, Silber, Kupfer, Zinn und Elfenbein.

01256 Die Funktion des Minospalastes?

Geheimnisvolle Schrift

In seiner Blütezeit beherrscht das minoische Kreta die Wirtschaft des gesamten Mittelmeerraums. Im 16. Jahrhundert v. Chr. befindet sich Kreta mit Stützpunkten auf Ägina, Chios, Kythera, Melos, Rhodos, Santorin sowie in Milet auf dem Gipfel der Macht; Kontakte gibt es bis zu den Liparischen Inseln und zum Mitanni-Reich in Mesopotamien. Die umfangreiche Buchführung führt zur Herausbildung einer eigenen Schrift (Linear-A), die sich von einer Bilderschrift zu einer differenzierten Schrift entwickelt.

In der Religion nimmt die Verehrung einer Mutter- oder Erdgöttin einen besonderen Raum ein, dementsprechend besitzen die Frauen auf Kreta eine hohe gesellschaftliche Stellung. Die verschiedenen Götter werden vor allem im Freien während kultischer Tänze angebetet.

Statuette einer Schlangengöttin aus Knossos (Kreta)

Mit dem Einfall der Achäer vom griechischen Festland her beginnt der Niedergang der minoischen Kultur. Vermutlich zerstört eine Naturkatastrophe um 1425 v. Chr. den Palast in Knossos, der nicht mehr aufgebaut wird. Die Paläste von Mallia, Phaistos und Kato Zakros werden ebenfalls verlassen.

Minoer bleiben ein Rätsel

Erst mit den Grabungen Heinrich Schliemanns auf dem griechischen Festland in Mykene (Argolis, Peloponnes; 1876) und den Arbeiten Arthur Evans' in Knossos (ab 1900) begann sich die historische Forschung für die frühen Hochkulturen im Mittelmeerraum zu interessieren. So folgten den Entdeckungen der beiden Archäologen bald weitere Funde monumentaler Relikte und umfangreichen Kleinmaterials aus der griechischen Frühzeit. Darunter befanden sich in Knossos zahlreiche Tontafeln, die zwei unterschiedliche Schriftgruppen aufwiesen, eine ältere (Linear-A) und eine jüngere (Linear-B). Hinzu kamen 1939 weitere Tontafelfunde in der Linear-B-Schrift, als der Archäologe Carl Blegen das mykenische Pylos (Südwest-Peloponnes) ausgrub. 1952 endlich gelang es Michael Ventris – unterstützt von John Chadwick –, letztere Schrift zu entziffern. Trotz dieser und aller folgenden historischen Leistungen erlauben die bisherigen Forschungsergebnisse nicht die Darstellung einer zusammenhängenden Geschichte Kretas.

··Sagenhafter Minos··

Der sagenhafte erste König von Kreta ist Minos, ein Sohn des Zeus und der Europa, der das Labyrinth in Knossos erbauen lässt. Minos erbittet von Poseidon ein Opfertier als Beweis für die göttliche Herkunft seiner Herrschaft, doch anstelle des aus dem Meer auftauchenden prächtigen Stieres opfert er ein Tier aus der eigenen Herde. Als göttliche Strafe entbrennt seine Frau in Liebe zum Stier und gebiert Minotaurus, ein Ungeheuer in Menschengestalt mit Stierkopf. Das Untier wird in den labyrinthischen Gängen des Königspalastes ausgesetzt. Kein Uneingeweihter kann den Ausgang wiederfinden.

Der Legende nach schulden die Athener den Minoern jährlich einen schrecklichen Tribut: Sieben Jünglinge und sieben Jungfrauen müssen jedes Jahr nach Knossos geschickt werden, wo sie dem Minotaurus zum Fraße vorgeworfen werden. Um dieser Tributpflicht ein Ende zu bereiten, reist der Held Theseus nach Kreta und nimmt den Kampf mit dem Monstrum auf. Um aus dem Labyrinth wieder herauszufinden, gibt ihm die Königstochter Ariadne ein Garnknäuel mit auf den Weg, das Theseus unterwegs abrollt. Er erschlägt Minotaurus und findet dank des Fadens den Rückweg ans Tageslicht.

Theseus tötet den Minotaurus; attische schwarzfigurige Hydria des 6. Jahrhunderts v. Chr.

Tatsächlich wird in der minoischen Kultur der Stier verehrt. Häufige Kultsymbole sind die Doppelaxt zum Töten von Opferstieren sowie Kulthörner. Auch das auf Fresken dargestellte Turnen auf einem Stier könnte kultische Bedeutung haben. Oft sind Priesterinnen abgebildet – vielleicht ein Hinweis auf die im Mittelmeerraum als Fruchtbarkeitsgöttin verehrte Große Mutter.

Das Reich von Kusch

Nubien liegt am Oberlauf des Nils, südlich des ägyptischen Großreiches. Es verfügt über eine strategisch günstige Lage. Durch das Land führen Handelswege nach Zentralafrika in Richtung Weißer Nil, Dafur und Saharatäler.

Ägypten stehen. Üppige Goldvorkommen und der militärisch hohe Stand der nubischen Söldner wecken immer wieder das Interesse der Pharaonen des Alten Reichs an Eroberungszügen. Aber die Nubier können sich behaupten, indem sie ihre Soldaten an Ägypten vermieten, so z. B. an den Pharao Mentuhotep II. im Bürgerkrieg zwischen Unter- und Oberägypten.

Pyramidenfeld bei Meroe, der Hauptstadt des Reiches von Kusch. Hier wurden die kuschitischen Könige bestattet.

■ **Um 2000 v. Chr.:** In Nubien bildet sich die Kuschkultur heraus. Trotz Gebietsabtretungen behauptet sich das Land seit Jahrhunderten gegen die Vorherrschaft des großen Nachbarn Ägypten. Nun erhält es erstmals eine eigene Identität.

Hauptstadt des nubischen Reiches Kusch ist Kerma, am dritten Nilkatarakt stromaufwärts gelegen. Die Stadt blüht vor allem während der Hyksos-Zeit, in der die Nubier in engen diplomatischen und wirtschaftlichen Beziehungen mit dem sie ihre Soldaten an Ägypten vermieten, so z. B. an den Pharao Mentuhotep II. im Bürgerkrieg zwischen Unter- und Oberägypten.

Während der Zeit des Mittleren Reiches kolonisieren die Ägypter Teile des Nachbarlandes. Ahmose, Begründer der 18. Dynastie, lässt das nubische Reich Kusch bis zum vierten Katarakt besetzen. Um die Mitte des zweiten Jahrtausends wird das Reich schließlich vollends aufgelöst.

Erste griechische Schrift

Kreta besitzt unter den europäischen Ländern als erstes ein Schriftsystem. Auf der Mittelmeerinsel werden mehrere Schriftarten geschaffen und weiterentwickelt. Als die beiden ersten gelten die Hieroglyphen und die sog. Linear-A.

■ **Um 2000 v. Chr.:** Im Kreta der Frühpalastzeit entwickeln sich zwei graphische Systeme: Die kretische Hieroglyphenschrift, die vor allem durch Funde in Knossos und Mallia belegt ist, und »Linear-A«. Beide Schriften sind sog. Silbenschriften. Sie benutzen Ordinalzahlen in einem Dezimalsystem und Ideogramme zur Bezeichnung von Gegenständen, Gütern und Lebewesen. Trotz zahlreicher Gemeinsamkeiten geht man nicht davon aus, dass die Linear-A-Schrift eine Weiterentwicklung der älteren Hieroglyphenzeichen ist. Beispiele für Linear A finden sich nicht nur in den über ganz Kreta verstreuten Palästen, sondern auch in Weihinschriften auf Votivtafeln an kultischen Orten.

Wahrscheinlich haben beide Schriftsysteme in der frühen Palastzeit nebeneinander existiert. Teilweise werden Hieroglyphen und Linear-A sogar innerhalb eines Palastes als Schriftzeichen verwendet. In der Spätpalastzeit (1600–1450) setzt sich Linear-A auf Kreta und den ägäischen Inseln schließlich durch.

Im Gegensatz zu Linear-B war es bisher nicht möglich, die frühe kretische Schrift zu entziffern. Die Anzahl der Zeichen, die den Linguisten zur Verfügung stehen, ist nicht besonders groß.

00735
Homers Beschreibung Kretas

01286
Die Doppelaxt

Rätselhafte Steinkreise von Stonehenge

Ein herausragendes Zeugnis der Megalithkultur ist die Kultstätte von Stonehenge im Süden Englands. Sie ist das größte prähistorische Steinmonument in ganz Europa.

■ **Um 2000 v. Chr.:** Zwischen 2460 und 1500 v. Chr entsteht die Anlage von Stonehenge, die aus riesigen Steinblöcken besteht, die in mehreren konzentrischen Kreisen aufgestellt sind. Ihre Funktion ist umstritten. Aufgrund der besonderen Stellung von einzelnen Steinen zum jeweiligen Sonnenstand vermutet man, dass Stonehenge das Heiligtum eines Sonnenkultes darstellt. So verläuft die Achse der Anlage in Richtung zum Sonnenaufgang am Tag der Sommersonnenwende und verschiedene Sonnenpositionen im Jahresverlauf sind durch das Setzen von Steinblöcken besonders markiert.

Noch im 1. Jahrhundert n. Chr. wird die Anlage von Kelten zu kultischen Zwecken genutzt. Die große Anzahl von Rund- und Langhügeln in der Gegend um Stonehenge deutet darauf hin, dass ihr eine besondere Bedeutung bei der Totenverehrung zukommt.

00743 Die Sage vom Fersenstein

Leichenbrand zeugt von Opferritualen

Die Entstehung von Stonehenge verläuft in drei Phasen. Das erste Heiligtum entsteht ungefähr 2460 v. Chr. in der Steinzeit. Diese erste Anlage besteht aus einer einfachen kreisförmigen Einfriedung mit einem Graben und einem inneren Wall und hat einen Durchmesser von 115 m. Auf der Innenseite des Walls werden 56 Gruben angelegt, die vermutlich für Opferrituale genutzt werden; darauf deuten Überreste von Leichenverbrennungen hin. Der Eingang zum Heiligtum befindet sich im Nordosten. In einer zweiten Bauphase, die um 2200 abgeschlossen ist, wird das Heiligtum verändert. Insbesondere der Eingang wird modifiziert, wobei zwei große Sandsteinmonolithe im Nordosten hinzugefügt werden. Einer davon, der erhalten gebliebene »Heel Stone«, ist 6,2 m hoch. In dieser Zeit werden 80 riesige Blausteine herangeschafft und in einem Doppelkreis in der Mitte der Anlage aufgestellt.

01361 Merlin und Stonehenge

Bis heute ist die Entstehungsgeschichte der Steinkreise von Stonehenge ungeklärt.

In einer dritten Bauphase, die sich zwischen 2000 und 1500 v. Chr. erstreckt, erhält das Heiligtum seine heute bestehende Gestalt. Die Blausteine werden durch bis zu 26 t schwere Sandsteinblöcke ersetzt, die durch quer liegende Blöcke, sog. Oberschwellen, miteinander verbunden sind. Aus den Blausteinen wird ein weiterer Steinkreis angelegt. In der Mitte des Heiligtums werden in der Form eines Hufeisens, eines Totensymbols, weitere Steine um einen »Altarstein« gruppiert. Von dort aus führt eine bereits in der zweiten Bauphase errichtete Feststraße nach Norden. Sie gabelt sich nach 400 m und führt zu einer Siedlung bzw. zu einer sog. Rennbahn, die ihrerseits in zwei Phasen angelegt ist.

Tonnenschwere Steine reisen 200 km

Die Sandsteinblöcke von Stonehenge stammen aus der Gegend 30 km nördlich der Anlage, während die Blausteine mit einer Gesamtmasse von über 100 t überwiegend über eine Entfernung von 200 km aus dem Südwesten des heutigen Wales herantransportiert worden sind. Die Bearbeitung und Glättung, der Transport und das Aufstellen der Steine stellen eine herausragende technische Leistung dar. Sie werden mühsam mit Schlitten und Rollen von mehreren Personen herangeschleppt, über eine abgeböschte Wand in tiefe Gruben gesenkt, mittels primitiver Zugvorrichtungen aufgerichtet und abschließend durch Steine und Geröll verkeilt. Mit schweren Steinhämmern sind sie in die gewünschte konvexe Form gebracht worden, damit sie nicht so wirken, als ob sie sich nach oben hin verjüngten. Die Steine haben oben Zapfen, die genau in die Zapfenlöcher der Decksteine hineinpassen. Diese Decksteine werden mit einem Hebegerüst aus Balken aufgesetzt. Einige Steine von Stonehenge weisen eingravierte Darstellungen auf.

Im 3. Jahrtausend sind verschiedene Megalithkulturen in Europa verbreitet, meist in den küstennahen Regionen Westeuropas, Skandinaviens und des westlichen Ostseeraums, aber auch in Süditalien, auf den Mittelmeerinseln, in Südbulgarien und an der kaukasischen Schwarzmeerküste.

Aunjetitzer Kultur

Während der frühen Bronzezeit wird bei Bestattungen und Opferfesten Reichtum zur Schau gestellt. In Teilen Mitteleuropas bleiben reich ausgestattete Fürstengräber erhalten.

■ **Um 2000 v. Chr.:** Die Aunjetitzer Kultur, die zwischen 2000 und 1700 v. Chr. das Metallgewerbe in der Elbe-Saale-Region beherrscht, zeichnet sich durch großzügige Opferfeste aus. Vor allem das Gebiet um die heutige Stadt Halle hebt sich deutlich von den übrigen Teilen Mitteleuropas ab. In verschwenderischen Mengen werden den Göttern kostbare Metallobjekte als Opfergaben dargeboten. Die Bestattungen in der Elbe-Saale-Region verlaufen dagegen eher schlicht. Den Verstorbenen werden zumeist nur wenige Metallobjekte mit in das Grab gegeben.

Eine große Ausnahme stellen sechs oder sieben riesige Hügelgräber dar, die aus reich ausgestatteten massiven hölzernen Grabkammern bestehen. Offenbar handelt es sich bei den Toten um besonders privilegierte Männer aus der höheren Gesellschaft. Da es einige Parallelen zwischen der reichen Ausstattung der Hügelgräber und den Opfergaben an die Götter gibt, wird es sich bei den Verstorbenen wahrscheinlich auch um religiöse Führer gehandelt haben. Zu den bekanntesten und am besten erhaltenen dieser Fürstengräber zählen die Gräber in Leubingen (bei Sömmerda) und Helmsdorf (bei Hettstedt).

Goldbeigaben der Fürstengräber aus Leubingen

Sumererstadt Mari

Die Stadt Tell Hariri (antiker Name: Mari) am Euphrat ist eines der großen Kultur- und Kunstzentren der Sumerer. Den riesigen Königspalast schmücken zahlreiche Wandmalereien.

■ **1900 v. Chr.:** Der aus dem 2. Jahrtausend v. Chr. stammende Palast von Mari ist ein riesenhafter Komplex mit einer Grundfläche von 28 000 m², die sich auf mehr als 300 Räume und Höfe verteilen. Die ausgedehnte Anlage besteht u. a. aus verschiedenen Innenhöfen, Wirtschaftsräumen, dem Thronsaal sowie einem Kultraum. Der Residenzbau des Königs Zimrilim gilt als Schmuckstück der orientalischen Archäologie.

Opferträger mit einem Böckchen; Statuette aus Mari

Malereien im Königspalast

Die Räumlichkeiten des Palastes sind mit Skulpturen und Wandmalereien ausgestattet. Auffällig viele Bilder stellen Opferszenen dar, ein Hinweis auf die bedeutende Rolle, welche die Religion im alltäglichen Leben Maris einnimmt. Der »Fischer mit seinem Fang« ist Teil einer Wandmalerei, die den Audienzsaal des Palastes schmückt, und gehört zu einem fünfteiligen Bildzyklus, der ebenfalls eine Opferszene darstellt. Die Wandmalereien sind mit Wasserfarbe aufgetragen worden. Dargestellt werden u. a. kriegerische und religiöse Szenen, aber auch Dekorationen mit geometrischen Mustern finden sich an den Wänden des Palastes.

Insbesondere der luxuriöse Privattrakt der Königsfamilie ist auf einen höfischen Lebensstil zugeschnitten. Um 1700 v. Chr. werden die Stadt und der Palast vom babylonischen König Hammurabi (Reg. 1728–1686 v. Chr.) zerstört. Mari erholt sich von diesem Schlag nicht mehr und versinkt in der Folgezeit in die völlige kulturelle Bedeutungslosigkeit.

Kaiser Yü rettet China vor dem Untergang

Kaiser Yü, Begründer der ersten Dynastie, gilt als der Retter Chinas vor dem Untergang. Der Legende nach bezwingt er die Sintflut, indem er die Flüsse des Landes kanalisieren und die Berge durchstechen lässt.

■ **2000 v. Chr.:** Kaiser Yü gilt als der Gründer der Xia-Dynastie, dem frühesten chinesischen Herrscherhaus. Der Mythos von der Sintflut und der Errettung Chinas vor dem Untergang reiht den legendären Herrscher unter die großen mythologischen Kaiser des Reiches der Mitte ein: Yao und Shun. Die Leistungen des Yü gelten als vorbildlich für die späteren Herrscher Chinas. Als »Söhne des Himmels« bzw. als deren Nachfolger beanspruchen die Kaiser der jeweiligen Dynastien höchste weltliche und geistliche Autorität. Im Gegensatz zu den altorientalischen Hochkulturen in Mesopotamien und Ägypten kennzeichnet ein früh ausgeprägtes Lehnssystem die chinesische Hochkultur, in der eine Vielzahl von souveränen Lehnsfürsten die kaiserliche Zentralgewalt mindert.

Darstellung des chinesischen Kaisers Yü, der nach der Legende die erste Dynastie im Reich der Mitte begründet

Beweise für die Existenz der von Yü begründeten Xia-Dynastie gibt es nicht. In Anbetracht der Berichte alter chinesischer Quellen ist sie allerdings nicht gänzlich in den Bereich der Mythologie zu verweisen. Wahrscheinlich kann man die Xia-Dynastie am ehesten noch mit den archäologischen Funden der Yangshao- und der Lung-shan-Kultur in Zusammenhang bringen. Dass es für diese Vermutung keine Beweise gibt, liegt wohl an der Vergänglichkeit der in der ersten chinesischen Dynastie benutzten Materialien. Wahrscheinlich verwendete man als Unterlage für Aufzeichnungen mit dem Pinsel lediglich Holzstreifen, die die Zeit nicht überdauerten.

Stonehenge 075

Wanderung der Indogermanen

Die Wanderung indogermanischer Stämme, die vermutlich in einem Gebiet zwischen Mitteleuropa und Südrussland beheimatet sind, in den Vorderen Orient beginnt. Im Zuge dieser ersten Völkerwanderung entstehen zahlreiche neue Reiche.

■ **Um 1900 v. Chr.:** Indogermanische Stämme errichten asiatische Großreiche, zunächst in Indien. Nach dem Zusammenbruch des akkadischen Großreichs dringen die Indogermanen in das Machtvakuum in Kleinasien ein. Sie betreten dabei keinen unbevölkerten, kulturlosen Raum, sondern gelangen in die mesopotamische Kultursphäre des versunkenen Großreichs von Akkad und dessen Nachfolgestaaten.

Reich der Hethiter entsteht

Bei einer ersten großen indogermanischen Einwanderungswelle in den Vorderen Orient setzen sich Teile der Wandererstämme in Zentralanatolien im Gebiet des großen Halysbogens fest. Mittelpunkt dieser Landschaft ist die Stadt Hattusa, die Metropole des anatolischen Stammes der »Chattier«, welche von den Indogermanen nicht vernichtet oder versklavt werden; vielmehr kommt es rasch zu einem gegenseitigen, intensiven Durchdringen. So entsteht das Reich der Hethiter in Kleinasien und das der Achäer (Frühgriechen) in Griechenland sowie in der Ägäis. Spätere Wanderungsbewegungen führen u. a. die Churriter in den mittleren Osten, die Arier nach Indien sowie die Tocharer nach Kleinasien.

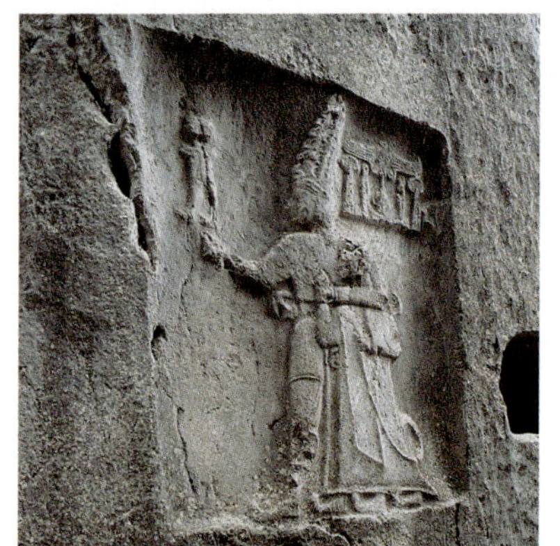

Wände des Yazilikaya-Heiligtums mit hethitischen Reliefs

Viele Völker – eine Sprache

Gemeinsames Merkmal der indogermanischen Stämme ist eine relativ einheitliche Grundsprache. Sie weist zahlreiche Gemeinsamkeiten in Wort- und Lautstand sowie im grammatikalischen Aufbau auf. Die indogermanischen Sprachen können in zwei Gruppen aufgeteilt werden: Satem- und Kentumsprache bzw. Ost- und Westgruppe. Die Entwicklung von Einzelsprachen entsteht durch Abspaltungen und durch Vermischungen mit anderen Sprachen.

Zu den indogermanischen Sprachen gehören die keltischen, germanischen, italischen, baltischen und slawischen Sprachen. Mit Ausnahme der baskischen und finnisch-ugrischen Sprachen lassen sich die bei den europäischen Völkern verwendeten Sprachen auf das Indogermanische zurückführen.

Grundlage der gesellschaftlichen Ordnung der indogermanischen Stämme ist die vaterrechtlich organisierte Großfamilie. Über einer breiten Unterschicht rangiert eine Herrscherkaste mit ihrem Gefolge. Zentrales politisches und gesellschaftliches Organ ist die Versammlung aller waffenfähigen und somit freien männlichen Stammesangehörigen, die, vom König oder Herzog einberufen, sich in Waffen versammelten, um über alle wichtigen politischen Angelegenheiten oder Rechtsstreitigkeiten die letzte Entscheidung zu fällen. Die religiösen Anschauungen sind von hierarchischen Vorstellungen geprägt. An der Spitze der Götterwelt steht meist ein Himmelsgott.

Die Indogermanen kennen die Metalle Gold, Silber und Kupfer. An Waffen sind Äxte sowie Pfeil und Bogen bekannt. Auf der kleinasiatischen Halbinsel erscheinen die Indogermanen als wandernde Bauern und Viehzüchter. Vieh ist für sie das Synonym für Reichtum und Vermögen, gleichzeitig gängiges Zahlungsmittel und die begehrteste Kriegsbeute.

Streitwagen erfunden

Neben fortschrittlichen Bronzewaffen hält mit den Indogermanen auch der Streitwagen Einzug im Vorderen Orient – leichte, einachsige Streitwagen, die von zwei Pferden oder Wildeseln gezogen werden. Die Wagen bestehen aus einem leichten, hinten offenen Kasten, den eine starre Achse trägt, zwei sechsspeichigen Rädern und einer Deichsel. Bei den ersten Modellen sind Räder und »Achse« fest miteinander verbunden. Die »Achse« dreht sich als umlaufende Welle in zwei Gleitlagern. Bald nimmt sie die Funktion einer wirklichen, starren Achse ein. Diese Form der leichten so genannten Streitbiga verbreitet sich bald auch in Assyrien und Ägypten. Die Assyrer bauen sechs- und achtspeichige Räder und befestigen oft an den Radnaben seitlich abstehende lange Sicheln. Solche Sichelwagen dienen dazu, als Vorhut breite Breschen in das feindliche Heer zu schlagen.

01284
Das Felsheiligtum von Yazilikaya

Grabungen (um 1925 n. Chr.) auf dem Siedlungshügel in Neša, der ersten Hauptstadt der Hethiter (Türkei)

Anfänge der Steppenkulturen

In den eurasischen Steppen gehen zahlreiche Völker auf Wanderschaft. Ursache für das Nomadentum sind neben den klimatischen Veränderungen besonders die Fortschritte in der Gewinnung und Verwertung verschiedener Metalle.

■ **Um 1900 v. Chr.:** Zum ersten Mal in der Geschichte herrscht zwischen den Völkern, die in der späten Bronzezeit die Steppen von China bis Europa bevölkern, ein umfassender Austausch. Zahlreiche Kulturgüter finden große Verbreitung, darunter neben der Agrarwirtschaft, dem Töpferwesen und diversen Waffengattungen auch verschiedene Siedlungsformen und Begräbnisriten. Im Westen Eurasiens leben zu dieser Zeit die Srubnaya, ein Reitervolk von Ziegen- und Schafhirten. Sie verlassen zu Beginn des 2. Jahrtausends v. Chr. den Ural und wandern westwärts bis in das Gebiet der heutigen Ukraine. Vor allem in den südlichen Steppen in Schwarzmeer- und Kaukasusnähe hinterlassen sie u. a. Tongefäße und Waffen. Die Srubnaya besiedeln auch das Samaratal an der Wolga. Während des Kupferminen-Booms in Eurasien erlangen die dort lebenden Menschen dank ihrer günstigen Lage im Handel zwischen Ost und West Reichtum.

Gürtelschließe aus dem Kaukasus mit einem Hirsch, der von drei Wölfen angegriffen wird; spätes 1. Jahrtausend

Ägyptische Literatur: Das Leben des Sinuhe

Die »Geschichte des Sinuhe« entsteht – eine der bekanntesten Erzählungen der ägyptischen Literatur. Der Roman dient den Pharaonen des Mittleren Reiches zur Mehrung ihres Ruhmes.

■ **1926 v. Chr.:** Die »Geschichte des Sinuhe« beginnt mit dem Königssohn Sesostris I., der von einem erfolgreichen Feldzug in Libyen in sein Lager zurückkehrt. Dort erhält er die Nachricht vom Tod seines Vaters. Ohne seine Armee davon in Kenntnis zu setzen, bricht Sesostris zusammen mit einigen Getreuen nach Ägypten auf. Von der schlimmen Nachricht erfährt auch Sinuhe, ein Beamter der Königin. Da er wahrscheinlich in eine Palastintrige verwickelt ist, verlässt er fluchtartig das Lager und beginnt eine langjährige Wanderung.

Seine Odyssee führt Sinuhe schließlich in den Libanon. Er heiratet die älteste Tochter des Prinzen Amunenschi, kommt in den Besitz von Ländereien und wird Befehlshaber der Streitmächte Amunenschis. Die Verbindung zu seiner alten Heimat Ägypten verliert Sinuhe jedoch nie. Nach langen Jahren der Emigration bittet er Boten des Königs Sesostris, wieder im Land seiner Geburt leben zu dürfen. Sesostris erweist sich als gnädig: Der Roman endet mit dem triumphalen Einzug Sinuhes in Ägypten.

Hymnen auf die Herrscher

Bemerkenswert ist die Geschichte wegen ihrer realistischen Erzählweise. Im Gegensatz zu späteren Werken der ägyptischen Literatur gleicht der Sinuhe-Roman eher einer Autobiographie denn einer Dichtung. Abgesehen von einer göttlichen Weisung, die den Helden zu seiner Flucht aus dem Lager veranlasst, ist die Geschichte frei von übernatürlichen Elementen. Alle beteiligten Personen benehmen sich rational.

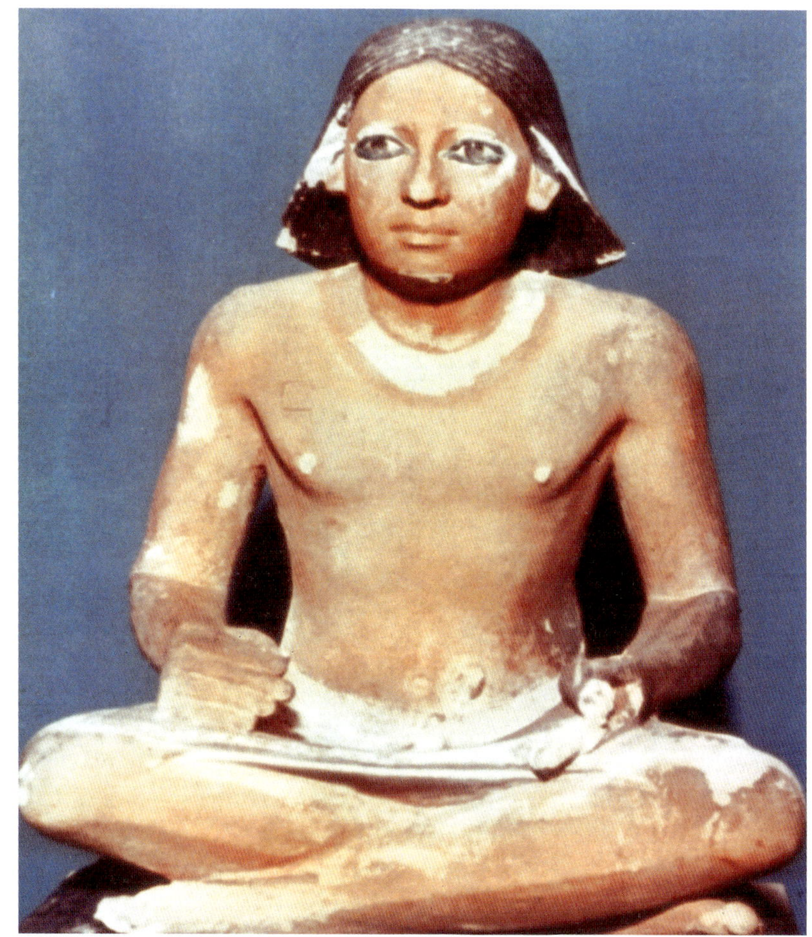

Kalkstein-Statue eines Schreibers; Sakkara, 5. Dynastie

Samuabum gründet babylonische Dynastie

Der Amoriter Samuabum gründet in dem bisher völlig unbedeutenden Babylon eine eigene Dynastie. Aus der kleinen Keimzelle entwickelt sich rasch eine politische Großmacht. Das Altbabylonische Reich entsteht.

■ **1894 v. Chr.:** Samuabum (Reg. 1894–1881 v. Chr.) profitiert bei seiner Reichsgründung von dem Niedergang Urs. Das einst mächtige Reich hat zur Zeit der Ersten Dynastie in Babylon (»Tor der Götter«) viel von seiner ursprünglichen Kraft eingebüßt. So kann Samuabum die nähere Umgebung leicht unterwerfen. Seine Nachfolger setzen das Werk fort: Sumulael (Reg. 1880–1845 v. Chr.) führt Krieg gegen Kisch, Sabium (Reg. 1844 bis 1831 v. Chr.) besiegt Larsa.

Die Ruinen von Babylon

01930 Isin in Mesopotamien

Das Ende der sumerisch-semitischen Stadtstaaten im 19. Jahrhundert v. Chr. wird als Isin-Larsa-Zeit bezeichnet. Der Untergang der Dritten Dynastie von Ur hinterlässt ein Machtvakuum in Mesopotamien. In dieser Zeit rivalisieren die Stadtstaaten des Zweistromlandes untereinander. Obwohl Ur eine beherrschende Rolle gespielt hat, ist das gesamte Land vom Persischen Golf bis zum Mittelmeer nie von einer einzigen politischen Größe beherrscht worden.

Stadtstaaten im Dauerkrieg

Um 2017 v. Chr. legte Ischbi-Erra den Grundstein für eine neue Dynastie im ehemaligen Kernland Urs. Sitz des neuen Herrschergeschlechts wurde Isin. Ischbi-Erra vertreibt die Elamiten aus Ur. Ein bedeutender Sieg gelingt seinem Sohn Schuilischu, der die Statue von Nanna, dem höchsten Gott von Ur, von den Elamiten zurückerobert. Damit erhält der König von Isin Anspruch auf göttliche Verehrung. Isin entwickelt sich zum mächtigsten Stadtstaat des Zweistromlandes, wird aber von Larsa im Südosten bedrängt. Andere Regenten herrschen über die Kleinreiche Susa, Eschunna und Jamchad. Als bedeutendes Kulturzentrum ist Nippur ständig umkämpft. Auch Larsa beteiligt sich am Ringen um Nippur. Immer wieder verlieren und erringen die beiden Stadtstaaten die Kontrolle über die Stadt.

Mari und Eschunna besiegt

Babylon steht während seiner gesamten frühen Geschichte hinter Isin und Larsa zurück. Noch während der Zweiten Dynastie verfügen die babylonischen Könige nur über zehn bis 15 kleinere Fürsten als Gefolge. Um die Mitte des 18. Jahrhunderts v. Chr. verzeichnet Babylon bedeutende Siege und zerstört Mari und Eschunna. Unter König Hammurabi dehnt sich das Babylonische Reich aus und erlangt die Vorherrschaft über weite Teile Mesopotamiens.

Chinas Blüte unter der Shang-Dynastie

Die Könige der Shang-Dynastie führen China ab etwa 1400 zu einer politischen und kulturellen Blüte. Das Herrschaftsgebiet beschränkt sich auf Mittelchina.

■ **Ab 1766 v. Chr.:** Die Shang-Dynastie (nach der orthodoxen Chronologie 1766 bis 1122 v. Chr.) wird gegründet. Sie ist die erste historisch fassbare Dynastie in China. Eine feste Residenz gibt es in der Shang-Zeit nicht: Achtmal wird die Hauptstadt verlegt. Zentrum des Reichs ist das Gebiet am unteren und mittleren Lauf des Hwangho, des Gelben Flusses.

Die Shang-Herrscher festigen ihre Macht in mehreren Kriegen gegen benachbarte Stämme und bauen ein gut funktionierendes Lehnswesen auf. Der König ist zugleich der oberste Priester. Die Städte werden mit Mauerwällen befestigt und es werden gewaltige Tempelanlagen gebaut. Oberste Gottheit ist der Shang-ti, der Ahnengeist der Herrscherfamilie. Weit verbreitet ist der Glaube an ein Weiterleben nach dem Tode.

Ko-Axt aus der Shang-Dynastie

Die von den Orakelpriestern verwendete Zeichenschrift, deren älteste Zeugnisse aus der Zeit um 1500 v. Chr. stammen, dient u. a. dem Erfragen der Zukunft: Um diese vorherzusagen, werden Schriftzeichen auf Schildkrötenschalen oder Knochen eingeritzt. Auch der Bronzeguss, der Streitwagen, die Kalenderrechnung und die Seidenraupenzucht sind in der Shang-Zeit bereits bekannt.

Der Shang-Zeit geht die legendäre Xia-Dynastie voraus. Diese ist jedoch archäologisch nicht nachweisbar und gehört möglicherweise ins Reich der Mythen.

Ägypten auf dem Gipfel der Macht

Nach rund 200 Jahren der Zersplitterung und der Machtübertragung an lokale Feudalherren erhält das Reich am Nil um die Wende zum 2. Jahrtausend v. Chr. erneut eine starke Zentralregierung.

■ **1878 v. Chr.:** Unter der Herrschaft des Pharaos Sesostris III. (1878–1841 v. Chr.) aus der 12. Dynastie erreicht das Mittlere Reich seine größte Ausdehnung. Die letzten Folgen der bürgerkriegsähnlichen Zustände in der Ersten Zwischenzeit sind endgültig beseitigt.

Mentuhotep I. (um 2061–2010 v. Chr.) aus der 11. Dynastie von Theben vereinte Unter- und Oberägypten und begründete das Mittlere Reich mit Theben als Hauptstadt. Der erste König aus der 12. Dynastie, Amenemhet I. (1991–1962 v. Chr.), verlegte die Residenz von Theben nach Lischt im Bereich von Memphis und ließ den Ostrand des Nildeltas durch die sog. Fürstenmauer schützen. In Nubien sicherte Sesostris I., der Sohn und Mitregent von Amenemhet I., die ägyptische Herrschaft durch Festungsbauten. Als sein Vater 1962 v. Chr. bei einer Palastrevolte ermordet wurde, übernahm Sesostris I. die Herrschaft und machte wiederum seinen Sohn zum Mitregenten. Auf diese Weise sichern sich alle Könige der 12. Dynastie die Thronfolge.

Unter Sesostris III., dem bedeutendsten Herrscher des Mittleren Reiches, wird das ägyptische Staatsgebiet nach Süden bis zum zweiten Nilkatarakt erweitert. Der Pharao lässt dort die Festungen Semne und Kumme errichten. Ein Feldzug bis zur mittelpalästinensischen Stadt Sichem dient dem Schutz Verbündeter gegen Nomaden. Ägypten unterhält unter Sesostris III. Handelsbeziehungen bis zum Roten Meer, auf die Sinaihalbinsel und nach Babylon. Des Pharaos wichtigste Erfolge im Inneren sind die Beseitigung der Selbständigkeit des Adels und der Bau der Pyramide bei Dahschur.

00932 Plutarch: Der Osiris-Mythos

Relief des Cheti: Der Sohn des Cheti und seine Frau bringen den verstorbenen Eltern ein Totenmahl; Mittleres Reich, um 1980 v. Chr.

Lob des Schreiber-Berufs

Der hoch angesehene Schreiber Cheti verfasst nach der Ermordung von Amenemhet die »Lehre des Königs Amenemhet I.«. In diesem Werk verkündet der Pharao seine Lehre aus dem Jenseits, die auf die Ermahnung hinausläuft: »Habe keinen Vertrauten, kenne keinen Freund!«

Cheti ist auch der Verfasser eines ironischen Berichts über die zu seiner Zeit in Ägypten ausgeübten Tätigkeiten. Sein eigener Beruf genießt hohes Ansehen, da nur wenige des Lesens und Schreibens mächtig sind. Die Schreiber gelten deshalb zumeist auch als Weise und haben oft wichtige staatliche Positionen inne: »Der Schreiberberuf ... ist wichtiger als alle übrigen Berufe; es ist kein leeres Wort auf dieser Erde.«

00933 Ägypter Cheti über die Schreiber

Osiriskult und Totenbücher

In der Zeit des Mittleren Reiches um 2000 v. Chr. kommt es zu einem Wandel im ägyptischen Totenkult. Die wirtschaftlichen und politischen Schwierigkeiten, mit denen die Pharaonen der vorangegangenen Ersten Zwischenzeit zu kämpfen hatten, haben ihre Spuren im religiösen Leben der Menschen hinterlassen.

Statt der bis dahin üblichen Wandmalereien in den Gräbern, die in Szenen das im Jenseits erhoffte Leben darstellen, werden den Toten nun kleine Holzmodelle mit ins Grab gegeben, welche denselben Zweck erfüllen sollen. Zugleich wird im Volk der Gott Osiris immer populärer. Nach dem Glauben der Ägypter ist er von den Toten auferstanden und verheißt allen Gläubigen, ob reich oder arm, eine gerechte Beurteilung ihres irdischen Lebens und ein ewiges Leben im Jenseits. Die Vorstellung von der absoluten Gleichstellung von König und Untertan nach dem Tod nimmt dem Glauben an ein Leben im Jenseits seine Exklusivität.

Um 1500 v. Chr. kommen Totenbücher als Grabbeigaben auf. Sie sind eine einzigartige Erscheinung der Weltliteratur. Es handelt sich um religiöse Texte, die auf Papyrus geschrieben der Mumie mit ins Grab gelegt werden. Die ägyptische Totenliteratur umfasst neben Papyrusrollen Inschriften an den Wänden von Grabräumen und auf Sarkophagen. Dabei handelt es sich um rituelle Texte, die durch die Überlieferung oftmals neu zusammengestellt werden. Daneben entstehen Schriften, die sich auf bestimmte Themen konzentrieren, z. B. die sog. Jenseitsführer, die den Toten auf seinen Wegen im Jenseits leiten und schützen sollen. Den Totenbüchern liegt der Gedanke zugrunde, dass der religiöse Text, der im Leben von einem Priester vorgetragen wird, auch allein rituelle Wirksamkeit hat und nicht mehr der Vermittlung durch den Priester bedarf. Sie haben ihren Ursprung in den Pyramidentexten – Spruchsammlungen in den Kammern der Pyramiden der letzten Könige des Alten Reiches. Die über 700 Sprüche kreisen um Auferstehung, Himmelfahrt und Verklärung des toten Gottkönigs. Diese für den König verfassten Sprüche dienen als Vorbilder für die Sargtexte, die im Mittleren Reich auf die Särge der einfachen Leute geschrieben werden.

02510 Osiris und Isis im Mutterleib

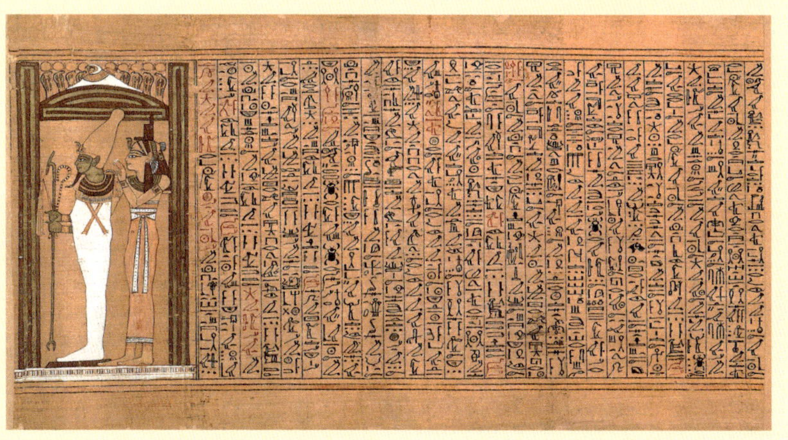

Das Buch der Toten (Das Buch Ani) ist eines der ältesten illustrierten Bücher.

Ein altägyptischer Ratschlag aus der 20. Dynastie (1186–1070 v. Chr.) lautet:
»Werde Schreiber, auf dass deine Glieder glatt bleiben und deine Hände zart, damit du in Weiß gekleidet einherschreitest als ein angesehener Mann, den die Hofleute grüßen.«

Monumentale Architektur der Minoer

Auf Kreta entstehen die großen minoischen Komplexe der Mittleren Palastzeit. Die modernen und prächtigen Bauten werden in Knossos, Phaistos, Mallia und Zakros errichtet. Sie verfügen über eine in Europa unbekannte Architektur.

■ **Um 1700 v. Chr.:** Die Paläste der Mittleren Palastzeit entstehen an denselben Orten wie ihre Vorgänger. Allerdings sind sie wesentlich größer als die königlichen Bauten der Frühen Palastzeit und bestehen zudem aus einer größeren Vielfalt von Baumaterialien (u. a. hölzerne Balken, bemalter Stein, Gips und Sandstein). Die kretischen Paläste werden von innen nach außen hin entworfen. Bei ihren Planungen beginnen die minoischen Architekten demnach mit dem Innenhof im Zentrum der Residenz. Diesen umschließen jeweils eine große Zahl von Sälen, Zimmern und Korridoren. Ein weiterer Hof außerhalb der Hauptfassade, teilweise von breiten Stufen flacher Sitze eingerahmt, wird vermutlich für öffentliche Versammlungen genutzt. Die Gebäude sind mehrstöckig und verfügen bereits über ein Kellergeschoss. Während die Keller- und Parterre-Räume wahrscheinlich in erster Linie Magazine und Werkstätten sind, haben die Suiten in den oberen Etagen wohl eher repräsentative Funktion. Einige Räume dienen religiösen oder zeremoniellen Zwecken.

Da in den minoischen Palästen auf Kreta in erster Linie die Mitglieder der jeweiligen Herrscherfamilie leben, sind insbesondere die repräsentativen Räume reich geschmückt. So zieren prachtvolle Malereien und Fresken die Wände des offiziellen Teils der königlichen Häuser. Die Festsäle, Vorhallen, Portale und monumentalen Treppenhäuser werden von leuchtend rot bemalten Säulen aus Holz gehalten. Besondere architektonische Merkmale der Mittleren Palastzeit sind außerdem die Becken für die kultische Reinigung sowie die Zisternen für die Wasserversorgung. Für die Entsorgung des Wassers werden Kanäle angelegt.

Ob das Ende der königlichen Residenzen auf Kreta durch einen Krieg oder ein Erdbeben herbeigeführt wird, ist nicht sicher. In jedem Fall werden die minoischen Paläste in der Mitte des 15. Jahrhunderts v. Chr. zerstört. Allein der Palast in Knossos bleibt verschont.

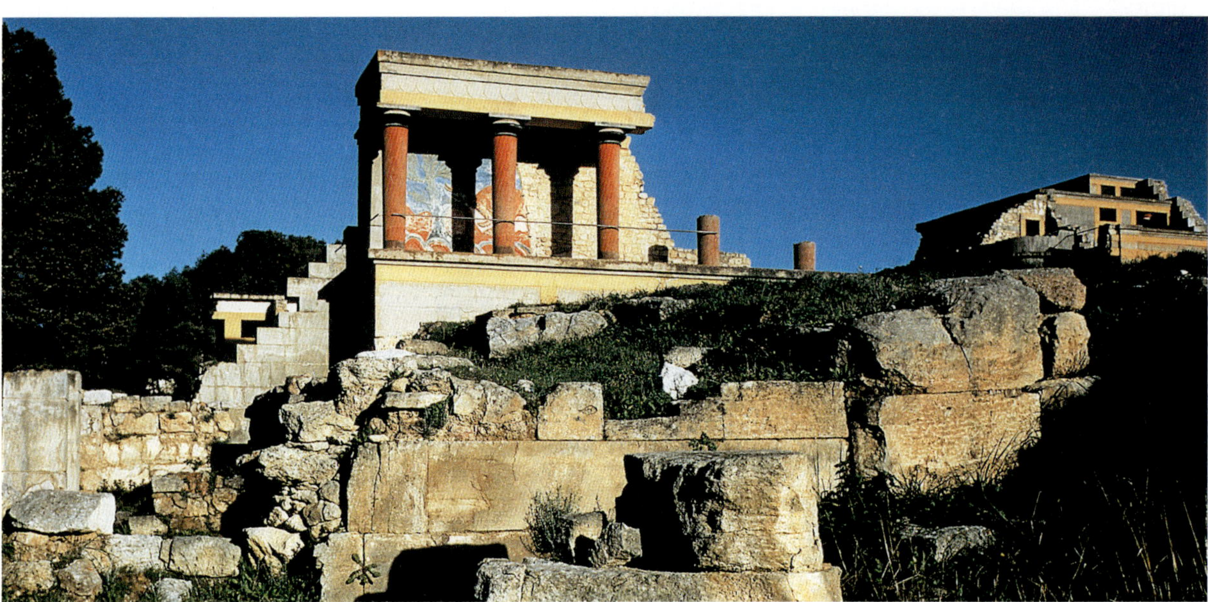

Der Palast von Knossos, wie er sich heute darstellt

Harappa

Die Harappa-Kultur (Induskultur) wird durch mehrere Überschwemmungskatastrophen stark geschwächt. Ob das Ende Harappas durch einen Krieg besiegelt wird, ist ungewiss.

■ **Um 1700 v. Chr.:** Eine der ersten Hochkulturen der Menschheit geht unter. Bereits seit Beginn des 2. Jahrtausends v. Chr. haben die Städte der Harappa-Kultur an Macht verloren. Den katastrophalen Überschwemmungen folgt eine Änderung des Flusslaufs. Der Reichtum spendende Indus verlagert sein Bett und entzieht den Städten die Lebensgrundlage. In der Folgezeit geht die Wirtschaft der einst mächtigen Städte zugrunde.

Blüte sumerischer Literatur

Auf Keilschrifttafeln erhaltene Werke aus dem sumerischen und akkadischen Raum zeugen vom hohen Stand der Literatur im Zweistromland. Die Kopien der Werke stammen aus späterer Zeit.

■ **Um 1700 v. Chr.:** In Mesopotamien blüht die Kunst des Schreibens. Seit dem Beginn des 2. Jahrtausends v. Chr. werden in Akkad sumerisch-akkadische Wörterbücher zusammengestellt: Listen von Keilschriftzeichen mit ihren sumerischen Lesungen und akkadischen Entsprechungen, nach Sachgebieten geordnete Listen und grammatikalische Listen. In einem dieser Werke, zu dem auch ein Kommentar erhalten ist, wird der Versuch unternommen, das gesamte Bildungsgut in der Art eines Konversationslexikons darzubieten. Bereits in der vorangegangenen Isin-Zeit (1953–1730 v. Chr.) kam es zu einem ersten Höhepunkt der sumerischen Literatur.

Assyrisch-babylonisches Täfelchen aus Terrakotta mit typischer Keilschrift

Hethiter gründen Reich

Mit den Hethitern und Churritern dringen zum ersten Mal indogermanische Völker nach Vorderasien vor, assimilieren sich und gründen danach mächtige Reiche. Ihre Machtposition können sie nur kurzfristig behaupten.

■ **Um 1750 v. Chr.:** Im Verlauf der ersten indogermanischen Völkerwanderung ziehen die Hethiter etwa seit 1900 v. Chr. in kleineren Gruppen ins östliche Anatolien. Sie kommen vermutlich über die Kaspische Senke aus dem Nordosten.

Die Hethiter gliedern sich, entsprechend ihrer drei Sprachengruppen, in drei politische Bereiche. Um 1720 v. Chr. setzt sich die Fürstendynastie der Anittas gegen ihre Konkurrenten durch und begründet ein Zentralkönigtum mit der Residenz Kussara.

Ab der Mitte des 17. Jahrhunderts steht Kappadokien, die Landschaft zwischen dem Schwarzen Meer und dem Taurus-Gebirge, unter der Herrschaft der Hethiter. Von dort aus gewinnen sie in zahlreichen kriegerischen Auseinandersetzungen die Oberherrschaft über die lokalen anatolischen Kleinfürsten. Hattusili I. (Labarna I., etwa 1650 bis 1590 v. Chr.) gelingt die Gründung des Althethitischen Reiches. Der König verlagert die Hauptstadt von Kassura nach Hattusa (Bogazköy).

Reichtum durch Metalle

Das Königtum der Hethiter stellt eine Wahlmonarchie mit einem starken Adelsrat dar. Dem letzten König des Althethitischen Reiches gelingt es, eine Erbmonarchie zu errichten.

Der Wohlstand der Hethiter gründet sich auf den Metallreichtum, vor allem die großen Eisenvorkommen des Landes. Die Hethiter betreiben Landwirtschaft und Viehzucht, Brot und Bier stellen die wichtigsten Nahrungsmittel dar. Während des 18. und 17. Jahrhunderts v. Chr. übernehmen sie die mesopotamische Keilschrift. Daneben existiert eine hethitische Hieroglyphenschrift, deren Bilder von rechts nach links und in der folgenden Zeile in umgekehrter Richtung laufen.

Das Hethitische ist die älteste überlieferte indogermanische Sprache. Geschrieben wird es in einer älteren babylonischen Keilschrift. Neben Tontafeln mit hethitischen Texten meist religiösen Inhalts sind Tafeln erhalten, auf denen Dienstinstruktionen, Staatsverträge, Rechtsgrundsätze und Teile der diplomatischen Korrespondenz, meist in akkadischer Sprache, niedergeschrieben worden sind.

Meister der Keramik und des Stahls

In der hethitischen Kultur, die sich zwischen 2000 und 1700 v. Chr. herausbildet, vermischen sich anatolische, indoeuropäische und mesopotamische Elemente. Nach der Gründung des Alten Hethiter-Reiches um 1600 v. Chr. erfolgt ein kultureller sowie zivilisatorischer Aufschwung und es bildet sich die als hethitisch zu bezeichnende Kultur heraus. Ihr Zentrum liegt am hethitischen Königshof.

Zu den bedeutenden künstlerischen Leistungen zählen Keramikarbeiten – Schnabelkannen, Trink- und Opfergefäße in Tierform –, Gussformen aus Ton oder Speckstein, die Götter oder Menschen in anatolischer Kleidung mit der typischen spitzen Kopfbedeckung zeigen, sowie Bronzestatuetten von Göttern.

Zu Beginn des Alten Hethiter-Reiches entwickelt sich eine besondere Vasenform, bei der Reliefzonen die Gefäßoberflächen bedecken. Die Darstellungen entsprechen den Abläufen von Kultfesten und den Vasen selbst kommt vermutlich eine bestimmte Funktion bei Handlungen im religiösen Ritus zu.

Kennzeichen für die hethitische Kunst ist die Haltung der Figuren. Die Frauen werden immer im Profil gezeigt, bei den Männern erscheinen Kopf, Beine und Füße im Profil, der Rumpf und die Arme werden jedoch frontal dargestellt.

Im 16. Jahrhundert v. Chr. erfinden die Hethiter die Eisenerzverhüttung. Rasch entwickeln sich im gesamten Hethiter-Reich mehrere Eisenerz-Bergwerke. In Anatolien, im Kernland des Hethiter-Reiches, erblüht bald eine Eisen verarbeitende Industrie. Hergestellt werden Werkzeuge und Waffen, z. B. Speere. Die revolutionäre Entdeckung löst die bis dahin gängigen Werkstoffe Bronze und Kupfer ab.

Prozession hethitischer Götter und Herrscher mit mythologischen Tieren (Löwe und doppelköpfiger Adler)

Bei der Bearbeitung von Metallen mussten die Schmelzöfen bislang Temperaturen von rund 1100 °C erreichen. Roheisen lässt sich aber erst bei 1225 °C gewinnen. Da solch hohe Temperaturen von den Hethitern noch nicht erreicht werden, erzeugen sie Schmiedeeisen oder Stahl, was bereits bei Temperaturen über 700 °C in so genannten Rennherden gelingt.

02687
Hethiter fürchten den Zorn der Götter

Bogenschütze und Wagenlenker in einem Streitwagen; Flachrelief aus der hethitischen Festung von Senjirli

Hammurabi schafft Gesetzeswerk

König Hammurabi von Babylon geht als Schöpfer des nach ihm benannten Kodex, der bedeutendsten Rechtssammlung des alten Orients, in die Geschichte ein. Der Kodex umfasst das Straf-, Zivil- und Handelsrecht.

■ **1686 v. Chr.:** König Hammurabi (Reg. 1728–1686 v. Chr.) legt erstmals ein jedermann zugängliches Rechts- und Gesetzesbuch fest. Mit dem Regierungsantritt des Königs aus dem semitischen Stamm der Amoriter stieg Babylon ab 1728 v. Chr. zur führenden Macht in Mesopotamien auf. In einer Verbindung von Bündnispolitik und Kriegszügen gelang es Hammurabi, alle Teilherrscher in Mesopotamien zu unterwerfen und ein Reich zu schaffen, das fast das gesamte Flussgebiet des Tigris sowie den Mittel- und Unterlauf des Euphrat umfasst.

Zentralisierte Herrschaft

Im Inneren herrscht Hammurabi mit Unterstützung seiner Beamten in einem zentralisierten Staat mit der Hauptstadt Babylon. Führende Schicht im Land sind neben der häufig mit dem König rivalisierenden Priesterschaft die Großgrundbesitzer, die Land an die Bauern verpachten. In den Städten leben freie Handwerker und Kaufleute, die sich in Gilden zusammenschließen. Hirten, Fischer und andere Berufsstände arbeiten für den König oder die Tempelherrschaften, die große Warenlager unterhalten und Kaufleute beauftragen, damit Handel zu treiben. In den Städten regiert unter Aufsicht des Königs ein Rat der Alten. Stadtbewohner und Bauern sind zum Kriegsdienst verpflichtet.

Stele mit dem Kodex Hammurabi: Die Gesetzessammlung des babylonischen Königs gilt als bedeutendste Rechtsordnung des Alten Orients.

Staatsgott Marduk

Unter Hammurabis Führung nahmen Astronomie, Medizin und Mathematik einen großen Aufschwung. Der babylonische Gott Marduk stieg zum Staatsgott auf. Ihm wird der Ursprung und die Ordnung der Welt unter Einschluss der weiter verehrten Naturgottheiten zugeschrieben. Die Keilschrift wurde für das ganze Reich verbindlich.

In Keilschrift sind auch Hammurabis Gesetze verfasst; sie sind auf Stelen angebracht, die im Hauptheiligtum des Marduk in Babylon und in anderen Städten des Reiches öffentlich aufgestellt werden. Diese Stelen verkünden: »Vor diesem Bild soll der Geschädigte, der einen Rechtsanspruch hat, erscheinen und soll die Inschrift lesen und ihre kostbaren Worte beachten. Der Stein wird ihm Klarheit schaffen, auf dass er sein Recht finde.«

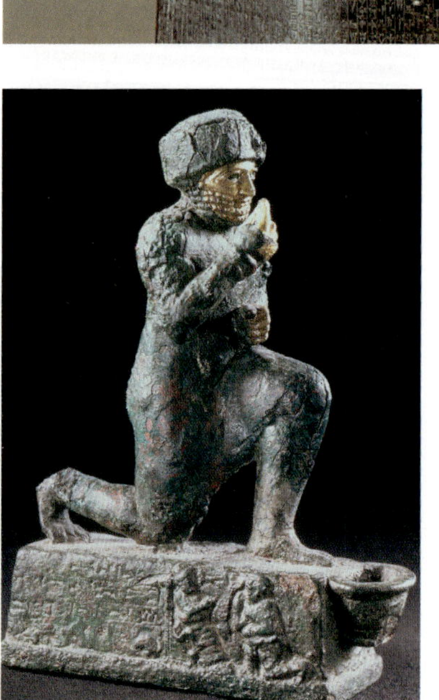

König Hammurabi betet vor einem heiligen Baum; Statue aus Larsa, Südmesopotamien.

Der Kodex Hammurabi umfasst 280 Paragraphen. Sie verkünden u. a. harte Strafen für Diebstahl und Hehlerei. Wer sich an Tempel- oder Königsgut vergeht, muss mit der Todesstrafe rechnen. Prägend sind der Gedanke des Schadenersatzes, den auch die Gemeinschaft dem Einzelnen zu leisten hat, und der Grundsatz »Auge um Auge, Zahn um Zahn«.

Viele Paragraphen beschäftigen sich mit der Regelung des Handels, der Verwaltung und des Alltagslebens. So wird Kinderlosigkeit als ein Scheidungsgrund anerkannt, doch die vom Mann »verstoßene« Frau muss in Höhe ihrer Mitgift und ihres vollen Brautpreises entschädigt werden. Eine ehebrechende Frau erhält – genau wie ihr Liebhaber – die Todesstrafe, es sei denn, ihr Ehemann will sie am Leben lassen.

Aus dem Gesetzeskodex des Königs Hammurabi (1728–1686 v. Chr.):
»Wenn ein Mann in ein Haus ein Loch bricht, so soll er sterben und vor dem Loch eingescharrt werden ... Wenn ein Sklave eines Mannes einem Sohn eines Mannes auf die Wange schlägt, so soll man ihm ein Ohr abschneiden.«

Ägypten unter Fremdherrschaft der Hyksos

In Nordägypten ergreifen die Hyksos (ägyptischer Ausdruck für »Herrscher fremder Länder«) die Macht. Der asiatische Stamm übernimmt die ägyptische Kultur und Verwaltung und regiert teils mit ägyptischen Unterkönigen.

■ **Um 1650 v. Chr.:** Das ursprünglich an der Ostgrenze Ägyptens siedelnde Nomadenvolk der Hyksos kommt durch die Auswirkungen der indogermanischen Völkerwanderung in Bewegung und entreißt den letzten schwachen Herrschern des Mittleren Reiches die Macht. Die Hyksos können ihre Herrschaft zunächst auf das Gebiet des Nildeltas ausdehnen und schließlich ganz Ägypten unterwerfen; sie beherrschen außerdem Syrien und Palästina.

Die Residenz der Hyksos ist Avaris (Tanis) im Ostdelta des Nil. Die Hyksos werden als 16. Dynastie gezählt (Große Hyksos), ihre zum Teil ägyptischen Unterkönige als 15. Dynastie (Kleine Hyksos). Nominell werden die Hyksos von der in Theben herrschenden 17. Dynastie als Oberkönige anerkannt. Ihre Herrschaft gilt als Zweite Zwischenzeit.

Kulturell werden die Hyksos von den Ägyptern schnell assimiliert. Die alte Verwaltung arbeitet unter den neuen Herren mehr oder wenig gut weiter, doch noch nach einem Jahrhundert werden die Hyksos als Eindringlinge angesehen.

Invasoren bezwungen

Die Überlegenheit der Hyksos beruht vor allem auf ihrer Kampftechnik. Sie besitzen mit Pferden bespannte Streitwagen und Bogen aus Horn und Holz – Waffen, denen die mit kleinen Äxten kämpfenden Ägypter nicht gewachsen sind.

Die unterlegenen Ägypter übernehmen im Laufe der Zeit diese Waffen und wenden sie schließlich erfolgreich gegen die Besatzer an. Um 1551 erobert der ägyptische Lokalkönig Ahmose I. von Theben Avaris und begründet die 18. Dynastie und damit die Zeit des Neuen Reiches. Die Hyksos werden bis nach Südpalästina vertrieben. Das Reich von Kusch (Nubien) wird wieder dem ägyptischen Herrschaftsgebiet eingegliedert.

Die Hyksos erobern Ägypten; moderner Holzstich.

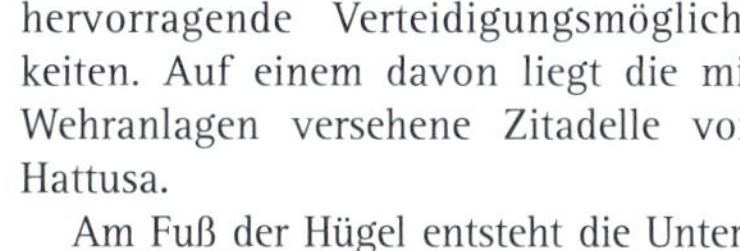

Hattusa – Hauptstadt der Hethiter

Hattusa wird zum Machtzentrum des Vorderen Orients. Das Gebiet wurde bereits Ende des 3. Jahrtausends besiedelt.

■ **1650 v. Chr.:** Der hethitische König Labarna verlegt seine Residenz von Kussara nach Hattusa und nennt sich fortan nach seiner Hauptstadt Hattusili I. Im 19. Jahrhundert v. Chr. gründeten assyrische Kaufleute die Stadt, die 200 Jahre später dem jungen Hethiter-Reich eingegliedert wird. Die Topographie Hattusas ist militärisch wie wirtschaftlich einmalig. Beide Arme des Flusses Budakozu treffen hier zusammen und dienen den Hethitern als Wasserwege für den Transport von Handelsgütern sowie als Nahrungsquelle. Zudem bieten zwei steile Hügel hervorragende Verteidigungsmöglichkeiten. Auf einem davon liegt die mit Wehranlagen versehene Zitadelle von Hattusa.

Am Fuß der Hügel entsteht die Unterstadt. Hier wird u. a. der Tempel des Wettergottes Hatti errichtet, der auch Gottheit des Himmels ist. Insgesamt bauen die Hethiter über 20 Tempel in Hattusa.

Aus Hattusa sind bekannte hethitische Kunstwerke überliefert, darunter einige mit Großskulpturen reich verzierte Monumentalbauten. Dazu zählen auch die in den gewachsenen Fels gemeißelten Halbreliefs von Yazilikaya. Die Grotte liegt etwa 2 km nördlich der Stadt und enthält Darstellungen hethitischer Götter. Der Stil verrät ägyptische und mesopotamisch-hurritische Einflüsse; die Darstellungen sind lebendig bewegt, die Kompositionen ohne geometrisches Gerüst. Die Hethiter kennen keine Fläche, sondern setzen die Gegenstände und Figuren schwebend in den Raum.

Um 1200 v.Chr. wird Hattusa zerstört. Erst 500 Jahre später erlangt der Ort wieder Bedeutung, als er im 7. Jahrhundert n. Chr. von den Phrygern besiedelt wird.

Die Ruinen von Hattusa, der alten Hauptstadt des Hethiter-Reiches; im Bild Vorratsbehälter, die aus Lagerhäusern um den Großen Tempel stammen

Aus der Vorrede des Codex Hammurabi 245

Hurriter gründen Reich von Mitanni

Die Entstehung der hurritischen Fürstentümer wird besonders durch den Untergang des Reiches von Akkad begünstigt. Auch sonst herrscht zu dieser Zeit ein machtpolitisches Vakuum im Nahen Osten.

■ **1600 v. Chr.:** Das Volk der Hurriter gründete bereits um 2000 v. Chr. eine Reihe von Stadtfürstentümern in Obermesopotamien. Mit dem Reich von Mitanni beherrschen die Hurriter in der Mitte des 2. Jahrtausends v. Chr. große Gebiete des Vorderen Orients. So kommt es nach der Gründung des Staates Mitanni zu einer schnellen Ausdehnung des Reiches. Insbesondere zwischen 1500 und 1350 v. Chr. nimmt Mitanni eine wichtige Stellung im Vorderen Orient ein. Auf dem Höhepunkt seiner Macht beherrscht das Reich das Gebiet zwischen der nordsyrischen Grenze und Assyrien.

Doppelgesichtiges Amulett aus der älteren Maittani-Zeit; 15. Jahrhundert v. Chr.

Die Hurriter vertreten eine frühe transkaukasische Kultur. Sie stammen aus Armenien und sind weder indogermanischer noch semitischer Herkunft. Auch ihre Sprache, auf Tontafeln überliefert, ist mit keiner anderen der zu dieser Zeit im Vorderen Orient bekannten Sprachfamilien (sumerisch, sunnitisch, indoeuropäisch) verwandt. Ihre Götter übernehmen die Hurriter von anderen Völkern. Sie huldigen der Göttin Hepa und verehren den Wettergott Teschup als Obersten des hurritischen Pantheons. Als »Sohn des Wettergottes« bezeichnete sich der regierende Fürst des hurritischen Gebietes im Norden Mesopotamiens vor der Gründung Mitannis.

Knotenpunkt des Orients

Dank seiner zentralen Lage im Vorderen Orient ist Mitanni ein Knotenpunkt für wichtige Handels- und Kulturgüter. Aus der Tatsache, dass das Kerngebiet des Reiches von wichtigen Karawanenwegen durchschnitten wird, ziehen die hurritischen Fürsten ihren Nutzen. Über das Reich der Hurriter gelangen auch altmesopotamische Waren nach Griechenland. Die Mittellage von Mitanni dient zwar wirtschaftlichen Zwecken, erweist sich politisch aber als schwierig. Die Hurriter sind von mächtigen Völkern umzingelt; von den Hethitern im Norden, den Assyrern im Osten und den Babyloniern im Südosten. Hinzu kommt das wiedererstarkte Ägypten im Süden. Mitanni gerät in die Abhängigkeit des Hethiter-Reiches. Dessen Großkönige möchten den Staat gern als Pufferzone vor den Grenzen Assyriens erhalten. Dem Machtstreben der beiden Großreiche fällt Mitanni schließlich zum Opfer. Um 1270 v. Chr. verschwindet der Staat von der Landkarte.

Vulkanausbruch vernichtet Santorin

Geologen sehen in der Eruption auf Santorin die massivste und zerstörerischste Katastrophe der Geschichte – die einzige, die eine ganze Insel versenken konnte.

■ **1625 v. Chr.:** Einer der größten Naturkatastrophen der Erdgeschichte folgen, u. a. auf Kreta, eine Reihe von Verwüstungen in der Ägäis. Ein Erdbeben zerstört die auf der Kykladeninsel Santorin gelegene Stadt Akrotiri. Der Naturkatastrophe folgt ein ungeheurer Vulkanausbruch, der Santorin vollständig verwüstet. Da die meisten Einwohner die Stadt und den auf der Insel gelegenen Palast rechtzeitig verlassen, werden in erster Linie Tiere von den Lavamassen verschüttet. Die Explosion des Vulkans ist so beachtlich, dass sie in der gesamten Ägäis durch Erdbeben, Flutwellen und Ascheregen erhebliche Verwüstungen anrichtet. Besonders im Osten Kretas gibt es große Schäden. Da die Städte Mallia und Zakros ungefähr in dieser Zeit zerstört werden, ist es möglich, dass sie – als Folgeerscheinung des Vulkanausbruchs – unter einer Flutwelle begraben werden.

Neueren Forschungen zufolge ist eine Naturkatastrophe als Ursache für den Untergang der jüngeren Palastkultur auf Kreta auszuschließen. Allerdings sind die Kreter durch den teilweisen Verlust ihrer Flotte sowie große Ernteeinbußen so geschwächt, dass ihre Zivilisation kurze Zeit später untergeht. Wahrscheinlich versetzen die Mykener um 1420 v. Chr. der minoischen Kultur den Todesstoß.

Krater eines um 1525 v. Chr. entstandenen Vulkans auf der griechischen Kykladeninsel Santorin

Atlantis im Mittelmeer?

Obwohl Santorin im Mittelmeer liegt, existieren Thesen, nach denen es sich bei der Insel um das versunkene Atlantis handelt. Diese Vermutungen hängen mit der unglaublichen Kraft des Vulkanausbruchs von 1625 v. Chr. zusammen. Auch der griechische Philosoph Plato datiert den Untergang von Atlantis in die Zeit des Vulkanausbruchs auf Santorin.

Der französische Schriftsteller Victor Hugo (1802–1885) über Naturkatastrophen:
»Den Menschen, die unsinnig genug sind zu sagen ›Die Menschheit steht stille‹, antwortet Gott, indem er die Erde zittern lässt.«

Die Schachtgräber von Mykene

Auf dem Peloponnes werden die Herrscher von Mykene in Schachtgräbern bestattet. 3000 Jahre später entdeckt Heinrich Schliemann die Königsgräber mit ihren Goldmasken. Die Ursprünge der griechischen Antike sind gefunden.

■ **Um 1600 v. Chr.:** Mykene, südlich von Korinth gelegen, ist wohl die berühmteste und bekannteste Stadt im prähistorischen Griechenland. Die Blütezeit der mykenischen Kultur liegt etwa zwischen 1600 und 1200 v.Chr. Der griechischen Sage nach lebte das Geschlecht der Atriden auf Mykene, außerdem soll es die Residenz König Agamemnons gewesen sein.

Mykene wurde um 1900 v. Chr. von einwandernden Achäern gegründet. Aufgrund seiner strategisch günstigen Lage wuchs es zur bedeutenden Stadt heran, die alsbald den Peloponnes beherrschte. Mykenes Bedeutung endet mit der Zerstörung um 1150 v. Chr. durch einwandernde dorische Völker.

Kyklopische Bauwerke

Die mykenische Burganlage wird von einer 900 m langen und 6 m dicken Mauer umgeben. Der in kyklopischer Bauweise errichtete Wall umfasst ein Areal von 30 000 m². Vor den Toren der Stadt liegen neben dem Bestattungsplatz neun monumentale Kuppelgräber, deren größtes das sog. Schatzhaus des Atreus ist. Die Gräber sind reich mit Goldschmuck, kostbaren Keramiken, Vasen aus Stein und Edelmetallen sowie Edel- und Halbedelsteinen ausgestattet. Die unzähligen Schätze der Königsgräber – u. a. Elfenbeinarbeiten, Bernsteinschmuck und Fayencen – zeugen vom Glanz und Reichtum Mykenes.

Neben der Burganlage in Mykene, dem Hauptort der mykenischen Kultur auf dem Peloponnes, entstehen in Tiryns, Pylos, Theben und Orchomenos prunkvolle, von der minoischen Kultur beeinflusste Paläste.

Goldene Totenmasken als Ahnengalerie

Untrennbar mit der Erforschung Mykenes ist der Name Heinrich Schliemann verbunden. Der deutsche Forscher war von dem Gedanken besessen, die Stätten der antiken Epen »Ilias« und »Odyssee« wiederzufinden. Schliemann ließ sich leiten von Homers Versen und den Reisebeschreibungen des Pausanias. 1876 begann er Ausgrabungen in Mykene mit dem Ziel, die Stadt aus den Heldenepen Homers zu entdecken. Tatsächlich stieß Schliemann noch im November desselben Jahres auf das erste Schachtgrab. Weitere folgten und bald war der Archäologe davon überzeugt, die letzte Ruhestatt des legendären Königs Agamemnon gefunden zu haben. Unter Einsatz seines Lebens kroch Schliemann in die einsturzgefährdeten Steinkonstruktionen hinein und holte Goldmasken und Geschmeide heraus.

Der heutige Stand der Forschung zeigt, dass sich Schliemann von den antiken Mythen hat täuschen lassen. Die mykenischen Goldmasken stammen aus dem 17. Jahrhundert v. Chr. Das Geschehen, das Homer zu seiner Sage inspirierte, fand jedoch rund 400 Jahre später statt. Dennoch hat Schliemann Recht behalten: Die Gräber, die er fand, gehörten zu einer mykenischen Königsdynastie. Sie beinhalteten insgesamt 19 Leichname, deren Gesichter dank der goldenen Totenmasken überliefert worden sind – die früheste Ahnengalerie der Geschichte.

Blick in ein mykenisches Schachtgrab

Das Schwert gelangt nach Mitteleuropa

In Mitteleuropa beginnen die Menschen ihre Toten unter Erdhügeln zu bestatten. Die europäische Bronzezeit tritt in eine neue Periode ein. Die Hügelgräberkultur kennt das Schwert und breitet sich über 400 Jahre lang aus.

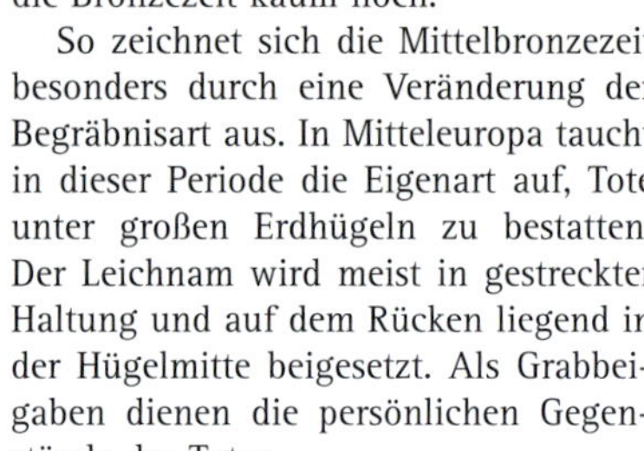

Hirschfigur aus dem 2. Hügelgrab von Pasyryk, Altai

■ **Um 1550 v. Chr.:** Bei der Unterscheidung der bronzezeitlichen Perioden ist die Entwicklung der Bestattungssitten ausschlaggebend. Waren es in der Jungsteinzeit noch keramische Artefakte, die den Wechsel von einer Epoche zur anderen oder zwischen regionalen Gruppen erkennbar werden ließen, so gilt dies für die Bronzezeit kaum noch.

So zeichnet sich die Mittelbronzezeit besonders durch eine Veränderung der Begräbnisart aus. In Mitteleuropa taucht in dieser Periode die Eigenart auf, Tote unter großen Erdhügeln zu bestatten. Der Leichnam wird meist in gestreckter Haltung und auf dem Rücken liegend in der Hügelmitte beigesetzt. Als Grabbeigaben dienen die persönlichen Gegenstände des Toten.

Neu ist das Schwert, das ebenfalls als Grabbeigabe Verwendung findet. Es ist als Waffe in Mitteleuropa bis dahin kaum bekannt und wird von nun an zum Kulturgut. Zahlreiche regionale Ausprägungen kommen auf, die verschiedene Formen tragen. Vor allem die Verzierung des Schwertknaufs ist regional unterschiedlich. So existieren Antennenschwerter, Spiralgriffschwerter u. Ä.

Schwerter sind kostspielig. Deshalb ist es wahrscheinlich, dass bei weitem nicht alle Schwerter in die Gräber mitgegeben werden. Die teuren Waffen werden vermutlich an Nachkommen weitervererbt und nur bei besonderen Personen – wie Fürsteneliten – mit den Toten in die Erde gegeben.

In der Gesellschaft haben Bronzeschwerter eher repräsentativen Charakter, denn zum Kampf taugen sie kaum. Experimente mit Nachbildungen haben gezeigt, dass ein schwerer Schlag die Bronze so sehr in Mitleidenschaft zieht, dass die Waffe nach kurzem Kampf bereits unbrauchbar verformt ist. In der archäologischen Forschung existieren Theorien, nach denen eine Schlacht mit Bronzeschwertern in Etappen vor sich gegangen sein muss. Nachdem die erste Reihe eine Weile gekämpft hatte, zog sie sich zurück, um die Waffen wieder geradezubiegen, während sich die nächste Reihe ins Getümmel stürzte.

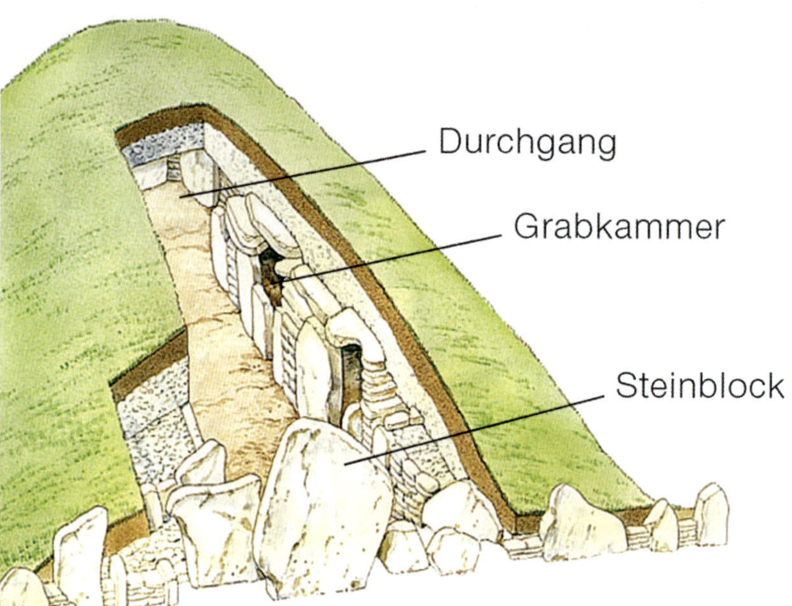

Schnitt durch ein neolithisches Hügelgrab; um 2500 v. Chr.

Grabhügel Tara Hill in Irland; um 1400 v. Chr.

Erster Höhepunkt der Glasmacherkunst

Im Reich der Pharaonen erreicht die Kunst des Glasmachens einen hohen Standard. Bedingt durch die Entwicklung der Metallerzverhüttung gelingt es in Ägypten, auch größere Glasmengen für längere Zeit flüssig zu halten.

Koffer mit Vasen aus Glas, Alabaster und Ton aus dem Grab des Architekten Kha, der unter Amenophis III. gelebt hat; um 1400 v. Chr.

■ **Um 1500 v. Chr.:** Zwei Jahrtausende hindurch haben sich die Ägypter auf die Produktion farbiger Glasperlen und glasierter Waren beschränken müssen; jetzt können auch größere Gegenstände aus Glas hergestellt werden.

Die Ägypter beherrschen kunstvolle Techniken der Glasdekoration wie den Kammzug, den Überfang und das Schleifen. Beim Kammzug legt der Glaskünstler angeschmolzene farbige Glasfäden ringförmig um ein noch zäh-heißes Gefäß und zieht sie dann mit den weitgestellten Zinken eines speziellen Kamms zu Girlanden- oder Zickzackmustern auseinander. Die Überfangtechnik gestattet es den Ägyptern, doppelwandige Gefäße herzustellen, deren verschiedenfarbige Glaslagen beinahe blasenfrei aneinander liegen.

Das hohe Niveau der ägyptischen Hohlglasfertigung um 1450 v. Chr. zeigen die prächtigen Schalen und Becher des Pharaos Thutmosis III. Geformt werden die Hohlgläser nach der Sandkern-Methode. Kunsthandwerker fertigen zunächst einen Lehm-Sand-Kern, den sie dann in die Glasschmelze tauchen und damit überziehen. Nach dem Erkalten kratzen sie den Lehm-Sand-Kern heraus und geben dem Glas durch Schleifen und Polieren seine endgültige Form.

Zahlreiche Glashütten entstehen im ägyptischen Reich: in Tel-el-Amarna, in Theben, Licht, Mensijeh und vermutlich auch an anderen Orten. Mitte des 15. Jahrhunderts v. Chr. werden auch in Mesopotamien die ersten kunstvollen Sandkerngefäße gefertigt. Wahrscheinlich tauschen die Ägypter und die Bewohner des Zweistromlandes ihre Glaswaren aus.

Hethiterkönig Mursili I. erobert Babylon

Die Amoritendynastie in Babylon geht unter. Mit Halab und Babylon sind die mächtigsten Städte des Vorderen Orients in die Hände der Hethiter gefallen.

■ **1531 v. Chr.:** Der Hethiterkönig Mursili I. erobert und zerstört während eines Feldzuges Babylon, die Hauptstadt des Altbabylonischen Reiches, kann die eroberten Gebiete jedoch nicht halten. Mursili I. ist ein Enkel des hethitischen Königs Hattusili. Der alte König adoptierte Mursili, denn seine Frau und Kinder hatten gegen ihn intrigiert und kamen als Nachfolger nicht in Frage. Auf dem Sterbebett nahm Hattusili seinem Enkel das Versprechen ab, Halab zu erobern. Nach der Inthronisierung brachte Mursili ganz Nordsyrien unter hethitische Kontrolle. Danach wandte er sich den zahlreichen kleinen Fürstentümern entlang des Euphrat zu und errang Sieg um Sieg.

Babylon ist Mursilis letztes großes Ziel. Gestärkt durch den Reichtum aus den eroberten Gebieten zieht eine gewaltige Streitmacht gegen die Stadt, die von den Amoritern beherrscht wird. Das Militärwesen der Hethiter ist so gut ausgebildet, dass Babylon nicht lange standhalten kann. Mursili berennt die Mauern mit einem Heer aus bäuerlicher Infanterie, die durch Kontingente tributärer Fürsten geleitet wird. Kernstück des Angriffs bildet das hethitische Streitwagenkorps, das im Kampf schnell vorstoßen kann. Schließlich fällt Babylon. Die Hethiter rauben die Statue des babylonischen Stadtgottes Marduk und erringen damit einen Prestigeerfolg.

Nach seiner Rückkehr aus Babylon fällt Mursili einem Attentat zum Opfer. In der Folgezeit schwächen Thronwirren und innere Unruhen das Hethiter-Reich. Um 1500 v. Chr. wird es vom expandierenden Mitanni-Reich erobert.

Zwölf bewaffnete Kriegsgötter sind auf diesem Relief an der Westwand der Kleinen Kammer im hethitischen Heiligtum Yazilikaya dargestellt.

Das Tal der Könige – Thebens Totenstadt

Nach dem Ende der Fremdherrschaft der Hyksos beginnen die Pharaonen wieder damit, gewaltige Monumente errichten zu lassen. Es werden Tempel erbaut, die in Theben eine ganze Totenstadt bilden.

■ **Um 1500 v. Chr.:** Die Pyramiden des Alten Reiches sollten den Ruhm der Pharaonen auch nach ihrem Tod weithin sichtbar werden lassen. Doch sie zogen auch unliebsame Gäste an. Dieben gelang es immer wieder, die Absperrungen und Fallen in den Grabmonumenten auszuhebeln, bis zu den Grabkammern vorzudringen und die Toten ihres Prunks zu berauben. Um Räubern kein so offensichtliches Ziel mehr zu bieten, ließen sich bereits die Herrscher des Mittleren Reiches in unauffälligen Gräbern bestatten, die in großen Tempelanlagen verborgen lagen. Diese Art der Totenruhe bevorzugen nun auch die Pharaonen des Neuen Reiches.

Die Könige der 18. Dynastie lassen sich in einem einsamen Tal westlich von Theben bestatten, das später den Namen Tal der Könige erhält. Die Toten finden ihre letzte Ruhestatt in Kammern, die tief in den Felsen gehauen und verschlossen werden. Doch auch hier werden später fast alle Gräber beraubt. Das einzige noch unversehrte Grab entdeckt der englische Archäologe Howard Carter 1922: das Grab des Königs Tutanchamun.

Fröhliche Totenfeiern

Auch die Beamten und Vornehmen lassen sich schon zu Lebzeiten ihre Gräber – ihre Häuser für die Ewigkeit – errichten. Im Neuen Reich liegen viele dieser Felsgräber in Theben-West am Abhang der Berge und am Rande des Fruchtlandes. Die Grabräume sind mit prächtigen Reliefs und farbigen Wandmalereien geschmückt, deren Szenen den Alltag der damaligen Zeit widerspiegeln: Statuen, Geräte, Schmuck und Möbel entstehen unter den Augen geschickter Handwerker, Frauen legen Schmuck für ein Fest an und tanzen zum Takt unhörbarer Musik, Diener tragen Grabbeigaben herbei und bringen Totenopfer. Auch der Verstorbene selbst nimmt als Lebender mit seiner Familie an dem dargestellten Fest teil. Die Totenfeier ist demnach kein Anlass zur Trauer, sondern ein Fest der Wiedergeburt.

Auch militärische Erfolge sind in den Grabanlagen wiedergegeben. Zu den bedeutendsten Totentempeln in Theben-West zählt die Anlage, die Ramses III. bei Medinet Habu errichten lässt. Die Reliefs in diesem imposanten Tempel rühmen die Unternehmungen des Königs gegen die Seevölker. Weiter nördlich befindet sich das Ramesseum von Ramses II., an dessen Wänden der Sieg des Königs über die Hethiter bei Kadesch gepriesen wird.

Das Tal der Könige in Theben-West; Ansicht mit den Eingängen der Grabkammern Ramses' IV. und Tutanchamuns (links unten)

00475
Howard Carter über die Graböffnung

00855
Tutanchamun: Zurück zu Amun

Die Ursprünge des Alphabets

Der syrische König Idrimi von Alalakh (um 1500 bis um 1450 v. Chr.) lässt seine Lebensgeschichte niederschreiben. Der Text belegt, dass in Palästina und Syrien Bestrebungen herrschten, aus Hieroglyphen und Keilschrift ein Alphabet zu entwickeln.

■ **Um 1500 v. Chr.:** Die Autobiografie Idrimis ist in Form einer Erzählung abgefasst. Sie beginnt mit einer Revolte in Idrimis Reich. Der König muss mitsamt seiner Familie aus Aleppo fliehen. Seiner Macht beraubt, zieht er in die Wüste, wo er eine Reihe von Prüfungen und Abenteuern bestehen muss, darunter ein Kampf gegen die Sutäer und sieben Jahre Exil bei den Kabiren. Schließlich schicken die Götter Idrimi ein Zeichen, dass es an der Zeit sei, sein Reich zurückzuerobern. So lässt er Schiffe bauen und zieht Truppen zusammen.

Als er vor den Mauern Alalakhs auftaucht, kapituliert die Stadt und Idrimi kehrt als rechtmäßiger Herrscher wieder auf den Thron zurück. Nun machen die Churriten dem König die Herrschaft streitig. Sieben Jahre dauert der Krieg gegen den churritischen Regenten Barattarna, bis sich die Könige in einem Friedensvertrag gegenseitig anerkennen.

Statue des Königs Idrimi. In Keilschrift wird vom Leben des Königs berichtet.

Königliches Märchen

Die Erzählung Idrimis weist die typischen Elemente eines Märchens auf: ein Held, der Prüfungen bestehen muss; Hürden, die mit Hilfe göttlicher Macht überwunden werden; Vertreibung und Heimkehr sowie – über allem – die Suche nach Erlösung.

Das in der Idrimi-Erzählung verwendete Schriftsystem wird im 14. und 13. Jahrhundert in Ugarit weiterentwickelt. In der syrischen Küstenstadt entsteht ein Zeichensystem für eine Sprache, die mit der westsemitischen Sprachgruppe (Phönikisch, Hebräisch, Aramäisch) verwandt ist. Es handelt sich um eines der ersten Alphabete mit keilförmigen Buchstaben.

Der französische Schriftsteller Antoine Comte de Rivarol (1753–1801) preist die Erfindung des Alphabets:
»Wer das Alphabet erschaffen hat, hat uns den Faden unserer Gedanken und den Schlüssel der Natur in die Hand gegeben.«

Blütezeit Ägyptens unter Hatschepsut

Nach dem Tod ihres Mannes und Halbbruders Thutmosis II. reißt Hatschepsut (Reg. 1490–1468 v. Chr.) die Macht an sich. Während ihrer 22-jährigen Herrschaft erlebt Ägypten kulturell und wirtschaftlich eine Blütezeit.

■ **1490 v. Chr.:** Ursprünglich nur als Regentin für ihren unmündigen Stiefsohn Thutmosis III. eingesetzt, intrigiert Hatschepsut gegen den rechtmäßigen Thronfolger und inthronisiert sich dauerhaft selbst. Ihre Handlungsweise legitimiert sie mit einem Orakel des thebanischen Gottes Amun.

Während Hatschepsuts Regentschaft – die Königin lässt sich auf offiziellen Bildnissen als Mann darstellen – erlebt Ägypten eine Periode der Blüte, die sich auf dem Hintergrund der Friedenspolitik von Hatschepsut entwickelt. Die Königin veranlasst u. a. eine Handelsexpedition in das sagenhafte Punt, um Weihrauch und Edelhölzer zu importieren.

Unsterblich macht sich Hatschepsut durch den Tempel Deir el-Bahari, der als Komplex säulengesäumter Hallen und Altäre terrassenförmig vor einem Steilhang im Westen von Theben erbaut ist. Baumeister der Anlage ist Semnut, ein Günstling der Pharaonin, der mehr als 80 offizielle Titel innehat. An der Stelle, wo der Hatschepsut-Tempel entsteht, wird seit der 11. Dynastie der Reichseiniger Mentuhotep I. verehrt, mit dem sich Hatschepsut durch den Bau ihrer Anlage quasi gleichsetzt.

In der Nähe des alten Theben, vor einer gewaltigen Felswand, erstreckt sich der dreiterrassige Tempel der Königin Hatschepsut aus dem 15. Jahrhundert v. Chr.

02702
Hatschepsut und ihre göttliche Herkunft

Starke Stellung der Königin: Pharaonen

In Ägypten bestimmen mutterrechtliche Vorstellungen die Regelung der Thronfolge. Das Herrschaftsrecht, die Legitimität, wird nicht von den Söhnen, sondern von den Töchtern weitergegeben. Um sich die Legitimität zu sichern, die nur auf die »Große Königliche Tochter« des Pharaos übertragen werden kann, ist es üblich, dass der zukünftige Thronfolger seine Schwester bzw. Halbschwester heiratet. Hat die »Große Königliche Tochter« keine Brüder, kann sie die Legitimität einem anderen Thronanwärter durch Heirat übertragen.

Der Königin kommt damit im politischen Leben Ägyptens eine bedeutende Stellung zu. Einigen Pharaoninnen, wie z. B. Hatschepsut, gelingt es, die gesamte Herrschaftsgewalt zu übernehmen. Im Alltagsleben steht die ägyptische Frau dagegen kaum gleichberechtigt neben ihrem Mann, obwohl sie befugt ist, selbständig Handel zu treiben. Eine Karriere in der Beamtenschaft ist ihr verwehrt. Auch andere wichtige Titel können nicht auf Frauen übertragen werden. Die meisten Frauen tragen die ehrenvolle Bezeichnung »Herrin des Hauses«.

In der Partnerschaft herrscht die Einehe vor. Seit der Dritten Zwischenzeit sind Dokumente bekannt, die den Familienbesitz durch einen Ehevertrag genau festlegen. Dabei bringt die Frau einen Teil des Hausstands in die Ehe mit – ähnlich der europäischen Mitgift. Dieser Besitz fällt im Fall einer Scheidung an die Frau zurück.

Hinweise auf Trauungszeremonien oder Scheidungsfälle fehlen jedoch. Vermutlich leben ägyptische Männer und Frauen eheähnlich zusammen, denn Ehebruch wird gesetzlich geahndet.

Büstenfragment der Hatschepsut

Mykener übernehmen Vorherrschaft

Mykenische Heerfürsten besetzen das seit dem Vulkanausbruch auf Santorin darniederliegende Kreta. Sie beenden die kretische Vorherrschaft im Mittelmeer und begründen eine neue europäische Hochkultur.

Darstellung von Kriegern auf einem Krater aus Mykene; 1200 v. Chr.

■ **1450 v. Chr.:** Die mykenische Kultur gilt nach der minoischen, der vorgriechischen Kultur auf Kreta, als die zweite europäische Hochkultur.

Nach der Einwanderung der Indogermanen um 1900 v. Chr. entstand aus traditionell ägäischen und indogermanischen Elementen eine Mischkultur, die sich ab 1600 v. Chr. durch die Begegnung mit zwei unterschiedlichen Hochkulturen - der kretisch-minoischen und der vorderorientalischen - zur mykenischen Kultur entwickelte. Ihre Zentren liegen zunächst in der Argolis mit der Siedlung Mykene südlich von Korinth sowie auf dem Westpeloponnes.

Kennzeichnend für die Frühzeit von Mykene sind neben den traditionellen Schachtgräbern zunehmend prunkvolle Kuppelgräber. Zu den kostbaren Grabbeigaben gehören u. a. Goldmasken, Diademe, Elfenbeinarbeiten, Bernsteinschmuck, Prunkschwerter und -dolche, Gerätschaften, Fayencen, Vasen aus Alabaster sowie Edelsteine. Die prächtige Ausstattung deutet darauf hin, dass in Mykene ein Totenkult um verstorbene Könige besteht, der vielleicht von ägyptischen Vorstellungen beeinflusst ist.

Mykener besetzen Paläste

Ab ungefähr 1500 v. Chr. greifen die Mykener nach Kreta aus. Sie besetzen nun den Palast von Knossos, das zu ihrem Machtzentrum auf der Insel wird. Belege für ihre Herrschaft sind neben den Kammergräbern die Schrift Linear-B, die nicht nur in Mykene und Pylos, sondern auch in Knossos verwendet wird; sie gibt einen frühgriechischen Dialekt wieder.

Das Löwentor und die Baukunst von Mykene

Charakteristisch für die spätmykenische Periode (1400–1200 v. Chr.) sind Monumentalbauten, darunter neun Kuppelgräber vor den Toren von Mykene, deren größtes mit einem Gewölbedurchmesser von 14,5 m und einer Höhe von 13,2 m als »Schatzhaus des Atreus« bezeichnet wird, und das berühmte Löwentor von Mykene: Es ist mit zwei Löwen, deren Vorderklauen auf Altären ruhen, als Kultsymbolen geschmückt und bildet den Hauptzugang zur Burg. Pfosten und Türsturz bestehen aus gewaltigen Steinbalken. Darüber befindet sich die Platte mit dem Löwenrelief, die wegen ihres geringeren Gewichts den Türsturz entlastet. Das Löwentor von Mykene dokumentiert in eindrucksvoller Weise die Entwicklung der plastischen Steinarbeit, die während der minoischen Zeit noch nicht bekannt war und jetzt von den Mykenern vorangetrieben wird.

Das Löwentor ist der Hauptzugang zum Palast von Mykene.

Während die Paläste Kretas allein durch ihre Insellage geschützt sind, weisen die Baukomplexe auf dem Peloponnes ringsherum gewaltige Schutzmauern auf. Der Palast von Mykene selbst ist eine ausgesprochene Zwingburg. Das Schatzhaus, in Wirklichkeit ein Familiengrab, gleicht mit seiner unechten unterirdischen Kuppel einem Schutzbunker.

Besonders wuchtig ist die königliche Residenz von Tiryns angelegt. Andere bedeutende Paläste stehen in Athen, Sparta, Theben und Pylos. Alle Anlagen zeugen von hoher Wohnkultur und sind mit fließendem Wasser, großzügigen Bädern und teilweise mit Heizungen ausgestattet.

Ab 1400 v. Chr. dehnen die Mykener ihr Herrschaftsgebiet auf den ganzen Süden Griechenlands aus, im Norden bis nach Thessalien und im Westen bis zu den Ionischen Inseln. Handelsbeziehungen und Außenposten sichern ihnen Einfluss im ganzen östlichen Mittelmeer bis nach Vorderasien, Syrien, Ägypten und Unteritalien. Die Mykener errichten in den folgenden Jahren Kolonien, u. a. auf den Kykladen und in Kleinasien.

Kriegerische Kultur

Die großen Paläste in Mykene, Tiryns, Pylos, Theben und Orchomenos werden nach kretischem Vorbild mit Fresken geschmückt, die jedoch – anders als die minoischen – vor allem Kampf- und Jagdszenen zeigen. Die Paläste haben einen einfacheren Grundriss als die labyrinthischen Anlagen der Kreter. Mit Ausnahme von Pylos sind die mykenischen Paläste durch starke Befestigungsanlagen, sog. Zyklopenmauern, geschützt – ein Zeichen dafür, dass die mykenische Kultur durchaus kriegerisch ist. Die minoische Kultur ist auch auf religiösem Gebiet von großem Einfluss. Viele Götterdarstellungen und Kultszenen sind nach kretischem Typus gestaltet, u. a. mit Doppelaxt und Doppelhörnern als Motiven. Die Zwölfzahl der olympischen Götter ist allerdings nicht kretischen, sondern eigenständig mykenischen Ursprungs.

Die sog. Goldmaske des Agamemnon aus den Schachtgräbern von Mykene

Sagenkönig Agamemnon

An der Spitze der mykenischen Sozialordnung steht ein absoluter Monarch, der zugleich der größte Landbesitzer, einflussreichste Großkaufmann und mächtigste Krieger ist. Nach der griechischen Sage ist Mykene im 16. Jahrhundert v. Chr. Sitz des Atridengeschlechts und des Agamemnon. Er stützt sich auf die aristokratische Oberschicht, die er als Gesandte, Verwaltungsbeamte und Offiziere einsetzt. Bauern, Handwerker und Arbeiter stellen den Hauptteil der Bevölkerung, die unterste Schicht bilden die Abhängigen und Sklaven.

Arier in Indien

Vedische Arier dringen in das Fünfstromland und den Pandschab ein. Sie streifen die Vorgebirge des Himalaja, erreichen die große Ganges-Ebene und besiedeln Nordwest-Indien. Dort unterteilen sie ihre Bürger in mehrere Kasten.

■ **Um 1400 v. Chr.:** Die vedischen Arier stammen aus Vorderasien und bilden keine geschlossene politische Macht. Einem gemeinsamen Oberbefehlshaber folgen die einzelnen Gruppierungen, die sich sogar untereinander bekämpfen, nur widerwillig. Stattdessen handeln sie nach demokratischen Prinzipien. Abstimmungen und Volksentscheide sind keine Seltenheit und die Frauen sind den Männern gleichgestellt. Aus der Führungsgruppe der Arier, bestehend aus Treckführern, Priestern und Adligen, bildet sich die Kaste der Herrschenden (Kschatriya) heraus. Unter dieser Schicht stehen die Landbesitzer (Waischya), die einfachen Bürger (Sudra) und schließlich die aus Sklaven und Kriegsgefangenen bestehende Kaste der Dasa. Der vedischen Gemeinschaft gehören allein die Mitglieder der drei oberen Kasten an.

Indra, der volkstümliche Gott der Arier, vertreibt als Gewittergott und Drachenkämpfer Dämonen mit seinem Donnerkeil und zieht auf seinem Kriegswagen gegen die Feinde. Weitere Götter wachen über den Kosmos, den Eid und die Vertragstreue. Opferriten werden von den Brahmanen überwacht, einer Priesterkaste, die zugleich als Hüter des Sanskrit, der »heiligen« indischen Sprache, gilt.

Die Kenntnisse über die vedischen Arier beschränken sich heute auf ein Hymnenbuch namens »Rigveda«. Dieses besteht aus den »Veden«, einer Sammlung frommer Hymnen, Opferlieder und magischer Formeln.

Heilige Kühe auf einer Quetta-Keramik aus Indien zur Zeit der wedischen Arier

Thutmosis III.

Nachdem Thutmosis III. die Macht übernommen hat, beginnt er mit Eroberungszügen nach Nordosten, um Ägypten militärisch abzusichern. Er unterwirft Syrien und schiebt die ägyptische Grenze bis an den Euphrat vor.

Grab des Pharaos Thutmosis III. (Reg. 1468–1436 v. Chr.); Innenansicht

■ **1468 v. Chr.:** Nach dem Sturz seiner Mutter Hatschepsut übernimmt Thutmosis III. die Regierungsgewalt am Nil. Sein Augenmerk richtet sich besonders auf die Sinaihalbinsel und auf Südpalästina, da Ägypten an der Landenge von Suez für Feinde leicht zugänglich ist. In der Schlacht bei Megiddo am Karmel-Gebirge in Kanaan erringt er einen entscheidenden Sieg über eine Koalition syrischer Fürsten. Die eroberten Provinzen werden nach ägyptischem Muster verwaltet. An strategisch wichtigen Punkten werden Militäreinheiten stationiert.

Durch die erheblichen Tributzahlungen, die von den unterworfenen Gebieten zu leisten sind, zieht Ägypten neben den militärischen auch bedeutende wirtschaftliche Vorteile aus den neuen Provinzen. Zugleich wird Ägypten mit der Eroberung Syriens direkter Nachbar des mächtigen Mitanni-Reiches, das sich im Euphratbogen gebildet hat und in der Blütezeit bis an die Grenzen des Hethiter-Reiches erstreckt. Zwar versucht Thutmosis III. diesen bedeutenden Rivalen auszuschalten, hat damit aber keinen dauerhaften Erfolg. Erst unter seinem Enkel, dem Pharao Thutmosis IV., kommt es 1403 v. Chr. zu einem Friedensschluss mit dem Mitanni-Reich. Der ägyptische Pharao nimmt eine Tochter des Königs von Mitanni in seinen Harem auf. Durch diese Heirat entspannt sich das Verhältnis zwischen den Nachbarn.

02703
Lobpreis auf den Gott Indra im Rigveda

Echnaton verordnet Monotheismus

Amenophis IV. wendet sich vom Polytheismus ab. Fortan soll die ganze Verehrung allein Aton, dem Sonnengott, gelten. Mit seinem autoritär verordneten Monotheismus stößt Echnaton nicht auf Gegenliebe bei den Untertanen.

■ **1364 v. Chr.:** Nach dem Tod von Amenophis III. besteigt sein Sohn als Amenophis IV. (Reg. 1364–1347 v. Chr.) den Thron. Im vierten Jahr seiner Herrschaft erhebt Amenophis IV., der sich später Echnaton nennt, den Sonnengott Aton zum Staatsgott und revolutioniert damit die ägyptischen Kultvorstellungen. Schon als Thronfolger teilte Amenophis die Vorliebe seines Vaters für den Sonnenkult, der die Position des Reichsgottes Amun allerdings im polytheistischen Ägypten kaum berührte.

Echnaton; Skulptur aus Tell el-Amarna

Amenophis nennt sich ab 1361 mit Bezug auf den Sonnengott »Echnaton« und verlegt die Hauptstadt und königliche Residenz nach Tell el-Amarna, einer auf halbem Weg zwischen Theben und dem Nildelta neu gegründeten Stadt, die auch den Namen Achetaton (»Horizont der Sonnenscheibe«) trägt. Da der Platz 15 Jahre nach seiner Gründung wieder verlassen wird, erhält er sich für die Nachwelt. Denn fortdauernde Besiedlung bis zum Niedergang einer Kultur lassen meist nur wenige Überreste im Boden. Achetaton erstreckt sich auf beiden Seiten des Nils. Das Stadtgebiet ist mit einem Stelenkreis abgesteckt.

König Echnaton und seine Familie (Nofretete und Tutanchamun) opfern dem Sonnengott Aton; Flachrelief aus Amarna.

Der König befiehlt die Aufgabe des Amun-Kultes und die Auflösung der mächtigen Tempelinstitutionen des alten Reichsgottes. Im gesamten Reich werden sämtliche Amun-Darstellungen mitsamt Begleitinschriften zerstört. Selbst im königlichen Archiv tilgt man von den Tontafeln der auswärtigen Korrespondenz die Zeichen in babylonischer Keilschrift, die den Namen des alten Reichsgottes repräsentieren.

Die Untertanen wollen jedoch an der alten vielgestaltigen Götterwelt festhalten und sich nicht damit abfinden, dass allein Echnaton Aton anbetet, während sich ihr Gebet an den Pharao als dessen Stellvertreter wenden soll. Beamte, die sich den Neuerungen widersetzen, werden entlassen und ersetzt.

Höhepunkte mit Sonnenkult

Höhepunkt der altägyptischen Hymnik ist der »Große Aton-Hymnos Echnatons« (Sonnengesang), in dem der neue Reichsgott Aton verherrlicht wird. Geschildert werden weniger die mythischen Bezüge als die Vorgänge in Menschen-, Tier- und Pflanzenwelt beim Auf- und Untergang des Sonnengottes, die physische Erscheinung des Gottes und seine Fürsorge für alle Lebewesen: »Strahlend steigst du auf am Rande des Himmels, Aton, der du lebst seit Anbeginn. Du wanderst empor und erfüllst die Welt mit deiner Schönheit. Hoch glänzt du über die Lande, deine Strahlen umfangen, was du geschaffen. Du bist fern, doch deine Strahlen befruchten die Krumen und der Halm sprießt, wenn du den Boden geküsst ...«

Nofretete-Büste gelangt nach Berlin

Bei Ausgrabungen in Tell el-Amarna, der von Echnaton gegründeten neuen Residenz, stoßen Wissenschaftler der Deutschen Orientgesellschaft im Dezember 1912 auf eine Büste der Königin Nofretete, der Gemahlin des Pharaos. Die Wissenschaftler entdecken das Abbild der altägyptischen Königin, deren Namen übersetzt »Die Schöne ist gekommen« bedeutet, zusammen mit weiteren Modellen und Abgüssen im verschütteten Lagerraum eines Bildhauers. Die Büste diente offenbar als offizielle Porträtvorlage für die Anfertigung anderer Statuenköpfe.

00476 Hymnus an Aton

Die Büste aus bemaltem Kalkstein zeigt eine Frau von ebenmäßiger Schönheit, geschmückt mit der charakteristischen Kopfbedeckung, einer konisch geformten Haube. Größere Beschädigungen finden sich am Ohr und an einem Auge, dessen Einlage fehlt und trotz längerer Suche nicht gefunden werden kann.

00748 Inschrift über Nofretete

Auch wenn Nofretete insbesondere in Deutschland als Inbegriff des ägyptischen Schönheitsideals gilt, so unterscheidet sich dieses Bildnis wie auch die gesamte in den 15 Jahren der Herrschaft Echnatons entstandene Kunst deutlich von der im alten Ägypten üblichen: Sie ist naturalistischer und zugleich expressiver. Dieser »weiche Stil« mit größerem Detailreichtum und einer lockereren Haltung der Statuen begann sich bereits unter Echnatons Vater Amenophis III. durchzusetzen. Er geht auf die zunehmende Vertrautheit mit fremden Kulturen, vielleicht aber sogar auf Anregungen aus der Zeit der Hyksos zurück.

Die berühmte Nofretete-Büste aus Tell el-Amarna

Die Maler gestalten nun ganze Wände mit nur einer Szene, während sie vorher in viele kleine Bildstreifen aufgeteilt waren. Manche Darstellungen ziehen sich sogar über mehrere Wände hin, wobei die Figuren mit dem nicht ausgemalten landschaftlichen Hintergrund verschmelzen.

Echnaton selbst lässt sich mit ausgeprägten Lippen, sinnlich geschwungenem Mund, lang gezogenem Gesicht, hervorstehendem Bauch und dünnen Beinen darstellen – aber geschlechtslos. Die schmale Taille und das breite Becken geben ihm etwas Androgynes, worin sich nach Spekulationen von Kulturwissenschaftlern das Urzeitliche des Gottes Aton ausdrücken soll, der die Polarität von männlichem und weiblichem Element in sich vereint.

Aus dem Sonnengesang des ägyptischen Pharaos Echnaton:
»Du erstrahlst so schön im Lichtberg des Himmels,/ Du lebendige Sonne, die zuerst zu leben anfing. Du leuchtest auf im östlichen Horizont/ Und erfüllst alle Lande mit deiner Schönheit.«

Amenophis III. lässt Luxor-Tempel erbauen

Unter der Herrschaft Amenophis' III. entfaltet sich eine rege Bautätigkeit. Als eine der bedeutendsten Kultstätten des Neuen Reiches gilt der Tempel von Luxor. An seiner Fertigstellung ist auch Ramses II. (Reg. 1290–1224 v. Chr.) beteiligt.

■ **1380 v. Chr.:** Pharao Amenophis III. (Reg. 1402–1364 v. Chr.) lässt den Tempel von Luxor erbauen. Von der Toranlage bis zur Rückwand misst das Bauwerk fast 260 m. Der von Säulen flankierte Hof geht in eine ehemals überdachte Säulenhalle über, die den ersten Raum des inneren Tempels bildet. Vier Vorkammern mit Nebenräumen schließen sich an. Östlich von der zweiten Vorkammer befindet sich der Geburtsraum Amenophis III., den Darstellungen der symbolischen göttlichen Geburt des Herrschers schmücken. Dem ägyptischen Königsdogma zufolge entsteht der Pharao aus der Verbindung Amuns mit seiner Mutter Mutemwia. Den letzten Raum in der Mittelachse des Tempels bildet das Sanktuar Amenophis' III.

Eingang zum Tempel von Luxor, erbaut von Amenophis III. zur Verehrung des Gottes Amun

Vor dem Säulengang Amenophis' III. befinden sich zwei riesige Sitzfiguren Ramses' II., mehrere seiner Kolossalbildnisse flankieren auch den Tempeleingang. Aus der Zeit Ramses' II. stammen auch Reliefs und Texte, die von der Schlacht gegen die Hethiter im syrischen Kadesch um 1285 v. Chr. erzählen.

Während der gesamten 19. Dynastie entfaltet sich unter den Königen Sethos I., Ramses II. und mehreren Nachfolgern eine fruchtbare architektonische Epoche. Vielfach erweitern und vollenden die Pharaonen Baukomplexe, die ihre Vorfahren in Angriff genommen haben. Dabei tauchen neue architektonische Elemente, wie etwa Sphinx-Alleen und hohe Pyloneneingänge, auf. In erster Linie entstehen gigantische Tempelanlagen, deren Mauern häufig Reliefs mit den Taten der Pharaonen zieren. Große Obelisken werden vor den Tempeln errichtet, oft flankieren sie die Eingänge. Im Innern werden Kolossalstatuen der Herrscher aufgestellt. Beherrschendes architektonisches Element sind Säulen, die meist mächtige Säulenhallen bilden.

Tutanchamun restauriert Amunkult

Unter der kurzen Regentschaft Tutanchamuns, der nur 20 Jahre alt wird, kehrt Ägypten zur alten Götterverehrung zurück. Mit seinem Tod endet die Herrschaft der 18. Dynastie.

■ **1347 v. Chr.:** Als Neunjähriger gelangt Tutanchamun (Reg. 1347–1339 v. Chr.) aus der 18. Dynastie auf den Pharaonenthron. Er ist der Sohn und zweite Nachfolger von Echnaton, der den Kult um den Sonnengott Aton zur Staatsreligion erhob. Noch in seinem ersten Regierungsjahr wird Tell el-Amarna als Residenz aufgegeben und der Pharao ändert in einer programmatischen Geste seinen Namen von Tutanchaton in Tutanchamun, um den Kult um den Gott Amun zu betonen. Die Aufgabe der von seinem Vater Echnaton gegründeten Stadt und die Namensänderung bedeuten die Abkehr von der Religions- und Kulturpolitik seines Vaters. Neue Residenz wird Memphis im Norden Ägyptens. Im Alter von etwa 20 Jahren wird Tutanchamun ermordet. Die Ursache seines frühen Ablebens ist bis heute nicht gänzlich geklärt.

Sensationelle Entdeckung

Politisch ist Tutanchamun ein weitgehend unbedeutender König. Berühmtheit erlangt er allein durch die sensationelle Entdeckung seines Grabes durch den britischen Archäologen Howard Carter am 4. November 1922.

Es ist das erste Grab eines ägyptischen Königs, das sich bis in unsere Zeit vollständig erhalten hat, und es vermittelt einen Eindruck von den unermesslich reichen Grabbeigaben der Pharaonen. Mehr als 2000 Gegenstände finden sich in der Grabkammer, darunter vergoldete Truhen, ein mit Gold überzogener sowie mit buntem Glas und Halbedelsteinen geschmückter Thron, kunstvoll gearbeiteter Schmuck, lebensgroße Statuen sowie die ineinander passenden Särge für die Mumie, davon der innerste aus purem Gold samt goldener Totenmaske für den Herrscher. Auf den Schranken um den Sarg von Tutanchamun und in einer zum Grab des Königs Sethos I. gehörenden Seitenkammer ist das »Buch von der Himmelskuh« aufgezeichnet, ein Totentext, der als wichtiges Zeugnis der ägyptischen Literatur gilt.

Howard Carter über die Graböffnung

Totenmaske des ägyptischen Pharaos Tutanchamun

Sethos I. dringt in den Nahen Osten vor

Sethos I. (1304–1290 v. Chr.) aus der 19. Dynastie tritt seine Herrschaft als Pharao an. Während seiner 13-jährigen Regentschaft kann Ägypten seine Herrschaft im Nahen Osten wieder ausdehnen und festigen.

■ **1304 v. Chr.:** Schon bald nach seinem Regierungsantritt bricht Sethos I. zu einem Eroberungszug auf. Die Gebiete in Syrien und Palästina, die Thutmosis III. (1490–1436 v. Chr.) für das Nilreich erobert hatte, waren unter dessen Nachfolgern wieder verloren gegangen, Sethos dringt über Gaza bis in den Libanon vor. Die Hethiter, die ihm weiter nördlich entgegentreten, vermag das ägyptische Heer allerdings nicht zu schlagen. Zeitweilig sucht Sethos das Bündnis mit dem Amoriterkönig Bentesina, der jedoch von den Hethitern gefangen genommen wird.

02704 Die Entdeckung des Grabes von Sethos I.

Ausdehnung und Bedrohung

Zwar steht die Regierungszeit von Sethos I. im Zeichen der Expansion, das Reich muss sich jedoch auch gegen Angreifer zur Wehr setzen. Nach Westen verdrängte libysche Nomadenstämme bedrohen die ägyptische Grenze, können aber abgewehrt werden. Zum Schutz gegen die Nubier lässt der König bei Tell el-Amarna eine befestigte Stadt errichten. Ferner veranlasst er bedeutende Anbauten am Amuntempel in Karnak. Sein Grab in Biban Al Muluk übertrifft in seinen Dimensionen sämtliche Pharaonengräber. Sein Sohn und Nachfolger Ramses II. setzt die Bautätigkeit fort.

Sethos I. vor Osiris; Wandmalerei aus dem Grab des Pharaos im Tal der Könige

Kult um Ahnen

Während der Herrschaft Sethos' I. entwickelt sich im ägyptischen Reich ein Ahnenkult, wie er zuvor nicht bekannt war und sich durch die gesamte Ramessidenzeit fortsetzt. Sethos erkennt, dass er sich als Abkömmling einer jahrtausendealten Reihe von Pharaonen besser legitimieren lassen kann. Fortan entstehen vor allem in Tempeln Ahnentafeln, die alle Könige Ägyptens aufzählen und den derzeitigen Pharao, in diesem Fall Sethos I., als große Figur ans Ende der Liste stellen. Diese Aufzählungen leisten der Forschung in der Neuzeit unschätzbare Dienste. Dem Ahnenkult liegt jedoch kein historisches Interesse zugrunde. Er beschränkt sich auf die Tempel und darin stattfindende Rituale.

Bestattungen erfolgen in Urnengräbern

In der ausgehenden Bronzezeit Europas vollzieht sich ein Umschwung. Die bis dahin üblichen Bestattungen in Hügelgräbern werden abgelöst durch die Urnenfelderkultur, die einer ganzen Epoche den Namen gibt.

Relikt der Urnenfelderkultur: eine Urne von der iberischen Halbinsel

■ **Um 1300 v. Chr.:** Die Urnenfelderkultur entsteht vermutlich auf dem Balkan. Sie ist gekennzeichnet durch den Wechsel von der Körperbestattung zur Brandbestattung. Die Asche der Toten wird in Keramikurnen beigesetzt oder direkt in die Erde gegeben (Brandschüttungsgrab). Die Sitte, Grabbeigaben mit in die Erde zu legen, erhält sich. Große Beigaben wie Schwerter werden meist verbogen in die Urnen gelegt. Dies geschieht zum einen aus Platzmangel in den engen Gefäßen, zum anderen sollen die Waffen wertlos und für Grabräuber unattraktiv gemacht werden.

Meist werden die Toten der ausgehenden Bronzezeit einzeln bestattet. Seltener sind Massenbestattungen, die im Zusammenhang mit Kriegen oder Opferungen zu sehen sind. Zahlreich sind hingegen Wagengräber. Die Beigabe eines kompletten Wagens weist den Toten meist als wohlhabenden Menschen aus. Das Fahren auf einem Wagen dient in der ausgehenden Bronzezeit als repräsentativer Akt. Davon zeugen Abbildungen und Plastiken von Menschen, die hoch erhoben auf fahrenden Wagen stehen.

Völker wandern

Der Zeitraum, in dem die großen Urnenfelder angelegt werden, wird in der Forschung meist mit einer größeren Völkerwanderung in Verbindung gebracht, die weite Teile Europas erfasste und im Norden des afrikanischen Kontinents sogar das mächtige ägyptische Reich ins Wanken brachte. Durch die Züge ganzer Stämme verbreiteten sich neue Ideen, religiöse Praktiken und Kulturtechniken vom Balkan bis nach Nordeuropa.

Bronzener Kultwagen aus Acholshausen bei Würzburg

Der griechische Philosoph Platon (427–347 v. Chr.) über den Tod:
»Niemand weiß, was der Tod ist, ob er nicht für den Menschen das größte ist unter allen Gütern. Sie fürchten ihn aber, als wüssten sie gewiss, dass er das größte Übel ist.«

Wiedererstarken der Hethiter

Der Machtantritt von Suppiluliuma I. begründet das Neue Hethiter-Reich. Während der über 30-jährigen Herrschaft von Suppiluliuma I. (bis 1346 v. Chr.) steigen die Hethiter zur Großmacht in Kleinasien auf.

■ **1375 v. Chr.:** In mehreren Feldzügen zerstört Suppiluliuma I. das Mitanni-Reich in Mesopotamien und vertreibt die Ägypter aus Syrien: Die dort bestehenden Kleinfürstentümer, die zuvor unter ägyptischem Einfluss standen, werden durch Vasallenverträge an das Hethiter-Reich gebunden. Die mächtigen Städte Karkemisch und Alalach gelangen unter hethitische Kontrolle.

Mit dieser Expansionspolitik sichert Suppiluliuma I. seinem Volk neben den Reichen von Babylon und Ägypten eine Vormachtstellung im Vorderen Orient und stellt das Reich in seinen früheren Grenzen wieder her. Zentrum der neuen Großmacht ist das Hochland von Anatolien mit der Hauptstadt Hattusa (Bogazköy), die von einem doppelten Ring von Kastenmauern samt mächtigen Wachtürmen an den Seiten der Haupttore umgeben ist. Bei den vermutlich 20 Jahre dauernden Eroberungszügen geht Suppiluliuma I. strategisch wie diplomatisch behutsam vor. Er bedroht das südliche Syrien zunächst nicht, denn dort regieren die mächtigen Ägypter. Der Hethiterherrscher schickt sogar ein Glückwunschschreiben zur Krönung des neuen ägyptischen Pharaos. Währenddessen konzentriert sich Suppiluliuma auf Nordsyrien, wo das Mitanni-Reich regiert. Aber der Plan, zunächst Mitanni und danach die Ägypter in Südsyrien anzugreifen, geht nicht auf. Bei der Verfolgung mitannischer Truppen verletzen hethitische Soldaten ägyptisches Hoheitsgebiet. Jetzt wird an zwei Fronten gekämpft. Dennoch bleiben die Hethiter siegreich.

Stier-Rhyton (Sturz- und Trinkbecher); hethitisch; 1400 bis 1200 v. Chr.

König als Machtzentrum

Das hethitische Staatswesen ist nach lehnsrechtlichen Prinzipien organisiert. An der Spitze des Feudalstaats steht der König, dem als oberstem Richter und Feldherrn Rechtsprechung und militärische Führung obliegen. Ihm unterstehen eine Reiterei und eine schlagkräftige Streitwagentruppe, ferner bewaffnetes Fußvolk und eine persönliche Leibwache. Der König ist zugleich oberster Priester seines Volkes und damit zuständig für alle kultisch-religiösen Angelegenheiten. In dieser Funktion ist er auf vielen hethitischen Denkmälern meist in weich gestaltetem Steinrelief abgebildet.

Der Königin kommt eine eigenständige, starke Stellung zu. Der freie Stand der Krieger bildet den Adel, dessen Versammlung im Alten Hethiter-Reich wichtige Entscheidungen treffen konnte. Seine Stellung verliert er im Neuen Reich an die Beamtenschaft. Der größte Teil der Bevölkerung ist zu Fron- und Kriegsdienst verpflichtet; auf der untersten Stufe stehen Sklaven.

Altes Hethiter-Reich

Die Hethiter, ein indogermanisches Kulturvolk, waren um 2000 v. Chr. aus dem östlichen Kleinasien nach Anatolien eingewandert. Unter König Hattusili I. (Reg. 1650 bis um 1620 v. Chr.) entstand das Alte Hethiter-Reich, das durch Kriegszüge nach Süden bis zum Euphrat und bis vor Aleppo in Nordwestsyrien ausgedehnt wurde. Unter seinem Enkel Mursilis I. (Reg. 1620–1590 v. Chr.) kam es erneut zu Expansionsbestrebungen. 1531 v. Chr. wurde Babylon erobert, nachdem zuvor bereits Aleppo in Syrien unterworfen worden war.

Nach seiner Rückkehr von dem Feldzug wurde Mursilis I. ermordet, was dynastische Probleme sowie einen starken Machtverlust nach sich zog. Um ähnliche Thronwirren in Zukunft zu vermeiden, wird im Neuen Hethiter-Reich festgelegt, dass grundsätzlich der älteste Herrschersohn den Thron erben soll.

01650

Suppiluliuma I.

Säulenbasis mit zwei geflügelten Sphingen in der typischen Gestalt der späthethitischen Kunst

Nordische Felsbilder der Bronzezeit

In Ritz- und Schleiftechnik entstehen in Skandinavien Tausende von Abbildungen, die der modernen Forschung Einblick in eine sonst kaum dokumentierte Kultur bieten. Sie beleuchten vor allem das Alltagsleben und die Kulthandlungen.

Männliche Bronzestatue aus Schonen (Schweden). Die einst beweglichen Arme sind verloren gegangen.

■ **14. Jahrhundert v. Chr.:** Im Norden Europas erschaffen bronzezeitliche Menschen an Details reiche Felsbilder. Zu den bedeutendsten Funden nordischer Felskunst zählen die Bilder im Grab von Kivik an der Ostküste Schonens (Schweden). Der Leichnam ist in einem Sarg bestattet, der mit ornamentierten Steinen geschmückt ist. Der das Grab umgebende Steinhügel ist von enormer Größe. Die Konstruktion zeigt, welchen Arbeitsaufwand eine bronzezeitliche Gemeinschaft leisten konnte, wenn es um die Bestattung einer hochgestellten Person ging.

Vermummte Klagefrauen

Die Bilder des Kivik-Grabes zeigen vermutlich die Totenzeremonie und spiegeln Vorstellungen über das Leben nach dem Tod wider. Zu den markantesten Stücken zählen zwei Steine, auf denen insgesamt 37 menschliche Figuren dargestellt sind. Darunter befindet sich die Darstellung einer Prozession. Einem Mann in tänzerischer oder betender Haltung folgt eine Gruppe vermummter Klagefrauen, die an aufrecht stehende Vögel erinnern.

Die Vogelmenschen sind noch auf einem weiteren Stein abgebildet. Dieses Mal umgeben sie ein Opfergefäß. Der Vogel ist fast in der gesamten Bronzezeit eines der am häufigsten abgebildeten und kultisch verehrten Tiere. Andere Abbildungen auf den Kiviksteinen zeigen mit Schwertern bewaffnete Menschen sowie Menschen ohne sichtbare Arme. Daneben sind auch Lurenbläser, Trommler und Wagenlenker zu erkennen. Die Köpfe der Dargestellten sind allesamt rund und mit einem dünnen Hals am Körper befestigt.

Skier und Schiffe

Die Felsbilder der nordischen Bronzezeit geben Einblick in das alltägliche und kultische Leben der frühen Skandinavier. So ist in den Felsritzungen Dänemarks und Schwedens dokumentiert, dass bereits während der Bronzezeit skiähnliche Fortbewegungsmittel in Gebrauch sind. Auch Schiffe sind häufig abgebildet. Die detaillierten Darstellungen zeigen Rippenboote, also Wasserfahrzeuge mit weit hochgebogenen Spanten, über die vermutlich eine Hülle aus imprägniertem Leder gezogen wird. Die Boote haben weit hochgezogene Vorder- und Achtersteven und erinnern in ihrer Form an die Drachenboote, welche mehr als 2000 Jahre später von den Wikingern gebaut werden. Eine Schiffsbautradition über einen so langen Zeitraum hat jedoch vermutlich nicht existiert.

Sonne als Kultsymbol

Einige Schiffsdarstellungen weisen runde Ornamente auf, die an einer Stange inmitten der Boote befestigt sind. Lange vermutete die Forschung dahinter Hinweise auf frühe Segel. Doch es stellte sich heraus, dass zu kultischen Zwecken Sonnenscheiben auf den Booten befestigt waren. Die Sonne ist – neben dem Vogel – das am meisten dargestellte kultische Symbol der nordischen Bronzezeit.

Schiffe mit Besatzung; Felszeichnung aus Bohuslän, Westschweden, um 1500/500 v. Chr.

Kultischer Sonnenwagen von Trundholm

Auf dem Gebiet des heutigen Dänemark wird eine bronzezeitliche Plastik als Opfergabe im Moor versenkt: der Sonnenwagen von Trundholm. Er ist Teil des Sonnenkultes und gilt als die größte bekannte Vollplastik der nordeuropäischen Bronzezeit.

■ **14. Jahrhundert v. Chr.:** Der Sonnenwagen von Trundholm stellt eine goldene Scheibe dar, die von einem Pferd auf einem Wagen gezogen wird. Die Gesamtlänge der Plastik beträgt 59,6 cm. Sie besteht aus einem Pferd mit vierrädrigem Untergestell und einer Scheibe mit zweirädrigem Wagengestell. Beide sind durch eine deichselartige Stange verbunden. Die Räder können sich drehen, da alle sechs Vierspeichenräder in einem Stück gegossen und auf die Speichen geschoben sind. Die diskusähnliche Scheibe besteht aus zwei gewölbten Einzelscheiben, die von einem ca. 32 mm breiten Ring zusammengehalten werden. Das Pferd ist über einem Lehmkern gegossen. Kopf und Hals des Tieres sind mit Punkten und Rillen verziert – vielleicht ein Hinweis auf ein ehemals dort befestigtes Prunkgeschirr. Kleine Löcher über dem Pferdemaul sprechen auch für die damalige Existenz eines Zaumzeugs.

Sakraler Gegenstand

Heute steht der Sonnenwagen von Trundholm im dänischen Nationalmuseum in Kopenhagen. Es handelt sich um einen sakralen Gegenstand, der damals wahrscheinlich mit Absicht zerstört wurde – vielleicht aus Angst vor einer Plünderung. Vermutlich ist der Wagen Teil des zur damaligen Zeit verbreiteten Sonnenkults. Während die goldene Seite der Scheibe die Sonne darstellt, symbolisiert die bronzene wohl die Nacht.

Pferdedarstellungen, mit oder ohne Sonnenwagen, sind im Skandinavien der späten Bronzezeit häufig. Der Fund zweier kleinerer Pferdeplastiken bei Helsingborg (Schonen) lässt vermuten, dass es noch eine ganze Reihe dem Wagen von Trundholm ähnliche Sonnenkult-Objekte gegeben hat. Bedeutend ist in diesem Zusammenhang besonders das Motiv der »Vogel-Sonnen-Barke«. Die dargestellte Sonne besteht aus mehreren konzentrischen Kreisen, die von einer »Barke« zumeist halbkreisförmig umfahren werden. Die Enden des kleinen Bootes laufen in stilisierten Vögeln oder Vogelköpfen aus. Das Bild einer Vogel-Sonnen-Barke setzt sich aus Tausenden von Punkten zusammen. So bilden etwa 4300 Punzeinschläge den bronzenen Vogel-Sonnen-Barke-Fries von Gevelinghausen (Hochsauerlandkreis). Das Sonnenbarkenmotiv ist vor allem in Südskandinavien und Mitteleuropa verbreitet.

Der bronzene, mit Goldblech belegte Sonnenwagen wurde im Moor von Trundholm gefunden.

Luren – Blasinstrumente der Bronzezeit

Eines der ältesten Blasinstrumente ist in Gebrauch: die Lure. In Nordeuropa finden die langen, gebogenen Hörner wahrscheinlich im Rahmen von religiösen Zeremonien Verwendung.

■ **14. Jahrhundert v. Chr.:** Luren sind aus Bronze gegossene Blasinstrumente, die von etwa 1300 bis 600 v. Chr. bekannt sind. Sie gehören zur Gruppe der Aerophone – luftklingende Blasinstrumente, bei denen nur die Obertonreihe spielbar ist. Sie werden zunächst aus Tierhörnern entwickelt, die mit Bronze besetzt sind. Erst später gießt man sie komplett aus Bronze. Luren bestehen aus einem Mundrohr mit Mundstück sowie einem Schallrohr mit Schallscheibe. Die Länge eines Instruments beträgt jeweils zwischen 1,50 und 2,24 m.

Krummrohrige Moorhörner

Obwohl die Luren nach den Kriegstrompeten der alten nordischen Literatur benannt sind, dienen sie nicht als schlachtbegleitende Signalhörner. Bei ihrer immensen Größe sind sie außerdem völlig ungeeignet für das Kampfgeschehen. Vielmehr benutzt man sie wahrscheinlich als Begleitinstrumente im Rahmen von kultischen Handlungen, was Felszeichnungen (u. a. Tanum in Bohuslän und das Grab von Kivik in Schonen) bezeugen. Die Abschaffung dieser religiösen Zeremonien bedeutet schließlich auch das Ende der Luren. Zum Schutz vor weltlichem Missbrauch deponiert man die ausgedienten Instrumente in den Mooren, wo sie in Glücksfällen bis heute erhalten blieben.

Verbreitet sind die Luren ausschließlich in Nordeuropa. Die meisten der 59 heute bekannten Exemplare stammen aus Dänemark, wo man 1797 auch die ersten Luren entdeckte. Einige Instrumente fanden sich auch in Schweden, Deutschland, Norwegen und Lettland. Die bis heute erhaltenen Luren lagen an isolierten Stellen in Mooren und Feuchtgebieten. Immer fanden sich absolut identische Paare, deren Form jeweils achsensymmetrisch gewunden war.

Bronzelure aus Dänemark

Ramses II. – Krieger und Bauherr

Während der 66-jährigen Herrschaft von Ramses II. erlebt Ägypten eine Blütezeit und erringt letztmalig die Vorherrschaft im Vorderen Orient. In die Geschichte eingegangen ist der Pharao aber auch durch seine Bautätigkeit.

■ **1290 v. Chr.:** Nach dem Tod seines Vaters Sethos I. gelangt Ramses II. (Reg. 1290–1224 v. Chr.) aus der 19. Dynastie an die Macht. Obwohl sein Vater gegen Ende der Herrschaft die Verständigung mit den Hethitern gesucht hat, brechen die Feindseligkeiten unter Ramses II. erneut aus. Der Legende nach beruhen sie darauf, dass um 1335 v. Chr. ein hethitischer Prinz auf dem Weg nach Ägypten ermordet wurde. Tatsächlich geht es in der Auseinandersetzung aber um die Macht in Nordsyrien.

Schlacht bei Kadesch

Ramses II. greift die Hethiter unter ihrem König Muwatallis in der am Orontes gelegenen syrischen Stadt Kadesch im fünften Jahr seiner Herrschaft erneut an. Das ägyptische Heer gerät in einen Hinterhalt, kann sich jedoch durch einen kühnen Gegenangriff des Pharaos und seiner Streitwagentruppe behaupten, so dass die Schlacht unentschieden ausgeht. Schriftliche Berichte und bildliche Darstellungen von Ramses' Tapferkeit während dieser Schlacht schmücken alle größeren Tempel und Bauwerke der Zeit.

Tatsächlich können die Ägypter die Hethiter nicht auf Dauer aus Syrien zurückdrängen. 1270 v. Chr. wird nach langen Verhandlungen ein Friedensvertrag geschlossen, der die Interessenssphären der beiden Mächte klar festlegt. Er gilt als einer der ersten internationalen Verträge der Geschichte, von dem eine Urkunde erhalten ist. Zur Besiegelung der Vereinbarung heiratet Ramses II. eine hethitische Prinzessin. Noch einmal unternimmt der Pharao Feldzüge nach Asien. Dann bricht für Ägypten eine 60-jährige Friedenszeit an.

00934
Ramses II. und die Kadesch-Schlacht

Ramses II., der Große; Skulptur, 13. Jahrhundert v. Chr.

Bautätigkeit in voller Blüte

Ein großer Teil der altägyptischen Bauten, die noch heute erhalten sind, stammt aus der Zeit von Ramses II. Auffällig ist, dass der Pharao wohl ohne Zögern Bauwerke seiner Vorgänger benutzt hat, um Material für seine eigenen zu bekommen.

Zu den bedeutendsten Bauwerken, die im Auftrag von Ramses II. entstehen, gehören die Tempel von Abu Simbel, die in Nubien nördlich des zweiten Katarakts am Ufer des Nil in den gewachsenen Felsen gehauen werden. Der Totentempel des Pharaos, das Ramesseum, wird in Theben-West erbaut. In einem 900 x 600 m großen, von einer Ziegelmauer umschlossenen Bezirk erhebt sich eine gewaltige Anlage aus Säulenhallen und Gewölben. An den eigentlichen Tempel schließen sich der Königspalast, weitere Höfe und Nebengebäude an. Im ersten Hof lässt Ramses eine 18 m hohe Statue aufstellen, die aus rotem Granit geschlagen ist und mehr als 1000 t wiegt. Der Kopf misst von Ohr zu Ohr fast 2 m. Im überhöhten zweiten Hof sind Osiris-Pfeiler aufgestellt.

Die riesigen Wandflächen des Ramesseums sind wiederum mit Reliefdarstellungen geschmückt. Sie zeigen die Kriegszüge des Pharaos nach Asien mit der Zerstörung hethitischer Festungen, dem Abführen von Gefangenen, dem Heer auf dem Marsch und im Lager sowie wiederum der Schlacht von Kadesch. Ferner gibt es Darstellungen von religiösen Szenen, etwa das Fest des Erntegottes Min, das mit der Thronbesteigung verbunden ist, und die Inschrift des Königsnamens in die Blätter des heiligen Baumes von Heliopolis durch mehrere Götter.

Wandmalerei im Grab von Pharao Ramses II.

Ein Kanal zum Roten Meer

Unter Ramses II. kommt es auch zur Vollendung des bereits unter seinem Vater Sethos I. begonnenen Baus eines Schifffahrtskanals vom Nil zum Roten Meer. Der Kanal beginnt bei der Siedlung Bubastis (dem heutigen Tell Basta) am östlichen Nilmündungsarm und führt über das Wadi Tumilat, den Timasee und die Amerseen nach Patumos am Golf von Suez. Er ist breit genug, dass sich in ihm zwei hochseetüchtige Schiffe ägyptischer oder phönizischer Bauart von jeweils mehr als 6 m Breite und 50 m Länge begegnen können. Hierbei handelt es sich vor allem um die »Seket«-Schiffe, die von den Ägyptern speziell für die Schifffahrt auf dem Roten Meer gebaut werden, und die nach dem gleichnamigen Hafen benannten »Kepen«.

Der ägyptische Pharao Ramses II betet während der Schlacht bei Kadesch gegen die Hethiter zu seinem Gott Amun:
»Was ist das nun, mein Vater Amun? Hat denn ein Vater schon seines Sohnes vergessen? ... Was sind diese Asiaten für dich, Amun? Die Elenden, die nicht von Gott wissen. Habe ich dir nicht sehr viele Denkmäler gemacht und deinen Tempel mit meinen Gefangenen gefüllt?«

·········· Monumentales Bauwerk: Der Felsentempel von Abu Simbel ··········

Pharao Ramses II. tut sich in seiner langen Regierungszeit auch als Bauherr hervor. Eines der bedeutendsten Werke, die in seinem Auftrag entstehen, ist der Felsentempel von Abu Simbel.

Die Anlage von Abu Simbel besteht aus dem Kleinen und dem Großen Tempel. Der Große Tempel wird zu Ehren von Re, Amun, Ptah und dem Pharao selbst errichtet. Vier kolossale, 22 m hohe Sitzfiguren von Ramses II. bilden die Fassade. Die Längsachse ist so ausgerichtet, dass die aufgehende Sonne an den Tagundnachtgleichen durch einen 60 m langen Gang genau auf das Heiligtum fällt. Der Sonnenstrahl beleuchtet im Berg drei der sitzenden Statuen, nicht jedoch die vierte, die den Gott der Unterwelt darstellt.

Durch ein Portal betritt der Besucher zunächst einen Vorhof, der zu einer großen Terrasse führt. Über ihr erhebt sich die monumentale Fassade von insgesamt 30 m Höhe. Neben den Kolossalstatuen sind kleinere Plastiken aufgestellt, die Königin Nofretiri, die Prinzessinnen Bint-Anat, Nebettaui und Isetnefer, Prinz Ramose, Prinzessin Beketmut, Prinzessin Meritamun und Königin Mutaia, alle aus der Familie des Pharaos, darstellen.

Der 150 m weiter nördlich gelegene, für Ramses' Lieblingsfrau Nofretiri erbaute Kleine Tempel ist der Göttin Hathor geweiht. An seiner Fassade halten sechs stehende, etwa 10 m hohe Figuren Wache. Vier davon stellen Ramses dar, zwei Nofretiri.

Die Innenräume beider Heiligtümer sind reich ausgeschmückt. Im Großen Tempel werden sowohl die Schlacht von Kadesch, in welcher der König durch persönliches Eingreifen eine große Niederlage verhindern konnte, als auch – auf der »Hochzeitsstele« – die Hochzeit mit der hethitischen Prinzessin geschildert. Ferner finden sich darin Darstellungen von Feldzügen des Pharaos gegen Syrien, Libyen und Nubien.

Auch der Amuntempel von Karnak am Ostufer des Nils, nördlich von Theben, wird unter Ramses II. weiter ausgebaut. Die Gebäude dieser gewaltigen Anlage gehen bis in die 11. Dynastie, also bis um das Jahr 2000 v. Chr. zurück. Thutmosis I., Hatschepsut und Thutmosis III. ließen bedeutende Komplexe erbauen, die durch ihre Eleganz betören. Die hohe Säulenhalle, die Sethos I. in Angriff nahm und Ramses II. vollendet, beeindruckt hingegen vor allem durch ihre Monumentalität: In diesem dreischiffigen Saal stehen in 16 Reihen 134 kolossale Papyrusbündelsäulen mit einem Umfang von über 10 m; die mittleren Säulen ragen 21 m auf. Die Säulenreliefs zeigen den Pharao beim Opfer für Amun.

02705
Burckhardt entdeckt Abu Simbel

Blick auf den aus rosa Stein erbauten Großen Tempel von Abu Simbel

Hochkultur unter Ramses II. 001

Auszug der Hebräer aus Ägypten

Während des 40 Jahre dauernden Weges hält Jahwes Versprechen, sein Volk in das Gelobte Land zu führen, die etwa 600000 Kinder Israels aufrecht. Im Verlauf dieses Exodus erhalten die Israeliten die Zehn Gebote.

■ **1250 v. Chr.:** Unter der Führung von Moses und Aaron verlassen die Hebräer ihre Gefangenschaft in Ägypten und machen sich auf in das Land ihrer Väter, nach Kanaan (Südpalästina). Nach ihrer Überlieferung kamen die ersten Hebräer, die an einen Gott (Jahwe) glauben, um 1800 v. Chr. aus der Stadt Ur im nördlichen Mesopotamien nach Kanaan. Unter der Führung ihres Stammvaters Abraham wanderten sie auf Weisung Gottes nach Palästina, ins Gelobte Land. Ein Teil des Volkes ließ sich in Unterägypten nieder, wo es Repressalien erdulden musste.

Im zweiten Buch Mose des Alten Testaments sind die Qualen geschildert, unter denen die Israeliten in Ägypten, u. a. wegen ihrer Fruchtbarkeit, zu leiden haben:

»Da kam ein neuer König auf in Ägypten, der ... sprach zu seinem Volk: ›Siehe, des Volks der Kinder Israel ist viel und mehr als wir. Wohlan, wir wollen sie mit List dämpfen, dass ihrer nicht so viel werden. Denn wo sich ein Krieg erhöbe, möchten sie sich auch zu unseren Feinden schlagen‹ ... Und man setzte Fronvögte über sie, die sie mit schweren Diensten drücken sollten ... und die Ägypter zwangen die Kinder Israel zum Dienst mit Unbarmherzigkeit und machten ihnen das Leben sauer mit schwerer Arbeit in Ton und Ziegeln und mit allerlei Frönen auf dem Felde und mit allerlei Arbeit ...«

Neun Plagen über Ägypten

Moses und Aaron, die Führer der im Nildelta zu Fronarbeiten eingesetzten Israeliten, verhandeln nun mit Pharao Ramses II. über die Freilassung. Um den Forderungen Nachdruck zu verleihen, schickt Jahwe neun »Plagen« über Ägypten: den zur Schlange verwandelten Stab, in Blut verwandeltes Wasser, die Frosch-, Stechmücken- und Bremsenplage, eine Viehseuche, Geschwüre verursachenden Staub, eine Hagelkatastrophe, eine Heuschreckenplage und eine Finsternis. Als der Pharao auch nach diesen Plagen nicht bereit ist, die Israeliten ziehen zu lassen, kündigt Moses die Tötung aller erstgeborenen Ägypter an. Nachdem Jahwe auch diese Ankündigung wahr gemacht hat, dürfen die Israeliten ziehen.

Rückkehr ins Gelobte Land

Das Versprechen Jahwes, sein Volk ins Gelobte Land zurückzuführen, lässt die etwa 600000 Israeliten während des 40 Jahre dauernden mühseligen Weges durchhalten. Die Grundlagen des Glaubens werden während des Exodus gefestigt: Moses empfängt auf dem Berg Sinai die Zehn Gebote. Nach der Ankunft in Kanaan behalten die Hebräer zunächst ihre alte Gliederung in Stämme bei; eine monarchische Spitze lehnen sie ab, da allein Jahwe der König sei. Symbol des Bundes der zwölf israelitischen Stämme ist die Bundeslade. Die Herrschaft über das Land erfolgt gemeinschaftlich, über Dienst und Recht Gottes wachen die Shofetim (Richter). Diese sind auch berechtigt, in Gefahrenzeiten für kurze Zeit die alleinige Herrschaft über Israel auszuüben.

Moses führt sein Volk von Ägypten zurück nach Israel; Relief (Ausschnitt) auf einem Sarkophag von Manastirine.

Im Buch »Exodus« des Alten Testaments (1450–1410 v. Chr.) lässt der Pharao die Hebräer ziehen:
»Macht euch auf! Zieht weg aus meinem Volk, ihr und die Israeliten! Geht und dient Jahwe nach eurem Verlangen! Auch eure Schafe und eure Rinder nehmt mit, wie ihr gefordert habt, nur geht!«

Syrien wird unter Hattusili III. geteilt

Der ägyptische König Ramses II. und der Hethiterkönig Hattusili III. schließen einen Friedensvertrag, durch den die beiderseitigen Interessen in Syrien abgegrenzt werden: Syrien wird geteilt, der Fluss Orontes wird zum Grenzfluss.

■ **1270 v. Chr.:** Der Vertrag zwischen Äyptern und Hethitern wird durch ein Heiratsbündnis abgesichert. Trotz langjähriger Feindschaft hat das Bündnis Bestand. Hattusilis Nachfolger, Tutchalija IV., kümmert sich in erster Linie um den inneren Frieden und hat ein Auge auf den starken Gegner Assyrien.

Wie in Ägypten unter Ramses II., beginnt auch im Reich der Hethiter durch den dauerhaften Frieden eine Periode kulturellen Wachstums. Die Hauptstadt Hattusa wird ausgebaut, die Oberstadt erhält einen Mauergürtel und eine Reihe von Tempeln. Auch das alte hethitische Felsenheiligtum Yazilikaya, in der Nähe der Hauptstadt gelegen, wird noch einmal ausgebaut und erhält seine noch heute sichtbare Gestalt. Nach dem Tod Tutchalijas wird Yazilikaya auch zur Stätte seines Totenkultes erhoben.

Die Gefahr an der Grenze zu Assyrien bleibt jedoch während der gesamten Regierungszeit Tutchalijas bestehen. Am Euphrat kommt mit Tukulti-Ninurta I. ein mächtiger König auf den assyrischen Thron und schon bald müssen die Hethiter bei der Verteidigung ihres Reiches im nördlichen Mesopotamien erste Niederlagen hinnehmen. Tutchalija fordert die von ihm abhängigen Fürsten Syriens in einem Memorandum zu einer Handelsblockade Assyriens auf. Aber gleichzeitig regen sich Feinde an der Westgrenze des Hethiter-Reiches. Im ägäischen Raum tauchen fremde Völker auf und bedrohen die dort herrschenden Könige. Möglicherweise handelt es sich bei den Invasoren um Vorboten der sog. Seevölker, die wenig später im Mittelmeerraum einfallen und die alten Machtstrukturen fast vollständig auslöschen.

Syrische Maske; 14. bis 12. Jahrhundert v. Chr.

Einfall der Völker im Mittelmeerraum

Die dorische Völkerwanderung sowie der Einfall der Seevölker in Ägypten, Syrien, Palästina und Kleinasien führen zu einer grundlegenden Veränderung des gesamten Mittelmeerraums.

■ **Um 1250 v. Chr.:** Die Völkerwanderung nimmt ihren Ausgang im Norden, im Gebiet der ungarischen Tiefebene, und setzt zunächst den indogermanischen Stamm der Illyrer in Bewegung. Das Volk der Thraker muss unter diesem Druck nach Osten bis nach Kleinasien ausweichen. Aber nicht nur Kleinasien gerät unter den Einfluss der Völkerwanderung, vor allem auch der Norden Griechenlands und die dort ansässigen Dorer stehen unter dem Druck der einwandernden Völker. Die Dorer und andere nordgriechische Stämme weichen nach Süden aus.

Dorer gestalten Ägäis um

Auf dieser Wanderung verursachen die Dorer, die aufgrund ihrer Bewaffnung mit Eisenwaffen und der Ausrüstung mit Pferden der achäischen Bevölkerung wesentlich überlegen sind, eine entscheidende Umgestaltung der Verhältnisse in der ägäischen Welt. Die Zentren der mykenischen Kultur mit ihren befestigten Palästen werden zerstört, die achäische Bevölkerung wird entweder unterworfen oder verdrängt. Der Süden und Osten des Peloponnes geraten völlig unter den Einfluss dorischer Einwanderer. Auch in Mittel- und Nordgriechenland beherrschen eingewanderte Stämme die eingesessene Bevölkerung. Teile der ursprünglichen Bevölkerung ziehen sich auf die im Osten vorgelagerten Inseln oder nach Kleinasien zurück.

Die frühgriechischen Ioner werden auf die Halbinsel Attika und die Insel Euböa zusammengedrängt und wandern zum Teil in den südlichen Teil der kleinasiatischen Küste aus. Auch die Nördlichen Sporaden und die Kykladen werden von Ionern besiedelt. Die südlicher gelegenen Inseln, Kreta und Teile der kleinasiatischen Küste werden aber von den Dorern beherrscht.

Die Verschmelzung der frühgriechischen Bevölkerung mit den Dorern führt zur Ausbildung neuer politischer Ordnungen. Die alten befestigten Paläste mykenischer Zeit werden nicht wider aufgebaut; an ihrer Stelle entwickeln sich Stadtstaaten (Polis). In neu eroberten Gebieten entstehen Niederlassungen, in denen die Heeresordnung aufgegeben wird und sich eine grundbesitzende Schicht (Adel) herausbildet.

Auch im Nahen Osten führt die ägäische Wanderung zu einer politischen Umgestaltung. Der Angriff der »Seevölker« führt zum Zusammenbruch des Neuen Reiches der Hethiter in Kleinasien. Ägypten unter dem Pharao Ramses III. kann zwar nicht besiegt werden, muss sich jedoch auf sein afrikanisches Territorium beschränken. Zu der Gruppe der Seevölker, die gegen Ägypten unterliegen, gehören die Philister, die an der Küste Palästinas den Staatenbund Philistäa gründen.

00901 Ägypter und Hethiter schließen Frieden

Pharao Ramses III., dessen Volk von den Dorern zurückgedrängt wird

Troja durch Erdbeben zerstört

Die an der Nordwestspitze Kleinasiens gelegene Stadt Troja wird durch ein Erdbeben völlig zerstört. Die Stadt erlangt im 8. Jahrhundert v. Chr. Berühmtheit als Schauplatz des Epos »Ilias« des griechischen Dichters Homer.

»Der Kampf um Troja«; Umzeichnung einer attischen Schale, 5. Jahrhundert v. Chr.

■ **1240 v. Chr.:** Die Siedlung Troja, deren Ruinen von dem deutschen Archäologen Heinrich Schliemann 1870 entdeckt und bis 1894 ausgegraben werden, besteht schon seit Jahrhunderten. Bereits in der ersten Hälfte des 3. Jahrtausends v. Chr. gab es hier Häuser; später war der Ort Fürstensitz mit repräsentativen Toranlagen. Ende des 3. Jahrtausends wurde die Siedlung erweitert und mit einer Burgmauer umgeben. Aus dieser Zeit stammt der von Schliemann entdeckte »Schatz des Priamos«.

Nach einer Phase relativer Bedeutungslosigkeit entwickelt sich Troja ab 1900 v. Chr. wieder zu einer blühenden Stadt, die Handelsbeziehungen insbesondere zur mykenischen Welt unterhält. Sie umfasst etwa 20 000 m^2 und ist von einer Stadtmauer mit Toren und Bastionen umgeben.

Diese Siedlung wird nun durch das Erdbeben zerstört. Ob es sich dabei tatsächlich um das von Homer besungene Troja handelt, ist allerdings bis heute umstritten. Der »Schatz des Priamos« – Priamos heißt der Trojanerkönig in der »Ilias« – ist von Schliemann mit Sicherheit unpassend benannt, stammt er doch noch aus vormykenischer Zeit, und die militärische Auseinandersetzung, die

dem Homer-Epos möglicherweise zugrunde liegt, findet in der zweiten Hälfte des 13. Jahrhunderts v. Chr. statt.

Suche nach der Unterstadt

Neue Erkenntnisse erhofft sich die Trojaforschung von den aktuellen Grabungskampagnen in Kleinasien. Nach 50-jähriger Pause begannen Archäologen 1988 wieder damit, am Ruinenhügel Hisarlik zu schürfen. Der Tübinger Prähistoriker Manfred Korfmann suchte nach der zum Burghügel gehörenden Unterstadt, entdeckte aber bis Anfang des 21. Jahrhunderts nur wenige Reste dieser Siedlungseinheiten. Korfmanns Behauptung, eine gewaltige Stadt habe am Fuß des Burghügels gelegen, sorgte für rege Diskussion in der Fachwelt. Zu den wichtigsten Entdeckungen der Grabungskampagne gehört ein Siegel mit luvischen Schriftzeichen, aus denen Korfmann schloss, dass das homerische Troja eigentlich Wilusa hieß und Vasallenstadt der Hethiter war.

Helden der Bronzezeit

Der griechische Dichter Homer beschreibt in seiner »Ilias« in der 2. Hälfte des 8. Jahrhunderts v. Chr. den zehn Jahre dauernden Krieg zwischen Griechen und Trojanern um die befestigte Stadt, der mit der Einnahme Trojas endet. Anlass der Auseinandersetzung ist der Sage nach die Entführung der mit dem griechischen Prinzen Menelaos verheirateten Helena durch den Prinzen Paris nach Troja – tatsächlich mag das historische Geschehen, sofern es ein solches gab, dadurch verursacht sein, dass die Mykener ihre Handelswege

Eine Kriegslist führt zur Entscheidung: Mit dem hölzernen Pferd gelangen griechische Kämpfer in die Stadt; Kupferstich.

Schliemann findet Troja 171

durch die Trojaner bedroht sehen. In die Kämpfe greifen die olympischen Götter auf beiden Seiten ein, so dass die Auseinandersetzung auch auf dem Olymp geführt wird. Zwar ist das Kriegsglück längere Zeit auf Seiten der Trojaner, doch die düsteren Prophezeiungen vom Untergang der Stadt erfüllen sich schließlich. Der Griechenheld Achilles, der sich lange aus dem Kampfgeschehen herausgehalten hat, greift nach dem Tod seines Freundes Patroklos ein und erschlägt Hektor, den Sohn des Priamos.

Das Trojanische Pferd

Erobert wird Troja durch eine List: Wie Homer in seinem Epos schildert, lässt Odysseus als vermeintliches Geschenk ein hölzernes Pferd in die Stadt bringen. Ihm entsteigen nachts 30 griechische Kämpfer, die ihren Gefährten die Stadttore öffnen. Troja fällt danach einem Brand zum Opfer. Das Trojanische Pferd wird vielfach auch als symbolische Darstellung des Erdbebens gedeutet.

Ein tatsächliches Pferd von einer solch immensen Größe, dass 30 Männer darin Platz gefunden hätten, wäre vermutlich nicht über das hügelige Terrain bis zur Stadtmauer zu bewegen gewesen. Eine moderne Nachbildung des Trojanischen Pferdes aus dem Jahr 2001 war 15,5 m hoch und 13 m lang. Zum Transport des hölzernen Kolosses benötigte man sechs Sattelzüge.

Die »Ilias«

Die Schilderung des Trojanischen Krieges durch Homer in der »Ilias« stammt aus der 2. Hälfte des 8. Jahrhunderts v. Chr. Homer greift darin auf ältere mündliche Überlieferungen zurück und gestaltet sie zu einer Einheit. Ein Höhepunkt ist die Darstellung der Trauer von Achilles um seinen toten Freund Patroklos.

Kampfszene zwischen Griechen und Trojanern; Relief

Auffällig sind die Anachronismen in dem Werk: So sind die Waffen der kämpfenden Parteien teils der Bronzezeit, teils aber auch der Eisenzeit zuzurechnen. Auch passt die von Homer beschriebene Gesellschaft eher zu seiner Zeit als in die ausgehende Bronzezeit. Dennoch muss der Dichter Troja gekannt haben, denn die topographischen Details sind bemerkenswert korrekt.

Kamel wird domestiziert

Die Menschen des Vorderen Orients entdecken die Ausdauer und Leistungsstärke von Kamelen und setzen sie als Reit- und Lasttiere ein. Dank der Tiere, die Güter über lange Strecken transportieren, entstehen neue Handelsrouten.

■ **Um 1200 v. Chr.:** Für den Transport von Handelsgütern setzen die Menschen im Vorderen Orient in der Regel Ochsen und Esel ein. Diese sind zwar in der Lage, über unwegsames Gelände zu gehen, eignen sich jedoch nicht für lange Expeditionen durch die Wüste. Die dafür notwendige Eigenschaft, hohe Temperaturen mit einem Minimum an Wasser durchzustehen, bringen allein Kamele und Dromedare mit. Daher beginnt man im 13. Jahrhundert v. Chr. mit der Domestikation der genügsamen Kamele zu leistungsstarken Reit- und Lasttieren. Dies bedeutet einen gewaltigen Fortschritt für den Überlandhandel. Da die Tiere einen rascheren Transport größerer Warenmengen über große Entfernungen garantieren, entstehen im Vorderen Orient neue Handelsrouten und Märkte.

Wann und wo die Zähmung sowie Züchtung des Kamels genau seinen Ursprung hat, ist noch unklar. So enthält die Bibel Passagen über das Tier, die sich allerdings nur schwer zeitlich einordnen lassen. Eine in Ägypten entdeckte Abbildung des Lasttieres stammt aus der 19. Dynastie (1305–1196). Sie zeigt ein mit Wasserkrügen beladenes Dromedar, das manche Wissenschaftler bereits als eine vom Menschen gezüchtete Form betrachten.

Mann auf einem liegenden Kamel; neuassyrische Plastik, um 704 bis 681 v. Chr.

Buch der Wandlungen

Fast alles, was in China an großen Gedanken hervorgebracht wird, ist durch das »I-Ching« angeregt.

■ **Um 1200 v. Chr.:** Das Orakelbuch »I-Ching« (Buch der Wandlungen), das klassische Werk des Konfuzianismus und Taoismus, entsteht. Seine Anfänge reichen weit zurück. Nicht nur die Philosophie, auch Naturwissenschaft und Politik nutzen das Werk als Inspirationsquelle.

Aus dem Kommentar Shuo Gua zum »Buch der Wandlungen«: »Die heiligen Weisen ... machten das Buch der Wandlungen also: Um ... den lichten Göttern zu helfen, erfanden sie das Schafgarbenorakel. Sie teilten dem Himmel die Zahl Drei zu und der Erde die Zahl Zwei und berechneten danach die weiteren Zahlen ... Sie wollten den Ordnungen des inneren Gesetzes und des Schicksals nachgehen. Darum stellten sie den Sinn des Himmels fest und nannten ihn: das Dunkle und das Lichte. Sie stellten den Sinn der Erde fest und nannten ihn: das Weiche und das Feste. Sie stellten den Sinn des Menschen fest und nannten ihn: die Liebe und die Gerechtigkeit. Diese drei Grundkräfte nahmen sie zusammen und verdoppelten sie.»

02706
Herman Hesse über das I-Ching

Geordnete Verhältnisse unter Sethnacht

Pharao Sethnacht (Reg. 1186–1184 v. Chr.) wird inthronisiert und begründet die 20. ägyptische Herrscherdynastie. Während seiner nur zweijährigen Regierungszeit befriedet der Pharao das Reich und bereitet seinem Sohn Ramses III. den Weg.

■ **1186 v. Chr.:** Eine Inschrift aus der Zeit von Sethnachts Thronbesteigung erzählt von bürgerkriegsähnlichen Zuständen, die vor dem Beginn der 20. Dynastie in Ägypten herrschten. Selbst nach der Thronbesteigung Sethnachts überdauert das Chaos. Der Pharao widmet seine kurze Regierungszeit fast ausschließlich der Wiederherstellung des Friedens. Ob die Unruhen mit dem beginnenden Einfall der Seevölker zusammenhängen oder innenpolitisch motiviert sind, ist nicht überliefert.

Von der Herrschaft Sethnachts ist nicht viel bekannt. Sicher ist, dass sein Sohn und Nachfolger, Ramses III. (Reg. um 1186 bis 1155 v. Chr.), das Reich am Tag seiner Inthronisierung in geordneten Verhältnissen vorfindet. Sethnacht wird im Grab der Königin Tausret bestattet.

Zur Zeit der 20. Dynastie ist die ägyptische Kultur vor allem technisch hoch entwickelt. Alle wesentlichen Werkzeuge für den Alltagsgebrauch – Axt, Hammer, Meißel, Säge, Bohrer, Mörser, Nähnadel usw. – sind schon seit langer Zeit bekannt. Wichtig aber ist für das häusliche Leben außerdem eine Reihe von Verfahrenstechniken, die zum Teil Spezialwerkzeuge, zum Teil auch spezielle handwerkliche Kenntnisse und entsprechendes Geschick erfordern. Von Bedeutung für den Alltag ist einerseits die Ledergerberei, andererseits die Gewinnung von Ölen und Fetten. Die bekannteste Ölpflanze ist im Orient und in Ägypten der Ölbaum. Seife stellt man aus Ölen noch nicht her. Zur Körperreinigung wird Pottasche oder Soda verwendet.

Astrologische Zeichen zur Zeit der 20. Dynastie; Fresko aus dem Grab von Ramses VI.

Schiffswrack von Kap Chelidonia

An Bord des rund 11 m langen Wracks befinden sich neben Bronze und Kupfer auch die ältesten heute bekannten Zinnfunde. Die moderne Unterwasserarchäologie hilft entscheidend bei der Erforschung versunkener Schiffe.

■ **Um 1200 v. Chr.:** Bei Kap Chelidonia vor der westlichen Südküste Anatoliens sinkt ein bronzezeitliches Schiff. Der Besitzer ist wahrscheinlich ein früher phönikischer Kesselflicker aus der mykenischen Zeit, der an der syrisch-palästinensischen Küste lebt. Vor seiner letzten Fahrt nimmt das Schiff in Zypern eine Metalllieferung an Bord, um in verschiedenen Häfen seine Dienste anzubieten. Bevor es sein Ziel Rhodos erreichen kann, geht es bei Kap Chelidonia aus unbekannten Gründen unter.

Die Ladung des Schiffs

Auf dem Schiff befindet sich mehr als eine Tonne Metall. Neben Kupferbarren zypriotischer Herkunft enthält die Ladung auch zerbrochene Geräte, Gussabfälle sowie unfertige Bronzegerät-Rohlinge. Rückschlüsse auf eine Metallbearbeitung an Bord lassen vor allem ein bronzener Gesenkblock zum Nägelschmieden und zur Werkzeugbearbeitung, Hämmer mit feingeglätteter Oberfläche – wahrscheinlich zum Treiben von Metall – sowie ein steinerner Amboss zu. Neben dem Bronzeschrott und dem Kupfer führt das Schiff auch Zinn mit sich. Die Fracht des Schiffes besteht schließlich noch aus einer Lampe, Keulen, zwei Steinmörsern, einem Zylindersiegel und syrisch-palästinensischen Kopien ägyptischer Skarabäen.

Techniken der Unterwasserarchäologie

Schiffswracks wie das von Kap Chelidonia werden heute mit Hilfe differenzierter Methoden untersucht. Die Unterwasserarchäologie befasst sich mit archäologischen Forschungen auf dem Meeresgrund. Zu ihren Aufgaben gehören neben der Erforschung von Schiffswracks auch Untersuchungen versunkener Landstriche, von Flüssen und Binnenseen. Der Ortung, Kartierung und Bergung von Schiffswracks gilt jedoch das Hauptinteresse der Unterwasserarchäologen. Den Tauchern steht eine Reihe technischer Hilfsmittel zur Verfügung. Dazu zählen u. a. Echolote, Schlammpumpen sowie Unterwasserfernsehgeräte. Die aus einem Wrack geborgenen Gegenstände, die aufgrund ihrer Lagerung unter Wasser oftmals gut erhalten sind, bedürfen meist einer sofortigen Konservierung an Land.

Mit relativ modernen Techniken arbeiten auch die Forscher bei der Bergung des bei Kap Chelidonia gesunkenen Frachters. An der 1960 beginnenden Untersuchung des Schiffes, das von türkischen Schwammtauchern unmittelbar vor der Küste in 28 m Tiefe entdeckt wurde, beteiligt sich ein gut ausgerüstetes, internationales Team von Archäologen und Tauchern.

Arbeitersiedlung Deir el-Medine

Die ständig am Bau der Königsgräber und Tempel beschäftigten Arbeiter und Künstler erhielten eine Schlafstadt, damit sie nah an ihrem Arbeitsplatz leben konnten. Ausgrabungen brachten viele Erkenntnisse über die Siedlungsweise der alten Ägypter.

■ **1156 v. Chr.:** Der erste bekannte Streik der Geschichte findet in Ägypten statt: Die Nekropolenarbeiter von Deir el-Medine legen die Arbeit nieder, weil ihre Entlohnung in Naturalien zwei Monate lang ausgeblieben ist. In einem Seitental der königlichen Gräberstadt von Theben-West ist die Arbeitersiedlung Deir el-Medine zur Zeit der 18. Dynastie entstanden.

Die Häuser bestehen aus drei Bereichen: einem Empfangsraum, einem Wohnraum und dem Schlafraum mit den Sanitäranlagen. Vornehme besitzen vor dem Eingang eine Loggia und einen üppig mit Bäumen und Blumen bewachsenen Garten. Die Anwesen sind von einer Mauer eingefasst. Das Baumaterial ist fast ausschließlich der Nilschlammziegel, und zwar für das Haus der Fellachen ebenso wie für den Palast des Königs. Dieser Baustoff hält im Sommer kühl und im Winter warm.

Deir el-Medine, das unter der Regierung von Thutmosis I. (Reg. 1506–1493 v. Chr.) errichtet wurde, umfasst etwa 60 Häuser, in denen Steinmetze, Maurer, Gipser, Schreiber, Zeichner und Maler mit ihren Familien leben. Die Gebäude stehen Rückfront an Rückfront entlang einer Hauptstraße, welche die Siedlung von Nord nach Süd durchschneidet. Da es in Ägypten üblich ist, dass Söhne dieselben Berufe ausüben wie die Väter, leben meist mehrere Generationen in einem Haus, das nach dem Tod des Familienoberhauptes weitervererbt wird und so über lange Zeit im Besitz einer Familie bleibt.

Die schriftkundigen Bewohner von Deir el-Medine schreiben nicht nur im Dienst des Pharaos, sondern verfassen auch Werke über das Leben in der Arbeiterstadt. Dieser ungewöhnliche Umstand liefert heute einen wertvollen Einblick in das wenig erforschte Alltagsleben der Ägypter. Auch Skandale werden schriftlich fixiert: »(Der Vorarbeiter Paneb) plünderte die Stätte Pharaos ... Er benutzte die Meißel Pharaos und das Beil für die Arbeit in seinem (eigenen) Grab ... Ich ließ den Wesir von seinem Betragen wissen.«

Die altägyptische Arbeitersiedlung Deir el-Medine in Theben-West

Assur wird neue Metropole

Die assyrischen Könige verstehen sich als Statthalter ihres Gottes Assur oder Enlil. Sie fühlen sich verpflichtet, für die Weltherrschaft Assurs zu kämpfen, ihre ständigen Kriegszüge erhalten somit eine religiöse Rechtfertigung.

■ **1115 v. Chr.:** Tiglatpileser I. wird König von Assyrien. Unter seiner bis 1077 v. Chr. dauernden Herrschaft dehnt sich der assyrische Herrschaftsraum gewaltig aus. Die Hauptstadt Assur entwickelt sich zum neuen Machtzentrum Mesopotamiens. Bereits im 18. Jahrhundert v. Chr. hatte Schamschiadad I. Assyrien, seit etwa 2400 v. Chr. ein lokales Fürstentum unter sumerischer Oberhoheit, zu einer selbständigen politischen Einheit verbunden. Dieses Altassyrische Reich dehnte sich nach Mari und nach Syrien am oberen Euphrat aus, wurde aber bald nach dem Tod des Herrschers von Babylonien erobert und geriet später in die Abhängigkeit des Mitanni-Reichs.

Erst unter Assuruballit I. wurde Assyrien in der zweiten Hälfte des 14. Jahrhunderts v. Chr. wieder selbständig und von den damaligen Großmächten Ägypten, Babylonien und dem Hethiter-Reich als gleichberechtigter Partner anerkannt. Gegen Ende des 13. Jahrhunderts v. Chr. beherrschten die Assyrer vorübergehend sogar Babylonien.

König Tiglatpileser I. unternimmt erfolgreiche Feldzüge gegen die phrygischen Muschki und die Hurriter. Dank ihrer überlegenen Eisenwaffen und Kriegstechnik beherrschen die Assyrer um 1100 v. Chr. ein Gebiet, das sich vom Mittelmeer bis zum Vansee in der heutigen Osttürkei erstreckt. Ihre Erfolge beruhen auf Neuerungen in der Kriegsführung: Sie setzen Pioniereinheiten und riesige Belagerungsmaschinen gegen die Stadtbefestigungen ein. Die Könige verfassen von Zeit zu Zeit sog. Gottesbriefe, in denen sie ihrem Gott Rechenschaft über ihre Taten ablegen.

Die Ruinen von Assur im Nordirak

00935 Lied auf Ramses IV.

02708 Ramses IV., ein legitimer Herrscher

Mord am Nil

Mit dem Tod Ramses' III., dem letzten bedeutenden Herrscher des Neuen Reichs, beginnt der Niedergang der ägyptischen Macht. Langwierige Kämpfe gegen die sog. Seevölker schwächen zunehmend die Wirtschaft des Landes.

Darstellung der Isis auf dem Sarkophag von Ramses III.

■ **1153 v. Chr.:** Pharao Ramses III. wird beim Besuch seines Totentempels ermordet. In seine Regierungszeit fallen die Abwehrkämpfe gegen die sog. Seevölker, die im Zuge der ägäischen Völkerwanderung von Syrien aus in Ägypten eindringen. Sowohl mit einem Landheer als auch mit einer Flotte versuchen die Seevölker Ägypten zu erobern. Zwar kann Ramses III. die Angriffe abwehren, Syrien muss er jedoch preisgeben.

Bei einer der ersten großen Seeschlachten der Geschichte setzt Ramses III. erstmals reguläre Kriegsschiffe ein und wendet damit den Invasionsversuch bereits vor der Nilmündung ab. Die flachbödigen Kriegsschiffe sind schmaler und schneller als Handelsschiffe, besitzen ein Schanzkleid als Schutz und einen Rammsteven aus Bronze.

Trotz der Erfolge schwächen die langwierigen Kämpfe die Wirtschaft Ägyptens, was zu innenpolitischen Spannungen führt, die sich sogar in Streiks entladen. Erschwert wird die Situation durch die ungerechte Bodenverteilung. Der Hohepriester des Amun-Tempels in Theben gewinnt aufgrund seiner wirtschaftlichen Macht einen erheblichen Einfluss auf die Politik Ägyptens.

Selbst der Tod Ramses' III. ist bezeichnend für die unruhige politische Lage in Ägypten: Der Pharao wird von Verschwörern ermordet. Sein Sohn Ramses IV. kann sich als rechtmäßiger Thronfolger die Herrschaft sichern. Er lässt die Königsmörder aburteilen, doch der Zerfall der königlichen Macht ist nicht mehr aufzuhalten.

Schwache Zentralmacht der Chou

Die Chou sind zu Beginn ihrer Herrschaft eine im Tal des Wei-ho ansässige Sippengemeinschaft. Zur Zeit ihrer größten Machtentfaltung herrschen sie nicht nur über ihr Kernland, sondern auch über Hunan und Shandong.

■ **1122 v. Chr.**: Der letzte König aus der Shang-Dynastie, Di Xin, wird von den aufständischen Chou besiegt, die Hauptstadt Yin wird erobert. Damit beginnt in China die Zeit der Chou-Dynastie, die bis 249 v. Chr. an der Macht bleibt.

Weder in der Bautechnik noch im Stil der Gräber und der Bronzegefäße gibt es zunächst deutliche Abweichungen von der Shang-Zeit. Jedoch wird die Praxis der Menschenopfer abgeschafft – in späteren Zeiten werden die ersten Chou-Herrscher vielleicht auch deshalb als besonnen und gerecht dargestellt.

Schöpfer eines Orakelbuchs

Der Urahn der Dynastie, König Wen, und sein Sohn gelten neben einer mythischen Figur als Hauptschöpfer der Urform des »Buchs der Wandlungen«, einer der Hauptquellen der chinesischen Religion und Philosophie, die später von Konfuzius weiterentwickelt wird. Dieses Orakelbuch besteht im Kern aus 64 Zeichen. Jedem dieser Hexagramme sind ein als »Urteil« bezeichneter Spruch und ein »Bild«, also eine Interpretation des Liniensystems, zugefügt. Behauptet wird eine Verbindung zwischen der irdischen Welt und dem Übersinnlichen.

Das Himmelskönigtum

Ideologische Grundlage der Herrschaft der Chou-Könige ist das »Himmelskönigtum«, wonach sich das Reich des obersten Fürsten als »Sohn des Himmels« über die ganze Welt erstreckt. Wenn er allerdings ungerecht ist und das Wohl des Volkes missachtet, kann ihm das Mandat entzogen werden.

Verdiente Beamte und Verwandte des Königs werden mit Kronland belehnt, doch in der Praxis handelt es sich um ein erbliches Gut. So kommt es, dass bis zum 8. Jahrhundert v. Chr. die Chou-Herrscher ihre Macht an die miteinander rivalisierenden Staaten der einstigen Lehnsgebiete verlieren. Es bricht um 770 v. Chr. – nach der Konfuzius zugeschriebenen Chronologie – die »Frühling- und Herbstperiode« an, die bis 481 v. Chr. dauert und durch höfische Eleganz geprägt ist.

Aus den zunächst zahlreichen kleinen Staaten bilden sich später wieder größere Einheiten heraus, bis sich sieben in Konkurrenz befindliche Königreiche gegenüber stehen: Die »Zeit der kämpfenden Reiche« beginnt, die bis 249 v. Chr. dauert. In dieser Zeit verfassen Laotse und Konfuzius ihre Werke.

Weihrauchkessel aus der Chou-Zeit

Die Verwendung von Eisenwerkzeugen führt zu einer höheren Produktivität in der Landwirtschaft; Handwerk und Kunstgewerbe – Lackarbeiten, Holzschnitzerei, Seidenmalerei und Keramik – sind hoch entwickelt.

Zahlreiche Erfindungen

Zur Zeit der Chou-Herrschaft wird eine Reihe von berühmten Erfindungen gemacht, darunter der Flugdrachen, der um 1000 v. Chr. in China bekannt ist. Er verkörpert die erste praktizierte Flugtechnik des Menschen. Die chinesischen Drachen lassen sich in zwei Gruppen unterteilen: Einmal gibt es einfache Rechteckdrachen mit papier- oder stoffbespannten Lattenrahmen, die wie ein Fallschirm über einen Mehrfachstropp an einer Führungsleine gehalten werden. Sie eignen sich zum Heben von Lasten bis zu einigen Dutzend Kilogramm. Zum anderen gibt es kleinere, figürlich geformte Drachen in Gestalt von Menschen, Tieren usw.

Auch ist zu Beginn der Chou-Zeit in China die Armbrust bekannt, die sich aus Pfeil und Bogen entwickelt hat. Die Armbrüste der Chou-Zeit bestehen aus einem Kolben, der an einem Ende einen breiten Bügel trägt, den der Schütze gegen seinen Bauch stemmt. Am anderen Ende ist horizontal ein Bronzebogen befestigt. Gegen das Widerlager des Kolbens am Körper lässt sich dessen Sehne gut spannen. Auf der Kolbenoberseite befindet sich eine Schussrinne, in die der Pfeil eingelegt wird. Gibt man die Sehne frei, katapultiert sie den Pfeil längs dieser Rinne zielgerichtet fort.

Bronzemodell aus der Zeit der Chou-Dynastie; 11. bis 3. Jahrhundert v. Chr.

Aus dem Kommentar »Shuo Gua« zum »Buch der Wandlungen«:

»Die heiligen Weisen vor alters machten das Buch der Wandlungen also: Um in geheimnisvoller Weise den lichten Göttern zu helfen, erfanden sie das Schafgarbenorakel. Sie teilten dem Himmel die Zahl Drei zu und der Erde die Zahl Zwei und berechneten danach die weiteren Zahlen.«

Deboralied preist die Israeliten

Das Deboralied ist eines der ältesten Beispiele althebräischer Dichtung und eines der ältesten Stücke des Alten Testaments. Es handelt vom Sieg sechs israelischer Stämme gegen die Könige von Kanaan.

■ Um 1100 v. Chr.: Das Deboralied wird niedergeschrieben. Die israelitische Seherin, Prophetin und Richterin Debora ruft zum Kampf gegen die Kanaanäer auf. Im Kampf begegnen sich die Könige von Kanaan unter Führung von Sisera und eine Koalition von sechs israelitischen Stämmen unter Führung von Barak. In der Ebene von Megiddo kommt es zur Entscheidungsschlacht, die Israeliten siegen. Die vier Stämme, die sich nicht an der Schlacht beteiligt haben, werden getadelt. Daraus schließt die Forschung, dass das Volk der Israeliten aus insgesamt zehn Stämmen bestand.

Das Deboralied ist das Preis- und Dankeslied auf Debora nach dem Sieg der Israeliten: »Weil Krieger ihr Haar gelöst in Israel, weil das Volk sich willig erbot: Preist Jahwe! ... Singen will ich Jahwe, feiern will ich Jahwe von Seir, anrücktest von Edoms Gefild, da bebte die Erde, die Himmel zitterten, die Wolken brachen in Wasser aus. Vor Jahwe zerrannen die Berge, vor Jahwe, dem Gotte Israels. Ausgestorben waren die Dörfer, sie waren ausgestorben in Israel, bis du, Debora, erstandest als Mutter in Israel ... Wach auf, wach auf Debora! Wach auf, wach auf, sage das Lied! Mut, auf, Barak, und fange, die dich gefangen, Abinoams Sohn!

Da zog Israel hinab zu den Toren, Jahwes Volk zog hinab als Helden zu ihm ... Könige kamen, sie stellten sich auf zum Kampf, Kanaans Könige haben damals gekämpft zu Tanach an den Wassern Megiddos, aber Beute an Silber holten sie nicht. Von der Höhe des Himmels kämpften die Sterne, von ihren Bahnen aus kämpften sie mit Sisera. Der Kischonbach riss sie hinweg ...«

»Siegeslied Deboras«; Holzstich nach einer Zeichnung von Gustave Doré, 1865

02707 Der Nestorkelch

02709 Das Deboralied - die ersten Verse

Geometrischer Stil in Griechenland

Nach einer Zeit des Niedergangs wird die Kultur Griechenlands durch Handelsbeziehungen mit dem Osten wiederbelebt. Aus den neuen Einflüssen entwickelt sich die geometrische Periode – die erste Epoche der griechischen Kunst.

■ 1050 v. Chr.: Nach dem Sturm der Seevölker versank die griechische Zivilisation in einer dunklen Periode. Die blühende Hochkultur der Mykener ging an den Folgen der Völkerwanderung zugrunde. Die einst prächtigen Paläste und Städte sind verlassen. Stattdessen leben die meisten Menschen in kleinen Dörfern. In dieser submykenischen Zeit erhalten sich nur wenige Überreste der einst blühenden Zivilisation auf dem Peloponnes. Zwar werden die Toten noch immer auf den alten Friedhöfen bestattet, doch die Grabbeigaben zeugen von Lieblosigkeit und gestalterischer Einfallslosigkeit.

Erst rund 100 Jahre später kommt es in Griechenland zu einer neuen kulturellen Blüte. Aus dem Osten gelangen Handelsgüter und Ideen nach Griechenland und stoßen auf fruchtbaren Boden. Mit der geometrischen Periode beginnt eine Zeit, aus der 500 Jahre später die griechische Antike erwachsen soll.

Die geometrische Zeit ist nach den in ihr üblichen Verzierungsmustern benannt, die insbesondere bei der Kunst der Vasenmalerei zum Ausdruck kommen. Typisch sind Leitmotive wie Mäanderbänder sowie die Reduktion des Figürlichen auf geometrisch-abstrakte Formen. Beliebt sind auch konzentrische Kreise und Halbkreise, die mit Zirkel und Lineal auf den Ton aufgetragen werden. Erneut wird Keramik zu einem begehrten Handelsgut. Die hohe Kunstfertigkeit der Griechen schafft Absatzmärkte in Italien, Spanien und Afrika. Besonders die Athener Gefäße gelten als hochwertig und werden verhandelt.

Sänger mit Lyra; griechische Bronze im geometrischen Stil, 8. Jahrhundert v. Chr.

Eisen löst Bronze ab

Mit der frühen oder protogeometrischen Periode (1050 bis um 900 v. Chr.) beginnt auch die Eisenzeit in Europa. Gegenstände, die bislang aus der wesentlich weicheren Bronze gegossen wurden, bekommen nun durch den Werkstoff Eisen einen höheren Härtegrad. Waffen werden effektiver, Rüstungen haltbarer gemacht. Gegen Ende des 10. Jahrhunderts ist die Technik der Eisenverarbeitung bereits auf einem so hohen Stand, dass selbst Schmuck oder Pferdegeschirre aus Eisen hergestellt werden.

Aus der spätgeometrischen Zeit sind die ersten Zeugnisse des griechischen Alphabets überliefert. Eine Keramik vom heutigen Ischia trägt die Zeichen Pi und Alpha, auf einem anderen Stück, dem sog. Kelch des Nestor, sind die Zeichen Pi und My erkennbar. Das Alphabet der Griechen wird vermutlich von der Schrift der Phöniker inspiriert und taucht in den folgenden Perioden vermehrt auf Töpferwaren auf.

Dritte Zwischenzeit bricht an

Ägypten teilt sich in zwei unabhängige Reiche: Während die Pharaonen der 21. Dynastie Nordägypten von der Hauptstadt Tanis aus regieren, steht das südliche Niltal unter der Herrschaft der Hohepriester von Theben.

■ **1070 v. Chr.:** In den 90 Jahren nach dem Tod Ramses' III. (Reg. 1184–1152 v. Chr.) herrschen acht weitere Könige mit dem Namen Ramses über Ägypten. Das Ende dieser 20. Dynastie ist geprägt von Pharaonen, die nur geringe historische Leistungen vollbringen. An bedeutenden Bauwerken hinterlassen die Pharaonen nur die Königsgräber und den Tempel des Chons in Karnak, der allerdings erst zur Zeit der Ptolemäer fertig gestellt wird. Das Reich büßt im Verlauf dieser Zeit die Kontrolle über Palästina und die nubischen Gebiete ein. Sogar im eigenen Land verlieren die Herrscher einen Großteil ihres Einflusses.

Zur Zeit Ramses' XI. (Reg. 1100–1070 v. Chr.) übernimmt der aus Militärkreisen stammende Herihor das Amt des Hohepriesters des Amun. Als Priester und Offizier in Personalunion vereinigt er bald alle Macht im Reich. Ebenso wie sein Nachfolger Pinodjem I. betrachtet er sich als König von Ägypten. Obwohl sich die späteren Hohepriester nur gelegentlich den Königstitel zulegen, ist die Gewaltenteilung des Reiches zum Ende der 20. Dynastie vollzogen.

Der erste König der 21. Dynastie heißt Smendes (Reg. 1070–1044 v. Chr.). Seine Residenz ist die im Ostdelta des Nil gelegene Stadt Tanis. Die Gründung einer neuen Hauptstadt, zu deren Gunsten der ehemalige Königssitz Pi-Ramesse aufgegeben wird, hängt vermutlich mit dem Versanden der Wasserwege zusammen. Das Herrschaftsgebiet von Smendes erstreckt sich von Tanis bis in die Gegend nördlich von el-Hiba. Das Niltal zwischen el-Hiba und Assuan steht zu dieser Zeit bereits unter der Herrschaft der Hohepriester von Theben. Diese respektieren den tanitischen König, sehen sich aber als Regenten eines separaten Staates. Während der König weiterhin die Interessen des Reiches nach außen hin wahrnimmt, besteht in Theben ein fast autarker, militärisch geprägter Staat.

Fußring mit Reliefdarstellung eines geflügelten Skarabäus mit Sonnenscheibe; 1039–991 v. Chr.

Plünderung der Pharaonengräber

Der Hohepriester Pinodjem I. ist besonders bei der Umbettung königlicher Mumien aktiv. Er lässt die toten Pharaonen aus ihren Gräbern im Tal der Könige in das Grab von Amenophis II. und die »Cachette« bei Der el-Bahari bringen.

Der Grund für die Verlegung der Mumien ist zum einen ihre Sicherung vor dem Zugriff von Räubern, zum anderen die von Armut geprägte Zeit, in der sich Ägypten befindet. So spielen wirtschaftliche Erwägungen nicht nur eine Nebenrolle, als die Staatsorgane die Reichtümer der Pharaonengräber systematisch konfiszieren. Einige der wertvollen Schmuckstücke werden jedoch auch umgearbeitet und wiederverwendet.

Die Bevölkerung Thebens setzt sich wahrscheinlich zu einem Großteil aus ursprünglichen Libyern zusammen. Aus den Reihen der Libyer stammen mit Osorkon I. und Psusennes II. auch einige Herrscher der 21. Dynastie Ägyptens. Die Bezeichnung des Herrschers als »Der Stern der in Theben erschienen ist« zeigt die Verbindung zwischen den beiden Landeshälften.

Die Zeugung der Sonne durch die Vereinigung der Himmelsgöttin Nut mit dem Erdgott Geb; Ausschnitt aus einem bemalten Sarkophag; 1069 bis 945 v. Chr.

Gurnia – verlassene Stadt auf Kreta

2000 Jahre lang (etwa 3300–1100 v. Chr.) ist Gurnia bewohnt. Danach wird die Siedlung im Osten der Insel Kreta von ihren Bewohnern verlassen. Der größte Teil der gut erhaltenen minoischen Gebäude und des Palastes wurde mittlerweile geborgen.

■ **1100 v. Chr.:** Die Stadt Gurnia auf Kreta besteht aus unregelmäßigen Gebäudeblocks, die von engen Straßen durchzogen werden. Die Häuser sind typisch für den minoischen Baustil: Pfeilergesäumte Türen markieren den Eingang zum Innenhof. Das flache Dach der ein- oder mehrstöckigen Bauten wird auch als Terrasse genutzt. In der rechtwinklig gebauten Haupthalle befindet sich eine Herdstelle. Die Kellerräume dienen in erster Linie als Vorratskammern und Werkstätten, wie Funde zeigen: In den gut erhaltenen Wohnbauten der Stadt finden sich Werkzeuge von Tischlern und Bronzegießern.

Auf einem erhöhten Gelände im Zentrum von Gurnia steht ein herrschaftliches Gebäude. Dabei handelt es sich vermutlich um den Verwaltungssitz eines Statthalters. Der Bau ist fast eine Kopie der großen minoischen Paläste, denen er bis in die Details ähnelt. Auf demselben Gelände steht auch ein kleines Heiligtum aus der spätminoischen Zeit (nach 1500 v. Chr.). Neben Kultgegenständen wie Opfervasen und -tischen finden sich im Innern des Heiligtums auch menschliche Statuen. Die weiblichen Idolbildnisse erinnern – durch ihre Haltung mit erhobenen Armen und die um ihren Körper gewundenen Schlangen – an die Schlangengöttinnen von Knossos.

Fortschritte in Metallurgie und Bergbau

Zu Beginn des 3. Jahrtausends v. Chr. beginnen die Menschen mit dem geregelten Abbau von Erzen sowie der Verarbeitung von Kupfer, Bronze, Gold und Silber. Während Metalle bis dahin – wie bei der Herstellung von Steinwerkzeugen – vorwiegend »kalt« bearbeitet werden, entwickelt sich im Bronzezeitalter eine differenzierte metallurgische Technik.

Die wirtschaftliche und politische Situation in den frühen Gesellschaften ändert sich durch die neue Technik schlagartig. Eine Überlegenheit anderen Völkern gegenüber resultiert insbesondere durch die Herstellung von aus Metall gearbeiteten Waffen. Bronzene Schilde, Schwerter und Beile sichern das Überleben von Gemeinschaften gegenüber Feinden. Der Besitz dieser neuen Waffen setzt das Vorkommen der dafür notwendigen Rohstoffe bzw. Abbaugebiete im eigenen Land voraus. Da jedoch nicht jedes Gebiet darüber verfügt, entwickelt sich in der Bronzezeit ein reger Handel zwischen Europa und Vorderasien.

Metallurgie in der Bronzezeit

Eine Grabbeigabe des Königs Hüyük in Anatolien besteht aus einem kupfernen, von vier Windsegeln gezogenen Wagen. Die Technik, mit der das Kunstwerk aus dem frühen 3. Jahrtausend v. Chr. gefertigt wird, ist der »Verlorene Guss«. Bei diesem Verfahren wird der herzustellende Gegenstand in Wachs modelliert und mit Ton ummantelt. Die erhitzte Form bringt den Wachskern zum Schmelzen – den entstandenen Hohlraum füllt man mit flüssigem Metall. Nach dem Erkalten des Metalls wird der Tonmantel zerstört, geht also »verloren«. Nach dem anatolischen Vorbild breitet sich um 2500 v. Chr. auch in Ungarn, Rumänien und der Tschechoslowakei die Kupfermetallurgie aus. Ebenso bilden sich in Indien und Südrussland Zentren der Kupferverarbeitung.

Bronzegegenstände finden sich vor allem in den Gräbern Mesopotamiens und Ägyptens, wo die Bronzegießerei ab 200 v. Chr. allgemein verbreitet ist. Da das Alte Reich am Nil jedoch über keine großen Kupfer- und Zinnvorräte verfügt, liegen die Bergwerke der Ägypter im Sinai und in Kleinasien. Für die harte Arbeit setzen die Pharaonen – ebenso wie beim Bau der Pyramiden – Tausende von Sklaven ein.

Für die harte Arbeit in den Bergwerken werden vorwiegend Sklaven eingesetzt: griechische Bergleute bei Korinth, 7. Jahrhundert v. Chr.

Die frühen Bergwerke

Während man in Ägypten trotzdem auf höchstens vier Tonnen Kupfer pro Jahr kommt, ist die Ausbeute im Ostalpengebiet beträchtlich: In den bis zu 20 m tiefen Schächten gewinnen die Bergleute in derselben Zeit etwa 17 Tonnen. Ab 2500 v. Chr. werden auch in China Bronzen gegossen. Am Königshof von Mali wiederum wird um 1800 v. Chr. Zinn aus Elam am persischen Golf eingeführt. Kupferbergwerke gibt es in der späten Bronzezeit auch auf Zypern, in Spanien und in Italien.

Das wohl älteste Kupferbergwerk (um 4000 v. Chr.) der Welt liegt in Aibunar (Bulgarien). Zahlreiche Funde von kreuzständigen Äxten werden diesem zugeordnet. In Europa gibt es den Abbau von Kupfer ab etwa 2000 v. Chr. Die ältesten Bergwerke liegen in Südfrankreich und der Slowakei. Eine große Rolle im frühen Bergbau spielt auch die Alpenregion.

Abbau durch Feuersetztechnik

Bei der bronzezeitlichen Abbautechnik spielt besonders das Feuersetzen eine wichtige Rolle. Das Gestein wird mit Hilfe von Holzfeuern mürbe gemacht und ist somit leichter abbaubar. Dabei kommt es zur Ausbildung kuppelförmiger Hohlräume, die auf das schalige Abplatzen des erhitzten Gesteins zurückzuführen sind. Die Gruben, die nach dieser Methode entstehen, sind teilweise bis über 50 m weit in den Berg gebrannt. Auf die Anwendung der Feuersetztechnik sind die heute noch existierenden Abbauhohlräume im Schwazer Dolomit (bei Innsbruck) zurückzuführen.

Waschanlage eines antiken Silberbergwerks zur Scheidung der Silbererze in Lavrion

Der Dichter Novalis (1772–1801) über den Bergbau:
»Wahrhaftig, das muss ein göttlicher Mann gewesen sein, der den Menschen zuerst die edle Kunst des Bergbaus gelehrt und in dem Schoße der Felsen dieses ernste Sinnbild des menschlichen Lebens verborgen hat.«

Bronze belebt den Fernhandel

Schon während der Steinzeit ziehen sich ausgedehnte Handelsrouten quer durch Europa. Keramik und Silex, Häute und Beile finden Absatzmärkte, die meist mehrere Tagesreisen von ihren Quellen entfernt sind. Aber erst der Handel mit aus Bronze hergestellten Gütern lässt ein Handelswegenetz entstehen, das sich über weite Teile Europas spannt.

In Europa ist eine Nord-Süd-Richtung der Fernhandelsstraßen gut erkennbar. Zwischen Ostseeraum und Donau, zwischen Jütland und Rhein verbinden die Routen ganze Kulturräume miteinander. Eine davon beginnt im Karpatenbecken und lässt sich bis in den westlichen Ostseeraum verfolgen. Gehandelt werden auf diesem Weg vor allem kostspielige Schwerter und Streitäxte, die durch ihre feine Ornamentik auffallen.

Bronze gegen Frauenhaar

Mit den Waffen kommen auch Mode- und Schmuckgüter in Regionen, in denen bislang der Körperschmuck eigenen Traditionen folgte. So tauchen im frühen 2. Jahrtausend v. Chr. Radnadeln auf, lange Bronzenadeln von etwa 10 bis 20 cm Länge, deren Kopf ein Speichenrad darstellt. Die Radnadeln deuten möglicherweise darauf hin, dass die gesellschaftliche Elite bereits im Besitz eines neuen Prestigeobjektes gewesen ist: des Wagens. Als Tauschgüter dienen Waren, die bis in die Zeiten der Römer in Germanien hohen Wert haben – Sklaven, Felle, Vieh, Salz und Frauenhaar, das zu robusten Seilen versponnen werden kann. Im Gegensatz zu bronzenen Artefakten haben sich Hinweise auf derartige Handelsgüter nur in wenigen Fällen erhalten.

Mit den Waren gelangen auch andere kulturelle Gepflogenheiten vom Verkäufer zum Kunden. So verbreitet sich u. a. die Sitte, Tote unter Hügelgräbern zu bestatten, vom Karpatenbecken über Europa. Auch die darauf folgende Urnenfelderkultur verdankt ihre rasche Ausbreitung einem gut funktionierenden Handelsnetz. Der Karpatenraum dient dem gesamten europäischen Kulturkreis als Angelpunkt. Von hier verlaufen Gewinn bringende Handelswege nach Süden ans Schwarze Meer und bis auf den Peloponnes. Von den Verbindungen mit den frühen Hochkulturen des Südens zeugen goldene Schwerter und andere kostbare Gegenstände aus dem europäischen Osten, welche die für die mykenische Kultur typischen Merkmale tragen.

Neue Formen schaffen neue Absatzmärkte. In Skandinavien begnügen sich die Menschen der Bronzezeit bald nicht mehr damit, sich mit eingekauftem Kulturgut zu umgeben. Sie schaffen neue Artefakte, spiralverzierte Waffen, Halsreifen und Gürtelscheiben mit eigener regional authentischer Verzierung. Die Verbesserung der Transportmöglichkeiten bringt dem Fernhandel etwa in der Mittleren Bronzezeit eine zweite Blüte. In Fellbooten setzen Händler – vermutlich aus Dänemark – bis nach Britannien über. Der Handel erlebt eine Westverschiebung, von der besonders die küstennahen Regionen wie die Bretagne profitieren.

Zu den am weitesten verhandelten Rohstoffen zählt Bernstein. Er wird im Ostseeraum gefunden und gelangt bis ans Caput Adriae am Mittelmeer. Die mit Bernstein beladenen Handelszüge verlieren immer wieder Teile ihrer Ladung, manchmal wird die gesamte Ware sogar vollständig vergraben, um sie vor Dieben zu verstecken. Der Archäologie erschließen sich anhand der Bernsteinfunde ganze Wegenetze und Handelsrouten.

Neuassyrischer Streitwagen; Flachrelief aus Ninive, 7. Jahrhundert v. Chr.

Waffen als Prestigeobjekte

Bronze, das so wunderbar formbare Material, wird nicht nur zur Herstellung von Prestigegütern, sondern auch für den Guss von Waffen und Rüstungen verwendet. Zunächst sind es kurze Dolche, die aus Bronze hergestellt werden. Noch während der frühen Bronzezeit entstehen Imitate aus dem günstigeren Feuerstein. Die stetig verbesserten Verarbeitungsmöglichkeiten gegen Ende der Bronzezeit lassen den Dolch wachsen: Das Schwert entsteht, das erst nur als Stich-, später auch als Hiebwaffe dient. Besonders günstig herzustellen sind Speer und Lanze, da nur für die Spitze Bronze verwendet werden muss, während der Schaft aus Holz besteht.

Bei den Waffen handelt es sich nicht in erster Linie um Kriegsgerät, sondern um Insignien der Macht. Auffallend ist, dass derart wertvolles Gut weit verhandelt wird. Das deutet darauf hin, dass ein Austausch zwischen Herrschern bestanden hat und lässt in einigen Fällen auf ein politisches Bündnis zwischen bronzezeitlichen Fürsten schließen.

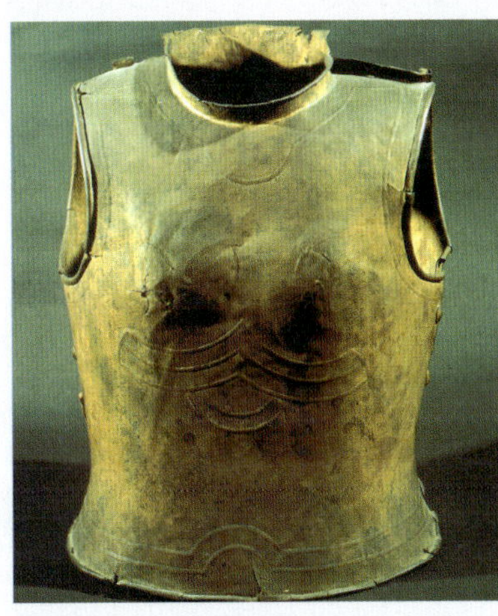

Brustpanzer aus getriebenem Bronzeblech, 9. bis 8. Jahrhundert

König Saul eint die Stämme Israels

Die zwölf Stämme Israels haben sich lange gegen die Errichtung einer Monarchie gewehrt, da sie allein Jahwe als König ansehen. Erst die Bedrohung durch die Philister führt zur Einigung, der Kriegsführer Saul wird erster König.

»Saul wird zum König gesalbt«; Gemälde von Julius Schnorr v. Carolsfeld, 19. Jahrhundert.

■ **1012 v. Chr.:** Der Druck der Philister an der Küste Palästinas und der Ammoniter östlich des Jordan führt zur Einigung der zwölf Stämme Israels. Erstes Oberhaupt Israels wird Saul, der das junge Reich gegen die Feinde verteidigen kann. Nachdem sich die zwölf Stämme Israels in Kanaan gegen die einheimische Bevölkerung durchgesetzt haben, werden sie von den aufgrund ihrer Eisenwaffen zunächst überlegenen Philistern bedrängt. Infolge der Bedrohung von außen entwickeln die Israeliten allmählich ein Nationalbewusstsein, das durch ihre einheitliche monotheistische Religion gestärkt wird.

02709
Das Deboralied – die ersten Verse

Geeintes Königtum

Ursache für die Einigung der Stämme ist vermutlich ein enormes Bevölkerungswachstum als Folge einer wirtschaftlich ertragreichen Zeit. Die Israeliten weiten ihr Siedlungsgebiet weit in das Bergland hinein aus. Archäologische Zeugnisse lassen ein Spezialistentum in vielen handwerklichen und landwirtschaftlichen Bereichen erkennen, das eine große Volksgemeinschaft voraussetzt. Fragwürdig ist, ob sich tatsächlich zwölf Stämme zusammenschließen, denn das kurz zuvor entstandene Deboralied kennt bloß zehn lokale Gruppen.

Unter Sauls Königtum versammeln sich zunächst die nordisraelitischen Völker, aus denen später das Nordreich Israel hervorgeht, sowie der Stamm Juda, der später das Südreich Juda bildet.

»Der Amalekiter vor David«: David erhält die Krone des toten Saul; Buchmalerei, 15. Jahrhundert.

Kampf gegen die Philister

Die Philister sind mit dem Seevölkersturm um 1180 v. Chr. nach Palästina gekommen, haben einige Städte in Kanaan erobert und sind darauf aus, die gesamte syropalästinische Landbrücke, die einst unter ägyptischer und hethitischer Herrschaft gestanden hat, unter ihre Gewalt zu bringen.

Zwar kann Saul die Philister aus den von den Israeliten besiedelten Gebieten vertreiben, jedoch nicht endgültig schlagen. Nach einer Niederlage in der Schlacht am Giboa-Gebirge nimmt sich der König 1005 v. Chr. das Leben. Für sein Scheitern wird nach der hebräischen Bibel, dem christlichen Alten Testament, die Missachtung der Anweisungen des Propheten und Richters Samuel verantwortlich gemacht. Ferner steht Saul in den letzten Jahren seiner Herrschaft im Schatten von David, den er als Musiker und Kämpfer an seinen Hof geholt hat, der ihn aber in militärischen Dingen bald überflügelt – woraufhin Saul mehrere Mordversuche unternimmt, die jedoch sämtlich scheitern.

David errichtet israelitisches Grossreich

Nach dem Selbstmord des Königs Saul wird David König von Israel. Der König schlägt die Philister und erobert Jebus (Jerusalem), das er zur Hauptstadt und zum religiösen Zentrum des Volkes Israel ausbauen lässt.

■ **1004 v. Chr.:** Davids Aufstieg zum Herrscher der Israeliten beginnt für die Zeit untypisch. Als junger Mann bricht David aus seiner Heimat Bethlehem auf und bringt es zum Schildknappen König Sauls. Im Kampf erweist er sich als zäher Kämpfer und glänzender Stratege, eine Position als großer Heerführer bleibt ihm jedoch versagt. Zwischen Saul und seinem Schildknappen entwickelt sich eine Gegnerschaft, die schließlich dazu führt, dass der König David vom Hof vertreibt.

Im Exil schart David ein Heer um sich. Die »Knechte Davids« bestehen anfangs aus etwa 500 Berufssoldaten, die nur ihrem Anführer gegenüber verantwortlich sind und nicht mehr den Stämmen Israels. An der Spitze dieser schlagkräftigen Söldnertruppe schafft es David, sich erheblichen Grundbesitz anzueignen. Er scheut auch nicht davor zurück, gegen Vergabe eines Lehens in die Dienste des Philisterkönigs Achisch zu treten, vermeidet es jedoch, an der Seite der Philister gegen das eigene Volk in den Kampf zu ziehen. Nach einigen Jahren ist David ein reicher Mann, seine Truppe ist derart gewachsen, dass sie das Gewaltmonopol im Reich innehat.

König David spielt die Leier; Miniatur, 15. Jahrhundert.

Diplomat, Krieger, Stratege

Der Tod König Sauls ebnet David den Weg auf den israelitischen Thron. Mit seinem Heer besetzt er Hebron und zwingt die Vorsteher der Stämme, ihn als König anzuerkennen. So wird David König von Juda, während Sauls Sohn Esbaal die Herrschaft über die mittel- und nordpalästinensischen Stämme antritt. Nach Esbaals Tod wird David auch die Herrschaft über dieses Gebiet angetragen, so dass er schließlich sämtliche israelitischen Stämme in einem einheitlichen Reich zusammenfassen kann.

Zu Davids historischen Taten gehören die Einnahme der Stadt Jerusalem, die er zu seiner Residenz ausbauen lässt. Durch militärische Erfolge über die Philister, Moabiter, Aramäer, Edomiter und Syrer gelangt ganz Palästina unter seine Oberherrschaft; bis nach Mesopotamien reicht das israelitische Einflussgebiet. Der König profitiert von dem Machtvakuum in der Region nach dem Untergang des Hethiter-Reiches und der Schwächung Ägyptens.

02173
Saul und David

Flucht aus der Residenz

Davids letzte Regierungsjahre stehen im Zeichen innerer Unruhen und zunehmender Konflikte zwischen dem Nord- und Südreich. Seine autokratische Regierung veranlasst die zunehmend machtloseren Stammesoberhäupter Israels, sich mit Davids Sohn Absalom zu verbünden. Mit Absaloms Hilfe soll David gestürzt und ein neues Königreich errichtet werden. Der Plan scheint zu gelingen. Unter schweren Kämpfen wird David aus Jerusalem vertrieben. Doch im Ostjordanland gelingt es ihm erneut, ein Berufsheer aufzubauen. Schließlich gelingt es David, das Heer der Stammesfürsten zu zerschlagen. Er kehrt als König nach Jerusalem zurück und lässt seinen abtrünnigen Sohn hinrichten.

Um die von den Stammesältesten ausgehende Gefahr endgültig zu beseitigen, sät David Zwietracht unter ihnen. Er begünstigt den Stamm der Judäer und weckt damit die Missgunst der anderen Fürsten. Zwar erheben sich wenig später die nord- und mittelisraelischen Stämme gegen den König, doch wird auch dieser Aufstand innerhalb kurzer Zeit niedergeschlagen. Nach 40-jähriger Herrschaft stirbt David.

König David köpft Goliath; Gemälde von Luigi Ademollo, 19. Jahrhundert.

Die Inuit siedeln in der Arktis

Die steinzeitlichen Völker entlang der Küstengebiete des heutigen Alaska bilden eine eigene Kultur heraus. Die Inuit wurden in der früheren Forschung nach einer indianischen Bezeichnung »Eskimos« genannt, was »Rohfleischesser« bedeutet.

Geweihgabel mit eingeritzten menschlichen Gesichtern; um 1000 v. Chr.

■ **Um 1000 v. Chr.:** Das Volk der Inuit (Inuit = »Mensch«) wird im Bereich der Beringstraße sesshaft und verbreitet sich rasch über Kanada bis nach Grönland. In prähistorischer Zeit wanderten die Vorfahren der Inuit aus Asien ein. Die rassischen asiatischen Merkmale sind noch heute bei den arktischen Völkern erkennbar. Eine eigenständige Kultur brachten die Einwanderer vermutlich nicht mit über die Beringstraße. Diese entwickelt sich erst unter den schwierigen Lebensbedingungen im arktischen Klima.

Impulse erhält die Kultur der Inuit durch ihre Vorläufer, die alëutische Kern- und Klingenindustrie sowie die arktische Kleingerätetradition. Eine Verwandtschaft zeigt sich auch in archäologischen Funden Sibiriens. Bemerkenswert ist die Dauerhaftigkeit der Inuitkultur, die sich von ihren Anfängen bis ins 21. Jahrhundert hinein fast unverändert erhalten hat.

Jäger im ewigen Eis

Die Inuitkultur ist eine Jägerkultur. Große Bedeutung hat neben dem Fischen vor allem die Jagd auf Großwild wie Eisbären, Seehunde oder Wale. Diese Tiere sind nicht nur eine wichtige Nahrungsquelle, sondern versorgen die Menschen zusätzlich mit fast allem, was für das Überleben im arktischen Klima notwendig ist: Felle, Häute, Tran und Knochen. Wichtigste Jagdwaffe ist die Harpune, die aus Knochen, Stein oder Walrosselfenbein hergestellt werden kann. Die Harpune besteht aus einem Hauptschaft aus Holz, der mit Griffen versehen ist, einer Spitze mit Widerhaken sowie einem Schaftende mit Eispickel.

Holz aus dem Meer

Neben den aus Schneeblöcken bestehenden Iglus errichten die Inuit Hütten aus Walknochen und Holz. Die Gebäude sind in den Boden eingetieft und werden mit Steinen und Grassoden abgedeckt. Holz ist ein begehrter Rohstoff in der Arktis. Da es an Waldbeständen mangelt, greifen die Inuit auf Treibholz zurück. Die Felle der erlegten Tiere sichern den Menschen das Überleben im ewigen Eis. Die Inuit kleiden sich nicht nur in Tierhäute, sie benutzen sie auch zum Beziehen ihrer Boote, dem geschlossenen Kajak und dem offenen Umiak.

Vier Untergruppen

Bei den Inuit sind neben zahlreichen lokalen Gruppen vier größere Untergruppen bekannt. Die pazifisch-alëutische Subtradition ist auf den Alëuten und an der Südküste Alaskas zu finden. Die Choris-Norton-Near-Ipiutak-Gruppe ist im Bereich der Beringsee und im arktischen Alaska anzutreffen. Die Northern-Maritime-Gruppe hat ihre Heimat an der arktischen Nordküste Alaskas, während sich die Dorsetkultur auf die ostarktischen Gebiete beschränkt. Sie wird später von der Northern-Maritime-Gruppe verdrängt.

Die Felsbilder von Val Camonica

Mit mehr als 100 000 Felsgravuren ist im Val Camonica die größte Ansammlung prähistorischer Kunst in Europa zu verzeichnen. Die Forschung geht von einem rituellen Zentrum aus, das mit Bildschmuck versehen wurde.

■ **Um 1000 v. Chr.:** Im Val Camonica, einem Tal in den südlichen Alpen, entsteht eine Reihe von Felsbildern, die in einer langen Tradition stehen. Bei diesen handelt es sich um Gravuren, die in den anstehenden Sandstein geschlagen werden. Die Künstler sind dabei über einen langen Zeitraum am Werk: Die ältesten Felsbilder stammen aus dem Mesolithikum (8000–5000 v. Chr.), die jüngsten werden um die Zeitenwende angefertigt.

Die Felsbilder von Val Camonica stellen in ihren frühen Ausprägungen Betende dar. Häufig tauchen auch Sonnensymbole, Pfeil und Bogen oder domestizierte Tiere wie Hund und Rind auf. Später entwickelt sich eine erzählende Kunst. Nun geben die Steinbilder Szenen wieder, die dem täglichen Leben entnommen sind: Menschen bei der Feldarbeit, Hütten oder Dörfer, Arbeit am Webstuhl, Jagdszenen und sogar eine Landkarte (»Mappa die Bedolina«).

Die Camuner-Sonne: Das lebensspendende Gestirn wird häufig als Symbol dargestellt.

Darstellungen von Waffen

Mit dem Beginn der Metallverarbeitung nehmen Waffen einen immer größeren Platz in den Darstellungen ein. Möglicherweise verfügt das Tal über reiche Erzvorkommen, die zum Handel und Kulturaustausch mit anderen Gruppen führen. Die abgebildeten Waffen tragen u.a. die Kennzeichen der mykenischen Kultur und der Poladakultur.

Warum das Val Camonica die Menschen zu derart vielen Kunstäußerungen veranlasste, ist bis heute nicht geklärt.

La Venta – erste Hochkultur in Amerika

Die La-Venta-Kultur gilt als erste Hochkultur auf dem amerikanischen Kontinent. Sie verbreitet sich, vermutlich durch Handelsniederlassungen, im westlichen Mexiko, in Guatemala und in El Salvador.

■ **Um 1000 v. Chr.:** Ein indianischer Stamm errichtet zentrale Kultplätze an der südlichen Golfküste von Mexiko. In der später so genannten La-Venta-Kultur liegt der Ursprung von Schrift und Kalender in Mittelamerika.

Die La-Venta-Kultur folgt auf das Reich der Olmeken. Der Hauptort dieser Kultur, deren materielle Grundlage der Maisanbau in einem Gebiet mit hohen Niederschlägen und regelmäßigen Flussüberschwemmungen darstellt, ist San Lorenzo, später La Venta. Die dort zwischen den heutigen Orten Veracruz und Tabasco siedelnden Menschen errichten als Erste auf dem gesamten amerikanischen Kontinent zentrale Kultplätze mit aufgeschütteten Pyramiden, Gräbern aus riesigen Basaltsäulen und Plattformen zur Verehrung ihrer Götter; drei aus je 500 Serpentinblöcken gebildete, rituell mit Erde bedeckte Bodenmosaike in La Venta stellen Jaguarmasken dar.

Einer der monumentalen, bis zu 2,90 m großen Kult-Steinköpfe der La-Venta-Kultur

Riesenköpfe aus Basaltstein

Der Jaguar ist einer der wichtigsten Götter der Olmeken. Oft wird er als Mensch-Tier-Wesen dargestellt, auf einigen Abbildungen ist ein gespaltener Schädel erkennbar. Die Paarung des Jaguargottes mit einer Menschenfrau sowie die Darstellung von Jaguar-Baby-Mischwesen sollen vermutlich von der göttlichen Abstammung des Herrschers erzählen.

Wiederholt tauchen an Siedlungspunkten der La-Venta-Kultur zahlreiche Überreste von Krötenknochen auf. Aus der Haut des zugehörigen Tieres lässt sich ein halluzinogenes Gift gewinnen, das die Olmeken bei religiösen Zeremonien vermutlich in einen Drogenrausch versetzt. In einige Werke der Steinkunst meißeln die Olmeken eine hieroglyphenartige Schrift ein. Die wenigen heute erhaltenen Zeugnisse reichen zwar für eine Dechiffrierung nicht aus, doch ist sicher, dass es sich um die älteste Schrift in Amerika handelt. Auch ein religiöser Kalender von 260 Tagen ist bereits bekannt.

Der Transport massiver Basaltblöcke von den wenigstens 100 km entfernten Steinbrüchen weist auf einen hohen technischen und organisatorischen Entwicklungsstand hin. Der Transport erfolgt zudem ohne Lasttiere oder Wagen. Auffälligste Schöpfungen der Kultur sind die Riesenköpfe aus Basaltstein. Diese rumpflosen Plastiken stellen mit Helmen versehene Individuen mit platten Nasen und aufgeworfenen Lippen dar, wegen ihres kindlichen Gesichtsausdrucks auch »baby faces« genannt. Nach heutigem Stand der Wissenschaft handelt es sich um Herrscherbildnisse.

Daneben gibt es Großplastiken von sitzenden Figuren, gelegentlich mit Jaguarmaske, Steinbänke mit plastischem Dekor, mit fein gearbeiteten Reliefs verzierte Stelen, Wasserspeier, Tröge und Sarkophage. Obwohl die Steinkunst hoch entwickelt ist und hohen Detailreichtum aufweist, kennen die Olmeken keine Metallgeräte, um das harte Material zu bearbeiten.

Ein weiteres Betätigungsfeld der olmekischen Kunst sind Kleinplastiken aus Jade und Ton. Handelsniederlassungen verbreiten den »olmekischen Stil« in ganz Mittelamerika. Ohne erklärbare Ursache verschwindet die Kultur um 400 v. Chr. Sie bildet jedoch die Basis für die folgenden klassischen Kulturen Mittelamerikas in Teotihuacán, Oaxaca und im Maya-Gebiet, die alle an sie anknüpfen.

Produkte aus Kautschuk

Interessant ist, dass diese Zivilisation den Gebrauch von Gummi kennt, lange bevor er sich anderswo auf der Welt einbürgert. Die Olmeken (= Leute aus dem Gummiland) benutzen Kautschukprodukte zum Anfertigen von Bällen und Trommelschlegeln sowie als Material für wasserdichte Versiegelungen.

Hoch entwickelt sind darüber hinaus die Astronomie – die Olmeken verfügen zum Beispiel über einen präzisen, in Punkten und Strichen dargestellten Kalender – und auch die Mathematik. Mit Hilfe eines konkaven Spiegels aus Magnetit können die Olmeken Feuer entfachen. Diese Sonnenspiegel werden aber offenbar nur bei festlichen Anlässen verwendet, während im Alltag Feuer mit dem Feuerbohrer entzündet wird.

Olmekische Stele; auf die Olmeken-Kultur gehen die späteren Hochkulturen der Maya, Tolteken und Azteken zurück.

Prophetentum in der jüdischen Religion

Das Sehertum entwickelte sich bereits kurz nach der Landnahme im 13. Jahrhundert v. Chr. unter den israelitischen Stämmen. Binnen kurzer Zeit erhielten die Wahrsager religiöses und politisches Gewicht.

Darstellung des Propheten Jonas in einem Glasfenster; 13. Jahrhundert

02710 Amos' Drohung gegen Juda und Israel

■ **Um 1000 v. Chr.:** In Israel erlangen Hellseher eine immer größere Bedeutung. Im Zustand der Ekstase scheint es ihnen zu gelingen, weit entfernt vor sich gehende Ereignisse zu erkennen. Das Prophetentum hält Einzug in den jüdischen Glauben, an allen wichtigen Orten des Reiches treten Propheten auf, u. a. am Königshof und in den Heiligtümern. Das Volk erhebt die Propheten zu einer spirituellen Elite und spricht ihnen die Begabung des Sehens, Wahrnehmens und Kommunizierens mit Gott zu. Ihre religiöse und moralische Autorität erhält derart viel Gewicht, dass sie oft sogar in Opposition zum Herrscher stehen. So zielen viele Vorhersagen auf soziale Missstände ab, die sich zum Beispiel aus dem blühenden Handel ergeben. Solche Probleme werden von den Sehern mit der Begründung kritisiert, Israel verletze sein eigenes Glaubensgesetz durch die Unterdrückung des eigenen Volkes. Gleichzeitig schüren sie die Angst vor der Strafe Gottes: der vollständigen Vernichtung Israels. Gleichzeitig lassen die Propheten die Menschen auf einen Erlöser hoffen, der erscheinen würde, sobald die Strafe eingetreten sei. Derartige Reden sichern ihnen breite Unterstützung zu.

Von Moses bis Jeremia

Als erster Prophet wird Moses angesehen. Ihm folgen die in der Bibel aufgeführten Propheten Amos, Hosea, Jesaja, Micha und Jeremia. Amos ist der älteste Unheilsprophet. Er stammt aus dem Südreich Juda und tritt um 760 v. Chr. im Nordreich Israel unter König Jerobeam II. in Erscheinung. Hosea stammt als Einziger der sog. Schriftpropheten aus dem Nordreich Israel, wo er ab 750 v. Chr. in Erscheinung tritt. Sein Zeitgenosse Jesaja stammt aus Jerusalem, wo er während der Belagerung der Stadt durch die Assyrer Bedeutung erhält. Entgegen der Ausrichtung des Amos ist Jesaja ein Heilsprophet. Micha tritt im Südreich Juda zwischen 725 und 711 v. Chr. auf. Auch er gilt als Unheils- und Gerichtsprophet und droht Jerusalem mit der Strafe Gottes. Jeremia, der letzte der Schriftpropheten, wirkt zwischen 626 und 586 v. Chr. und lehnt sich deutlich an die Weissagungen Hoseas an.

Rigveda erschliesst altindische Kultur

Aus den Hymnen des Rigveda können Kulturbild und Religion des vedischen Indien rekonstruiert werden, u. a. findet sich darin der erste Hinweis auf das Kastenwesen.

■ **Um 1000 v. Chr.:** Die Hymnensammlung Rigveda wird abgeschlossen, das in vedischem Sanskrit abgefasste älteste Literaturdenkmal Indiens. Der früheste Hinweis auf das Kastenwesen findet sich in der Weltschöpfungs-Hymne Rigveda (10,90), welche die Entstehung der Welt aus einem einzigen Ur-Menschen, dem Purusha, erklärt:

»Purusha allein ist diese ganze Welt, die vergangene und die zukünftige, und er ist der Herr über die Unsterblichkeit (und auch über das), was durch Speise noch weiter wächst. Solches ist seine Größe, und noch gewaltiger als dies ist Purusha. Ein Viertel von ihm sind alle Geschöpfe, drei Viertel von ihm ist das Unsterbliche am Himmel ...

Als die Götter mit Purusha als Opfergabe das Opfer vollzogen, da war der Frühling dessen Schmelzbutter, der Sommer das Brennholz, der Herbst die Opfergabe. Aus diesem vollständig geopferten Opfer wurde das Opferschmalz gewonnen. Das macht er zu den in der Luft, im Wald und im Dorfe lebenden Tieren. Aus diesem vollständig geopferten Opfer entstanden die Verse und Sangesweisen, aus ihm entstanden die Metren, aus ihm entstand der Opferspruch.«

Brahma und Shiva; Miniatur, 18. Jahrhundert

Der niederländische Philosoph Baruch de Spinoza (1632–1677) verdeutlicht die Rolle eines Propheten:
»Prophet aber ist derjenige, der das von Gott Offenbarte denen verdolmetscht, die eine sichere Erkenntnis des von Gott Offenbarten nicht haben und es daher bloß durch den Glauben annehmen können.«

Prachtvolle Goldkegel geben Rätsel auf

Bronzezeitliche Handwerker aus Süddeutschland fertigen aus Goldblech eine Reihe von kegelförmigen Gegenständen. Seit ihrer Entdeckung im 19. Jahrhundert n. Chr. ist die Funktion des Goldkegels unter Historikern umstritten.

■ **10. Jahrhundert v. Chr.:** Meist als »goldene Hüte« oder »Kronen« bezeichnete kegelartige Gebilde werden in Süddeutschland und Frankreich hergestellt. Sie werden der Bronzezeit zugeschrieben und auf unterschiedlichste Weise gedeutet.

Eines der bekanntesten Stücke ist der so genannte Goldene Hut von Schifferstadt aus Rheinland-Pfalz. Er wurde 1835 beim Pflügen entdeckt und stand etwa 30 cm unter dem Erdboden mit der Spitze nach oben in einer Grube. Der Kegel ist aus einem Stück getrieben, was große handwerkliche Fähigkeiten voraussetzt. Vor der Krempe liegen zwei eingestochene Löcherpaare, die wohl zur Befestigung dienten. Darauf weist auch ein Kupferdraht hin, der bei dem Kegel entdeckt wird. Die Verzierung ist von außen mit Schrotpunzen eingedrückt worden. Sie besteht aus horizontalen Zonen aus Bändern mit nebeneinander stehenden einfachen, runden und ovalen Buckeln. Die Bänder sind durch umlaufende Rippenbündel getrennt.

Weitere Fundstücke

Ein ähnliches Stück wurde 1953 bei Rodungsarbeiten im bayerischen Ezelsdorf gefunden. Das Stück ist dem aus Schifferstadt sehr ähnlich, weist aber einige Besonderheiten in der Verzierung auf, wie z. B. Radmotive. Ein weiteres Stück stammt aus dem französischen Avanton, ein viertes von 1997 ist unbekannter Herkunft (»Berliner Goldhut«). Die Kegel haben eine Größe von 30 bis 88 cm und wiegen bis zu 500 g.

Der Goldkegel von Schifferstadt wurde bereits im Jahr 1835 als »morgenländische Kopfbedeckung« bzw. als »goldene Krone« bezeichnet. Die jüngere Forschung sieht ihn oftmals als Abbild eine Kultpfahles oder dessen Bekleidung an. Der Kegel von Avanton wurde zunächst als Pfeilköcher oder Schildbuckel eines hunnischen Kriegers angesehen, wenig später wurde auch dieses Stück als Hut interpretiert. Neueste Deutungen sehen in den gepunzten Symbolen einen Kalender, mit dessen Hilfe eine Priesterkaste wertvolle Vorhersagen für die Landwirtschaft abgegeben haben könnte.

Unklarheit über den Zweck

Obwohl die Goldblechkegel als goldene Hüte in die Literatur eingehen, gibt es immer wieder neue Interpretationsansätze. Naturwissenschaftliche Analysen haben im Kegel von Schifferstadt Wachs und andere organische Substanzen nachgewiesen. Häufig wurde der Kegel daher auch als auf dem Kopf stehendes Opfergefäß bezeichnet. Vor allem in der französischen Literatur wird der Kegel von Avanton häufig als Vase interpretiert.

Seit 1913 bringen Forscher die rätselhaften Stücke mit einem Sonnenkult in Verbindung, dessen Äußerungen häufig in der Kunst der Bronzezeit wiederzufinden sind. Die längliche Form und der goldene Glanz sollen Sinnbilder für lodernde Flammensäulen gewesen sein.

Vor allem die Idee der Pfahlbekrönung taucht immer wieder auf. Die Kegel sollen die Spitzen von hohen Pfählen geschmückt haben. Ein praktischer Rekonstruktionsversuch ist bis heute nicht unternommen worden. Dagegen sprechen zwei Dinge: Zum einen sind Kulthandlungen der Bronzezeit bislang nur unter freiem Himmel bekannt. Die Kegel sind jedoch zu filigran, um Wind und Wetter getrotzt zu haben. Zum anderen passt das Vorhandensein einer Krempe nicht zum Bild einer Pfahlspitze.

Die Stücke waren vermutlich weiter verbreitet als es bis heute anhand der wenigen Fundstücke bekannt ist. Parallelen gibt es z. B. aus Irland und Skandinavien.

Ein Meisterwerk bronzezeitlicher Goldschmiedekunst: der Goldkegel von Schifferstadt

Salomo dehnt Israels Machtbereich aus

Unter Salomos Herrschaft erreicht das Gesamtreich die größte Ausdehnung: Es erstreckt sich mit Ausnahme Philistäas von der Mittelmeerküste bis zum Euphrat und im Süden bis zur ägyptischen Grenze.

■ **965 v. Chr.:** Nach dem Tod seines Vaters, König Davids, wird Salomo König der vereinigten Reiche von Israel und Juda, die unter seiner Herrschaft einen Aufschwung erleben. Salomo ist erst der dritte König der Israeliten. Die letzten Regierungsjahre König Davids standen im Zeichen innerer Unruhe und zunehmender Konflikte zwischen dem Nord- und Südreich. Nach seinem Tod ist es durchaus nicht selbstverständlich, dass sein Sohn Salomo auch sein Nachfolger wird, dass David also – wie im Orakel des Propheten Nathan verheißen – eine Dynastie begründet.

01771
Das Urteil von Salomo

Verfasser von Sprüchen

In der jüdischen Überlieferung wird Salomo als ein besonders kenntnisreicher und weiser König gerühmt. Der Monarch wird in der hebräischen Bibel als Verfasser von Liedern und Sprüchen genannt, weshalb er nach der jüdischen Tradition als Autor der biblischen Bücher »Sprichwörter«, »Kohelet« und »Hohelied« sowie ferner von Psalmen und Oden angesehen wird. Insbesondere das »Hohelied«, eine wohl ursprünglich selbständige Sammlung von Liebes- und Hochzeitsliedern, beeindruckt durch hohe literarische Meisterschaft; es stammt vermutlich jedoch nicht von Salomo und ist möglicherweise erst nach dem Babylonischen Exil entstanden.

Zur Sicherung seiner Macht im Inneren teilt Salomon das Großreich in zwölf Gaue ein, die den früheren israelitischen Stammesgebieten entsprechen. Um die Ausgaben des Hofes in Jerusalem zu finanzieren, baut er ein Abgabensystem auf, was eine ausgebaute Verwaltungsstruktur mit einer fähigen Beamtenschaft voraussetzt. Auf den Ruinen alter kanaanäischer Siedlungen lässt der König ein Netz von Befestigungsanlagen bauen, das auch dem Eintreiben der Steuern und der Lagerung der Abgaben dient. In den Festungen wird Salomos enorm schlagkräftige Streitwagentruppe untergebracht, die damit über das gesamte Reich verteilt ist und die Herrschaft des Königs sichern kann.

Heiligtum Bundeslade

In Jerusalem lässt der König die Davidstadt mit dem Zionberg durch eine Aufschüttung verbinden. Auf dem so entstandenen Plateau entstehen zahlreiche Repräsentativbauten. Darunter befindet sich als zentrales Heiligtum der Israeliten ein prachtvoller Tempel, der zum Zentrum der jüdischen Religion wird. Er besteht aus einer Halle, dem Heiligen und dem Allerheiligsten, in dem die Bundeslade aufbewahrt wird. Dieser Kasten enthält die steinernen Gesetzestafeln, die nach der Überlieferung Moses von Gott erhalten hat. Er ist das Stammesheiligtum der Israeliten.

Salomo bemüht sich auch um einen Ausgleich mit den Nachbarn, pflegt Beziehungen zu Ägypten und schließt ein Bündnis mit den Phönikern, wodurch Israel den Arabienhandel unter seine Kontrolle bringt. Nach Salomos Tod 926 v. Chr. zerfällt das Reich, nicht zuletzt wegen der unfähigen Königssöhne.

Der Tempel des Salomo in Jerusalem; Rekonstruktion, 1913

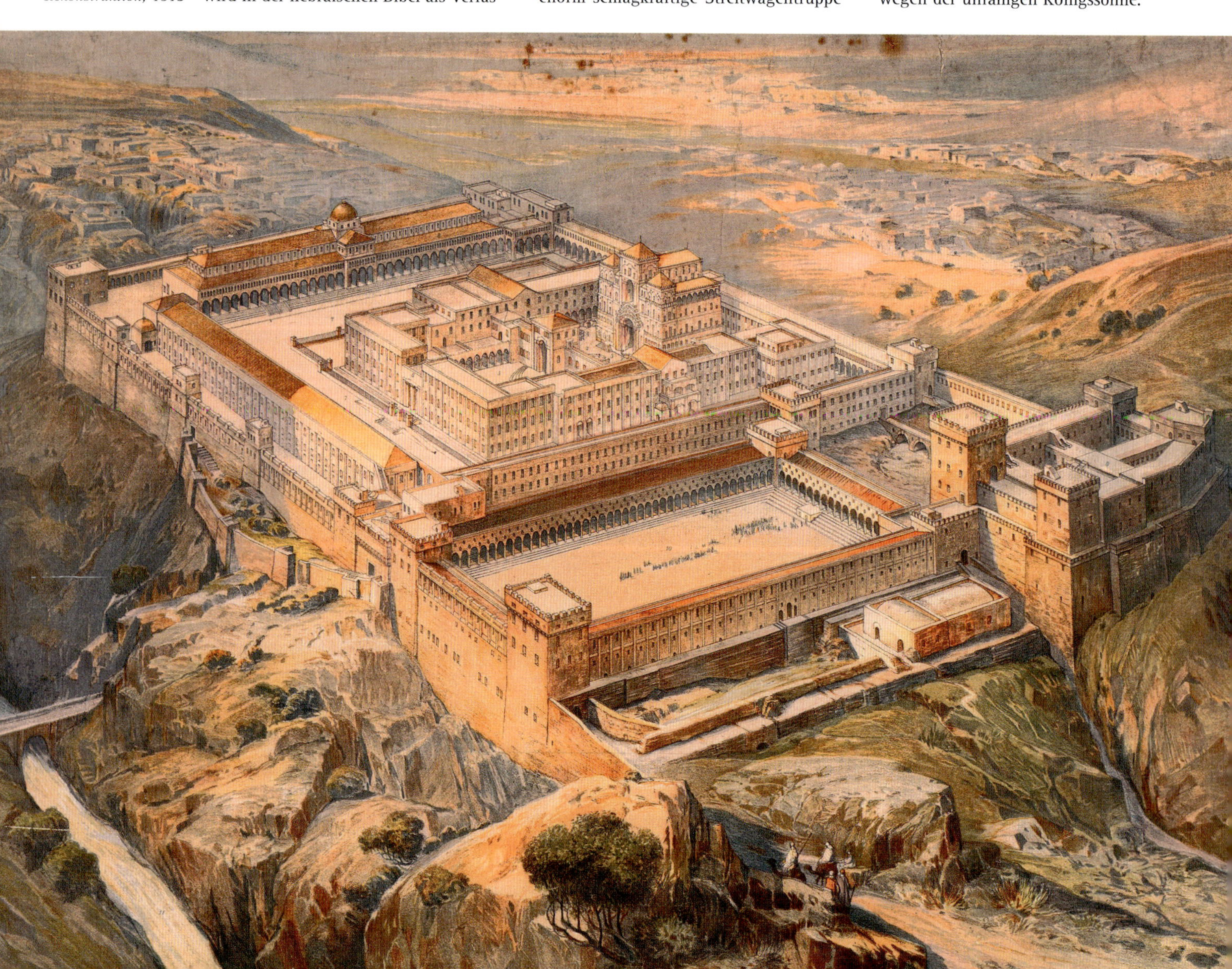

· · · Salomons Urteil · · ·

Im 1. Buch der Könige in der Bibel wird ein Fall geschildert, der Salomos Weisheit bei der Rechtsprechung schildert:

»Zu der Zeit kamen zwei Huren zum König ... Das eine Weib sprach: ›Ach, mein Herr, ich und dies Weib wohnten in einem Hause, und ich gebar bei ihr im Hause. Und über drei Tage, da ich geboren hatte, gebar sie auch ... Und dieses Weibes Sohn starb in der Nacht; denn sie hatte ihn im Schlaf erdrückt.

Und sie stand in der Nacht auf und nahm meinen Sohn von meiner Seite, da deine Magd schlief, und legte ihn an ihren Arm, und ihren toten Sohn legte sie an meinen Arm‹ ...

Das andere Weib sprach: ›Nicht also; mein Sohn lebt, und dein Sohn ist tot‹ ... Und der König sprach: ›Holet mir ein Schwert her! ... Teilet das lebendige Kind in zwei Teile und gebt dieser die Hälfte und jener die Hälfte.‹ Da sprach das Weib, des Sohn lebte, zum König: ›Ach, mein Herr, gebt ihr das Kind lebendig und tötet es nicht!‹ Jene aber sprach: ›Es sei weder mein noch dein; lasst es teilen!‹ Da antwortete der König und sprach: ›Gebet dieser das Kind lebendig und tötet's nicht; dies ist seine Mutter.‹«

Hiram I. regiert Tyros

Nach dem Zusammenbruch der staatlichen Ordnung im östlichen Mittelmeerbecken schlossen sich die phönikischen Küstenstädte enger zusammen. Sie bildeten einen Bund, der zuerst von Sidon, später von Tyros geführt wurde.

■ **969 v. Chr.:** Unter König Hiram I. steigt die Hafenstadt Tyros zum wirtschaftlichen, kulturellen und machtpolitischen Zentrum der phönikischen Städte in Syrien auf. Hiram ist Verbündeter und wichtigster Handelspartner Israels und Judas. Tyros entwickelt sich zum Handelsknotenpunkt und hat über Jahrhunderte Bestand. Da die alten Gebäude immer wieder neueren Konstruktionen weichen müssen, ist heute von dem ursprünglichen Zustand Tyros' nicht viel bekannt. Sicher ist, dass Hiram I. den Tempel des Gottes Melkart im 10. Jahrhundert v. Chr. errichten lässt. Die Architektur des Heiligtums wird rasch im Mittelmeerraum berühmt.

Typisch für die phönikischen Sakralbauten sind Eingänge, die von Prachtsäulen flankiert werden. Der Geschichtsschreiber Herodot berichtet von derartigen Säulen aus Gold und Smaragd, die schon den Vorgängertempel des Melkart geschmückt haben und eine solche Leuchtkraft besessen haben sollen, dass sie in der Nacht weithin sichtbar waren. Das Strukturschema des bronzezeitlichen Tempels ist das eines Langraums. Der längliche Grundriss ist durch Quer- und Längsverbindungen in verschiedene Räume unterteilt.

Darstellung des Königs Salomo auf einem Lanzettfenster der Kathedrale von Chartres, Frankreich

Söldner gründet Dynastie

Der libysche Söldnerführer Scheschonk I. (945–922 v. Chr.) begründet die 22. Dynastie. Ägypten bleibt kontinuierlich unter der Herrschaft von fremden Völkern, die sich jedoch der überlegenen ägyptischen Kultur anpassen.

■ **945 v. Chr.:** Mit Scheschonk beginnt die Zeit der Libyerherrschaft, eine Periode, die über 200 Jahre dauert. Er legt sich den Herrschernamen Smendes zu. Damit lehnt er sich an den Begründer der 21. Dynastie an und betont seine Position als Vater einer neuen Dynastie von Königen. Gleichzeitig legitimiert Scheschonk seine Herrschaft durch die Verbindung zum vorigen Königshaus.

Im Gegensatz zu seinen Vorgängern ist Scheschonk I. um die innere Stabilität Ägyptens bemüht. Um innenpolitische Gegner zu schwächen, besetzt der Pharao alle wichtigen Positionen des Reiches mit Mitgliedern der eigenen Familie. Die Frauen seiner Sippe verheiratet Scheschonk mit den Angehörigen alter ägyptischer Fürstenhäuser, um auch über sie Macht zu gewinnen.

Nachdem das Reich im Innern gefestigt ist, wendet sich Scheschonk der Außenpolitik zu. Den starken Nachbarn macht er Geschenke und festigt die Handelsbeziehungen. Kleinere und schwächere Reiche gehen in kurzer Zeit unter dem Ansturm der Ägypter unter. So ist insbesondere ein Feldzug Scheschonks nach Palästina von Erfolg gekrönt, bei dem 150 Orte unterworfen werden. Scheschonk I. gelingt es, das fragile Reich am Nil militärisch wie wirtschaftlich wieder erstarken zu lassen.

Rollsiegel aus Lapislazuli; um 890 v. Chr.

Zerwürfnis um den Götzen Baal

König Omri öffnet Israel fremden Religionen, vor allem dem Baal-Kult. Im gesamten Vorderen Orient wird der Gott Baal (»Herr«) verehrt. Ihm unterstehen Sonne und Feuer, er schenkt Fruchtbarkeit und Kriegsglück.

■ **878 v. Chr.:** König Omri begründet die nach ihm benannte Dynastie in Israel und ersetzt damit das bisherige charismatische Königtum. Die Einführung des Baal-Kultes stürzt die Anhänger Jahwes in eine tiefe Glaubenskrise. Zentren des Baal-Kults sind Syrien, Phönikien und Kanaan, doch auch andere Völker übernehmen ihn. Wenn ein Volk wandert oder einen anderen Staat erobert, übernimmt es im Allgemeinen die Götter, die das betreffende Land regieren.

01642 Götter und Kriege

01649 Siegesinschrift des Königs Sargon

01285 Gott Baal

Die ägyptischen Pharaonen sind in dieser Hinsicht tolerant; sie lassen einem eroberten Staat seine politischen Institutionen und beziehen seine Götter in ihr eigenes Pantheon ein. Baal setzen sie teilweise mit ihrem Toten- und Wüstengott Seth gleich. In Ägypten gilt Baal als der Gott der Fremde und der Ausländer.

Der Glaube an den einen Gott ist noch nicht gefestigt, die Menschen sind empfänglich für fremde Götter, die offenbar mächtig sind und von denen man Schutz und Hilfe erwarten kann. Dieser Vorgang ist im Nahen Osten nicht ungewöhnlich: Als der ägyptische Pharao Amenophis III. im Sterben lag, lieh er sich von seinem Schwiegervater Tuschratta von Mitanni ein Bild der Göttin Ischtar von Ninive aus.

In Israel kämpfen die religiösen Führer gegen Baal – allen voran der Prophet Elias. Sie verabscheuen den Kult und vor allem die Menschenopfer, die Baal dargebracht werden. Sie beschwören das Volk immer wieder, von nutzlosen Opfern abzulassen und stattdessen die Gebote des Gottes Jahwe zu achten. Das alttestamentliche »Erste Buch der Könige« berichtet von einem Feuerzauber auf dem Berg Karmel, den der Prophet Elias im Kampf gegen den Baalskult durchführt, um das Volk Israel wieder dem Glauben an Jahwe zurückzuführen. Elias fordert die Baalspriester auf, ein Stieropfer zu bringen. Auch er selbst schlachtet ein Rind. Das Fleisch soll nun dem Gott dargebracht werden, der es mit Feuer segnen soll. Die Baalspriester warten vergeblich darauf, dass Baal das Feuer schickt, während Jahwe Flammen vom Himmel herabregnen lässt und seinen Stier akzeptiert. Daraufhin müssen die Baalspriester vor dem aufgebrachten Volk fliehen.

Baal als Blitze schleudernder Gott mit ägyptischer Krone; Statuette, um 1400 bis 1200 v. Chr.

Baal werden vor allem Kinder geopfert. Man verbrennt sie in Gruben oder eisernen Standbildern, welche die Form des Gottes haben: Das Kind wird der Statue (»Moloch«) in die Hände gelegt und gleitet in das Innere des Ofens. Trommeln und laute Musik übertönen die Schreie. Baal bevorzugt die Söhne der Adeligen, diese gehen aber dazu über, Kinder von armen Leuten zu kaufen und für die Opferung großzuziehen.

Der Moloch ist unersättlich. Jede größere Stadt hat ihren eigenen Verbrennungsplatz (»Tofet«). Auch bei Grundsteinlegungen sind Opfer üblich. Der Erbauer eines Hauses begräbt sein ältestes Kind unter der Schwelle, um den Segen des Gottes für die künftigen Bewohner zu erflehen.

Meder und Perser erstmals erwähnt

Meder mit einem Kurzschwert als Gabe für den achämenidischen König; Wandrelief, 6./5. Jahrhundert v. Chr.

Mitte des 8. Jahrhunderts v. Chr. unternimmt der assyrische König Tiglatpileser III. eine Reihe von Feldzügen und stößt dabei auf neue Völker, die ebenfalls Machtansprüche erheben.

■ **843 v. Chr.:** Der Name der Perser wird erstmals in assyrischen Feldzugsberichten in der Gegend des Urmiasees (Nordwestiran) erwähnt. Auf das Volk der Meder stoßen die Assyrer 835 v. Chr., in der Gegend ihrer späteren Hauptstadt Ekbatana. Bei den Medern handelt es sich um einen indoarischen Stamm, der sich rasch zu einem ernst zu nehmenden Feind des neuassyrischen Reiches entwickelt. Wie bedrohlich die Meder sind, zeigt die Außenpolitik der folgenden Herrscher Assyriens: Sargon II., Sanherib und ihre Nachfolger sind stets um Bündnisse mit den Skythen bemüht, um die Meder von Einfällen in ihr Reich abzuhalten. Als Assyrien nach dem Tod Assurbanipals um 627 v. Chr. in eine Krise gerät, nutzen die Meder die Chance und erobern das einst mächtige Nachbarreich mit Hilfe der Chaldäer.

Nordwestlich des medischen Gebietes siedeln die Perser, die erst später zu diesem Namen kommen. Ende des 8. Jahrhunderts v. Chr. wandert das bronzezeitliche Volk in die Landschaft Parsa. Der Stamm steht im Schatten der Meder, die nach der Eroberung des neuassyrischen Reiches auf Machtzuwachs aus sind und die Perser unterwerfen.

Assyrer errichten Grossreich im Osten

Adadnirari II. wird König von Assyrien. Den Assyrern gelingt es als erstem Volk, den größten Teil des Nahen Ostens in einem Reich zu vereinigen. Ihre Macht wird durch ein ausgeklügeltes Fronsystem gesichert.

■ **912 v. Chr.:** Mit der Herrschaft Adadniraris II. (bis 889 v. Chr.) beginnt das Neuassyrische Reich. Unter ihm und seinen Nachfolgern, insbesondere Assurnasirpal II. (883–859 v. Chr.), durch Eroberungszüge gegen Urartu im Norden, gegen die Meder, Kimmerier und Skythen im Nordosten sowie Syrien und Kilikien im Westen erringt es eine Vormachtstellung. Ab etwa 900 v. Chr. steht auch Babylonien unter assyrischer Hoheit.

Das assyrische Reich ist nicht nur größer, als es Ägypten und das Hethiter Reich je waren, es wird auch anders verwaltet: Während Ägypter und Hethiter die Herrschaft über die unterworfenen Völker durch Vasallen ausüben ließen, richten die Assyrer Provinzregierungen ein. Die Provinzgouverneure müssen die Fronarbeit für den Bau und den Unterhalt der Straßen organisieren, Steuern eintreiben, Soldaten ausheben und für den Truppennachschub sorgen. Die auf ihrem Gebiet stationierten Garnisonen sind ihrem Zugriff entzogen: Die Armee unterliegt der Befehlsgewalt des Königs.

Geschickte Kriegsführung

Als größter Herrscher des Neuassyrischen Reichs gilt Assurnasirpal II. Er schließt die von seinen Vorgängern eroberten Gebiete noch stärker an das Reich an, wobei er militärische Härte und rücksichtslose Kriegsführung mit politischem Weitblick verbindet.

Bei seinen regelmäßigen Kriegszügen geht er zugleich psychologisch geschickt und äußerst brutal vor: Solange der Durchmarsch für sein Heer gesichert ist und der Tribut widerstandslos abgeliefert wird, verzichtet er auf Gräuelmaßnahmen. Begehren die Unterworfenen jedoch auf, werden Gefangene geköpft, eingemauert, gehängt oder gepfählt. Gelegentlich wird auch zur Massendeportation gegriffen, um den Widerstand der besiegten Völker zu brechen. Stets errichtet Assurnasirpal II. nach dem Sieg seiner Armee Residenzen und Festungen für die Statthalter und Garnisonen.

Festmahl für 70 000

Neben politischen sind vor allem wirtschaftliche Erwägungen für viele Feldzüge ausschlaggebend. Die von der assyrischen Armee kontrollierten Gebiete beliefern das Kernland mit Gold, Silber, Rohstoffen und Fertigwaren, vor allem aber mit Kriegsgefangenen als billige Arbeitskräfte. Von ihnen wird auch der Königspalast in der neuen Residenz Kalach errichtet, der 879 v. Chr. mit einem Festmahl eingeweiht wird: 69 574 Personen feiern zehn Tage lang. Nicht nur die Prunkgemächer des Palastes in Kalach, auch viele andere Bauwerke belegen, dass die Assyrer nicht kulturlos sind. Die Wände sind mit Reliefdarstellungen geschmückt: Friese in rhythmischer Gliederung schildern Kriegszüge und königliche Jagden. Assyrische Reliefs aus späteren Zeiten erwecken durch eine Scheinperspektive die Illusion von Räumlichkeit.

Eine vermutlich kultische Löwenjagd; Wandmalerei im Palast von Til Barsip zur Zeit von König Tiglatpileser III., 745–727 v. Chr.

Entscheidung auf dem Kurukeshtra

Vermutlich vor 800, frühestens um 1000, findet auf dem Kurukeshtra zwischen den Kauravas und den Pandavas, verfeindeten »Vettern«, die Entscheidungsschlacht um das indische Mittelland (Madhyadesha) statt.

■ **Vor 800 v. Chr.:** Die Pandavas, deren Hauptstadt Hastinapura ist, besiegen in einer 18-tägigen Schlacht die Kauravas, deren Hauptstadt Indraprashta nahe des heutigen Delhi ist. Auf Seiten der Pandavas kämpft der gesamte Osten Indiens, der Nordwesten und der Dekkhan sind mit den Kauravas verbündet. Die Niederlage der Kauravas wird gedeutet als Untergang der altvedischen Kultur, der Sieg der Pandavas als Aufstieg eines landfremden Volkes. Die Polyandrie (Vielmännerei) der Pandavas könnte auf zentralasiatische Herkunft verweisen. Die Schlacht auf dem Kurukeshtra wird im Epos »Mahabharata« geschildert.

Sagenhaftes Leben der Königin Semiramis

Durch die antike Literatur wird Semiramis, die Königin von Assyrien, zur Legende. Ihre Regentschaft ist jedoch historisch nicht gesichert. Ebenso legendär sind die Hängenden Gärten, deren Entstehung Semiramis zugeschrieben wird.

02711 »Semiramis und Ninias«

■ **810 v. Chr.:** Nach dem Tod des assyrischen Königs Samsi-Adad (Reg. 823–811 v. Chr.) führt dessen Witwe, die babylonische Prinzessin Semiramis (Sammuramat), die Regentschaft für ihren unmündigen Sohn. Schon zu Lebzeiten erlangt Semiramis legendären Ruf. Danach ist sie eine Tochter der syrischen Göttin Derketo, die wegen ihrer großen Klugheit und Schönheit von einem assyrischen Beamten mit Namen Onnes geheiratet wird. Der assyrische König Ninos jedoch findet Gefallen an der Frau seines Untertanen und vermählt sich mit ihr.

Nach dem Tod ihres Gemahls regiert Semiramis allein und errichtet in Babylon und Ekbatana, der Hauptstadet Mediens, gewaltige Bauten. Sie führt Feldzüge bis nach Baktiren und Indien, wo sie vernichtend geschlagen wird. Die Königin, der auch ein ausschweifendes Leben angedichtet wird, unternimmt sogar den Versuch, ihren Sohn zu beseitigen, denn für den noch unmündigen Adadnirari III. führt sie die Regierungsgeschäfte nur als Stellvertreterin. Nach dem Scheitern dieses Attentats verzichtet sie auf den Thron und steigt zu den Göttern auf.

Hängende Gärten bezaubern Griechen

Zwar gehören die prachtvollen Gärten zu den sieben Weltwundern der Antike, doch fehlen relevante archäologische Zeugnisse für eine derartige Anlage. Die Gärten werden von dem griechischen Schriftsteller Diodor beschrieben, der sie noch zur Zeit Cäsars (um 60 v. Chr.) in Babylon gesehen hat:

»Und dann war da noch der hängende Garten, Paradeisos. Man steigt hinauf wie auf einen Berg ... Siebeneinhalb Meter dicke Flankenmauern waren vollendet hergerichtet. Die Abdeckungen der Gänge schlossen steinerne Balken. Darauf ruhte zuerst eine Unterlage aus Rohr mit viel Asphalt, darauf eine doppelte Schicht von gebrannten Ziegeln, in Gips verlegt, darüber eine Bleideckung, damit nicht die Nässe der Fruchterde ... in die Tiefe hinabsickern sollte. Die Erde war in einer solchen Tiefe gehäuft, dass sie den Wurzeln der mannigfaltigen Bäume genügte, die ... den Betrachter wohl zu bezaubern vermochten.«

Eines der sieben Weltwunder: die hängenden Gärten der Semiramis, angelegt unter Nebukadnezar; Holzstich nach Zeichnung von Ferdinand Knab

Phöniker gründen Karthago

Die Phöniker sind die bedeutendste Handelsmacht im Mittelmeerraum. Ihre Expansion begann Mitte des 9. Jahrhunderts in Kition. Von Zypern ausgehend, knüpften sie das bronzezeitliche Handelsnetz neu und drangen weiter nach Westen vor.

■ **814 v. Chr.:** Phönikische Seefahrer aus Tyros gründen Karthago als neue Handelsniederlassung an der Küste Nordafrikas. Die Stadt entwickelt sich zu einem mächtigen Ort der antiken Welt. Begünstigt durch das reiche Hinterland, erlebt Karthago einen raschen Aufstieg und zählt bald 300 000 Einwohner. Die phönikischen Handelsstädte an der afrikanischen und spanischen Küste sowie auf den Inseln des westlichen Mittelmeeres dienen sowohl als Stützpunkte für die Schifffahrt als auch als Umschlagplätze für den Handel mit dem Binnenland.

Ausgrabungen von Karthago; die phönikische Handelsniederlassung liegt etwa 12 km nordöstlich des heutigen Tunis.

Jede Stadt beherbergt neben den Kaufleuten zahlreiche Handwerker und verfügt über eine eigene Infrastruktur mit einem Gericht, Theaterbauten und Tempeln. In Abgrenzung zur einheimischen Bevölkerung bleiben die Phöniker in ihren Handelsstützpunkten unter sich. Sie beabsichtigen nicht, die umliegenden Landstriche zu kolonisieren und Sitten, Glauben und Regierungsform zu beeinflussen.

Wichtige Exportgüter der Phöniker sind Glaswaren, in Großproduktion hergestellte Metallarbeiten und purpurgefärbte Gewebe, wobei der Farbstoff von den Kanarischen Inseln importiert wird. Auch Holz aus den Wäldern des heimischen Libanon wird gelegentlich exportiert: Für den Ausbau des Jerusalemer Tempels in der Regierungszeit König Salomos lässt König Hiram I. von Tyros Zedernholz nach Israel bringen.

Neben dem friedlichen Warenaustausch betätigen sich die Phöniker im Sklavenhandel. Sie scheuen auch nicht davor zurück, unliebsame Konkurrenten mit Waffengewalt auszuschalten: Die spanische Handelsstadt Tartessos, durch den Handel mit dem für die Bronzeherstellung notwendigen Zinn reich geworden, wird von den Phönikern zugunsten ihrer Niederlassung Gades (Cádiz) zerstört.

Obwohl die Bezeichnung Phöniker darauf hindeutet, gibt es in der phönikischen Sprache keine Bezeichnung für ein phönikisches Volk. Auch ein einheitliches Staatswesen existiert nicht. Auf dem Gipfel der Macht leben die Phöniker in einer Föderation von Stadtstaaten, vorher und nachher müssen sie sich mit Fremdherrschaften und mächtigen Nachbarn arrangieren. Den phönikischen Königen steht eine Adelsschicht zur Seite. Die wichtigsten phönikischen Städtegründungen waren Kition auf Zypern, Panormos (Palermo), Gades und Karthago. Als die Assyrer die Levante unterwerfen und den Handel zu monopolisieren suchen, setzt eine Auswanderungswelle der Phöniker ein. Sie müssen sich umstellen vom Bedarf der orientalischen Märkte auf die Nachfrage im Westen und geraten dabei in Konkurrenz zu den Griechen, die die Geschichte der nächsten 500 Jahre bestimmen werden.

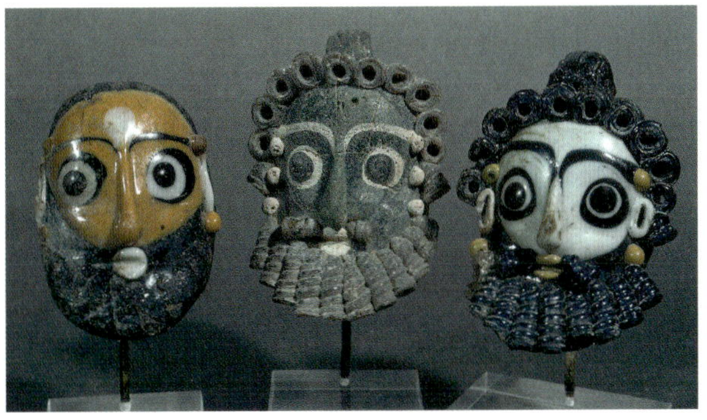

Phönikische Gesichter mit Bärten; 4. bis 3. Jahrhundert v. Chr.

800–701

um 800 v. Chr.

In West- und Mitteleuropa siedeln sich Kelten und Germanen an. Mit ihnen hält das Eisen Einzug in Europa. → S. 269

Wegen Expansionsbestrebungen des Südstaates Chou schließen Chinas Mittelstaaten eine Allianz. Die Entstehung faktisch unabhängiger Lehnsstaaten führt zu einem Verfall der Reichseinheit. → S. 274

776 v. Chr.

Die Siegerliste (Olympioniken-Liste) bei den Olympischen Spielen im Zeusheiligtum von Olympia wird angelegt (geführt bis 393 n. Chr.). → S. 269

753 v. Chr. (21. 4.)

Der Sage nach wird Rom von Romulus am Ufer des Tiber gegründet. Das Datum wird von dem römischen Schriftsteller Marcus Terentius Varro (116 bis 27) errechnet. → S. 268

nach 750 v. Chr.

Die Epen Ilias und Odyssee entstehen, die nach antiker Überlieferung dem Dichter Homer zugeschrieben werden. → S. 271

um 740 v. Chr.

Im 1. Messenischen Krieg (bis 720 v. Chr.) unterwirft der Stadtstaat Sparta die im südwestlichen Peloponnes ansässigen Messenier. → S. 274

733 v. Chr.

Der Korinther Archias gründet auf Sizilien die Siedlung Syrakus. Die Ausbreitung der griechischen Kultur über die Grenzen Griechenlands hinaus beginnt. → S. 270

722 v. Chr.

Der assyrische König Sargon II. (722–705 v. Chr.) erobert Samaria und deportiert die Israeliten. Israel geht im Assyrischen Großreich auf. Der Nachbarstaat Juda unterwirft sich mit einem hohen Tribut Assyrien und entgeht so dem Schicksal des Nordreiches. → S. 272

um 710 v. Chr.

Das Königreich Phrygien mit der Hauptstadt Gordion (heute Yassihüyük, 90 km westlich von Ankara) erreicht unter König Midas den Höhepunkt seiner Macht. Im Bund mit Urartu kann es sich zeitweise gegen die nach Kleinasien vordringenden Assyrer behaupten. → S. 277

704 v. Chr.

Sanherib wird assyrischer König (bis 681 v. Chr.). Er unternimmt Feldzüge nach Medien, Urartu, Syrien und Kilikien, dringt 701 v. Chr. erfolgreich in Palästina ein und erhebt Ninive zur Hauptstadt von Assyrien (bis 612 v. Chr.). → S. 272

700–601

um 700 v. Chr.

An der Küste Südperus endet die um 1100 v. Chr. begonnene ältere Phase der Paracas-Kultur. → S. 273

Der in Böotien lebende griechische Epiker Hesiod schafft in der »Theogonie« die Grundlage der griechischen Mythologie. → S. 275

um 695 v. Chr.

Das Reich der Phryger wird von den thrakischen Kimmeriern zerstört und verliert für immer seine Bedeutung. → S. 273

um 682 v. Chr.

Die ursprünglich lebenslängliche und im 8. Jahrhundert auf zehn Jahre festgesetzte Amtszeit der Athener Archonten (Inhaber der höchsten Staatsämter) wird auf ein Jahr beschränkt. Damit ist eine Entwicklung abgeschlossen, die vom aristokratischen Erbkönigtum zur demokratischen Jahresmagistratur geführt hat. → S. 277

660 v. Chr. (11. 2.)

Der offiziellen Überlieferung nach begründet Jimmu Tenno das japanische Kaiserreich. Jimmu Tenno gilt als Abkömmling der Sonnengöttin Amaterasu und zugleich als Ahnherr der bis in die Gegenwart herrschenden Kaiser.

um 650 v. Chr.

Die Griechen entwickeln eine neue Kampftechnik: den Hopliten. Die Hopliten sind schwer bewaffnete Fußkämpfer, die sich in einer geschlossenen Kampfreihe – Phalanx – auf den Gegner stürzen. → S. 276

648 v. Chr.

Assurbanipal, König von Assyrien (668–631 v. Chr.), stellt nach vierjährigem Bürgerkrieg gegen seinen Bruder Schamschschumukin die Reichseinheit wieder her. Ägypten ging während seiner Regierungszeit verloren. → S. 279

627 v. Chr.

Unter der bis 585 v. Chr. dauernden Tyrannis (adlige Alleinherrschaft) des Periandros erreicht Korinth den Höhepunkt seiner Macht. Unter den nach Kypselos, dem Vater des Periander, benannten Kypseliden, die nach dem Sturz der Oligarchie der Bakchiaden von 650 bis 580 v. Chr. die Tyrannis innehatten, wurde u. a. die Gründung von Kolonien gefördert. → S. 278

625 v. Chr.

Das iranische Reitervolk der Skythen dringt bis an die Grenzen Ägyptens vor. Der Versuch, den Machtbereich durch einen Angriff auf das assyrische Kernland auszudehnen, scheitert jedoch am Widerstand der Assyrer. → S. 283

um 624 v. Chr.

Drakon verfasst das älteste, wegen seiner »drakonischen Härte« sprichwörtlich gewordene Gesetzbuch der Athener. Er ersetzt die private Blutrache durch staatliche Rechtspflege und unterscheidet Mord von Totschlag.

612 v. Chr.

Im Bündnis mit den Babyloniern erobert Kyaxares, König der Meder (623–584 v. Chr.), nach Assur (614 v. Chr.) auch die assyrische Hauptstadt Ninive. Das Assyrische Reich wird zerschlagen und zwischen Medern und Babyloniern aufgeteilt. → S. 283

609 v. Chr.

Josia, König von Juda (639 bis 609 v. Chr.), nutzt den Verfall des Assyrischen Reiches aus, um dessen Oberherrschaft abzuschütteln und die Grenzen Judas zu erweitern. Er fällt jedoch im Kampf gegen Pharao Necho II. von Ägypten in der Schlacht bei Megiddo.

um 607 v. Chr.

Alyattes wird König der Lyder (bis 560 v. Chr.), das unter seiner Herrschaft seine größte Ausdehnung erreicht. In Lydien werden die ersten Münzen geprägt, zunächst aus Elektron, einer Legierung aus Gold und Silber. → S. 285, → S. 287

605 v. Chr.

In der Schlacht bei Karkemisch am oberen Euphrat besiegt der babylonische Kronprinz Nebukadnezar II. den ägyptischen König Necho II. Unter Nebukadnezar II. (Reg. 605–562 v. Chr.) erreicht das Neubabylonische Reich den Höhepunkt seiner Macht. → S. 284

600–501

um 600 v. Chr.

Auf Veranlassung des ägyptischen Königs Necho II. (Reg. 610–595 v. Chr.) erfolgt die erste Umseglung Afrikas durch Phönikier. Zugleich beginnt der Bau eines Kanals vom Nil zum Roten Meer. → S. 287

In Mytilene auf Lesbos wirkt die griechische Lyrikerin Sappho. Sie versammelt einen Kreis junger Mädchen um sich und unterweist sie in der Dichtkunst. → S. 285

594/93 v. Chr.

Der athenische Gesetzgeber Solon (um 640–um 560 v. Chr.) wird zum Archon und Schiedsrichter für die Neuordnung des unter sozialen Missständen leidenden Staates gewählt. Er reformiert die Verfassung von Athen. Damit wird die Teilnahme des Volkes (Demos) an politischen Entscheidungen institutionalisiert. →S. 289

586 v. Chr.

Der babylonische König Nebukadnezar II. erobert und zerstört bei der Niederschlagung eines Aufstands unter König Zedekia die Stadt Jerusalem und lässt einen Großteil der Juden nach Babylon deportieren. Die sog. Babylonische Gefangenschaft dauert bis 538 v. Chr. → S. 282

547 v. Chr.

Der Lyder-König Kroisus überschreitet aufgrund eines falsch ausgelegten delphischen Orakelspruchs den Grenzfluss Halys und unterliegt König Kyros II. von Persien. Nach der Niederlage von Kroisos geraten die Griechen Kleinasiens unter persische Herrschaft. → S. 288

546/45 v. Chr.

Der erfolgreiche Heerführer Peisistratos (um 600–528/27 v. Chr.) errichtet nach zwei Machtergreifungen (561/60 und um 558/57 v. Chr.), die beide keinen Bestand hatten, die Tyrannis in Athen. → S. 291

539 v. Chr.

Der Perserkönig Kyros II., der Große, besiegt Belsazar, den letzten Kronprinzen von Babylon, und gliedert Babylonien Persien ein. Das Ende des seit 626 v. Chr. bestehenden Neubabylonischen Reiches ermöglicht die Rückkehr der Juden aus der Babylonischen Gefangenschaft. →S. 288

538 v. Chr.

Polykrates errichtet die Tyrannis auf Samos. Er baut ein Söldnerheer auf und unterhält die stärkste Flotte im damaligen Griechenland. An seinem Hof leben die Dichter Anakreon und Ibykos. Der persische Satrap Oroites von Sardeis lässt ihn 522 v. Chr. in Magnesia am Mäander (Kleinasien) ermorden.

525 v. Chr. (Mai)

Der persische König Kambyses II. (Reg. 530–522 v. Chr.) erobert Ägypten. Er ist Nachfolger des 530 v. Chr. im Kampf gegen die Massageten im Ostiran gefallenen Kyros II. 522 v. Chr. stirbt Kambyses II. auf dem Rückmarsch von Ägypten nach Persien. → S. 292

um 525 v. Chr.

Der schulbildende Philosoph Pythagoras von Samos (um 570 bis um 497 v. Chr.) wandert nach Kroton (Crotone) in Unteritalien aus. → S. 290

513/12 v. Chr.

Während eines Feldzuges des persischen Königs Dareios I. gegen die Skythen wird die erste Schiffsbrücke über den Bosporus geschlagen.

um 509 v. Chr.

Nach der Abschaffung der Monarchie übernimmt der Adel Roms durch den 300 Mitglieder umfassenden Senat die politische Führung. → S. 292

508/07 v. Chr.

Der athenische Staatsmann Kleisthenes setzt eine Reform der Phylen (Stammes- und Staatenverbände) durch. Eine territoriale Neugliederung Attikas in zehn Phylen bricht die Macht der adeligen Sippenverbände. → S. 293

500–401

497 v. Chr.

Der chinesische Philosoph Konfuzius (latinisiert aus Kong Fuzi, 551–479 v. Chr.) verlässt seine Heimat im Staat Lu (in der heutigen Provinz Shandong). Während der Wanderjahre im Exil (bis 483 v. Chr.) werden seine Gedanken von seinen Schülern schriftlich niedergelegt. Sie werden ab dem 2. Jahrhundert v.Chr. zum Konfuzianismus systematisch zusammengefasst.

490 v. Chr. (September)

Bei Marathon an der Ostküste von Attika bereiten im Ersten Perserkrieg die Athener unter ihrem Feldherrn Miltiades den Persern unter Dareios I. eine Niederlage. → S. 294

486 v. Chr. (November)

Nach dem Tod von Dareios, der das persische Weltreich begründet hatte, folgt ihm als Großkönig sein Sohn Xerxes I. (bis 465 v. Chr.) nach. → S. 296

483 v. Chr.

In den Silberbergwerken von Laureion im Südosten Attikas werden neue Minen entdeckt. Der athenische Staatsmann Themistokles setzt durch, dass die Erträge zum Bau der athenischen Flotte verwendet werden. → S. 295

um 480 v. Chr.

Der indische Religionsstifter Buddha (Siddhartha Gautama, * 560 v. Chr.) stirbt in Kusinara (nach anderen Überlieferungen um 540 bzw. 370 v. Chr.). → S. 297

ab 480 v. Chr.

In der griechischen Kunst geht die archaische Epoche in das Zeitalter der Klassik über. → S. 297

479 v. Chr.

Das griechische Heer unter Führung des Spartanerkönigs Pausanias († um 467 v. Chr.) besiegt das Heer der Perser bei Platää in Böotien. Nachdem auch der Rest der persischen Flotte bei Mykale vernichtet worden ist, fallen die Griechen Kleinasiens vom Perser-Reich ab. → S. 298

477 v. Chr.

Unter Führung Athens wird der 1. Attische Seebund gegründet, ein Kampfbund der Griechen Kleinasiens und der Ägäischen Inseln zur Abwehr neuer persischer Offensiven. → S. 298

472 v. Chr.

Der griechische Tragödiendichter Aischylos (525/24–456/55 v. Chr.) bringt »Die Perser« zur Aufführung. Der oftmalige Sieger im Wettkampf der Tragiker kämpfte auch in den Perserkriegen mit. → S. 305

459 v. Chr.

Kämpfe zwischen Athen und den mit Sparta verbündeten Städten Korinth, Epidaurus, Ägina und Doris lösen den 1. Peloponnesischen Krieg aus (bis 446 v. Chr.). → S. 299

um 450 v. Chr.

Die Latène-Kultur löst die Hallstatt-Zeit ab. Die nach der schweizerischen Pfahlbaustation La Tène am Nordufer des Neuenburger Sees benannte Kultur prägt die kulturelle Landschaft Mitteleuropas während der letzten vier vorchristlichen Jahrhunderte. → S. 303

Das sog. Zwölftafelgesetz ist die erste schriftliche Aufzeichnung des römischen Rechts auf zwölf ehernen Tafeln und enthält zivil-, straf- und prozessrechtliche Normen. → S. 302

Perikles (um 490–429 v. Chr.) ordnet den Neuaufbau der Athener Akropolis an. Der griechische Bildhauer Phidias (nach 500 bis vor 423 v. Chr.) führt die Oberaufsicht über Bau- und Bildhauerarbeiten. → S. 300

446 v. Chr.

Der 1. Peloponnesische Krieg wird beendet. Athen und Sparta sollen für 30 Jahre Frieden halten. Athen verzichtet auf die Festlandsherrschaft, Sparta erkennt im Gegenzug den Attischen Seebund an.

443 v. Chr.

Der athenische Politiker Perikles (* um 490 v. Chr.) wird, gestützt auf die Mehrheit in der Volksversammlung, nach der Verbannung des Oligarchen Thukydides fast Alleinherrscher von Athen. Seine Regierungszeit (sog. Perikleisches Zeitalter bis zu seinem Tod 429 v. Chr.) ist der wirtschaftliche, kulturelle und politische Höhepunkt der Geschichte Athens. → S. 302

442 v. Chr.

Der griechische Schauspieler und Tragödiendichter Sophokles (um 496–um 406 v. Chr.) bringt sein Schauspiel »Antigone« zur Uraufführung. → S. 305

431 v. Chr.

Euripides (um 480-406 v. Chr.), nach Aischylos und Sophokles der größte griechische Tragödiendichter, bringt seine »Medea« zur Aufführung. → S. 305

Mit dem Einfall Spartas in Attika beginnt der 2. Peloponnesische Krieg zwischen Sparta und Athen um die Vorherrschaft in Griechenland. Auf Seiten Athens stehen der Attische Seebund, Thessalien und Teile Westgriechenlands, auf Spartas Seite der Peloponnesische Bund, die meisten mittelgriechischen Staaten und die Kolonien Korinths. Athen ist finanziell und zur See, Sparta zu Land überlegen. Der Krieg endet 404 v. Chr. mit der Niederlage Athens. → S. 304

um 425 v. Chr.

In Unteritalien stirbt der griechische Geschichtsschreiber Herodot (* um 485 v. Chr.). Der »Vater der Geschichtsschreibung« unternahm ausgedehnte Reisen nach Persien, Ägypten, Babylonien, der Cyrenaica sowie an das Schwarze Meer und verwendete das gesammelte Material in seinen neun Büchern der Geschichte.

vor 423 v. Chr.

Phidias (* nach 500 v. Chr.), der bedeutendste klassische Bildhauer Athens, stirbt. Zu seinen Hauptwerken zählen die Statuen der »Athene Parthenos« und das Kultbild des Zeustempels in Olympia, eines der sieben Weltwunder der Antike. → S. 301

um 420 v. Chr.

Der griechische Arzt Hippokrates von Kos (um 460–375 v. Chr.) ist auf der Höhe seines Wirkens. Nach Ansicht des »Vaters der Heilkunde« besteht das Wesen einer Krankheit in einer fehlerhaften Mischung der Körpersäfte. → S. 304

404 v. Chr.

Der persische Satrap Pharnabazos lässt auf Betreiben des spartanischen Feldherrn Lysander und der von Sparta in Athen eingesetzten 30 Tyrannen den athenischen Feldherrn Alkibiades (* um 450 v. Chr.) ermorden. Zwar stammte Alkibiades aus altem attischem Adel, jedoch wechselte er mehrfach die Fronten und kämpfte zeitweise für das mit Athen verfeindete Sparta. → S. 307

403 v. Chr.

Der demokratische Politiker Thrasybulos († 388 v. Chr.) vertreibt die auf Druck Spartas nach der Kapitulation der Athener eingesetzten 30 Tyrannen und erneuert im Einvernehmen mit Sparta die Demokratie in Athen. → S. 307

401 v. Chr.

Der persische König Artaxerxes II. Mnemon besiegt seinen Bruder Kyros in der Schlacht bei Kunaxa. Xenophon von Athen führt unter dem Oberbefehl des Spartaners Cheirisophos die von Kyros angeworbenen griechischen Söldner zurück zur Schwarzmeerküste. Er verfasst darüber den Bericht »Anabasis (Der Zug der Zehntausend)«.

400–301

399 v. Chr.

Der griechische Philosoph Sokrates (* 469 v. Chr.) wird als Jugendverführer angeklagt und muss den tödlichen Schierlingsbecher (Gift) trinken. → S. 308

387 v. Chr. (18. 7.)

Nach dem Sieg der Kelten an der Allia (einem Nebenfluss des Tiber) erobert ihr Anführer Brennus Rom bis auf das erbittert verteidigte Kapitol und plündert die Stadt. Brennus erzwingt ein hohes Lösegeld (»vae victis!« = »Wehe den Besiegten!«) für den Abzug aus Rom. → S. 309

um 385 v. Chr.

Der griechische Philosoph Platon (428/27–348/47 v. Chr.) begründet eine Philosophenschule im Heiligtum des Heros Akademos (Akademie). → S. 312

380 v. Chr.

Nektanebos I. stürzt Nepheritis II., den letzten König der 29. Dynastie Ägyptens, nach nur viermonatiger Amtszeit und begründet die 30. Dynastie (bis 343 v. Chr.). Es ist die Letzte, die über ein unabhängiges Ägypten herrscht. → S. 310

371 v. Chr. (5. 8.)

Der Sieg der von dem böotischen Bundesfeldherrn Epaminondas (um 420–362 v. Chr.) befehligten Thebaner über die Spartaner beendet die von den Persern unterstützte spartanische Vorherrschaft über Griechenland. Erstmals kommt die sog. schiefe Schlachtordnung zur Anwendung. Theben, das 379 v. Chr. den Böotischen Bund gegen Sparta ins Leben gerufen hat, steigt zeitweise zur führenden Macht in Griechenland auf. → S. 310

um 360 v. Chr.

Der griechische Philosoph Diogenes von Sinope (um 412 bis 323 v. Chr.), ein Schüler des Antisthenes, ist der Hauptvertreter der kynischen Philosophie. Er lehrt Kosmopolitismus und Gleichgültigkeit gegen alle äußeren Kulturgüter.

359 v. Chr.

Philipp II. (um 382–336 v. Chr.) wird Regent in Makedonien. Er erhebt Makedonien zur Großmacht und schließt alle Griechenstädte des Mutterlandes (außer Sparta) im Korinthischen Bund unter seiner Führung zusammen. → S. 311

353 v. Chr.

Mausolos, Herrscher und persischer Satrap von Karien (seit 377 v. Chr.), stirbt. Sein von seiner Schwester und Gattin Artemesia als Grabmal in Auftrag gegebenes Mausoleum in Halikarnassos gilt als eines der sieben Weltwunder der Antike.

342 v. Chr.

Der griechische Philosoph Aristoteles von Stageia (384–322 v. Chr.) wird Lehrer des makedonischen Kronprinzen Alexander und begründet um 335 v. Chr. in Athen eine eigene Philosophenschule. → S. 312

338 v. Chr. (2. 8.)

Nach Abschluss eines Freundschaftsvertrages mit Persien (343 v. Chr.) besiegt König Philipp II. von Makedonien in der Schlacht von Chaironeia im westlichen Böotien die verbündeten Athener und Thebaner. Dies ist das Ende der politischen Eigenständigkeit der griechischen Stadtstaaten.

336 v. Chr. (Sommer)

König Philipp II. von Makedonien fällt während der Hochzeit seiner Tochter Kleopatra mit Alexander von Epeiros einem Attentat zum Opfer. Seine Nachfolge tritt sein Sohn Alexander III., der Große (356–13. 6. 323 v. Chr.), an.

335 v. Chr. (Herbst)

Nach einem erfolgreichen Feldzug gegen Thraker und Illyrer an der makedonischen Nordgrenze sowie der Niederschlagung von Aufständen in Griechenland lässt der makedonische König Alexander III. die Stadt Theben bis auf die Kultstätten und das Haus des Lyrikers Pindar (um 518–nach 446 v. Chr.) zerstören. Athen bleibt unbehelligt, obwohl die Stadt die Auslieferung des Makedonien-Gegners Demosthenes (384 bis 322 v. Chr.) verweigert. → S. 316

333 v. Chr. (November)

Nach seinem Sieg über die Perser in der Schlacht am Granikos (Mai 334 v. Chr.) besiegt der makedonische König Alexander III., der Große, erneut das Heer des persischen Großkönigs Dareios III. bei Issos. → S. 315

323 v. Chr. (13. 6.)

Der makedonische König Alexander III., der Große, stirbt in Babylon an Fleckfieber. Er hinterlässt das größte Reich in der Geschichte der Alten Welt.

322 v. Chr.

Tschandragupta Maurya löst die Nanda-Dynastie ab, erobert ganz Nordindien sowie das Dekan-Hochland und besetzt nach einem Vertrag mit Seleukos I. Nikator 305 v. Chr. die griechisch-makedonischen Eroberungen bis nach Afghanistan. → S. 317

321 v. Chr.

Die Diadochen (Nachfolger) des Makedonenherrschers Alexander III. kämpfen um die Macht. In den bis 281 v. Chr. andauernden Diadochenkriegen zerfällt das Reich in fünf Einzelmonarchien. Die legitimen und illegitimen Nachkommen Alexanders werden in den folgenden Jahren ermordet. → S. 316

312 v. Chr.

Die Via Appia von Rom nach Capua wird von dem römischen Zensor (Magistratsbeamten) Appius Claudius Caecus als die erste größtenteils gepflasterte Straße begonnen und 267 v. Chr. über Benevent und Tarent nach Brindisi verlängert. → S. 321

306 v. Chr.

Der makedonische Feldherr Antigonos I. Monophthalmos (um 382–301 v. Chr.) nimmt den Königstitel von Makedonien an, ebenso Demetrios I. Poliorketes (336–283 v. Chr.) als sein Mitregent. → S. 316

Der griechische Philosoph Epikur von Samos (341–270 v. Chr.) gründet in Athen eine Schule (in einem Garten, daher »Gartenphilosophen«). Philosophie ist ihm vor allem Anleitung zu rechter Lebensführung (Ethik); er lehrt ein Leben des klugen, zurückgezogenen Lebensgenusses (Epikureismus).

300–201

um 300 v. Chr.

Der griechische Mathematiker Euklid wirkt in Alexandria. In den »Elementen« fasst er in 13 Büchern das mathematische Wissen seiner Zeit systematisch zusammen. → S. 320

um 300 v. Chr.

Im nordamerikanischen Ohiogebiet entsteht die indianische Hopewell-Kultur (bis 300 n. Chr.). → S. 320

282 v. Chr.

Philetairos begründet in Pergamon (Kleinasien) ein selbständiges Fürstentum. Es steht zunächst in Abhängigkeit von den Seleukiden, wird aber unter Attalos I. (241–197 v. Chr.) zum Königreich erhoben. Das Pergamenische Reich gelangt 133 v. Chr. durch Erbschaft an Rom.

281 v. Chr.

Mithridates I. erhebt sich zum König (bis 266 v. Chr.) von Pontos (im nördlichen Kleinasien). Das Land wird später römischer Klientelstaat sowie römische Provinz.

280 v. Chr.

König Pyrrhos, Herrscher der Molosser, landet in Süditalien und nimmt den Kampf gegen Rom auf. → S. 322

275 v. Chr.

In der Elefantenschlacht besiegt der Seleukidenherrscher Antiochos I. Soter (324/23–261 v. Chr.) die in Kleinasien eingedrungenen Galater und weist ihnen in Phrygien Land zu. Ihre Hauptstadt wird Ankyra (das heutige Ankara). → S. 323

272 v. Chr.

Der Versuch von Pyrrhos, König der Molosser, nach seinem Scheitern gegen die Römer die Herrschaft über Griechenland zu erringen, schlägt fehl. Im Kampf gegen den mit Sparta verbündeten Makedonenherrscher Antigonos II. Gonatas (um 319–239 v. Chr.) fällt Pyrrhos beim Straßenkampf in Argos. → S. 322

268 v. Chr.

Der indische Maurya-Kaiser Ashoka (um 290–232 v. Chr.) einigt erstmals in seiner Geschichte Indien. → S. 323

264 v. Chr.

Der 1. Punische Krieg (bis 241 v. Chr.) zwischen den Römern und den Karthagern (Puniern) um die Vorherrschaft im westlichen Mittelmeerraum beginnt mit dem römischen Eingreifen in Messina (Sizilien) zugunsten der Mamertiner. Hieron II. von Syrakus steht anfangs auf karthagischer Seite, tritt jedoch bald zu den Römern über.

264 v. Chr.

Erstmals werden im Rahmen einer Beisetzung in Rom öffentliche Fechterspiele nach der Art der Etrusker abgehalten. Schauplatz der Kämpfe der Gladiatoren (nach lateinisch »gladius«, Schwert) ist der Rindermarkt (Forum boarium).

um 248 v. Chr.

Der griechische Gelehrte und Dichter Eratosthenes aus Kyrene (um 275–195 v. Chr.) wird Leiter der Bibliothek von Alexandria in Ägypten. Er begründet die Chronologie und berechnet annähernd richtig den Umfang der Erdkugel aus den Sonnenhöhen an zwei Punkten des gleichen Meridians. → S. 325

241 v. Chr. (10. 3.)

Die Seeschlacht bei den Ägadischen Inseln entscheidet den 1. Punischen Krieg (264–241 v. Chr.) für Rom. Die Karthager verlieren Sizilien und die umliegenden Inseln. Sizilien wird römische Provinz bis auf die Ostküste mit Syrakus als Zentrum. → S. 324

241 v. Chr.

Attalos I. Soter (269–197 v. Chr.) wird König von Pergamon (Kleinasien). In seiner Regierungszeit kommt wegen einer Ausfuhrsperre des Papyrus-Schreibmaterials durch die Ptolemäer in Ägypten das Pergament als Schreibstoff von Pergamon aus in Umlauf.

240 v. Chr.

Der aus Tarent gebürtige Dichter Lucius Livius Andronicus (um 284 bis um 204 v. Chr.) legt durch die Nachdichtung griechischer Tragödien und Komödien die Grundlagen der lateinischen Literatur.

223 v. Chr.

Der Koloss von Rhodos, eine etwa 32 m hohe Bronzestatue des Sonnengottes Helios, von Chares von Lindos um 285 v. Chr. erbaut, stürzt bei einem Erdbeben ein.

221 v. Chr.

Fürst Zheng von Qin nimmt den Titel Qin Shihuang-ti (Erster Kaiser) an. Er begründet die kurzlebige Qin-Dynastie (bis 206 v. Chr.) und wird zum eigentlichen Gründer des Chinesischen Reichs. → S. 326

218 v. Chr. (Frühjahr)

Der 2. Punische Krieg (218–201 v. Chr.) zwischen den Römern und den Karthagern (Puniern) beginnt. Der karthagische Feldherr Hannibal (247/246–183 v. Chr.) überschreitet den Ebro, überquert die Alpen und dringt in Italien ein. → S. 328

216 v. Chr. (August)

Im 2. Punischen Krieg besiegt der karthagische Feldherr Hannibal bei Cannae ein römisches Heer. Er kann jedoch Rom nicht einnehmen und die latinischen Bundesgenossen nicht zum Abfall von Rom bringen. → S. 327

212 v. Chr.

Im 2. Punischen Krieg (218 bis 201 v. Chr.) erobert der römische Feldherr Marcus Claudius Marcellus († 208 v. Chr.) Syrakus, das nach dem Tod von König Hieron II. im Jahr 215 v. Chr. auf karthagische Seite übergetreten war. → S. 328

Der griechische Mathematiker Archimedes (* um 285 v. Chr.) wird von römischen Soldaten erschlagen. → S. 328

206 v. Chr.

Der Bauernrebell Liu Bang beseitigt die seit 221 v. Chr. bestehende chinesische Qin-Dynastie und begründet die Han-Dynastie, die bis 22 n. Chr. Bestand hat. → S. 329

201 v. Chr.

Der 2. Punische Krieg ist beendet. Nach dem Friedensschluss wird die karthagische Flotte bis auf zehn Schiffe verbrannt. 1000 Talente Kriegsentschädigung müssen an Rom bezahlt werden, Karthago muss den größten Teil seiner afrikanischen Besitzungen aufgeben. Jede Selbstverteidigung ist ohne römische Zustimmung untersagt.

200–101

196 v. Chr.

Der römische Konsul Titus Quinctius Flaminius erklärt bei den Isthmischen Spielen in Korinth nach dem römischen Sieg über Makedonien die griechischen Staaten für unabhängig. → S. 331

186 v. Chr.

Ein Beschluss des römischen Senats verbietet wegen zunehmender Üppigkeit und Ausschweifungen private Kultvereinigungen für den Weingott Bacchus (Dionysos). → S. 330

184 v. Chr.

Der römische Dichter Titus Maccius Plautus (* um 250 v. Chr.) stirbt. Seine Komödien, davon 21 erhaltene, sind Bearbeitungen griechischer Vorlagen unter Anpassung an römische Verhältnisse. → S. 331

um 180 v. Chr.

In der Zeit seiner Herrschaft stiftet Eumenes II. Soter, König von Pergamon (197–159 v. Chr.), den Pergamonaltar. → S. 332

König Ptolemaios V. von Ägypten erlässt ein Edikt in drei Sprachen: in ägyptischen Hieroglyphen, in Deotisch (Umgangssprache des Neuägyptischen Reiches) und in Griechisch. Die Verordnung wird in eine Steinplatte aus schwarzem Basalt (»Stein von Rosette«) eingemeißelt. → S. 333

um 171 v. Chr.

Mithridates I. wird König von Parthien (bis 139/38 v. Chr.) und macht das Land zur Großmacht im alten Orient. Bis 141 v. Chr. erobert er fast ganz Mesopotamien.

169 v. Chr.

Der Seleukidenkönig Antiochos IV. raubt den Tempelschatz Jerusalems und löst den Makkabäeraufstand aus. → S. 333

146 v. Chr.

Am Ende des von Rom aus Furcht vor dem Wiederaufstieg Karthagos herbeigeführten 3. Punischen Krieges (149–146 v. Chr.) wird Karthago endgültig von Publius Cornelius Scipio Aemilianus Africanus Minor (185–129 v. Chr.) erobert und zerstört. → S. 334

146 v. Chr.

Korinth, die wichtigste Stadt des Achäischen Bundes, wird von den Römern zerstört, seine Bevölkerung wird getötet oder versklavt. → S. 334

133 v. Chr.

Gegen den Widerstand des römischen Senats und der Latifundienbesitzer wird auf Initiative des Volkstribunen Tiberius Sempronius Gracchus (162 bis 133 v. Chr.) eine Landreform verkündet, die auf eine Neuverteilung des großteils in den Händen der adligen Großgrundbesitzer befindlichen Gemeindelandes (ager publicus) abzielt. Gracchus wird im ausbrechenden Straßenkampf von Senatoren erschlagen. → S. 335

um 130 v. Chr.

Nachdem die Liebesgöttin Aphrodite bereits in der griechischen Antike hohe Verehrung erfahren hat, steuert der Kult um Venus, das römische Pendant der Göttin der Liebe und Schönheit, auf seinen Höhepunkt zu. → S. 338

105 v. Chr. (6. 10.)

Kimbern und Teutonen besiegen die Römer in der Schlacht bei Arausio (Orange) an der Rhône. → S. 339

105 v. Chr.

Der römische Feldherr Gaius Marius (158/57–86 v. Chr.) besiegt den numidischen König Jugurtha (nach 160–104 v. Chr.) in Nordafrika und beendet damit den sog. Jugurthinischen Krieg (seit 111 v. Chr.). Jugurtha wird nach Rom gebracht, im Triumphzug mitgeführt und anschließend erdrosselt.

104 v. Chr.

Der römische Konsul Gaius Marius setzt die nach ihm benannte Heeresreform durch, womit u. a. erstmals auch besitzlose römische Bürger (Proletarier) als Legionäre für die Armee rekrutiert werden können. → S. 338

100–1

um 100 v. Chr.

Skythische Reiterscharen dringen von Nordwesten her nach Indien ein und beginnen mit der Eroberung des indischen Subkontinents. Die Skythen sind ein iranisches Reiter- und Nomadenvolk. Sie sind Viehzüchter und gelten als gefürchtete Bogenschützen. → S. 341

91 v. Chr.

Aus Protest gegen die Verweigerung des vollen Bürgerrechts durch den römischen Senat erheben sich die minderberechtigten italischen Verbündeten gegen Rom. Der Bundesgenossenkrieg wird 88 v. Chr. durch den Sieg des römischen Feldherrn Lucius Cornelius Sulla (138–78 v. Chr.) beendet. Alle Italiker südlich des Po erhalten das römische Bürgerrecht.

88 v. Chr.

Im 1. Mithridatischen Krieg (89 bis 85 v. Chr.) erobert König Mithridates VI. Eupator von Pontos Bithynien sowie die römische Provinz Asia und lässt 80 000 in Kleinasien lebende Römer hinrichten (»Vesper von Ephesos«). Athen, Sparta und andere griechische Städte stellen sich auf seine Seite. Der römische Feldherr Lucius Cornelius Sulla zwingt im Sommer 85 v. Chr. Mithridates zum Frieden. → S. 340

82 v. Chr.

Der römische Feldherr Lucius Cornelius Sulla kehrt nach seinem erfolgreichen Kampf gegen Mithradates VI. Eupator von Pontos nach Rom zurück und beendet gewaltsam die Macht der Popularen. → S. 341

73 v. Chr.

Spartacus entflieht aus der Gladiatorenschule von Capua und schart ein Sklavenheer um sich. Nach anfänglichen Erfolgen wird er vom römischen Feldherrn Marcus Licinius Crassus (um 115–53 v. Chr.) zur Südspitze Italiens abgedrängt und 71 v. Chr. bei Potelia besiegt. 6000 Sklaven werden an der Via Appia gekreuzigt. → S. 342

67 v. Chr.

Gegen den Widerstand des Senats erhält Gnaeus Pompeius Magnus eine auf drei Jahre befristete außerordentliche militärische Befehlsvollmacht zur Bekämpfung der Seeräuberei im Mittelmeer. Die Insel Kreta wird von den Römern unterworfen und 64 v. Chr. als Provinz eingerichtet.

64 v. Chr.

Gnaeus Pompeius Magnus setzt den letzten Seleukidenherrscher Antiochos XIII. Asiatikos ab und erklärt das ihm noch verbliebene Land Syrien zur römischen Provinz Syria. Pompeius, dem 66 v. Chr. der Oberbefehl im 3. Mithridatischen Krieg (74 bis 64 v. Chr.) gegen Mithridates VI. Eupator von Pontos übertragen worden ist, erobert im gleichen Jahr Pontos. Mithridates begeht Selbstmord, nachdem sich sein Sohn, der spätere König Pharnakes II., gegen ihn erhoben hat.

63 v. Chr.

Der römische Feldherr Gnaeus Pompeius Magnus greift in den Bruderkampf der Hasmonäer in Jerusalem ein, erobert den Tempelbezirk und bestätigt Johannes Hyrkanos II. als Hohepriester.

Der römische Politiker, Schriftsteller und Philosoph Marcus Tullius Cicero (106–43 v. Chr.) deckt als Konsul die Verschwörung des Adligen Lucius Sergius Catilina (um 108–62 v. Chr.) auf und lässt seine Anhänger hinrichten. → S. 343

60 v. Chr.

Als dem römischen Feldherrn Gnaeus Pompeius Magnus nach seiner Rückkehr aus dem Osten die Ratifizierung seiner Anordnungen in Asien und seinen Veteranen das versprochene Ackerland verweigert werden, geht Pompeius mit Gaius Julius Cäsar (100–44 v. Chr.) und Marcus Licinius Crassus ein Bündnis (1. Triumvirat) ein, das 56 v. Chr. erneuert wird. → S. 343

58 v. Chr.

Als Prokonsul geht Gaius Julius Cäsar nach Gallien. Er unterwirft bis zum Jahr 51 v. Chr. das Gebiet des heutigen Frankreich, Belgien und der Niederlande bis zum Rhein, dringt 55 und 53 v. Chr. über den Rhein in germanisches Gebiet vor und setzt 55 und 54 v. Chr. zweimal nach Britannien über. → S. 345

55 v. Chr.

Gnaeus Pompeius Magnus und Marcus Licinius Crassus werden zum zweiten Mal römische Konsuln. Sie teilen mit dem dritten Triumvirn Gaius Julius Cäsar die Verwaltung der Provinzen unter sich auf: Cäsar bleibt in Gallien, Crassus geht nach Syrien, Pompeius erhält beide spanische Provinzen. → S. 344

52 v. Chr.

Gaius Julius Cäsar wirft einen von Vercingetorix († 46 v. Chr.) geführten Aufstand der Gallier in der Schlacht bei Alesia nieder. Über seinen Feldzug verfasst Cäsar seine »Commentarii de bello Gallico«. Während dieses Feldzuges wird auch Lutetia Parisiorum (Paris) von den Römern erobert. → S. 345

49 v. Chr. (11. 1.)

Gaius Julius Cäsar überschreitet mit seinem Heer den Rubikon (damals der Grenzfluss zwischen Italien und Gallien) und entfesselt den römischen Bürgerkrieg. Zuvor hatte ihn am 1. Januar 49 v. Chr. der Senat aufgefordert, sein Heer zu entlassen.

48 v. Chr. (9. 8.)

Bei Pharsalos in Thessalien bringt Gaius Julius Cäsar seinem Rivalen Gnaeus Pompeius Magnus eine entscheidende Niederlage bei. Pompeius entweicht nach Ägypten und wird dort am 28. September 48 v. Chr. auf Befehl des Königs Ptolemaios XIII. ermordet.

48 v. Chr.

Bei der Verfolgung des Gnaeus Pompeius Magnus besetzt Gaius Julius Cäsar das ägyptische Alexandria und entscheidet den ptolemäischen Thronstreit für Kleopatra VII. (69–30 v. Chr.), die er 47 v. Chr. als Königin Ägyptens einsetzt. Die Bibliothek von Alexandria, eine der größten der damaligen Welt, geht bei den Kämpfen in Flammen auf.

47 v. Chr. (2. 8.)

Gaius Julius Cäsar besiegt in der Schlacht bei Zela (Zile, südlich von Amasya, Kleinasien) den Herrscher von Pontos, Pharnakes II. (veni, vidi, vici = »ich kam, sah und siegte«).

46 v. Chr.

Gaius Julius Cäsar führt eine Kalenderreform durch. Der julianische Kalender wird erst 1582 in den katholischen Ländern durch den gregorianischen Kalender ersetzt. An die Stelle des Mondjahres zu 354 bis 355 Tagen tritt das Sonnenjahr zu 365 Tagen mit einem zusätzlichen Schalttag alle vier Jahre.

44 v. Chr. (15. 3.)

Gaius Julius Cäsar (* 13. 7. 100 v. Chr.) wird von den Gegnern seiner Alleinherrschaft in der letzten Senatssitzung vor seinem Aufbruch zum geplanten Krieg gegen die Parther in Rom erstochen. → S. 344

43 v. Chr. (27. 11.)

Marcus Antonius, Octavian und Marcus Aemilius Lepidus (90 bis 13 v. Chr.) schließen das 2. Triumvirat. Das auf fünf Jahre befristete (später verlängerte), mit diktatorischen Vollmachten zur Neuordnung des römischen Staates versehene Bündnis enthält auch Vereinbarungen über die Proskription der politischen Gegner, u. a. von Marcus Tullius Cicero, der am 7. Dezember 43 v. Chr. bei Formiae ermordet wird. → S. 346

42 v. Chr. (1. 1.)

Der am 15. März 44 v. Chr. ermordete Gaius Julius Cäsar wird vom römischen Senat zum Gott (divus Iulius) erklärt.

42 v. Chr. (Herbst)

Marcus Antonius und Octavian besiegen in der Doppelschlacht bei Philippi (nordwestlich von Kavala, Griechenland) die Cäsarmörder Marcus Iunius Brutus und Gaius Cassius Longinus, die daraufhin Selbstmord begehen.

40 v. Chr. (Herbst)

Im Vertrag von Brundisium (Brindisi) vereinbaren die römischen Triumvirn eine Teilung ihrer Einflusssphären: Marcus Antonius erhält den Osten, Octavian den Westen und Marcus Aemilius Lepidus Afrika. Italien – dem 41 v. Chr. die bisherige Provinz Gallia Cisalpina angeschlossen worden ist – bleibt als Aushebungsgebiet der Triumvirn neutral.

39 v. Chr.

Der römische Politiker und Historiker Gaius Sallustius Crispus Sallust (1. 10. 86–13. 5. 34 v. Chr.) beginnt mit der Erarbeitung der »Historiae«, einem kulturkritischen Werk zur Zeitgeschichte bis 67 v. Chr.

37 v. Chr.

Der einer einflussreichen altjüdischen Familie Idumäas entstammende Herodes I. (um 72 bis 4 v. Chr.), der Große, wird von den Römern zum Klientelkönig von Galiläa und Judäa ernannt (bis 4 v. Chr.). Er macht sich u. a. wegen seiner prorömischen Politik unter den Juden unbeliebt. → S. 346

36 v. Chr.

Der römische Feldherr Marcus Vipsanius Agrippa besiegt bei Naulochos an der Nordspitze Siziliens Sextus Pompeius, der daraufhin nach Kleinasien flieht und 35 v. Chr. in Milet getötet wird. Marcus Aemilius Lepidus, der sich mit Sextus Pompeius verständigt hat, wird aus dem Triumvirat ausgeschlossen.

Marcus Antonius ehelicht die ägyptische Königin Kleopatra VII. Die Ehe mit Marcus Antonius, aus der drei Kinder hervorgehen, führt zur Verschärfung des ohnehin gespannten Verhältnisses zwischen Marcus Antonius und Octavian.

31 v. Chr. (2. 9.)

In der entscheidenden Seeschlacht bei Actium am Golf von Ambrakia vor der Westküste Griechenlands besiegt Octavians Heerführer Marcus Vipsanius Agrippa die Flotte der ägyptischen Königin Kleopatra VII. → S. 347

30 v. Chr. (12. 8.)

Zwölf Tage nach dem Selbstmord des Marcus Antonius begeht Kleopatra VII. (* 69 v. Chr.) Selbstmord durch Schlangenbiss, um nicht im Triumphzug nach Rom mitgeführt zu werden. Zuvor hat Octavian ihre Hoffnung enttäuscht, Ägypten für einen ihrer Söhne retten zu können.

29 v. Chr. (13. 8.)

Der als Sieger des Bürgerkriegs heimgekehrte Octavian feiert einen dreifachen Triumph in Rom. Er verteilt großzügige Geldgeschenke an Soldaten und Bürger. Den Janus-Tempel lässt er als Zeichen des Friedenszustandes schließen.

29 v. Chr.

Der Dichter Vergil (Publius Vergilius Maro, 15. 10. 70–21. 9. 19 v. Chr.) beginnt das römische Nationalepos »Aeneas« (12 Bücher, rund 10 000 Verse), das in Form eines erzählenden Heldenepos, die Irrfahrten geflüchteter Trojaner unter Aeneas und ihre Kämpfe um Latium beschreibt. → S. 349

27 v. Chr.

Octavian legt die mit allen Vollmachten versehene Triumviratsgewalt nieder und stellt damit formal die römische Republik wieder her. Er erhält jedoch für zehn Jahre die prokonsularische Befehlsgewalt (Imperium proconsulare) in den Provinzen Ägypten, Syrien, Gallien und Spanien. Am 16. Januar 27 v. Chr. wird ihm der Ehrentitel »Augustus« verliehen. → S. 348

25 v. Chr.

Galatien im zentralen Kleinasien wird nach dem Tod von König Amyntas (Reg. 36–25 v. Chr.) als römische Provinz Galatia eingerichtet.

23 v. Chr. (23. 6.)

Augustus erhält die Amtsgewalt und damit die Unantastbarkeit eines Volkstribunen (Tribunicia potestas) auf Lebenszeit. 19 v. Chr. wird er durch die Verleihung der konsularischen Gewalt (Imperium consulare) auf Lebenszeit den römischen Konsuln auch protokollarisch gleichgestellt. → S. 348

20 v. Chr.

Augustus schließt einen Verständigungsvertrag mit den Parthern. Deren König Phraates IV. gibt die von Marcus Licinius Crassus in der Schlacht bei Carrhae 53 v. Chr. verlorenen Feldzeichen zurück. Gefangene werden ausgetauscht und die Grenze am Euphrat wird bestätigt.

19 v. Chr.

Nach Unterwerfung der spanischen Stämme richten die Römer die Provinzen Baetica im Süden, Lusitania im Westen und Tarraconensis im Nordosten ein. Spanien wird romanisiert und liefert dem römischen Weltreich vor allem Edelmetalle, Getreide, Wein und Öl.

18 v. Chr.

Paekche wird als Letztes der drei koreanischen Teilkönigreiche schriftlich erwähnt, nach Silla (seit 57 v. Chr.) und Koguryo (37 v. Chr.). → S. 349

13 v. Chr.

Nero Claudius Drusus Germanicus (14. 1. 38–9 v. Chr.) wird zum Statthalter Galliens und Oberbefehlshaber der Rheinfront ernannt. Er kämpft erfolgreich gegen die Germanen am Niederrhein und stößt 9 v. Chr. bis zur Elbe vor.

Nach dem Tod Marcus Aemilius Lepidus' (* 90 v. Chr.) übernimmt Augustus das höchste römische Priesteramt des Pontifex maximus.

9 v. Chr.

Der römische Feldherr Tiberius Claudius Nero, ein Stiefsohn des Augustus, versucht die noch freien Germanenstämme zu unterwerfen. → S. 351

8 v. Chr.

Der achte Monat des julianischen Kalenders (Sextilis) wird zu Ehren des römischen Kaisers in Augustus (August) umbenannt.

um 4 v. Chr.

Jesus von Nazareth wird in Galiläa geboren. Er entstammt einer jüdischen Familie aus dem bäuerlichen Milieu Palästinas. Er trägt den biblischen Namen Josua, »Der Herr hilft«, was griechisch mit »Jesus« wiedergegeben wird. Jesus wird später als Messias gefeiert und zum Gründer einer Weltreligion. → S. 350

4 v. Chr.

Nach dem Tod König Herodes des Großen wird sein römisches Klientelreich auf drei Söhne aufgeteilt: Archelaos erhält Judäa, Samaria und Idumäa, Herodes Antipas I. verwaltet (bis 39 n. Chr.) Galiläa und Peräa, Philippus (bis 34 n. Chr.) bekommt die Gebiete im Nordosten.

Die klassische Antike

Mit dem Beginn der Eisenzeit erlebt Europa erneut eine Situation des Umbruchs. Das harte Metall bringt eine Reihe dauerhafter Kulturen hervor, die das Gesicht der Welt entscheidend verändern: Kelten, Griechen und Römer kämpfen um die Vorherrschaft. Auch in Indien und China beginnt eine Zeit kriegerischer Konflikte. So fern diese Kulturen voneinander getrennt sind, ist ihnen doch eins gemein: Am Ende gewinnt der Stärkste ein Reich von gewaltiger Größe.

Entstehung der griechischen Staatenwelt

Nach einer Periode der Zerrissenheit durch verschiedene Wanderungen bildet sich in Griechenland eine politische Landkarte heraus, die den griechischen Kulturkreis bis zu seiner Eingliederung ins Römische Reich prägen soll. Die Zerklüftung Griechenlands und Kleinasiens sowie die zahlreichen Inseln in der Ägäis begünstigen das Entstehen vieler kleiner staatlicher Einheiten (»Poleis«, im Singular »Polis«) mit einem städtischen Mittelpunkt, in oder bei dem sich oft eine Burg (Akropolis) mit einem Heiligtum befindet. Die »politische« Gemeinschaft ist zugleich Kultgemeinschaft. Alle Griechen eint – neben dem Bewusstsein der sprachlichen Verwandtschaft – der gemeinsame Kultus der Götter um den Himmelsvater Zeus.

Die relative Kargheit des Landes verweist die meisten Poleis auf den Handel – vor allem mit den einheimischen Hauptprodukten Wein und Öl sowie mit Krügen zu deren Transport – und damit hinaus aufs Meer. Dies führt zu engen Beziehungen mit dem Seefahrer- und Handelsvolk der Phöniker. Deren Schrift wird übernommen und zum griechischen Alphabet umgestaltet, von dem sich später die Schrift der Römer ableitet.

02732
Arrianus über Alexander den Großen

Der Bevölkerungsüberschuss macht die Suche nach geeigneten Plätzen für die Neuanlage von Siedlungen außerhalb des Staatsgebietes erforderlich. Vom 8. bis zum 6. Jahrhundert v. Chr. werden zahlreiche Pflanzstädte an den Gestaden der Mittelmeerwelt überall dort angelegt, wohin die Phöniker nicht gelangt sind, besonders am Schwarzen Meer und in Libyen, in Süditalien und Sizilien sowie an der heute französischen Mittelmeerküste.

02731
Plutach: Alexander und Diogenes

Erbitterte Rivalen: Sparta und Athen

Zwei Staatswesen treten mit der Zeit in besonderem Maß hervor: Athen und Sparta. Der Aufstieg Athens geht mit seiner Vorreiterrolle im Kampf gegen die persischen Invasoren einher und mit dem Bestreben, die Freiheit der Griechenstädte Kleinasiens aufrechtzuerhalten. Im Delisch-Attischen Seebund vereinigt Athen den größten Teil der ägäischen Inselwelt unter seiner Führung. Damit stellt sich die neue Seemacht Athen neben die traditionelle Landvormacht Sparta.

Die Rivalität der beiden griechischen Vormächte führt zum Peloponnesischen Krieg (431–421 und 415–404 v. Chr.), der mit der Niederlage Athens und der Auflösung des Seebunds endet. Spartas Hegemonie bedeutet aber keineswegs die dauerhafte Sicherung des ersehnten Friedens. Nach weiteren Jahrzehnten der Kriege greift Mitte des 4. Jahrhunderts v. Chr. der makedonische König Philipp II. von Norden her in den griechischen Machtkampf ein und gewinnt durch den Sieg in der Schlacht bei Chaironeia 338 v. Chr. die Hegemonialstellung.

Das Weltreich Alexanders des Grossen

Philipps Ziel, das Perser-Reich durch einen Feldzug aller Griechen zu unterwerfen, wird nach seinem Tod durch seinen Sohn Alexander III., den Großen, verwirklicht. Innerhalb von vier Jahren bringt der Makedone das morsche Perser-Reich in seine Gewalt und dehnt seine Macht über die Grenzen der bekannten Welt bis zum Indus aus. Mit den Griechen verbreitet sich auch ihre Kultur. Der Hellenismus tritt seinen Siegeszug an, der bis ins sechste nachchristliche Jahrhundert die Kulturen der Mittelmeerwelt beeinflussen soll.

Als Alexander 323 v. Chr. stirbt, steht kein ebenbürtiger Nachfolger bereit, der das rasch eroberte Riesenreich zusammenhalten kann. So zerfällt es, als seine Generäle darum zu streiten beginnen, in verschiedene Reiche, die von Diadochen (griechisch = Nachfolger) regiert werden. In der Zwischenzeit jedoch ist eine neue Macht am Mittelmeer erwachsen, die sich anschickt, die Welt zu erobern: Rom

Rom wird Vormacht

Rom ist eine etruskische Gründung, die verschiedene Siedlungen auf den Hügeln nordöstlich der Tibermündung zusammenfasst. Als Teil des etruskischen Machtbereichs gelingt der Stadt ein bemerkenswerter Aufschwung zur Hegemonialmacht unter den stammesverwandten Latinern. Der Stadtstaat wird zunächst von etruskischen Königen regiert, die gegen Ende des 6. Jahrhunderts v. Chr. von den führenden Geschlechtern Roms vertrieben werden. Entscheidend für die anschließenden Erfolge gegen die Kelten und Samniten ist eine gut ausgebildete Staats- und Heeresverfassung. Die bis Mitte des 3. Jahrhunderts v. Chr. erreichte Machtposition im Mittelmeerraum führt zur Konfrontation mit der zweiten politischen Großmacht in diesem Gebiet, der nordafrikanischen Handelsmetropole Karthago. Bis 146 v. Chr. toben die Punischen Kriege, dann gelingt es Rom, den Erzfeind zu vernichten.

Die Einmischung Roms in die Konflikte unter den Nachfolgestaaten des Reiches Alexanders des Großen sowie in die Probleme der parthischen Ausdehnung nach Osten endet mit der Einverleibung bzw. Unterwerfung Griechenlands, Kleinasiens sowie der Küstengebiete des Mittelmeers. Die rapide Ausweitung der römischen Herrschaft führt zu einer Krise der Republik und mündet schließlich in die Errichtung eines Kaiserreichs unter Augustus (63–14 v. Chr.).

Buddha begründet Weltreligion

Die Kultur der Antike hat nur unter Alexander dem Großen kurz Berührung mit dem indischen Subkontinent, auf dem sich eine eigene kulturelle und machtpolitische Größe erhebt: das Reich der Maurya. Um 500 v. Chr. bildet sich im Osten der Gangesebene in Magadha (heute Bihar) ein neues Machtzentrum. Siddharta Gautama, der Buddha (der Erleuchtete), überwindet hier mit seiner Lehre die Anschauungen der brahmanischen Opferpriester. Er verkündet eine mögliche Erlösung vom Kreislauf der Wiedergeburten nicht durch Opfer und Askese, sondern durch Meditation, Selbstvervollkommnungen und Aufgabe des Ich.

Mit seiner Lehre schafft Buddha die Grundlage für die Herrschaft der Maurya-Dynastie, die bis ins 2. Jahrhundert v. Chr. andauert. Die Hauptstadt der Dynastie liegt im alten Pataliputra, dem heutigen Patna. Mit der Kontrolle der wichtigsten Handelswege, einer durchdachten Staatsverwaltung, einem riesigen stehenden Heer und dem Anspruch auf eine Universalmonarchie besitzen die Mauryas wirksame Herrschaftsmittel. Nach dem Tod des Königs Aschoka 232 v. Chr. sinkt der Einfluss der Dynastie und ihr ehemaliges Herrschaftsgebiet wird von Machthabern verschiedener Herkunft regiert.

Chinesen kämpfen um die Macht

In China beginnt nach der Verdrängung der Chou-Herrscher eine Periode, die nach Konfuzius »Frühling und Herbst« genannt wird (771–481 v. Chr.). Aus zahlreichen Stadtstaaten entstehen elf Fürstentümer. In der nächsten Epoche, der Zeit der »Streitenden Reiche« (481–249 v. Chr.), kristallisieren sich sieben Staaten heraus, die untereinander verfeindet bleiben. 403 v. Chr. spaltet sich Zentralchina in drei Teilreiche. Im Jahr 221 v. Chr. wird China erstmals in seiner Geschichte geeint, als Fürst Cheng alle konkurrierenden Staaten erobert.

In der Zeit der Kriege erlebt das chinesische Geistesleben eine Blüte, in der von den »Hundert Schulen«, insbesondere von den Philosophen Laotse (6. Jahrhundert v. Chr.) und Konfuzius (551–479 v. Chr.), das Fundament der kulturellen Entwicklung geschaffen wird. Gleichzeitig entstehen die traditionelle soziale Gliederung der Gesellschaft und die Schriftsprache.

Legendenbildung um die Gründung Roms

Der Sage nach gründet Romulus, der erste der sieben legendären Könige Roms, die Stadt am Tiber. Tatsächlich schließen sich am Tiber im 7. Jahrhundert eine latinische und eine sabinische Siedlung zu einer Stadt zusammen.

Ein Blatt aus einem mittelalterlichen Epos um die sagenhafte Gründung Roms

21. April 753 v. Chr.: Nach der römischen Gründungslegende erbaut und befestigt Romulus auf dem Palatin, einem der sieben Hügel Roms, eine Siedlung. Dieser Legende nach floh der trojanische Held Aeneas aus seiner Heimat und landete nach siebenjähriger Irrfahrt in Latium. Die Zwillingsbrüder Romulus und Remus, die auf geheimnisvolle Weise gezeugt und nach ihrer Geburt von König Tarchetius von Alba ausgesetzt wurden, sollen von ihm abstammen. Sie wurden von einer Wölfin gerettet und großgezogen. Nachdem er Remus im Streit erschlagen hat, soll Romulus den Königstitel beansprucht haben. Die in den später entstandenen Annalen Roms genannten folgenden sechs Monarchen sind ebenfalls nicht belegt.

Archäologische Funde zeigen, dass es spätestens ab dem 10. Jahrhundert v. Chr. auf dem Palatin eine latinische und ab dem 8. Jahrhundert auf dem Quirinal eine sabinische Siedlung gegeben hat. Ihr Zusammenschluss unter Einbezug des Gräberfeldes auf dem späteren Forum Romanum im 7. Jahrhundert geschieht auf etruskische Initiative. Der Name »Rom« leitet sich von dem etruskischen Geschlecht der Ruma ab. Das Volk der Etrusker, deren Existenz ab dem Beginn des 7. Jahrhunderts v. Chr. in Italien belegt ist, zeichnet sich durch städtische Siedlungen und ein relativ hohes Kulturniveau aus, das sich auch in Rom nachweisen lässt.

Die Herrschaft liegt vermutlich in der Hand etruskischer Könige, die mit dem indogermanischen Titel »Rex« angeredet werden, während die Herrscherinsignien und das Amt der Liktoren, wie die Gehilfen des Königs heißen, samt deren Symbolen Rutenbündel und Beile (fasces) wiederum etruskischen Ursprungs sind.

Auch die Deutung der Zukunft durch Schau der Eingeweide, des Himmels und des Vogelflugs ist etruskischen Ursprungs. Latinischer Einfluss macht sich in der römischen Sprache und auch darin bemerkbar, dass die Gesellschaft auf der Familie als Grundeinheit aufgebaut ist. Ansonsten ist das Sozialleben im frühen Rom durch vielfältige Abhängigkeitsbeziehungen zwischen einzelnen Angehörigen der Aristokratie, ihren Familien und Sippen sowie der einfachen Bevölkerung geprägt: Es gibt das Patriziat als grundbesitzenden Erbadel, freie Bauern und Händler sowie die vom Patriziat abhängigen Bauern und Sklaven.

02713
Römischer Historiker Livius: Rom-Gründung

Die Kapitolinische Wölfin, das Symbol Roms. Die etruskische Statue ist nur noch in Kopie erhalten, die Knaben Romulus und Remus wurden im Barock hinzugefügt.

Keltische Kultur dringt vor

In West- und Mitteleuropa siedeln sich Kelten und Germanen an. Mit ihnen hält das Eisen Einzug in Europa. Die seit Anfang des 2. Jahrtausends v. Chr. gängige Bronze wird von dem härteren Material abgelöst.

Um 800 v. Chr.: Die Kelten leben in Stämmen, die sich in Sippen gliedern. Während in der Steinzeit noch die Mitglieder der einzelnen Sippen gleichberechtigt waren, bildet sich nun eine aristokratische Schicht heraus, an deren Spitze der Häuptling steht.

Als Urheimat des von der Forschung angenommenen, bisher aber nicht eindeutig nachgewiesenen indogermanischen Urvolks gilt das mittlere bis östliche Europa. Unter den Stammesgruppen am bedeutendsten sind die sprachlich von den anderen Indogermanen getrennten Germanen und die ihnen nahe verwandten Kelten und Italiker. Die Urheimat der Germanen liegt im westlichen Ostseeraum, wo sie, im 2. Jahrtausend v. Chr., aus verschiedenen Stämmen zusammengeschmolzen, sich auszudehnen begannen und eine eigene Kultur bildeten.

Die Kelten bevölkern Europa

Von den Kelten zeugen in Mitteleuropa erste Funde aus Süddeutschland um das Jahr 1000 v. Chr. In den folgenden Jahrhunderten dehnen sie ihre Stammesgebiete nach Spanien aus, wo sie eine keltoiberische Kultur begründen. Später dringen sie nach Oberitalien, England und Irland vor.

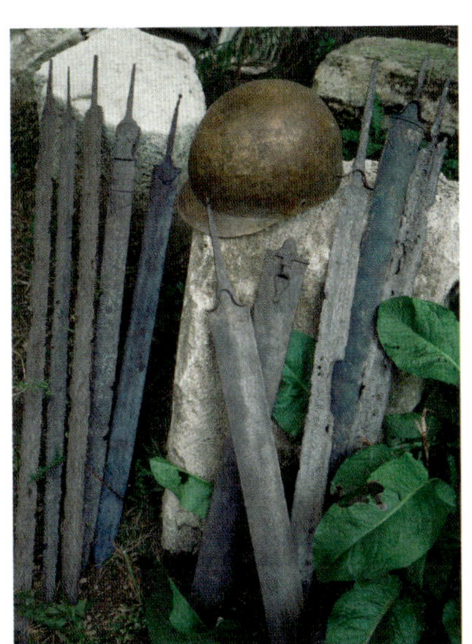

Reste von keltischen Eisenschwertern und ein Bronzehelm aus dem 3. Jahrhundert v. Chr.

Die Kelten in Deutschland siedeln in der jüngeren Eisenzeit in Mittel- und Süddeutschland, Bayern, Württemberg, Baden, Thüringen und der Oberpfalz. Sie entwickeln eine Kultur, die unter der Bezeichnung La-Tène-Zeit bekannt ist. Ihr voraus ging die Hallstatt-Zeit – benannt nach einem Fundort bei Hallstatt in Oberösterreich. Vorrangiges Kennzeichen für die Entstehung dieser Kultur ist die Herstellung von Eisen. Unabhängig davon verändert sich die Landwirtschaft. Neben den Ebenen werden nun auch Höhen besiedelt. In manchen Gegenden verdoppelt sich der Siedlungsraum. Die keltischen Stämme, die sich fest niederlassen, leben auf dem flachen Land in von Gehöften umgebenen Herrensitzen, die von Pfahlwerk umzäunt sind, um gegen Überfälle geschützt zu sein. Ihre Gräber liegen in größerer oder geringerer Zahl beieinander.

Krieger und Künstler

Die großen Herren der Kelten unterhalten Künstler und Handwerker; sie empfangen Geschenke und bringen von ihren Kriegszügen Beute und neue Ideen mit. So bilden sich Zentren zeitgenössischen Kunstschaffens, die sich durch verschiedene Einflüsse voneinander unterscheiden.

Die Germanenstämme siedeln weiter nördlich in Norddeutschland zwischen Ems, Oder und Harz, in Schweden und Dänemark. Sie werden durch eine nun einsetzende Klimaverschlechterung zum Wandern gezwungen. Diese Bevölkerungsverschiebungen führen zu Zusammenstößen und Kämpfen mit den Kelten.

02250
Stoffe in der Eisenzeit

Erste Wettkämpfe in Olympia

In Griechenland schlägt die Geburtsstunde der Olympischen Spiele. Die Olympischen Spiele bestehen aus kultischen Veranstaltungen und sportlichen Wettkämpfen.

776 v. Chr.: Die ersten bezeugten Festspiele zu Ehren des Gottes Zeus finden in Olympia statt. Fortan werden sie regelmäßig alle vier Jahre veranstaltet. Jeder Teilnehmer – zugelassen sind nur freie Griechen – muss unbescholten sein und neun Monate in der Heimat und 30 Tage in Olympia trainiert haben. Anfangs steht allein der Stadienlauf über 192,27 m auf dem sportlichen Programm. Später kommen hinzu: der Lauf über die doppelte Stadionlänge (724 v. Chr.), der Langstreckenlauf (720 v. Chr.), der Ringkampf und der Fünfkampf, bestehend aus Wettlauf, Weitsprung, Diskuswurf, Speerwurf und Ringkampf (704 v. Chr.), der Faustkampf (688 v. Chr.), das Wagenrennen mit Viergespann (680 v. Chr.) sowie der Allkampf, eine Verbindung aus Ring- und Faustkampf, und das Wettreiten (644 v. Chr.). Damit ist das Standardprogramm der antiken Olympiade komplett.

Olympias Wurzeln liegen im Dunkeln

Laut Inschrift auf einem in Olympia gefundenen Diskus fanden bereits 1580 v. Chr. Festspiele in Olympia statt. Der Ursprung der Wettkämpfe verliert sich jedoch im Dunkel der Sagen. Einmal soll der Heros Herakles im Auftrag des Königs Augias von Elis dessen Ställe ausgemistet haben, indem er den Fluss Alpheios um- und durch sie hindurchleitete. Über diese Methode kam es zu Meinungsverschiedenheiten. Herakles erschlug Augias und stiftete zur Feier des Tages in Olympia Wettspiele. Nach einer anderen Version warb Pelops, der Großvater von Herakles, um die Tochter des Königs Oinomaos von Pisa, Hippodameia. Dafür musste er gegen den König zu einem Wagenrennen antreten. Pelops dübelte die Wagenräder des Königs mit Wachspfropfen. Der König wurde zu Tode geschleift. Zur Feier des Tages wurden künftig Olympische Spiele abgehalten.

Diesen Geschichten hält der griechische Schriftsteller Pausanias eine ältere Version entgegen: »In Bezug auf die griechischen Kampfspiele erzählen die Eleer ..., Kronos habe zuerst die Herrschaft im Himmel gehabt, und es sei dem Kronos ein Tempel in Olympia von den damaligen Menschen, welche das Goldene Geschlecht hießen, errichtet worden. Als Zeus geboren wurde, habe Rhea die Aufsicht über das Kind den idäischen Daktylen anvertraut ... nämlich Herakles, Paionaios, Epimedes, Jasios und Idas. Da habe nun Herakles seine Brüder zu einem Wettlauf zusammengestellt und den Sieger mit einem Zweig vom wilden Ölbaum bekränzt.«

Diskuswerfer, römische Kopie einer griechischen Bronzestatue

Der Dicher Jean Paul (1763–1825) über das völkerverbindende Element bei Olympia:
»Für die Olympischen Spiele stellten alle griechischen Völkerschaften ihre Kriege ein und fanden sich froh und friedlich bei den schöneren Kämpfen der Musen und unblutiger Kräfte zusammen.«

00737
Olympia und Kallipateira

Griechen kolonisieren Mittelmeerraum

Korinth entwickelt sich zur bedeutendsten griechischen Kolonie in Unteritalien und gründet selbst mehrere Kolonien. Die Ausbreitung der griechischen Kultur über die Grenzen Griechenlands hinaus beginnt.

Der Apollontempel in der griechischen Kolonie Milet an der ionischen Küste (heute Türkei)

■ **733 v. Chr.:** Der Korinther Archias gründet auf Sizilien die Siedlung Syrakus. Mit der Gründung von Kyme (Cumae, nördlich des späteren Neapel) begann um 750 v. Chr. die griechische Kolonisation im Mittelmeerraum. Sie dauert etwa 200 Jahre und führt zu einer Ausbreitung der griechischen Kultur in der Ägäis, im nordwestlichen Mittelmeer, in Unteritalien und am Schwarzen Meer. Andere Küsten bleiben den Griechen versperrt, da hier Assyrer, Etrusker und das von den Phönikern gegründete Karthago ihren Einfluss geltend machen. Die Ursachen für die griechische Kolonisation sind:

- Verknappung von Ackerland und zunehmender Bevölkerungsdruck.
- Allgemeiner Aufschwung des Seehandels, Interesse der griechischen Stadtstaaten an Rohstoffen.
- Soziale und politische Gegensätze zwischen den verschiedenen griechischen Stadtstaaten.

Polis löst Stammeskönigtum ab

Die Griechen unterscheiden zwischen zwei Arten von Kolonien, den Handelsplätzen und den reinen Agrarkolonien. Die Gründung erfolgt durch die griechische Mutterstadt, doch die Kolonie wird meist sofort in die Unabhängigkeit entlassen. Mit der Heimatgemeinde bleibt sie durch gemeinsame Sitten und Gebräuche verbunden. Viele der Siedlungen gründen ihrerseits Kolonien, teils auch im Binnenland. Heute noch existierende Städte, die auf eine griechische Gründung zurückgehen, sind u. a. Reggio (um 720 v. Chr), Tarent (um 706 v. Chr.), Neapel (nach 500 v. Chr.), Marseille (um 600 v. Chr.), Istanbul (um 600 v. Chr.) und Odessa (nach 600 v. Chr.).

Die Kolonisation belegt, dass sich die Griechen auch im Kernland als Stadtstaaten organisiert haben. Sie haben zwar eine gemeinsame Religion, aber keinen gemeinsamen Staat. Die politische Einheit ist die Polis, eine städtische Siedlung mit agrarischem Umland, die staatlich und wirtschaftlich unabhängig ist.

Wie es zur Ausbildung dieser Organisation kam, ist unklar. Noch im frühen 8. Jahrhundert hatte der lokale Stammeskönig (Basileus) die alleinige Macht inne. Doch bereits 100 Jahre später hat er einen Großteil seines Einflusses verloren. Stattdessen können die Bürger der Stadtstaaten nun viel mehr Rechte wahrnehmen und die Politik stärker beeinflussen. Der Niedergang des Stammeskönigtums zugunsten der Polis wird vermutlich durch äußere Einflüsse angestoßen.

Hallstatt-Kultur prägt ältere Eisenzeit

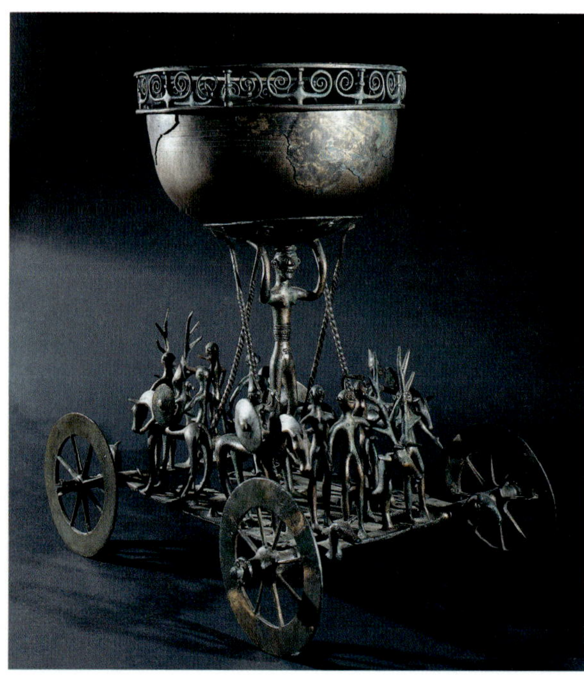

Zeuge einer zu Ende gehenden Epoche: bronzener Kultwagen aus Strettweg, 7. Jahrhundert v. Chr.

Die Hallstatt-Kultur geht aus der Urnenfelderkultur hervor und steht in enger Verbindung zum norditalienischen Raum, dem etruskischen Kulturkreis und der griechischen Antike.

■ **Um 750 v. Chr.:** Die Hallstatt-Kultur bildet sich heraus. Neu ist die Kunst der Eisengewinnung und -verarbeitung in Mitteleuropa. Neben Eisengegenständen sind weiterhin Waffen und Schmuck aus Bronze in Gebrauch. Zur Bewaffnung gehören kurze Dolche, Schwerter, Messer, verschieden geformte Äxte, Lanzen, Pfeilspitzen und Helme. Beim Bronzeschmuck überwiegen Fibelformen, die auf italische Einflüsse zurückgehen. Künstlerisch und technisch auf hoher Stufe stehen die mit geometrischen, pflanzlichen und figürlichen Motiven verzierten Bronzegefäße, die in ihrer Darstellung einen Einblick in die früheisenzeitliche Kultur vermitteln.

Der Aufschwung von Produktion und Handel führt zu einer fortschreitenden gesellschaftlichen Differenzierung. Es herrscht eine Schicht adliger Krieger, deren Waffe das eiserne Langschwert ist und die zu Pferd oder im Streitwagen kämpft. Ihre Toten bestatten sie in großen Kammergräbern und geben ihnen ihre Waffen, oft auch Pferd und Wagen mit ins Grab. Reiche Grabbeigaben zeugen von einem Glauben an ein Leben nach dem Tod. Die Fürsten der Hallstatt-Zeit haben einen hohen Lebensstandard und importieren griechische und etruskische Bronzegefäße und Schmuckstücke, Weinamphoren und attische Keramik.

Homer begründet europäische Literatur

Die dem Dichter Homer zugeschriebenen Epen »Ilias« und »Odyssee« markieren den Beginn der griechischen und damit der europäischen Literatur. Sie sind von herausragender Bedeutung für das kulturelle Selbstverständnis der Griechen.

■ **Nach 750 v. Chr.:** Die Epen »Ilias« und »Odyssee« erhalten ihre endgültige Gestalt. Die »Ilias« schildert in 24 Büchern den Kampf um die Stadt Troja. Die Handlung beschränkt sich auf 50 Tage. Durchgehendes Thema ist der Zorn des griechischen Helden Achilles, der wegen eines Streits mit Agamemnon den Kämpfen um Troja fernbleibt. Erst auf ein Bitten Odysseus' hin greift er in den Krieg ein. In einem großen Kampf besiegt er Hektor, Sohn des Königs Priamos von Troja.

Götter spielen Schicksal

In seinem Werk spricht Homer von der Ohnmacht der Menschen gegenüber den Göttern: »Gleich wie die Blätter im Walde, so sind die Geschlechter der Menschen. Einige streuet der Wind auf die Erde hin, andere wieder strebt der knospende Wald, erzeugt in des Frühlings Wärme. So der Menschen Geschlecht, dies wächst, und jenes verschwindet. Also bestimmten die Götter der elenden Sterblichen Schicksal, bang in Gram zu leben. Allein sie selber sind sorglos. Denn es stehen zwei Fässer gestellt an der Schwelle Kronions (Zeus): Voll das eine von Gaben des Wehs, das andre des Heiles. Wem nun vermischt austeilt der donnerfrohe Kronion, solchen trifft abwechselnd ein böses Los und ein gutes. Wem er allein des Wehs austeilt, den verstößt er in Schande, und herznagende Not auf der heiligen Erde verfolgt ihn, dass nicht Göttern geehrt noch Sterblichen, bang er umherirrt.«

Zehn Jahre Irrfahrt und Abenteuer

Die »Odyssee« besingt, ebenfalls in 24 Büchern, die zehn Jahre dauernden Irrfahrten des Helden Odysseus und seine Heimkehr zu seiner Frau Penelope nach Ithaka. Der Held erlebt auf seinen Irrfahrten zahlreiche Abenteuer. Er gelangt in die Höhle des Zyklops Polyphem, der die Seefahrer verspeisen will. Durch eine List gelingt es Odysseus und seiner Mannschaft, das Ungetüm zu blenden und zu fliehen. Eine andere Episode führt die Besatzung zu den Sirenen, deren Gesang jeden Seefahrer so betört, dass er sein Fahrzeug willenlos auf die Klippen steuert. Odysseus befiehlt seiner Mannschaft, sich die Ohren mit Wachs zu verschließen, während er selbst sich ohne Ohrenpfropfen am Mast festbinden lässt, um dem Gesang zu lauschen.

Auch in der »Odyssee« befasst sich Homer mit dem Thema der Verstrickung zwischen Göttern und Menschen: »Der Mensch ist das brüchigste Wesen wirklich von allen, die atmen und kriechen auf unserer Erde. Machen die Götter ihn tüchtig und regen sich sicher die Knie, meint er, es sei wohl nicht möglich, dass später ein Unheil ihn treffe. Aber die seligen Götter verhängen doch öfter auch Elend – nun, dann trägt er auch dies, hält durch, weil er muss, im Gemüte. Ganz so ist ja das Sinnen und Trachten der Menschen auf Erden, je wie die Tage gestaltet der Vater der Menschen und Götter. Ich habe selber von mir einst erwartet, dass unter den Männern reich ich werde: Da ließ ich von Kraft und Gewalt mich verführen, Törichtes tat ich genug im Vertrauen auf Vater und Brüder. Also werde doch niemals ein Mensch so völlig gesetzlich! Nein! – Mit Schweigen nehme er hin, was die Götter auch geben.«

Odysseus und die Sirenen, attischer Krug, um 475 bis 450 v. Chr.

Weiterentwicklung des Alphabets

Für das kulturelle Selbstverständnis der Griechen sind die homerschen Epen als Zeugnisse einer schriftlichen Überlieferung von herausragender Bedeutung. Die etwa um 800 v. Chr. entstandene griechische Schrift ist eine Weiterentwicklung des phönikischen Alphabets, das rund 300 Jahre vorher entstand. Es besteht aus einem System von nicht mehr als 22 Zeichen, die – aneinander gereiht – allein die Lautung eines Wortes wiedergeben. Die Griechen fügen diesem phönikischen Alphabet, das allein Konsonanten kennt, Zeichen für Vokale hinzu und ermöglichen so die exakte, lautgetreue Wiedergabe eines Wortes.

00328
Voltaire über Homer

Schöpfer der »Ilias« und Augenzeuge Trojas

Über das Leben des griechischen Ependichters Homer ist wenig bekannt. Er stammt wahrscheinlich aus der Gegend von Smyrna (Izmir) an der kleinasiatischen Mittelmeerküste, zieht als Rhapsode (Vortragskünstler) von einem ionischen Fürstenhof zum anderen und erblindet im Alter. Homers Porträtbüsten stellen den Dichter ausschließlich als Blinden dar. Möglicherweise ist diese Art der Wiedergabe mythisch verklärt und im Zusammenhang mit Legenden um blinde Wahrsager zu sehen.

Ob Homer der Schöpfer der »Ilias« und der »Odyssee« ist, bleibt unklar; möglicherweise ist das zweite Epos von einem seiner Schüler verfasst.

In der »Ilias« finden sich viele Elemente der kleinasiatischen Mythologie wieder, die darauf schließen lassen, dass Homer mündliche Überlieferungen zusammengetragen und mit eigenen Schriften vermischt hat. Unzweifelhaft ist, dass der Dichter den Ort der Schlacht um Troja selbst gesehen hat. Wie die neuzeitlichen Ausgrabungen bei Troja in Kleinasien gezeigt haben, ist die Beschreibung der Örtlichkeiten in Homers Epos äußerst genau. Letztlich leitete die Ortskenntnis des Autors den deutschen Archäologen Heinrich Schliemann (1822–1890) bei der Suche nach der sagenhaften Stadt an die richtige Stelle.

Nach Homers Tod werden dem Dichter weitere Werke zugesprochen, doch schon im 5. Jahrhundert v. Chr. erkennen die Griechen, dass Homer diese Schriften nicht selbst verfasst hat. »Ilias« und »Odyssee« sind jedoch eindeutig in seiner Hand oder in seinem Sinne entstanden.

Porträtbüste des Homer: Die dargestellte Blindheit des Dichters ist eher als mythische Verklärung zu deuten.

Assyrer auf dem Gipfel der Macht

Die Assyrer werden zur größten Macht im Vorderen Orient. Der assyrische König Sargon II. (722–705 v. Chr.) setzt – gestützt auf die überlegene Kriegs- und Belagerungstechnik seines Volkes – die Expansionspolitik seiner Vorgänger fort.

■ **722 v. Chr.:** Mit der Eroberung Samarias geht das palästinensische Nordreich Israel als Provinz im assyrischen Großreich auf. Sargon II. lässt einen Großteil der Bewohner deportieren und an ihrer Stelle Assyrer ansiedeln. Aus der Vermischung der Assyrer mit den im Land verbliebenen Israeliten geht das Volk der Samariter hervor. Das Reich Juda überdauert dagegen den Ansturm der Assyrer, indem es sich rechtzeitig unterwirft.

Zwei Jahre nach dem militärischen Erfolg gegen Israel schlagen die Assyrer unter Sargon II. Ägypten, 709 v. Chr. werden Phrygien, Zypern und Teile von Urartu tributpflichtig. Unter Sargons Sohn und Nachfolger Sanherib (705 bis 681 v. Chr.) werden die phönikischen Seestädte Sidon und Jaffa (701) erobert, Babylon gerät wieder unter assyrische Herrschaft und wird zerstört (689), Juda wird tributpflichtig (701).

Straffe Herrschaft

Die Assyrer richten zur Beherrschung der unterworfenen Völker eine straffe Regierung ein. Eroberte Gebiete, die sich an das Kernland anschließen, erhalten den Status von zentral verwalteten Provinzen; entfernter liegende Gebiete werden zu tributpflichtigen Vasallenstaaten. Das neuassyrische Reich ist ein perfekter Militärstaat, geführt von einem absoluten Königtum, getragen von einem Militäradel und organisiert von einer leistungsfähigen Beamtenverwaltung nach babylonischem Muster. Kennzeichnender ist aber, dass das Reich systematisch Terror als Mittel des Krieges und der Herrschaft über Unterworfene einsetzt. Massenmorde an Zivilbevölkerung und Kriegsgefangenen, Umsiedlung ganzer Völker und Folter bei gleichzeitig perfekter Militärtechnik machen die Assyrer zum gefürchtetsten und meistgehassten Volk des Nahen Ostens.

Neue Residenz

Im Jahr 713 v. Chr. gründet Sargon II. nördlich von Ninive eine neue Hauptstadt, Dur-Scharrukin (heute Chorsabad). Dur-Scharrukin bedeckt eine Fläche von 3 km². Seinen Mittelpunkt bildet der auf einer künstlichen Terrasse angelegte Königspalast von Sargon II. Die großartigen Plastiken seines neuen Palastes verleihen einer imperialen Weltreichsidee Ausdruck. Die Palastwände lässt der Monarch mit Reliefs schmücken, die religiöse Themen darstellen, den Herrscher in Lebensgröße verherrlichen sowie die Niederlagen

Ninive – Metropole mit zwei Festungsringen

Ninive, am Ostufer des Tigris gelegen, ist die größte der assyrischen Hauptstädte. Seit dem 7. Jahrtausend v. Chr. ist der Hügel des heutigen Tell Kujundjik besiedelt. Nach bescheidenen Anfängen kam Ninive im 3. Jahrtausend v. Chr. unter den Einfluss Südmesopotamiens und wuchs zu einem bedeutenden Siedlungs- und Handelsplatz. Schon im 2. Jahrtausend stand dort einer der bedeutendsten assyrischen Tempel, der Göttin Ischtar geweiht. König Sanherib erkennt das strategische und wirtschaftliche Potenzial des Ortes und erklärt Ninive 700 v. Chr. zur Hauptstadt.

In Ninive leben etwa 170 000 Einwohner. Die Stadt hat die Form eines verlängerten Dreiecks und besitzt eine doppelte Festungsmauer. Die äußere Mauer besteht aus Stein. Mit Zinnen besetzte Brustwehren und Türme dienen zur Verteidigung. Aber selbst wenn die äußere Mauer fällt, ist Ninive nicht wehrlos. Hinter der äußeren Befestigung erhebt sich eine zweite, noch höhere Mauer aus Lehmziegeln. Vor dieser imposanten Verteidigungsanlage lässt Sanherib einen tiefen Graben ausheben.

Brennende Zelte und die Darstellung einer Schlacht gegen die Araber; Detail aus einem Reliefzyklus im Königspalast von Ninive

In die Stadt führen 15 Tore, die allesamt einen Namen tragen: Tor der Wassersteller, Wüstentor, Kaitor, Arsenaltor, Handuritor, Assurtor, Halzitor, Schamaschtor, Kar-Mulissitor, Muschlalutor, Schibanibator, Halachutor, Adadtor, Nergaltor und Sintor. Der größte Teil der Fläche innerhalb des Mauerrings ist bebaut. Zu den bedeutendsten Heiligtümern zählen der Ischtartempel, der Sibitti-Altar und der Hermes-Tempel.

Der Königspalast veranschaulicht die Blüte der assyrischen Reliefkunst, das Relief erhält neue Dimensionen. Die Künstler geben die Unterteilung in einzelne Platten auf und stellen die politischen und kriegerischen Szenen in voller Größe dar. Die Landschaftsabbildungen stellen kein symbolisches Hilfsmittel mehr dar, sondern den Hintergrund, vor dem die Handlung spielt. Darüber hinaus liefern die Reliefs eine genaue Berichterstattung über die politischen Ereignisse der Zeit.

Insgesamt werden zwei Paläste in der Stadt erbaut. Der Erste liegt im Südwesten in der Nähe des Kaitores. Das Gebäude ist u. a. mit einer Vorhalle aus Bronzesäulen geschmückt, die auf massiven Bronzelöwen und -stieren stehen. Jede Säule hat ein Gewicht von rund 43 t. Etwa 50 Jahre später lässt König Assurbanipal den nicht minder prunkvollen Nordpalast erbauen.

Der Legende nach ist das Grab des biblischen Propheten Jonas in Ninive zu finden. Er wurde von Gott ausgeschickt, um die Stadt wegen der Boßheit ihrer Bewohner zur Buße zu rufen. Nachdem er sich dem Befehl Gottes zunächst widersetzt hatte, zog Jonas nach Ninive und berichtete, Gott wolle die Stadt binnen 40 Tagen vernichten. Die Einwohner taten daraufhin Buße und Ninive wurde gerettet.

seiner Feinde und die Plünderungen ihrer Städte abbilden. Die Reliefs, in denen die Farbe Blau dominiert, erzielen eine monumentale Wirkung, sind jedoch grobschlächtig gearbeitet, wie es für die Zeit des neuassyrischen Reiches typisch ist. Kunst dient einzig der Verherrlichung des Herrschers.

Sargon II. mit einem Würdenträger, vielleicht Kronprinz Sanherib, Flachrelief aus Chorsabad, 8. Jahrhundert v. Chr.

Unter Sanherib wird die Hauptstadt des Assyrischen Reichs von Dur-Scharrukin nach dem alten Ninive verlegt. Der Ort ist mit seinen 170 000 Einwohnern die größte der assyrischen Hauptstädte. Unter Sanherib entsteht der prunkvolle Königspalast der Stadt.

Der spätere assyrische König Assurbanipal (668–631 v. Chr.) lässt in Ninive einen weiteren Königspalast errichten. Er sammelt außerdem alte sumerische, akkadische und babylonische Texte sowie Inschriften. Die königliche Bibliothek enthält etwa 5000 Keilschrifttafeln – Königsannalen, Orakelinschriften, Briefwechsel mit fremden Mächten, Verträge, Urkunden und Namenslisten von vielen königlichen Würdenträgern.

Technische Fortschritte

In Ninive entdecken die Assyrer, dass geschliffene Bergkristalllinsen beim Feueranzünden behilflich sein können. Ein Exemplar aus dem Königspalast misst 3,5 x 4 cm, ist 0,5 cm stark und hat eine Brennweite von 11,25 cm. Zum Feuermachen werden auch Hohlspiegel aus Bronze mit einem Blattsilber-Überzug verwendet.

Im 7. Jahrhundert v. Chr. erhält Ninive unter Sanherib einen Aquädukt zur Wasserversorgung. Dabei handelt es sich um eine 48 km lange Wasserleitung, die aus einem System von Brücken, Tunneln und Kanälen besteht. Das Hauptbauwerk ist ein 9 m hoher, 21 m breiter und 262 m langer Steindamm, der ein Tal bei Jerwan überquert. In seinem Verlauf überbrücken fünf Bogen einen schmalen Fluss.

Handwerker in Südamerika

Die prachtvolle Paracas-Kultur an der Küstenregion des heutigen Peru zeichnet sich durch dünnwandige dunkle Tongefäße mit farbigen Einlagen aus. Eindrucksvoll ist daneben die besonders feine Textilkunst.

■ **Um 700 v. Chr.:** Die um 1100 v. Chr. begonnene ältere Phase der Paracas-Kultur geht allmählich zu Ende. Die polychrome Keramik, die für diese Kultur typisch ist, wird dadurch erzeugt, dass die mit zwei Ausgussröhren versehenen Tongefäße nach dem Brennen Einlagen in leuchtenden Farben – Gelb, Olivgrün und Schwarz – auf Harzbasis erhalten. Zu den häufig verwandten Motiven gehören Raubkatzen, Füchse, Vögel, Dämonen und Menschen.

Meister der Textilkunst

Charakteristisch für die Paracas-Kultur ist außerdem die Textilkunst. Die Paracas fertigen hauchdünne Schleier, Brokatstoffe und Stickereien an, die als Grab- und Totentücher zur Umhüllung der in Hockstellung bestatteten Leichen dienen und vorher nie getragen worden sind. Zu den Grabbeigaben gehören außerdem Körbe, Stein- und Knochengeräte sowie goldener Zierrat.

Die Leichen werden ohne künstliche Mumifizierung durch den trockenen Wüstenboden konserviert. Dadurch erhalten sich auch die Tuchwaren. Die Symbole und Figuren auf den Gewändern geben Aufschluss über Status und Religion des Trägers. Das Dekor ist dem der Keramik ähnlich. So gibt es Katzenwesen mit riesigen Zungen oder sog. Augengottheiten – Elemente, die schon in der Chavín-Kultur auftauchten und vermutlich übernommen wurden.

Die Textilkunst zählt noch heute zu den wichtigsten Kulturäußerungen der Andenregion. Wie schon zu Zeiten der Paracas-Kultur haben Farben und Formen auf den handgewebten Kleidungsstücken hohe Symbolbedeutung und entstehen nicht bloß rein zufällig.

Die Paracas-Kultur auf der gleichnamigen Halbinsel gilt als Vorläufer der Nazca-Kultur. Beide sind für ihre überdimensionalen Scharrbilder bekannt, die nur aus der Vogelperspektive kenntlich sind.

02141
Der Medizinmann als Chirurg

Farbenfroher Stoff der Paracas-Kultur, entstanden zwischen dem 3. und 1. Jahrhundert v. Chr.

Thrako-Kimmerer kommen

Im letzten Drittel des 8. Jahrhunderts v. Chr. überschreiten von den Skythen aus Südrussland verdrängte Reiter (Thrako-Kimmerer) den Kaukasus und dringen bis Ungarn vor. Kennzeichnend für ihre Kultur sind reich verzierte Goldgefäße.

Ausmalung der Gewölbedecke im Thrakergrab von Kazanlak, Bulgarien

■ **Um 730 v. Chr.:** Die Thrako-Kimmerer dringen von Osten nach Mitteleuropa vor. An der Spitze ihrer Stämme steht jeweils ein König, um den sich die Stammesaristokratie gruppiert. Ihm kommt sowohl eine politische als auch eine religiöse Funktion zu. In Kriegen führt der König sein Volk als Heerführer an. Als Oberpriester der Gottheit steht der Herrscher über den Priestern.

Die Thraker leben in Dörfern und in den befestigten Sitzen der Könige. Städte bauen sie zunächst nicht. Sie züchten vor allem Vieh und betreiben Landwirtschaft. Charakteristisch für die Kultur der thrakischen Stammesgesellschaft bis zum 6. Jahrhundert v. Chr. sind goldene Gefäße von beträchtlichem Gewicht. Daneben verarbeiten die Thraker Bronze zu Schmuckstücken und Waffen. Sie bevorzugen einfache Formen und geometrische Ornamente.

Thrakergrab von Sweschtari 384
Das Rätsel um Nazca 396

Sparta gibt sich eine Verfassung

In zwei Kriegen dehnt Sparta seinen Herrschaftsbereich nach Messenien aus. Damit werden die Voraussetzungen für die spartanische Sozialordnung geschaffen, die zwischen Spartiaten, Heloten und Periöken unterscheidet.

Die fruchtbaren Ebenen am Taygetos-Gebirge bei Sparta

■ **Um 700 v. Chr.:** Der 2. Messenische Krieg beginnt. Nach 20 Jahren hat Sparta die Messenier unterworfen, die zu Heloten (Sklaven) geknechtet werden. Bereits im 8. Jahrhundert wurden das südlich gelegene Amyklai und die Landschaft Lakonien im Südosten der Halbinsel Peloponnes erobert.

Sparta, das als Staat den Namen Lakedaimon führt, bildete sich um 900 v. Chr. durch den Zusammenschluss von vier Dörfern dorischer Einwanderer. Es war keine Polis im eigentlichen Sinne, sondern eine offene Siedlung. Innerhalb der eroberten Gebiete stellen die Spartiaten nur eine kleine Minderheit. Jeder dieser Vollbürger von Sparta erhält ein Landlos von etwa 11 bis 15 ha, das er nicht selbst bewirtschaftet, sondern von den zu Heloten gemachten Bewohnern bestellen lässt – ihm selbst ist jede Erwerbstätigkeit verboten. Während die Heloten als Knechte auch persönlich unfrei sind, haben die Periöken, die nicht in Sparta selbst, sondern in den Gemeinden der umliegenden Bergregionen ansässig sind, zwar mindere politische Rechte, sind aber persönlich frei.

Da die Spartiaten nicht selbst für ihren Lebensunterhalt sorgen müssen, können sie sich ganz auf das Kriegshandwerk konzentrieren; sie sind auch dazu gezwungen, wehrhaft zu bleiben, weil sie gegen Aufstände der ihnen zahlenmäßig deutlich überlegenen Heloten gewappnet sein müssen. In ihren Kämpfen wenden die Spartiaten die Phalanxtaktik an: Schwer bewaffnete Fußsoldaten bilden eine dicht geschlossene, aus acht Gliedern bestehende lineare Kampfformation. Durch den Kampf in der Phalanx sind die Spartiaten militärisch gleichgestellt. Die schon sprichwörtlich gewordene spartanische Schlichtheit und Härte kennzeichnet den Alltag. Die Erziehung der Knaben wird als Gemeinschaftsaufgabe verstanden: Sie leben ab dem siebten Lebensjahr nicht in der Familie, sondern in sog. Tischgemeinschaften mit Gleichaltrigen. Diese auch im späteren Leben fortbestehenden Gruppen gehen gemeinsam auf die Jagd und nehmen gemeinsam an Kriegen teil. Drill und die Einübung im Ertragen von Schmerzen stehen im Vordergrund der Erziehung.

Chou-Könige regieren das Reich der Mitte

Während der Chou-Dynastie, die um 1035 v. Chr. an die Macht kam, dehnt sich das chinesische Reich durch militärische Eroberungen und bäuerliche Kolonisation nach Westen und Süden aus. Doch nach mehr als 200 Jahren zerfällt die Reichseinheit.

■ **8. Jahrhundert v. Chr.:** Wegen der Expansionsbestrebungen des Südstaates Chou schließen die chinesischen Mittelstaaten eine Allianz unter Führung von Huan, dem Fürsten des mächtigen Oststaates Ch'i.

Die Grundlage des chinesischen Staates bildet ein feudales Lehnswesen. Die Entstehung faktisch unabhängiger Lehnsstaaten, die sich seit 771 gegen die Chou-Dynastie erheben und sich untereinander bekämpfen, führt zu einem Verfall der Reichseinheit. Die wirtschaftliche Grundlage des chinesischen Reiches sind Ackerbau und Viehzucht. Die Abhängigkeit der Ernteerträge vom Wetter führte zur Entstehung des Fruchtbarkeitskultes, mit dem der Ahnenkult eng verbunden ist. Die Chinesen glauben, dass die Geister der Verstorbenen das Leben ihrer Nachkommen beeinflussen und eine Vermittlerrolle zwischen Menschen und Göttern einnehmen. Ständige Opfergaben sollen die Ahnen gütig stimmen.

Bronzener Drachenkopf der Chou-Dynastie, um 771 v. Chr.

Im Laufe der Chou-Zeit werden Märkte, Handwerksbetriebe, Vorratshäuser und die Stadthäuser der reichen Kaufleute in das befestigte Stadtgebiet einbezogen. Adel und Bürgertum entwickeln sich zu einer neuen städtischen Oberschicht. In der späteren Chou-Zeit bestimmen erstmals Geschäftsstraßen das Stadtbild. Es gibt Läden, die Juwelen, Felle und Leder, Kleidung, Salz, Drogen, Nahrungsmittel, Wein und Kuriositäten verkaufen, sowie Restaurants und Gaststätten, Spielhäuser und Bordelle.

Hesiod schildert die griechische Götterwelt

Hesiod ist der erste historisch fassbare griechische Dichter. In seinem Hauptwerk, der »Theogonie« (Götterabstammung), berichtet er von der Weltentstehung aus dem Chaos und stellt drei Dynastien von Göttern mit der Ordnung des Zeus dar.

■ **Um 700 v. Chr.:** Der in Böotien lebende griechische Epiker Hesiod schafft wesentliche Grundlagen der griechischen Mythologie mit einer Götterwelt, die der menschlichen in vielem ähnelt: Es gibt eine Hierarchie, Familien und Rivalitäten und jeder Gott hat seinen eigenen Aufgabenbereich. Anders als bei Homer erscheinen seine Götter nicht als heitere Gestalten, sondern als erhabene Mächte, denen der Mensch mit Ehrfurcht gegenübertritt.

Alle Götter stammen von Uranos ab, dem göttlichen Ursprungsprinzip, dem uranfänglichen Chaos vor der Schöpfung. Uranos, der Himmel, zeugt mit Gäa, der Erde, die Kyklopen und die Titanen. Weil er sich weigert, Letztere aus dem Schoß der Erde ans Licht zu lassen, stürzt ihn sein Sohn Kronos, entmannt seinen Vater mit einer Sichel und wirft die Geschlechtsteile ins Meer. Daraus entsteht Aphrodite, die Schaumgeborene, die Göttin der Liebe und der geschlechtlichen Vereinigung.

Kronos ist die Zeit. Nach der Scheidung von Himmel und Erde tritt das erste Ordnungsprinzip in die Welt. Aus Angst, selbst gestürzt zu werden, tötet Kronos seine Nachkommen: Er verschlingt seine Kinder – ein deutlicher Hinweis auf die Sterblichkeit des Menschen. Ein Sohn entgeht Kronos: Zeus. Seine Mutter reicht Kronos einen Stein, den er statt des Kindes verschluckt. Zeus wird heimlich in einer Grotte des Berges Ida auf Kreta großgezogen. Als er herangewachsen ist, stürzt er seinen Vater Kronos und zwingt ihn, die von ihm verschlungenen Kinder wieder auszuspeien.

Zeus ist nicht nur der Licht- und Wettergott, der Blitzeschleuderer, er repräsentiert die soziale Ordnung. Er ist der Himmelsvater, den keine Stadt als Schutzgott für sich allein beanspruchen kann, er steht unparteiisch über allem und regiert die Welt vom Olymp, dem heiligen Berg, aus. Er ist mit Hera verheiratet, unter deren Schutz die Ehe steht, was ihn nicht daran hindert, mit zahlreichen anderen Göttinnen und sterblichen Frauen Kinder zu haben. Mit Leto zeugt er Apollon und Artemis, mit Demeter Persephone; Leda verführt er als Schwan, Europa als Stier, Danae als Goldregen.

Weitere Söhne von Kronos sind Poseidon, der Erderschütterer, dem bei der Teilung des Erbes das Meer zufiel, und Hades, der in der Unterwelt über die Toten herrscht. Hades entführt und heiratet Persephone, die Tochter der Kornmutter Demeter. Diese ist verzweifelt, sucht die Tochter und vernachlässigt dabei ihre Aufgabe, für das Wachstum zu sorgen. Weil die Menschen daraufhin hungern, legt Zeus fest, Persephone solle den Winter in der Unterwelt verbringen, in jedem Frühjahr aber zurückkehren – wie das Korn, das im Frühling an die Oberfläche keimt.

Zeus, der höchste Gott der Griechen, teilt sich die Weltherrschaft mit seinen Brüdern Poseidon und Hades.

01287 Pans Party

00871 Xenophanes über Götterglauben

Für den Krieg sind Ares und Athene zuständig, der gewalttätige Ares für das Schlachtgetümmel, Athene für die kluge Kriegsführung. Sie ist gleichzeitig Göttin der Weisheit. Athene und Ares bekämpfen sich oft gegenseitig – zwei widerstreitende Prinzipien.

Dionysos schickt die Ekstase. Ihm ist nicht nur der Wein heilig, sondern jeder rauschhafte Zustand, der durch Tanz oder rituelle Handlungen erreicht wird. Bei seinem Kult werden Tieropfer dargebracht, manchmal auch Menschen in Stücke gerissen. Apollon unterstehen Kunst und Musik, er fördert kulturelle Leistungen. Er ist der Gott der Heilkunst, tötet aber auch mit seinen Pestpfeilen. Daneben gibt es unbedeutendere Götter wie Pan, der mit seiner Flöte Hirten und Herden in Panik versetzt.

Zwölf Arbeiten

Eine besondere Stellung nimmt Herakles ein, denn er ist der Sohn des Zeus mit der Sterblichen Alkmene. Als Halbgott steht er in direkter Verbindung zu den Menschen und muss zahlreiche Abenteuer bestehen, um sich einen Platz im Olymp zu verdienen.

Berühmt sind die zwölf Arbeiten, die dem jungen Helden vom Orakel in Delphi aufgegeben werden. Zunächst erwürgt er den nemeischen Löwen. Anschließend tötet er die neunköpfige Hydra von Lerna, fängt den erymanthischen Eber sowie die windschnelle kerynitische Hirschkuh und vertreibt die Menschen fressenden stymphalischen Vögel. Er gewinnt den Gürtel der Amazonenkönigin Hippolyte, reinigt die gewaltigen Ställe des elischen Königs Augias, fängt auf Kreta den Minotaurus und bändigt die Rosse des Diomedes. Bevor der Halbgott die Rinder des Riesen Geryoneus einfängt, errichtet er die sog. Säulen des Herakles, die Felsen beim Ausgang des Mittelmeeres in den Atlantik. Nachdem Herakles die Äpfel der Hesperiden geraubt hat, entführt er als letzte Tat den Höllenhund Zerberus aus der Unterwelt.

Hermes-Skulptur des Bildhauers Praxiteles

Relief mit Ares und Aphrodite, 5. Jahrhundert v. Chr.

Der griechische Dichter Hesiod in seinem Epos »Werke und Tage« über Götter und Menschen:
»Golden war das Geschlecht der sprechenden Menschen, das anfangs sie, die Todfreien (Götter) schufen, die himmlische Häuser bewohnen. Das war des Kronos (Zeus) Zeit, und er regierte im Himmel.«

Griechen entwickeln neue Kampftechniken

Mit dem Hopliten entwickeln die Griechen einen der stärksten Kämpfer der vorchristlichen Antike. Der schwer bewaffnete Infanterist bildet den Kern des griechischen Heeres und erlangt schlachtentscheidende Bedeutung.

■ **Um 650 v. Chr.:** Die Griechen entwickeln eine neuartig ausgerüstete Heereseinheit und eine neue Kampftechnik: den Hopliten. Die Hopliten sind schwer bewaffnete Fußkämpfer, die mit einem Helm, dessen Visier beim Kampf heruntergeklappt wird, sowie mit Brust- und Beinpanzern gegen die Waffen der Feinde geschützt sind und sich in einer geschlossenen Kampfreihe (Phalanx) auf den Gegner stürzen.

Ihre Bewaffnung besteht aus einer langen Stoßlanze und einem kurzen, zweischneidigen Schwert für den Nahkampf. Mit ihren Rundschilden bilden sie in der Verteidigung ein fast unüberwindliches Bollwerk, beim Angriff in geschlossener Formation im Sturmschritt durchbrechen sie dank ihrer geballten Wucht die feindlichen Schlachtreihen.

Hoplit mit abgenommenem Helm, Schild und Lanze; attische Vasenmalerei

Die Hoplitenphalanx wird meist in Achterreihen aufgestellt, wobei strenge Disziplin und eine längere Ausbildung erforderlich sind, um die Reihen geschlossen zu halten. Die Schwäche der Hoplitenphalanx liegt in ihrer geringen Flexibilität in der Anpassung an topographische Gegebenheiten und in ihrer starken Verwundbarkeit bei feindlichen Angriffen von den Flanken oder von hinten. Aus diesem Grund werden in der Schlacht neben die Hoplitenphalanx noch Peltasten (leicht bewaffnete Infanteristen) und Steinschleuderer aufgestellt, die bei Umgehungsmaßnahmen des Feindes die Flanken sichern. Große Bedeutung kommt bei einem Feldzug der Reiterei bei. Berittene Soldaten sind schnell an den besonders bedrängten Stellen einsetzbar und können aus ihrer erhöhten Position besser kämpfen.

Gyges regiert in Lydien

02714
Platon über Gyges und seinen Ring

König Kandaules lässt Gyges seiner Frau beim Entkleiden zusehen, um ihn von ihrer Schönheit zu überzeugen; Kupferstich von Matthäus Merian d. Ä., 17. Jahrhundert.

Unter Gyges dehnt Lydien seinen Herrschaftsbereich über die griechisch besiedelten Gebiete Westkleinasiens aus. Das sagenumwobene Leben des Königs befruchtet die europäische Literatur.

■ **Um 680 v. Chr.:** König Gyges (um 680–652 v. Chr.) stürzt den Herakliden-könig Kandaules und begründet die Dynastie der Mermnaden in Lydien.

Nach dem griechischen Geschichtsschreiber Herodot hat Gyges auf Kandaules' Wunsch dessen Gattin nackt gesehen. Als diese davon erfährt, zwingt sie Gyges, Kandaules zu töten und selbst den Thron zu besteigen. Laut Platons »Staat« hat sich Gyges mit Hilfe eines Ringes unsichtbar gemacht, bevor er den Mord beging. Beide Überlieferungen verknüpft Friedrich Hebbel in dem Drama »Gyges und sein Ring« (1856).

Herrschaft auf Zeit in Athen

In Athen entstehen die Anfänge der Demokratie. Im 8. Jahrhunderts vollzog sich der Übergang vom Königtum zu einer Adelsherrschaft, da sich mit der Sesshaftigkeit neue gesellschaftliche Bedingungen ergaben.

■ **Um 682 v. Chr.:** Die ursprünglich lebenslängliche und im 8. Jahrhundert auf zehn Jahre festgesetzte Amtszeit der Athener Archonten (Inhaber der höchsten Staatsämter) wird auf ein Jahr beschränkt. Damit ist eine Entwicklung abgeschlossen, die vom aristokratischen Erbkönigtum zur demokratischen Jahresmagistratur geführt hat. Die Bevölkerung Athens gliedert sich in den grundbesitzenden Adel sowie in Bauern und Handwerker.

02715
Große antike Denker über die Demokratie

König Midas verliert sein Reich

Die Kimmerer überfallen Phrygien. Nach nur 100-jähriger Geschichte verliert damit das Reich der Phryger, das einen Großteil Kleinasiens umfasst, für immer an Bedeutung.

■ **Um 695 v. Chr.:** Kimmerische Reiterscharen aus Asien zerstören das im anatolischen Hochland gelegene phrygische Großreich. König Midas, seiner Macht beraubt, begeht daraufhin durch Trinken von Stierblut Selbstmord.

Die Phryger errichteten ihr Reich um 800 v. Chr. Der Sage nach hat König Midas bereits zu dieser Zeit seine Herrschaft im Hochland von Anatolien begründet. Hauptstadt wurde Gordion. Midas, der mit einer griechischen Prinzessin verheiratet war, wurde wegen seines legendären Goldreichtums von seinen Zeitgenossen bewundert. Die Phryger, wahrscheinlich aus Makedonien und Thrakien um 1200 eingewandert, konnten im Lauf des 8. Jahrhunderts v. Chr. ihre Herrschaft gegen die Assyrer behaupten. Mit dem assyrischen Herrscher Sargon II. schlossen sie 709 v. Chr. einen Friedensvertrag, in welchem sie sich zu Tributzahlungen verpflichteten.

Die phrygische Kunst zeichnet sich durch geometrische Kieselmosaiken in den Wohnbauten, tönerne bemalte Reliefs und mit geometrischen Mustern überzogene Fassaden aus; auf eine hohe Kunstfertigkeit deuten u. a. Siebkannen sowie Bogenfibeln hin.

»Das Urteil des Midas«: Weil König Midas den Ausgang des musischen Wettstreits zwischen Pan und Apoll für ungerecht erachtet, wird er von Apoll mit Eselsohren bestraft; Gemälde von Jacopo da Empoli, 1620.

Reich der Elamiter verliert Unabhängigkeit

Mit der Zerstörung der Hauptstadt Susa erlischt das Reich von Elam. Seit Jahrhunderten haben sich die Elamiter erfolgreich ihrer zahlreichen Feinde erwehrt, den Assyrern aber können sie nichts mehr entgegensetzen.

■ **639 v. Chr.:** Der assyrische König Assurbanipal erobert die elamische Hauptstadt Susa und lässt sie zerstören.

Das Reich von Elam liegt östlich des unteren Tigris. Seine Geschichte ist durch Kämpfe gegen die mächtigen Nachbarn gekennzeichnet. Im Laufe von Siegen und Niederlagen verschieben sich die Reichsgrenzen immer wieder. In der frühesten Zeit wurde es von den Sumerern bedrängt, die es um 2300 v. Chr. eroberten. Kurze Perioden der Unabhängigkeit erlebte Elam um 2200 v. Chr. und um 1950 v. Chr., als es gelang, den letzten König der Dritten Dynastie von Ur zu besiegen und nach Elam zu verschleppen. Vom 13. Jahrhundert v. Chr. an stand Elam unter babylonischer Herrschaft. Nebukadnezar I. von Babylon zerstörte das Reich um 1100 v. Chr.

Im 8. Jahrhundert v. Chr. entstand das neuelamitische Reich als Bundesstaat, das vom König in Susa regiert wurde. Elam wurde im Westen von den Assyrern bedrängt, im Nordosten von den vorrückenden Persern, unter deren Herrschaft es letztendlich fällt.

Elams Bedeutung liegt für die Eroberer in seiner blühenden Wirtschaft und seiner verkehrsgünstigen Lage an der wichtigsten Ost-West-Handelsstraße. Die Ebene von Susa ist sehr fruchtbar, Ackerbau und Viehzucht werfen hohe Erträge ab. Zudem sind Bodenschätze und Bauholz reichlich vorhanden.

Relief vom Palast des assyrischen Königs Assurbanipal in Ninive mit Darstellung gefangener Elamiter

Tyrannen-Herrschaft in Korinth

Das 7. und 6. Jahrhundert ist in Griechenland die Zeit der sog. älteren Tyrannis. Periandros regiert Korinth mit harter Hand, führt die Stadt zu wirtschaftlicher Blüte und politischer Stabilität.

■ **627 v. Chr.:** Als Nachfolger seines Vaters Kypselos übernimmt Periandros die Herrschaft über das griechische Korinth. Kypselos hatte um 657 v. Chr. die Oligarchenherrschaft des Geschlechts der Bakchiaden vernichtet und sich selbst zum Alleinherrscher erhoben. Er errichtete die Dynastie der Kypseliden.

Korinth ist eine Gründung der aus dem Norden eingewanderten Dorer. Die bisherigen Herrscher stützten sich auf die dorische Oberschicht. Kypselos dagegen brachte die alteingesessene, nicht dorische Bevölkerung auf seine Seite. Es gelang ihm, im Stadtstaat eine florierende Finanzwirtschaft aufzubauen und bald herrschte in Korinth Zufriedenheit mit der neuen Regierung.

········ Tyrannis ········

Immer wieder reißen Einzelne in den Stadtstaaten die Macht an sich. Unter Tyrannis versteht man eine uneingeschränkte Gewaltherrschaft, was nicht heißt, dass unter der Bevölkerung Angst und Schrecken verbreitet werden. Ein Tyrann bringt lediglich die Herrschaft mit ungesetzlichen Mitteln an sich und schaltet die bisherige Regierung, die im Allgemeinen von einer kleinen Adelsschicht gestellt wird, aus. Er beraubt die freien Bürger ihrer politischen Rechte, um die Regierungsgeschäfte unbeschränkt zu führen. Der Zeitraum zwischen etwa 600 und 510 v. Chr. ist in Griechenland die Zeit der so genannten älteren Tyrannis.

Säulen des Apollo-Tempels in Alt-Korinth

Der griechische Philosoph Aristoteles (384–322 v. Chr.) unterscheidet zwischen Königen und Tyrannen: *»Der König gründet seine Sicherheit auf den Schutz der Bürger, der Tyrann auf den von Söldnertruppen.«*

Letzte Blüte des assyrischen Grossreichs

Die Assyrer sind wegen ihrer aggressiven Expansionspolitik bei allen Nachbarn verhasst. Seine letzte Glanzzeit erlebt Assyrien unter der Herrschaft von Assurbanipal, wenig später wird das Großreich vollständig zerstört.

■ **648 v. Chr.:** Der assyrische König Assurbanipal (Reg. 668 bis um 627 v. Chr.) setzt sich nach vierjährigem Bürgerkrieg gegen seinen Bruder Schamasch-schum-ukin, König in Nordbabylonien, durch und kann damit vorerst sein Reich behaupten. Der Bruderkrieg ging auf die unklare Thronfolgeregelung zurück. Der 668 v. Chr. verstorbene König Assarhaddon hatte seinen jüngeren Sohn Assurbanipal zum Kronprinzen bestimmt, den Älteren zum Thronfolger in Babylon. Im Kampf gegen seinen Bruder hatte Schamasch-schum-ukin neben Arabern und Ägyptern auch syrische Fürsten sowie Städte des Assyrischen Reiches als Verbündete gewonnen.

Rücksichtslose Eroberer

Seit etwa 1115 v. Chr. eroberten die Assyrer von ihrem Kernland (nördlich des heutigen Bagdad) aus große Gebiete vom Mittelmeer bis in die heutige Osttürkei und an den Persischen Golf. 670 v. Chr. erreichte das Assyrische Reich mit der Eroberung Ägyptens seine größte Ausdehnung. Ihre Überlegenheit verdankten die Assyrer u. a. ihrer Militärtechnik. Im 9. Jahrhundert v. Chr. setzten sie als Erste berittene Kämpfer ein. Hinzu kamen schwere Streitwagen, an deren Radnaben seitlich abstehende Sicheln befestigt wurden. Solche Sichelwagen dienten dazu, als Vorhut Breschen in das feindliche Heer zu schlagen. Um abtrünnige Städte in die Knie zu zwingen, konstruierten die Assyrer Belagerungsmaschinen mit Rammböcken und Panzerung. Hinzu kam die ungewöhnliche Grausamkeit gegenüber Besiegten. In der Bibel finden sich vielfach Berichte über die Kriegsführung der Assyrer. Folterungen und Massenhinrichtungen sowie die brutale Bestrafung der Führer von Aufständischen waren an der Tagesordnung. Die unterworfenen Völker wurden oft als Zwangsarbeiter eingesetzt.

Glanz unter Assurbanipal

Nach dem Sieg über seinen Bruder lässt Assurbanipal Babylon zerstören. 639 v. Chr. erobert und zerstört er Susa, die nördlich des Persischen Golfs gelegene Hauptstadt des seit mehr als 2000 Jahren bestehenden Reiches Elam. Assyrien gewinnt damit eine wirtschaftlich blühende Provinz hinzu. Das 671 v. Chr. eroberte Ägypten musste Assurbanipal dagegen 15 Jahre später wieder aufgeben, da es zu weit entfernt lag, um es dauerhaft als Provinz zu sichern.

Kunst und Wissenschaft erweist Assurbanipal durch die Gründung der Bibliothek von Ninive, der bedeutendsten Bibliothek des alten Orients, einen unschätzbaren Dienst. Auf über 22000 Tontafeln sind in Keilschrift literarische, historische, philosophische, medizinische und astronomische Texte sowie Dichtungen und Urkunden festgehalten.

Beginn des Niedergangs

Schon in den letzten Jahren vor Assurbanipals Tod kommt es in Assyrien durch Machtkämpfe unter den Söhnen des Königs zu inneren Spannungen. 625 v. Chr. können die Assyrer zunächst einen Ansturm der Skythen im Norden des Schwarzen Meeres abwehren. Doch im Süden erkämpft der Chaldäerfürst Nabopolassar die Unabhängigkeit Babylons und begründet das Neubabylonische Reich. Ab 614 v. Chr. verbünden sich Babylonier und Meder unter ihrem König Kyaxares in einem gemeinsamen Feldzug, um Assyrien zu zerstören. 614 v. Chr. fällt Assur, zwei Jahre später die Hauptstadt Ninive. Auch alle übrigen assyrischen Städte werden geplündert und zerstört. Der Führer der noch verbliebenen Teile der assyrischen Armee, König Assuruballit II., muss 608 v. Chr. endgültig kapitulieren.

02645
Assurbanipal beherrscht Keilschrift

Assyrische Harfenspieler bei einer Prozession; 7. Jahrhundert v. Chr.

Die sieben Weltwunder der Antike

Von sieben bewundernswerten, ganz außergewöhnlichen »Schaustücken« berichten antike Schriftsteller: Bauwerke, die aufgrund ihrer Monumentalität, Schönheit und Perfektion die Bewohner der antiken Welt in ehrfürchtiges Staunen versetzen. So ist erklärlich, dass diese Sehenswürdigkeiten bald als »Weltwunder« bezeichnet werden.

Der Ingenieur Philon von Byzanz (um 260–200 v. Chr.) beschreibt in seinem »Reiseführer zu den sieben Weltwundern« fast alle Bauwerke.

Das älteste Weltwunder ist zugleich das einzige bis heute erhaltene: die drei Pyramiden von Gizeh in der Wüste nahe Kairo, erbaut zwischen 2551 und 2471 v. Chr. Das Herbeischaffen von Steinen aus dem fast 1000 km entfernten Assuan und die Errichtung der teils 30 t schweren Blöcke zeigen ebenso wie die Konstruktion und die astronomische Ausrichtung Meisterleistungen der Bautechnik wie auch der Logistik.

Die Cheopspyramide von Gizeh

Der babylonische König Nebukadnezar II. (606–562 v. Chr.) soll seiner iranischen Frau nahe seines Tempels prächtige Gärten erbaut haben, um sie an die Landschaft ihrer Heimat zu erinnern. Antike Schriftsteller berichten von einem 120 x 120 m großen Areal mit üppiger Vegetation und einem ausgeklügelten Bewässerungssystem. Später wird die sagenhafte babylonische Königin Semiramis (um 800 v. Chr.) als Erbauerin der »Hängenden Gärten« vermutet.

00473

Diogenes und Mausolos

Als »himmlischen Schmuck der Unsterblichkeit« bewundert Philon den 550 v. Chr. erbauten Tempel in Ephesos, der der Jagd- und Fruchtbarkeitsgöttin Artemis (Diana) geweiht ist. Ein 20 m hoher Tempel aus Marmor überragt den Sockel von 55 x 110 m Größe. 356 v. Chr. legte Herostrat, ein ruhmsüchtiger Bürger, Feuer. Ein neuer Tempel, an gleicher Stelle errichtet, wird im 4. Jahrhundert n. Chr. zerstört.

Der athenische Bildhauer Phidias (um 500–423 v. Chr.) schafft in Olympia ein 12 m hohes Kultbild des Zeus, das im kurz zuvor erbauten Zeus-Tempel Platz findet. Der Verbleib der Statue ist ungeklärt – eventuell wird sie 462 n. Chr. nach Konstantinopel gebracht und dort Opfer eines Großfeuers.

Mausolos (377–353 v. Chr.), König der persischen Provinz Karien in Kleinasien, gibt den Bau eines 49 m hohen Grabmals in seiner Residenzstadt Halikarnassos in Auftrag. Im 16. Jahrhundert wird das Mausoleum vollständig zerstört.

Nur 66 Jahre überragt die gigantische Skulptur des Sonnengottes Helios den Hafen der Insel Rhodos. Nach zwölf Jahren Bauzeit ist der Koloss aus Eisen und Stein fertig, 226 v. Chr. wird er von einem Erdbeben zerstört.

136 m hoch erhebt sich der Leuchtturm über der dem Hafen von Alexandria vorgelagerten Insel Pharos. 35 km weit reicht sein Leuchtfeuer. Ptolemaios I. hatte mit dem Bau begonnen, sein Nachfolger Ptolemaios II. weiht ihn 283 v. Chr. ein. 796 n. Chr. stürzte er bei einem Erdbeben in sich zusammen.

Zum Dank für ihre Rettung aus einem Krieg weihten die Rhodier den 36 m hohen Koloss dem Sonnengott Helios; Radierung, 18. Jahrhundert.

Der griechische Geschichtsschreiber Herodot (um 485 bis um 425 v. Chr.) über die Vorarbeiten zum Bau der Pyramiden von Gizeh:

»Es dauerte zehn Jahre, ehe nur die Straße gebaut war, auf der die Steine daher geschleift wurden, ein Werk, das mir fast ebenso gewaltig scheint wie der Bau der Pyramiden selber.«

Eisen löst Bronze als Werkstoff ab

Die seit dem 17. Jahrhundert andauernde Bronzezeit geht in Mittel- und Westeuropa zu Ende. An ihre Stelle tritt um 800 die Eisenzeit, benannt nach ihrem wichtigsten Werkstoff. Die bisher in Mitteleuropa verbreitete Urnenfelderkultur wird von der Hallstatt-Kultur abgelöst, benannt nach den Gräberfeldern von Hallstatt im Salzkammergut.

Das Gebiet der Hallstatt-Kultur erstreckt sich vom heutigen Frankreich im Westen quer über die Alpen bis auf den Balkan. Die bisher weit verbreitete Brandbestattung in Urnen wird verstärkt durch Körperbestattungen in Hügelgräbern abgelöst. Die Fürstengräber, die immer in der Nähe befestigter Herrensitze liegen, sind reich mit Schmuck und den Waffen der Toten ausgestattet.

Voraussetzung für die Entstehung der Eisenzeit sind die zahlreichen Eisenvorkommen. In Rennöfen wird das im Bergbau geförderte Eisenerz verhüttet. Das Metall wird zur Herstellung von Waffen, Gebrauchsgegenständen und Schmuck verwendet. Es ist dem bisherigen Werkstoff Bronze wegen seiner größeren Härte deutlich überlegen. Träger der neuen Kultur, die vom Mittelmeerraum geprägt ist, aber regional große Unterschiede aufweist, sind vermutlich keltische Stämme.

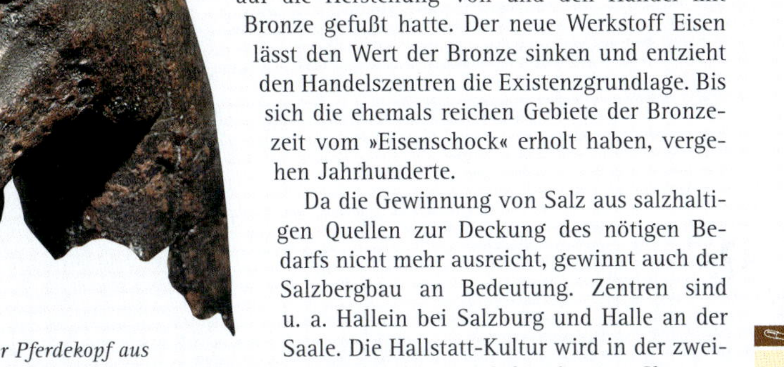

Eiserner Pferdekopf aus Eriwan, Armenien, 8./7. Jahrhundert v. Chr.

Der neue Werkstoff Eisen führt zu einer Ausweitung des Handels und, damit einhergehend, zu einer stärkeren Differenzierung der Gesellschaft in Bauern, Handwerker und Händler. Fürstengräber und Fürstenburgen, etwa die Heuneburg bei Hundersingen an der oberen Donau, deuten darauf hin, dass es bereits eine politische Organisation mit einer hierarchischen Gliederung gibt. Reiche Regionen sind u. a. Etrurien, Österreich, Süddeutschland und die Iberische Halbinsel.

»Eisenschock« ruiniert die Wirtschaft

In einigen Regionen sorgt das neue Material für einen wirtschaftlichen Zusammenbruch. Auf den Britischen Inseln und in Skandinavien gehen zahlreiche Gruppen unter, deren Wohlstand bislang auf die Herstellung von und den Handel mit Bronze gefußt hatte. Der neue Werkstoff Eisen lässt den Wert der Bronze sinken und entzieht den Handelszentren die Existenzgrundlage. Bis sich die ehemals reichen Gebiete der Bronzezeit vom »Eisenschock« erholt haben, vergehen Jahrhunderte.

Da die Gewinnung von Salz aus salzhaltigen Quellen zur Deckung des nötigen Bedarfs nicht mehr ausreicht, gewinnt auch der Salzbergbau an Bedeutung. Zentren sind u. a. Hallein bei Salzburg und Halle an der Saale. Die Hallstatt-Kultur wird in der zweiten Hälfte des 5. Jahrhunderts v. Chr. von der La-Tène-Zeit abgelöst.

02250
Stoffe in der Eisenzeit

Das keltische Jahrtausend

Um 800 siedeln indogermanische Völkergruppen mit einem ursprünglich gemeinsamen Sprachstamm in Europa. Als Urheimat des von der Forschung angenommenen, bisher aber nicht eindeutig nachgewiesenen indogermanischen Urvolks gilt das mittlere bis östliche Europa.

Unter den Stammesgruppen am bedeutendsten sind die sprachlich von den anderen Indogermanen getrennten Germanen und die ihnen verwandten Kelten.

Von den Kelten zeugen in Mitteleuropa erste Funde aus Süddeutschland um 1000 v. Chr. Gegen Ende des 5. und 4. Jahrhunderts v. Chr. dehnen die Kelten ihre Stammesgebiete nach Spanien aus, wo sie eine keltoiberische Kultur gründen. Später dringen sie nach Oberitalien, England und Irland vor. In Mitteleuropa überlagern bis zum 2. Jahrhundert v. Chr. immer mehr germanische und römische Einflüsse das Keltentum. Julius Cäsar versetzt mit dem Gallischen Krieg der keltischen Kultur in der Mitte des 1. Jahrhunderts v. Chr. den Todesstoß. Nur in abgeschiedenen Gebieten wie Irland erhielt sie sich bis zum heutigen Tag.

In Zentraleuropa bedrängt, wandern keltische Stämme bis Kleinasien. Durch Handelsbeziehungen kommen sie auch mit den Griechen in deren Kolonie Massilia (Marseille) in Kontakt. Beeindruckt von der Kultur und den Lebensweisen in Massilia bringen die Kelten nicht nur Waren wie z. B. Keramik mit zurück in ihre Heimat, sondern übernehmen auch Bautechniken der Griechen. So wird z. B. die Heuneburg, eine aus Lehmziegeln gebaute Verteidigungsanlage im heutigen Hundersingen an der oberen Donau, im griechischen Stil errichtet.

Iberokeltischer Schmuck in Kreuzform; 10./6. Jahrhundert v. Chr.

Auf dem Wagen ins Jenseits

Die Standesunterschiede der Kelten spiegeln sich in den Gräbern wider. Während die Grabstellen der normalen Bevölkerung ohne Bedeutung sind, werden die Fürstengräber desto pompöser und reichlicher ausgestattet. Typische Grabbeigaben sind vierrädrige Wagen, mit denen die Fürsten zu ihrem »Ziel« nach dem Tod fahren.

Die keltische Kunst sammelt Einflüsse aus vielen europäischen Randbereichen und vermengt sie zu einem originellen Stil. Auffällig sind die Gesichter, die selbst Gegenstände des täglichen Gebrauchs schmücken. Im Gegensatz zu früheren Arbeiten sind die Gesichtszüge dabei individuell herausgearbeitet. Der Kessel von Gundestrup, der in Dänemark gefunden wurde, gilt als Paradebeispiel der keltischen Kunst.

Juden in Babylonischer Gefangenschaft

Nach dem Zusammenbruch Assyriens hatte Josia, der König von Juda, seinem Land die Unabhängigkeit erkämpft. Als er stirbt, fällt Juda an Ägypten, später an Babylon. Der Versuch, die Fremdherrschaft zu beenden, hat dramatische Folgen.

■ **609 v. Chr.:** Josia fällt im Kampf gegen den ägyptischen Pharao Necho. Das Bestreben Josias, der 639 v. Chr. als Achtjähriger den Thron erbte, war seit 628 v. Chr. darauf ausgerichtet, das Reich des Königs David wieder herzustellen, und zwar sowohl in territorialer wie in religiöser Hinsicht. Juda und Israel sollten wieder zu einem gemeinsamen selbständigen Land zusammengefasst werden; der Jahwe-Kult war von allen fremden Einflüssen zu befreien, alle Heiligtümer anderer Gottheiten mussten zerstört werden.

Tatsächlich konnte Josia dank der Schwäche Assyriens Juda vorübergehend die Unabhängigkeit sichern, doch als er sich 609 v. Chr. dem Heer des Pharaos Necho in den Weg stellt, werden seine Soldaten geschlagen. Necho lässt wenig später Josias Sohn und Nachfolger auf dem Königsthron absetzen und Jojakim zum Herrscher deklarieren. Als Nechos Heer aber in der Schlacht bei Karkemisch dem babylonischen Feldherrn und späteren König Nebukadnezar II. unterliegt, gerät Juda 605 v. Chr. unter babylonische Herrschaft. In der Folgezeit versuchen Jojakim und sein Nachfolger Zedekia (597–587 v. Chr.) mehrfach die Fremdherrschaft abzuschütteln – mit letztlich verheerenden Folgen. 597 v. Chr. wird Jerusalem in einer Strafaktion erstmals von Nebukadnezars Truppen erobert und geplündert. Die judäische Oberschicht wird nach Babylon gebracht. 587 v. Chr. wird Jerusalem nach einer neuerlichen Belagerung erobert und nun auch zerstört. Die Stadtbevölkerung wird in die Babylonische Gefangenschaft geführt, die fast 50 Jahre andauert. Juda wird zur babylonischen Provinz.

Die Maßnahmen der Babylonier zur Verhinderung weiterer Aufstände sind hart. Jerusalems Tempel, Palast und Stadtmauer werden eingeäschert oder geschleift. Der jüdische König Zedekia wird geblendet und zusammen mit einem Großteil der Bevölkerung nach Babylonien deportiert. Dort werden den Juden zwar bestimmte Wohnstätten zugewiesen, dennoch genießen sie volle Bewegungsfreiheit. Zahlreiche Juden, unter ihnen der Prophet Jeremias, fliehen nach Ägypten.

Mit der Zerstörung des Tempels sind die Judäer ihrer wichtigsten Opferstätte beraubt. Zwar kehren nach 539 v. Chr. viele in die alte Heimat zurück und auch der Tempel wird wieder aufgebaut, aber in der Zeit des babylonischen Exils bildet sich eine neue Form des Kultes heraus: Die Gläubigen versammeln sich ohne Opfer und Opferpriester zum Beten und zur Verlesung des Gesetzes in Synagogen. Zwar können die Synagogen den Opferkult nicht ersetzen, sie dienen jedoch dem Zusammenhalt der Gemeinde und der Aufrechterhaltung der Tradition.

Selbst als es längst wieder Tempel in Jerusalem gibt, bestehen die Synagogen weiter. Ihre Tradition hält sich bis heute. Eine eigene synagogale Kunst entwickelt sich, die später das biblische Bilderverbot durchbricht. So weist die Synagoge von Kapernaum aus dem 4. oder 5. Jahrhundert n. Chr. zahlreiche steinerne Reliefdarstellungen religiöser Symbole, Früchte, geometrischer Muster, Tiere, ja sogar mythischer Personen auf.

»Die Juden in der babylonischen Gefangenschaft«; Gemälde von Antonio Puccinelli, 1851

02718
Originalbericht: Eroberung Jerusalems

Skythen – Krieger und Künstler

Trotz der Schwächung ihres Reiches gelingt es den Assyrern, einen Vorstoß der Skythen auf ihr Kernland abzuwehren. In der Folgezeit unterstützen die Skythen Assyrien sogar im Kampf gegen Meder und Babylonier.

■ **625 v. Chr.:** Das iranische Reitervolk der Skythen dringt durch Lydien und Syrien bis an die Grenzen Ägyptens vor. Ein Versuch, den Machtbereich durch einen Angriff auf das assyrische Kernland auszudehnen, scheitert jedoch am Widerstand der um ihre Existenz kämpfenden Assyrer. In der Folgezeit mit den Assyrern gegen die vordringenden Meder und Babylonier verbündet, wechseln die Skythen schließlich die Fronten und beteiligen sich an der Zerstörung der Assyrerhauptstadt Ninive.

Die ursprünglich in den mittelasiatischen Steppen ansässigen Skythen erreichten um 800 v. Chr. ihre neuen Wohngebiete zwischen Don und Karpaten und verdrängten dabei die dort wohnenden Kimmerer. Die Skythen werden sesshaft und betreiben Ackerbau und Viehzucht. Die ab 650 v. Chr. nach Vorderasien einfallenden Skythenstämme erwerben sich den Ruf, hervorragende Reiter und gefürchtete Bogenschützen zu sein.

Griechen imitieren Skythenkunst

Bei ihren ausgedehnten Feldzügen geraten die Skythen in engen Kontakt mit griechischen Kaufleuten in den Handelskolonien am Schwarzen Meer und tauschen Getreide sowie Gebrauchsgegenstände gegen Bronze-, Silber- und Goldschmuck ein. Wie wichtig die skythischen Handelspartner für die Griechen sind, zeigen archäologische Funde von griechischen Handelswaren, die dem Kunststil der Skythen nachempfunden sind. Eigene Kunstgegenstände der Skythen, z. B. Gold- und Silberschmuck als Beigaben für die prunkvollen Fürstengräber, zeugen von ihren handwerklichen Fähigkeiten. Sie sind nicht nur harte Krieger, sondern pflegen neben dem Kunsthandwerk auch Musik, Tanz sowie üppige Ess- und Trinkgelage.

Goldener Panther im charakteristischen skythischen Rolltiertypus, um 600 v. Chr.

00799
Herodot staunt über Skythenvolk

Plastik eines Steppenreiters aus dem Fürstengrab von Kul Oba bei Etsch auf der Krim, 4. Jahrhundert v. Chr.

Eroberer zerschlagen das Assyrische Reich

Der babylonische König Nabopolassar und der mit ihm verbündete Mederkönig Kyaxares zerstören die frühere assyrische Hauptstadt Assur. Dies ist der Beginn einer Reihe von Niederlagen, die das Assyrer-Reich endgültig vernichten.

■ **612 v. Chr.:** Nabopolassar und Kyaxares erobern die assyrische Hauptstadt Ninive. Der assyrische Großkönig Sinscharrischkun lässt sich in seinem Palast verbrennen. Ein Jahr später krönt sich der Kommandant der assyrischen Westarmee in der Stadt Charran zum König von Assyrien und nimmt den Namen des Reichsgründers, Assuruballit II, an. Aber schon 609 v. Chr. kapituliert der letzte König nach der Eroberung Charrans. Assyrien wird unter Medern und Babyloniern aufgeteilt.

Das Großreich der Assyrer, deren Wurzeln bis um 2400 v. Chr. zurückreichen, war ursprünglich ein lokales Fürstentum, das unter der Dritten Dynastie von Ur nach 1955 v. Chr. unabhängig wurde. Unter Asarhaddon gelang 671 v. Chr. die Ausdehnung des Reiches mit der Eroberung Ägyptens.

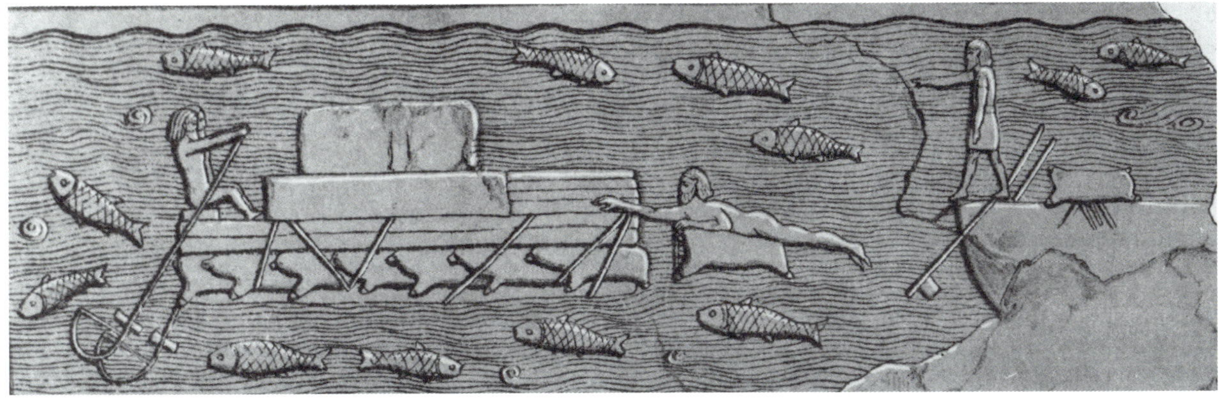

Assyrisches Floßboot auf dem Tigris, Zeichnung nach einem Relief in Ninive

Babylon wird Grossmacht

Unter der Herrschaft des Königs Nebukadnezar II. erlebt Babylon eine erneute Blütezeit. Die Stadt ist Zentrum eines Reichs, das sich vom Mittelmeer bis zum Persischen Golf erstreckt.

■ **605 v. Chr.:** Bei Karkemisch besiegt Nebukadnezar II. den ägyptischen König Nacho II. Babylon wird zur bedeutendsten Stadt des Zweistromlandes. Seit dem Aufstieg des Assyrer-Reiches im 12. Jahrhundert v. Chr. hatte die Stadt an Bedeutung verloren. Tiefpunkte waren der Verlust der Selbständigkeit sowie die wiederholte Einnahme und teilweise Zerstörung durch die Assyrer.

Erst dem Chaldäerkönig Nabopolassar gelang es 626 v. Chr. die Fremdherrschaft abzuschütteln und das Babylonische Reich neu zu begründen. Er besiegte im Bündnis mit Kyaxares von Medien das Assyrische Reich und vereinnahmte dessen südlichen Teil sowie die südlichen Provinzen Elam, Syrien und Palästina. In Babylon veranlasste er umfangreiche Bauarbeiten, um die alte Pracht der Stadt wieder herzustellen. Nabopolassar starb 605 v. Chr., ohne seine Pläne vollendet zu haben.

Nachfolger wird sein Sohn Nebukadnezar II., der sich bereits als Heerführer einen Namen gemacht hat. Als König führt Nebukadnezar weitere erfolgreiche Feldzüge, u. a. 598/97 und 589 bis 587 v. Chr. gegen Juda. Sein Reich, das sich von der Mittelmeerküste bis an den Persischen Golf erstreckt, wirft so hohe Erträge ab, dass Nebukadnezar Babylon zu einer Metropole ausbauen kann, die

Handelszentrum von gewaltigen Ausmassen

Mit 250 000 bis 300 000 Einwohnern ist Babylon in seiner Glanzzeit unter der Herrschaft König Nebukadnezars II. die größte Stadt der Epoche. Die verkehrsgünstige Lage macht die Metropole zum Zentrum des Ostwesthandels. Babylonische Schiffe befahren den Euphrat bis zum Persischen Golf und bringen von dort Handelswaren aus Arabien und Indien. Karawanenstraßen verbinden Babylon mit Kleinasien, Syrien und Persien. Exportgüter sind Wolle, Textilien und Getreide. Metalle wie Kupfer, Blei, Eisen, Gold und Silber sowie Holz werden importiert. Da die Babylonier von den Lydern das System des Münzgeldes übernehmen, wird ihre Hauptstadt auch schnell zu einem bedeutenden Finanzzentrum. Priester wickeln einen Großteil der Geldgeschäfte ab, auch private Banken entstehen, die noch Bestand haben, als Babylon bereits ein Teil Persiens geworden ist.

Die Babylonier halten sich viele Sklaven; ihr Preis ist verhältnismäßig niedrig, er entspricht dem für zwei Rinder oder 20 Ziegen. Die Sklaven führen in erster Linie die körperliche Arbeit aus, erledigen teilweise auch die Geschäftsführung der Händler, schreiben Rechnungen, Frachtbriefe und Handelsvereinbarungen.

Neben den »Hängenden Gärten«, eines der sieben Weltwunder der Antike, ist u. a. die Befestigung der Stadt überaus beeindruckend. Die alte Doppelmauer wird erneuert, weite unbebaute Gebiete im Umland werden durch eine neue dreifache Mauer befestigt, hinter der die Landbevölkerung Schutz findet. 60 km nördlich der Stadt entsteht die sog. Medische Mauer, die nach griechischen Berichten 30 m hoch gewesen sein soll. Babylon erhält acht Stadttore, darunter das berühmte Ischtartor, das der Göttin der Liebe und des Krieges geweiht ist und dessen leuchtend blau glasierte Ziegel mit Tierreliefs geschmückt sind.

Blick auf Babylon zur Zeit König Nebukadnezars II. über das Ischtar-Tor hinweg von Nordwesten gesehen; Rekonstruktion

In die Regierungszeit Nebukadnezars II. fällt auch der in der Bibel beschriebene Turmbau zu Babel: Der seit Jahrhunderten unvollendete Tempel zu Ehren des Stadtgottes Marduk erhält seine endgültige Gestalt. Der Bau mit einer Grundfläche von 91,5 x 91,5 m erhebt sich 90 m in die Höhe. Auf fünf gewaltigen Stufen mit riesigen Freitreppen thront ein zweistöckiger Tempel, der das so genannte Hochzeitshaus Marduks, aber auch Kulträume für andere Götter beherbergt.

00746 Inschrift auf dem Ischtartor

01595 Nebukadnezar II.

nach den Worten des griechischen Geschichtsschreibers Herodot »jede andere Stadt der bekannten Welt an Pracht übertrifft«. Allerdings hat das Neubabylonische Reich nicht lange Bestand. Nach dem Tod Nebukadnezars 562 v. Chr. führen Spannungen zwischen seinen Söhnen und der Marduk-Priesterschaft zu Zerfallserscheinungen.

Orakel gegen Belsazar

Nach dem freiwilligen Thronverzicht seines Vaters, König Nabonid, übernimmt Belsazar 550 v. Chr. als ältester Sohn die Herrschaft in Babylon. Die inneren Spannungen dauern an. Während die Priesterschaft den Stadtgott Marduk favorisiert, betet der König zum Mondgott Sin. Ebenso wie sein Vater versucht Belsazar die Marduk-Priesterschaft unter königliche Kontrolle zu stellen und den Anteil der staatlichen Einnahmen aus den Tempelbetrieben zu erhöhen.

Dem legendären Bericht des alttestamentarischen Buches Daniel zufolge wird Belsazar Opfer eines Menetekels, nachdem er Gott gelästert hat. Der Orakelspruch »mene, tekel upharsin«, der während eines königlichen Festmahls an die Wand geschrieben wird, bedeutet »gezählt, gewogen und geteilt«. Kurz darauf wird Belsazar ermordet oder fällt während der Eroberung Babylons durch den Perserkönig Kyros II. (539 v. Chr.).

Dichterin der Antike

Schon zu Lebzeiten ist die Dichterin Sappho weit über ihre Heimat hinaus berühmt. Ihre in einem einfachen Stil gehaltenen Gedichte schreibt sie in äolischem Dialekt.

■ **Um 600 v. Chr.:** Sappho, die bedeutendste Lyrikerin der Antike, leitet auf der Insel Lesbos einen Kreis junger Frauen, die sie bis zu ihrer Verheiratung unterrichtet. In diesem Zusammenhang entsteht ein Großteil ihrer Dichtungen. Sappho stammt aus Mytilene auf Lesbos, musste ihre Heimat aber 604/603 v. Chr. wegen politischer Querelen verlassen und lebt bis 590 v. Chr. auf Sizilien. Nach ihrer Rückkehr aus der Verbannung (um 585 v. Chr.) bildet sie im Zusammenhang mit dem Aphrodite-Kult den Unterrichtszirkel für junge Mädchen aus vornehmen Familien, die sie in Sitte, Musik und Tanz unterweist.

Büste der griechischen Lyrikerin Sappho

Ihre Dichtungen beziehen sich vielfach auf Alltagserfahrungen. Häufiges Thema in Sapphos Gedichten ist außerdem die Liebe, wobei der Mythos des jungen Schiffers Phaon besonders häufig aufgenommen wird. Der späteren Sage nach soll sich Sappho aus Verzweiflung über ihre unerwiderte Liebe zu dem Jüngling in den Tod gestürzt haben.

Die für die Lieder ihres ersten Buches verwendete vierzeilige Strophenform mit drei Elfsilbern und einem zweitaktigen Kurzvers wird als »sapphische Strophe« vielfach aufgegriffen, zunächst von Catull und Horaz, später u. a. von Rainer Maria Rilke. Nur wenige von Sapphos Werken sind unmittelbar erhalten, die meisten Überlieferungen stammen von Zeitgenossen.

00059
Das Menetekel des Belsazar

02575
Heinrich Heines Ballade »Belsazar«

Lyder regieren Kleinasien

Nebukadnezar, König von Babylon, 605–562 v. Chr.

Im Osten Kleinasiens kommt es zu einem Grenzkrieg der Lyder mit dem Reich der Meder, der im Jahr 585 v. Chr. nach einer Sonnenfinsternis beigelegt wird.

■ **Um 607 v. Chr.:** Alyattes übernimmt als König die Herrschaft im Reich der Lyder, das während seiner Regierungszeit (bis 560 v. Chr.) seine größte Ausdehnung erfährt.

Nach dem Zusammenbruch des Phryger-Reiches um 695 v. Chr. konnte sich das Reich der Lyder, das wegen seiner Goldvorkommen sehr wohlhabend war, unter der Dynastie der Mermnaden erheblich ausdehnen. König Gyges (680 bis 652 v. Chr.) und sein Sohn Ardys eroberten den Westen Kleinasiens. Auch einige der griechischen Handelsstädte an der Mittelmeerküste fielen an die Lyder.

Alyattes dehnt sein Reich bis an den Fluss Halys (heute Kizilirmak) aus und erwirbt eine Reihe von Griechenstädten. Smyrna (heute Izmir), das sich widersetzt, wird um 575 v. Chr. erobert und zerstört. Dagegen scheitert Alyattes mit dem Versuch, Milet einzunehmen. Die Ausdehnung des Lyder-Reiches nach Osten führt zu Zusammenstößen mit den benachbarten Medern, die ebenfalls die Vormachtstellung in Kleinasien beanspruchen. Eine Sonnenfinsternis am 28. Mai 585 beendet nach sechs Jahren den Krieg zwischen beiden Reichen; der Halys wird als Grenzfluss festgelegt.

Alyattes' Sohn Kroisus (560–547 v. Chr.) baut die Machtstellung des Reiches zunächst weiter aus, führt Lydien dann aber in den Untergang.

Silbermünze aus Lydia: eine der ersten Münzen der westlichen Welt; 7. Jahrhundert v. Chr.

Die griechische Lyrikerin Sappho widmet der Göttin Aphrodite eine Ode:
»Allbeherrscherin,/ die du thronest auf Blumen,/ O Schaumgeborene, Tochter des Zeus, Listsinnende,/ Hör mich rufen,/ nicht in Jammer und bitterer Qual, o Göttin, Lass mich erliegen!«

Zarathustra begründet Parsismus

Auf dem Gebiet des heutigen Iran erhält eine neue Glaubensgemeinschaft regen Zulauf. Im Mittelpunkt steht der Konflikt von Gut und Böse. Der Parsismus erlebt seine Blütezeit in Persien in der Ära der Sassaniden-Herrschaft (224–642 n. Chr.).

■ **Um 600 v. Chr.:** Nach einer Gottesvision begründet der etwa 30-jährige Zarathustra eine monotheistische Religion, den Parsismus (oder Zoroastrismus).

Über Zarathustra selbst ist wenig bekannt. Vermutlich wurde er um 630 v. Chr. in Baktrien (Afghanistan) geboren und starb mit 77 Jahren im persischen Chorasan, wohin er 590 v. Chr. verbannt worden war. Die Stadt wurde zu seiner Wirkungsstätte, nachdem er 588 v. Chr. Fürst Wischtaspa bekehrt hatte. Allerdings ist nicht auszuschließen, dass Zarathustra bereits früher, im 11. oder 10. Jahrhundert v. Chr., lebte.

Die unvereinbare Dualität von Gut (verkörpert im Schöpfergott Ahura Masda) und Böse (repräsentiert durch Ahriman) steht im Mittelpunkt des Parsismus. Der Kampf der beiden Mächte bestimmt das Universum. Der Mensch muss eine ethische Entscheidung treffen, er kann das Böse überwinden, indem er Gutes denkt, redet und tut. Zarathustra wendet sich damit gegen die bisher in Persien vorherrschenden Kulte. Das Awesta, die heilige Schrift der Parsen, stammt vermutlich teilweise von dem Religionsstifter selbst. Kennzeichnend für den Kult sind zahlreiche Reinigungsriten sowie die Verehrung des Feuers. Tote dürfen nicht verbrannt werden. Sie werden auf den sog. Türmen des Schweigens unter freiem Himmel bestattet und durch den natürlichen Zerfallsprozess der Natur zurückgegeben.

Parsen-Tempel in Schiras, Iran. Das Gebäude ist für die Unterbringung des heiligen Feuers bestimmt.

Kleisthenes führt Dionysos-Kult ein

Kleisthenes, der in Sikyon eine Tyrannis errichtet, stützt sich auf die ionische Bevölkerung und versucht die dorische Oberschicht politisch und kulturell auszuschalten. Zu dieser Politik gehört die Einführung des Dionysos-Kultes.

Zug des Dionysos: Eine Mänade (Anhängerin des Gottes Dionysos) folgt einem Satyr, der einen Doppelaulos spielt; um 100 v. Chr.

■ **Um 600 v. Chr.:** In Sikyon auf der nördlichen Peloponnes kommt Kleisthenes aus der Dynastie der Orthagoriden durch einen Umsturz an die Macht. Die Regierungszeit von Kleisthenes (bis um 570 v. Chr.) bedeutet den politischen, wirtschaftlichen und kulturellen Höhepunkt Sikyons.

Seine Bautätigkeit finanziert Kleisthenes aus Kriegsbeuten. Auf den Tyrannen geht vermutlich auch der Ostrakismos, das Scherbengericht, zurück. Mittels auf Tonscherben eingeritzter Namen erhält das Volk die Möglichkeit, unliebsame Bürger für zehn Jahre aus Athen zu verbannen. Der Ostrakismos ist für das Jahr 487 v. Chr. erstmals historisch belegt, 416 v. Chr. wird das letzte Scherbengericht abgehalten.

Seine Macht stützt Kleisthenes auf die nicht dorischen, ionischen Volksmassen, was seine gegen Sparta und die dorische Oberschicht gerichtete Politik erklärt, z. B. der Versuch, den Kult des Helden Adrastos auf den Gott Dionysos zu übertragen. Der Kult des Dionysos ist ursprünglich nicht in Griechenland beheimatet, sondern entstammt der thrakisch-makedonischen Götterwelt. Dort, in seiner Heimat, war Dionysos wie alle großen Götter vielseitig; doch die Griechen übernehmen nur einen Aspekt seines Kultes, den sie besonders anziehend finden: den orgiastischen Kult. Die dichterischen und literarischen Überlieferungen vermitteln ein eindrucksvolles Bild von der Atmosphäre, die dem bacchischen (Bacchus ist die lateinische Bezeichnung des Dionysos) Taumel eigen ist. Die Orgien sind ausschließlich eine Angelegenheit der Frauen. Die Feiern finden im Wald und im Gebirge mitten im Winter statt. In Scharen streifen die Frauen umher und tanzen so lange, bis sie erschöpft zu Boden fallen. Dionysos wird nachträglich mit den beim Weinanbau üblichen Bräuchen in Verbindung gebracht. Als Gott des Weinbaus ist Dionysos/Bacchus Gott der Vegetation.

Phöniker umrunden Afrika

Die Phöniker erweisen sich als mutiges Seefahrervolk, das neue Routen befährt. Im Auftrag des ägyptischen Pharaos brechen phönikische Seeleute zur Erkundung der Ostküste Afrikas auf und umsegeln erstmals den afrikanischen Kontinent.

■ **Um 600 v. Chr.:** Die Phöniker benötigen drei Jahre für die Reise vom Roten Meer um die Südspitze Afrikas bis zu den »Säulen des Herkules«, der Meerenge von Gibraltar. Unterwegs gehen sie in jedem Herbst an Land, um Getreide zu säen und es im Frühjahr vor der Weiterfahrt zu ernten. Ihre Berichte über die Umrundung Afrikas stoßen allerdings auf Unglauben, insbesondere die Behauptung, dass am Kap der Guten Hoffnung die Mittagssonne zur Rechten gestanden habe. Zu einer Zeit, in der die Erde als Scheibe angesehen wird, an deren Rand Afrika liegt, erscheint dies unmöglich.

Meister des Schiffbaus

Seit etwa 1500 v. Chr. haben sich die Phöniker als technisch versiertes und mutiges Seefahrervolk hervorgetan. Im Gegensatz zu den Kretern und später den Griechen und Römern wagten sie, das Mittelmeer in Richtung Atlantik zu verlassen. Auf diese Weise gelangten sie u. a. zu den Kanarischen Inseln und sogar bis nach England. Um 470 v. Chr. unternehmen sie eine Expedition zur Gründung von Handelskolonien in Westafrika.

Die Phöniker waren ursprünglich am östlichen Mittelmeer beheimatet, siedelten sich dann aber auch an der nordafrikanischen Küste an, wo sie 814 v. Chr. die Stadt Karthago als eine ihrer vielen Handelsniederlassungen gründeten. Die Handelsschifffahrt wurde bald zu ihrem hauptsächlichen Metier, da ihre Siedlungsgebiete kaum landwirtschaftlich genutzt werden konnten und die Bevölkerung nicht ernährten.

In der Schiffsbautechnik waren die Phöniker führend. Um 1500 v. Chr. ähnelten ihre Schiffe noch den älteren ägyptischen Konstruktionen mit großen Überhängen an Bug und Heck sowie senkrecht auslaufenden Steven. Doch schon bald bauten die Phöniker schnellere und wendigere Schiffe. Dank ihres Baumaterials, in den Wäldern an der palästinensischen Küste geschlagene Langhölzer, konnten sie außerdem sehr stabile Wasserfahrzeuge konstruieren. Zur Zeit der Afrika-Umrundung sind alle phönikischen Schiffe sowohl mit Rudern – teils auf bis zu drei übereinander liegenden Decks – und einem viereckigen Rahsegel mit rund 300 m^2 Fläche ausgestattet. Die Boote sind 30 bis 40 m lang, 8 bis 10 m breit und haben einen Tiefgang von 2,50 m. Die Besatzung bestehend aus Ruderern, Seeleuten und Krieger umfasst etwa 30 Mann.

Zwar werden auch den Handelsschiffen Bewaffnete mitgegeben, darüber hinaus verfügen die Phöniker, die als Sklavenhändler gefürchtet sind, über schnelle und wendige Kriegsschiffe. Diese sind länger und schmaler als die Handelsschiffe und für den Kampf auf hoher See mit einem Rammsporn versehen. Um die Geschwindigkeit zu erhöhen, werden beim neuen Schiffstyp der Bireme (Zweiruderer) zwei Reihen von Ruderbänken schräg versetzt übereinander angebracht. Diese Anordnung ist deshalb erforderlich, weil – gemäß der phönikischen Schiffsbauweise – die Länge der Schiffe durch die maximale Höhe bzw. Länge der verwendeten Bäume begrenzt ist.

Erste steinerne Brücke über den Tiber

In Rom entsteht der erste steinerne Brückenbau über den Tiber, der Pons Salarius. Schon der Vorgängerbau, der Pons Sublicius, war mit seiner ausgereiften Holzkonstruktion wegweisend für die antiken Brückenbauer.

■ **Um 600 v. Chr.:** Tarquinius Priscus lässt in Rom die erste steinerne Brücke, den Pons Salarius, über den Tiber schlagen. Zuvor hatte der hölzerne Pons Sublicius den Tiber überquert. Die neue Brücke wurde erst nach Aushöhlung des religiösen Eisenbau-Verbots möglich, denn ihre Steine sind durch bleivergossene Eisenklammern miteinander verbunden. Ob die Fugen außerdem vermörtelt sind, ist ungewiss.

Gebaut wurde der Pons Salarius durch Aufmauern echter Gewölbebogen über Lehrgerüsten. Besonders auffällig sind die hohen Bogenwölbungen, die eine steile Fahrbahnrampe erforderlich machen, die Brücke aber vor Zerstörung bei Hochwasser schützen. Der Vorgängerbau, der Pons Sublicius, stammte aus dem Jahr 620 v. Chr. und wurde unter Ancus Marcius errichtet. Der Pons Sublicius war zwar eine aus Holz gefertigte, doch auf lange Lebensdauer angelegte Brücke. Der 3 m breite Pons ruhte auf 50 cm starken, unten zugespitzten Pfählen. Diese waren paarweise von der Brückenbahn schräg nach außen weisend in den Flussuntergrund gerammt und oben mit Querbalken verbunden. Diese Trapezkonstruktion war nicht nur verwindungssteif, sie wurde auch durch die Strömung nicht zerstört, sondern zusätzlich befestigt.

Die Pons Aemilius oder Ponte rotto (»zerbrochene Brücke«) in Rom wurde 142 v. Chr. mit steinernen Bogen versehen.

Unter Kyros II. wird Persien Weltmacht

Durch eine kriegerische Expansionspolitik zerschlägt Kyros II. das bisherige Staatensystem im Vorderen Orient. Mit dem Sieg über die Meder schaltet er seinen stärksten Konkurrenten aus und macht Persien zum Weltreich.

Die ehemalige Residenz des Perserkönigs Kyros II. in Balch, Afghanistan

02684 Kyros II. über die Eroberung Babylons

559 v. Chr.: Der Vasallenkönig Kyros II. stürzt seinen Lehnsherrn, den medischen König Astyages, und übernimmt dessen Reich. Mit der Eroberung der medischen Hauptstadt Ekbatana (heute Hamadan) beendet Kyros II. die dreijährigen Auseinandersetzungen mit seinem Schwiegervater zu seinen Gunsten. An die Stelle der gestürzten Meder-Dynastie treten die Achämeniden. Nahe der Stätte seines Sieges lässt Kyros seine Residenzstadt Pasargadai errichten, die neben Palästen und einer Tempelanlage auch einen riesigen Wildpark umfasst.

Meder und Perser gehörten zur zweiten großen Einwanderungswelle, die ab 1500 v. Chr. von Norden her in die iranische Hochebene vordrang. Beide Völker gründeten ein eigenes Reich, die Perser mussten jedoch ab 700 v. Chr. die Oberhoheit der Meder anerkennen. Medien, das mehrere Eroberungsversuche abgewehrt hatte, wurde im 7. Jahrhundert v. Chr. in der Regierungszeit des Königs Kyaxares (625–585 v. Chr.) zur Großmacht, die mit babylonischer Hilfe Assyrien vernichtete.

Erfolgreiche Ausdehnung

Nach der Machtübernahme konzentriert sich Kyros II. auf die Erweiterung seines Territoriums. 547 v. Chr. besiegt er den Lyder-König Krösus und macht dessen Reich zur persischen Provinz. Er erobert die griechischen Niederlassungen an der Westküste Kleinasiens, Phönikien und Palästina sowie 539 v. Chr. das Neubabylonische Reich. Den dort gefangen gehaltenen Juden gestattet er die Rückkehr in ihre Heimat und den Wiederaufbau des Tempels in Jerusalem.

Wie den Juden beweist Kyros allen eroberten Völkern gegenüber Toleranz. Die Besiegten können Religion, Sprache und Gebräuche, oft auch ihre Regierungsform, beibehalten. Auf diese Weise gelingt es dem Perserkönig, sein gewaltiges Reich zusammenzuhalten.

Krösus verliert sein Reich an die Perser

*Der Lyder-König Krösus (Kroisos) (*um 595 v. Chr.) scheitert mit seinem Angriff auf das Perser-Reich und fällt im Kampf. Nach Jahrzehnten der Prosperität wird Lydien zur persischen Provinz und somit fortan von Kyros II. beherrscht.*

547 v. Chr.: Krösus unterliegt dem Perserkönig Kyros II. Unter Kroisos, der um 560 v. Chr. den Königsthron bestiegen hatte, erreichte Lydien zunächst seine größte Ausdehnung. Die griechischen Städte an der kleinasiatischen Küste wurden mit Ausnahme von Milet dem Lydischen Reich eingegliedert.

00060 Krösus und das Orakel

Nachdem Kyros II. 550 v. Chr. Medien erobert hatte, fühlte sich Kroisos zum Eingreifen berufen und zog nach Kappadokien, wo es zu einer Schlacht mit Kyros' Truppen kam, die ohne Sieger endete. Überraschend verfolgte Kyros die lydischen Truppen und fügte ihnen vor Sardes eine Niederlage zu. Er belagerte die Stadt und nahm sie ein. Damit war das Ende Lydiens besiegelt.

Der Legende nach verfügte der lydische König Krösus über unermessliche Reichtümer.

Die Sieben Weisen der Antike

Soziale Spannungen in Athen machen eine Neuordnung der Verfassung notwendig. Solon, als oberster Staatsbeamter zum »Friedensrichter« berufen, ordnet das Staatswesen neu. Seine Reformen bereiten der Athener Demokratie den Weg.

■ **594/93 v. Chr.:** Der als »Versöhner« eingesetzte Archon Solon entschärft mit einer neuen Verfassung für Athen die Spannungen zwischen Adel und Bauern.

Solon zählt zu den Sieben Weisen der Antike, einer Gruppe griechischer Politiker des 7. und 6. Jahrhunderts, denen eine Reihe von philosophischen Lebensweisheiten zugeschrieben wird. Berichte über die Sieben Weisen setzen sich über die Jahrhunderte fort.

Im 4. Jahrhundert v. Chr. zählen folgende Männer zu den Sieben Weisen:
- Kleobulos von Lindos (um 600 v. Chr.): Ihm wird das Wort »Maßhalten ist das Beste« zugeschrieben. Er herrscht als Tyrann auf der Insel Rhodos.
- Solon von Athen (um 640–559 v. Chr.): Er soll den Spruch »Nichts im Übermaß« für das praktische Verhalten geprägt haben und erwirbt sich besondere Verdienste als Gesetzgeber. Seine Reformen legen die Grundlage für den athenischen Staat im 5. Jahrhundert.
- Chilon von Sparta (um 556 v. Chr.): Er soll die Mahnung »Erkenne dich selbst« ausgesprochen haben. Der Staatsmann bemüht sich um den Ausbau der Kontrollfunktionen der höchsten Beamten. Außerdem gilt er als treibende Kraft der Militarisierung des Lebens in Sparta.
- Bias von Priene (um 625–540 v. Chr.): »Die meisten Menschen sind schlecht« ist die Lebensweisheit, die dem griechischen Staatsmann zugeschrieben wird. Er ist als Richter in der griechischen Welt berühmt.
- Thales von Milet (um 625 bis um 547 v. Chr.): Wegen seiner praktischen Klugheit und seiner politischen Fähigkeiten wird der Philosoph und Mathematiker zu den Sieben Weisen gerechnet. Die Vorhersage der Sonnenfinsternis vom 28. Mai 585 v. Chr. macht ihn berühmt. Er sucht den Anfang des Kosmos in einer Substanz im Wasser, das er symbolisch auffasst, und gilt als Begründer der ionischen Naturphilosophie. Als Mathematiker stellt Thales eine Reihe elemetargeometrischer Sätze auf, deren berühmtester die Grundlage für die Konstruktion rechtwinkliger Dreiecke mit Hilfe eines Halbkreises liefert (Satz des Thales).
- Pittakos von Mytilene (um 650 bis um 580 v. Chr.): Der griechische Staatsmann führt zunächst gemeinsam mit dem Tyrannen Myrsilos die Regierung in Mytilene. Danach versucht er den Einfluss des Adels zurückzudrängen und übt die Herrschaftsgewalt antiaristokratisch aus.
- Periandros von Korinth (um 626 bis 586 v. Chr.): Der Tyrann bemüht sich um innenpolitische und wirtschaftliche Stabilität. Er sorgt für die Beschränkung der Sklavenarbeit, die Erhaltung des Kleinbauernstands und vermindert durch Gesetze die Prachtentfaltung des Adels. Außenpolitisch verfolgt Periandros eine systematische Kolonialpolitik.

Pittakos, Staatsmann und Gesetzgeber von Mytilene auf Lesbos, gehört zu den Sieben Weisen der Antike.

Der Staatsmann Solon gilt auch als der erste große Lyriker Athens.

02129 Das Gastmahl der sieben Weisen

01345 Solon: Gesetz gegen den Müßiggang

01358 Aristoteles über Solons Reformen

02724 Aischines über die Statue des Solon

Der griechische Philosoph Aristoteles (384–322 v. Chr.) charakterisiert den Staatsmann Solon:
»An Beredsamkeit und persönlichem Ansehen konnte Solon es mit den ersten Männern im Lande aufnehmen, aber nach Herkunft und Vermögen gehörte er nur dem Mittelstande an. ... Als Solon von den Parteien unumschränkte Vollmacht bekommen hatte, wurde er ... der Befreier des gemeinen Mannes, indem er ... die Schuldsklaverei abschaffte.«

Die Zahl als Grundprinzip der Welt

Der Philosoph und Mathematiker Pythagoras begründet eine religiös-politische Gemeinschaft, die Pythagoräer, deren ethische und politische Aktivitäten den bewaffneten Widerstand der Andersdenkenden herausfordern.

■ **Um 525 v. Chr.:** Der griechische Philosoph Pythagoras (* um 570 v. Chr.) wandert von Samos in die griechische Kolonie Kroton in Unteritalien aus. Pythagoras soll seine ersten philosophischen Unterweisungen von Thales und Anaximander erhalten haben. Auf ausgedehnten Reisen nach Ägypten und Babylonien ergänzte er seine Kenntnisse. Dass er seine Heimatinsel Samos nun verlässt, hat politische Gründe. Pythagoras wendet sich von der seit etwa 538 v. Chr. bestehenden Tyrannis des Polykrates ab.

Münze mit dem Bildnis des griechischen Philosophen und Mathematikers Pythagoras von Samos

Streit um Oligarchie

Seine in der griechischen Kolonie Kroton gebildete ordensähnliche Gemeinschaft unterliegt strengen Regeln und gewinnt bald erheblichen politischen Einfluss. Insbesondere die Regierungsform der Pythagoreer, die Oligarchie, bringt Kroton in Konflikt mit benachbarten Städten. Die Herrschaft einer kleinen (elitären) Gruppe bleibt jedoch über Jahrzehnte erhalten.

Direkte Zeugnisse von den Lehren des Pythagoras sind nicht erhalten, doch steht zu vermuten, dass die von seinen Schülern weitergetragenen Ansätze auf ihn zurückgehen. Danach sieht Pythagoras die Zahl als das Prinzip aller Dinge an. In diesem Sinne beschäftigt er sich vor allem mit Mathematik, Astronomie und Musik. Die Entdeckung, dass musikalische Intervalle auf Zahlenproportionen zurückzuführen sind, stammt vermutlich von Pythagoras. Die Legende, er habe dies mit Hilfe des Klanges von unterschiedlich schweren Schmiedehämmern festgestellt, ist allerdings widerlegt worden.

Die Pythagoreer fassen Musik als mathematische Wissenschaft auf, deren Gegenstand die Zahlenrelationen der Intervalle ist. Die Vorstellung, dass Musik ein Teil des Universums sei, dessen Sphären harmonisch klingen und dessen Gestirne sich im Sinne einer musikalischen Harmonie ordnen, bleibt bis ins Mittelalter erhalten. Im wissenschaftlichen Sinne fruchtbar sind Pythagoras' astronomische Gedanken insofern, als sie erstmals nicht von einer Urmaterie, sondern von einem kosmischen Urgesetz ausgehen: von der unveränderlichen zahlenmäßigen Beziehung der Bestandteile der Welt untereinander.

Das Erbe des Pythagoras

Der pythagoreische Lehrsatz ist bis heute einer der grundlegenden Lehrsätze der Geometrie. Seine Aussage lautet: Im rechtwinkligen Dreieck ist die Summe der Flächeninhalte der Quadrate über den Katheten gleich dem Flächeninhalt des Quadrats über der Hypotenuse oder als Formel $a^2 + b^2 = c^2$. Dieser Lehrsatz war vermutlich bereits um 1700 v. Chr. in Babylon bekannt, doch wird er stets dem griechischen Mathematiker zugeschrieben.

Kampf der Kolonisten um Sizilien

Griechische Kolonisten auf Sizilien geraten mit Etruskern und Karthagern in Konflikt. Der griechische Expansionsdrang ist an die Grenzen befeindeter Völker gestoßen und muss künftig den Widerstand der Alteingesessenen brechen.

■ **Um 540 v. Chr.:** Die Etrusker besiegen im Bündnis mit Karthago die griechische Flotte. Der Sieg über die Hellenen bedeutet jedoch noch nicht das Ende der Kolonialherren auf der Mittelmeerinsel. Vielmehr flammen in den folgenden Jahrzehnten immer wieder kriegerische Auseinandersetzungen zwischen Katharern, Etruskern und Griechen um die Vorherrschaft auf Sizilien auf, die die Hellenen erst um 480 v. Chr. endgültig für sich entscheiden können.

Das griechische Theater von Syrakus zeugt von der Pracht der ehemaligen Griechenkolonie Sizilien.

Kein anderes griechisches Gebiet ist so dicht mit Städten bestückt wie Sizilien. Im Rahmen der Kolonisationsbewegung siedeln Griechen etwa seit der Mitte des 8. Jahrhunderts auf Sizilien, vor allem entlang der Küsten. Um 700 v. Chr. gründeten sie Catania, 734 v. Chr. Syrakus, 582 v. Chr. Agrigent. Weitere bedeutende Städte sind Leotinoi, Naxos, Messana, Megara, Gela und Selinunt. Der Westen der Insel mit Palermo ist jedoch im Besitz der Katharer, was immer wieder zu Streitigkeiten und Scharmützeln, später zum Krieg führt.

Sizilien verfügt über reiche Schwefelvorkommen. Das Klima ist günstig für den Anbau von Getreide, Wein und Ölbäumen. Die Kolonien, die sich immer mehr ausbreiten, verfügen über eine gesunde wirtschaftliche Basis. Von Wohlstand zeugen die zahlreichen Prachtbauten in den Siedlungen. Aus Agrigent sind zum Teil hervorragend erhaltene altgriechische Tempel dorischer Ordnung überliefert. Die Mauern der Stadt umgaben ein Gebiet von 647 ha Grundfläche.

Der Satz des Pythagoras 102

Alleinherrschaft des Peisistratos

Während der knapp 20-jährigen Regierungszeit des Peisistratos erlebt der Stadtstaat Athen eine Blütezeit, die jedoch zu Lasten der jungen Demokratie geht. Obwohl »Tyrann«, regiert Peisistratos jedoch nach innen und außen mit Augenmaß.

■ **546/45 v. Chr.:** Zum dritten Mal nach 561/60 und 560/59 v. Chr. übernimmt der Staatsmann Peisistratos die Macht in Athen. Während seiner Alleinherrschaft, die bis zu seinem Tod 528/27 v. Chr. unangefochten bleibt, erlebt Athen eine politische, wirtschaftliche und kulturelle Blütezeit. Der Aristokrat Peisistratos, Sohn des Hippokrates und entfernter Verwandter Solons (um 640 bis 559 v. Chr.), liberalisiert die Grundstücksgesetze, fördert damit das Bauerntum und bricht die Macht und den Einfluss des Großgrundbesitzes. Er ordnet das Münzwesen neu und schafft die Staatsmünze mit dem Bildnis der Athene und der Eule. Die bestehenden Gesetze und die Verfassung Solons lässt er bei all seinen Neuerungen unangetastet bestehen.

Besondere Aufmerksamkeit widmet Peisistratos den schönen Künsten. In seinem Auftrag wird mit dem Bau des Zeus-Tempels begonnen und eine Bibliothek angelegt. Kunst und Dichtung nehmen schnell einen bedeutsamen Aufschwung. In Peisistratos' Regierungszeit fällt u. a. die erste Tragödienaufführung durch Thespis. Auch außenpolitisch erreicht Athen unter Peisistratos einen größeren politischen Einfluss im gesamten ägäischen Raum, indem es sich mit Ionien verbindet.

Der Tyrann Peisistratos hält Einzug in Athen.

Der Weg in die Tyrannis

Als sich im Verlauf des 8. Jahrhunderts v. Chr. immer mehr attische Adelsfamilien in Athen niederließen, geriet die bis dahin unangefochtene Königsherrschaft ins Wanken, bis 683 v. Chr. das sog. Archontat das Königtum ablöste. Von nun an wurde die Macht von drei für die Bereiche Militär, Kult- und Rechtsverwaltung zuständigen Archonten ausgeübt, deren Amtszeit jeweils auf ein Jahr beschränkt war.

Das System, das den Adel stark privilegierte, führte zu sozialen Spannungen. Die Kleinbauern, die sich durch Missernten gegenüber dem Adel immer mehr verschuldet hatten, lehnten sich auf. Auch der Mittelstand, der durch den Überseehandel an Bedeutung gewonnen hatte, forderte mehr politische Rechte. Unter diesen Gegebenheiten erließ der athenische Staatsmann Drakon um 621 v. Chr. eine Reihe neuer Gesetze zum Delikt- und Selbsthilferecht. Um die Einhaltung der Gesetze durchzusetzen, wurden Verstöße mit harten (»drakonischen«) Strafen belegt.

Da Drakons Gesetze an der Schuldenkrise der Bauern nichts geändert hatten, wurden Not und Erbitterung so groß, dass der Adel Solon als Vermittler einsetzte. Dieser hob zunächst alle Schulden auf und veranlasste, dass bereits als Sklaven veräußerte Schuldner von der Polis zurückgekauft wurden. Für die Zukunft wurde die Schuldknechtschaft verboten, die Bauern durften nur noch ihr Land und nicht mehr sich selbst beleihen.

Um die Konflikte zwischen Adel und Bürgertum zu verringern, verfügte Solon eine neue Verfassung. Dabei wurde das Volk von Athen in vier Regionen, sog. Phyle, unterteilt. Jede Phyle war wiederum in vier Klassen aufgeteilt, die über unterschiedliche politische Rechte verfügten. Alle Klassen mit Ausnahme der Besitzlosen waren in einem Rat der 400 vertreten. Dieser bildete ein Gegengewicht zum Areopag, dem aus ehemaligen Archonten zusammengesetzten Obersten Gerichtshof. Alle Klassen entsandten Vertreter in das Volksgericht sowie in die Volksversammlung, die ihrerseits Gesetze erließ, die Beamten wählte und über Krieg und Frieden entschied.

Das von Drakon und Solon bis ins Detail ausgeklügelte politische System hatte nicht lange Bestand. 561 v. Chr. zerschlug Peisistratos viele der Reformen mit dem Schwert und schwang sich gewaltsam zum Alleinherrscher auf.

Verehrung für Zeus

Im Auftrag des Tyrannen Peisistratos beginnen die Bauarbeiten für den Tempel des Olympischen Zeus. Das Projekt zeigt nicht zuletzt die Bedeutung, die der Athener Alleinherrscher der Förderung von Kunst und Kultur beimisst.

Das dem höchsten und mächtigsten Gott gewidmete Bauwerk ruht auf einem Fundament von etwa 30 x 40 m mit einem aus 104 Säulen bestehenden umlaufenden Säulengang. Der Tempel wird zu Lebzeiten Peisistratos' nicht vollendet und auch seine Söhne und Nachfolger, die Tyrannen Hippias und Hipparchos, die den Bau eines noch gewaltigeren Tempels planen, können ihr Vorhaben nicht verwirklichen. Erst Jahrhunderte später, um 130 n. Chr., unter dem römischen Kaiser Hadrian, wird der Zeus-Tempel in Athen fertig gestellt. Baugeschichtlich vereint er verschiedene Epochen: so finden sich z. B. ionische und korinthische Merkmale nebeneinander.

Eine weitere bedeutende Kultstätte für den höchsten Gott entsteht im 5. Jahrhundert v. Chr. in Olympia. Der 456 v. Chr. vollendete Tempel des elischen Architekten Libon ist mit einer Grundfläche von rund 28 x 64 m der bis dahin größte auf dem griechischen Festland. Das Bauwerk besteht aus verputztem Muschelkalk, das Dach ist aus Marmor. Die Außenfassade schmücken Giebelskulpturen und Metopenreliefs, welche die Taten des Herakles darstellen. Das Goldelfenbeinfries des thronenden Zeus mit seinem reichen figürlichen Schmuck zählt zu den berühmtesten Kunstwerken der Antike.

01778 Drakon

Persien reicht bis nach Europa

Kambyses II. hat nach dem Tod seines Vaters Kyros II. 529 v. Chr. die Herrschaft im Persischen Reich übernommen. Mit der Eroberung Ägyptens beenden die Perser die staatliche Eigenständigkeit des Reiches am Nil.

■ **Mai 525 v. Chr.:** Der persische König Kambyses II. erobert Ägypten. Die erste persische Fremdherrschaft der 27. Dynastie dauert bis ins Jahr 404 v. Chr. Nach der verlorenen Schlacht von Pelusion im Nildelta wird Ägypten persische Satrapie (Provinz).

Kambyses II. setzt die Expansionspolitik seines Vaters mit dem Feldzug nach Ägypten fort und dringt bis Nubien und Libyen vor. 522 v. Chr. stirbt er auf dem Rückweg nach Persien, wo Gaumata die Macht an sich gebracht hat.

Nachfolger von Kambysis II. wird Dareios I., ein Schwiegersohn Kyros' II. Er schlägt die Aufstände in Persien nieder, tötet Gaumata und dehnt sein Reich im Osten bis an den Indus, im Westen über den Bosporus bis nach Makedonien und Thrakien aus. Bei der Überquerung der Meerenge zwischen Asien und Europa wird 513 v. Chr. die erste Brücke über den Bosporus errichtet. Dareios' Feldzug über die Donau gegen die Skythen in Südrussland scheitert allerdings.

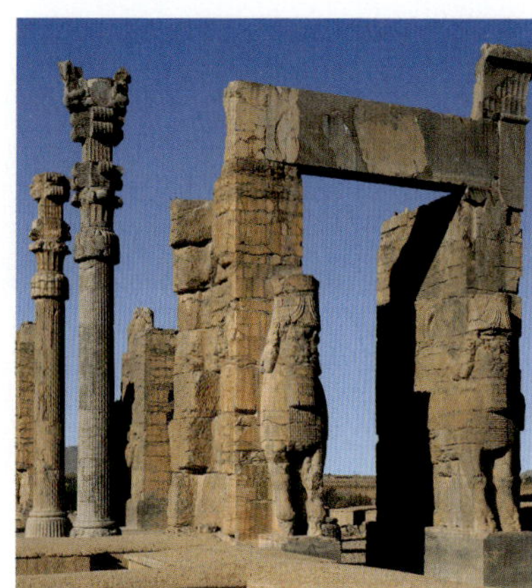

Ruinen von Persepolis (Iran): Durch das »Tor aller Länder« betraten einst die Abordnungen der unterworfenen Völker den persischen Palastbezirk.

Die Römische Republik

Nach der Vertreibung des letzten etruskischen Königs entsteht in Rom eine Republik, in der den Patriziern ein politisches Übergewicht zufällt. Die Verfassung des römischen Staates hat über Jahrhunderte Vorbildcharakter.

■ **Um 509 v. Chr.:** Der erste unabhängige römische Staat bildet sich heraus. An der Spitze stehen zwei gleichberechtigte oberste Beamte (zunächst Prätoren, später Konsuln genannt), die jeweils für ein Jahr gewählt werden. In Krisenzeiten wird ein Diktator ernannt, der für höchstens sechs Monate uneingeschränkte Machtbefugnisse erhält und keine Rechenschaft ablegen muss. Der Beamtenapparat (Magistrat) unterhalb der Konsulnebene gliedert sich in Prätoren, die für die Rechtsprechung zuständig sind, Zensoren (frühere Konsuln), Kurulische Ädilen (ab 366 v. Chr.), die unter anderem die Polizeiaufsicht führen, und die ab 447 v. Chr. eingesetzten Quästoren, die für die Finanzverwaltung zuständig sind.

Im 300 Mitglieder umfassenden Senat sind die Häupter (Patres) der Adelsfamilien sowie ehemalige Magistratsbeamte vertreten. Diese Versammlung berät den Magistrat und wählt den sog. Zwischenkönig, der bei einer Vakanz des Konsulats für fünf Tage die Geschäfte übernimmt.

Die dritte Säule des Staates sind die Volksversammlungen. Die wichtigsten sind die Zenturiatkomitien, die einer Heeresversammlung gleichkommen. Die darin versammelten Bürger werden nach ihrem Vermögen – und nicht nach ihrer Abstammung – in fünf Klassen und 193 Hundertschaften aufgeteilt.

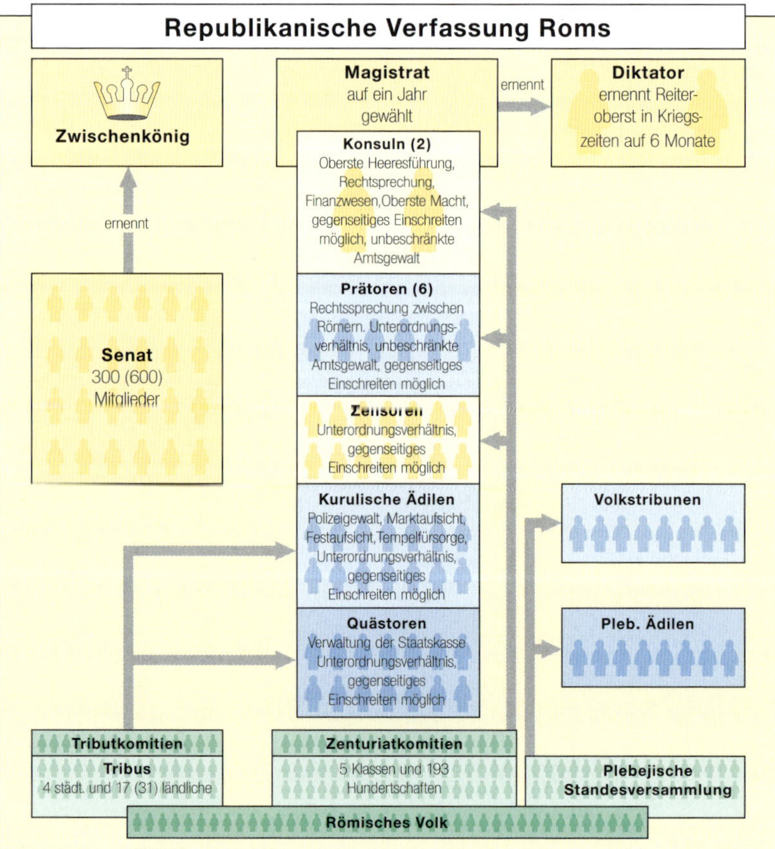

Der Senat, der Beamtenapparat und die Volksversammlungen bilden die Säulen der römischen Verfassung.

Lucius Iunius Brutus befreite der Sage nach Rom von der Herrschaft der Etrusker und wurde erster römischer Konsul; Bronzekopf, 3./1. Jahrhundert v. Chr.

01629 Dareios I.

01209 Die Schändung der Lucretia

Gleiches Recht für alle Athener

In Athen entsteht eine einzigartige Verfassung, die die Voraussetzung für die Mitwirkung aller Bürger an der Gestaltung des Gemeinwesens schafft. 60 Jahre später fügt Perikles der athenischen Demokratie wichtige Elemente hinzu.

508/07 v. Chr.: Kleisthenes, der Enkel des Tyrannen von Sikyon, gibt dem Stadtstaat Athen eine demokratische Verfassung, die jedem freien männlichen Staatsbürger die gleichen Rechte einräumt. Der Staatsmann übernahm nach dem Sturz des Tyrannen Hippias 510 v. Chr. die Regierung in Athen.

Grundlage des Staates sind die über 100 Gemeinden (Demen) – Dörfer und Stadtbezirke. Sie verwalten sich selbst, haben eine Gemeindeversammlung und einen Bürgermeister, der einmal jährlich durch Wahl oder per Losentscheid bestimmt wird. Die Demen werden zehn sog. Phylen zugeteilt, deren Mitglieder je zu einem Drittel aus den Bezirken Stadt, Land und Küste stammen. Über die Zusammensetzung entscheidet das Los. Jede Phyle entsendet 50 Vertreter in den Rat der 500. Dieser führt die politischen Geschäfte der Stadt und regiert für eine Amtsperiode (36 Tage). Der Rat wählt jeden Tag einen neuen Vorsitzenden. Die zehn Phylen bilden zugleich die Grundlage der Heeresverfassung. Jede Phyle stellt ein Regiment, das unter dem Befehl eines gewählten Strategen steht.

In keinem anderen Stadtstaat gelingt es, die Macht des Adels zu brechen und den Bürgern eine aktive politische Rolle zu verschaffen. Auch in Athen sind nicht alle der rund 315 000 Einwohner an den politischen Beschlüssen beteiligt. Neben den Frauen sind die eingewanderten Händler und Gewerbetreibenden sowie die rund 115 000 Sklaven ausgeschlossen.

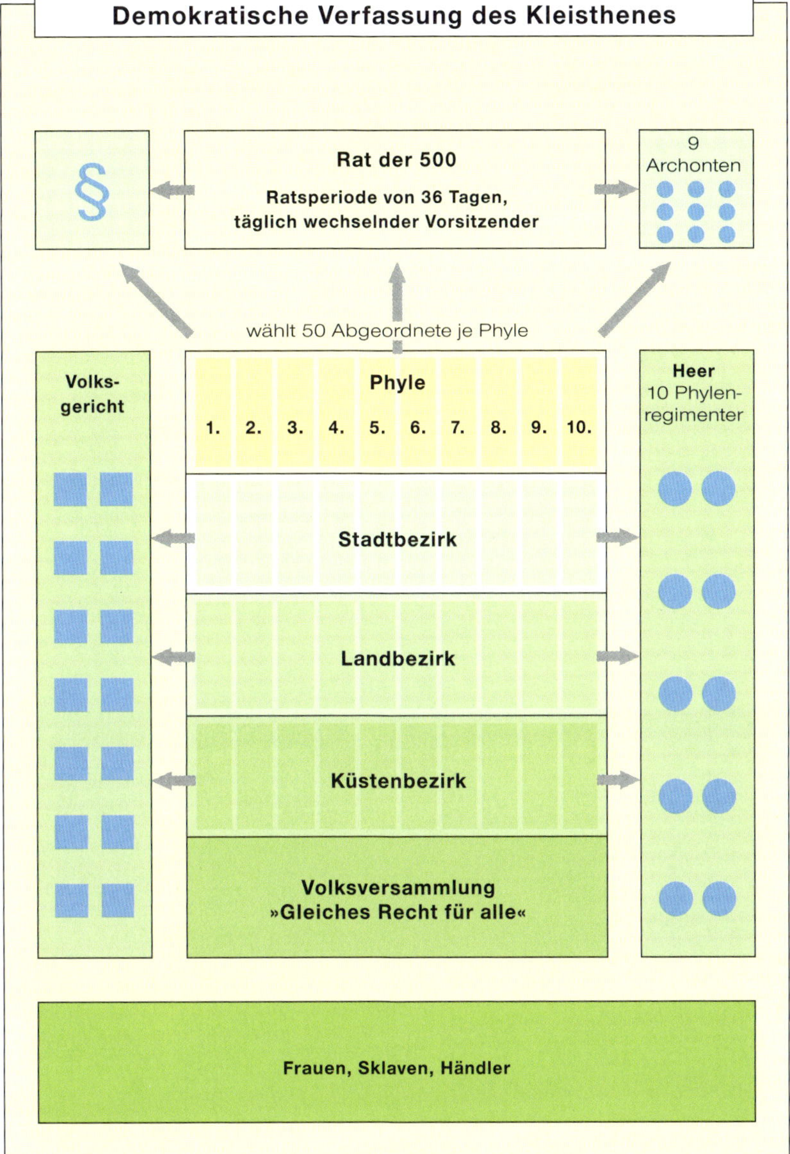

Die athenische Verfassung bricht die Vorherrschaft des Adels.

Das Scherbengericht: Abstimmung per Tonscherbe

488/87 v. Chr. wendet Athen erstmals ein auf Anregung von Kleisthenes eingeführtes neues Gesetz an: Durch das Scherbengericht (Ostrakismos) in Form einer Volksabstimmung werden Personen, die im Verdacht stehen, nach der Alleinherrschaft zu streben und damit die verfassungsmäßige Ordnung aufzuheben, ohne Verlust von Ehre und Vermögen für zehn Jahre des Landes verwiesen. Obschon die Einführung des Ostrakismos bereits 508/07 v. Chr. erfolgte, dauerte es 20 Jahre, bis die Strafe erstmals verhängt wird. Erstes Opfer des Scherbengerichts ist der Politiker Hipparchos.

Ostrakismos des athenischen Politikers Themistokles

Die Abstimmung, ob ein Ostrakismus notwendig ist, erfolgt nach Phylen, der obersten Bevölkerungsunterteilung der griechischen Stadtstaaten. Die Zahl der Phylen betrug in Athen zunächst vier, nach den Reformen des Kleisthenes zehn. Als Stimmzettel dienen Tonscherben (ostraka), wobei bei 6000 abgegebenen Stimmen bereits 3001 die Verurteilung des betreffenden Politikers herbeiführen.

Ursprünglich gedacht zur Sicherung der Demokratie gegen allzu erfolgreiche Politiker, wird der Ostrakismus zunehmend auch zum Mittel im politischen Tageskampf. Unter das Verbannungsurteil fallen auch diejenigen, die im Ringen um Macht und Einfluss die geringere Zahl von Parteigängern auf ihrer Seite vereinigen können.

Der griechische Staatsmann Perikles (um 490–429 v. Chr.) über die Verfassung der Athener:
»Wir haben eine Verfassung, die nicht den Satzungen unserer Nachbarn nachgebildet ist. Viel eher sind wir selbst für andere ein Muster, als dass wir andere nachahmten. Mit Namen heißt sie, weil sie nicht Sache weniger, sondern der großen Mehrzahl ist, Volksherrschaft.«

Griechen stoppen Perser bei Marathon

Durch den Sieg über die Truppen des Perserkönigs Dareios I. fügen die Athener der bislang ungeschlagenen Großmacht eine empfindliche Niederlage zu. Athen ist auf dem Weg zur führenden Macht Griechenlands.

■ **September 490 v. Chr.:** Die zahlenmäßig unterlegenen Athener unter Führung des Miltiades können sich in der Schlacht bei Marathon gegen die Perser durchsetzen. Der Sieg stoppt den persischen Vormarsch nach Europa.

Die sog. Perserkriege haben im Jahr 500 mit dem Ionischen Aufstand begonnen. Die griechischen Städte Kleinasiens erhoben sich unter Führung des Tyrannen von Milet, Aristagoras, gegen die Oberherrschaft der Perser. Die Aufständischen baten die Stadtstaaten des Mutterlandes um Hilfe, doch Sparta verweigerte die Unterstützung, Athen entsandte 20 und Eretria fünf Schiffe.

498 v. Chr. waren die Aufständischen bis nach Sardes vorgedrungen und zerstörten die ehemalige Hauptstadt des Lydischen Reiches, die inzwischen Amtssitz des persischen Satrapen (Statthalter) war. Auf dem Rückzug erlitten sie jedoch bei Ephesos eine Niederlage gegen die Perser, die nun ihrerseits einen Gegenschlag starteten. 497 v. Chr. eroberten die Perser Zypern zurück, ein Jahr später vernichteten sie die griechische Flotte. Mit der Zerstörung der Stadt Milet und der Versklavung ihrer Einwohner endete 494 v. Chr. der Ionische Aufstand. Die übrigen ionischen Städte samt den Tempeln wurden in Brand gesteckt.

00061 Schlacht von Marathon

Perser in Makedonien

In dem Bestreben, auch die jenseitige Küste des Ägäischen Meeres unter seine Kontrolle zu bekommen, rüstete Dareios zu einem Feldzug nach Europa. 492 v. Chr. eroberte ein persisches Landheer Thrakien und Makedonien. Auf der Rückfahrt erlitten die Perser allerdings empfindliche Verluste, als ihre Flotte bei einem Sturm großteils vernichtet wurde. Den Stadtstaaten in Griechenland wurden Boten mit der Aufforderung zur Unterwerfung gesandt. Athen lehnte dies ebenso ab wie Sparta.

Im Frühjahr 490 v. Chr. rüstete Persien abermals zum Feldzug gegen Griechenland. Zunächst wurde – als Vergeltung für ihre Unterstützung des Ionischen Aufstands – die Stadt Eretria auf der Halbinsel Euböa zerstört; ihre Einwohner wurden in die persische Hauptstadt Susa verschleppt.

Ausschlaggebend für den Sieg der Athener in der Schlacht bei Marathon ist eine neuartige Strategie: Miltiades lässt die athenischen Hopliten, schwer bewaffnete Krieger, im Laufschritt über eine Entfernung von einem Kilometer auf das Perserheer vorstürmen, um den gegnerischen Pfeilhagel zu unterlaufen und die Perser zu überrumpeln.

Zwar bringen die Perser den überwiegenden Teil ihres Heeres zurück auf die Schiffe und segeln in Richtung Athen. Doch gelingt es den griechischen Soldaten mit einem Gewaltmarsch, rechtzeitig in die Stadt zurückzukehren; daraufhin geben die Perser ihre Pläne auf. Historisch nicht verbürgt ist die Legende, ein Bote sei den 42 km weiten Weg von Marathon nach Athen gelaufen, um dort den Sieg des griechischen Heeres zu verkünden, und dann tot zusammengebrochen.

In der Schlacht bei Marathon siegen die Athener unter Miltiades über die Perser unter Datis; Farbdruck, 1925.

Niedergang der Etrusker in Italien

Die Stellung der Etrusker wurde durch die Vertreibung des etruskischen Königs Lucius Tarquinius Superbus aus Rom geschwächt. Im 5. Jahrhundert erlebt das mittelitalienische Volk eine Reihe verheerender Niederlagen zugunsten Roms.

■ **Um 505 v. Chr.:** Die Niederlage gegen die griechische Kolonie Kyme (nördlich von Neapel) bedeutet für die Etrusker den Verlust der Herrschaft in Latium.

Die Etrusker, ein nicht indogermanisches Volk, dessen Herkunft bis heute umstritten ist, beherrschen seit dem 8. Jahrhundert v. Chr. den westmittelitalienischen Raum zwischen Arno und Tiber. Sie gründeten eine Reihe von Städten, die ohne eine übergeordnete politische Gewalt lose miteinander verbunden waren. Herrscher der Städte waren zunächst Priesterfürsten, seit dem Ende des 6. Jahrhunderts übernahm immer häufiger die Adelsschicht die Regierung.

Die kulturelle Blüte der Etrusker liegt zwischen dem 7. und dem 4. Jahrhundert v. Chr. Die etruskische Kunst und Kultur spiegelt sich vor allem in den reich ausgestatteten Grabanlagen wider. Die Gräber sind mit farbigen Malereien ausgeschmückt, die Szenen aus dem Alltag sowie landschaftliche und religiöse Motive zeigen. Die Farben sind von besonderer Leuchtkraft und sehr hoher Lebensdauer.

In der Kleinkunst gewinnen Bronze- und Goldschmiedearbeiten an Bedeutung und werden zum begehrten Handelsobjekt. So fertigen die Etrusker kunstvoll verzierte Bronzespiegel an, die bald im ganzen Mittelmeerraum hoch geschätzt werden, und fein gearbeitete Schmuckstücke in Bronze, Gold und Silber, gießen zierliche Bronzeskulpturen und eigenwillig geformte Metallgefäße. Die plastische figürliche Darstellung setzt etwa im 8. Jahrhundert ein. Später werden auch die Sarkophage mit Skulpturen der Verstorbenen geschmückt.

Im 7. Jahrhundert v. Chr. fallen die orientalischen Formen der Produkte etruskischer Herkunft auf. Bezeichnend ist die sog. Bucchero-Keramik, schwach gebrannte, schwarze Tongefäße, die an Metallarbeiten erinnern.

Als oberster Gott der Etrusker gilt Voltumna, der sich vom Dämon zum Kriegsgott wandelt. Um dem Willen der Götter entsprechen zu können, entwickeln die Etrusker besondere Rituale zur Vorhersage, wie die Beobachtung des Blitzschlags und die Eingeweideschau bei Opfertieren. Über das Familienleben ist wenig bekannt. Allerdings hat die etruskische Frau einen hohen sozialen Status, der sich in der Malerei und der Plastik widerspiegelt.

Ein oft wiederkehrendes Motiv etruskischer Kunst sind Szenen aus dem festlichen Leben; Darstellung eines Cethraspielers, um 490 v. Chr.

02418 Die Etrusker und die Leberschau

Szenen mit Löwenjagd auf einer vergoldeten Silberschale der Etrusker, 675–650 v. Chr.

Das Flottenbauprogramm des Themistokles

Der Demokrat Themistokles plant den Aufbau einer modernen und schlagkräftigen griechischen Flotte, um dem überlegenen Perser-Heer wirksamen Widerstand entgegensetzen zu können.

■ **483 v. Chr.:** In den Silberbergwerken von Laureion im Südosten Attikas werden neue Minen entdeckt. Der athenische Staatsmann Themistokles setzt durch, dass die Erträge aus diesen Minen nicht unter die Bürger verteilt, sondern für den Bau einer athenischen Flotte von 100 Dreiruderern verwendet werden.

Die Flotte ist offiziell gegen Aigina gerichtet, tatsächlich soll sie im Kampf gegen die Perser eingesetzt werden. Im Frühjahr 482 v. Chr. wird Aristides, der führende Vertreter der konservativen, agrarischen Kreise Attikas, die sich gegen die Umrüstung Athens zur Seemacht wenden, des Landes verwiesen. Nachdem Themistokles damit seinen schärfsten Widersacher durch Verbannung ausgeschaltet hat, geht er daran, sein Flottenbauprogramm in die Tat umzusetzen.

Zur Vermehrung des Schiffspersonals müssen Theten, die besitzlose Masse der athenischen Bevölkerung, herangezogen werden, dann sogar Halbfreie und Sklaven. Durch die Heranziehung von Besitzlosen zu Kriegsdiensten erreichen diese politische Gleichstellung mit den Besitzenden. Die Vorherrschaft der bevorzugten Klassen wird gebrochen.

Themistokles, athenischer Feldherr und Staatsmann

02725 Thukydides preist Themistokles

PRACHTENTFALTUNG PERSIENS UNTER DAREIOS I.

Dareios begründet mit seiner Expansionspolitik das Persische Weltreich und schafft durch eine Verwaltungsreform die Basis für dessen Stabilität. Unter seiner Herrschaft wird die prachtvolle Residenzstadt Persepolis errichtet.

■ **November 486 v. Chr.:** Der persische Großkönig Dareios I. stirbt während der Planung eines Feldzuges nach Ägypten. Ihm folgt Xerxes I., sein Sohn aus der Ehe mit Atossa.

Dareios I. gelangte 522 v. Chr. an die Macht, nachdem er an der Spitze einer Verschwörung der sechs vornehmsten Adelsfamilien des Reiches den illegitimen Herrscher und Magier Gaumata gestürzt hatte. Dareios war ein Sohn des parthischen Satrapen Hystapes und entstammte einer Nebenlinie des achämenidischen Königshauses. Nach der Entmachtung Gaumatas wurde Dareios von seinen Mitverschworenen zum König gewählt. Diese Position festigte er durch die Heirat mit Atossa, einer Tochter von Kyros II.

Bis 517 v. Chr. war der neue König damit beschäftigt, die überall im Land aufkommenden Revolten gegen seine Herrschaft niederzuschlagen. Diese Unruhen waren wohl der Anlass, die Organisation des Perser-Reiches zu erneuern. Dareios I. schuf eine starke Zentralisierung der Verwaltung. Das gesamte Reich wurde in 20 Verwaltungseinheiten (Satrapien) aufgeteilt und von persischen und medischen Adligen verwaltet, die relativ unabhängig waren. Dareios setzte die tolerante Politik seines Vorgängers Kyros II. fort: Er erlaubte den einzelnen Völkern, nationale Eigenheiten, Sprache und Religion beizubehalten.

Berühmt wurde der König durch die Einführung eines einheitlichen Münzsystems und die Einrichtung von Poststationen auf den sog. Königsstraßen. Eine weitere Verbesserung war die Einführung einer im ganzen Reich verwendeten einheitlichen Kanzleisprache, des Aramäischen, das als Verwaltungs- und Handelssprache im Gebrauch war.

Mit großer Strenge wachte Dareios über die Rechtsprechung. Richter, die sich schwerwiegender Vergehen schuldig machten, wurden bei lebendigem Leib geschunden, mit ihrer Haut wurden die Richtersitze zur Abschreckung ihrer Kollegen überzogen. Das Recht richtete sich nach den in den verschiedenen Gebieten des Reiches üblichen Gesetzen.

Der persische Großkönig Dareios I., der Große, erneuert das Reich des Kyros und erweitert es bis zum Indus; Reliefdarstellung.

PRACHTSTADT PERSEPOLIS

518 v. Chr. begann der Bau der neuen Königsstadt Persepolis, die zum Inbegriff achämenidischer Weltmacht werden sollte. In 58 Jahren entstanden hier Paläste und Hallen, darunter der Hundertsäulensaal mit dem Herrscherthron. Reliefs künden von dem Aufmarsch der 23 Völkerschaften des Persischen Reiches, die offenbar alljährlich in der Audienzhalle empfangen wurden. Dargestellt sind außerdem Kämpfe des Herrschers mit Fabelwesen, Tierprozessionen und die geflügelte Sonne, das Symbol des Gottes Ahura Masda.

Noch zu Lebzeiten ließ Dareios sein Grab bauen. Dabei bevorzugte er die traditionelle Form des Felsengrabes. Unweit seiner Residenzstadt Persepolis ließ Dareios in die fast senkrecht abfallende Felswand von Naqsch-i-Rustam seine Grabstätte einmeißeln. Auf die Felswand wurde die Fassade eines zinnengekrönten Palastes übertragen. In der eigentlichen Grabkammer wurden rechteckige Gruben in den Boden eingeschlagen, die man nach der Bestattung mit schweren Steinplatten abdeckte.

DIE WURZELN DER PERSER

Zwischen 1500 und 1000 v. Chr. drangen indoeuropäische Stämme, die sich selbst als Arier bezeichneten, von Nordosten über den Kaukasus auf die iranische Hochebene vor, übernahmen hier die Herrschaft und nannten das Land Iran, »Land der Arier«. Zur letzten Einwanderungsgruppe gehörten die Stämme der Perser und Meder, die in den assyrischen Annalen Mitte des 9. Jahrhunderts v. Chr. erstmals erwähnt werden. Im 8. und 7. Jahrhundert v. Chr. zogen die persischen Stämme nach Südosten, besetzten elamitisches Gebiet und Landstriche weiter östlich, die sie Parsa (Perserland) nannten. Bereits Teispes (675 bis 640 v. Chr.), der Sohn des Dynastiegründers Achämenes (»Achämeniden«), führte den Königstitel, doch waren er und seine Nachfolger vom medischen Herrscher abhängig.

02335 Persepolis: Glück in der Vernichtung

01629 Dareios I.

Persepolis – Im Zentrum der Macht 035

Mönche im Buddhismus 181

Buddha lehrt Pfad zur Erlösung

Im 5. und 6. Jahrhundert v. Chr. vollzieht sich in vielen Kulturen ein Wandel in der religiösen Anschauung. Der von dem Prediger Buddha begründeten neuen Religion gehören vor allem in Ostasien heute über 380 Mio. Menschen an.

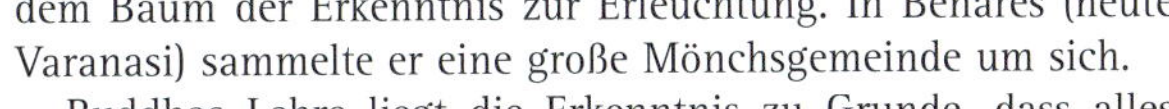

■ **Um 480 v. Chr.:** Der Religionsstifter Siddharta Gautama, dessen Ehrenname Buddha (»der Erleuchtete«) lautet, stirbt bei Nautanwa im heutigen indischen Bundesstaat Uttar Pradesh.

Siddharta Gautama wurde um 560 v. Chr. in Kapilavastu (heute Terai) geboren und wuchs als Sohn eines Fürsten am Fuß des Himalaja auf. Im Alter von 29 Jahren geriet er in eine tiefe moralische Krise; er entsagte seiner sozialen Stellung und suchte durch Askese die Erlösung von dem der Welt innewohnenden Schmerz und den Kreislauf des Wiedergeborenwerdens zu finden. Nach sieben Jahren vergeblicher Selbstkasteiung gelangte er durch Meditation unter dem Baum der Erkenntnis zur Erleuchtung. In Benares (heute Varanasi) sammelte er eine große Mönchsgemeinde um sich.

Buddhakopf in Mrauk (Myanmar): Im 3. Jahrhundert v. Chr. wird der Buddhismus in Indien zur Staatsreligion.

Buddhas Lehre liegt die Erkenntnis zu Grunde, dass alles Leben leidvoll ist. Ursache des Leidens sind die Begierden des Menschen, die aus seiner Unwissenheit resultieren. Zur Erleuchtung und Überwindung des Leidens führt der »edle achtfache Pfad« aus folgenden Elementen: rechte Anschauung und Gesinnung, rechtes Reden, Tun und Leben, rechtes Streben, Überdenken und Sichversenken. Ziel ist die Erlösung, das Aufgehen im Nirwana, in dem jede Unterscheidung zwischen Gut und Böse, Sein und Nichtsein endet und jede Lebensillusion erlischt. Da in der Lehre des Buddha weder die Anerkennung priesterlicher Macht noch kostbare Opfergaben, sondern ethische Verhaltensweisen eine Rolle spielen, findet sie im vom Kastensystem geprägten Indien vor allem in den niedrigen Kasten eine breite Anhängerschaft.

00331 Buddha nach seinem Erwachen

00259 Buddha: 1. Lehrpredigt

00262 Mönche sprechen ein Mantra

Epoche der griechischen Klassik

In der griechischen Kunst vollzieht sich ein Wandel von der archaischen Epoche mit ihren starren Formen zum Zeitalter der Klassik. Diese Kunstrichtung verleiht insbesondere Personendarstellungen mehr Bewegung und Lebendigkeit.

■ **Ab ca. 480 v. Chr.:** Das Zeitalter der griechischen Klassik (480–323 v. Chr.) beginnt. Besonders deutlich werden die einsetzenden Veränderungen in der Bildhauerkunst. Kennzeichnend für die griechische Plastik ist das Schönheitsideal der Griechen, der nackte männliche Körper. In der archaischen Plastik (8. bis 6. Jahrhundert v. Chr.) herrschten zwei Grundtypen vor: die weibliche Kore, die bekleidet dargestellt wird, und der unbekleidete Kuros. Kore und Kuros stellen keine Götter dar, sondern dienen als Weihebilder oder zum Gedächtnis an bedeutende Tote.

Die archaische Plastik gibt den Körper zwar in den richtigen Proportionen wieder, doch entbehrt er durch die starre Haltung jeder Lebendigkeit. Diese Strenge wird durch die symmetrische Anordnung von Gewandfalten und Haarwellen, die an den vorarchaischen geometrischen Stil erinnert, unterstrichen. Den Plastiken eigentümlich ist das so genannte archaische Lächeln. Die Schultern und Hüften der Figuren sind stets in dieselbe Richtung gewandt. Beide Beine stehen auf dem Boden, die Arme hängen herab und sind mit den Hüften verbunden. Die Hüften sind schmal, die Oberschenkel hingegen ausladend. Als Werkstoff werden zumeist Kalk- und Porosstein verwendet, ab Mitte des 6. Jahrhunderts v. Chr. setzt sich der Marmor durch.

Vase mit roten Figuren aus der klassischen griechischen Kunstepoche; 380 v. Chr.

Bronzestatue des Apollo; 5. Jahrhundert v. Chr.

Mehr Lebendigkeit

Das Bestreben der Künstler, ihren Plastiken mehr Bewegung zu verleihen, zeigt den Wandel zur klassischen Kunst an. Die archaische Frontalität und die symmetrische Haltung der Statuen werden überwunden. Mit der Erfindung der Ponderation, des harmonischen Ausgleichs der Körperverhältnisse, und des Kontrapost, des Gegenspiels von Bewegung und Ruhe, gewinnen die Bildhauer Möglichkeiten, ihre Statuen lebendig zu gestalten. Waren zuvor beide Beine auf den Boden gesetzt, gibt es nun den Wechsel zwischen Stand- und Spielbein.

Das Schönheitsideal des nackten männlichen Körpers spielt auch im Alltag eine große Rolle. Die Körperpflege, das Einreiben mit wohlriechenden Essenzen, das Entfernen der Körperbehaarung usw. nehmen einen breiten Raum ein. Sportliche Wettkämpfe werden stets unbekleidet durchgeführt. Die Frau dagegen wird bekleidet dargestellt. Erst im 4. vorchristlichen Jahrhundert stellt Praxiteles die Göttin Aphrodite unbekleidet dar.

Der tibetische Dalai Lama XIV. (* 1935) verweist auf das höchste Prinzip der Lehre Buddhas:
»Mehr als jede andere Tugend betont der Buddhismus Uneigennützigkeit, die in Liebe und heilender Hinwendung Ausdruck findet.«

02336 Und die Vase geht an ...

Perser scheitern in Griechenland

In vier großen Schlachten – je zwei zu Lande und zu Wasser – gelingt es den in einem Kampfbund vereinigten Griechen, die Invasionstruppen des Perserkönigs Xerxes I. aufzuhalten und zum Rückzug zu zwingen.

Seeschlacht von Salamis: Die Griechen unter Themistokles besiegen die persische Flotte.

■ **480/79 v. Chr.:** Nach ihrer Niederlage in der Schlacht bei Marathon und dem Tod ihres Königs Dareios I. unternehmen die Perser einen neuerlichen Versuch, Griechenland ihrem Reich einzuverleiben. Im Frühjahr 480 v. Chr. setzt sich der persische Heereszug mit rd. 150 000 Kriegern unter Führung König Xerxes' I. vom kleinasiatischen Sardes aus in Bewegung. Das Heer überquert auf zwei Schiffsbrücken die Dardanellen und stößt, entlang der Küste von der rd. 700 Kriegsschiffe umfassenden Flotte begleitet, nach Mittelgriechenland vor.

Thermopylen-Schlacht

Im August 480 v. Chr. kommt es zur ersten militärischen Auseinandersetzung zwischen vorrückenden Persern und Griechen, die sich im Jahr zuvor unter der Führung Spartas zu einem Kampfbund (Symmachie) zusammengeschlossen haben. Am Thermopylen-Pass an der Südgrenze Thessaliens versucht der Spartanerkönig Leonidas mit etwa 6000 Kriegern, das persische Heer aufzuhalten.

00062 Schlacht am Thermopylen-Pass

Die Griechen können an der strategisch günstigen Stelle, einem etwa 15 m breiten Hohlweg zwischen den Bergen und dem Meer, der persischen Übermacht drei Tage standhalten. Schließlich führt ein Verräter die Perser durch die Berge in den Rücken der Griechen. 300 Spartaner und 5000 griechische Krieger müssen sich geschlagen geben. In dieser Situation befiehlt Leonidas den meisten Griechen den Rückzug und fällt an der Spitze seiner Truppe. Die Perser rücken nach dem Sieg in Mittelgriechenland ein, erobern Athen, plündern die Akropolis und stecken die Stadt in Brand.

02729 Cornelius Nepos: Themistokles siegt

Da die Perser an Land unbesiegbar erscheinen, plant der Athener Befehlshaber Themistokles, die Feinde in eine Seeschlacht zu verwickeln. Er fühlt sich durch einen Spruch des Orakels von Delphi ermutigt.

Schlacht bei Salamis

Nachdem er die Evakuierung der Bewohner Athens auf die umliegenden Inseln durchgesetzt hat, gelingt es ihm Ende September 480 v. Chr., die persischen Schiffe in die Meerenge von Salamis zu locken, wo sie von der zahlenmäßig unterlegenen, aber auf engem Raum besser operierenden griechischen Flotte besiegt werden. Die verbliebenen persischen Schiffe ziehen sich nach Kleinasien zurück, das Heer überwintert in Thessalien. Xerxes kehrt nach Sardes zurück und überlässt Mardonios den Oberbefehl über die Truppen.

Im Frühjahr 479 v. Chr. rücken die Perser ein zweites Mal nach Athen vor und zerstören die Stadt. Wenig später erringen die Griechen jedoch unter Führung des Spartaners Pausanias in der Schlacht bei Plataä in Südböotien den entscheidenden Sieg. Im Herbst wird auch die in der Nähe von Milet liegende persische Flotte geschlagen.

Die Perser geben daraufhin ihre Eroberungspläne endgültig auf; die Griechen haben mit ihrem Zweckbündnis ihre Unabhängigkeit verteidigt. 478 v. Chr. gelingt es ihnen, die Griechenstädte in Kleinasien zu befreien, die mit dem Ionischen Aufstand den Anstoß zu den Perserkriegen gegeben hatten. Ein Jahr vor dem Ausbruch der Perserkriege hatten die Griechenstädte einen Kampfbund (Symmachie) gegen die drohende Gefahr aus Kleinasien geschlossen.

Attisch-Delischer Seebund geschlossen

Aristides, der Gerechte, Begründer des Attischen Seebundes

Die konkurrierenden griechischen Stadtstaaten einen sich im Moment der Gefahr durch den gemeinsamen Feind. Das neue Bündnis stärkt die wirtschaftliche Position Athens und verschärft den Gegensatz zu Sparta.

■ **477 v. Chr.:** Mit der Gründung des Attisch-Delischen Seebundes übernimmt Athen die Initiative im Kampf der Griechen gegen die Perser.

Der Bund, dem neben Athen die Insel- und Küstenstädte rund um die Ägäis bis nach Kleinasien angehören, verfolgt eine offensive Politik gegenüber den Persern, die 480/79 v. Chr. vergeblich versucht hatten, Griechenland zu erobern. Im Gegensatz dazu bewahrt der Peloponnesische Bund – Sparta und seine Verbündeten – eine defensive Haltung gegenüber den Angreifern.

Jedes Mitglied des Attisch-Delischen Seebundes muss durch die Ausrüstung von Kriegsschiffen oder Tributzahlungen einen Beitrag zur gemeinsamen Verteidigung leisten. Zentraler Ort des Bündnisses ist die Insel Delos, wo die Bundeskasse aufbewahrt wird und die Abgesandten der beteiligten Staaten sich versammeln.

Attische Ruderer; Vasenmalerei, 5. Jahrhundert v. Chr.

Alle – zu Beginn sind es vermutlich 100 bis 200, um 430 v. Chr. bereits 400 Mitglieder – erhalten im Bundesrat gleiches Stimmrecht. Athen übernimmt den Oberbefehl über die Flotte und gewinnt so an politischem Gewicht. Außerdem kommt der notwendige Bau neuer Schiffe vor allem der Athener Wirtschaft zugute. Die erste ernsthafte Konfrontation mit den Persern endet 466 v. Chr. mit einem Erfolg für den Attisch-Delischen Seebund: Der athenische Feldherr Kimon siegt bei Eurymedon im Süden Kleinasiens.

Peloponnesischer Krieg schwächt die Polis

Am Ende der Peloponnesischen Kriege ist Sparta formell Sieger über den Konkurrenten Athen, doch profitiert in erster Linie Persien von der Schwächung beider Kontrahenten. Der Krieg trägt zum Zerfall der griechischen Polis bei.

■ **459 v. Chr.:** Die Konkurrenz zwischen Sparta und Athen um die Vorherrschaft in Griechenland führt zu kriegerischen Auseinandersetzungen, die – von Friedensperioden unterbrochen – bis 404 v. Chr. anhalten. Mit der Gründung des Attisch-Delischen Seebundes 477 v. Chr. hatten sich die Spannungen zwischen Athen und Sparta verschärft. Unter der Herrschaft des Perikles hatte Athen systematisch seine Flotte ausgebaut und den Zugang zum Hafen Piräus durch die ab 460 v. Chr. errichteten »Langen Mauern« gesichert.

Krieg und Frieden

Ab 461 v. Chr. kam es wiederholt zu Kämpfen zwischen Athen und Mitgliedern des von Sparta geführten Peloponnesischen Bundes – u. a. Korinth, Epidaurus und Ägina. 457 v. Chr. tritt Sparta in den Krieg ein. Zusätzlich wird der Attisch-Delische Seebund 454 v. Chr. in Auseinandersetzungen mit Persien verwickelt. Da Athen in dem Zweifrontenkrieg auf Dauer nicht bestehen kann, schließt es 451 v. Chr. einen Waffenstillstand mit Sparta. 448 v. Chr. folgt der sog. Kalliasfrieden mit Persien. Der dadurch überflüssig gewordene Attisch-Delische Seebund wird zum Attischen Reich umgewandelt, dessen Mitglieder weiter Tribut zahlen müssen.

445 v. Chr. schließt Athen mit Sparta einen 30-jährigen Frieden, in dem beide Seiten ihre jeweiligen Bündnisse und Einflusssphären anerkennen. Nachdem Athen 433 v. Chr. ein Bündnis mit Korkya (Korfu) gegen dessen Mutterstadt, die zweitgrößte griechische Seemacht Korinth, geschlossen und eine Handelssperre gegen die zum Peloponnesischen Bund gehörende Stadt Megara verhängt hat, fallen 431 v. Chr. peloponnesische Truppen in Attika ein: der zweite Peloponnesische Krieg beginnt.

Seemacht gegen Kriegerstaat

Athen und Sparta, die beiden mächtigen Stadtstaaten in Griechenland, unterscheiden sich grundlegend in ihrer Lebensauffassung. Während Sparta ein kriegerischer Bauernstaat ist, entwickelt sich Athen zu einer mächtigen Seemacht mit weit gespannten Handelsbeziehungen, in der Kunst und Wissenschaft hoch geschätzt werden.

Die Spartaner, im 11. Jahrhundert v. Chr. eingewanderte Dorer, sind noch von den harten Bedingungen der Völkerwanderung geprägt. Ständige Bedrohung von außen zwingt sie zu dauernder Verteidigungsbereitschaft. Sprichwörtlich ist die harte spartanische Erziehung: Jungen werden mit sieben Jahren in Kasernen untergebracht, wo sie eine Kriegerausbildung erhalten. Wichtigste Tugenden sind Mut, Opferbereitschaft und Härte. Auch die erwachsenen Männer leben in Kriegergemeinschaften. Vom Widersacher Athen fürchtet Sparta auch die Infiltration durch demokratisches Gedankengut.

Zwei Hopliten, Gefallene aus dem Peloponnesischen Krieg, begrüßen sich; Relief, um 420 v. Chr.

Den Bewohnern von Attika ist es während der Völkerwanderung gelungen, Eindringlinge abzuwehren, was eine ungestörte Entwicklung gewährleistete. Athen erlangte im Laufe der Zeit eine Vormachtstellung in Attika. Als starke Seemacht spielt Athen eine führende Rolle in der griechischen Kolonisationsbewegung und hat seinen Einflussbereich weit über die Grenzen Griechenlands ausgedehnt.

Der Peloponnesische Krieg trägt zum Verfall der griechischen Polis bei. Sieger und Unterlegene sind so geschwächt, dass Griechenland dem Einfluss auswärtiger Mächte ausgeliefert ist.

00902
Plutarch über die Spartanerinnen
02720
Thukydides: Seeschlacht um Syrakus

Der griechische Philosoph Aristoteles (384–322 v. Chr.) in Anspielung auf Sparta:
»Die meisten kriegerischen Staaten behaupten sich zwar, solange sie Krieg führen; wenn sie aber dadurch ihre Herrschaft gewonnen haben, so gehen sie zugrunde. Wenn sie nämlich Frieden halten, so büßen sie, wie das Eisen, ihre Stählung ein. Die Schuld daran trägt der Gesetzgeber, der sie nicht zu der Fähigkeit erzogen hat, der Muße zu pflegen.«

Akropolis überragt Athen

Die Akropolis, früher Sitz der Könige, wird in der Regierungszeit des Perikles zum Heiligtum, das hauptsächlich der Göttin Athene geweiht ist. Die Bebauung des Hügels ist bis in die heutige Zeit beispielhaft für die griechische Architektur.

An der Südseite des Erechtheions ist das Grab des Kekrops von einer Korenhalle überbaut, deren Gebälk von sechs mädchenhaften Gestalten (Koren) getragen wird.

■ **Um 450 v. Chr.:** Perikles ordnet den Neuaufbau der Akropolis an, die im Jahr 480 v. Chr. durch die Perser zerstört worden war. Ungeachtet des Peloponnesischen Krieges werden bis 406 v. Chr. die prachtvollen Tempel und Theater fertig gestellt, die der Akropolis ihr klassisches Gesicht verleihen. Die Akropolis, eine befestigte Anlage auf dem Stadthügel, wie sie auch in anderen griechischen Städten zu finden ist, entstand zu mykenischer Zeit und beherbergte zunächst nur die Burg des Königs. Später kamen Tempel und kleinere Heiligtümer hinzu.

01588
Pausanias über die Akropolis (2. Jh.)

Meisterwerk des Phidias

Der Bau des größten Tempels, des der jungfräulichen Athene (Parthenos) geweihten Parthenon, steht unter der Leitung des Bildhauers Phidias. Die Architekten Iktinos und Kallikrates setzen zwischen 447 und 432 v. Chr. die Pläne für den an der Stelle mehrerer Vorgängerbauten errichteten Tempel um.

Die Akropolis, das Wahrzeichen Athens, in ihrer ganzen Pracht: links das Erechtheion, vorn die Propyläen, rechts der Parthenon

Der Cella, dem Innenraum des Kulthauses, sind an der Stirn- und Rückseite sechssäulige Hallen vorgelagert; der gesamte Bau ist von mächtigen dorischen Säulen umgeben, die ohne Basis in einem schlichten Kapitell enden.

Giebel, Metopen und Friese, die Phidias mit Motiven aus der Sage Athens

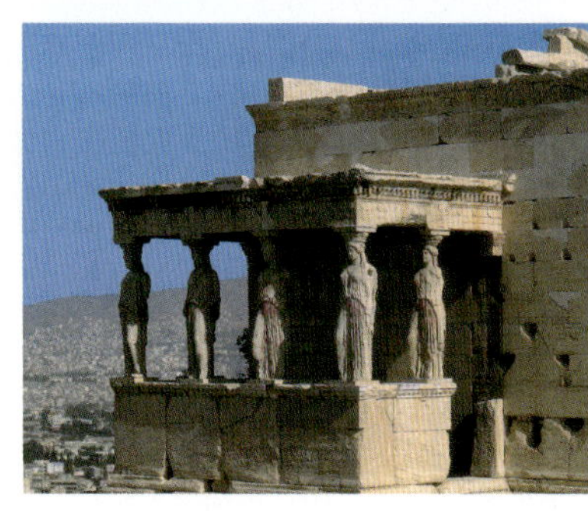

ausstattet, schmücken den technisch und künstlerisch vollendeten Quaderbau. Der Parthenon beherbergt das ebenfalls von Phidias geschaffene, 12 m hohe Standbild der Göttin, das aus Holz, Elfenbein und 1130 kg Gold besteht.

Dem Parthenon steht eine bewegte Geschichte bevor: Im 5. Jahrhundert n. Chr. wird er in eine christliche Kirche umgewandelt; die Akropolis wird im Mittelalter zum Sitz des Erzbischofs. Im 15. Jahrhundert richten die Türken auf der Akropolis eine Garnison ein, der Parthenon wird im Jahr 1458 zur Moschee. Im Krieg Venedigs gegen die Türken wird er als Pulvermagazin verwendet und 1687 stark beschädigt. 1834 beginnt man mit der Restaurierung. 1929/30 werden die Säulen der Nordseite wieder aufgerichtet.

Kultzentrum Erechtheion

Das bedeutendste Heiligtum der Akropolis, das Erechtheion, wird zwischen 421 und 406 v. Chr. erbaut. Der Tempel, benannt nach dem mythischen König Erechtheus, vereinigt verschiedene Kultstätten, darunter die Dreizackspur des Poseidon, die er hinterließ, als er mit Athene um die Schutzherrschaft über die Stadt wetteiferte, das Grab des Ur-Königs Kekrops unter der von Mädchenstatuen statt Säulen getragenen Korenhalle, den Ölbaum Athenes und das Xoanon, das älteste Standbild der Göttin aus Olivenholz. Das Erechtheion ist im ionischen Stil erbaut und hat schlanke Säulen, die in einem Volutenkapitell enden.

Der »siegverheißenden« Athena Nike ist der zwischen 430 und 421 v. Chr. nach Plänen von Kallikrates errichtete Nike-Tempel geweiht. Er ist ebenfalls im ionischen Stil gebaut. Front- und Rückseite des einräumigen Kulthauses sind von je vier Säulen gesäumt.

Zeus-Tempel schmückt heiligen Bezirk

Das dorische Bauwerk im Zentrum des heiligen Bezirks zählt zu den imposantesten architektonischen Leistungen der griechischen Welt und wird zum Wallfahrtsort Hunderttausender Besucher der Olympischen Spiele.

Bemerkenswert ist, dass bis zum 5. Jahrhundert v. Chr. die Altis nur ein monumentales Bauwerk aufwies: den alten Hera-Tempel, der um 600 v. Chr. entstand. In ihm wurde auch Zeus verehrt. Zwei weitere Gebäude, das Prytaneion, in dem die Feier für die Sieger stattfindet, und das Bouleuterion, die danach entstanden, änderten nicht das Bild des Heiligtums. Erst die Errichtung des Zeus-Tempels bewirkt eine architektonische Umgestaltung der Gesamtanlage.

■ **457 v. Chr.:** In der Kultstätte Olympia wird der Zeus-Tempel fertig gestellt. Er ist ein Werk des elischen Architekten Libon und mit seinen Ausmaßen von 27,68 x 64,12 m der bis dahin größte Tempel auf dem griechischen Festland.

Er besteht aus verputztem Muschelkalk, das Dach ist aus Marmor. Die Außenfassade schmücken Giebelskulpturen und Metopenreliefs, welche die Taten des Herakles darstellen. Die Goldelfenbeinstatue des Zeus mit ihrem reichen figürlichen Schmuck zählt zu den berühmtesten Kunstwerken der Antike.

Herakles und die Äpfel der Hesperiden; Metope vom Zeus-Tempel, 460 v. Chr.

Aufbau der Altis

Der Zeus-Tempel bildet das Zentrum der Altis, des heiligen Bezirks von Olympia. Die Altis breitet sich zwischen zwei Flüssen, dem Apheios und dem Kladeos, aus. Wie in Delphi errichteten auch in Olympia viele Griechenstädte Schatzhäuser, in denen sie ihre Weihgeschenke unterbringen. Links neben dem Zeus-Tempel befindet sich das Philippeion (Gästehaus) und das Hereion; daran schließt sich die Exedra des Herodes Atticus an und die Schatzhäuser der griechischen Städte. Die Echohalle, eine Versammlungshalle, schließt im Osten den Bezirk der Altis ab. Im Hintergrund liegt das Stadion, der Austragungsort der meisten Wettkämpfe. Die Laufbahn von Start bis Ziel hat eine Länge von 192,27 m, das entspricht dem antiken Längenmaß einer Stadie, von dem sich der Name der Sportstätte ableitet. Später wird außerhalb der Altis ein Hippodrom (Pferderennbahn) eingerichtet, denn das Pferderennen hält im Laufe der Jahrhunderte ebenfalls Einzug in die Olympischen Spiele.

Blick auf die Ruinen des Zeus-Tempels: Hier wurden alle vier Jahre die Olympischen Spiele abgehalten.

Olympia: Wettkampfstätte und oberstes Heiligtum

Olympia, in der westlichen Peloponnes gelegen, ist die Geburtsstätte des Sports. Bevor Olympia sich zur Wettkampfstätte der Griechen entwickelte, hatte es bereits eine Bedeutung als größtes panhellenistisches Heiligtum der Griechen erlangt. Olympia wurde zu Beginn des 2. Jahrtausends v. Chr. besiedelt. Den damaligen Einwohnern war der Kult des Zeus und der olympischen Götter noch unbekannt. Der Beginn des Zeus-Kultes lässt sich nicht genau bestimmen. Nach einem Mythos über die Rückkehr der Herakliden in ihre Heimat datiert man seinen Beginn in die Zeit der Besiedlung der Peloponnes durch Stämme aus Westgriechenland um 1600 v. Chr.

In Verbindung mit dem Zeusfest finden die Olympischen Spiele alle vier oder fünf Jahre statt. Zehn Monate vor Beginn der Spiele wird ein Schiedsgericht ausgewählt, das das Training der Wettbewerbsteilnehmer überwacht. Nur freie Griechen sind zu den Spielen zugelassen. Die Feierlichkeiten dauern fünf Tage, vom 12. bis zum 16. Tag des gewählten Monats. Gewaltige Pilgerscharen aus ganz Griechenland versammeln sich in der Altis. Am ersten Tag finden vorbereitende Zeremonien statt. Am zweiten Tag beginnen die Wettkämpfe, deren Zahl zwischen 13 und 15 schwankt. Das Ende bildet der feierliche Umzug der Sieger und ihr gemeinsames Bankett am fünften Tag.

00736
Olympia, »Wozu dieser Eifer?«

00872
Olympische Hymne von Pindar

Perikles führt Athen zur Blüte

Der Staatsmann Perikles übernimmt quasi die Alleinherrschaft über Athen, stützt sich dabei aber auf die Mehrheit in der Volksversammlung. Unter seiner Regierung erlebt Athen eine Glanzzeit, das Perikleische Zeitalter.

Perikles, athenischer Politiker (um 490 bis 429 v. Chr.)

01503 Das Scherbengericht

02721 Plutarch über Perikles

■ **443 v. Chr.:** Der athenische Staatsmann Thukydides, Repräsentant der Partei der Oligarchen (Oligarchie = Herrschaft weniger), wird durch Ostrakismos (Scherbengericht) aus Athen verbannt. Dadurch wird der Demokrat Perikles als Vertrauensmann des Volkes bis zu seinem Tod 429 v. Chr. de facto Alleinherrscher in Athen.

Die Politik des Perikles umfasst zwei Hauptbereiche: die Umwandlung des Attisch-Delischen Seebundes in ein einheitliches Attisches Reich unter der Führung Athens sowie die Verbindung der Demokratie mit einer neuen Geistigkeit durch ein Kulturprogramm.

Perikles festigt während seiner Regierungszeit die verfassungsmäßige Herrschaft des Demos, des Volkes. Zum ersten Mal in der Geschichte des Abendlandes existierte in einem Staat eine demokratische Regierungsform. Die politischen Rechte können allerdings nur von einer kleinen Zahl von Bürgern wahrgenommen werden. Die entscheidenden Beschlüsse trifft die Volksversammlung, in der jedoch nur etwa 40000 bis 45000 der insgesamt etwa 315000 Einwohner Athens Sitz und Stimme haben. Ausgeschlossen von der politischen Mitsprache sind die Frauen, die etwa 30000 Metöken (eingewanderte Händler und Gewerbetreibende) sowie die 115000 Sklaven. Perikles verleiht der Demokratie einen monarchistischen Charakter, da er die Volksversammlung nach seinem Willen lenkt.

Auch Handel und Gewerbe nehmen unter Perikles' Führung erheblichen Aufschwung. Außenpolitisch gelangt Perikles 449 v. Chr. zum sog. Kalliasfrieden mit den Persern, der die jeweiligen Machtbereiche festschreibt. Die Auseinandersetzungen mit Sparta können dagegen nur aufgeschoben werden.

Zwölf-Tafel-Gesetz stärkt Plebejer

Mit dem Zwölf-Tafel-Gesetz, der schriftlichen Fixierung des Gewohnheitsrechtes, erreichen die Plebejer in Rom die rechtliche Gleichstellung mit den Patriziern.

Teil des um 450 v. Chr. erlassenen Zwölf-Tafel-Gesetzes; Rekonstruktion nach Bruchstücken

■ **Um 450 v. Chr.:** Die Gesetze werden von zehn Männern auf zwölf Bronzetafeln geschrieben, die auf dem Forum aufgestellt werden. Die Gesetze befassen sich vor allem mit privatrechtlichen Fragen, besonders in Bezug auf Eigentum und Nachlass, aber auch mit Straf- und Prozessrecht. Das römische Recht ist bislang nach alten, den Plebejern unbekannten Überlieferungen gehandhabt worden.

Die Römische Republik ist von Beginn an vom Ständekampf – den Auseinandersetzungen zwischen Patriziern und Plebs, der Masse des Volkes – bestimmt. Da sie immer stärker zum Kriegsdienst herangezogen wurden, verlangten die Plebejer die rechtliche, soziale, politische und religiöse Gleichstellung mit der regierenden Schicht. Um ihre Forderungen durchzusetzen, waren sie 494 v. Chr. aus der Stadt ausgezogen und erst nach Zugeständnissen zurückgekehrt: Sie erhielten ein politisches Organ, eine eigene Versammlung unter dem Vorsitz eines Volkstribunen. Dieser hatte die Aufgabe, die Plebejer vor Willkürakten zu schützen und für den Einzelnen wie für den gesamten Stand ein Einspruchsrecht wahrzunehmen. Nach der Durchsetzung garantierter Rechte durch das Zwölf-Tafel-Gesetz fällt 445 v. Chr. auch das Eheverbot zwischen Plebejern und Patriziern. Auch an der politischen Gestaltung haben die Plebejer einen immer größeren Anteil. 366 v. Chr. wird festgelegt, dass einer der beiden Konsuln aus der Plebs stammen soll, 287 v. Chr. werden die Beschlüsse der Plebejerversammlung bindendes Gesetz.

Als Plebejer werden in Rom die weitgehend rechtlosen Bewohner im Gegensatz zu den privilegierten Patriziern bezeichnet. Die soziale Ordnung beruht zunächst auf einer strengen Trennung beider Bevölkerungsgruppen. Eheschließungen über die Standesgrenze hinweg sind verboten. Ebenso haben die Plebejer, die oft unter Landnot und Verschuldung leiden, kein Recht auf Teilhabe an dem im Krieg eroberten Gemeindeland. Von den Priesterämtern, der Rechtsprechung und Verwaltung sind sie ausgeschlossen. Vor Gericht müssen sie sich durch ihren adligen Schutzherrn vertreten lassen.

La-Tène-Kultur in Mitteleuropa

Mit der La-Tène-Kultur entsteht eine selbständige, auf Expansion ausgerichtete keltische Kultur mit nationaler Religion, die Mitteleuropa während der letzten vier vorchristlichen Jahrhunderte prägt.

Die Kelten der La-Tène-Zeit leben in Sippenverbänden zusammen, die nicht mehr von einem König, sondern von einem gewählten militärischen Führer aus der aristokratischen Oberschicht beherrscht werden. Großen Einfluss übt die Priesterschaft, die Druiden, aus. Sie dürfen als Einzige Opfer darbringen, sagen die Zukunft voraus, fungieren als Erzieher der Aristokratie sowie als Heilkundige. Außerdem sind sie die entscheidende Instanz in allen Rechtsfragen.

Die Siedlungen der Kelten werden allgemein durch Ringwälle geschützt. In der späteren La-Tène-Zeit (im 2. und 1. Jh. v. Chr.) entwickeln sich diese Fluchtburgen zu sog. Oppida (lat. Oppidum = Stadt), ummauerten Siedlungen, die z. T. mehrere Hundert Hektar groß sind.

Die Bestattung von angesehenen keltischen Fürsten in Mitteleuropa nördlich der Donau ist aufwändig und prunkvoll. Den Toten werden Waffen und kostbarer Schmuck mit in ihre letzte Ruhestätte gegeben. Keltische Fürsten werden mitsamt den vierrädrigen Kriegswagen – als Zeichen der Macht und Würde – in Hügelgräbern beisetzt. Als Zeichen des Reichtums wird den Toten persönlicher Schmuck beigelegt.

Bronzestatuette eines Ebers; Grabfund aus der La-Tène-Zeit, 450–100 v. Chr.

Um 450 v. Chr.: In West- und Mitteleuropa entwickelt sich mit der La-Tène-Kultur die zweite Periode der europäischen Eisenzeit. Die Kelten, von den Römern Gallier genannt, verbreiten sich von ihren Ursprungsgebieten an Oberrhein und oberer Donau nach Frankreich, Spanien und auf die Britischen Inseln sowie entlang der Donau. Dank ihrer Eisenwaffen sind sie den dort siedelnden Völkern militärisch zumeist überlegen.

Kunst auf hohem Standard

Anders als in der Hallstatt-Kultur setzt in der La-Tène-Zeit (benannt nach dem Fundplatz am Nordostende des Neuenburger Sees in der Schweiz) eine weitergehende Arbeitsteilung ein. Dabei lösen sich selbständige Gewerbe wie Töpferei und Metallverarbeitung von der Landwirtschaft. Eine dritte Arbeitsteilung zwischen Herstellung und Handel zeichnet sich ab.

Die handwerklichen Erzeugnisse der Kelten zeigen einen hohen technischen Stand. Keramik – erstmals in Mitteleuropa mit Hilfe der Töpferscheibe gefertigt –, Glaswaren und Schmiedearbeiten werden bereits in Serienproduktion hergestellt. Das Kunsthandwerk zeigt Einflüsse aus dem griechischen und etruskischen Bereich, die aber in einem völlig eigenen Stil umgearbeitet sind. Die ornamentale Verzierung auf Beschlägen und Metallgefäßen beruht auf exakten Zirkelornamenten. Plastische Verzierungen (Menschenmasken, Tierfratzen, S-Spiralen und Fischblasen) finden sich vorzugsweise auf Fibeln und Ringschmuck.

Der Keltenfürst von Hochdorf

Ein offenbar hochgestellter und reicher keltischer Adliger wird bei Hochdorf in der Nähe Stuttgarts in einem Hügelgrab beerdigt, in dessen Innern sich zusätzlich eine hölzerne Grabkammer befindet. Der Tote ist auf einem bronzenen Ruhebett aufgebahrt. Er trägt goldene Schnabelschuhe, einen goldenen Armreif und Halsring sowie fein karierte Tuchkleidung. Neben dem Toten lieg ein Eisendolch mit Goldgriff, das Herrschaftssymbol eines Fürsten. Auch er ist mit seinem Wagen bestattet. Ein in der Grabkammer aufgestellter Bronzekessel, bei der Beerdigung mit Flüssigkeit gefüllt, soll dem Toten Labsal bringen.

Ausrüstung einer Schmiedewerkstatt der La-Tène-Kultur: Ofen und Blasebälge

Medizin als Wissenschaft

Darstellung der hippokratischen Lehre, wonach die vier Körpersäfte die Persönlichkeit eines Menschen beeinflussen

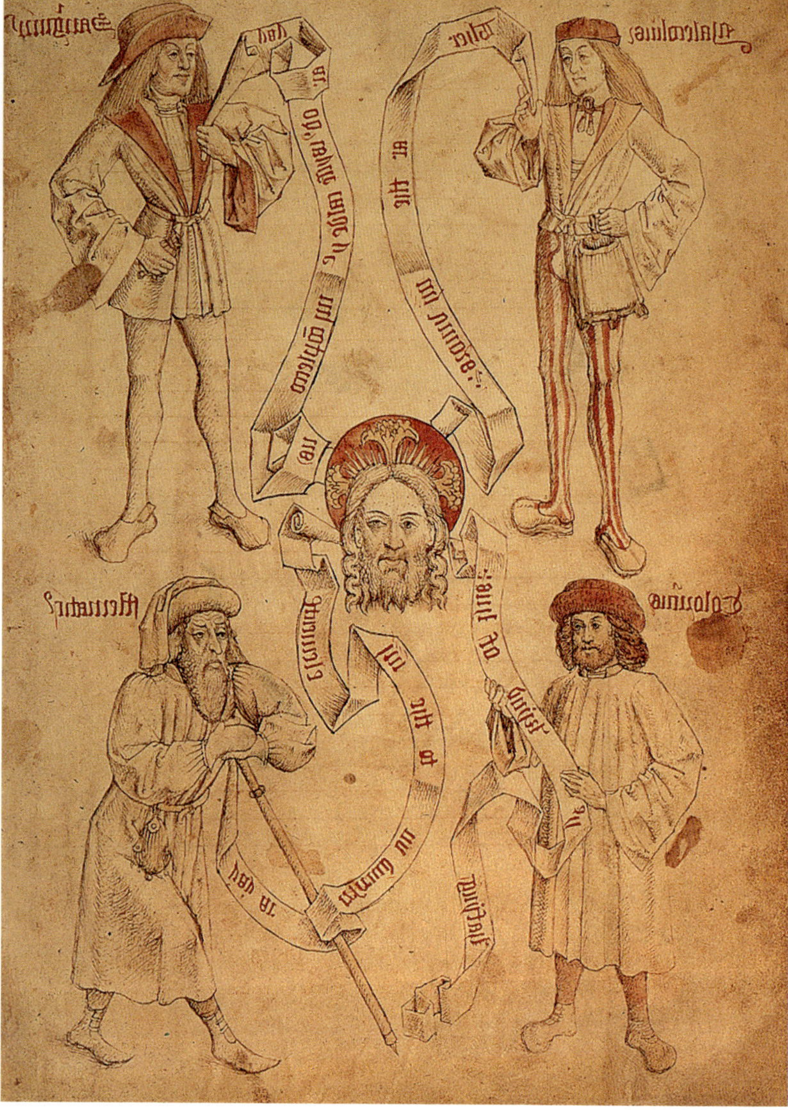

Hippokrates, nach dem der hippokratische Eid benannt ist – das Fundament der ärztlichen Ethik

00063

Der Eid des Hippokrates

Der griechische Arzt Hippokrates, Begründer der Medizin als Erfahrungswissenschaft, erreicht auf seiner Heimatinsel Kos seinen Wirkungshöhepunkt. Seine Erkenntnisse sind wegweisend für die Entwicklung der Medizin.

■ **Um 420 v. Chr.:** Hippokrates (um 460–375 v. Chr.) bricht mit der an die Religion gebundenen Vorstellung, der Krankheitsverlauf hänge vom Eingreifen der Götter ab. Er fordert die vorurteilslose Beobachtung der Symptome. Um 400 v. Chr. beginnen Ärzte auf Kos mit der Aufzeichnung medizinischen Wissens und ärztlicher Erfahrungen. Die Textsammlung wird nach Hippokrates benannt, obwohl vermutlich nur ein kleiner Teil von ihm stammt. Ziel ist es, eine allgemeine Krankheitssymptomatik zu verfassen und dem Arzt objektive Maßstäbe zu geben.

Zweiter Krieg zwischen Athen und Sparta

Die brüchige Einheit der beiden Stadtstaaten Athen und Sparta zerfällt. Der zweite Peloponnesische Krieg bricht über Griechenland herein und schwächt die Macht der Polis. Der Dualismus zwischen Athen und Sparta spitzt sich zu.

■ **431 v. Chr.:** Mit dem Einfall spartanischer Truppen unter dem Feldherrn Archidamos in Attika beginnt der zweite Peloponnesische Krieg zwischen Athen und Sparta.

Die athenische Seekriegsstrategie wird durch den Ausbruch der Pest in Athen im Jahr 430 v. Chr. entscheidend geschwächt. Nach erbitterten Kämpfen fallen in der Schlacht vor Amphipolis 422 v. Chr. sowohl der spartanische Feldherr Brasidas als auch der athenische Stratege Kleon. Durch den sog. Nikias-Frieden endet 421 v. Chr. diese Kriegsphase. Darin wird der Vorkriegsstatus wiederhergestellt, jedoch bleiben die Spannungen erhalten.

Der spartanische Feldherr Lysander lässt nach der Eroberung die Mauern von Athen einreißen.

Athen kämpft um die Vorherrschaft in der Ägäis und für die ungehinderte Entfaltung seiner Handelsbeziehungen. Sparta und der Peloponnesische Bund setzen sich die Freiheit der Meere und die Autonomie der griechischen Staaten zum Ziel, zudem fürchtet das monarchische Sparta die Anziehungskraft der athenischen Demokratie auf die peloponnesischen Staaten.

Der Hippokratische Eid erlegt Ärzten ein Verbot der aktiven Sterbehilfe auf:
»Ich werde niemandem ein Heilmittel geben, das zum Tode führt, auch nicht, wenn man mich darum bittet, und auch keinen derartigen Rat erteilen.«

Die griechische Tragödie

Die griechische Tragödie erlebt im 5. Jahrhundert v. Chr. mit den Werken von Aischylos, Euripides und Sophokles eine Blütezeit. Gleichzeitig entwickelt sich die zeitkritische Komödie, deren Hauptvertreter Aristophanes ist.

■ **442 v. Chr.:** Die Tragödie »Antigone« von Sophokles kommt zur Aufführung. Seit den Perserkriegen ist Athen der geistige Mittelpunkt Griechenlands. Die unter Perikles geförderte Tragödie ist aus dem Dionysos-Kult entstanden.

Das Heraustreten eines Sängers aus dem Chor, der zu Ehren des Gottes Dionysos Lieder und Tänze vorträgt, markierte den Beginn der Herausbildung der dramatischen Gattung. Aischylos fügt zu dem einen Schauspieler einen zweiten hinzu, schafft damit die Voraussetzung für einen Dialog und gestaltet aus Chören, Hymnen und Sprechgesängen die ersten bedeutenden dramatischen Handlungen. Der Chor spielt auch weiterhin eine entscheidende Rolle als Kommentator der Handlung.

Thematisch behandeln die Tragödien mythologische Vorgänge, Sagen und gelegentlich geschichtliche Geschehnisse. Sie zeigen einen unüberbrückbaren Konflikt zwischen dem Einzelnen und einem unausweichlichen Schicksal. Die Figuren lehnen sich zunächst gegen das Schicksal auf, ihre Leidenserfahrung dient dazu, den Willen der Götter zu erkennen und das Schicksal anzunehmen. Der Zweck der Tragödie liegt in der Erschütterung der Zuschauer und der Läuterung von oder durch die dargestellten Leidenschaften der Helden (Katharsis).

Dichter betreten Neuland

Sophokles (um 496 bis um 406) entwickelt die analytische Tragödie (»König Ödipus«), die das Geschehen von hinten aufrollt, und stellt das Individuum in den Mittelpunkt der Dramatik. Von seinen Dramen sind 123 dem Namen nach bekannt, doch nur sieben erhalten: »Aias«, »Die Trachinierinnen«, »Antigone«, »König Ödipus«, »Elektra«, »Philoktet« und »Ödipus auf Kolonos«.

Bei Euripides (um 485–406 v. Chr.) entstehen die Konflikte aus den Leidenschaften und Handlungen der Figuren selbst, unabhängig vom Schicksal. Euripides schuf die immense Zahl von 92 Dramen, von denen heute 75 noch dem Titel nach bekannt sind. Die Bekanntesten der 19 erhaltenen Werke des Euripides sind »Alkestis«, »Medea«, »Iphigenie in Aulis«, »Iphigenie bei den Taurern«, »Elektra« und »Andromache«.

Als Vater der griechischen Komödie gilt Aristophanes (um 445 bis um 385 v. Chr.). Seine Werke sind Spiegelbilder der attischen Staatspolitik, zeigen aber auch die Geistesströmungen und Sitten ihrer Zeit. Zu den bekanntesten der elf erhaltenen Werke zählen »Lysistrate«, »Die Wolken« und »Die Vögel«. Aus Letztgenanntem stammt der gängige Ausdruck »Wolkenkuckucksheim«.

Die berühmtesten Werke des Aischylos (525/24–456/55 v. Chr.) sind »Die Orestie« (Trilogie), »Der gefesselte Prometheus«, »Die Perser«, »Sieben gegen Theben« und »Die Schutzflehenden«.

Büste des griechischen Tragödiendichters Sophokles

Das Theater von Epidaurus zählt zu den am besten erhaltenen Theatern des antiken Griechenlands.

02189 Die Dionysien – der große Wettbewerb

02190 Die »Babylonier« von Aristophanes

02536 Aristoteles über die Tragödie

Ägypten noch einmal unabhängig

Amyrtaios von Sais, dem Begründer und einzigen König der 28. Dynastie, gelingt es noch einmal, Ägypten von der Fremdherrschaft der Perser zu befreien. Nach 113 Jahren wird das Reich am Nil wieder unabhängig.

Lächelnde Sphinx aus Alabaster in den Ruinen von Memphis

■ **404 v. Chr.:** Amyrtaios von Sais fällt in die persische Satrapie (Provinz) Ägypten ein, erobert das ganze Land und entreißt es der Herrschaft der Perser. Amyrtaios nutzt die Wirren aus, die den Thronwechsel in Persien begleiten. Dareios II. Nothos stirbt, Nachfolger wird sein schwacher Sohn Artaxerxes II. Mnemon. Es folgen Aufstände im ganzen Reich. Artaxerxes' Bruder sichert sich die Hilfe der Spartaner und erhebt sich gegen den König. So ist dieser an vielen Stellen gebunden. Amyrtaios, der bereits 412 v. Chr. mit seinem Aufstand begonnen hat, bringt Ägypten unter seine Kontrolle und vertreibt die Perser. Der Versuch einer Rückeroberung scheitert.

02717 Herodot beschreibt Ägypten

113 Jahre unter Persern

Die Ägypter lebten seit längerem unter fremder Herrschaft. Die Perser regierten das Reich seit 525 v. Chr. Ägyptens Eigenständigkeit endete schließlich mit der Unterwerfung durch den persischen König Kambyses II. nach der Schlacht von Pelusion im Nildelta. Psammetich III., König der 26. Dynastie, wurde hingerichtet, seine Hauptstadt Memphis von persischen Truppen erobert.

Obwohl Ägypten von den Perserkönigen eine gewisse Selbständigkeit in der Verwaltung und Religionsfreiheit zugestanden wurde, empfand die einheimische Bevölkerung die Fremdherrschaft mit ihren Abgaben und Tributzahlungen als bedrückend. Aufstände der Ägypter in den folgenden Jahrzehnten waren keine Seltenheit und zeugten vom Stolz und Behauptungswillen des Nilvolkes, wurden jedoch unterdrückt.

Militärische Operationen des Perserkönigs Kambyses II. (Reg. 530–522 v. Chr.) in Ägypten blieben erfolglos. Zwar unterwarf er Nubien im Süden und machte es steuerpflichtig, doch die Eroberung Äthiopiens scheiterte, ebenso wie ein Feldzug gegen die Oase Siwa in der Libyschen Wüste ein Opfer der Sandstürme wurde.

Etrusker müssen sich Rom beugen

Veji, die vermutlich größte etruskische Stadt, wird nach einer langen Belagerung von den Römern erobert und zerstört. Der Aufstieg Roms führt zum Niedergang der Macht der etruskischen Stadtstaaten in Nord- und Mittelitalien.

■ **396 v. Chr.:** Der römische Diktator Marcus Furius Camillus erobert und zerstört die etruskische Stadt Veji. Bis 600 v. Chr. unterwarfen die Etrusker Teile Umbriens und Oberitaliens; um 540 v. Chr wurde Felsina (heute Bologna) gegründet. Zuvor hatte die Expansion nach Süden begonnen, wo in Latium und Kampanien z. T. bereits bestehende Siedlungen als Städte neu gegründet oder organisiert wurden.

Um 535 v. Chr. konnten die Etrusker im Bündnis mit Karthago in der Seeschlacht bei Alalia gegen Kolonisten aus dem kleinasiatischen Phokaia den griechischen Einfluss zurückdrängen und die Seeherrschaft über das nach ihnen benannte Tyrrhenische Meer gewinnen. Ebenfalls im 6. Jahrhundert sicherte sich das etruskische Geschlecht der Tarquinier die Vorherrschaft über Rom und die latinischen Städte.

Im 5. Jahrhundert v. Chr. schwand die Macht der Etrusker. Um 509 v. Chr wird ihre Stellung durch den Verlust Roms geschwächt. In Rom, das unter der Herrschaft der Tarquinier-Könige eine Art Hegemonie über die Latinerstädte ausübte, fand eine Adelsrevolte statt, die zur Abschüttelung der etruskischen Fremdherrschaft führte. Mit ihrer Niederlage vor der Stadt Aricia gegen den Tyrannen Aristodemos verloren sie die Herrschaft über Latium und mussten ihre Expansionspläne bezüglich Kampanien aufgeben.

474 v. Chr. endete die Seeherrschaft der Etrusker mit einer Niederlage gegen Hieron von Syrakus. Nach 424 v. Chr. brach die etruskische Herrschaft in Kampanien durch die Erhebung der Samniten zusammen. Ende des 5. Jahrhunderts v. Chr. verloren sie Oberitalien an die Gallier, die nach Überschreiten der Alpen in die Po-Ebene eindrangen. Immer wieder flammten Kämpfe zwischen der aufstrebenden Römischen Republik und einzelnen etruskischen Städten oder Städtegruppen auf, bis um 290 v. Chr. ganz Etrurien von Rom beherrscht wird.

Sarkophagfigur eines Etruskers mit Opferschale aus Tarquinia, 3. Jahrhundert v. Chr.

Sparta siegt über Athen

Nach 50 Jahren kriegerischer Auseinandersetzung zwischen den Stadtstaaten Athen und Sparta kehrt wieder Frieden in Griechenland ein. Von der Schwächung beider Kontrahenten profitiert in erster Linie die auswärtige Macht Persien.

■ **404 v. Chr.:** Der Peloponnesische Krieg endet mit der Kapitulation Athens. Der Dekelische Krieg (414–404 v. Chr.) war die dritte und entscheidende Phase im Krieg zwischen Athen und Sparta. Der auf die Seite Spartas übergelaufene athenische Feldherr Alkibiades riet 413 v. Chr. den Spartanern, die attische Grenzfestung Dekeleia zu besetzen und so den Krieg gegen Athen wieder aufzunehmen. Alkibiades konnte zahlreiche Städte zum Abfall vom Attisch-Delischen Seebund bewegen, darunter Chios und Milet.

In dieser Situation wandte sich Alkibiades von den Spartanern ab und versuchte den persischen Satrapen Tissaphernes zu einer Schaukelpolitik zwischen Athen und Sparta zu überreden. Er ließ in Athen bekannt geben, falls die Demokratie gestürzt würde, sei Tissaphernes zur Zusammenarbeit mit Athen bereit. 411 v. Chr. wurde in Athen die Demokratie gestürzt, lediglich die attische Flotte blieb demokratisch. Als Tissaphernes den Hilfsgeldervertrag mit der spartanischen Flotte erneuerte, nahm Alkibiades Kontakte zur attischen Flotte auf, wurde zum Strategen gewählt und schlug 410 v. Chr. die spartanische Flotte unter dem Nauarchen (Flottenkommandanten) Mindaros bei Kyzikos. In Athen wurde wieder die Demokratie hergestellt, 408 v. Chr. kehrte Alkibiades nach Athen zurück und wurde zum Strategen mit unbeschränkten Vollmachten gewählt.

Athen chancenlos

405 v. Chr. vernichtete der spartanische Flottenkommandant Lysander die letzte attische Flotte bei Aigospotamoi und ließ alle attischen Gefangenen töten. Nachdem Lysander Athen zur See und die spartanischen Könige Agis II. und Pausanias Athen auf dem Land eingeschlossen hatten, kapituliert Athen. Sparta verzichtet auf die Zerstörung der Stadt, die »Langen Mauern« und die Piräus-Mauern werden jedoch geschleift. Die attische Flotte wird bis auf zwölf Schiffe an Sparta ausgeliefert. Sparta setzt in Athen die Oligarchie der 30 Tyrannen ein, die sich jedoch nur kurze Zeit halten kann.

02727 Lysander und die Mauern Athens

Alkibiades im Exil ermordet

Alkibiades hat in seinem Leben mehrfach die Fronten gewechselt. Der Neffe des Perikles und Schüler Platons war ein hochbegabter Staatsmann mit unbändigem Ehrgeiz, der sich oft über geltende Moralvorstellungen hinwegsetzte. Als Feldherr wurde er 415 v. Chr. Leiter des Feldzugs nach Sizilien. Nachdem Gegner ihn eines Religionsfrevels bezichtigt hatten und Todesurteile gegen ihn verhängt worden waren, verließ er Athen und floh nach Sparta. Dort veranlasste er, dass Sparta sich am Kampf der Syrakusaner gegen Athen beteiligte. Kurz darauf überwarf er sich mit den Spartanern und kehrte wieder zu den Athenern zurück. Dort wurde er 411 v. Chr. Oberbefehlshaber der Flotte und 407 v. Chr. Stratege. Im gleichen Jahr wurde er nach der Niederlage seines Unterfeldherrn Antiochos bei Notion wieder abgesetzt und zog sich aus dem politischen Leben zurück. Als Alkibiades nach der Kapitulation Athens von der drohenden Rache der Spartaner hört, flieht er zum persischen Satrapen in Kleinasien. Dieser lässt ihn 404 v. Chr. ermorden.

Der Staatsmann und Feldherr Alkibiades (um 450–404 v. Chr.)

Die Regierungsformen der Griechen

Die griechischen Stadtstaaten haben verschiedene Staats- und Regierungsformen. Die Monarchie verliert zunehmend an Bedeutung, an ihre Stelle treten Aristokratie, Demokratie und Oligarchie, zuweilen auch Tyrannis.

■ **403 v. Chr.:** Der attische Demokrat und Feldherr Thrasybulos erobert im Kampf gegen die Oligarchie der 30 Tyrannen Athens den Piräus, die Tyrannen fliehen. Der spartanische König Pausanias II. vermittelt zwischen Demokraten und Anhängern der Oligarchie und stellt die Demokratie in Athen wieder her.

Die Entwicklung von der Monarchie zur Demokratie vollzog sich in Griechenland in kleinen Schritten. Neben dem König gewann zunächst der Adel, eine dünne Oberschicht meist landbesitzender Familien, an Bedeutung. Der Adel stellte die Krieger, garantierte die Sicherheit des Gemeinwesens nach außen und beanspruchte deshalb ein stärkeres Mitspracherecht bei politischen Entscheidungen.

Die verbreitetste Regierungsform ist die Oligarchie, die Herrschaft weniger. Es gibt zwei Formen: Entweder bleiben mehrere Regierende über längere Zeit an der Macht oder die Ämter werden immer wieder an Mitglieder einer eng begrenzten Gruppe, z. B. der angesehensten Familien, vergeben. Die Oligarchie kann eingeschränkt werden durch die Vorschrift, dass nie mehrere Mitglieder einer Familie – Vater und Sohn, zwei Brüder – gleichzeitig an der Regierung beteiligt sein dürfen.

Der nach dem Sturz des Hippias (510 v. Chr.) und des Isagoras (508/07 v. Chr.) an die Macht gekommene Kleisthenes gab dem athenischen Staat eine demokratische Verfassung. Die Vorrechte des Adels und der mächtigen Familien wurden beschnitten. Demokratie bedeutet jedoch nicht Gleichberechtigung aller Staatsbürger, sondern Beteiligung einer breiteren Schicht an den politischen Entscheidungen. In Athen sind die unteren Klassen, die Halbfreien, die Sklaven, die Frauen und die nicht in Athen Geborenen von der Mitsprache ausgeschlossen. Öffentliche Angelegenheiten werden in der Volksversammlung (Polis) diskutiert, die Regierungsgewalt haben gewählte Vertreter inne. Es gibt ein Mehrklassenwahlrecht, das an Vermögensklassen gebunden ist.

Dionysos I. regierte Syrakus als Tyrann; Drachmemünze aus dem 5. Jahrhundert v. Chr.

Kleisthenes teilte die Volksversammlung, die Versammlung aller Bürger, in zehn Phylen, die den Rat der 500 wählten. Die Phylen, die aus den Abgeordneten der drei Bezirke Küste, Land und Stadt bestehen, bildeten die Grundlage der Heeresverfassung.

02716 Tyrannis entsteht aus Demokratie

Anfänge der abendländischen Philosophie

01710 Demokrit, der lachende Philosoph

Die griechische Philosophie erlebt im 5. und 4. Jahrhundert v. Chr. ihre Blütezeit. Allmählich vollzieht sich der Übergang vom mythischen zum wissenschaftlich-philosophischen Denken, das die Welt kritisch hinterfragt.

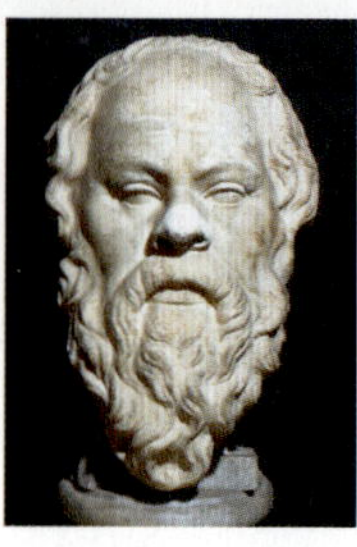

Sokrates; Porträtkopf aus Ephesus

■ **Um 385 v. Chr.:** Der Sokrates-Schüler Platon eröffnet in der Nähe des Heiligtums des altattischen Heros Akademos eine Philosophenschule, die sog. Akademie, die bis 529 n. Chr. bestehen bleibt. In Griechenland hat sich während des 6. vorchristlichen Jahrhunderts ein Wandel von der mythischen Weltsicht hin zum wissenschaftlich-philosophischen Denken vollzogen, das natürliche Phänomene mit den Mitteln der kritischen Vernunft zu deuten sucht.

Zentrum des neuen Denkens ist Athen, das als Seefahrer- und Handelsstadt vielfach mit Sitten, Mythen und Ideen anderer Völker in Berührung kommt. Die alten Kulturen Ägyptens und Mesopotamiens vermitteln außerdem reiches Material an mathematischen und astronomischen Beobachtungen, das die Griechen in eine systematische Ordnung bringen und auch theoretisch verarbeiten. Dadurch werden sie zu den Begründern wissenschaftlichen Denkens.

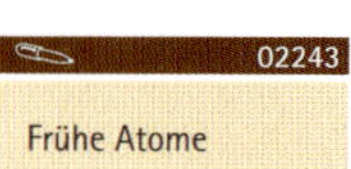

02243 Frühe Atome

02284 Sokrates – Lehrer des Alkibiades

02159 Platon, ein frustrierter Demokrat

Was ist der Mensch?

In der philosophischen Auseinandersetzung liegt der Schwerpunkt zunächst in der Frage nach der Ordnung der Dinge und der Stellung des Menschen im Kosmos. Neben der Naturphilosophie beschäftigt man sich mit der Ethik. Gesetze werden nicht allgemein als gottgegeben anerkannt, sie werden diskutierbar. Der Mensch soll aus der rechten Erkenntnis heraus tugendhaft handeln.

Die Vorsokratiker versuchen das Werden und Vergehen durch Annahme eines oder mehrerer Elementarstoffe (Arche) zu erklären und gelangen zu unterschiedlichen Ergebnissen: Pythagoras nimmt die Zahl, Heraklit den Logos als Wesen aller Dinge an. Empedokles (um 483/82 bis 424/23 v. Chr.) führt alles Geschehen auf die vier Grundelemente Feuer, Wasser, Luft und Erde zurück. Liebe und Hass sind Kräfte, die ihre Mischung und Trennung bewirken. Weltentstehung und -untergang lösen sich ab. Zenon (um 490 bis um 430 v. Chr.), den Aristoteles als Erfinder der Dialektik bezeichnet, entwickelt die Methode des indirekten Beweises weiter und beeinflusst damit die Logik. Er nimmt an, dass alle Dinge, auch Raum und Zeit, aus unendlich kleinen Einheiten bestehen. Diese Philosophie baut Demokrit (um 460–371 v. Chr.) weiter aus. Die von ihm begründete Atomistik (das Naturgeschehen wird durch eine Vielzahl bewegter kleinster, unteilbarer Einheiten verursacht) kommt zu einer konsequent mechanistisch-materialistischen Weltdeutung und ist wegweisend für die Entwicklung der modernen Naturwissenschaft.

Das Maß aller Dinge

Im Streit zwischen Sophisten und Sokratikern geht es um den Dualismus von Sein und Schein. Die Sophisten, die seit der Mitte des 5. Jahrhunderts in Athen auftreten, proklamieren den Satz »Der Mensch ist das Maß aller Dinge« und stellen die Möglichkeit zu rationaler Erkenntnis radikal in Frage. In diesem Sinne lehren sie gegen Entgelt die Kunst der Rhetorik und der Dialektik. Es gibt keine objektive Wahrheit. Absolut ist nur die Tugend; Scham und Gerechtigkeitsgefühl sowie die Staatsgesetze sind von den Göttern gegeben.

Platons Akademie in Athen; Mosaik aus dem Archäologischen Nationalmuseum in Neapel

Dem stellen Sokrates und sein Schüler Platon (427–347 v. Chr.) die Erkenntnis gegenüber, dass dem Denken und Handeln des Menschen durch die ewigen Ideen ein allgemeingültiges Maß gesetzt ist. Nach Platon sind die Ideen die eigentliche Wirklichkeit, die der Mensch zu erkennen bzw. zu erinnern vermag, da seine unsterbliche Seele sich vor der Geburt im Reich der Ideen aufgehalten hat. Seine Philosophie legt Platon in zahlreichen Schriften dar, die nach dem Vorbild Sokrates' als stufenweise zur Erkenntnis führende Dialoge abgefasst sind.

Aristoteles (384–322 v. Chr.), der sich zunächst eng an Platon anlehnt, rückt später die Erkenntnisse der Erfahrung und den auf Stoff und Form begründeten Realismus in den Vordergrund.

Wissen ist Tugend

Der Athener Philosoph Sokrates vollstreckt im Jahr 399 v. Chr. das gegen ihn verhängte Todesurteil durch das Trinken des Schierlingbechers. Unter der Anklage, er erkenne die Götter des Staatskultes nicht an und verderbe die Jugend, wurde Sokrates zum Tode verurteilt. Die ihm angebotene Flucht lehnte er ab. Da Sokrates seine Lehren nur mündlich weitergab und keine philosophischen Schriften verfasste, lassen sich Informationen über seine Philosophie und sein Leben nur durch sekundäre Quellen erschließen, etwa durch Aufzeichnungen seiner Schüler.

Sokrates, um 470 v. Chr. geboren, stellte die Überzeugung »Wissen ist Tugend« in den Mittelpunkt seiner Philosophie. Danach besitzt jeder Mensch das allen Handlungen zugrunde liegende sittliche Wissen, auch wenn er darüber keine Rechenschaft ablegen kann. Die sokratische Methode, durch Fragen und angebliches Nichtwissen (sokratische Ironie) das zugrunde liegende Wissen seiner Gesprächspartner an den Tag zu bringen, nannte er Mäeutik.

Diogenes von Sinope gehört zu den Kynikern, die das sokratische Ideal der Bedürfnislosigkeit leben: Einer Anekdote zufolge »wohnte« er in einer Tonne.

Diogenes von Sinope (um 412 bis um 323 v. Chr.); Gravur des Buches Illustrium Imagines, 1606

Der römische Dichter und Philosoph Lucius Annaeus Seneca (um 4 v. Chr.–65 n. Chr.) über die Bedeutung der Philosophie:

»Handeln lehrt die Philosophie, nicht reden, darauf dringt sie, dass nach seinem eigenen Gesetz ein jeder lebe, damit nicht zur Rede das Leben in Widerspruch stehe.«

Die Kelten erobern und plündern Rom

Die Erstürmung durch die Gallier (Kelten) zählt zu den schwärzesten Stunden der Ewigen Stadt. Dennoch können die Römer durch neue Bündnisse im folgenden Jahrhundert ihren Herrschaftsbereich erheblich ausdehnen.

■ **18. Juli 387 v. Chr.:** Nach der Niederlage der Römer in der Schlacht an der Allia stürmen die siegreichen Gallier das unverteidigte Rom und zerstören die Stadt. Die Gallier drangen Ende des 5. Jahrhunderts aus ihren ursprünglichen Siedlungsgebieten nördlich der Alpen bis nach Norditalien vor und ließen sich in der nördlichen Poebene nieder. In der Nähe von Clusium (heute Chiusi) kam es 391 v. Chr. zu einer ersten Konfrontation mit den Römern, die als Verbündete der Stadt in die Kämpfe eingriffen.

Etwa vier Jahre später treffen Gallier und Römer am Flüsschen Allia zur entscheidenden Schlacht aufeinander. Die Römer erleiden eine vernichtende Niederlage. Damit ist der Weg nach Rom frei: Da keine Verteidiger in der Stadt zurückgeblieben sind, haben die Angreifer leichtes Spiel. Die Gallier erzwingen nach langer Belagerung die Zahlung eines hohen Lösegeldes, ziehen dann jedoch wieder ab.

Die Römer ziehen Konsequenzen aus der Niederlage gegen die Gallier. Ab 380 wird Rom wieder aufgebaut; um die sieben Hügel entsteht ein starker Befestigungsring, die sog. Servianische Mauer. Außerdem kommt es zu einer umfassenden Heeresreform: Die nun eingeführte Organisation und Taktik der Streitkräfte bleiben über Jahrhunderte bestehen.

Angesichts der andauernden Galliergefahr kommt es 358 v. Chr. zu einer Erneuerung des Bündnisvertrags zwischen Rom sowie den Latinern und Hernikern.

Lösegeldverhandlungen der Gallier in Rom: Der keltische Heerführer Brennus legt sein Schwert auf die Waagschale; Holzstich, 19. Jahrhundert.

Komödien als Gesellschaftskritik

Als erster bedeutender Komödiendichter des Abendlandes gilt Aristophanes, der 44 Komödien verfasst hat. Aristophanes benutzte die Komödie als politische Waffe und als Mittel zur Auseinandersetzung mit der Gegenwart.

■ **385 v. Chr.:** Der Dichter Aristophanes (*445 v. Chr.) stirbt im Alter von 60 Jahren. In seinem Werk behandelt der Komödiendichter schwerwiegende politische Konflikte seiner Zeit wie den Peloponnesischen Krieg auf eine heitere Weise, nahm sie jedoch nicht leicht, vielmehr entstammte sein Humor aus Zorn und Verachtung sowie aus Verantwortungsbewusstsein für seine Heimatstadt Athen. Er beklagte das Zerbrechen der demokratischen Ordnung. In einer krisenhaften Zeit wollte er Athen zu seiner einstigen Größe zurückgeführt sehen.

Komödienszene in einem Mosaik auf der Insel Lesbos

Seine Komödien stellen vielfach einen Ausdruck der Friedenssehnsucht dar. Mit »Der Frieden« (421 v. Chr.) schrieb er eine scharfe Satire auf den Krieg; in »Lysistrate« (411 v. Chr.) proklamierte er den Ehestreik als Mittel zur Kriegsbeendigung. In »Die Wespen« (422 v. Chr.) kritisierte er die Prozesswut und das Justizwesen seiner Zeit.

Thebens Herrschaft auf Zeit

Der Sieg in der Schlacht bei Keuktra über Sparta festigt Thebens Hegemonie in Griechenland und besiegelt den Untergang Spartas, obwohl sich der Stadtstaat zuvor mit dem Erzfeind Athen gegen die Thebaner verbündet hatte.

■ **371 v. Chr.:** In Sparta wird auf einem zweiten Kongress der Königsfriede von 387 v. Chr. erneuert. Auch der Tyrann Dionysios I. von Syrakus und König Amyntas III. von Makedonien sind anwesend. Epaminondas von Theben fordert, dass der 379 v. Chr. unter der Führung Thebens neu gegründete Böotische Bund als Bundesstaat anerkannt wird. Spartas König Agesilaos II. lehnt ab und erklärt Theben den Krieg. In der Schlacht bei Leuktra schlägt Epaminondas die Spartaner vernichtend.

In der Schlacht bei Leuktra rettet Epaminondas dem Pelopidas das Leben; Holzstich nach Hermann Vogel, 19. Jahrhundert.

02728
Cornelius Nepos über Agesilaos

Niederlage für Sparta

Die militärische Überlegenheit der thebanischen Truppen beruht in erster Linie auf der Anwendung der »schiefen Schlachtordnung«. Diese Formation stärkt den linken Flügel, über den der Angriff läuft, zugunsten des Zentrums. Es ist die erste Niederlage Spartas in einer offenen Feldschlacht. Sparta büßt nach der Schlacht bei Leuktra seine Autorität als unbestrittene Führungsmacht auf der Peloponnes und in ganz Griechenland ein.

Das militärische Genie des thebanischen Feldherrn Epaminondas begründet die Hegemonie Thebens, die Eroberung Spartas misslingt jedoch. Auf seinem letzten Zug in die Peloponnes im Jahr 362 v. Chr. fällt Epaminondas in der Schlacht bei Mantineia. Nach seinem Tod bricht die Hegemonie Thebens wieder zusammen, die Staaten Griechenlands schließen Frieden auf der Basis des Status quo.

Ägypten unter König Nektanebos

Nach der Absetzung König Tachos' besteigt sein Sohn Nektanebos II. den Thron und übernimmt die Macht am Nil. Er ist der letzte selbständige Herrscher Altägyptens, ehe 343 v. Chr. die zweite Herrschaftsperiode der Perser beginnt.

■ **360 v. Chr.:** Tachos, seit 362 v. Chr. als Nachfolger seines Vaters Nektanebos I. König von Ägypten, nutzt den Satrapenaufstand gegen den Perserkönig Artaxerxes II. und dringt mit Hilfe des spartanischen Königs Agesilaos und des athenischen Feldherrn Chabrias nach Palästina vor. Unterdessen ruft der von Tachos eingesetzte Statthalter in der Heimat seinen Sohn Nektanebos II. zum König aus.

Dem Herrschaftsantritt Nektanebos II. vorausgegangen waren zahlreiche militärische und politische Auseinandersetzungen im Land am Nil. Die ägyptischen Herrscher standen dabei zwischen den Mächten Athen und Persien. Während athenische sowie spartanische Flotten- und Heeresverbände die Eroberungspolitik Ägyptens in Palästina unterstützten, zwangen innenpolitische Unruhen den Pharao Tachos ins persische Exil.

In der 17-jährigen Regierungszeit von Nektanebos II. entfaltet sich eine rege Bautätigkeit in Ägypten, von der zahlreiche Monumente zeugen. Er lässt in Dendera (Oberägypten) das älteste Mammisi errichten. Dabei handelt es sich um einen Nebentempel der großen Tempel der Spätzeit, in welchen das Mysterium der Geburt des jungen Gottes dargestellt wird.

Blick über das Mammisi (»Geburtshaus«) des Nektanebos I. in Dendera

Philipp von Makedonien und das Orakel

Der dritte heilige Krieg zwischen Theben und Phokis öffnet Makedonien den Zutritt zu Mittelgriechenland. König Philipp II. sichert seinem Land damit die Vormachtstellung und schließt Frieden mit Athen.

■ **356 v. Chr.:** Im dritten heiligen Krieg der griechischen Staaten um die Unabhängigkeit des Kultzentrums Delphi besiegt König Philipp II. die Phoker. Die Vorgeschichte für diesen folgenschweren Krieg beginnt mit den Auseinandersetzungen zwischen Thebanern und Phokern: Nach der Schlacht bei Leuktra 371 v. Chr. hatte sich Phokis Theben unterwerfen müssen. Während des Krieges stehen auf der Seite der Phoker Athen und Sparta, den Thebanern schließen sich Lokris, Doris und die Thessaler an.

Der phokische Feldherr Philomelos sammelt mit der Unterstützung Spartas Söldner und besetzt Delphi. Mit einer »Anleihe« bei den delphischen Tempelgeldern stellt er ein Heer von 10000 Söldnern auf und besiegt mit der Unterstützung von Sparta, Athen und Korinth die Lokrer und Thessaler. Nach einer Niederlage gegen die Böoter 354 v. Chr. begeht er Selbstmord, sein Bruder Onomarchos wird neuer Oberbefehlshaber der Phoker. Unter Onomarchos erringen die Phoker die unbestrittene Vormachtstellung in Mittelgriechenland, bis sie 352 v. Chr. von König Philipp II. von Makedonien auf dem Krokosfeld am Pagasäischen Golf geschlagen werden.

Nach Philipps Sieg tritt eine Wende ein: Die militärisch führende Macht in Mittelgriechenland wird Makedonien, die Gegner von Phokis, Athen und Sparta verlassen sich eher auf die Waffenstärke der Makedonen als auf die eigene Kampfkraft. Sparta und Theben schließen einen Waffenstillstand, athenische Politiker bemühen sich vergeblich, eine gesamtgriechische Kampfgemeinschaft gegen die Makedonen zu gründen.

Der Friede des Philokrates beendet 346 v. Chr. den Kriegszustand zwischen Athen und Makedonien. Danach beendet Philipp II. den heiligen Krieg durch die endgültige Niederwerfung der Phoker, die die geraubten Tempelschätze zurückgeben müssen und aus der delphischen Amophiktyonie (religiöse Gemeinschaft) ausgestoßen werden. Philipp II. erhält die beiden Stimmen der Phoker im Rat der delphischen Amophiktyonie und wird dadurch in die »Gemeinschaft der Griechen« aufgenommen.

Philipp II., König von Makedonien; antikes Medaillon

Der Apollon-Tempel von Delphi bildete das eigentliche Ziel der Pilger. Hier befand sich das berühmte Orakel, dessen Sprüche die Zukunft voraussagen sollten.

Vieldeutige Weissagungen

In der mittelgriechischen Stadt am Fuß des Berges Parnass gab es schon in mykenischer Zeit eine Kultstätte. Seit dem 8. Jahrhundert v. Chr. befindet sich dort das wichtigste Heiligtum des Gottes Apollon. Die zum Apollon-Tempel führende »Heilige Straße« ist von zahlreichen Schatzhäusern für Weihgeschenke gesäumt. Im Apollon-Tempel sitzt die Orakelpriesterin Pythia auf einem Dreifuß über einer Erdspalte, aus der Dämpfe aufsteigen, und verkündet im Zustand göttlicher Besessenheit in vieldeutigen Sprüchen die Weissagungen Apollons. Obgleich sie damit lediglich Übermittlerin ist, werden immer wieder Versuche unternommen, sie politisch zu beeinflussen. Die größte politische Bedeutung erreicht das Orakel von Delphi in archaischer Zeit, es wirkt auf die Verfassung der griechischen Städte, viele politische Entscheidungen und die Kolonisation ein.

02128 Die berauschte Pythia

Der makedonische König Philipp II. (um 382–336 v. Chr.) beschwört sein Schicksal:
»O Schicksal, gib mir zu so vielem und so großem Glück auch ein kleines Unglück!«

Platon entwickelt Philosophie im Dialog

Der Philosoph Platon bemüht sich neben der Pflege der philosophischen Wissenschaft um eine grundlegende Reform des politischen Denkens. Seine Gedanken prägen entscheidend die abendländische Kultur- und Geistesgeschichte.

Marmorbüste des Platon: Neben der Pflege der Wissenschaft geht es dem Philosophen auch um eine Reform des politischen Denkens.

■ **348 v. Chr.:** Im hohen Alter von 80 Jahren stirbt in Athen der griechische Philosoph Platon. Sein philosophisches Werk fasst die bisherige griechische Philosophie zusammen, geht zugleich aber über diese hinaus. Platons Größe liegt in der Universalität seines Geistes.

Als Sohn einer reichen Aristokratenfamilie wurde er um 428 v. Chr. in Athen (oder Ägina) geboren. Acht Jahre lang war er Schüler des Sokrates, dessen Lehre durch ihn überliefert wurde. Nach dem erzwungenen Tod des Sokrates 399 v. Chr. ging Platon vorübergehend nach Megara in die dortige Philosophenschule und unternahm später ausgedehnte Reisen nach Ägypten, Italien und Sizilien. 387 v. Chr. eröffnete er in Athen die berühmt gewordene »Platonische Akademie«, in der er unentgeltlich seine Schüler in Philosophie unterrichtete.

02175 Platon über die Schweinepolis

02731 Plutach: Alexander und Diogenes

02736 Seneca: Wieso Platon so alt wurde

Die Idee als Wirklichkeit

Ausgangspunkt seines Denkens ist die Kritik an der Sophistik, deren Lehre er zu überwinden trachtete. Dem Satz des Protagoras, der Mensch sei das Maß aller Dinge, stellt Platon die Erkenntnis gegenüber, dass dem Denken und Handeln des Menschen durch die ewigen Ideen ein allgemeingültiges Maß gesetzt ist. Nach Platon sind die Ideen die eigentliche Wirklichkeit. Der Mensch vermag die Ideen zu erkennen bzw. sich an sie zu erinnern, da seine unsterbliche Seele sich vor der Geburt im Reich der Ideen aufgehalten hat. Höchstes Gut in dieser Ideenwelt ist die Tugend (bestehend aus Weisheit, Gerechtigkeit, Besonnenheit, Tapferkeit). Nach Platon ist die Tugend lehr- und lernbar, da sie Wissen ist und kein Mensch wider besseres Wissen handeln könne.

Platon hat seine Lehre in insgesamt 15 Schriften in Form von Dialogen niedergelegt, die zum größten Teil erhalten sind. Man unterscheidet heute vier Gruppen:

- Jugendschriften: »Apologie« (»Verteidigungsrede« des Sokrates), »Kriton«, »Ion«, »Protagoras«, »Laches«, »Politeia« I (»Der Staat«), »Lysis«, »Charmides«, »Eutyphron«;
- Schriften einer Übergangszeit mit den Anfängen der in den Jugendschriften noch fehlenden Ideenlehre und der zu ihr gehörenden Präexistenz- und Unsterblichkeitslehre: »Gorgias«, »Menon«, »Euthydemos«, Kleiner und Großer »Hippias«, »Kratylos«, »Menexenos«;
- Schriften der Reifezeit, in denen die Ideenlehre zum Zentralpunkt eines abgerundeten Systems der Erkenntnislehre, Metaphysik, Psychologie, Politik und Ästhetik wird: »Symposion« (»Gastmahl«), »Phaidon«, »Politeia« II–X, »Phaidros«;
- Spätdialoge, in denen neue Probleme der Wechselbeziehung zwischen den Ideen, den Seins- und Erkenntnisprinzipien auftreten: »Theaitetos«, »Parmenides«, »Sophistes«, »Politikos«, »Philebos«, »Timaios«, »Kritias«, »Nomoi«, »Epinomis«.

In dem berühmten Dialog »Der Staat« entwirft Platon die Utopie eines Staatswesens, das von Philosophen regiert wird, sich auf das sittliche Wollen der Bürger gründet, aber auch eine strenge ständische Schichtung aufweist.

Aristoteles erzieht Alexander

Aristoteles ist die vielleicht einflussreichste Gestalt der antiken Philosophie. Seine Schüler greifen die Ideen ihres Meisters auf und entwickeln sie weiter. Zu den geistigen Zöglingen des Philosophen gehört auch Alexander der Große.

■ **342 v. Chr.:** Der Philosoph Aristoteles erhält eine neue Aufgabe: Am Hof des makedonischen Königs Philipp II. soll er dessen Sohn Alexander erziehen. Aristoteles verlässt seinen Wohnsitz auf der Insel Lesbos und zieht in die makedonische Metropole Pella.

Der 42-jährige prominente Philosoph entstammt einem Ärztegeschlecht. Aus seiner Geburtsstadt Stagira in Thrakien war er im Alter von 17 Jahren nach Athen gezogen und Schüler des Philosophen Platon (427–348 v. Chr.) geworden, der 387 v. Chr. eine eigene Akademie gegründet hatte. Hier machte sich Aristoteles mit dem philosophischen Denken und mit den Wissenschaften seiner Zeit vertraut. Nach dem Tode Platons begab er sich nach Assos, wo er in dem Fürsten Hermias einen persönlichen Freund und Förderer fand. Aristoteles heiratete und zog auf die Insel Lesbos; dort ereilt ihn der Ruf des Königs. Aristoteles ordnete das Wissen seiner Zeit durch eine Systematik, als deren Instrument er die formale Logik entwickelt. Nach sechs Jahren stirbt Philipp II., Alexander besteigt den Thron. Aristoteles kehrt nach Athen zurück und gründet 335 v. Chr. am staatlichen Gymnasium (Lykeion) eine eigene Schule, an der er gemeinsam mit seinem Schüler Theophrast von Eresos (372–287 v. Chr.) unterrichtet.

Bronzebüste des Aristoteles, dessen überlieferten Werke Logik, Metaphysik, Naturphilosophie, Ethik, Politik, Psychologie, Poetik und Kunsttherorie umfassen

Als sich nach dem Tode Alexanders des Großen 323 v. Chr. die Athener erheben, wollen sie Aristoteles wegen »Gottlosigkeit« verurteilen. Der vorher hoch angesehene Philosoph wird als Günstling des makedonischen Königshauses bezeichnet und flieht auf die Insel Euböa, wo er 322 v. Chr. stirbt. Sein Werk wirkt weiter: 318 v. Chr. gründet Theophrast in Athen die eigentliche aristotelische Schule; deren Mitglieder nennen sich Peripatetiker.

Platon gründet Akademie 261

Philipp II. herrscht in Hellas

Auf einem Friedenskongress aller griechischen Staaten, dem nur Sparta fernbleibt, gründet Philipp II. von Makedonien den Korinthischen Bund. Mit der Führung des Bundes hat Makedonien die Vorherrschaft über Griechenland errungen.

Löwenjagd; Kieselmosaik aus Pella, um 300 v. Chr.

■ **338 v. Chr.:** König Philipp II. von Makedonien löst den Böotischen und den Athenischen Bund auf und stationiert eine Besatzung in Theben; auf der Peloponnes gelangen Anhänger Philipps an die Herrschaft, Athen verliert seine Besitzungen auf der Chersones (Gallipoli). Auf dem Friedenskongress von Korinth kommt es durch König Philipp II. von Makedonien zu einer Neuordnung Griechenlands. Alle griechischen Städte mit Ausnahme Spartas unterstellen sich der politischen Führung Philipps im Korinthischen Bund.

22 Jahre nach seinem Regierungsantritt steht König Philipp II. auf dem Höhepunkt seiner Macht. Aus dem makedonischen Fürstentum ist eine ägäische Großmacht geworden. Die Station dieses erfolgreichen Aufstiegs sind u. a. die Eroberung Paioniens im Nordosten Makedoniens (358 v. Chr.), der Nichtangriffspakt Makedoniens mit Persien (343 v. Chr.) und die Eroberung Thrakiens (343/42 v. Chr.).

Schlacht von Chaironea

Der Entscheidungskampf zwischen Athen und Makedonien beginnt, als König Philipp II. während der Belagerung von Byzantion athenische Getreideschiffe kapern lässt. 339 v. Chr. marschiert Philipp in Mittelgriechenland ein, am 2. August 338 v. Chr. besiegt er die vereinigten Athener und Böoter in der Schlacht bei Chaironea. Dieser Sieg des Makedonen über die Griechen ist der Wendepunkt in der Geschichte Griechenlands.

Die Ursache dieses raschen Machtzuwachses ist im makedonischen Staatswesen zu suchen. Es ist in drei Stufen unterteilt: Heerkönigtum, Adel und Heeresversammlung. Der Heerkönig ist Feldherr und Politiker zugleich. Philipps Erfolge beruhen auf der militärischen Überlegenheit der Makedonier. Finanziert werden der militärische Aufbau – Einteilung der Armee in Reiterregimenter (Adel) und in eine Phalanx – und die Feldzüge aus den Erlösen der eroberten Goldbergwerke.

Mit dem Aufstieg Makedoniens zur Großmacht im östlichen Mittelmeer wächst auch die Bedeutung von Pella, der Hauptstadt des makedonischen Königreiches. Pella, seit König Archelaos (413–399 v. Chr.) Zentrum des politischen und kulturellen Lebens Makedoniens, ist durch den Fluss Lydias mit dem Ägäischen Meer verbunden. Es ist eines der wichtigsten politischen Ziele von Philipp II., seiner Hauptstadt Pella und seinem makedonischen Binnenland den Zugang zum Meer zu verschaffen und mit allen Mitteln zu sichern.

02285
Philipp II., der stolze Vater

Die Stadt ist nach einem festen Plan angelegt. Die Straßen sind im rechten Winkel zueinander angeordnet. Die in den Planquadraten erbauten herrschaftlichen Häuser sind u. a. mit großflächigen und prachtvollen Fußbodenmosaiken ausgelegt. Es handelt sich dabei um Kieselmosaike, die vorwiegend geometrische Figuren darstellen.

Die Ruinen des antiken Pella, Hauptstadt der makedonischen Könige

Alexander der Grosse erobert ein Weltreich

Nach der Ermordung Philipps II. übernimmt sein Sohn Alexander die Macht in Makedonien. Mit einem riesigen Heer und erbarmungslosen Feldzügen schafft er ein Reich, das sich bis an die Grenzen der bekannten Welt erstreckt.

■ **November 333 v. Chr.:** Bei Issos schlägt Alexander der Große den persischen König Dareios III. in die Flucht. 50 000 makedonische Soldaten unter ihrem Führer Alexander III. stehen dem 70 000-köpfigen persischen Heer gegenüber. Alexander gibt den Einsatzbefehl. Auf einer Länge von 20 km lässt er sein Heer in Stellung gehen. Als Dareios III. die taktische Überlegenheit seiner Gegner erkennt, flieht er und überlässt seine Soldaten den Makedoniern, die sie brutal niedermetzeln. Dareios' Mutter, Ehefrau und Kinder geraten in Alexanders Gefangenschaft, der sie als Geiseln unversehrt lässt. Für den 23-jährigen Feldherrn Alexander ist der Sieg der Beginn eines beispiellosen Feldzuges.

Alexander der Große (365–323 v. Chr.)

02700 Der tödliche Irrtum Philipps II.

02730 Alexander erinnert an Philipp II.

Alexander wurde 356 v. Chr. in Pella als Sohn Philipps II. geboren. Unter Philipps Führung hatten sich bis auf Sparta alle griechischen Staaten im Korinthischen Seebund verbündet und sich der makedonischen Vorherrschaft unterstellt. Philipp II. sah damit die Voraussetzung gegeben für einen erfolgreichen Kampf gegen die Perser. 336 v. Chr. schickte er eine Truppe nach Kleinasien, um die Lage zu erkundschaften; später wollte er ihr folgen. Er wurde jedoch zuvor von seinem Leibwächter Pausanias erdolcht.

Meister der Strategie

Sein Sohn Alexander III. bestieg 336 v. Chr. den makedonischen Thron. Zunächst zeigte er Härte im Kampf gegen aufständische Griechen; u. a. ließ er das rebellische Theben fast vollständig zerstören. Als Führer des makedonisch-griechischen Heeres überquerte er 334 v. Chr. den Hellespont und betrat erstmals kleinasiatischen Boden. Zunächst besuchte er Troja, den von Homer beschriebenen mythischen Kriegsschauplatz. Unweit der Stadt, am Fluss Granikos, formierten sich persische Truppen unter ihrem Führer Memnon, verstärkt durch griechische Söldner, um den Eindringling abzuwehren. Entgegen dem Rat seines Feldherrn Parmenion griff Alexander an. Seine ungewöhnliche Schlachtordnung ließ ihn den ersten Sieg auf persischem Territorium davontragen. Ermutigt zog er an der ägäischen Küste südwärts, befreite vormals griechische Städte von persischer Herrschaft. Nach einem Jahr der Triumphe trifft er bei Issos auf Dareios' Truppen.

Der Sieg bedeutet eine weitere Ermutigung – Alexander führt seine Truppen durch Syrien und Palästina bis nach Ägypten. Dort wird er als Befreier vom persischen Joch empfangen und als Pharao verehrt. An der Stelle eines unbedeutenden Fischerdorfes gründet er Alexandria (Alexandreia) und festigt damit die griechische Vormacht im südlichen Mittelmeer. Die alten Kulte und

Alexander in der Schlacht bei Issos auf seinem Pferd Bukephalos; Mosaik aus Pompeji

Alexander erobert das größte Reich in der Geschichte der Alten Welt.

religiösen Zentren erkennt er an, sich selbst lässt er zum Sohn des Gottes Ammon weihen.

König von Asien

Perserkönig Dareios III. hat mittlerweile sein Heer vergrößert und sich auf eine Entscheidungsschlacht vorbereitet. Alexander trifft in der Gaugamela-Ebene nahe dem Tigris auf seine Gegner. Wieder sind sie ihm zahlenmäßig weit überlegen und wieder siegt er dank seiner Kriegslist. Mit Babylon, Persepolis und Susa erobert Alexander die Hauptstädte und Kultzentren des Perser-Reiches. Nach dem Tode Dareios' III. nimmt Alexander den Titel »König von Asien« an. Doch seine Mission ist noch nicht erfüllt. Obwohl die Soldaten angesichts der Strapazen murren, führt er sein Heer durch die ostiranischen Provinzen bis nach Indien. Offenbar verwirrt durch seine Machtfülle und Erfolge, fordert er von seinen Untergebenen göttliche Verehrung nach altorientalischen Riten. Erbarmungslos und ohne Skrupel lässt er Widersacher ermorden.

Zwei Jahre lang treibt er seine Soldaten durch asiatische Wüsten und die schneebedeckten Pässe des Hindukusch. 326 v. Chr. trifft er auf seinen letzten großen Gegner: Poros, der auf der östlichen Seite des Flusses Hydaspes über das Pauvara-Reich herrscht. Dem durch viele einheimische Söldner aufgestockten, demotivierten Heer Alexanders stehen 50 000 indische Soldaten, verstärkt durch furchterregende Kampf-Elefanten, gegenüber. Ein weiteres Mal siegt Alexander aufgrund seiner Kriegstaktik: In der Nacht durchquert er im Schutz der Dunkelheit den Fluss, greift aus völlig unerwarteter Richtung an und setzt Poros fest. In staatsmännischer Manier lässt er ihn frei und kann damit ein weiteres Vasallenreich verbuchen. Opfer des Kampfes sind unzählige Soldaten – und das Pferd, das Alexander seit Beginn des Feldzuges begleitet hatte. Ihm zu Ehren gründet er die Stadt Bukephala.

Eine Meuterei seiner Soldaten zwingt Alexander zur Umkehr. Den Rückzug durch die Wüste überlebt nur ein Bruchteil der Männer. 324 v. Chr. trifft er wieder in Susa ein und hegt neue Eroberungspläne – diesmal in Richtung Arabien. Um die Verbindung von griechischer und persischer Kultur nachhaltig zu stärken, vermählt Alexander 80 seiner Offiziere mit adligen Perserinnen; er selbst heiratet eine Tochter Dareios' III.

··Gordischer Knoten··

Im Winter 334/33 v. Chr. erreicht Alexander III. Gordion, die alte Hauptstadt Phrygiens. Der sagenhafte Gründer des Landes, König Gordios, hatte an dieser Stelle eine Weissagung hinterlassen: Jener Mann solle der künftige Herrscher Asiens sein, der einen verschlungenen Knoten lösen könne, der um Deichsel und Joch des gordischen Streitwagens gewickelt war. Alexander III. lässt sich zu dem Wagen führen und durchschlägt den Knoten mit einem Schwerthieb.

Kurz darauf scheint sich die Weissagung zu bewahrheiten. Alexander trifft auf den Perserkönig Dareios. Bei Issos kommt es zur Schlacht, in der Dareios' Heer unterliegt.

Hellenistische Weltkultur

Durch die Kriegszüge Alexanders und die Gründung von mehr als 80 sog. Alexander-Städten wird die griechische Kultur und Sprache weit in den asiatischen Osten getragen. Zusammen mit der Aufnahme orientalischer Elemente entsteht somit die hellenistische Weltkultur. Alexanders Wunsch und Ziel ist es, die europäischen, arabischen und asiatischen Teile seines Weltreichs zu einem einheitlichen Gebilde zusammenzuschmelzen. Auf dem Weg nach Babylon erliegt Alexander 323 v. Chr. einer nicht näher zu bestimmenden Krankheit. Er hinterlässt das größte Reich in der Geschichte der Alten Welt.

Der spätere makedonische König Alexander der Große befürchtet, seine Pläne nicht verwirklichen zu können:
»Mein Vater wird noch die ganze Welt erobern und mir nichts zu tun übriglassen.«

Alexanders Erbe zerbricht

Nach dem Tod Alexanders des Großen in Babylon zerfällt dessen Reich in Diadochenstaaten. Um die Frage der Nachfolge des großen Feldherrn entbrennen mehrere Kriege, die das Reich schwächen und schließlich zerfallen lassen.

Münze mit dem Porträt von Seleukos I., Satrap von Babylon

■ **13. Juni 323 v. Chr.:** Alexander der Große stirbt in Babylon. Im makedonisch-griechischen Reich brechen Kämpfe um seine Nachfolge aus. Seine Feldherren übernehmen die Verwaltung: Antipatros und sein Sohn Kassandros herrschen über Makedonien und Griechenland; Lysimachos fallen Thrakien und Teile Kleinasiens zu. Antigonos I. Monopthalmos »der Einäugige« und sein Sohn Demetrios I. Poliorketes haben wechselnde Herrschaftsgebiete (zunächst Phrygien und Lykien). Seleukos I. Nikator übernimmt die Macht über Kleinasien und Persien, Ptolemaios I. Soter über Ägypten und die Ägäischen Inseln. Perdikkas wird Reichsverweser.

Vor seinem Tod hatte Alexander keine Regelung für die Thronfolge hinterlassen. Formal sind damit sein geistig behinderter Halbbruder Philipp Arrhidaios und sein kurz nach Alexanders Tod geborener Sohn Alexander IV. nachfolgeberechtigt. Stellvertretend übernehmen die Diadochen die Herrschaft. Da einige von ihnen die Gesamtherrschaft über das von Alexander eroberte Reich anstreben, entbrennen 40-jährige erbitterte Kämpfe (die sechs »Diadochenkriege«). Zunächst bekämpfen die Diadochen den Reichsverweser Perdikkas, der offensichtlich die Alleinherrschaft anstrebt. Als er Ägypten angreift, wird Perdikkas 321 v. Chr. ermordet. Der Feldherr Seleukos erhält von Antipatros Asien (Syrien, Babylon, Persien). 307 v. Chr. dokumentiert Athen seine vermeintliche neue Unabhängigkeit mit der Wiedereinführung der Demokratie.

02798
Diodor: Ermordung Alexanders IV.

Drei neue Königreiche

Der makedonische König Demetrios I. Poliorketes erneuert 302 v. Chr. den Korinthischen Bund, dessen Führung er gemeinsam mit seinem Vater Antigonos I. übernimmt. Dagegen bringt der makedonische König Kassandros eine Koalition mit dem ägyptischen König Ptolemaios I. Soter, dem thrakischen König Lysimachos und König Seleukos I. Nikator zusammen. In der Schlacht bei Ipsos (301 v. Chr.) siegt dieses Bündnis. Die Diadochenherrscher nehmen Königstitel an. Damit ist der endgültige Zerfall des Reiches besiegelt und die Reichseinheit aufgelöst. 288 v. Chr. erliegt Makedonien einem Diadochenbündnis und wird aufgeteilt. Der Sieg des Seleukidenherrschers Seleukos I. Nikator über den thrakisch-kleinasiatischen König Lysimachos in der Schlacht auf dem Kurupedion (281 v. Chr.) beendet den sechsten Diadochenkrieg. Seleukos zieht nach Makedonien und wird 281 v. Chr. von Ptolemaios Keraunos ermordet. Damit haben sich am Ende der Diadochenzeit drei Königreiche herausgebildet: die Seleukiden in Kleinasien, Syrien, Babylon und Persien; die Ptolemäer in Ägypten; die Antigoniden in Makedonien und Griechenland.

Aufstand gegen Makedonen scheitert

Der Kampf der griechischen Staaten gegen die makedonische Fremdherrschaft scheitert mit der Kapitulation der Athener im Lamischen Krieg. Demosthenes, Vordenker der attischen Unabhängigkeitsbewegung, geht in den Freitod.

■ **322 v. Chr.:** Demosthenes (*384), attischer Redner und Staatsmann, begeht auf der Insel Kalaureia Selbstmord. Als der Diadoche Antipatros nach dem Ende des Lamischen Krieges seine Auslieferung verlangte, entzog er sich der Festnahme durch den Freitod. Demosthenes trat für die Unabhängigkeit der griechischen Staaten von den Makedonen ein, berühmt sind seine Reden gegen König Philipp II. (»Philippika«).

Mit dem Tod Alexanders des Großen sah die demokratische, makedonenfeindliche Partei in Athen die Gelegenheit gekommen, Griechenland von den Makedonen zu befreien. Der Feldherr Leosthenes sammelte die nach den Alexanderkriegen aus Aisen zurückkehrenden beschäftigungslosen Söldner und stellte ein Heer auf. Außerdem versicherte sich Athen weiterer Bundesgenossen auf dem griechischen Festland. Demosthenes setzte sich ebenfalls für den Kampf gegen die Makedonen und die Unabhängigkeit Athens ein.

Statue des Demosthenes; römische Kopie nach griechischem Original von Polyeuktos, 280 v. Chr.

Zunächst errangen die Griechen militärische Erfolge, sie konnten die Thermopylen besetzen, schlugen die Böoter und die makedonische Besatzung Thebens und schlossen die Stadt Lamia ein, in der sich die Makedonen unter dem Diadochen Antipatros verschanzten. Als jedoch Leosthenes fiel, hoben die Athener die Belagerung auf und Antipatros floh nach Makedonien. Der Krieg wurde entschieden, als bei Krannon das Landheer der Griechen den Makedonen erlag. Athen kapitulierte und nahm die harten Friedensbedingungen an.

Makedoniens Einfluss in Griechenland ist wieder gesichert, doch nur von kurzer Dauer. Drei Kriege schwächen die Diadochen und damit die makedonische Vorherrschaft. In der letzten Auseinandersetzung 315 v. Chr. schließen der makedonische Reichsverweser Kassandros sowie die Diadochen Lysomachos und Ptolemaios ein Bündnis gegen Antigonos. Nach vier Jahren wird wieder Frieden geschlossen. Zwar enden die Kämpfe unentschieden, aber die Parteien sind geschwächt. Antigonos bleibt Stratege Asiens, Kassandros erhält Makedonien und Griechenland, Lysimachos behält Thrakien, Ptolemaios Ägypten und Seleukos Babylon. 307 v. Chr. erobert Demetrios Poliorketes Athen und stellt die attische Demokratie wieder her.

INDIEN WIRD GROSSREICH

Mit dem Aufstieg der Maurya-Dynastie vollzieht sich in Indien ein tief greifender Wandel. Das Land, bislang ein Gebilde aus vielen kleinen Königreichen, wird erstmals zu einem zentralistisch regierten Großreich vereint.

■ **322 v. Chr.:** Tschandragupta Maurya gelangt gewaltsam an die Macht. Er kann mit Hilfe seines Ministers Kautilya den Umsturz herbeiführen. Die Nanda-Dynastie muss zugunsten Tschandraguptas abtreten, der von der Region Magadha im Nordosten Indiens aus das Maurya-Reich aufbaut. Die Machtverschiebungen, die Alexander der Große mit seinem Indienfeldzug verursacht hat, kommen ihm dabei zugute.

Indisches Relief einer Reiterfigur in Sanchi, dem heutigen Madhya Pradesh

KAMPF GEGEN DIADOCHEN

Hauptstadt des neuen Reiches, das sich vom Indus bis nach Bengalen, vom Himalaja bis zum südlichen Vindhya-Gebirge erstreckt, wird Pataliputra (Patna). Nach einem Bericht des Griechen Megasthenes, der sich als Gesandter des Seleukos I. Nikator am Hof des Tschandragupta aufhält, ist die Stadt gebaut »in Form eines Parallelogramms mit einer hölzernen, durchlöcherten Umgehung, so dass man durch die Löcher schießen könne«. Zunächst muss sich Tschandragupta gegen seine westlichen Nachbarn behaupten: Hier hatte der Diadochen-König Seleukos I. Nikator, ein Feldherr des verstorbenen Alexanders, das eigene Seleukiden-Reich errichtet und beansprucht Gebiete in Indien. Tschandragupta gelingt es, dessen Rückeroberungsversuche abzuwehren, und geht gestärkt aus dem Kampf hervor: Durch die Zahlung von 200 Kriegselefanten (andere Quellen nennen 500) erkauft er sich von Seleukos die Anerkennung der Herrschaft über Belutschistan und Afghanistan.

Die Verwaltung des Maurya-Reiches wird von einer mächtigen Bürokratie ausgeübt. Das gesamte Territorium ist in einzelne Provinzen mit Gouverneuren an den Spitzen aufgeteilt. Diese hohen Beamten sind nach Aufgabengebieten in Regierungskollegien zusammengefasst, die direkt dem König unterstehen. Die Wirtschaft mit einem gut ausgebildeten Steuersystem ist auch auf den zentralistischen Staat ausgerichtet. Ein stehendes Heer verteidigt den Staat nach außen, Spitzel sollen die Feinde im Inneren unschädlich machen. Wesentlichen Anteil an den politischen Erfolgen Tschandraguptas scheint sein Kanzler Kautilya alias Chanakya zu haben.

00947
Appian über die Seleukiden

Legenden beschreiben das Ende des Tschandragupta. Als in Nordindien eine Hungersnot ausbrach, sei Taschandragupta mit 12 000 Jaina-Gläubigen nach Südindien gewandert. Dort fastete er sich zu Tode – ein Ritual, das bei den Anhängern des Jainismus, einer asketischen Mönchsreligion, üblich war.

Indischer Grabhügel (»Stupa«) aus dem Jahr 150 v. Chr. in Sanchi

SIEGESZUG DES HELLENISMUS

Mit den Erfolgen Alexanders des Großen tritt auch die griechische Kultur in der gesamten Mittelmeerwelt und im Orient einen unaufhaltsamen Siegeszug an. Der Hellenismus wird zu einer universalen Geisteshaltung, die gleichsam Kunst und Alltag durchdringt.

Griechisch entwickelt sich zur Sprache der Gebildeten, die griechische Wissenschaft (Mathematik, Astronomie, Medizin, Philologie) wird überall bestimmend. Ihr eigentlicher Mittelpunkt wird die große Bibliothek, welche die Ptolemäer im ägyptischen Alexandria einrichten. Hier berechnet z. B. Eratosthenes von Kyrene († 202 v. Chr.) den Erdumfang und jüdische Gelehrte übersetzen ihre heiligen Schriften ins Griechische. Der Siegeszug des Christentums, zunächst im östlichen Mittelmeerraum, vollzieht sich vor allem über das Medium der griechischen Sprache. Die Hellenisierung (von héllenoi = die Griechen) erfasst auch die seit dem dritten vorchristlichen Jahrhundert aufsteigende neue Weltmacht des Mittelmeergebietes: Rom.

GRIECHISCHE KULTUR IN ROM

Angeblich hat Alexander der Große die Eroberung dieses in Italien ausgreifenden Stadtstaats geplant. Nun, seit dem 2. Jahrhundert v. Chr., unterwirft Rom sich ein griechisches Staatsgebiet nach dem anderen, zuletzt 30 v. Chr. das Ägypten der Ptolemäerin Kleopatra. Längst aber ist Rom selbst hellenisiert. Dem gebildeten Römer gefällt die Sage, er stamme von geflohenen Trojanern unter deren Führer Aeneas und damit von der Liebesgöttin Aphrodite ab. Er wird von Griechen erzogen und spricht deren Sprache ebenso geläufig wie die eigene. Das Lateinische, das zur Mutter der romanischen Sprachen werden soll, wird nach dem Muster des Griechischen verfeinert und der hellenistischen Dichtkunst angepasst.

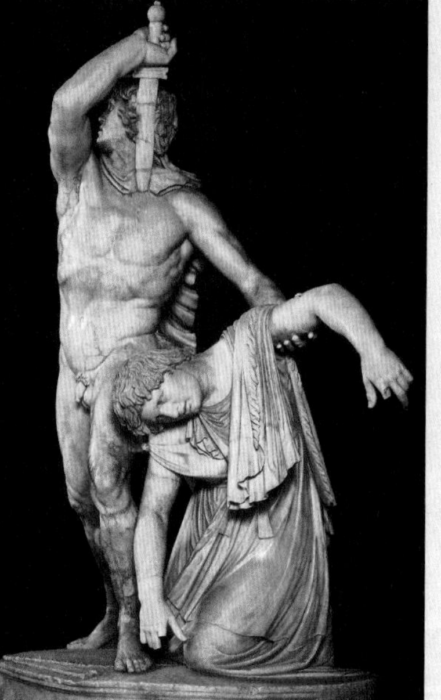

Die Skulpturen der Stadt Pergamon sind Meisterwerke der hellenistischen Kunst.

Mit dem Übergreifen des Hellenismus auf Rom und Italien wirkt die griechische Kunst befruchtend auf die römische Kunst ein und bringt auf dem Gebiet der Malerei und Mosaikkunst bedeutende Leistungen hervor. Für den großen Bedarf der Römer an griechischen Kunstwerken arbeitet in Athen die Schule der Neuattiker; auch finden griechische Bildhauer den Weg nach Rom und bereiten dort den Boden für den augusteischen und trajanischen Klassizismus.

Die Tradition der klassisch-griechischen Plastik lebt auch im Osten weiter, wie die dort entstandenen, von einer im Westen nicht üblichen Geistigkeit getragenen Porträts beweisen (z. B. Trajan in Samos). Auch die gemalten Mumienporträts aus dem Nildelta sind dieser Tradition verpflichtet. Freilich bleibt die griechische Kultur im Westen des Römischen Reiches eher aufgepfropft. Im Osten, dem späteren Byzantinischen Reich, behält sie dagegen stets die Oberhand.

LEBENDIGER AUSDRUCK

Die hellenistische Kunst setzt gegen Ende des 4. Jahrhunderts v. Chr. ein und entwickelt sich mit besonderen Stilmerkmalen bis zum Ausgang des 1. Jahrhunderts v. Chr. Die Psychologisierung des Porträts, die Ausstrahlung der Plastik in den Raum und Auflösung des klassischen Formenspektrums sind ihre Hauptkennzeichen. Barocke Formen und die Darstellung extremer Situationen vereinigen sich besonders im Großen Fries des Pergamonaltars. Bedeutend sind auch die Skulpturen der Nike von Samothrake und der Aphrodite von Melos.

Die letzte Steigerung hellenistischer Formprinzipien verkörpert die Gruppe des Laokoon und seiner Söhne. Andere Werke wie der Dornauszieher (Rom, Konservatorenpalast) lassen die verstärkte Hinwendung zu einer klassizistischen Gestaltungsform erkennen. Zu reicher Entfaltung gelangt die Profanarchitektur (Theater, Bäder u. a.), welche die Baulust der Diadochen zu befriedigen hat.

GRIECHISCHES THEATER: VOM REIGEN ZUM SCHAUSPIEL

Mit der griechischen Tragödie und Komödie entwickelt sich auch der Ort ihrer Darstellung weiter. Das griechische Theater wandelt sich vom Schauplatz kultischer Tänze zu einer architektonisch ausgefeilten Einheit funktionaler Elemente.

Ein Theater besteht im Wesentlichen aus dem Hintergrund, der Skena, in dem Kulissen aufgebaut werden, dem Auditorium, in dem die Zuschauer sitzen, und der runden Orchestra in der Mitte des Auditoriums, in dem das Spiel stattfindet. Die runde Form des Theaters dient nicht nur dem Zweck optimaler Akustik und Sicht, sondern wurzelt in den kultischen Ursprüngen des Schaupiels. So gilt als früheste Form des Theaters der Tanz, der meist ein Reigen war, bei dem Priester singend im Kreis um einen Altar tanzten oder schritten. Tanz und Chor bleiben über Jahrhunderte fester Bestandteil von Aufführungen.

Mit der Entwicklung von Tragödie und Komödie steigen die Anforderungen an die Theater, immer aufwändigere Bauten sind die Folge. Die Skena, zunächst nur als Requisitenkammer genutzt, erhält technische Ausstattungen wie einen Kran für den Deus ex Machina. Diese göttliche Figur greift regulierend in die Handlung des Stückes ein und schwebt wie von Geisterhand über den Schauspielern.

Eine Kulisse gibt es im griechischen Theater zunächst nicht. Die meisten Theaterbauten sind auf Erhebungen angelegt, so dass die Natur als Hintergrund dient. Erst die Römer bauen die Theater um und versehen sie mit hoch aufragenden Kulissen, die das Landschaftspanorama verstellen. Der Zuschauer soll sich dadurch besser auf das Geschehen in der Orchestra konzentrieren können. In der Kaiserzeit nehmen die römischen Besatzer Griechenlands weitere Neuerungen vor: Um die Orchestra wird vielerorts eine Mauer gezogen, so dass ein Becken für die beliebten Wasserballette entsteht.

DIE GROSSEN RELIGIONEN

Im 5. und 6. Jahrhundert v. Chr. entstehen bedeutende Hochreligionen. Buddha, Mahavira, Konfuzius, Laotse, Zarathustra, Pythagoras und Jesaja entwickeln ihre Lehren. Eine Hochreligion verehrt keine Vielzahl von lokalen Gottheiten, sondern ein absolutes, allumfassendes Prinzip.

Die älteren Kulte kennen keine Trennung zwischen Staat und Religion, der Einzelne ist als Angehöriger seines Stammes oder des Gemeinwesens in den Kult eingebunden. Eine Hochreligion wendet sich an das Individuum, das selbst direkten Zugang zur Gottheit - oder zum kosmischen Prinzip - erhält.

HOCHRELIGIONEN GEGRÜNDET

Gautama Siddharta Buddha (um 563 bis um 479 v. Chr.) lehrt, dass alles Leben leidvoll ist. Zur Erleuchtung und zur Überwindung des Leidens führt der achtfache Pfad: rechte Anschauung, rechte Gesinnung, rechtes Reden, rechtes Tun, rechtes Leben, rechtes Streben, rechtes Überdenken, rechtes Sichversenken. Erlösung bedeutet Aufgehen im Nirwana. Die einzelne Seele ist nicht ewig, sie ist ein Trugbild wie die Dinge der Außenwelt.

Mahavira (vor 447 v. Chr.) ist der wichtigste Lehrer der indischen Jainas, denen alles Leben heilig ist. Jedes Tun hat Konsequenzen im nächsten Leben. Aus dem Kreislauf der Seelenwanderung kann sich befreien, wer seine Leidenschaften beherrscht und nichts tut, was im nächsten Leben noch ausgeglichen werden müsste.

Statue des chinesischen Philosophen und Schriftstellers Laotse auf einem Ochsen

Der Chinese Konfuzius (551–479 v. Chr.) stellt ein System von Tugenden auf: Selbstlosigkeit, Ehrerbietung, Höflichkeit, Treue gegenüber Familie und Herrscher sind wirkende Kräfte, die andere mehr beeinflussen als äußerer Zwang. Seine Lehre ist von dieser Welt: »Wie kann der Dienst an Geistern gerechtfertigt sein, bevor den lebenden Menschen gedient worden ist?«

Laotse (3. oder 4. Jahrhundert v. Chr., nach chinesischer Auffassung 6. Jahrhundert v. Chr.) entwickelt den Taoismus. Tao ist der Weg, der zur Harmonie der Menschen untereinander und mit dem All führt. Die Gläubigen versetzen sich durch Yogaübungen in Trance, um sich in Tao zu verlieren.

Jesaja (wirkte von 740 bis 701 v. Chr.) macht in der Babylonischen Gefangenschaft die Erfahrung, dass Gott nicht an einen bestimmten Ort gebunden ist. Er mahnt sein Volk, das politische Unglück als Strafe für seine Sünden anzunehmen und die Wege des Herrn zu achten. Er stellt ethisches Verhalten über nutzlose Brandopfer.

Pythagoras (um 570 bis um 490 v. Chr.) entwickelt einen Mysterienkult, der dem orphischen nahe steht. Er glaubt an die Seelenwanderung und an eine auf mathematischen Gesetzen beruhende kosmische Harmonie.

RÖMISCHE RELIGIONSVORSTELLUNG

Die frühesten religiösen Vorstellungen in Rom stellen eine Bauernreligion mit Vegetationskulten und magischen Riten dar, die vom Familienvater vollzogen werden. Im sich herausbildenden Staatswesen übernimmt der Staat die Riten und schafft eine offizielle Religion. Die Römer adaptieren die Göttervorstellungen der Etrusker und Griechen; von den Etruskern übernehmen sie u. a. den Brauch der Vorzeichendeutung aus der Eingeweideschau und dem Vogelflug (Auspizien).

Zentrum des römischen Götterhimmels ist die Götterdreiheit vom Himmelsgott Jupiter, dem Kriegsgott Mars und dem Gott Quirinus, die später von der Trias Jupiter, Juno und Minerva abgelöst wird. Den drei Göttern kommt die Funktion einer Schutzmacht des Staates zu, sie erhalten auf dem Kapitol ein Heiligtum, das im Mittelpunkt des Staatskultes steht. Die Götter der Römer verkörpern Eigenschaften, Tätigkeiten, Naturgewalten, aber auch abstrakte Begriffe wie Fortuna (Glück).

00910
Buddha: Das Befolgen seiner Lehre

Konfuzius (rechts); Rollbildzeichnung

Buddhastatue in Polonnaruva (Sri Lanka)

Der tibetische Dalai Lama XIV. (*1935) über die Bedeutung der Religionen:
»Die Vielzahl der Religionen, welche alle der Menschheit Glück bringen können, ist vergleichbar mit den verschiedenen Behandlungsmethoden einer speziellen Krankheit.«

Euklid legt die Grundlagen der Geometrie

Mit seinem mathematischen Lehrwerk legt Euklid die Grundlagen für die Geometrie. Im epochalen Lehrwerk »Elemente« fasst er die Erkenntnisse der griechischen Mathematiker zusammen und formuliert eigene Erkenntnisse.

■ **Um 300 v. Chr.:** In Alexandria lehrt der Mathematiker Euklid (*um 365 v. Chr.). Er kam in Athen mit der Philosophie in Berührung; danach studierte er am alexandrinischen Museion (»Musenhügel«, das 307 v. Chr. gegründete Wissenschaftszentrum) die griechischen Lehrer. Euklid befasst sich mit der geometrischen Optik (»Optica«) sowie mit Astronomie (»Phainmena«) und Musiktheorie (»Sectio canonis«). Seine größte Leidenschaft gilt der Mathematik. »Elemente« nennt der Wissenschaftler sein 13-bändiges Werk, in dem er das mathematische Wissen seiner Zeit systematisiert. Die Bücher 1 bis 4 (ebene Geometrie) und 7 bis 10 (Zahlentheorie) basieren auf Arbeiten der Pythagoräer; Buch 5 (Theorie der inkommensurablen Größen) und Buch 12 (Stereometrie) werden dem Astronomen und Platonschüler Eudoxos (408–355 v. Chr.) zugeschrieben. Als Autor von Buch 10 (Irrationalitäten) und Buch 13 (reguläre Polyeder) gilt Theaitetos (410–368 v. Chr.).

»Euklid« oder »Die Architektur«; Relief von Andrea Pisano am Dom von Florenz

Wirkung bis in die Neuzeit

Die »Elemente« sind das erste mathematische Werk, das einen axiomatisch-deduktiven Aufbau hat und mit strengen Beweisen arbeitet: Anhand einfacher Rechnungen entwickelt Euklid mathematische Formeln, die er dann zur Berechnung umfangreicher und komplizierter Aufgaben verwendet. Zwei Lehren des Mathematikers ragen aus seinem Werk hervor: Der »euklidische Algorithmus« beschreibt ein Verfahren, den größten gemeinsamen Teiler zweier ganzer rationaler Zahlen zu bestimmen. Das »Parallelen-Axiom« bezeichnet eine Grundannahme Euklids für den Aufbau seiner Geometrie: Parallel zu einer gegebenen Geraden kann durch einen gegebenen Punkt nur eine einzige Gerade gezogen werden. Euklids Lehren werden richtungweisend für die Entwicklung von Mathematik und Geometrie in Griechenland. Diese Grundlagen ermöglichen darüber hinaus weitere Erkenntnisse durch andere Denker.

01709
Einleitung zu »Euklids Elemente« (1824)

02238
Euklid: Eine Anekdote

Erste indianische Hochkultur

In Nordamerika entsteht eine der ersten Hochkulturen des Kontinents. Die indianische Hopewell-Kultur breitet sich rasch über das östliche Waldland aus und wird zur bestimmenden Gruppe auf dem nordamerikanischen Kontinent.

■ **300 v. Chr.:** Aus dem waldreichen Gebiet im Osten Nordamerikas dringen Stämme in das Ohio-Tal ein und werden dort sesshaft. In der Folgezeit entwickeln sie die sog. Hopewell-Kultur. Die Hopewell-Leute verdrängen die Adena-Kultur, deren Ablösung das Ende der archaischen Zeit in Amerika bedeutet.

Die Hopewell-Leute leben vom Handel mit weit entlegenen Regionen, sind begabte Handwerker und führen ein vergleichsweise verschwenderisches und luxuriöses Leben, was die Funde wertvoller Grabbeigaben zeigen. Sie führen neue Keramiktechniken ein, produzieren Schmuck aus kaltgehämmertem Kupfer, fertigen Tabakspfeifen aus Stein, stellen aus Glimmertafeln Figuren her, formen Gegenstände aus Schildkrötenpanzern, Alligatorenzähnen und Tierknochen.

Kupfer wird in derselben Art bearbeitet wie schon in der Adena-Kultur. Außerdem findet man in geringen Mengen auch bearbeitetes Gold und Silber. Äxte und Beile sind entweder aus poliertem Stein oder aus Kupfer und Meteoreisen hergestellt.

Die Religion ist ebenfalls weit entwickelt: Auf Hügeln werden Kultstätten errichtet, umgrenzt durch lange, teilweise geometrisch angeordnete Erdwälle. Einige der Erdaufschüttungen mögen Verteidigungszwecken gedient haben.

Tote werden in Zeremonienbauten bestattet. Die Grabkammern sind, wie in der Adena-Kultur, aus Holz, enthalten jedoch mehrere Räume. Auch die Grabbeigaben sind vielfältiger und reicher. Die Grabhügel sind höher als die der vorangegangenen Kulturen, insbesondere im Gebiet des heutigen US-Bundesstaates Ohio. Dort dehnt sich die sog. Elwin-Harness-Gruppe aus. Diese erste Hochkultur dauert über 600 Jahre lang.

Wegbereiter der abendländischen Philosophie

Aristoteles, ein universaler Geist, der Weltoffenheit mit Geistesschärfe, Tiefsinn mit größter Originalität, Spekulation mit Erfahrung verbindet, ist der wohl einflussreichste Denker der antiken Philosophie.

■ **322 v. Chr.:** Mit Aristoteles stirbt einer der größten Philosophen und Naturforscher des Altertums. Seine überlieferten Werke sind vor allem Lehrschriften für den inneren Kreis der von ihm geleiteten Schule. Die Titel der Schriften sind meist spätere Bezeichnungen, zum Beispiel die »Metaphysik«. Ebenso bestehen die darunter zusammengefassten Bücher oft aus uneinheitlichen, später thematisch einander zugeordneten Vorlesungen oder Entwürfen.

Philosoph des Abendlandes

Die Philosophie des Aristoteles, ein Riesenwerk nach thematischer Reichweite, Gedankenreichtum, Originalität und schöpferischer Denkkraft, ist hervorgegangen aus der Auseinandersetzung mit

Statue des Aristoteles in Stagira, Griechenland

der Denkschule seines Lehrmeisters Platon. In der Philosophie des Aristoteles wirken die Ideen in den Dingen als treibende Kraft. Insbesondere bestimmt Aristoteles das Verhältnis der wechselnden Erscheinungen (des Seienden) zum Sein, indem er Bewegung, das Werden und das Geschehene als Verwirklichung (Form, Akt) einer Möglichkeit (Stoff, Potenz) kennzeichnet. Die Zielbestimmung unterliegt dabei einem Formprinzip, das sich an der Zweckmäßigkeit orientiert. Die Prinzipien seiner Erkenntnisse untersucht er in der Metaphysik und prägt einen für das Abendland richtungweisenden Apparat mit Begriffspaaren.

Seine Theorie der Bewegung, die vier Arten unterscheidet (Entstehen–Vergehen, Zunehmen–Schwinden, qualitative Veränderung und Ortsbewegung), ist die spekulative Krönung seiner Philosophie. Sie mündet mit dem Begriff »des unbewegten Bewegenden« in eine Theologie. Diese Verbindung von Philosophie und Theologie führt im Mittelalter zu einer umfassenden Aristoteles-Renaissance. Arabische Übersetzungen, die über Spanien Verbreitung finden, machen das europäische Mittelalter mit Aristoteles bekannt. Sein Denken bildet eine wesentliche Grundlage für die Geistes- und Wissenschaftsgeschichte des Abendlandes. Ihren Höhepunkt findet die Rezeption Aristoteles' in der scholastischen Philosophie des Mittelalters.

00514
Aristoteles über den Wucherer

02735
Platon und Aristoteles

Rom baut auf gepflasterte Militärstrassen

Die Ausdehnung des Römischen Reiches erfordert eine Verbesserung der Infrastruktur. Handelsgüter und Soldaten kommen auf den schlammigen Wegen nur langsam voran. Gepflasterte Straßen sollen Abhilfe schaffen.

■ **312 v. Chr.:** Im Verlauf der kriegerischen Auseinandersetzungen Roms mit den Samniten wird aus militärischen Gründen vom Zensor Appius Claudius Caecus die erste größtenteils gepflasterte Straße von Rom nach Capua gebaut.

Je nach Geländebeschaffenheit variiert die Breite der Straße. Am Rand werden Meilensteine aufgestellt, die in regelmäßigen Abständen Auskunft über Entfernungen geben. Nach ihrem Erbauer wird die Straße Via Appia genannt.

Die Via Appia führt von Rom nach Capua, später wird sie nach Brundisium weitergebaut. In der Nähe Roms ist die Via Appia von Villen und Gräbern gesäumt.

König Pyrrhos siegt sich zu Tode

Pyrrhos, König von Epirus, erringt verlustreiche Siege in Italien.

In den Machtkampf zwischen Rom und Süditalien greift erstmals ein hellenistischer König ein. Pyrrhos von Epirus tritt gegen Rom an. Seine erfolgreichen, aber verlustreichen Schlachten werden zur Metapher für sinnlose Siege.

■ **280 v. Chr.:** In Tarent, an der Südküste Italiens, landet König Pyrrhos. Mit 20 000 Fußsoldaten, 2000 Bogenschützen, 500 Schleuderern, 3000 Reitern und 20 Kriegselefanten will er Tarent gegen das Machtstreben Roms stärken. Sofort rekrutiert er die dortigen jungen Männer zum Kriegsdienst, schließt Schulen und verteilt Waffen.

Elefanten gegen Rom

Pyrrhos, König der Molosser im Epirus (heutiges Gebiet von Albanien), plant, ein Weltreich zu errichten und den Kampf gegen die hellenistischen Diadochenstaaten aufzunehmen. Bislang hatte er nur kleine Erfolge gegen Makedonien und Thessalien erzielen können. Der Hilferuf nach Italien kam ihm da recht. Dort setzten sich die süditalienischen Stämme gegen die Expansionspolitik Roms zur Wehr. 282 v. Chr. ankerte eine römische Flotte vertragswidrig im Tarentinischen Golf; die Tarentiner vernichteten sie. Rom erklärte Tarent daraufhin den Krieg. In Süditalien formierte sich ein Bündnis, das König Pyrrhos um Hilfe ersuchte. Gemeinsam mit den Samniten, die seit 343 v. Chr. gegen Rom kämpfen, nimmt Pyrrhos die Herausforderung an. Als der römische Senat von dem neuen Bündnis erfährt, entsendet er ein konsularisches Heer.

Ein erstes blutiges Zusammentreffen mit den Römern – die sich erstmals Kriegselefanten gegenübersehen – endet bei Herakleia zwar erfolgreich, aber mit großen Verlusten für Pyrrhos. Dem antirömischen Bündnis schließen sich nun noch mehr Stämme an.

Auf ein Friedensangebot gehen die Römer wider Pyrrhos' Erwarten nicht ein. Pyrrhos setzt seine Truppen in Richtung Rom in Bewegung. Als er merkt, dass er keine neuen Bündnispartner gewinnen kann, bricht er den Vormarsch ab und zieht sich nach Tarent zurück.

Bei Ausculum trifft sein Heer erneut auf die Römer. Wieder können die Molosser einen »Pyrrhos-Sieg« davontragen, doch erleiden sie höhere Verluste als ihre Gegner. Als die sizilianischen Griechen ihn um Hilfe gegen Karthago bitten, setzt er nach Sizilien über. Obwohl Karthago sich inzwischen mit den Römern verbündet hat und eine Flotte entsendet, bringt Pyrrhos fast die gesamte Insel unter seine Kontrolle. Jedoch bleibt ihm auch hier der entscheidende Erfolg versagt, weil sich die sizilianischen Griechenstädte hinter seinem Rücken mit Karthago verbünden.

276 v. Chr. kehrt er nach Italien zurück und will dort ein Königreich errichten. Bei Benevent kommt es zur erneuten Schlacht gegen die Römer. Pyrrhos' Reserven sind erschöpft, so dass der Kampf unentschieden endet. Zurück in Epirus, besetzt Pyrrhos den Westteil Makedoniens. 273 v. Chr. stößt er bis in den Peloponnes vor. In Argos stirbt er ein Jahr später im Straßenkampf – der Legende nach durch einen herunterfallenden Dachziegel.

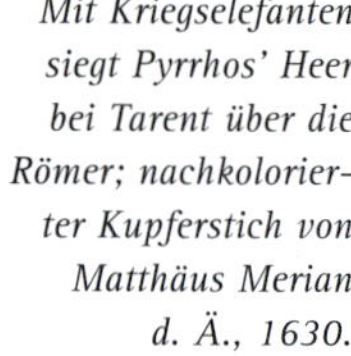

Mit Kriegselefanten siegt Pyrrhos' Heer bei Tarent über die Römer; nachkolorierter Kupferstich von Matthäus Merian d. Ä., 1630.

Schwaches Seleukiden-Reich zerfällt

Mit dem Tod von Seleukos I. enden die Diadochenkriege. Sein Sohn Antiochos I. und dessen Nachfolger können dem Seleukiden-Reich aufgrund seiner Größe und inneren Zerrissenheit keine dauerhafte Machtposition verschaffen.

■ **281 v. Chr.:** Antiochos I. (* 324/23), der Sohn des Diadochen Seleukos I. Nikator (der Sieger), übernimmt von seinem Vater die Herrschaft über den persischen Teil des von Alexander dem Großen eroberten Reichs.

Schon zu Lebzeiten hatte Seleukos I. Nikator seinen Sohn zum Mitregenten für die Ostprovinzen gemacht. Nun wird er Alleinherrscher. Antiochos I. sieht sich einer schwierigen außenpolitischen Lage gegenüber: In Syrien muss er einen Aufstand niederschlagen, der ägyptische König Ptolemaios II. Philadelphos besetzt Inseln in der Ägäis, Bithynien weitet sein Herrschaftsgebiet bis zum Schwarzen Meer aus.

Als der makedonische Herrscher Antigonos II. Gonatas in Kleinasien einfällt, muss Antiochos mit ihm aus taktischen Gründen Frieden schließen: Nur gemeinsam können sie die Kelten abwehren, die von Norden die hellenistische Welt zu erschüttern drohen.

Auch im kleinasiatischen Pergamon ist Antiochos nicht mehr Herr der Lage: Dessen Herrscher Philetairos war einst Seleukos I. Nikator ergeben, hatte nach dessen Tod jedoch ein eigenständiges Reich gegründet und sich dem Einfluss des Antiochos I. entzogen. Die Autonomiebestrebungen in seinem Einflussbereich kann Antiochos nicht hinnehmen, 263 v. Chr. kommt es bei Sardes zum Kampf gegen die Truppen des neuen Pergamon-Königs Eumenes – Antiochos unterliegt. Zwei Jahre später fällt er im erneuten Kampf gegen die Kelten.

Kopf einer Kolossalstatue von Antiochos I. aus Nemrut Daği (Türkei)

02737 Der liebeskranke Antiochos I.

Öffentliches Wohl und Frieden in Indien

Löwenkapitell einer Aschoka-Säule

Der Maurya-König Ashoka stellt seine Herrschaft unter die Maximen Toleranz und Gewaltlosigkeit. Während seiner Regierungszeit gelangt das indische Großreich auf den Höhepunkt seiner Machtentfaltung.

■ **268 v. Chr.:** Im indischen Maurya-Reich tritt Ashoka, der Enkel des Reichsgründers Tschandragupta, die Thronnachfolge an. Ashoka gelingt es, den indischen Subkontinent fast vollständig zu erobern und erstmals eine kulturelle Einheit Indiens zu erreichen. Erschreckt von den Grausamkeiten der Kriege zu Beginn seiner Regierungszeit, reorganisiert Ashoka in der Folgezeit den Staat nach humanen Gesichtspunkten, bemüht sich um das öffentliche Wohl, um Gewaltlosigkeit und Frieden. Sich selbst nennt er »der freundlich Schauende« und »Göttergeliebter«.

Ashoka erlässt Edikte, die seine Vorstellungen über menschliches Verhalten darlegen und in Steinsäulen und Felsen überall im Land eingemeißelt werden. Seine Gesetze stellen neue Rechtsnormen auf und regeln auch die Pflichten des Königs. Ashoka bekennt sich zum Buddhismus, der sich dank seiner Unterstützung weiter ausbreitet. Ein buddhistisches Konzil in Paliputra fasst den Beschluss, Missionare ins Reich und in die Nachbarregionen zu entsenden. Ashoka zeigt sich jedoch auch anderen Religionen gegenüber tolerant.

Nach seinem Tod im Jahr 232 v. Chr. zeichnet sich der Niedergang des Reiches ab: Die Staatsfinanzen sind am Ende, in den Nachbarstaaten formieren sich Machtkonkurrenten, die Anhänger der alten Religionen fürchten um ihre Privilegien. Um 180 v. Chr. zerfällt schließlich das Maurya-Reich.

01654 Ashoka

Rom dehnt seine Herrschaft aus

Nach der Eroberung Siziliens ändert sich die römische Außenpolitik: Der Blick ist auf das Mittelmeer gerichtet. Diese Machtbestrebungen sind größtenteils eine Reaktion auf die beherrschende Stellung der Karthager im Mittelmeerraum.

■ **237 v. Chr.:** In einem Zusatz zum Friedensvertrag zwischen Karthago und Rom von 241 v. Chr. wird festgeschrieben, dass Karthago Sardinien an Rom abtritt und weitere Kriegsentschädigungen zahlt.

Römische Kriegsschiffe in einer Schlacht; Ausschnitt einer Wandmalerei aus Pompeji

02738 Titus Livius über den Ebrovertrag

Die Eroberung von Sardinien 237 v. Chr. und Korsika 227 v. Chr. verschafft den Römern die Macht im gesamten westlichen Mittelmeer. Weitere Gebiete erhält das zum Weltreich aufstrebende Rom von den Illyrern an der dalmatinischen Küste: Im ersten Illyrischen Krieg besiegt Rom 229/28 v. Chr. die Illyrerkönigin Teuta. Teuta hat Piratenzüge bis an die Küsten von Elis und Messenien führen und italische Kaufleute plündern lassen. Als die von Teuta belagerten ostadriatischen Städte Apollonia und Issa Rom um Hilfe bitten, entsendet Rom eine Delegation zu den Illyrern. Einer der Gesandten wird auf der Rückfahrt ermordet (oder gefangen genommen), Rom erklärt den Krieg.

Nach den Bestimmungen des 228 v. Chr. von Rom diktierten Friedens verzichtet Teuta auf einen großen Teil Illyriens und verpflichtet sich zu einer Kriegskostenentschädigung in Jahresraten. Der Küstenstreifen zwischen Lissos und Epeiros, Issa, Epidamnos, Apollonia und die Atintanen werden römisches Protektorat, der Rest des illyrischen Ardiaier-Reiches wird Demetrios von Pharos als Regenten unterstellt.

Spanien wird aufgeteilt

Kurz darauf einigen sich die beiden großen Mittelmeermächte – Rom und Karthago grenzen ihre Interessensgebiete ab. Im Ebrovertrag von 226/25 v. Chr. erkennt Rom die Herrschaft Karthagos in Spanien südlich des Ebro an. Hasdrubal, der Oberkommandierende der Karthager in Spanien, verpflichtet sich, den Ebro nicht in kriegerischer Absicht zu überschreiten. Hasdrubal hat nach dem Tod seines Schwiegervaters Hamilkar Barkas 229/28 v. Chr. das Oberkommando der Karthager in Spanien übernommen und lässt seit 227 v. Chr. das neu gegründete Carthago Nova (heute: Cartagena) als karthagisches Machtzentrum auf der Iberischen Halbinsel ausbauen.

Erbitterter Krieg um Syrien

Die militärischen Auseinandersetzungen zwischen Ptolemäern und Seleukiden um die Macht in Syrien und Palästina dauern an. Ägyptische Truppen unter König Ptolemaios III. erobern Syrien mit der Stadt Antiochia von den Seleukiden zurück.

■ **246 v. Chr.:** Der ägyptische König Ptolemaios III. Euergetes eröffnet den dritten Syrischen Krieg gegen Seleukos II. Kallinikos. Kämpfe gegen ständige Gebietsansprüche der Ptolemäer zermürben die Herrscher, die Unterschiedlichkeit und Weite des Seleukiden-Reiches stellt die Verwaltung vor unlösbare Aufgaben. Nur Antiochos III., der 223 v. Chr. die Herrschaft übernimmt, kann kurze Zeit das Reich sichern und ausweiten.

Marmorbüste Antiochos' III., des Großen (241–187 v. Chr.); antike Kopie nach Original, um 195 n. Chr.

Sechs Syrische Kriege:

- 274–271 v. Chr.: Im ersten Syrischen Krieg verliert der Seleukidenherrscher Antiochos I. Soter Teile Syriens an den ägyptischen König Ptolemaios II. Philadelphos.
- 260–253 v. Chr.: Die Seleukiden unter Antiochos II. Theos gewinnen die unter seinem Vater im ersten Syrischen Krieg verlorenen Gebiete zum Teil wieder zurück. Den Friedensvertrag mit Ägypten versucht Antiochos II. abzusichern, indem er Berenike heiratet, die Tochter des ägyptischen Königs Ptolemaios II. Philadelphos.
- 246–241 v. Chr.: Als Antiochos Berenike verstößt, ist dies Anlass für den dritten Syrischen Krieg; die Ptolemäer erobern das verlorene Terrain zurück.
- 221/19–217 v. Chr.: Im vierten Syrischen Krieg gegen Ägypten verliert der Seleukidenherrscher Antiochos III. Südsyrien. In der Schlacht bei Raphia im März 217 v. Chr. wird Antiochos von dem ägyptischen König Ptolemaios IV. Philopator entscheidend geschlagen.
- 202/01–195 v. Chr.: Antiochos III. erobert Südsyrien. Jerusalem tritt auf die Seite der Seleukiden.
- 169/68 v. Chr.: Mit dem Diktat von Eleusis zwingt Rom die Seleukiden zum Abzug aus Ägypten.

Die Kriege führen zur Schwächung der Diadochenreiche (Nachfolgestaaten des Reiches Alexanders des Großen) zugunsten der Parther und Römer.

Geistiges Zentrum der antiken Welt

Unter der Herrschaft der Ptolemäer wird die Stadt Alexandria zum kulturellen Mittelpunkt der hellenistischen Welt. Die berühmte Bibliothek beherbergt mit einer Million Schriftrollen fast das gesamte Wissen ihrer Zeit.

■ **246 v. Chr.:** Ptolemaios II. Philadelphos stirbt. Sein Nachfolger, Ptolemaios III. Euergetes (»der Erhabene«), muss sein Reich gegen Machtansprüche der Seleukiden verteidigen. 285 v. Chr. hatte er nach dem Tod seines Vaters, des Diadochen Ptolemaios I. Soter, die Herrschaft übernommen. Geschickt hatte Ptolemaios II. die makedonische Fremdherrschaft über Ägypten durch einen gottgleichen Herrscherkult kaschiert. Das ägyptische Volk ehrte ihn als Pharao. Der Serapis-Kult, eine Vermischung griechischen und ägyptischen Glaubens, vereinte beide Bevölkerungsgruppen. Gestärkt wurde diese Verehrung, als Ptolemaios II. seine Schwester Arsinoë II. heiratete. An den religiösen Herrscherkult kann sein Nachfolger Ptolemaios III. anknüpfen.

Vater und Sohn setzen sich mit großen Bauwerken ein Denkmal. Während Ptolemaios II. die Bibliothek in Alexandria erbaute und die Stadt damit zum Zentrum für alle Gelehrten der hellenistischen Welt gemacht hatte, errichtet Ptolemaios III. Euergetes in Edfu einen Tempel. Durch die umfangreiche Bibliothek und die dort forschenden Wissenschaftler wird das 331 v. Chr. von Alexander dem Großen gegründete Alexandria im westlichen Nildelta zum geistigen Zentrum der Mittelmeerwelt.

Kameo mit dem Bildnis des ägyptischen Königs Ptolemaios II. Philadelphos und seiner Schwester und späteren Frau Arsinoë

Unermesslicher Wissensschatz

Der Bestand der Bibliothek in Alexandria wird auf rund eine Million Schriftrollen geschätzt. Die Bibliotheksgebäude liegen im Zentrum der von Alexander großzügig ausgebauten Stadt in der Nähe der königlichen Paläste. In einer eigenen Übersetzungsabteilung werden die wichtigsten Werke der bekannten Welt ins Griechische übertragen und die Bibliotheksbestände systematisch geordnet.

Neben der Bibliothek begründet vor allem das Museion den Ruf Alexandrias als kulturellen Mittelpunkt. Großzügig unterstützt von den Ptolemaiern, forschen hier bekannte Gelehrte auf verschiedenen Wissensgebieten. Neben der Medizin wird besonders die Naturwissenschaft betrieben. So entwickelt der griechische Universalgelehrte Erathostenes (um 275 bis um 195 v. Chr.) eine Theorie der Erdumfangsberechnung, indem er den Schatten misst, den die Sonne an zwei Punkten zur Zeit der Sommersonnenwende wirft.

01719 Museion und Bibliothek von Alexandria

Die Bibliothek von Alexandria brennt 47 v. Chr. ab. Unschätzbares Wissen wird Opfer der Flammen; Holzstich.

Der Dramatiker und Erzähler Heinrich von Kleist (1777–1811) über Bibliotheken als Kulturorte:
»Nirgends kann man den Grad der Kultur einer Stadt und überhaupt den Geist ihres herrschenden Geschmacks schneller und doch zugleich richtiger kennen lernen als – in den Lesebibliotheken.«

Der erste Kaiser vereint China

Ein zentralistisches Reich ersetzt die chinesischen Einzelstaaten. Gegen äußere Feinde erbaut Kaiser Qin Shihuangdi die so genannte Große Mauer. Innere Kritik hält er mit harter Hand nieder, u. a. lässt er alte Schriften verbrennen.

Qin (259–210 v. Chr.), der erste Kaiser von China

221 v. Chr.: Qin Shihuangdi ruft sich zum »Erhabenen Kaiser der Qin« (auch »Ch'in«) und damit zum ersten Alleinherrscher über China aus. Damit ist die »Zeit der Streitenden Reiche« beendet und China vereint. Mit seinem Machtantritt begründet er die Qin-Dynastie.

Qin Shihuangdi schafft das bisher bestehende feudalistische Lehenswesen ab und errichtet ein zentralistisch ausgerichtetes, von Beamten getragenes Verwaltungssystem. Die 36 neu geschaffenen Bezirke werden von je einem Zivil- und Militärgouverneur regiert. Im Zuge der Vereinheitlichung werden Schrift, Maße und Gewichte neu festgelegt sowie das Straßensystem reformiert. Der auch als Militärführer erfolgreiche Kaiser weitet seinen Herrschaftsbereich über Südchina nach Annam aus.

Opposition niedergeschlagen

Die Staatsreform stößt auf den Widerstand der gebildeten Oberschicht, die mit Hilfe von alten Schriften – insbesondere des Philosophen Konfuzius – und deren Auslegung gegen die neuen Maßnahmen protestiert. Um ihr die Argumente zu entziehen, lässt der Kaiser 213 v. Chr. die in Privatbesitz befindlichen Schriften beschlagnahmen und verbrennen. Von der Vernichtung ausgenommen sind die geschichtlichen Aufzeichnungen des Staates Qin sowie Bücher über Heilkunde und Landbau. Diejenigen, die weiterhin die alten Lehren verbreiten, werden entweder hingerichtet oder zum Bau der »Großen Mauer« deportiert. Mit ihr will der Kaiser das Reich im Nordosten vor einfallenden Hunnen-Stämmen sichern. Von 214 v. Chr. an verbindet er die vorhandenen Erdwälle mit Lehmbefestigungen zur »Großen Mauer«, die bis zum 17. Jahrhundert zur »Chinesischen Mauer« ausgebaut wird.

00621 Die erste Bücherverbrennung

02741 Mao Zedong über Qin Shihuangdi

Die Terrakotta-Figuren der Steinernen Armee von Kaiser Qin Shihuangdi (Reg. 221–210 v. Chr.) befinden sich heute im chinesischen Xian-Museum.

700 000 Arbeiter für ein Grab

210 v. Chr. stirbt der »erste Kaiser« von China. Mehr als 700 000 Männer werden zum Bau seines unterirdischen Grabmals herangezogen. Die Räume sollen das Universum nachbilden, berichtet der Historiker Sima Qian (145–86 v. Chr.). Der Bau ist palastartig angelegt; eine 460 m lange unterirdische Mauer umfasst unzählige Säle und Gruben, in denen kostbare Grabbeigaben liegen – unter anderem eine Terrakotta-Armee mit 1087 lebensgroßen Krieger- und Pferdestatuen, die in Schlachtordnung aufgestellt sind.

Neueste Untersuchungen an der Grabstätte haben eine Reihe spektakulärer Funde zutage gefördert. Nicht nur Soldaten ließ der Kaiser nachmodellieren. Im Innern der Grabanlage stehen auch Statuen von Faustkämpfern, Viehzüchtern, Beamten und von Akrobaten. 13 Bronzekraniche wurden in einem Fundzusammenhang entdeckt, der darauf schließen lässt, dass eine komplette künstliche Uferlandschaft in das Grab integriert gewesen ist. Auch hat es eine Reihe von Opfern anlässlich des kaiserlichen Todes gegeben. Tiger und Pandabären mussten dem Herrscher ebenso in den Tod folgen wie 500 Pferde.

Der chinesische Philosoph Konfuzius (551–479 v. Chr.) reflektiert über die Kunst des Regierens:
»Wenn man das Volk mit Dekreten lenkt und durch Strafmaßnahmen in Bann hält, so wird es den Strafen zu entgehen suchen und doch keine Scham kennen. Lenkt man es aber mit Tugend, so wird es nicht nur Scham kennen, sondern auch Charakter haben.«

5000 Kilometer Mauer 070

Karthago fordert Rom heraus

Der karthagische Feldherr Hannibal bereitet den Römern die bislang schwersten militärischen Niederlagen in ihrer Geschichte. Dennoch kann er den Niedergang Karthagos und den Aufstieg Roms zur Weltherrschaft nicht verhindern.

■ **August 216 v. Chr.:** Trotz zahlenmäßiger Unterlegenheit siegen in der Schlacht bei Cannae die Truppen Hannibals über das römische Heer – ein wichtiger Erfolg im Kampf um die Vormacht im Mittelmeerraum.

Schon im Ersten Punischen Krieg (264–241 v. Chr.) waren die Karthager und Römer aufeinander geprallt. Kriegsschauplatz war Sizilien, das zum Teil unter karthagischer Herrschaft stand. Im Bündnis mit Syrakus belagerte Karthago die Stadt Messina. Rom, von den Eingekesselten um Beistand gebeten, schickte Truppen. Erst 241 v. Chr. gelang es Rom, Karthago durch einen Sieg zum Friedensschluss zu bewegen. Karthago musste zwar Sizilien abgeben, in Spanien baute es jedoch systematisch seinen Einflussbereich aus. Feldherr Hamilkar Barkas unterwarf Südspanien und erklärte es zur karthagischen Provinz. Nach dessen Tod führten seine Söhne Hasdrubal und Hannibal das Eroberungswerk fort.

Per Elefant über die Alpen

Als Hannibal die mit Rom verbündete Stadt Sagunt besetzte, erklärten die Römer Karthago den Krieg (»Zweiter Punischer Krieg«, 218–201 v. Chr.). Feldherr Hannibal fasste einen verwegenen Plan: Um mögliche römische Angriffe zu unterlaufen, wollte er mit seinem Heer von Spanien aus durch Gallien über die Alpen und Oberitalien gegen Rom ziehen. Mit 60 000 Soldaten, Pferden und Elefanten überquerte er die Alpen.

Die Strapazen der Gebirgs-Überquerung forderten ihren Tribut. Kämpfe mit Alpenstämmen, vorzeitiger Wintereinbruch, Erschöpfung und Mangel an Nahrungsmitteln dezimierten das Heer um mehr als die Hälfte. Dennoch schlugen die karthagischen Truppen in einem ersten Reitergefecht bei Ticinus (September 216 v. Chr.) ihre römischen Gegner unter dem mittlerweile aus Spanien zurückgeeilten Konsul Scipio. Als Folge konnte sich Hannibal der Unterstützung sowohl gallischer und spanischer Stämme als auch italischer Gemeinden sicher sein, die auf eine Befreiung von Rom hofften. Nach drei Siegen über römische Einheiten stand Hannibal kurz vor Rom.

Siege gegen die Karthager in Spanien ermutigten die Römer, direkt gegen Hannibal zu Felde zu ziehen. 216 v. Chr. sammelten sie bei Gerunium 80 000 Soldaten. Um einen günstigeren Kampfplatz auszuwählen, zog Hannibal weiter nach Cannae. Dort kam es im Juni zur Schlacht. Hannibals Kriegsführung ist erneut erfolgreich: Das römische Heer wird fast völlig vernichtet.

In der Schlacht bei Zama (202 v. Chr.) besiegt Scipio den Karthager Hannibal; Gemälde, römische Schule, 1521.

00320 Polybios: Die Künste Hannibals

Entscheidende Schlacht

Trotz des Sieges greift Hannibal Rom nicht an. Ständige Kämpfe in den folgenden Jahren schwächen seine Streitmacht. Das römische Heer erobert mit Agrigent und Tarent wichtige Städte zurück. Hannibal wird nach Afrika zurückbeordert. Im nordafrikanischen Zama kommt es 202 v. Chr. zur entscheidenden Schlacht: Das römische Heer besiegt Hannibal. Zwar besitzt Karthago weiterhin Autonomie, ist aber letztlich von Rom abhängig. Rom hat seinen letzten Widersacher auf dem Weg zur Weltmacht geschlagen.

Hannibal, bedeutendster Feldherr und Staatsmann Karthagos

00622 Hannibal vor der Schlacht von Cannae

Geniale Erfindungen des Archimedes

Nach der Einnahme von Syrakus ermorden römische Soldaten den Gelehrten Archimedes. Mit ihm stirbt einer der Wegbereiter der Mathematik und Physik, der bereits im 3. Jahrhundert v. Chr. geistiger Vater zahlreicher Erfindungen ist.

Porträtbüste des Archimedes

■ **212 v. Chr.:** Römische Truppen erobern die sizilianische Stadt Syrakus. Die Soldaten setzen sich über die ausdrückliche Anweisung ihres Feldherrn Marcus Claudius Marcellus hinweg und töten Archimedes. Der Physiker und Mechaniker hatte u. a. Kriegsgerät zur Verteidigung seiner Heimatstadt entwickelt.

Um gegen Rom bestehen zu können, hatte sich Syrakus mit Hannibal verbündet. Drei Jahre lang hatten die Römer Syrakus belagert und waren am bollwerkartigen Ausbau des Hafens gescheitert. Erfahren durch viele Kriege, hatten die Syrakuser Herrscher Hieron II. (306 bis 215 v. Chr.) und sein Sohn Gelon II. (†216 v. Chr.) die Stadt zur Festung ausbauen lassen. Unterstützung bekamen sie von dem Forscher Archimedes, der sein physikalisches Wissen in den Dienst der Verteidigung stellte. Flaschenzüge, Wurfmaschinen und Hebelmaschinen brachten den syrakusischen Verteidigern militärische Vorteile. Mit den von Archimedes entwickelten Brennspiegeln steckten sie die Kriegsmaschinen der Römer in Brand. Nach dem Sieg gliedert Rom das strategisch wichtige Sizilien in sein Reich ein und erklärt es zur Provinz.

Archimedes entdeckt den Auftrieb und das spezifische Gewicht; kolorierter Holzstich, 1547.

Bahnbrecher in den Naturwissenschaften

Auf den griechischen Mechaniker und Mathematiker Archimedes geht eine Vielzahl wegbereitender Erfindungen und Entdeckungen zurück. Als Sohn des Astronomen Pheidias 287 v. Chr. in Syrakus geboren, studierte er in Alexandria Mathematik. Zurück in seiner Heimatstadt, widmet er sich der Entwicklung von physikalischen Grundgesetzen und mathematischen Formeln. Wie Wunder der Technik erschienen die von ihm erdachten und erbauten Maschinen. »Heureka, ich hab's«: Dieser Ausruf des Archimedes bei der Entdeckung des hydrostatischen Gesetzes wird zu einem geflügelten Wort nachfolgender Generationen von Wissenschaftlern.

02740 Plutarch über Archimedes

Auf dem Gebiet der Mathematik schafft Archimedes mit der Aufteilung von Zahlen in Ordnungen und Perioden die Voraussetzung für die Berechnung riesiger Zahlen. Die Erfindung eines Geräts zum Wasserheben, der so genannten Archimedischen Schraube, ist für die technische Entwicklung der Antike bahnbrechend. Die Schraube lässt sich nicht nur zum Entwässern von Schiffen, sondern auch als Bewässerungsapparat in der Landwirtschaft einsetzen und findet noch zwei Jahrtausende nach dem Tod ihres Erfinders Verwendung.

Als Archimedes die Gold-Anteile in der Krone seines Herrschers Hieron II. bestimmen soll, entdeckt er das Prinzip des spezifischen Gewichts. In der Geometrie erdenkt Archimedes Formeln zur Berechnung des Volumens von Kugeln, Kegel- und Zylindermänteln sowie Polyedern (»archimedische Körper«).

Bei der Berechnung von Schiffsbauten entdeckt er das archimedische Prinzip des Auftriebs, nach dem ein Körper schwimmt, wenn das Gewicht der von ihm verdrängten Wassermenge seinem eigenen Gewicht entspricht. Archimedes bestimmt das Prinzip des Hebels, nämlich dass große Lasten mit kurzem Lastarm durch geringe Kräfte mit langem Kraftarm bewältigt werden können. Dies ermöglicht ihm den Bau von Waagen und Wurfmaschinen. Außerdem konstruiert Archimedes Flaschenzüge und Brennspiegel, berechnet kubische Gleichungen, bestimmt Quadratwurzeln, treibt Studien zur Lichtbrechung und experimentiert mit Zahnradgetrieben.

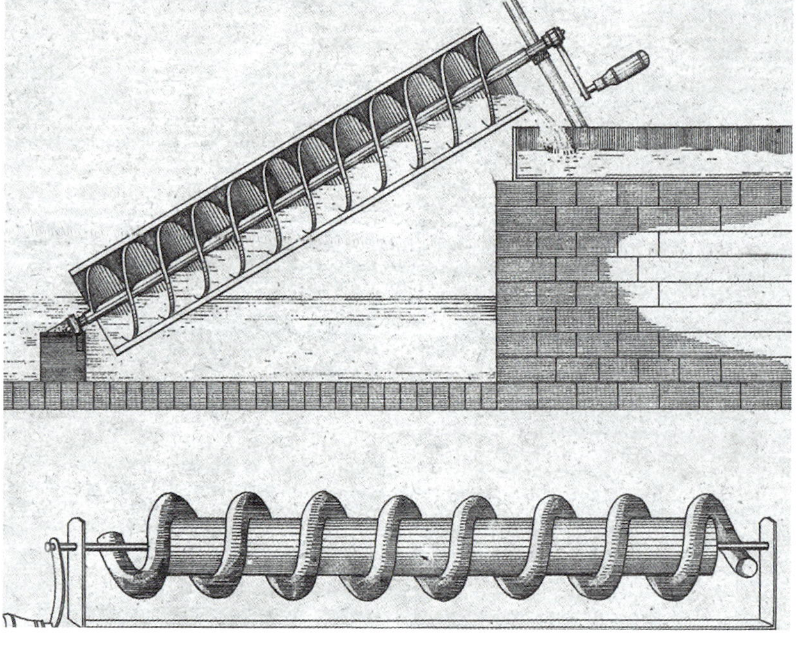

Mit der Archimedischen Schraube ist die Förderung von Wasser über verschiedene Höhen möglich; Zeichnung, 19. Jahrhundert.

Rom durch Punische Kriege geschwächt

Der zweite Punische Krieg führt die Römische Republik bis an die Grenzen ihrer Belastbarkeit. Obwohl das Ende des Krieges Rom die Herrschaft über das westliche Mittelmeer sichert, sind die innenpolitischen Folgen eine schwere Hypothek.

205 v. Chr.: Der zweite Punische Krieg tritt in die Endphase. Der römische Konsul Publius Cornelius Scipio Africanus setzt sich gegen den Widerstand des Senats mit seinem Plan durch, den Krieg gegen Karthago in Afrika weiterzuführen. Im Sommer 204 v. Chr. setzt Scipio nach Afrika über und besiegt 203 v. Chr. den karthagischen Heerführer Hasdrubal. Es kommt zu Friedensverhandlungen zwischen Karthago und Rom, der römische Senat stimmt dem Vertragstext zu. Als Hannibal von Italien nach Afrika übersetzt, verwirft Karthago die römischen Friedensbedingungen. 202 v. Chr. besiegt Scipio in der Schlacht bei Zama Hannibal mit dessen eigener Umfassungstaktik.

Im Frieden von 201 v. Chr. verzichtet Karthago auf Spanien und die Mittelmeerinseln, liefert seine Elefanten und seine Kriegsflotte bis auf zehn Schiffe an Rom aus und verpflichtet sich zur Zahlung einer Kriegskostenentschädigung in 50 Jahresraten. Karthago verpflichtet sich ferner, außerhalb Afrikas keinen Krieg mehr zu führen und innerhalb Afrikas militärische Operationen nur mit Zustimmung Roms zu unternehmen.

Soziale Folgen der Kriegszüge

Schlimmste innenpolitische Folge des Krieges ist eine Veränderung der Agrarstruktur Italiens. Bedingt durch das römische Rekrutierungssystem, das nur grundbesitzende Bürger zum Wehrdienst einzieht, haben die riesigen Menschenverluste die Zahl der kleinen und mittleren Bauernhöfe stark verringert. Ein Großteil des Landes liegt brach, nur die römische Oberschicht ist aufgrund der hohen Beutegelder in der Lage, dieses Land zu erwerben und mit billig gekauften Sklaven zu bewirtschaften.

Die politische Führung in Rom kommt so zur Einsicht, dass die alte Bauernmiliz für kurzzeitige Kriege in Italien und nicht für weit entfernte Kriegsschauplätze und länger dauernde Feldzüge geeignet ist. Dennoch ist man in Rom nicht bereit, die Rekrutierungsgrundlage zu ändern und auch besitzlose Bürger zum Kriegsdienst zuzulassen. Stattdessen begnügen sich die Senatoren damit, durch kurzfristige Maßnahmen diesem Missstand entgegenzuwirken. Die überlebenden Soldaten werden entsprechend ihrer Dienstdauer mit Landzuweisungen abgefunden, um zu verhindern, dass die aus dem Krieg heimkehrenden Bauernsoldaten nach Rom abwandern, weil ihre Höfe während ihrer langen Abwesenheit ruiniert oder von benachbarten Großgrundbesitzern aufgekauft worden sind.

So verhindert die römische Regierung einerseits eine Überbevölkerung der Hauptstadt Rom mit arbeitslosen Massen, deren Ernährung nur der Staat sicherstellen könnte. Andererseits bleiben diese Soldaten weiterhin durch das angewiesene Staatsland aushebungsfähig.

Nutznießer des Krieges ist die römische Oberschicht. Sie konnte während des Krieges ihren Großgrundbesitz durch den Ankauf brachliegender Güter erheblich vermehren. Zudem sind diese beiden Stände – Ritter und Senatoren – an der überreichen Kriegsbeute beteiligt. Für den römischen Staat entsteht durch die sprunghafte Zunahme der Sklaven – eine Folge der siegreichen Kriege – eine gefährliche Situation: Die Angst der Regierenden vor Sklavenaufständen und Aufruhr in der Provinz wächst.

00949 Diodorus: Rom gegen Karthago

02739 Scipio überrascht Hasdrubal im Schlaf

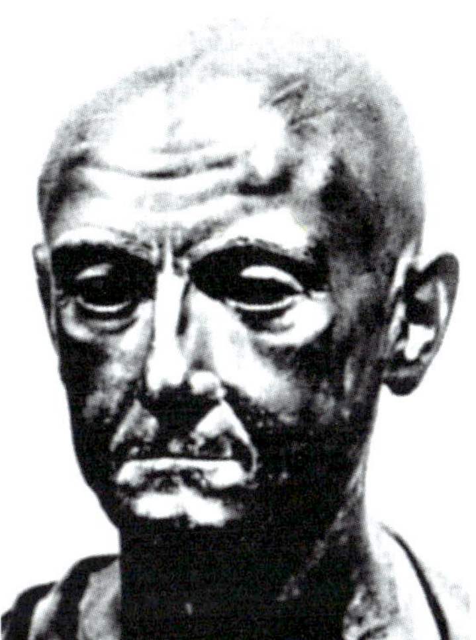

Publius Cornelius Scipio (235–183 v. Chr.), der nach dem Sieg über Hannibal den ehrenvollen Beinamen »Africanus« erhält

Ein Rebell wird Kaiser von China

Der zentralistische Kaiser-Staat im Reich der Mitte wird unter der Herrschaft Liu Bangs demokratisiert. Er begründet die Han-Dynastie, die sich zu einem der dauerhaftesten Herrschergeschlechter der chinesischen Geschichte entwickelt.

206 v. Chr.: Der Rebellenführer Liu Bang reißt die Macht an sich und begründet die Han-Dynastie. Nach dem Tode des ersten Kaisers von China, Qin Shihuangdi (210 v. Chr.), ergriff zunächst ein ehrgeiziger Eunuch namens Zaho Gaho die Herrschaft. Die legitimen Nachfolger, zwölf Söhne des Kaisers, ließ er hinrichten. Trotzdem konnte Zaho Gaho seine Macht nicht verteidigen. Überall im Land kam es zu Aufständen.

Die Rebellen werden von der Landbevölkerung unterstützt, die sich gegen die hohe Besteuerung auflehnt. Liu Bang stellt sich an die Spitze der Aufrührer. Sie greifen den Palast an und ermorden den selbst ernannten Herrscher Zaho Gaho.

Liu Bang stammt von ostchinesischen Bauern ab und begann seine Laufbahn als unbedeutender Aufsichtsbeamter. Auf den Kaiserthron gelangt, schaltet er in einem vierjährigen Kampf seinen adligen Kontrahenten Xiang Yu aus. Die Reichshauptstadt verlegt er nach Chang'an am Gelben Fluss, baut die Große Mauer weiter aus und begründet die Dynastie der Han, die bis 220 n. Chr. herrschen wird. Mit diplomatischem Geschick beteiligt der ungebildete Liu Bang ehemalige Mitstreiter an der Macht: Als Vasallenkönige dürfen sie regieren, wenn auch unter strenger Überwachung durch kaiserliche Regierungsbeamte.

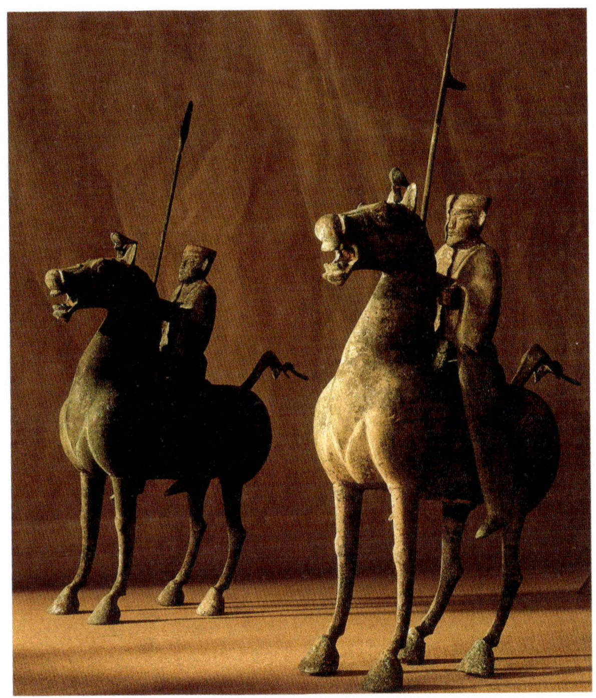

Zwei Reiter mit Speeren; chinesische Bronzeplastik der Han-Zeit

Senat verbietet geheime Kulte

Orgiastische Geheimsekten behindern das Bestreben des Senats, einen zentralen römischen Staatskult einzurichten. Erlassene Verbote können die Ausbreitung religiöser Mysterienkulte jedoch nicht stoppen.

■ **186 v. Chr.:** Der römische Senat verbietet die geheimen Bacchanalien-Feste und ordnet die Zerstörung der Kultstätten an. 7000 Anhänger des Kultes werden festgenommen, viele von ihnen mit dem Tod bestraft. Ausnahmen sind nur nach vorheriger Genehmigung durch römische Beamte erlaubt. Vermehrte Gerüchte über angebliche Ausschweifungen, Ekstasen und Verbrechen wie Menschenopfer sowie die Sorge um den Bestand des Staates veranlassen den Senat zu energischem Handeln.

Zug des jugendlichen Dionysos im Tigerwagen; Mosaik aus Hadrumetum (Tunesien), frühes 3. Jahrhundert

Orgiastische Sekten mit Geheimriten

Bacchus gehört zu den populärsten Gottheiten der römischen Welt. Unzählige Bilder und Kunstwerke zeigen den Gott des Weines und des Feierns. Schon seit dem 5. Jahrhundert v. Chr. wurde der altitalische Weingott Liber verehrt; ihn setzten die Römer mit dem griechischen Gott Dionysos gleich. Dem Mythos nach vernichtet Dionysos seine Gegner, seinen Anhängern hingegen erweist er Wohltaten – zum Beispiel durch die Erschaffung des Weinstocks. Sein Gefolge besteht aus Naturdämonen wie Nymphen, Satyrn, Silenen und in Ekstase versetzten Anhängern, den Bacchanten. In orgiastischem Taumel umschwärmen sie ihn – ihr Ziel ist, den Zustand des Enthusiasmos (»des Gottes voll«) zu erreichen. Dabei fallen die Bacchanten wilde Tiere an und verschlingen sie roh.

In Athen war man den wilden Auswüchsen des Dionysos-Kultes begegnet, indem man öffentliche Prozessionen veranstaltete. In Rom, wo Dionysos »Bacchus« genannt wird, bilden sich orgiastisch-mythische Sekten, die aus den ländlichen Gebieten bis nach Rom vordringen und immer mehr Anhänger gewinnen. Fünfmal monatlich treffen sie sich nachts zu ihren Geheimriten (»Bacchanalien«). Der Zulauf bedeutet eine große Konkurrenz zu den öffentlichen Staatskulten. So bleibt dem Senat keine Wahl, als die Geheimtreffen zu verbieten und die Feierlichkeiten in geordnete öffentliche Bahnen zu lenken.

Narrenfest auf dem Forum

Ein Fest ganz anderer Art sind die Saturnalien – das Volksfest zu Ehren des römischen Bauern- und Erntegottes Saturn, das am 17. Dezember beginnt. Dieses größte römische Bauernfest ist gleichzeitig ein Jahresfest der Gründung des Saturn-Tempels, dem ältesten Tempel auf dem Forum Romanum aus dem Jahr 497 v. Chr. Das Fest hat in seiner Fröhlichkeit und Ausgelassenheit viel Ähnlichkeit mit dem Karneval späterer Zeiten. An den Feiern nimmt die gesamte Bevölkerung Roms teil, auch Sklaven sind bei dem Fest zugelassen. Für die Dauer des Volksfestes sind sie frei, speisen und trinken mit ihren Herren an einem Tisch und werden von diesen sogar bedient und hofiert.

Der Dichter Martial berichtet über die Saturnalien: »Traurig lässt der Knabe jetzt die Nüsse, folgt dem Ruf seines Lehrers Schreihals. Schnöd vom lieben Würfelklang verraten, beim Ädil erfleht der Spieler trunken Gnade, just aus seinem Kneipenloch gezerrt. Das Fest Saturns: vorbei! Doch keine Gabe, noch so klein, hast Galla, Du, wie sonst geschickt. Mag er ruhig schwinden, mein Dezember, Du weißt genau, dass Dein Saturnusfest am ersten März schon kommt.« (Am 1. März wurden die Matronalien gefeiert, an denen man die Frauen beschenkte.)

Ebenso wenig wie die verstaatlichten Volksfeste können gesetzliche Verbote die weitere Ausbreitung mystischer Geheimkulte verhindern. In der Folgezeit dringen besonders aus dem Osten immer neue Mysterienreligionen vor und erreichen Rom.

02742
Tiriolo-Inschrift: Bacchanalienfeiern

Bacchus; Statue von Michelangelo, 15. Jahrhundert

Rom sendet Legionen gegen Makedonien

Die Römer besiegen Makedonien und erheben daraufhin Machtansprüche im östlichen Mittelmeerraum. Die Expansion des Römischen Reiches und sein Aufstieg zur Weltmacht ist damit nicht mehr aufzuhalten.

■ **196 v. Chr.:** Der römische Feldherr Titus Quinctius Flamininus verkündet die »Freiheit aller Griechenstädte«. Mit dieser Proklamation beendet Rom die Vorherrschaft der Makedonier über Griechenland und gibt den hellenisierten griechischen Staaten und Stadtstaaten ihre Autonomie zurück.

Dem Sieg der Römer ging ein Machtkampf zwischen Makedonien und dem Ptolemäer-Reich voraus. Philipp V. von Makedonien und der syrische König Antiochos III. hatten sich verbündet, um von den Ptolemäern Inseln und Gebiete in der Ägäis zurückzuerobern. Dem Hilfeersuchen von Rhodos und Pergamon kam Rom nach. Als die Makedonier zwei Ultimaten Roms ablehnten, erklärte der römische Senat Makedonien den Krieg. 197 v. Chr. endete dieser »2. Makedonische Krieg« mit dem Sieg der römischen Truppen. Philipp V. wird in sein makedonisches Territorium zurückgedrängt. Die Griechen, seit über 200 Jahren von den Makedoniern bedrängt und besetzt, ehren Flamininus wie einen Gott – erst recht, als er 195 v. Chr. auch noch Argos von der Herrschaft des Tyrannen Nabis von Sparta befreit.

Neuordnung des östlichen Mittelmeerraums

Die nun einsetzende allgemeine politische Neuregelung schafft durch eine Verschärfung der wirtschaftlichen und sozialen Gegensätze neue Unzufriedenheit. 194 v. Chr. zieht Rom alle Soldaten aus Griechenland zurück. Die erfolgreiche Einmischung Roms beunruhigt viele Mächte der von Kriegen und wechselnden Machtbündnissen geschüttelten östlichen Mittelmeerwelt. Philipp V. plant die Rückeroberung Griechenlands; sein Sohn Perseus, seit 179 v. Chr. makedonischer König, will sie in die Tat umsetzen und den Friedensvertrag mit Rom ändern. Als der pergamenische König Eumenes II. davon erfährt, informiert er Rom, das Makedonien den Krieg erklärt. 168 v. Chr. beendet die Schlacht bei Pydna den dreijährigen »3. Makedonischen Krieg«: Binnen einer Stunde siegen die Römer unter dem erfahrenen Heerführer Paullus. Perseus flieht. Als er merkt, dass ihm keine Stadt Unterschlupf gewährt, ergibt er sich. Seine Niederlage bedeutet das Ende des eigenständigen Makedoniens – es wird in vier Regionen aufgeteilt und 148 v. Chr. römische Provinz.

Rom hält den Seleukidenherrscher Antiochos III. von der Eroberung Griechenlands ab und drängt ihn schließlich zurück. 191 v. Chr. vertrieben Römer Antiochos III. in der Schlacht bei den Thermopylen vom griechischen Festland; 188 v. Chr. muss sich Antiochos III. einer Neuordnung Kleinasiens nach dem Willen Roms beugen: Weite Gebiete fallen an Pergamon und Rhodos; die Römer ziehen sich zurück.

Hellenistische Darstellung eines Kriegselefanten; 2. Jahrhundert v. Chr.

00963 Leben eines Legionärs

Komödiendichter üben Kritik mit Witz

Die römische Komödie kleidet Kritik am Sittenverfall und Alltagsfragen in kunstvolle Formen. Obwohl die römische Kultur unter dem Einfluss Griechenlands steht, findet die griechische Tragödie kein großes Publikum im Römischen Reich.

■ **184 v. Chr.:** In Rom stirbt Plautus, einer der bedeutendsten und beliebtesten Komödienautoren Roms. Seine Werke rissen das Volk zu Beifallsstürmen hin.

Marcius Titus Plautus, geboren 250 v. Chr. in Sarsina, hatte Anstöße und Vorlagen der griechischen Kultur entnommen. Die Charaktere der Stücke, unter anderem des Menander, passte Plautus den römischen Verhältnissen an. Seine Protagonisten sind oft strenge Väter, leichtsinnige Söhne, verliebte junge Männer und schlaue Sklaven. Die Sprache ist volkstümlich, der Witz meist derb, die Handlung voller überraschender Einfälle. Mit den Werken kritisiert Plautus den Sittenverfall bei den Griechen, den er, wenn auch indirekt, mit der Unverdorbenheit der Römer konfrontierte. Er übernimmt die Sprache des einfachen Volkes und legt Wert auf die musikalische Untermalung seiner Stücke. Die bekanntesten Werke des Plautus sind »Amphitruo«, »Aulularia«, »Miles Gloriosus«, »Stichus«, »Trinummus«.

Die geistige Nachfolge Plautus' tritt Terenz (um 190–159 v. Chr.) an. In seinen insgesamt sechs Lustspielen verwendet er keine volkstümlichen Späße; kunstvolle Sprache und anspruchsvolle Themen wie Kindererziehung und Menschlichkeit sind auf ein bürgerliches Publikum zugeschnitten. Er entwickelt die Komödie durch eine vielschichtigere Charakterisierung der Figuren, eine sorgfältigere Motivation und einen kunstvolleren Aufbau weiter. Bis in die neuzeitliche Theaterliteratur wirken Terenz' Werke nach.

Szene aus einer Komödie; Mosaik aus Pompeji, um 100 v. Chr.

02743 Die schlauen Sprüche des Plautus

Der römische Komödiendichter Titus Maccius Plautus (250–184 v. Chr.) über die Grenzen seiner Kunst:
»Dumm ist, wer glaubt, durch Worte Geschehenes ungeschehen zu machen.«

Der Altar von Pergamon wird geweiht

Das Königreich Pergamon wird zum Bündnispartner Roms und entwickelt sich neben Alexandria zum Kulturzentrum des Hellenismus. Der Altar von Pergamon symbolisiert die kulturelle Größe der Stadt.

■ **Um 180 v. Chr.:** Eumenes II., König von Pergamon, stiftet seiner Residenzstadt einen riesigen Altar. Nach 20-jähriger Bauzeit wird er Zeus und Athene geweiht – ein Dank an die Götter für die im Krieg geleistete Hilfe.

Ein 2,30 m hohes Relief bedeckt die Wände des Unterbaus. Eine 20 m breite Freitreppe führt zu dem von einer ionischen Säulenhalle umgebenen Altarkopf mit dem Brandopferaltar. Der Fries am Unterbau stellt den Kampf der Götter gegen die Giganten dar; die mythischen Kampfszenen symbolisieren die Kriege Pergamons mit seinen Gegnern.

Detail des Figurenschmucks vom Pergamonaltar: Die olympischen Götter kämpfen gegen die schlangenleibigen Giganten.

Die Westseite des monumentalen Pergamonaltars ist in der Berliner Antikensammlung rekonstruiert.

Der Mythos erzählt von der Erhebung der Giganten, der Söhne der Erde, gegen die olympischen Götter, die laut einem Orakelspruch nur dann siegen, wenn ein Sterblicher mit ihnen kämpft. Das Relief zeigt den Kampf und das Leiden der Sterblichen. Die Figuren haben Überlebensgröße, die Giganten sind zum Teil als Mischwesen mit Schlangenbeinen und Löwenköpfen dargestellt.

Das Bauwerk ist steinerner Zeuge des Aufstiegs Pergamons von einer unbedeutenden Provinzstadt zur Kulturmetropole. 282 v. Chr. hatte die Festungsstadt relative Eigenständigkeit erlangt. Trotz wechselnder Machtbegehren der Seleukiden und Ptolemäer gelang es den pergamenischen Königen, sich ihre Unabhängigkeit zu bewahren. Siege gegen die galatischen Kelten und Bündnisse mit Rom stärkten Pergamon. Attalos I. Soter (Reg. 241–197 v. Chr.) förderte die Künste und Wissenschaft in Pergamon u. a. durch Einrichtung einer Bildhauerschule und der Bibliothek. In die Regierungszeit seines Sohnes Eumenes II. (197–160 v. Chr.) fällt die Niederlage des Seleukidenherrschers Antiochos III. bei Magnesia; Rom unterstellt daraufhin Pergamon weite Teile Kleinasiens.

02300
Pergamon, der Adel des Untergangs

Wörterbuch der Hieroglyphen

Auf den Stein von Rosette lässt der ägyptische König Ptolemaios V. ein Edikt in drei verschiedenen Sprachen meißeln. Etwa 2000 Jahre später dient der Stein als Schlüssel für die Entzifferung der Bilderschrift der ägyptischen Pharaonen.

■ **Um 180 v. Chr.:** König Ptolemaios V. erlässt ein Edikt in drei Sprachen: in ägyptischen Hieroglyphen, in Demotisch, der Umgangssprache des neuägyptischen Reiches, und in Griechisch. Die Verordnung wird in eine Steinplatte aus schwarzem Basalt eingemeißelt.

Der dreisprachige Stein von Rosette, der Schlüssel zur Entzifferung der Hieroglyphen

1822 gelingt dem französischen Linguisten Jean François Champollion (1790 bis 1832) mit Hilfe dieses Steins (benannt nach seinem Fundort Rosette im Nildelta) erstmals die Entzifferung der ägyptischen Hieroglyphen. Die Dreisprachigkeit des königlichen Erlasses dokumentiert gleichzeitig die sozialen und kulturellen Gegebenheiten und Einflüsse im ägyptischen Ptolemäer-Reich: Die Hieroglyphen sind die alte Schrift Ägyptens. Sie ist Bilder- und Lautschrift zugleich. Hieratisch, die Kursivschrift der Hieroglyphen, wird für religiöse Texte, Protokolle u. Ä. verwendet. Demotisch, eine Abwandlung des Hieratischen, ist eine formelhafte Sprache. Die griechische Schrift und Sprache gilt seit der Herrschaft der Ptolemäer in Ägypten (323/305 v. Chr.) als offizielle Amtssprache.

02501

Keiner glaubt Champollion

Urknall der Altertumsforschung

Der Stein von Rosette kommt im Zuge von Napoleons Ägyptenfeldzug nach Europa. Der Korse selbst lässt von dem Stein Kopien in Kupfer stechen und Abzüge an alle Gelehrten Europas senden – er ahnt bereits das wissenschaftliche Potenzial dieses Fundes, kann es aber nicht beweisen. Der griechische Text ist leicht zu lesen, die beiden anderen Schriften bleiben hingegen rätselhaft. Zahlreiche Wissenschaftler versuchen sich mit wechselndem Erfolg an der Dechiffrierung. Dem Engländer Thomas Young gelingt der Nachweis, dass eine bestimmte Zeichengruppe in einer anderen zweisprachigen Inschrift aus Philae den Namen »Kleopatra« ergibt. Diese Entdeckung ist Anstoß für den Franzosen Jean François Champollion, sich mit dem Stein zu befassen.

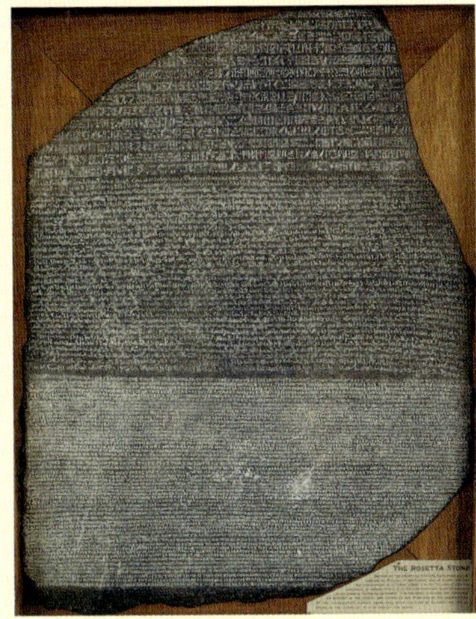

Champollion behauptet, dass der bis dahin geltende Standpunkt, die Hieroglyphen stellen Symbole und keine Laute dar, falsch ist. Er lernt die neuägyptische Sprache, das Koptische, und sieht seine Vermutung mehr und mehr bestätigt: Die Hieroglyphen der alten Ägypter sind die Bilderschrift einer Sprache, die in ihrer abgewandelten Form auch im griechischen Alphabet geschrieben wurde. Zehn Jahre studiert Champollion den Stein von Rosette und alle ägyptischen Schriften, derer er habhaft werden kann. 1822 veröffentlicht er im »Lettre à M. Dacier« erstmals sein System, mit dem die Hieroglyphen entschlüsselt werden können. Die Altertumsforschung erlebt einen Urknall. Tausende von ägyptischen Schriften können nun entziffert werden. Das alte Ägypten zählt seither zu den besterforschten Kulturen der Alten Welt.

Makkabäer trotzen den Besatzern

Der Versuch der Seleukiden, in Judäa bei den von ihnen beherrschten Juden die griechisch-hellenistische Religion durchzusetzen, führt zum Aufstand der Massen. Angeführt werden die Aufständischen von den Makkabäern.

■ **169 v. Chr.:** Der Seleukidenkönig Antiochos IV. betritt das Allerheiligste des jüdischen Tempels in Jerusalem und raubt den Tempelschatz. In den Augen der Juden macht er sich damit der Gotteslästerung schuldig. Fromme jüdische Gruppen rufen zum Widerstand auf.

Palästina ist zum umkämpften Gebiet zwischen Ptolemäern und Seleukiden geworden. Auf seinen Feldzügen nach Ägypten fällt der Seleukidenkönig Antiochos IV. in Jerusalem ein und versucht die Hauptstadt der Juden zu hellenisieren. Den Tempel entheiligen die Besatzungstruppen, indem sie den syrischen Kult des Baal Schamin einführen (»Gräuel der Verwüstung«). Antiochos V., der sich selbst als Epiphanes (»Gotteserscheinung«) verehren lässt, führt an heiligen jüdischen Stätten den Zeus-Kult ein. Außerdem ordnet er an, die Gottesdienste nach griechischem Ritus zu vollziehen, verbietet die Sabbatheiligung sowie die Ausübung überlieferter jüdischer Bräuche wie die Beschneidung.

Mit seinen Anordnungen zieht er den Zorn gesetzestreuer jüdischer Gruppen auf sich. Ihren Anführer finden sie in dem Priester Mattathias, der sich gewaltsam dem Zwang zum heidnischen Opfer widersetzt. Sein Sohn Judas Makkabäus (»der Hammermann«) formiert die Aufständischen und beginnt einen Guerillakrieg gegen die seleukidische Fremdherrschaft. Deren Heerführer Lysias muss drei Niederlagen hinnehmen.

Nach zweijährigem Kampf erobern die Makkabäer Jerusalem und weihen 164 v. Chr. den geschändeten Tempel neu. Im Jahr darauf erreicht Judas Makkabäus die Rücknahme der antijüdischen Gesetze sowie einen Friedensvertrag. Inzwischen erhebt Rom Gebietsansprüche. Als sich die Makkabäer mit Rom-freundlichen Kreisen verbünden, kommt es zu neuen Kämpfen, bei denen Judas Makkabäus 160 v. Chr. fällt. Sein Nachfolger Jonathan setzt eine von Rom abhängige, aber relativ eigenständige judäische Selbstverwaltung durch.

Münzbildnis des makedonischen Königs des Seleukiden-Reichs Antiochos IV., der den Makkabäer-Aufstand veranlasste

Rom unterwirft Griechenland

Mit einem demütigenden Sieg über Korinth zeigt Rom der gesamten griechischen Welt seine militärische Überlegenheit. Unwiderruflich hat sich das Römische Reich nun die Vormacht im gesamten Mittelmeerraum erkämpft.

■ **146 v. Chr.:** Römische Legionen zerstören und plündern die griechische Stadt Korinth. Damit ist die Machtfrage in Griechenland für Rom entschieden.

50 Jahre zuvor hatten die Römer den griechischen Städten feierlich die Freiheit verkündet. Bald darauf war klar, dass Freiheit die Abhängigkeit von Rom bedeutete. Dass Rom keinen Widerstand gegen seine Herrschaft duldete, war schon 168 v. Chr. deutlich geworden, als Rom den makedonischen König Perseus besiegt und die Machtverhältnisse in der Ägäis neu geordnet hatte. Rom verfolgte das Ziel der bedingungslosen Unterwerfung sowohl mit brutaler Gewalt als auch mit politischen Schritten. Der ägäischen Insel Delos erteilte es den Status eines Freihafens. Auf dieses Weise wurde die Seemacht Rhodos seiner Einnahmen beraubt und bis an den Rand des finanziellen Ruins getrieben. Die Bevölkerung Makedoniens musste Steuern an Rom entrichten. Die Bevölkerung des Molossen-Reiches wurde in die Sklaverei geführt.

Marcus Porcius Cato, Vorbild altrömischer Sittenstrenge, prägt den Satz: »Im Übrigen bin ich der Meinung, dass Karthago zerstört werden muss.«

02744

Polybios: Die Macht Roms

Bevor Rom sich aus den griechischen Städten wieder zurückzog, wurde die Rom-kritische Oberschicht in die Reichshauptstadt deportiert und dort interniert. Unter den rund 1000 Geiseln befand sich auch der Geschichtsschreiber Polybios (200–120 v. Chr.).

Auch Werte der hellenistischen Kultur gelangten so nach Rom: Aus der Bibliothek des makedonischen Königshauses wurden die Werke griechischer Philosophen, Rhetoriker und Naturwissenschaftler nach Rom gebracht und begierig studiert. Die Kultur Athens, verbunden mit dem scheinbar unbändigen Freiheitswillen des Volkes, galt den Römern zugleich als Vor- und Feindbild. Erst wenn diese kulturelle Konkurrenz ausgeschaltet oder romanisiert sei, so Roms Sicht, sei die hellenistische Herrschaft endgültig gebrochen.

Hoher Blutzoll

Einen willkommenen Anlass für die völlige Unterwerfung bot ein Aufstand in Korinth. Sklaven, Seeleute und Arbeiter schlossen sich zusammen und protestierten gegen Roms Politik, die von Korinth den Austritt aus dem Achaiischen Bund verlangte. Die Revolte breitete sich schnell auf die Nachbarstädte aus.

Zerstörung Korinths unter Mummius; Holzstich nach Zeichnung von Heinrich Leutemann, 19. Jahrhundert

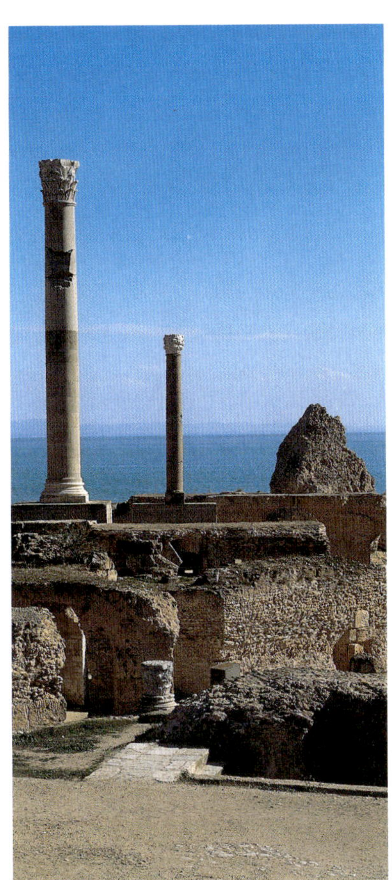

Blick auf die Ruinen der berühmten Thermen von Karthago

Kritolaos, ein Feldherr des Achaiischen Bundes, setzte sich an die Spitze der Bewegung. »Die Achäer hatten gehofft, in den Römern Freunde, nicht Herren zu finden«, klagte er römischen Gesandten. In Makedonien formierten sich daraufhin die römischen Truppen und zogen nach Süden. Bei Skarpheia erlitt Kritolaos 146 v. Chr. eine vernichtende Niederlage. Auch seinem Nachfolger Diaios gelang es nicht, die Römer zu stoppen. Am Isthmus unterlagen die Truppen der Aufständischen.

Ende der Unabhängigkeit

Obwohl Korinth kapituliert, fallen die Römer unter dem Feldherrn Lucius Mummius in die Hafenstadt ein. Zunächst sammeln sie die Kunstwerke und bringen sie in Sicherheit. Dann zünden sie die Stadt an und machen sie dem Erdboden gleich. Unzählige Menschen werden getötet, versklavt oder nach Rom verschifft.

Damit ist die Geschichte des eigenständigen Griechenland faktisch beendet. Der römische Statthalter für die Provinz Makedonien verwaltet nun von Thessaloniki aus auch das griechische Gebiet. Auch im Osten fällt Rom neue Macht zu: Der pergamenische König Attalos III. vermacht Rom nach seinem Tod im Jahr 133 v. Chr. testamentarisch sein Reich.

Streit um Landverteilung

Ein Ackergesetz soll den italischen Bauern Rechte und Land garantieren. Die römischen Senatoren, mittlerweile aufgestiegen zu Großgrundbesitzern, lehnen die Reform ab und bringen ihre politischen Gegner um.

■ **133 v. Chr.:** Mit Stuhlbeinen bewaffnete Senatoren erschlagen mitten in einer Volksversammlung den Volkstribunen Tiberius Gracchus (162–133 v. Chr.) und seine Anhänger. Damit geht ein Konflikt um die gerechte Verteilung von Land blutig zu Ende.

Der Streit hatte sich an einer Landreform entfacht, die Tiberius Sempronius Gracchus eingebracht hatte. Der Tribun erlebte immer wieder die Armut der ländlichen Bevölkerung. Der Niedergang des freien Bauernstandes bedeute eine Gefahr für die Römische Republik, befürchtete Tiberius. Mit Hilfe einer Landreform wollte er die Nutzungsrechte des Staatslandes begrenzen. Außerdem sollte das Ackergesetz den Zuzug der ehemaligen Bauern in die Städte aufhalten und ihnen neuen Grundbesitz zuweisen: Niemand sollte mehr als 500 Morgen Land besitzen dürfen; das frei werdende Land sollte unter den besitzlosen Bauern aufgeteilt werden.

Während die Volksversammlung ihren Tribun unterstützt, lehnt der Senat das Ackergesetz ab. Den Widerstand bricht Tiberius unter Missachtung geltenden Rechts. Als er sich entgegen der Verfassung erneut zum Volkstribunen wählen lassen will, wird er ermordet.

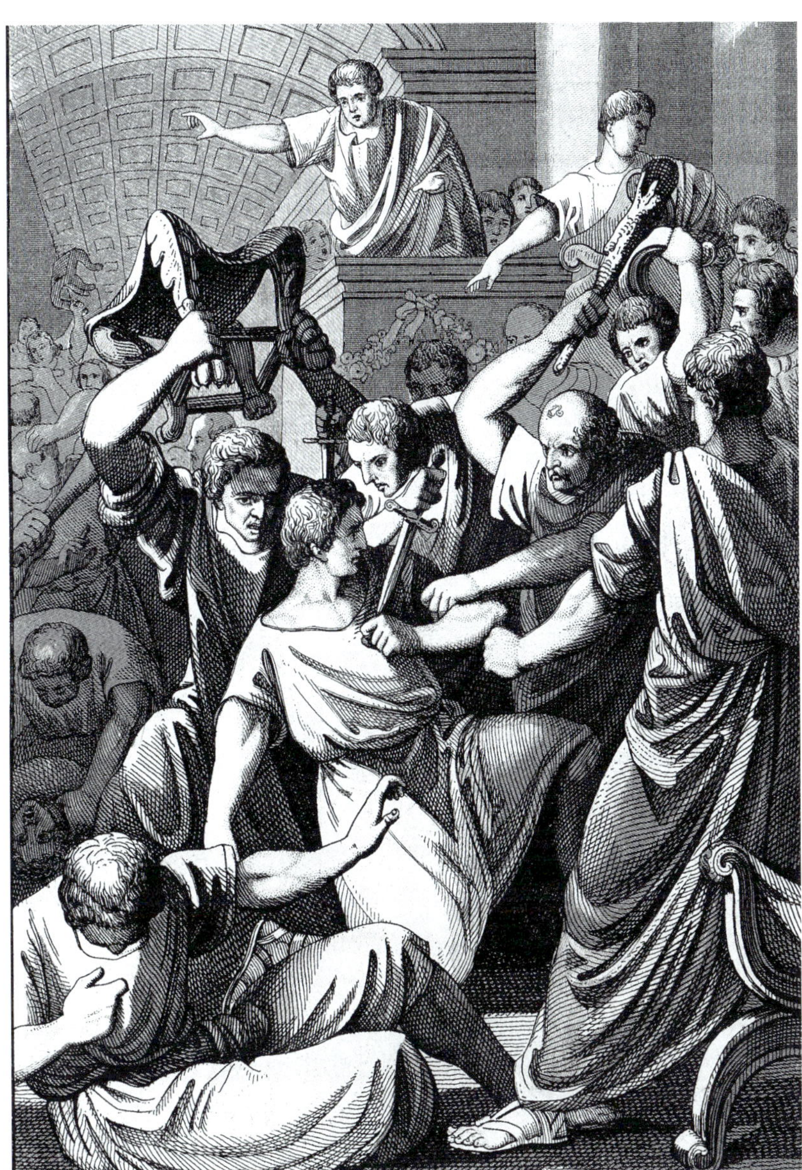

01407
Tiberius Gracchus

Tiberius Gracchus wird von Senatoren erschlagen; Stahlstich, 19. Jahrhundert.

Zwischen Mörtel und Marmor: Alltag in Rom

Die Amtszeit des Augustus bringt der römischen Baukunst einen ungeahnten Aufschwung. Wohlhabende Bürger genießen in ihren Villen großen Wohnkomfort, während die ärmere Bevölkerung mit dürftigen Mietskasernen vorliebnehmen muss. Fester Bestandteil des Alltags eines jeden Römers ist der Höflichkeitsbesuch bei seinem »dominus«.

Das Tagewerk eines Römers beginnt bei Sonnenaufgang, manchmal schon früher. Künstliche Beleuchtung ist selten, schlecht und teuer, darum trachten auch hochgestellte Persönlichkeiten danach, das Tageslicht auszunutzen. Gleich nach dem Aufstehen begibt sich jeder zu seinem »dominus«, um ihm einen Höflichkeitsbesuch abzustatten. Jeder in Rom ist irgendeinem Höhergestellten verpflichtet, nur der Kaiser hat niemanden über sich. Der Einfluss eines Patriziers hängt von der Zahl seiner Klienten ab. Bei diesen Besuchen werden Bitten und Klagen vorgetragen. Der Herr ist auf jeden Fall verpflichtet, seine Klienten täglich zu empfangen und sie zu unterstützen, wenn sie in Not geraten. Arme machen mehrere Besuche, um ihr Einkommen zu erhöhen. Nach dem Empfang macht sich der Herr seinerseits auf den Weg, um Besuche abzustatten, während die Klienten zur Arbeit gehen. An den morgendlichen Höflichkeitsbezeugungen nehmen nur Männer teil und Witwen, die ein besonderes Anliegen haben.

Reste einer Fußbodenheizung in Pompeji

Das Leben der Frauen spielt sich im Allgemeinen zu Hause ab. Sie besitzen gegenüber früheren Jahrhunderten mehr Freiheit. So werden sie nicht mehr von der Vormundschaft der Eltern in die des Ehemannes gegeben. Die Frauen können ihren Mann frei wählen und sind selbst erbberechtigt, ein Recht, das man zunächst Müttern von drei Kindern zugestand, um die Geburtenziffer zu erhöhen.

Marmor und Fussbodenheizung

Als erster römischer Kaiser will Augustus das tönerne Rom in eine Stadt aus Marmor verwandeln. Wie andere Kunstarten auch, steht die öffentliche Baukunst in Rom immer im Dienst der Politik. Viele Bauwerke spiegeln die Kaiserverehrung sowie die Kriegserfolge wider. Der Kaiserkult erfordert Tempelanlagen: zerfallene werden erneuert, zusätzliche erbaut. Um die Massen zusammenzuführen, bauen römische Ingenieure und Architekten riesige Hallen und Theater. Dabei bedienen sie sich hellenistischer Baustile und etruskischer Architektur, aber auch andere Stile aus den östlichen Provinzen sind zu erkennen.

Das römische Wohnhaus ist zunächst Einzelhaus; das typisch italische Atriumhaus mit kleinem offenem Hof in der Mitte wird unter hellenistischem Einfluss um einen zweiten Gartenhof erweitert. Villen können ebenso wie die großen Thermenanlagen über eine Fußbodenheizung verfügen. Unter dem zu heizenden Zimmer befindet sich ein durchgehender Hohlraum. Der Fußboden darüber wird von zahlreichen, aus Ziegeln gemauerten Säulen getragen. Außerhalb des Gebäudes liegt die Heizkammer, von der ein Kanal zu dem Hohlraum unter dem Fußboden führt. Vor der Heizung ist unterflur ein oben offener Vorraum angelegt, das »praefurnium«, von dem aus der Ofen angeheizt wird. Auf der der Heizung gegenüberliegenden Seite des Hohlraums befinden sich Rohre, die den Rauch und die Heizgase ableiten. Oft sind auch die Wände des zu beheizenden Raums aus Hohlziegeln gemauert, die sich als geschlossenes Röhrensystem an den Unterflurhohlraum anschließen.

In den großen Städten wie Rom und Ostia müssen sich die weniger wohlhabenden Bürger in engen Mietskasernen mit einem bescheideneren Wohnkomfort begnügen. Die Mietshäuser, die oft eine Höhe von über 20 m erreichen, verfügen im Allgemeinen über eine Grundfläche von nicht mehr als 300 m². Die Einsturzgefahr wird durch die Habgier der Erbauer erhöht, die auf Kosten der Festigkeit am Baumaterial sparen. Bricht Feuer aus, kann nur ein rechtzeitiger Alarm die Bewohner retten.

Mörtel revolutioniert die Bauweise

Als sich im 1. Jahrhundert v. Chr. die Ziegel-Mörtel-Bauweise und das Gussmauerwerk durchsetzt, wird die Konstruktion von Bogen und Wölbung einfacher und stabiler. Das ermöglicht eine Weiterentwicklung der Fassadenarchitektur, auch der Bühnenfronten, Theater und Platzanlagen. Auch den Bau von Brücken und Aquädukten erleichtert die Bogenbautechnik wesentlich. In der Kaiserzeit dokumentiert sich die römische Baukunst eindrucksvoll in Amphitheatern, Brücken, Torbauten und Thermen.

Beeindruckende Konstruktionen sind die Aquädukte, über die Trinkwasser für die Städte über weite Strecken von der Quelle zum Verbraucher geleitet wird. Die älteste Wasserleitung ließ Appius Claudius Caecus 312 v. Chr. für Rom anlegen. Die Leitungen sind Gefälleleitungen; um Steigungen zu umgehen, nehmen sie oft weite Umwege. Täler werden meist durch Aquädukte überwunden, der Kanal wird hier über eine Brücke geführt. Damit wird verhindert, dass das Wasser einen zu hohen Druck bekommt.

Ein römischer Fleischer bei der Arbeit; Relief, 2. Jahrhundert n. Chr.

Ein Weltreich unter Waffen

Der Erfolg der römischen Expansion und des Aufstiegs Roms zur Weltmacht liegt in der überlegenen Kriegstechnik und Heeresstruktur der Römer begründet. Zunächst orientieren sich die Bewohner Italiens an den waffentechnischen Konstruktionen der Griechen, später entwickeln sie deren Erfindungen weiter und perfektionieren sie.

Bereits im 4. Jahrhundert lässt Alexander der Große von seinem Kriegsbaumeister und Ingenieur Diades sog. Helepolen bauen. Das sind Belagerungstürme, die so groß sind, dass sie die Festungsmauern der feindlichen Städte weit überragen. Die riesigen Kriegsmaschinen werden durch die Muskelkraft ihrer Insassen über große Treträder, Haspeln und Flaschenzüge fortbewegt. Auf diese Weise können sich die Belagerer gefahrlos den feindlichen Festungen nähern und über die Mauern in diese eindringen. Vor der phönizischen Stadt Tyros gibt Alexander den Befehl, einen achträdrigen, 53 m hohen Turm mit 20-geschossigem Aufbau in Stellung zu bringen.

Mit dem Aufkommen der Helepolen liegt der Gedanke an geschlossene und damit vor feindlichem Beschuss sichere Kriegswagen nahe. So konstruiert der Grieche Demetrios um 308 v. Chr. einen Angriffswagen für zwei Mann, von denen der eine lenkt, während der andere mit den Füßen die Hinterräder antreibt.

Pfeile, Feuer, Eisenhelme

Im griechischen Syrakus werden Torsionskatapulte bekannt. Im Krieg gegen Karthago setzen die Ingenieure von Dionysios I. von Syrakus erstmals derartige Geschütze ein, die Pfeile von 1,8 m Länge verschießen. Sie sollen die Feinde von den Mauern der belagerten karthagischen Kolonie Motya vertreiben. Bald werden auch Brandsätze geworfen oder verschossen. Um 360 v. Chr. beschreibt Aeneas einen Brandsatz aus Pech, Schwefel, Werg, Weihrauch und Kienspänen, der als Wurfgeschoss eingesetzt wird.

Besseren Schutz der Krieger vor geworfenen oder geschleuderten Geschossen bietet eine Erfindung des auf der italienischen Halbinsel beheimateten Marcus Furius Camillus. Er ersetzt die bisher üblichen ledernen Helme durch Hauben aus Eisen. Die neuartige Kopfbedeckung bietet zwar besseren Schutz, ist dafür aber eine enorme Belastung für die Soldaten. Aus dem Jüdischen Krieg des Titus (um 80 n. Chr.) ist eine Vielzahl römischer Soldatenhelme bekannt geworden, die in der Nähe der belagerten Stadt Massada gefunden wurden. Die Helme weisen kaum Anzeichen von Kampfspuren auf und tauchen an wenigen Stellen in großen Mengen auf. Die Forschung geht davon aus, dass sich die römischen Legionäre ihrer Helme schlichtweg entledigt haben, weil sich das Eisen auf dem Kopf in der Sonne des israelischen Landstrichs aufs Unerträglichste erhitzte.

Schnellfeuerwaffe Katapult

Zwei Hauptformen der Geschütze sind seit Anfang des 4. Jahrhunderts v. Chr. bekannt: das Katapult und die Balliste. Das Katapult ist eine große, fahrbare Wurfmaschine. Quer zum Chassis ist ein starkes Sehnen- oder Seilbündel befestigt, in dessen Mitte das Schaftende eines riesigen Holzlöffels gesteckt ist. Zunächst ist dieser Löffel in horizontaler Lage arretiert. Das Seilbündel lässt sich mit beidseitigen Winden gegenüber dem Löffelschaft verdrallen. Löst man danach die Arretierung des Löffels, so schnellt dieser wie ein Hebel hoch, bis er – in Senkrechtstellung – gegen einen Querbalken stößt und dabei das in seiner Kelle liegende Wurfgeschoss fortschleudert. Die Reichweite derartiger Maschinen liegt bei 400 bis 500 m. Verschossen werden neben Pfeilen auch schwere Kugeln. Als Polybolon (griech. = Vielwerfer) ausgeführt, arbeitet das Katapult praktisch automatisch: Die Kurbel spannt die Geschützsehne nicht nur, sie fördert über eine Walze zugleich einen neuen Pfeil in eine Schussrinne und löst sodann den Abzug aus. Derartige Katapulte erfordern nur einen Mann Bedienung und arbeiten als Schnellfeuerwaffen.

Rekonstruktion eines römischen Legionärs des 1. Jahrhunderts v. Chr.

Wie erfolgreich diese Waffen sind, zeigt ihre jahrhundertelange Verbreitung. Noch 390 n. Chr. beschreibt der römische Geschichtsschreiber Ammianus Marcellinus in seinem 23-bändigen Werk »Res gestae« die zu dieser Zeit üblichen »Melleoli« – Feuerpfeile, die mit Katapulten abgeschossen werden.

Den Brandsatz derartiger Geschosse erklärt Flavius Vegetius Renatus in »Epitome Rei militares«: Er besteht aus Werg, Harz, Schwefel und Erdöl. Brandsätze in der Kriegsführung sind nicht neu. Schon Aeneas der Taktiker beschrieb Feuertöpfe, die von Hand gegen die feindlichen Stellungen geschleudert wurden. Neu ist die Kombination von Brandsätzen und Katapulten. Bisher war es nicht gelungen, brennende Körper mechanisch zu verschießen, da sie bei der schnellen Bewegung durch das Fortblasen der Flammengase sofort erloschen. Die neuen Feuerpfeile tragen ihr Brennmaterial deshalb nicht an der Oberfläche, sondern im Innern einer hinter der Spitze aufgesetzten spindelförmigen und auf beiden Seiten durchlöcherten Hülse. Sie eignen sich jedoch nur für Überraschungsangriffe, denn sie lassen sich leicht löschen.

Lanzen, Schwerter, Rammböcke

Weitere Kriegsgeräte der Römer fasst Flavius Vegetius Renatus in seiner Abhandlung über die Kriegskunst zusammen:

- Lanzen und Speere: Diese Angriffswaffen sind 4,3 bis 6,5 m lang. Besonders weit verbreitet ist ein Wurfspeer mit Wurfschlinge, das so genannte »pilum«.
- Schwerter: Neben dem »pilum« sind sie die Hauptwaffen der römischen Legionäre. Die ursprünglich aus Bronze gefertigten Schwerter bestehen jetzt aus Eisen oder Stahl, sind 60 bis 70 cm lang und heißen »gladius«.
- Ramm- oder Sturmböcke: Das sind schwere, zum Teil fahrbare Holzkonstruktionen, die jetzt an ihrem vorderen Ende meist Metallspitzen oder Mauerbohrer tragen und dem Zertrümmern von Festungstoren oder -mauern dienen.
- Taktische Einrichtungen: strategische Anlagen und Geräte, wie die »Semaphoren«, erste Balkentelegrafen, die jetzt neben die seit langem verwendeten Feuertelegrafen treten.

Der Philosoph und Dichter Johann Gottfried Herder (1744–1803) über die hervorstechendste Eigenschaft des römischen Imperiums:

»Rom von seinem höchsten bis im Notfall zum niedrigsten Gliede war ein Kriegsstaat.«

Venus wird Schutzgöttin

Nachdem die Liebesgöttin Aphrodite bereits in der griechischen Antike hohe Verehrung erfahren hat, steuert der Kult um Venus, das römische Pendant der Göttin der Liebe und Schönheit, auf seinen Höhepunkt zu.

■ **Um 130 v. Chr.:** Auf der Kykladeninsel Milo formt ein Bildhauer aus Marmor den Körper der Liebesgöttin Aphrodite, die in Rom unter dem Namen Venus verehrt wird. 1820 wird die Statue entdeckt. Bis heute gilt sie wegen ihrer makellosen Schönheit als eines der bedeutendsten Kunstwerke der Antike.

Der Aphrodite-Kult war aus Asien über verschiedene Inseln und Hafenstädte nach Griechenland gelangt; Kultstätten finden sich besonders auf Zypern und Kythera. In Aphrodite verbinden sich Züge der semitischen Fruchtbarkeitsgöttin Astarte, kleinasiatischer Muttergottheiten und griechischer Mythologie. Hier gilt Aphrodite als Tochter des Zeus; ihr Name bezeichnet sie nach griechischer Erklärung als »Schaumgeborene«. Ihren Gemahl Hephaistos hat sie mit dem Kriegsgott Ares betrogen; der Liebesgott Eros (röm.: Amor) ging aus dieser Verbindung hervor. Mit dem Trojaner-Fürsten Anchises zeugt Aphrodite ihren Sohn Aeneas, den es aus Troja nach Karthago und schließlich nach Rom verschlägt.

Das Schönheitsideal der Antike: die Venus von Milo

02745 Kaiser Sulla opfert Venus ein Beil

Dass Aphrodite unter dem Namen Venus auch in Rom große Verehrung erfährt, ist in der römischen Religionspolitik begründet: Möglichst viele fremde Kulte sollten in der Reichshauptstadt angesiedelt werden. Von 295 v. Chr. an ist ein Staatskult für Venus belegt. Venus gilt als Numina, als eine der Verkörperungen römischer Tugenden; hier steht sie in einer Reihe neben Spes (»Hoffnung«), Concordia (»Eintracht«) und Virtus (»Mannhaftigkeit«). Als er 217 v. Chr. Hannibals Truppen unterlag, gelobte Feldherr Fabius Maximus, der Venus einen Tempel in Rom zu errichten. 215 v. Chr. wurde er eingeweiht. Im gleichen Jahr entsteht in Sizilien auf dem Berg Eryx eine Kultstätte. Als Erster erhebt Kaiser Sulla (138–78 v. Chr.) Venus zur persönlichen Schutzgottheit. In Delphi empfängt Sulla ein Orakel, in dem ihm Venus als Begleiterin im Kampf gegen Makedonien und als Ahnherrin des römischen Kaisergeschlechtes erscheint.

Cäsar führt Venus im Siegel

Somit können Sulla und nach ihm Pompeius (106–48 v. Chr.) und Cäsar (100 bis 44 v. Chr.) ihre kaiserliche Stellung als direkte Nachkommenschaft von Venus und Zeus darstellen. 48 v. Chr. weiht Cäsar der Venus einen Tempel mit einem großen Kultbild des Bildhauers Arkesilaos; als glühender Verehrer führt Cäsar ein Bild der Venus sogar in seinem Siegelring. Bei der Totenfeier wird Cäsars Leichnam in einem vergoldeten Nachbau des römischen Venus-Tempels aufgebahrt. Unzählige Statuen belegen die Verehrung der Aphrodite und Venus im gesamten römisch-hellenistischen Kulturraum.

Gaius Marius reformiert das Heer

Um den Anforderungen der modernen Kriegsführung gerecht zu werden, führt der erfolgreiche römische Feldherr Gaius Marius eine Heeresreform durch. Die römischen Legionen werden daraufhin noch schlagkräftiger.

■ **104 v. Chr.:** Nach der siegreichen Beendigung des Jugurthischen Krieges gegen Numidien (111–105 v. Chr.) gilt der römische Feldherr Gaius Marius als Einziger, der die Germanengefahr abwenden kann. Von 104 bis 101 v. Chr. wird er fünfmal hintereinander zum Konsul gewählt, in allen Fällen unter Missachtung der für die Wiederwahl zwingend vorgeschriebenen Wartefrist.

Um sich eine schlagkräftige, ergebene Truppe zu schaffen, führt er eine Heeresreform durch. Wichtigste Neuerungen sind die Einführung einer 16-jährigen Dienstzeit, eine Altersversorgung für die Veteranen sowie die Anwerbung von Proletariern (Besitzlosen).

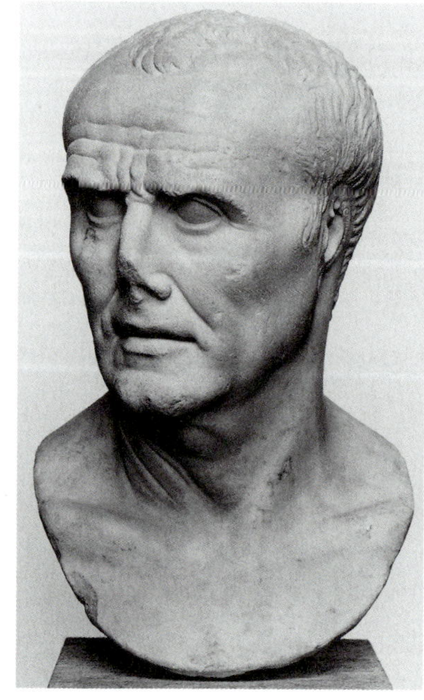

Porträtbüste des römischen Feldherrn Gaius Marius

Früher war es üblich, besitzende Bürger zum Kriegsdienst heranzuziehen. Sie mussten zunächst für ihre Ausrüstung und ihren Unterhalt selbst aufkommen, später übernahm der Staat diese Kosten. Dennoch ruinierten die häufigen Kriege breite Schichten des Mittelstandes, der schließlich unter der finanziellen Belastung zusammenbrach.

Das besitzlose Proletariat dagegen weitet sich immer mehr aus. Die Möglichkeit, sich freiwillig zum Berufsheer zu melden, bietet vielen ein Einkommen und entlastet den Staat von der Armenunterstützung. Aushebungen von Rekruten sind noch gesetzlich möglich, werden aber kaum durchgeführt. Statt dessen ziehen die Werber durch die Proletarierviertel. Neu ist auch, dass Bundesgenossen, die das römische Bürgerrecht erhalten, mit Römern zusammen dienen. Sie waren vorher in eigenen Einheiten zusammengefasst und wurden in der vordersten Linie eingesetzt.

Rom schlägt Kimbern und Teutonen

Römische Legionen besiegen in zwei gewaltigen Schlachten die Germanenstämme der Kimbern und Teutonen. Die Germanengefahr ist für Rom vorerst gebannt. Marius wird nach den Siegen als »Dritter Gründer Roms« gefeiert.

■ **102/01 v. Chr.:** Der römische Heerführer Gaius Marius besiegt die Teutonen und ihre Verbündeten bei Aquae Sextiae und die Kimbern bei Vercellae.

Die Kimbern und Teutonen nahmen nach ihrer letzten erfolgreichen Schlacht gegen die Römer bei Arausio (105 v. Chr.), welche die Angst der Römer vor den Keltenstürmen des 4. Jahrhunderts v. Chr. erneuerte, ihre Wanderungen wieder auf. Die Kimbern gingen nach Spanien, die Teutonen wandten sich Gallien zu. Beide hatten das Ziel, Italien anzugreifen. Die Kimbern und ihre Verbündeten, die Tiguriner, wollten über die Pässe der nördlichen Alpen in die Poebene einfallen; die Teutonen und die ihnen verbündeten Ambronen nahmen den Weg über die Westalpen.

Um die drohende Germanengefahr abzuwehren, beriefen die Römer Marius zu ihrem ersten Feldherrn. Dem Sohn eines Bauern aus Arpinum gelingt es, die Teutonen am Weitermarsch zu den Alpenübergängen zu hindern. Im Frühjahr 102 v. Chr. schlägt er die Teutonen beim römischen Sperrlager am Einfluss der Isère in die Rhône zurück, worauf die Wandervölker die Rhône abwärts nach Süden ausweichen. Noch im Herbst desselben Jahres vernichtet Marius in zwei Schlachten am Südwestrand der Alpen bei Aquae Sextiae (Aix-en-Provence) die Teutonen endgültig. Der Teutonenführer Teutobod fällt in römische Hand.

Währenddessen versucht Marius' Amtsgenosse Q. Lutatius Catullus vergeblich, die das Etschtal herabmarschierenden Kimbern aufzuhalten. Er kann jedoch sein Heer retten und vereinigt es mit dem des Marius. Vereint stoßen sie im Sommer 101 v. Chr. in der Lombardei auf die Kimbern, die über den Brenner in die Poebene gezogen waren und das Land verwüsteten. Es kommt zu einer persönlichen Zusammenkunft zwischen Marius und dem Kimbernfürsten Bojorix. Dabei schlägt Marius die Bitte des Fürsten um Landzuweisung und Saatkorn ab und vereinbart mit ihm den Tag und Ort der Schlacht.

Selbstmord statt Sklaverei

Am 30. Juli 101 v. Chr. kommt es auf den »Campi Raudii« bei Vercellae zum Kampf zwischen beiden Heeren. Die Römer besiegen die Kimbern; Fürst Bojorix fällt in der Schlacht. Aus Furcht vor Versklavung begehen die germanischen Fürsten und Krieger Selbstmord. Auch die Frauen, die, in schwarze Gewänder gehüllt, an der vergeblichen Verteidigung der Wagenburg teilgenommen haben, entziehen sich durch Freitod der römischen Gefangenschaft.

Die Niederlage der Kimbern und Teutonen ist für beide Völker vernichtend. Marius hatte bei der Schlacht von Aquae Sextiae etwa 35 000 Mann gegen die Teutonen zur Verfügung. Deren Heer war etwa gleich stark.

02747
Plutarch: kollektiver Selbstmord

Die Germanen fallen in Italien ein; Holzstich, 1860.

Bürgerkrieg im Römischen Reich

Ein Streit zwischen Rom und seinen italienischen Bundesgenossen mündet in einen Krieg. Der Bruderkampf erschüttert die Römische Republik und leitet drastische Veränderungen der politischen Struktur des Reiches ein.

■ **91 v. Chr.:** Die Ermordung eines römischen Gesandten in Asculum löst den Bundesgenossenkrieg aus, in dem sich die meisten Bundesgenossen gegen Roms Vorherrschaft erheben und das römische Bürgerrecht fordern. Die Bundesgenossen (Socii) gründen einen eigenen italienischen Städtebund mit der Hauptstadt Corfinium. Rom unterliegt im Bürgerkrieg und muss die Verleihung des römischen Bürgerrechts an die Bundesgenossen zugestehen. Rom und Italien sind so rechtlich eine Einheit geworden.

Ein Jahr danach beginnt der erste Mithridatische Krieg (89–84) zwischen dem Königreich Pontos und Rom. Es geht dabei um die Macht in Kleinasien. Die Kämpfe weiten sich zum Bürgerkrieg zwischen den römischen Feldherren Sulla und Marius aus. Während Sulla im Osten des Reiches kämpft, führt Marius zusammen mit Cinna in Rom eine Schreckensherrschaft.

Mithridates VI. Eupator ersticht seinen Neffen Ariarathes; der König von Pontos dehnt seine Herrschaft in Kleinasien aus und kommt dabei mit Rom in Konflikt; Kupferstich von Matthäus Merian d. Ä., 17. Jahrhundert.

02748
Sulla beschämt seine feigen Soldaten

Blutbad unter Römern: Die Vesper von Ephesos

In mehreren kleinasiatischen Städten werden im Jahr 80 v. Chr. an einem Tag rund 80 000 Römer ermordet. Mit diesem Zeichen seiner Macht hofft der König von Pontos, Mithridates VI., Rom aus seinem Einflussbereich auszugrenzen. Der Historiker Theodor Mommsen (1817–1903) schildert die »Vesper von Ephesos« in seiner »Römischen Geschichte«:

»Von Ephesos aus erließ König Mithridates an alle von ihm abhängigen Statthalter und Städte den Befehl, an einem und demselben Tage sämtliche in ihrem Bezirk sich aufhaltende Italiker, Freie und Unfreie, ohne Unterschied des Geschlechts und des Alters, zu töten und bei schwerer Strafe keinem der Verfemten zur Rettung behilflich zu sein, die Leichen der Erschlagenen den Vögeln zum Fraß hinzuwerfen, die Habe einzuziehen ...

Die entsetzlichen Befehle wurden mit Ausnahme weniger Bezirke ... vollzogen und achtzig-, nach anderen Berichten hundertundfünfzigtausend wenn nicht unschuldige, so doch wehrlose Männer, Frauen und Kinder ... an einem Tage in Kleinasien geschlachtet – eine grauenvolle Exekution, wie welcher die gute Gelegenheit, der Schulden sich zu entledigen und die dem Sultan zu jedem Henkerdienst bereite asiatische Schergenwillfährigkeit wenigstens ebensosehr mitgewirkt haben wie das vergleichungsweise edle Gefühl der Rache.«

Der deutsche Historiker und Jurist Theodor Mommsen

Der griechische Philosoph Demokrit (470 bis um 380 v. Chr.) charakterisiert den Bürgerkrieg:
»Bürgerkrieg ist für beide Parteien ein Unglück. Denn das Verderben trifft Sieger und Besiegte in gleicher Weise.«

Sulla entmachtet das Volk

Aus den Kämpfen zwischen den eher volksverbundenen Popularen und den adligen Optimaten geht Sulla siegreich hervor. Als Diktator stärkt er einseitig den Senat und den Adel und ebnet damit den Weg Roms zum Kaisertum.

82 v. Chr.: Nach einem blutigen Bürgerkrieg erhält Feldherr Lucius Cornelius Sulla die Vollmachten eines Diktators. Seine weit reichenden Reformen zugunsten des Senats führen in den folgenden Jahren zu harten sozialen Kämpfen.

Während Sulla in Kleinasien gegen den pontischen König Mithridates VI. kämpfte, besetzten die senatsfeindlichen Popularen Rom. Gemeinsam mit dem Konsul Lucius Cornelius Cinna übte Sullas Widersacher Gaius Marius eine Gewaltherrschaft aus und richtete unter den Optimaten ein Blutbad an.

Nach seinem Sieg im Osten zog Sulla mit seinem Heer 83 v. Chr. gegen Rom und befreite die Hauptstadt von den Popularen. Mit den Besiegten geht Sulla hart ins Gericht: 6000 lässt er töten, die Namen der Restlichen lässt er öffentlich aushängen und erklärt sie damit für vogelfrei. Die Ländereien, die er seinen Gegnern abnimmt, verteilt er unter 120000 Veteranen. Der Senat wählt Sulla zum Diktator auf unbestimmte Zeit mit dem Auftrag, die Römische Republik »neu zu errichten«. Sullas Maxime ist die Schwächung der Volkstribunen. Im gleichen Zug erweitert er den Senat von 300 auf 600 Mitglieder und erhöht die Zahl der Staatsämter. Italien lässt er entmilitarisieren; um die Gefahr von Putschversuchen zu unterbinden, gesteht er dem Senat die Entscheidung über militärische Handlungen in den Provinzen zu.

Lucius Cornelius Sulla, römischer Feldherr und Staatsmann; Statue, 1. Jahrhundert v. Chr.

Ämterlaufbahn in Rom

In Sullas Zeit bildet sich eine feste Anzahl politischer Ämter heraus, die in einer geregelten Reihenfolge und abhängig von einem festgesetzten Lebensalter römischen Bürgern offen stehen. Tatsächlich ist der Kreis der Bewerber stark eingegrenzt. Zunächst ist der Nachweis der römischen Staatsbürgerschaft zu erbringen, bereits der Großvater muss ein Freigeborener gewesen sein, und es darf kein Gerichtsverfahren zum Zeitpunkt der Kandidatur anhängig sein.

Ein Mindestvermögen ist nicht vorgeschrieben, die Praxis hingegen lässt nur reiche Bewerber zu, da keines der Staatsämter besoldet wird. Es handelt sich um Ehrenämter, die in Rom fest in der Hand einer kleinen Aristokratenschicht liegen. Daran ändert auch die Tatsache nichts, dass alle Ämter durch Volkswahl vergeben werden. Der Kandidat betreibt seine Wahlkampagne auf eigene Kosten, die beträchtliche Summen erreichen können und oft zu Bestechungen verwendet werden.

00950 Appian über Sulla

Skythen erobern Indien

Das Nomaden- und Reitervolk der Skythen fällt in Indien ein. Im Laufe von etwa 100 Jahren überrennen die Invasoren aus dem Iran den Großteil der indogriechischen Reiche.

Um 100 v. Chr.: Skythische Reiterscharen dringen von Nordwesten her nach Indien ein und beginnen mit der Eroberung und Unterwerfung des indischen Subkontinents. Um 90 v. Chr. fällt Gandhara mit seiner Hauptstadt Txila den Skythen zum Opfer, die auch als Saken bezeichnet werden. Die verbliebenen indogriechischen Königreiche überrennen die Skythen im Laufe der nächsten sechs Jahrzehnte.

Die Skythen, ein iranisches Reiter- und Nomadenvolk, sind Viehzüchter und gelten als gefürchtete Bogenschützen. Das Volk, das zur Gruppe der Nord-Iranier zählt, wanderte im 9./8. Jahrhundert v. Chr. aus seiner ursprünglichen Heimat, der mittelasiatischen Steppe, an den Don und in die Karpaten, wo es sich niederließ und sesshaft wurde.

Um 650 v. Chr. fielen die Reiterscharen der einzelnen Skythenstämme nach Vorderasien ein und zogen plündernd und brandschatzend durch das Land. Von den Medern in der Folgezeit aus dem Vorderen Orient vertrieben, konnten sie sich gegen die Perser behaupten.

König Mithridates VI. von Pontos unterwarf 108 v. Chr. das letzte selbständige Fürstentum der Skythen.

Goldener Schildschmuck der Skythen, 7./6. Jahrhundert v. Chr.

Sklavenaufstand unter Spartacus

Ein Sklavenaufstand unter Führung des Thrakers Spartacus bedroht die römische Herrschaft. Mit der Niederschlagung der bislang größten Erhebung von Unfreien wehrt Rom eine große innere Gefahr ab.

■ **73 v. Chr.:** Aus der Gladiatorenschule in Capua brechen der Sklave Spartacus und einige seiner keltischen und thrakischen Mitgefangenen aus. Unter der Führung des Gladiators Spartacus, eines Nachkommen des thrakischen Königshauses, können die Sklaven binnen weniger Monate ein über 40 000 Mann starkes Heer aufstellen, das sich aus Kelten, Germanen, Thrakern und Sklaven zusammensetzt. Spartacus lässt sie militärisch ausbilden. Gemeinsam mit dem Kelten Krixos schlagen sie am Vesuv ein römisches Heer. Spartacus, der die Sklaven über die Alpen in die Freiheit führen will, zieht nach Norden. 72 v. Chr. wird das Heer des Krixos von den Römern vernichtet.

Die Armee des Spartacus schlägt mehrere römische Legionen und das römische Heer unter Cassius Longinus. Spartacus beschließt in Italien zu bleiben. Die aufständigen Sklaven ziehen mordend und plündernd durchs Land. In dieser Lage betraut der Senat den Feldherrn Marcus Licinius Crassus (115–53 v. Chr.) mit der Niederschlagung des Aufstandes. Dieser widmet sich der Aufgabe mit größtem Eifer, da ihm, als dem größten Sklavenhändler Roms, der Aufruhr sein einträgliches Geschäft zu verderben droht. 71 v. Chr. gelingt es ihm, Spartacus und sein Heer auf der bruttischen Halbinsel in die Enge zu treiben. Die Flucht über den Seeweg misslingt. Als Spartacus die von Crassus erbaute Belagerungsmauer überwindet, wird er von Crassus getötet. Ihres Führers beraubt, werden die übrigen Aufständischen bald überwältigt. Einige Versprengte werden von Gnaeus Pompeius vernichtet. Crassus lässt zur Abschreckung 6000 Sklaven entlang der Via Appia ans Kreuz schlagen.

00305 Plutarch über den Spartacus-Aufstand

02750 Sklaverei – Fiktion und Wirklichkeit

02749 Der letzte Tag im Leben eines Gladiators

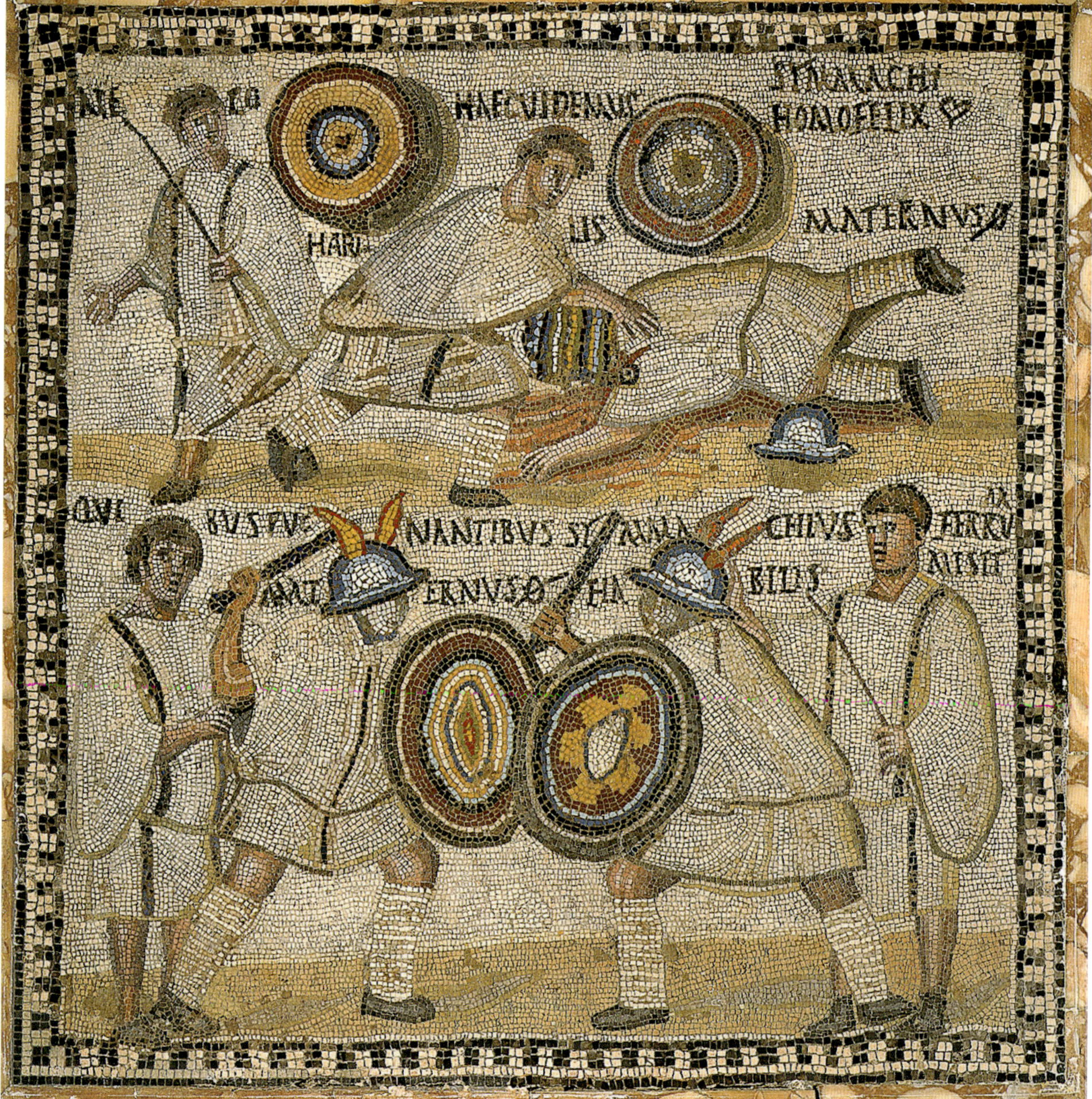

Kampfszene mit Gladiatoren; in den Amphitheatern kämpften in erster Linie Sklaven; Mosaik, 4. Jahrhundert n. Chr.

Cicero deckt Verschwörung des Catilina auf

Der angesehene Politiker und Redner Cicero wird Konsul. Er wehrt den Angriff Cäsars auf die Macht ab und deckt eine Verschwörung auf. Damit ist für Rom ein Höhepunkt der ideologischen Auseinandersetzungen erreicht.

■ **63 v. Chr.:** Der berühmte Redner und Politiker Marcus Tullius Cicero (106–43 v. Chr.) wird in Rom zum Konsul ausgerufen und bekleidet somit das höchste Amt in der Republik. Cicero hatte sich großes Ansehen erarbeitet. Er hatte Rhetorik, Philosophie und Rechtswissenschaft studiert und sich mit Literatur und Geschichte befasst. 75 v. Chr. wurde er Quästor in Sizilien, 69 v. Chr. Ädil, 66 v. Chr. Prätor.

Am 12. Dezember 64 v. Chr. hatte der Volkstribun Publius Servilius Rullus auf Betreiben von Gaius Julius Cäsar und Marcus Licnius Crassus ein Ackergesetz eingebracht, mit dessen Durchführung eine Zehnmännerkommission mit diktatorischen Vollmachten auf fünf Jahre beauftragt werden sollte. Der Antrag verband sozialpolitische Tendenzen mit den machtpolitischen Ambitionen von Cäsar und Crassus. Cicero brachte das Gesetz zu Fall, konnte jedoch nicht verhindern, dass Cäsar unter Einsatz gewaltiger Bestechungsgelder in die bedeutende Stelle des Pontifex maximus (Vorsitzender des Priesterkollegiums) gewählt wurde.

Senat erlässt Notstandsgesetze

Im selben Jahr kommt es zur Catilinarischen Verschwörung: Mit der Deckung von Cäsar und Crassus führt der Politiker Catilina einen Wahlkampf um das Konsulat für das Jahr 62 v. Chr. Catilina hatte sich bereits für 63 v. Chr. um das Konsulat beworben, war jedoch unterlegen. Nach der neuerlichen Niederlage plant Catilina einen Staatsstreich, die Ermordung des Konsuls Cicero soll das Signal geben. Cicero deckt die Umsturzpläne auf, am 21. Oktober bevollmächtigt der Senat die Konsuln zu Notstandsmaßnahmen zum Schutz der Republik. Cicero lässt Catilina aus Rom ausweisen, am 15. November wird Catilina zum Feind erklärt. Einige Anhänger Catilinas werden festgenommen und trotz Cäsars vehementer Verteidigung am 5. Dezember hingerichtet. Catilina wird mit seinem Heer im Januar 62 v. Chr. bei Pistoria besiegt und fällt im Kampf.

Cicero klagt Catilina der Verschwörung an; Gemälde von Cesare Maccari, 19. Jahrhundert.

00300
Catilina = machthungrig

Das erste Triumvirat bedroht den Senat

Die drei wichtigsten Politiker Roms schließen ein Geheimbündnis, das den politischen Taktiker Cäsar, den Feldherrn Pompeius und den reichen Crassus vereint. Mit Hilfe ihres Triumvirats wollen sie die Macht des Senats brechen.

■ **60 v. Chr.:** Mit Hilfe eines Geheimpaktes wollen die drei bedeutendsten Männer des Römischen Reichs ihren Einfluss steigern. Die drei einflussreichen Politiker sind auf dem Weg zum Höhepunkt ihrer Macht:

• Gnaeus Pompeius (106–48 v. Chr.), ein erfolgreicher Feldherr: 79 v. Chr. bewilligte ihm der Senat aufgrund seiner großen militärischen Erfolge für das Römische Reich in Sizilien, Afrika und Spanien den Triumphzug, die höchste Ehre, die einem römischen Feldherrn und Politiker zuteil werden kann. Damit stand Pompeius bereits im Alter von 25 Jahren auf dem Gipfel seines Ruhms. 71 v. Chr. hatte er die letzten Anhänger des Sklavenführers Spartacus besiegt. Sein taktisches Geschick verschaffte ihm 67 v. Chr. außerordentliche Vollmachten zur Bekämpfung der Seeräuber und ein Jahr später den Oberbefehl im Krieg gegen den pontischen König Mithridates VI. Er eroberte Jerusalem und schuf die Provinzen Syria und Cilicia. Nach seiner Rückkehr verweigerte ihm der Senat die Durchsetzung seiner Forderungen.

• Marcus Licinius Crassus (115–53 v. Chr.), Bankier: Er galt als Finanzgenie und war der reichste Mann Roms. Außerdem war er an der Niederschlagung des Sklaven-Aufstandes beteiligt, in dem er den Anführer Spartacus erschlagen und seine Anhänger gekreuzigt hatte. Gemeinsam mit Pompeius hatte er 70 v. Chr. in Rom dem Volkstribunat wieder zu seiner ursprünglichen politischen Funktion verholfen.

• Gaius Julius Cäsar (100–44 v. Chr.), erfahrener und machthungriger Politiker: Der ehemalige Quästor von Spanien führte 65 v. Chr. in Rom prunkvolle Spiele durch, die ihn in der Volksgunst erheblich steigen ließen. 61 v. Chr. übernahm Cäsar als Praetor die Verwaltung der Provinz Südspanien, die er mit großem politischem Geschick ausfüllte. Um sich für das Amt das Konsuls zu bewerben, kehrte Cäsar 60 v. Chr. aus Spanien zurück. Sein Vorhaben stieß bald auf Widerstand des Senats.

Machthunger und Intrigen

In dieser Situation wendete sich Pompeius an Cäsar. Verbittert über die Senatsherrschaft gelang es beiden, Crassus für ein Geheimbündnis zu gewinnen, das als »Erstes Triumvirat« in die Geschichte eingehen sollte. Der Bund wird durch die Heirat des Pompeius mit Julia, der einzigen Tochter Cäsars, besiegelt.

Die Forderungen, zu deren Durchsetzung das Bündnis gegründet wurde, beinhalten die Versorgung der Veteranen des Pompeius und die Anerkennung der von ihm im Osten getroffenen Regelungen. Cäsar verlangt für sich die Einrichtung eines militärischen Kommandos für die Zeit nach seinem Konsulat. Crassus verspricht sich eine Absicherung seiner wirtschaftlichen Interessen.

Der Geheimpakt mit Hilfe des legalen Staatsapparates – Cäsar gelingt die Wahl zum Konsul im Jahr 59 v. Chr. – löst allmählich die republikanische Staatsform ab. Die Weichen für eine monarchische Struktur des Reiches sind gestellt.

Statue des römischen Feldherrn und Politikers Gnaeus Pompeius

Glanzvolle Alleinherrschaft Cäsars

Im Bürgerkrieg gelangt Cäsar an die Macht und ernennt sich zum Diktator auf Lebenszeit. Erstmals wird das Römische Reich nicht vom Senat, sondern von einem monarchisch auftretenden Diktator regiert.

■ **11. Januar 49 v. Chr.:** Mit seinen Truppen überschreitet Gaius Julius Cäsar den gallisch-italienischen Grenzfluss Rubikon. Er ist bereit zum Kampf gegen seinen ehemaligen Verbündeten Gnaeus Pompeius. In einem Bürgerkrieg will Cäsar die Macht über das römische Reich erlangen. Bei seinem Kampf kann sich Cäsar auf seine Popularität im Volk und sein lang erprobtes und erfolgreiches militärisches Geschick verlassen.

Politische Auseinandersetzungen kannte Cäsar schon seit seiner Jugend. Schon damals war er in politische Konflikte um Lucius Cornelius Sulla verwickelt. Trotz seiner adligen Herkunft aus dem Patriziergeschlecht der Julier gehörte Cäsar zu den Führern der Volkspartei (Popularen) und stand damit eher auf der Seite des Plebs als auf der des Senats (Optimaten). Um die Senatsmacht zu umgehen, schloss er nach seiner Rückkehr aus Spanien 60 v. Chr. mit Pompeius und Crassus das Erste Triumvirat. 58 v. Chr. ging Cäsar als Prokonsul für fünf Jahre nach Gallien und setzte danach die Verlängerung seiner Amtszeit bis 51 v. Chr. durch. Er unterwarf das Gebiet des heutigen Frankreichs, Belgiens und der Niederlande bis zum Rhein, drang nach Germanien und Britannien vor.

Krieg gegen Pompeius

Durch diese Erfolge, seine reiche Kriegsbeute und sein starkes, kampferprobtes Heer zum mächtigsten Mann im Imperium geworden, bewarb er sich von Gallien aus im Jahr 58 v. Chr. um das Konsulat. Dem Senat erschien Cäsars Macht jedoch zunehmend als Bedrohung. Auf Betreiben Catos des Jüngeren befahlen die Senatoren Cäsar, das Heer zu entlassen und auf seine Herrschaft über die Provinzen zu verzichten. Gleichzeitig erteilte der Senat Pompeius, der seit Crassus' Tod auf die Seite des Senats geschwenkt war, diktatorische Vollmachten.

Um seiner politischen Entmachtung zuvorzukommen, beginnt Cäsar 49 v. Chr. einen Bürgerkrieg gegen Pompeius und dessen Anhänger. »Alea iacta est« (Der Würfel ist gefallen): Mit diesem Wort setzt er zum Marsch auf Rom an. Binnen zwei Monaten erobert er Italien und bald darauf Spanien. 48 v. Chr. setzt er nach Epirus über und besiegt das Heer des Pompeius, der mit seinen Truppen nach Griechenland ge-

··Grosser Staatsmann··

Gaius Julius Cäsar wird am 13. Juli 100 v. Chr. geboren; er entstammt dem Patriziergeschlecht der Julier. Schon mit 14 Jahren wird er Jupiterpriester, nach dem Militärdienst im Osten und dem Studium auf Rhodos bekleidet er viele hohe Staatsämter.

68 v. Chr. wird Cäsar Quästor in Spanien. Fünf Jahre später wählt man ihn zum Pontifex maximus, dem höchsten Priester des Römischen Reiches. In einem geheimen Abkommen mit Crassus und Pompeius bereitet Cäsar die Alleinherrschaft und das informale Ende der Römischen Republik vor. 59 v. Chr. wird er Konsul und geht im Jahr darauf für fünf Jahre nach Gallien. Nach Ablauf dieser Frist setzt er die Verlängerung seiner Amtszeit bis 51 v. Chr. durch.

Cäsar unterwirft die Gebiete des heutigen Frankreich, Belgiens und der Niederlande bis zum Rhein. In den Jahren 55 und 53 v. Chr. dringt er über den Rhein in germanisches Gebiet vor. 55/54 v. Chr. setzt er nach Britannien über und erreicht mit seinen Truppen die Themse. 52 v. Chr. wirft er einen Aufstand der Gallier unter ihrem Fürst Vercingetorix blutig nieder.

Die Durchführung prunkvoller Spiele verleiht ihm in Rom große Popularität. Als Diktator handelt Cäsar zwar machtbewusst, übergeht dabei aber nicht die Bedürfnisse des Volkes. Am 15. März 44 v. Chr. wird er während einer Senatssitzung von republikanischen Verschwörern erstochen.

Fanfarenbläser begleiten Cäsar bei seinem Triumphzug durch Rom; Illustration von Antonio Beltrame.

Der nach Gallien ausweichende römische Feldherr Gaius Julius Cäsar demonstriert seinen Willen zur Macht: *»Ich möchte lieber der Erste hier als der Zweite in Rom sein.«*

Rom unterwirft Gallien

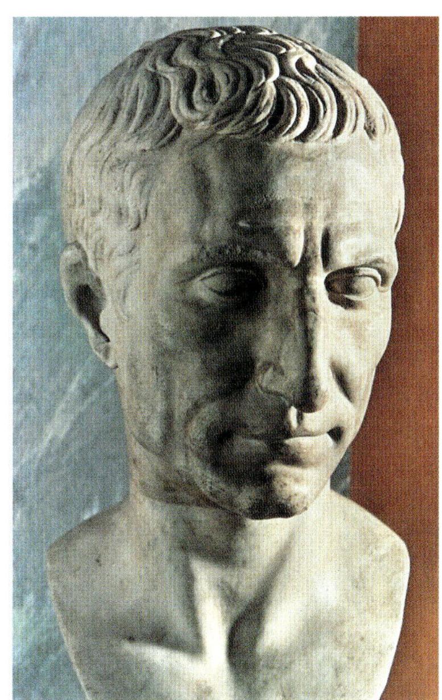

flohen war. Pompeius entkommt zunächst nach Ägypten, wird dort jedoch ermordet. Cäsar besetzt Alexandria und setzt Kleopatra 47 v. Chr. als Vasallenkönigin in Ägypten ein. Im Sieg über den pontischen König Pharnakes sichert sich Cäsar die Macht im Osten.

Nach seinem Sieg über die Reste der Pompeianer in Nordafrika und in Südspanien wird ihm die Diktatur auf Lebenszeit übertragen. Er beginnt mit Reformen: Noch im selben Jahr führt er den julianischen Kalender ein; populäre Maßnahmen zur Linderung der Schuldennot, zur Landversorgung der Veteranen, Vorbereitungen zur Reform des römischen Rechts, zur Regulierung des Tiber, zur Trockenlegung der Pontinischen Sümpfe und zum Wiederaufbau von Karthago und Korinth folgen.

Auch du, Brutus?

Obgleich Cäsar die ihm angetragene Königswürde mehrfach ablehnt, formiert sich der Widerstand der Republikaner gegen seine Alleinherrschaft. Rund 60 Republikaner vereinigen sich zum Tyrannenmord und erdolchen Cäsar an den Iden des März (15. März) 44 v. Chr. während einer Senatssitzung im Saal des Pompeius-Theaters in Rom.

Die Führer der republikanischen Verschwörung sind Marcus Iunius Brutus, Gaius Cassius Longinus, Decimus Brutus und Gaius Trebonius. Anlass für die Ermordung ist der fehlgeschlagene Versuch des Marcus Antonius aus dem Vormonat, Cäsar zum König zu krönen. Die republikanische Opposition im Senat nimmt dies als Zeichen zum Handeln und sticht Cäsar nieder. Die letzten Worte des Diktators sollen »Auch du, Brutus?« gewesen sein.

Nach seinem Konsulatsjahr tritt Cäsar sein Prokonsulat in Gallia cisalpina und transalpina an. Bis 51 v. Chr. dringt er bis zum Rhein vor. Mit der Besetzung Galliens weitet Cäsar das Römische Reich aus und festigt seine Macht.

■ **58 v. Chr.:** Nach seinem Konsuljahr wird Gaius Julius Cäsar Prokonsul und bekommt die Provinzen Südgallien (Cisalpina) und Narbonensis zugesprochen. Von hier aus beginnt Cäsar seinen Krieg gegen die gallischen, germanischen und keltischen Stämme.

Das südliche Gallien war bereits in römischer Gewalt. 59 v. Chr. fiel der germanische Heerkönig Ariovist über den Rhein in Mittelgallien ein. Zwar trug Ariovist den Titel »Freund des römischen Volkes«, doch als gallische Stämme Cäsar um Unterstützung gegen den Feind aus Germanien bitten, sichert Cäsar ihnen trotzdem Hilfe zu. Im Elsass trifft er auf das Heer des Ariovist. Während der sein älteres Anrecht auf Gallien betont, stellt sich Cäsar als Verteidiger der Freiheit des gallischen Volkes dar. Es kommt zum erbitterten Krieg, in dem Ariovist unterliegt. Roms Vormachtstellung in Mittelgallien ist damit garantiert.

Nach siegreichen Kämpfen Cäsars gegen weitere keltisch-germanische Stämme werden in Rom ihm zur Ehre Dankesfeiern veranstaltet. Dennoch bangt Cäsar um seinen Einfluss. Deshalb erneuert er 56 v. Chr. das vier Jahre zuvor geschlossene Geheimbündnis (Triumvirat) mit Crassus und Pompeius. In Gallien muss sich Cäsar gegen Aufstände des Seefahrerstammes der Veneter, der Usipeter und Tenkterer behaupten. Seine Taktik, eine Mischung aus Verhandlung und Angriff, ist in Rom umstritten. Doch die Erfolge und die ungewöhnlich große Kriegsbeute, die er in die Hauptstadt schickt, lässt Kritiker verstummen. Den Rhein betrachtet Cäsar nun als Grenze des Römischen Reiches.

Cäsar bezwingt Keltenfürst

Die größte Belastungsprobe steht ihm 54/53 v. Chr. bevor: Mehrere Stämme revoltieren gemeinsam gegen die römische Besatzung. Mit 50 000 Soldaten schlägt Cäsar den Aufstand blutig nieder. Damit ist der Widerstand noch nicht gebrochen: Einige Stämme rufen den gallischen Häuptlingssohn Vercingetorix zum König aus. Sogar die bislang Romtreuen Häduer schließen sich Vercingetorix an. Doch Cäsar geht in die Offensive, verstärkt seine Legionen und kesselt Vercingetorix in Alesia ein. Mit dessen Kapitulation hat Cäsar den letzten Widerstand gebrochen. Nach kleineren Feldzügen kann er die Eroberung Galliens bis zur Rheingrenze im Jahr 51 v. Chr. abschließen.

Der gallische Krieg

In seinem mehrbändigen Buch »De bello Gallico« (Der gallische Krieg) dokumentiert Cäsar seinen militärischen Siegeszug: »Dem Kampfgeschrei antwortet der Zuruf vom Wall und allen Befestigungen. Unsere Soldaten werfen ihre Speere und kämpfen dann im Nahkampf mit dem Schwert. Plötzlich erscheinen unsere Reiter im Rücken der Feinde ... Die Feinde wenden sich zur Flucht. Den Fliehenden wirft sich die Kavallerie in den Weg ... 74 erbeutete Feldzeichen werden zu Cäsar gebracht. Nur wenige ... gelangen lebend ins Lager.«

Marmorbüste von Gaius Julius Cäsar

Denkmal des Keltenfürsten Vercingetorix in Alesia (Frankreich), erbaut 1865

00003
Die Cäsaren

00322
Ermordung Cäsars

Redner und Republikaner: Cicero ermordet

In Rom werden tatsächliche und vermeintliche Republikfeinde hingerichtet, darunter 130 Senatoren und 2000 Ritter. Die Hinrichtungswelle macht auch vor einem der populärsten römischen Politiker nicht Halt: Marcus Tullius Cicero stirbt.

Marcus Tullius Cicero gilt als einer der größten römischen Redner.

■ **7. Dezember 43 v. Chr.:** Der bekannte römische Politiker und geachtete Philosoph Marcus Tullius Cicero fällt in Caieta an der Küste Latiums im Alter von 62 Jahren einem Mordanschlag zum Opfer. Der sprachgewaltige und rhetorisch geschulte Redner trat Zeit seines Leben für die Beibehaltung der Republik und den Führungsanspruch des Senats ein, was ihn vielfach in Gegensatz zu den Machthabern brachte.

Liste der Geächteten

Als Konsul deckte Cicero 63 v. Chr. die Verschwörung des Catilina auf, der den Senat entmachten und selbst die Herrschaft ausüben wollte, und ließ die Verschwörer verhaften. 59 v. Chr. kritisierte Cicero die Politik des Konsuls Cäsar und des von ihm gebildeten Triumvirats, welche die Befugnisse des Senats einschränkte, und musste deswegen zeitweise ins Exil gehen. Politische Erfolge erzielte er nur in der Verwaltung der Provinz Kilikien, in der er 51/50 v. Chr. als Prokonsul amtierte. Nach Cäsars Ermordung hoffte er auf eine Wiederherstellung der republikanischen Verfassung. Er verbündete sich mit Octavius, dem Großneffen Cäsars, und leistete zusammen mit dem Senat Widerstand gegen Marcus Antonius. Nach der Verständigung zwischen Octavius und Antonius im Jahr 43 v. Chr. kam Cicero wie alle Anhänger der Republik auf die Liste der Geächteten. Cicero versuchte zu fliehen, wurde jedoch im Auftrag von Antonius, den er 44 v. Chr. in seinen Reden scharf angegriffen hatte, ermordet.

Philosophische Schriften

Das literarisch-philosophische Werk von Cicero entstand aufgrund seines politischen Scheiterns. Seine besondere Leistung lag darin, griechische Philosophie in Rom zu verbreiten und sie mit den römischen Traditionen der »Res publica« zu vereinen. Er suchte Rhetorik und Philosophie zu verbinden und in den Dienst des Staates zu stellen, wobei der Philosophie eine Kontrollfunktion zukommt. Zu Ciceros wichtigsten Werken zählen die Schriften »Über den Redner«, »Über den Staat« sowie »Über die Gesetze«.

Vasallenstaat Judäa unter König Herodes

Der vom römischen Senat zum König der Juden ernannte Herodes I., der Große, erobert Jerusalem und begründet das von Rom abhängige Klientel-Königreich Judäa. Innenpolitisch agiert er mit harter Hand gegen jede Form von Opposition.

■ **37 v. Chr.:** Herodes wird König von Judäa, nachdem er mit Hilfe Roms die innerjüdische Opposition im Land ausgeschaltet hat. Der Sohn des Anipater-Hyrkanos II. erobert Jerusalem und tritt seine Herrschaft als römischer Klientel-König an. Judäa ist ein Vasallenstaat unter römischer Herrschaft, d. h., er ist von Rom abhängig, verfügt aber über Autonomie in inneren Angelegenheiten. Außerdem stellt das Land für die Römer ein strategisch wichtiges Bindeglied für die Verteidigung von Syrien und Ägypten dar. Rom legt deshalb Wert darauf, in Judäa über einen ihm ergebenen König zu verfügen, was die freundschaftlichen Beziehungen zwischen Octavius und Herodes gewährleisten.

02296 Herodes, der tolle Herrscher

Herodes bemüht sich während seiner Regierungszeit um eine Wiedererstarkung Judäas sowie um eine Annäherung jüdischer und römischer Kultur und Lebensweise. Er fördert Wirtschaft und Handel, lässt zerstörte Städte wieder aufbauen und in Cäsaraea einen Hafen anlegen. Seine wichtigsten Leistungen für das jüdische Selbstverständnis bestehen im Wiederaufbau des Tempels sowie im Schutz des jüdischen Glaubens und Kultes. Es liegt ihm jedoch auch daran, die Juden mit der griechisch-römischen Kultur bekannt zu machen. Er unterstützt deshalb den Kaiserkult, lässt dem Octavius geweihte Tempel errichten sowie Theater, Amphitheater und Stadien bauen. Seine Hellenisierungspolitik findet jedoch wenig Anklang bei den Juden.

Innerhalb von Judäa setzt Herodes seinen Herrschaftsanspruch gewaltsam durch. Er unterdrückt jede Form von Opposition und lässt potenzielle Thronanwärter aus insgesamt acht Ehen sowie ihm missliebige Personen umbringen. Hierzu zählen auch die Mitglieder der früher herrschenden Dynastie.

Herodespalast in Jerusalem; Rekonstruktion

Kleopatra nimmt Einfluss auf römische Politik

Die ägyptische Königin Kleopatra beeinflusst als Liebhaberin Cäsars und später des Antonius die römische Politik. Ihr Schicksal ist eng mit dem Untergang der Römischen Republik und der Unabhängigkeit Ägyptens verknüpft.

■ **12. August 30 v. Chr.:** Nach der Niederlage gegen den römischen Feldherrn Octavian und dem Selbstmord ihres Ehemanns Marcus Antonius tötet sich die ägyptische Königin Kleopatra VII. durch einen Schlangenbiss.

Cäsar begegnete Kleopatra erstmals 48 v. Chr. in Alexandria, wo er seinen politischen Rivalen Pompeius vermutete. Dem flüchtenden Pompeius wurde in Ägypten jedoch ein unfreundlicher Empfang bereitet. Als Cäsar die nordafrikanische Küste erreichte, präsentierten die Ägypter ihm den abgeschlagenen Kopf und den Siegelring seines ehemaligen Weggefährten.

Liaison mit Cäsar

Als Kleopatra von Cäsars Aufenthalt erfuhr, bat sie ihn um Unterstützung im Machtkampf mit ihrem Bruder Ptolemaios XIII. Cäsar versuchte zu schlichten und es gelang ihm mit Hilfe verbündeter Truppen die Verhältnisse zu seinen Gunsten zu entscheiden. Cäsar setzte Kleopatra und ihren Bruder Ptolemaios XIV. als Könige ein. Die Kontrolle über die beiden Vasallen und damit über Ägypten war ihm sicher. Mit der Einsetzung Kleopatras verfolgte Cäsar nicht nur taktische Gründe. Er war vor allem auch ihrem Charme erlegen. »Der Klang ihrer Stimme machte glücklich«, beschrieb der Historiker Plutarch die Herrscherin. Kleopatra war gebildet in Geschichte, Philosophie und Literatur, sie sprach mehrere Sprachen und kannte sich in Verwaltungsangelegenheiten ihres Landes genau aus.

Der lange Aufenthalt Cäsars am Nil führte zu unruhigen Verhältnissen im Reich. In Kleinasien wollte Pharnakes, König des Bosporanischen Reiches, das Reich seines Vaters Mithridates VI. wieder herstellen. Plündernd zog er durch die Provinzen und fiel in die römische Provinz Asia ein. 47 v. Chr. zog Cäsar mit seinen Truppen nach Kleinasien und vernichtete das Heer des Pharnakes. »Veni, vidi, vici« (»Ich kam, sah und siegte«) schrieb Cäsar nach Rom. Nachdem er die Lage in Kleinasien neu geordnet hatte, kehrte er nach Rom zurück. Hier besuchte ihn 46 v. Chr. Kleopatra und blieb bis zu seinem Tod 44 v. Chr. Cäsar ließ ein Standbild seiner Geliebten am Venus-Tempel aufstellen. Nach ihrer Rückkehr nach Ägypten lässt Kleopatra ihren Bruder vergiften und setzt ihren Sohn unter dem Namen Ptolemaios XV. zum Mitregenten ein.

Seeschlacht bei Actium

Im Jahr 41 v. Chr. ging sie eine Verbindung mit Marcus Antonius ein, der nach Cäsars Tod die Macht beanspruchte. Von ihm ließ sie sich große Teile seines Reiches übertragen. Aber Antonius führte Krieg gegen Octavian, den künftigen ersten Kaiser Roms, der später den Namen Augustus annimmt. Im Kampf gegen Octavians Feldherren Marcus Agrippa erleiden Antonius und Kleopatra 31 v. Chr. in der Seeschlacht bei Actium am Ambrakanischen Golf eine vernichtende Niederlage. Die römisch-ägyptische Flotte wird aufgerieben. Der Bürgerkrieg zwischen Octavian und Marcus Antonius ist praktisch entschieden.

Wie durch ein Wunder gelingt Kleopatra und Antonius die Flucht. Sie erreichen das Festland. Doch Octavian ist ihnen bereits mit einer Streitmacht auf den Fersen. Er erobert die ägyptische Hauptstadt Alexandria. Antonius begeht daraufhin Selbstmord. Nach ergebnislosen Verhandlungen mit Octavian nimmt sich auch Kleopatra das Leben, um nicht im Triumphzug durch Rom vorgeführt zu werden.

Ägypten wird schließlich als Dominatland (eine Art Krongut) von Octavian eingezogen und der Verwaltung eines Präfekten unterstellt. Es bleibt bis 642 n. Chr. römische Provinz und wird wegen seiner besonders ertragreichen Landwirtschaft die »Kornkammer Roms« genannt.

Die ägyptische Königin Kleopatra VII. sichert sich mit Charme und Geschick politischen Einfluss.

Königin Kleopatra (69–30) als Göttin Isis dargestellt; ägyptisches Kalksteinrelief

00005
Antonius begegnet Kleopatra

Augustus befriedet das römische Weltreich

Unter Cäsars Nachfolger Augustus erlebt das Römische Reich seine politische und militärische Blütezeit. Die Ära der Republik ist vorbei. In den folgenden Jahren wird die republikanische Verfassung in eine Monarchie umgewandelt.

■ **27 v. Chr.:** Der römische Senat verleiht Octavian den Titel Augustus (»der Erhabene«) und gesteht ihm sämtliche Macht im Reich zu.

Cäsar hatte testamentarisch seinen Großneffen Gaius Octavian adoptiert und damit zum Thronfolger bestimmt. Der 18-Jährige war von seinem Großonkel bereits mit der Kunst der Kriegführung vertraut worden. Als er vom Mord an Cäsar hörte, reiste er sofort nach Rom. In Rom gelang es dem Feldherrn und Cäsar-Vertrauten Marcus Antonius unterdessen, das Volk gegen die Cäsarmörder Marcus Brutus und Gaius Cassius Longinus aufzubringen. Dass Cäsar jedem Römer eine Geldsumme vermacht hatte, wirkte als zusätzliche Propaganda.

Mit Cäsar war zwar ein Diktator vernichtet, nicht aber die Willkürherrschaft und der Kaiserkult abgeschafft worden. Darauf baute Octavian, als er sich erstmals römischen Soldaten vorstellte und den Namen »Gaius Julius Cäsar, Sohn des Cäsar« gab. Damit war der Name Cäsar zum Titel geworden und Octavians Kontrahent Marcus Antonius öffentlich in seine Schranken verwiesen.

Durch geschickte Diplomatie sowie die Unterstützung des Senats und Ciceros verschaffte sich Octavian die Befehlsgewalt über Antonius. Doch obwohl er ihn militärisch bekämpfte, entschloss er sich angesichts der Bedrohung durch die Truppen der Cäsarmörder zu einem Bündnis mit seinem Rivalen.

Octavian nimmt als Kaiser den Namen Augustus an; Marmorbüste, um 25 v. Chr.

Das zweite Triumvirat

Inzwischen zum Konsul gewählt, ging Octavian 43 v. Chr. mit Marcus Antonius und dem Heerführer Marcus Aemilius Lepidus das zweite Triumvirat ein. Diesmal war es jedoch kein Geheimpakt, sondern vom Senat legitimiert und für fünf Jahre mit diktaturähnlichen Vollmachten ausgestattet. Gemeinsam besiegten sie 42 v. Chr. bei Philippi die Truppen der Cäsarmörder. Im Vertrag von Brindisi vereinbarten die drei Bündnispartner eine Teilung ihrer Einflusssphären: Antonius erhielt den Osten, Octavian den Westen, Lepidus Afrika, das Octavian nach der Entmachtung seines Verbündeten 36 v. Chr. ebenfalls zufiel. Antonius hatte seine Macht durch die Ehe mit der ägyptischen Königin Kleopatra VII. im Osten ausgebaut. Auch ihn schaltete Octavian aus: Nach dem Sieg bei Aktium begingen Antonius und Kleopatra Selbstmord. 30 v. Chr. konnte Octavian in Alexandria einmarschieren. Bei seiner Rückkehr nach Rom schloss er die Januspforte, das Symbol des Krieges, um eine neue Friedens-Ära zu eröffnen.

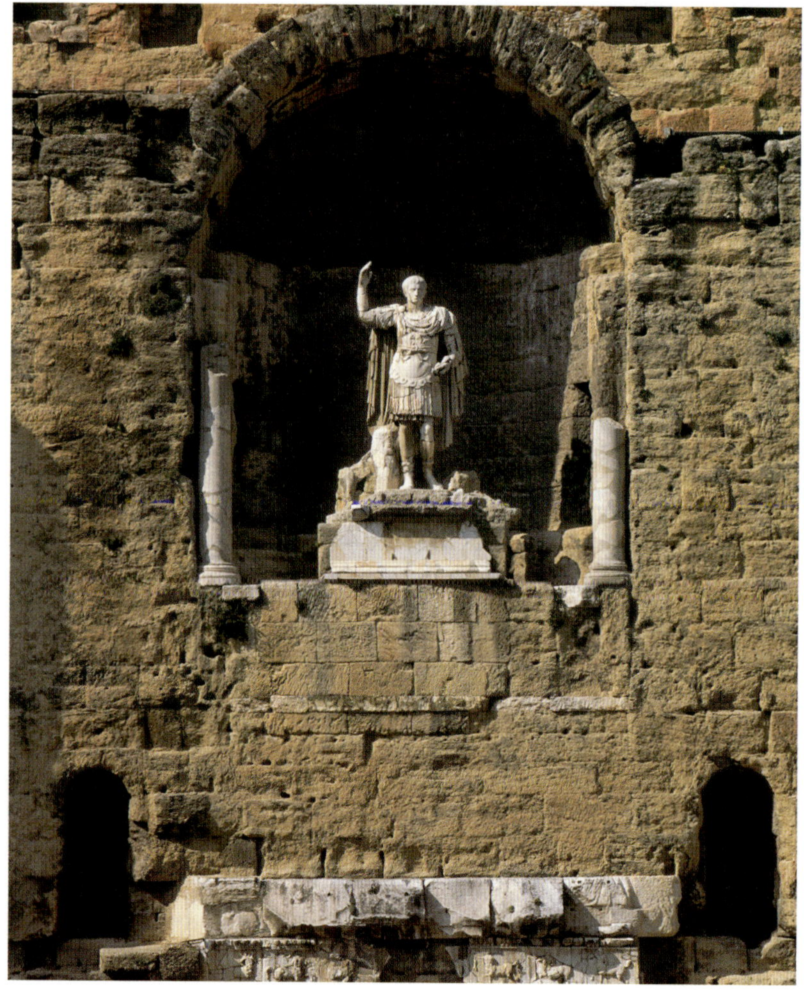

Kaiser Augustus schafft eine dauerhafte Friedens-Ära, die »Pax Augusta«; Statue im römischen Theater von Orange (Frankreich), 1. Jahrhundert n. Chr.

Beginn der Kaiserzeit

In einem geschickt inszenierten Staatsakt legt Augustus 27 v. Chr. die Triumviralgewalt nieder und erklärt sich auf Drängen des Senats bereit, die Provinzen Ägypten, Syrien, Gallien und Spanien zu befrieden und ihre Grenzen zu sichern. Mit der Verantwortung für die Provinzen erhält Augustus auch den Oberfehl über das römische Heer.

Als Konsul amtiert er bis 24 v. Chr.; danach lässt er sich mit derselben Amtsgewalt wie seine Vorgänger ausstatten. Auf diese Weise hält er sich hinsichtlich der Ämter und Kompetenzen an die republikanische Ordnung, durchbricht sie aber durch außerordentliche Vollmachten und Ämterhäufungen.

Augustus stirbt 14 n. Chr. bei Neapel – nach einer Regierungszeit, die dem Römischen Reich eine Epoche kultureller und wirtschaftlicher Blüte brachte und die Kaiserzeit begründete.

Der römische Kaiser Augustus über sein Selbstverständnis als Herrscher:
»Nachdem ich den Bürgerkriegen ein Ende gesetzt hatte, habe ich, der ich mit Zustimmung der Allgemeinheit zur höchsten Macht gelangt war, den Staat aus meinem Machtbereich wieder der freien Entscheidung des Senats und des römischen Volkes übertragen.«

»Aeneis-Sage« als Nationalepos

Mit Vergil stirbt einer der bedeutendsten Dichter der römischen Antike. Der Schriftsteller und Verehrer des Kaisers Augustus geht mit dem römischen Nationalepos »Aeneis« in die Literaturgeschichte ein.

■ **21. September 19 v. Chr.:** Im Alter von 51 Jahren stirbt in Brundisium (Brindisi) nach kurzer Krankheit der römische Dichter Vergil. Der in der Nähe von Mantua geborene und aus bäuerlichem Milieu stammende Vergil studierte in Mailand und Rom Rhetorik und beschäftigte sich in Neapel mit der Philosophie Epikurs, mit dessen Schülern er zusammenlebte.

Im Jahr 39 v. Chr. schloss sich Vergil, der bis dahin die zehn Hirtengedichte »Bucolica«, die die Geschichte Italiens aufgriffen, und eine Sammlung Jugendgedichte veröffentlicht hat, dem Dichterkreis um Maecenas an und wurde ein Anhänger der Politik Augustus'. In seinem Werk verehrte Vergil Augustus wie einen Gott und pries ihn als Retter der Welt. In dieser Zeit entstanden das vierbändige landwirtschaftliche Lehrgedicht »Georgica« und die Sage von »Aeneis«.

Der römische Dichter Vergil mit zwei Musen; Mosaik aus Tunis

02537
Augustus veröffentlicht Vergils Aeneis

»Aeneis« entsteht

Vergil begann um 29 v. Chr. mit der Niederschrift des insgesamt zwölfbändigen römischen Nationalepos. Das Werk, bestehend aus mehr als 10 000 Versen, orientiert sich an den homerischen Epen »Odyssee« und »Ilias«. Der Sage nach gilt Aeneas, der Sohn der Aphrodite, durch die Ansiedlung der überlebenden Trojaner in Latium als der Begründer des Römischen Reiches.

»Drei Reiche« in Korea

In Korea haben sich drei Teilreiche konstituiert. Erstmals wird das von China beherrschte Land politisch eigenständig. Kulturelle Anlehnungen an den mächtigen Nachbarn bleiben jedoch über Jahrhunderte bestehen.

■ **18 v. Chr.:** In Korea konstituiert sich das Reich Paekche. Mit den beiden Nebenreichen Koguryo (gegründet 37 v. Chr) und Silla (57 v. Chr.) beginnt die »Periode der Drei Reiche«, die Korea eine eigenständige kulturelle Blüte ermöglicht. Während sich die beiden südlichen Reiche aus den dort siedelnden Stammesgruppen der Mahan, Chinhan und Pyonhan entwickelt hatten, kamen die Vorfahren des nördlichen Reiches Koguryo aus der Mongolei.

Im Jahr 193 v. Chr. hatte der nach Korea geflüchtete chinesische Rebellenführer Wi Man die Herrschaft übernommen, sein Enkel Ugo verweigerte dem großen Nachbarn China die Unterwerfung, worauf 108 v. Chr. Korea erobert und zeitweise unter chinesische Herrschaft geriet. Mit der Gründung der »Drei Reiche« beginnt die Geschichte eines politisch eigenständigen Korea. Der Süden des Landes ist schon früh agrarisch genutzt worden, wobei sich der chinesische Einfluss in den Anbauprodukten (Reis, Getreide, Seidenraupen) und der Viehhaltung (Schweine) bemerkbar macht. Auch die auf konfuzianischem Gedankengut beruhende strenge hierarchische Gesellschaftsordnung wurde aus China übernommen.

Silberne Krone des Herrschers von Silla; 6. Jahrhundert n. Chr.

Chinesische Einflüsse

In der koreanischen Kunst machen sich chinesische Einflüsse – bedingt auch durch ausgedehnte Handelsbeziehungen – ebenfalls bemerkbar. Neben Keramiken, Seiden und Metallgefäßen werden hochwertige Goldarbeiten hergestellt, die auch als Grabbeigaben Verwendung finden. Insbesondere im südöstlichen Silla-Reich ermöglichen die reichen Goldvorkommen die Entstehung einer ausgedehnten Schmuckproduktion.

In die folgenden Kämpfe zwischen den drei Reichen greift auch die chinesische Tang-Dynastie mit ein.

Augustus lässt Legionslager ausbauen

Im Zuge der Germanenkriege errichten die Römer immer mehr und stärkere Befestigungsanlagen. Ein Netz von Legionslagern zieht sich schließlich von Italien bis an den Niederrhein. Die Bastionen sind Keimzellen vieler europäischer Städte.

■ **Um 10 v. Chr.:** Während der Neuordnung der römischen Provinzen durch Kaiser (Prinzeps) Augustus kommt es zur Gründung zahlreicher römischer Legionslager im besetzten Gallien und Germanien. Diese befestigten Stützpunkte bilden die Keimzellen für städtische Siedlungen.

Die Legionslager, an strategisch wichtigen Punkten errichtet, dienen der Grenzsicherung und sind Ausgangspunkte für militärische Operationen. Die Lager sind durch einen Erdwall gesichert oder, wenn die Legion länger stationiert ist, mit einem Holzzaun befestigt. Die Zelte oder Holzbaracken im Lager sind geometrisch angeordnet. Die Versorgung sichern Kornspeicher, Schmieden, Stellmachereien und Lazarette innerhalb der Anlagen. Um die Lager entstehen in der Folgezeit zivile Ansiedlungen; in Deutschland u. a. Oppidum Ubiorum (Köln), Augusta Treverorum (Trier) und Castra Vetera I (Xanten).

Das Modell des römischen Kastells Divitia im späteren Köln (310/315 n. Chr.) zeigt bereits fortgeschrittene Befestigungen eines Legionslagers mit Wehrtürmen.

Jesus – ein Heiland wird geboren

In Galiläa wird Jesus geboren, der später als Messias gefeiert und zum Gründer einer Weltreligion wird. Das genaue Datum seiner Geburt ist unbekannt, über seine Kindheit und Jugend berichten die antiken Quellen nichts.

■ **Um 4 v. Chr.:** Das Geburtsjahr des Jesus von Nazareth fällt in die Regierungszeit des Kaisers Augustus und des Herodes des Großen, König von Galiläa und Judäa, der 4 v. Chr. stirbt. Sein Geburtsort ist das Dorf Nazareth in Galiläa. Es ist so unbedeutend, dass der Evangelist Johannes später fragen lässt: »Aus Nazareth? Kann von dort etwas Gutes kommen?«

Vom Weg nach Bethlehem berichtet nur das Lukas-Evangelium. Von einem Befehl des Kaisers Augustus, dass sich die Einwohner des Römischen Reiches in Steuerlisten einzutragen haben, ist nichts bekannt. Jesus entstammt einer rein jüdischen Familie aus dem bäuerlichen Milieu Palästinas. Er trägt den biblischen Namen Josua, »Der Herr hilft«, was griechisch mit »Jesus« wiedergegeben wird.

»Anbetung der Hirten«; Gemälde von Georges de La Tour, um 1640

Die Jugendzeit Jesus

Jesus wächst als Jude in jüdischer Umgebung auf, spricht die Landessprache Aramäisch, lernt die Schrift lesen und auslegen und – wie in seiner Umgebung üblich – den Beruf seines Vaters: Bauschreiner. Spuren der Kultur der hellenistischen Städte in der Nachbarschaft finden sich in seiner Botschaft nicht. Vier Brüder und mehrere Schwestern Jesu werden in den Evangelien genannt, namentlich erwähnt wird sein Bruder Jakobus. Die Mutter überlebt ihren Sohn.

Trier – Militärstützpunkt und Residenz 078

Zäher Kleinkrieg gegen die Germanen

Unter dem Kommando des Feldherrn Drusus dringt Rom in Germanien ein. Ein jahrzehntelanger Krieg gegen die germanischen Stämme entbrennt, der mit wechselndem Erfolg geführt wird. Zunächst scheinen die Römer im Vorteil zu sein.

■ **9 v. Chr.:** Der römische Feldherr und Stiefsohn von Kaiser Augustus, Nero Claudius Drusus, stirbt im Alter von 29 Jahren in Germanien. Augrund seiner militärischen Erfolge erhält er den Beinamen Germanicus und einen Ehrenbogen an der Via Appia. Der Leichnam des vom Volk tief betrauerten Feldherrn wird nach Rom überführt und im Mausoleum des Kaisers beigesetzt.

Drusus war der wichtigste Feldherr des römischen Vorstoßes ins Germanenland. Er unterwarf in den Jahren 15 bis 9 v. Chr. die Raeter auf dem Gebiet der heutigen Schweiz und bezwang in mehreren Feldzügen die Friesen, Chauken und Bataver. 15 v. Chr. überquerte er die Alpen auf der Ostroute, das Inntal entlang und drang in das keltische Vindelicien ein. Der Geschichtsschreiber Florus berichtet, die Frauen der im Alpenraum ansässigen Kelten hätten beim Anmarsch der römischen Legionäre ihre Kinder getötet und deren Leichen den Angreifern entgegengeschleudert. Der militärische Widerstand der Kelten war jedoch nicht groß, so dass Vindelicien rasch erobert wurde. Das Gebiet von der Donau südwärts ins Gebirge hinein wurde römisch.

12 v. Chr. eröffnete Drusus von Mainz aus den römischen Vorstoß auf das germanische Kerngebiet und drang mit seinen Legionen bis zur Elbe vor. Nach der Eroberung des Gebiets um die Ems-, Weser- und Rheinmündung ließ Drusus das Küstengebiet der heutigen Niederlande systematisch eindeichen und mit Entwässerungskanälen durchziehen. Drusus, zeitweilig Statthalter der drei Provinzen Galliens, sicherte die natürliche Grenzlinie Rhein-Main-Weser-Maas durch zahlreiche Kastelle, u. a. das Lager Augsburg-Oberhausen und Augusta Treverorum, das heutige Trier.

Büste des römischen Kaisers Tiberius Claudius Nero Germanicus (10 v. Chr.–54 n. Chr.)

Tiberius erhält Oberkommando

Als Nachfolger des Drusus versucht der römische Feldherr Tiberius Claudius Nero, ebenfalls ein Stiefsohn des Augustus, die noch freien Germanenstämme zu unterwerfen. Schon 15 v. Chr., gleichzeitig mit Drusus, zog Tiberius über die Alpen nach Germanien. Er erreichte den Bodensee, wo er die einzige Seeschlacht in der Geschichte des Binnensees führte, und zog dann weiter zur Donauquelle.

Als Tiberius 8 v. Chr. einen Feldzug gegen das rechtsrheinische Germanien unternimmt, stellen sich ihm die Sugambrer entgegen. Um ihren Widerstand zu brechen, interniert der römische Kaiser Augustus widerrechtlich eine sugambrische Gesandtschaft, die ihn während seines Aufenthalts in Gallien aufsucht. Tiberius kann daraufhin die Masse des führerlosen Stammes zusammen mit einigen swebischen Gruppen (insgesamt 40 000 Menschen) in linksrheinisches Gebiet umsiedeln. Das sugambrische Restvolk im rechtsrheinischen Germanien löst sich in mehrere kleine Stämme auf.

Auf ihren Vorstößen gegen die rechtsrheinischen Germanenstämme ziehen die Römer unter Tiberius die Lippe entlang und errichten dort militärische Versorgungslager. Ausgangspunkt ist Castra Vetera auf dem Fürstenberg (in der Nähe der späteren Ortschaft Xanten), das auf linksrheinischem, bereits römischem Gebiet liegt.

00940
Tacitus über den Aufstand der Friesen

Das Lager Haltern, das um 8 v. Chr. ausgebaut wird, gewinnt besondere Bedeutung als Versorgungs- und Verwaltungszentrum rechts des Rheins. Es bietet Platz für eine Legion (ca. 5000 Mann) samt ihren Hilfstruppen und 120 Reitern. Innerhalb des Lagers befinden sich Verwaltungsgebäude, Wohnhäuser für die Offiziere, ein Handwerkszentrum mit Lagerschuppen und Unterkünften, ein Lazarett und Kasernen für die Soldaten.

Handel mit dem Feind

Verschiedene Anzeichen deuten darauf hin, dass sich die Römer in Haltern sicher fühlen und eine friedliche Zukunft mit den Germanen erwarten: Sie produzieren in ihren Werkstätten nicht nur für den eigenen Bedarf, sondern hoffen offensichtlich darauf, ihre feine Töpferware bei den Germanen abzusetzen. Auch die Verwaltungsgebäude belegen, dass hier eine zivile Kommando- und Verwaltungszentrale entstehen sollte.

Für den Ausbau von Haltern hatten die Römer bereits aufwärts der Lippe verschiedene Lager errichtet, darunter das 54 ha große Lager von Oberaden, sowie die Lager in Holthausen und Anreppen.

Drusus und Tiberius überreichen Kaiser Augustus den Siegeslorbeer. Rückseite eines Denars mit der symbolischen Darstellung der Eroberung der Provinz Raetien, 15 v. Chr.

REGISTER

In diesem nach Personen und Sachbegriffen aufgeteilten Register verweisen in normaler Schrift gedruckte Ziffern auf die Seite, auf der die Person oder der Sachbegriff im Text erwähnt wird. *Kursiv* gedruckte Ziffern verweisen auf eine Abbildung.

PERSONENREGISTER

A

B

C

D

E

F

G

Q, R

S

T

U

V

W

X, Y

Z

SACHREGISTER

A

B

C

D

O

P

Q, R

S

T

U

V

W

X

Z

Abbildungsnachweis

Aisa, Barcelona: 7, 51 u., 74 l., 75 r., 82 r., 84 o., 91, 97 u., 99 r., 127 u., 130 u., 133, 141 u., 142, 143 l., 154 o., 161 M., 178 u., 180 o., 186 o., 187 o., 188 u., 190, 199 u., 202, 203 u.r., 204 u., 206, 208 o., 211 u., 212 u., 214 o., 215 u., 218 o.l., 219 u., 221 o., 222 o., 223 l., 224 o.l., 225 o., u., 226 o., u.l., 230 o., u., 231, 232, 233 u., 235 l., 236, 238 r., 239 u., o., 245 o., u., 246 u., 251 l., 252 o., 269 u., 270 o., 273 o.r., u., 275 u.l., u.r., 279, 280 u., 281 o., 285 r.u., 286 o., 292 o., 296, 297 u.l., u.r., 300 o., u., 301 u., 305 u., 306 o., 307 u., 308 r., u.l., 311 u., 312 u., 314 u., 317 o., 319 o., 323 o., 330 u., 332 o., 335 l., 338 o., 342, 343 o., 344, 348 r., l., 349 o.; **Alinari, Florenz:** 346 o.; **Archiv für Kunst und Geschichte, Berlin:** 80 o.M., 120-121, 124 u.l., 132, 144 o., 148 o., 160, 188 o., 196, 197 o., 198 o.r., o.l., u., 200 o.r., u.r., 201 o., u., 210 u., 211 o., 212 o., 213 o., u., 215 o., 217, 218 u., 220 o., 223 r., 224 o.r., 227 o., 228 o., u., 229 o., u., 233 o., 234 o., 240 o., u., 241 l., r., 243 o., u., 244 o., u., 246 o., 247 u., 250, 252 u., 254, 255 u., 268 u., 269 o., 273 o.l., 276 o., u., 277, 278 o., 281 u., 286 u., 290 u., 292 u.r., 294, 298 o., 301 o., 304 u., 307 o., 309 o., 310 o., 311 o., 316 u., 322 u., 325 u., 327 o., 328 o.r., 333 u., 334 u., 335 r., 336 o., 338 u., 339, 340 o., 341 u., 343 u., 347 u., 350 o., 351 u. /Jean François Amelot: 157, /Battanlini: 320, /Werner Forman: 136 o., 287 u., 349 u., /John Hios: 216 u., 299, /Erich Lessing: 130 o., 131 r., 146, 152 l., r., 156, 158 o., 175 o.l., o.r., u., 178 o., 179 l., r., 180 u., 181, 182 o., 183 u., 184 o., u., 189, 194 u., 195, 219 o., 227 u., 270 u., 303 o., u., 310 u., 325 o., 329 u., 331 o., 350 u., /Gilles Mermet: 330 o., /Jean-Louis Nou: 248 u., /Pirozzi; 308 o.l., /Rabatti-Domingie: 282, /Jürgen Sorges: 153, /Ventimilla: 176 o.; **B & U Beeldbank & Uitgeefprojekten, Diemen/NL:** 274 o.; **Bayerische Staatssammlung für Paläontologie und Geologie, München:** 58 u.l.; **Beuroner Kunstverlag GmbH, Beuron:** 248 o.; **Bildarchiv Foto Marburg, Marburg:** 314 o.; **Bildarchiv Paturi, Rodenbach:** 20-21, 26 o., 27 l., o., 28 o., 29 M., o.l., u.r., 31 o., 33 l., 35 u.l., 44 o., 45 r., 54, 56 o., 61 l., o.r., 72-73, 95, 96 o., 99 l., 102 l., o.r., 143 o.r., 176 u., /Birmingham City Museum: 48 o, /esa: 60 o., /Fuhlrott-Museum/Lutz Koch: 23 u.l., /Institute of Vertebrate Paleontology and Paleoanthropology, Beijing: 107 u., /John Day Fossile Beds Natural Monument: 38 o., /Moravské Muzeum, Brno: 23 u.r., /Museo Geologico, Palermo: 100 o., /NASA: 31 u., /Résere Géologique AHP: 39 u., /Tyrell Museum of Palaeontology, Alberta: 45 l., /Urweltmuseum Aalen; 39 o., /Utah Field House: 48 u.; **Bildarchiv Preußischer Kulturbesitz, Berlin:** 131 M., 137, 249, 268 o., 284, 345 l., 346 u.; **Prof. Dr. Günter Bräuer, Hamburg:** 80 u.l., 83, 85 r., 89 u., 99 u., 105 o., 123 o.; **Bridgeman Art Library Ltd. London/British Library:** 304 o.l.; **British Museum, London:** 220 u., 271 o., 272, 274 u., 333 o.; **Prof. Dr. phil. Emma Brunner-Traut, Tübingen:** 237; **Coleman-McDonald:** 194 o.; **Corbis UK, London:** 234 u., 289 l., 293 u., /Bettmann: 289 r., 291, /Ruggero Vanni: 345 r.; **Corbis-Bettmann, New York:** 90 o., 210 o, 224 u., 238 l., 288 u., /Bonfils: 280 o., /Mimmo Jodice: 351 o., /UPI: 30, 81 u., 104, 105 u., 191; **Deutsche Presse Agentur, Frankfurt:** 26 u, 35 o.M., 57 l., 134 l.u., M.o., r.o., M., r.u., 136 u., /W. Schnauberl/N. Kieser /(Wildlife art) für Hessisches Landesmuseum Darmstadt: 124 o.r.; **Deutsches Archäologisches Institut, Madrid:** 182 u., 187 u.; **Deutsches Archäologisches Institut, Rom:** 347 o.; **Document-Vortragsring, München,** /Richard Konstantin Blasy: 306 u., /Detlef Fiebrandt: 79 M., /Detlef Haberland: 222 u., 313 u., 321 o., u., /Adrian Hey: 93 o., 297 o., /Walter Kremnitz: 152 o., /Hildegard Matthäi-Latocha: 247 o., 278 u., /Wolfram Oswald: 161 u., /Ernst Rieber: 140 u., /Karl-Heinz Trippmacher: 255 o., /Jörg Trobitzsch: 140 o., /Erika Utzerath: 192 o., 317 u., 323 u.; **Dorling Kindersley, London:** 80 o.r., 101 u., 124 M., 218 o.r.; **The environment Agency:** 161 o.; **Focus, Hamburg:** 85 l., 86 o.; **Werner Foreman Archive Ltd. London:** 283 M.; **Forschungsinstitut und Naturmuseum Senckenberg, Frankfurt:** 52 u., /Franzen: 87 o.r., 89 o., 90 u., 122 o., M., u., 123 u.l., r., /E. Haupt: 27 u.r., /Plodowski: 27 r.2.v.u., 143 u.; **FZB Atelierbetriebe, Gerchsheim:** 226 u.r.; **Gabinetto Fotografico Nazionale, Rom:** 295 u.; **Germanisches Nationalmuseum, Nürnberg:** 159; **Dr. Georg Gerster, Zumikon-Zürich:** 205 r.; **Ruth Greve, Lübeck:** 288 o.; **Bildarchiv Hansmann, München:** 207 o.r.; **Hessisches Landesmuseum, Darmstadt** /W. Kumpf: 78 o.; **Hirmer Verlag, München:** 316 o.; **Hulton Deutsch Collection Ltd., London:** 283 u.; **IFA-Bilderteam, Ottobrunn:** 79 o.r., /Jacobi 42 u.; **Il mondo degli animali RCS Libri & Grandi Opere SpA, Milano:** 46 u., 77 l., 92 o., u., 96 u., 97 o.r., 103 u., 186 u.; **Image Select, Clifton:** 185, 203 u.l., 235 r., 242 o., u., 251 r., 287 o., 298 u.r.; **Interfoto, München:** 200 o.l., 214 u., 221 u., 283 o., 285 l.u., 290 o., 302 u., 318, 319 u.l., 326 o., /Bridgeman Art Library: 336 u., 337, 341 o., /Bridgeman Art Library/Victoria and Albert Museum: 197 u., /Baptiste: 209 u., /Daniel: 324 o., u., 331 u., /Glück: 150, /Hansmann: 158 u., 209 o., /Werner Hintzen: 319 u.r., /Karger-Decker: 124 u.r., 328 u., /Klammet: 309 u., /Fritz Prenzel: 326 u., /Weltbild: 192 u.; **Jura Museum, Eichstätt:** 43 u.; **Klaus zu Klampen, Dülmen:** 129 u.; **Sammlung Reinhard Kraatz, Dossenheim** /K. Schacherl: 76 (5), 90 M., 101 o.r., 107 o.r.; **Kunstmuseum, Brünn:** 151 o.; **Landesamt für Archäologie Sachsen-Anhalt, Halle** /Andrea Hörentrup: 207 o.l.; **Hans-Jürgen Lierl, Linau:** 22 M.l., M.r., o.l, o.r., 25 o., u., 94 o., 103 o., 109 r., 123 M.l.; **Max-Planck-Gesellschaft, München:** 174; **Max Meier, Bauen** /Schwäntlen: 43 o.; **Prof. Dr. James Mellaert, London:** 147 l.m., 151 u.; **Mev Verlag, Augsburg:** 28 u., 35 u.r., 37, 42 o., 49, 56 u., 58 u.r., 61 u.r., 97 o.l., 134 l.o., 139, 141 o., 172-173, 266-267; **Prof Dr. Franz-Dieter Miotke, Garbsen:** 94 u.; **Arnoldo Mondatori, Editori, Milano:** 203 o.l.; **Museo Gregoriani Etrusco, Citta del Vaticano:** 205 l.; **Museum für die Archäologie des Eiszeitalters, Neuwied/Römisch Germanisches Zentralmuseum, Mainz:** 138 o., u.; **Neanderthal-Museum, Mettmann:** 127 o.r.; **Roman Necki, Iserlohn:** 50 u.; **Okapia KG/Photri Inc., Frankfurt:** 75 l.; **Miguel Perez:** 275 o.; **Stefanie Paulin, Lünen:** 183 o.; **Pfalzmuseum für Naturkunde, Bad Dürkheim** /Dieter Schweiss: 101 o.l.; **Rapho, Paris:** 193; **SCALA Group S.p.A., Antella:** 147 r.; **Peter Schäfer, Gütersloh:** 84 u.; **Schweizerisches Landesmuseum Zürich:** 135 u.; **Silvestris Fotoservice, Kastl** /Kürschner: 38 u., /Naroska: 35 o.r.; **sipa press/Mourthion:** 84 M., /Trioli: 177 u.; **Skira, Genf:** 313 o.; **Staatliches Museum für Naturkunde Stuttgart** /Haehl: 74 r., /Lumpe: 36 r.; **Stadt Schöningen** /Stephan Luetgert: 109 l.; **Universität Bern/Institut für Vorderasiatische Archäologie und Altorientalische Sprachen, Bern:** 216 o.; **Universität Jena** /Dieter Mania: 108; **Vatikanische Museen, Citta del Vaticano:** 295 o.l.; **Wissen Media Verlag GmbH, Gütersloh:** 6, 22 u., 23 o., 41 o., 44 u., 81 o., 82 l., 86 u., 87 u., 88 o., 102 u., 106 l., 107 l., 126 o., 128, 135 o., 144 u., 149 u., 154 u., 155, 204 o., 207 u., 208 u., 223 u., 271 u., 285 o., 295 o.r., 298 u.l., 302 o., 304 o.r., 305 o., 312 o., 315, 322 o., 327 u., 328 o.l., 329 o., 332 u., 334 o., 340 u., /Arkeoloji Müzesi, Ankara: 148 u., /Brenne: 126 u., /raq Directoale General of Antiquities: 203 o.r., /Maurer: 177 o., /Musée d'histoire: 145, /Roman Necki: 24 (4), 29 o.r., 32 o., u., 33 o.r., u.r., 34 o., u., 36 l., 40 o., u., 41 u., 46 o., 47 (3), 50 o., 51 o., 52 M., o., 53, 55 o., u., 57 o.r., u.r., 58 o., 59, 77 o.r., u.r., 78 u., 87 M., 88 u., 93 u., 98, 100 u., 106 r., 125, /Scientific America: 129 M.r., o., /Verkehrsamt Nördlingen: 60 u.;

Trotz größter Sorgfalt konnten nicht alle Urheber des Bildmaterials ermittelt werden. Wir bitten gegebenenfalls um Mitteilung.

MEILEN
STEINE